SİNAN MEYDAN

İşte Türkiye'nin Kurtuluş Reçetesi...

AKL-I KEMAL
ATATÜRK'ÜN AKILLI PROJELERİ
4. CİLT

Akl-ı Kemal 4/*Sinan Meydan*

© *2012*, Sinan Meydan

© *2012*, İnkılâp Kitabevi
Yayın Sanayi ve Ticaret A.Ş.

Yayımcı ve Matbaa Sertifika No: 10614

Bu kitabın her türlü yayın hakları Fikir ve Sanat Eserleri Yasası gereğince İnkılâp Kitabevi Yayın Sanayi ve Ticaret A.Ş.'ye aittir.

Editör Ahmet Bozkurt
Yayıma hazırlayan Burcu Bilir
Kapak uygulama Eren Onur
Sayfa tasarım Derya Balcı

ISBN: 978-975-10-3323-9

13 14 15 16   8 7 6 5 4 3 2 1
İstanbul, 2013

Baskı ve Cilt
İNKILÂP KİTABEVİ BASKI TESİSLERİ
Çobançeşme Mah. Sanayi Cad. Altay Sk. No. 8
34196 Yenibosna – İstanbul
Tel : (0212) 496 11 11 (Pbx)

İNKILÂP
Çobançeşme Mah. Sanayi Cad. Altay Sk. No. 8
34196 Yenibosna - İstanbul
Tel   : (0212) 496 11 11 (Pbx)
Faks : (0212) 496 11 12
posta@inkilap.com
www.inkilap.com

İşte Türkiye'nin Kurtuluş Reçetesi...

AKL-I KEMAL
ATATÜRK'ÜN AKILLI PROJELERİ
4. CİLT

SİNAN MEYDAN

Sinan Meydan

1975 yılında Artvin'de doğdu. İlk ve orta öğrenimini Artvin Şavşat'ta, yükseköğrenimini İstanbul Üniversitesi Edebiyat Fakültesi Tarih bölümünde tamamladı. "Atatürk, Ön-Türk Tarihi ve Yakın Tarih" çalışmalarına devam etmekte ve *Bütün Dünya* dergisinde yazmaktadır.

Yayımlanmış eserleri şunlardır:
1. *Atatürk ve Kayıp Kıta Mu*, İstanbul, 2005; 2. *Son Truvalılar, "Truvalılar, Türkler ve Atatürk"*, İstanbul, 2005; 3. *"Atatürk'ü Doğru Anlamak İçin" Nutuk'un Deşifresi*, İstanbul, 2006; 4. *Sarı Lacivert Kurtuluş, "Kurtuluş Savaşı'nda Fenerbahçe ve Atatürk"*, İstanbul, 2006; 5. *"Atatürk ve Kayıp Kıta Mu-2"*, Köken, İstanbul, 2008; 6. *Atatürk ile Allah Arasında, "Bir Ömrün Öteki Hikâyesi"*, İstanbul, 2009; 7. *Atatürk'ün Gizli Kurtuluş Planları, "Parola Nuh"*, İstanbul, 2009; 8. *Sarı Paşam, "Mustafa Kemal, İttihatçılar ve II. Abdülhamit"*, İstanbul, 2010; 9. *Atatürk ve Türklerin Saklı Tarihi, "Türk Tarih Tezinden Türk-İslam Sentezine"*, İstanbul, 2010; 10. *Cumhuriyet Tarihi Yalanları 1*, İstanbul, 2010; 11. *Cumhuriyet Tarihi Yalanları 2*, İstanbul, 2011; 12. *Akl-ı Kemal "Atatürk'ün Akıllı Projeleri" 1*, İstanbul, 2012; 13. *Akl-ı Kemal "Atatürk'ün Akıllı Projeleri" 2*, İstanbul, 2012; 14. *Akl-ı Kemal "Atatürk'ün Akıllı Projeleri" 3*, İstanbul, 2012.

www.sinanmeydan.com.tr

Neden AKL-I KEMAL?

Bu Arapça tamlamayla kastettiğim Mustafa Kemal Atatürk'tür. Çünkü hem O'nun aklı kemale ermiştir; yani O, olgunlaşmış, mükemmelleşmiş bir akla sahiptir hem de O'nun adı Kemal'dir. Bu nedenle O, AKL-I KEMAL'dir. Osmanlı Devleti'nin son zamanlarında dilciler, Arapça tamlamalarla yeni sözcükler türetmişlerdi. Ben de bu gelenekten yola çıkarak bugünlerin Atatürk karşıtı Arapçılarına, onların anlayacağı dille seslenmek istedim! Onlara akl-ı selimle hareket eden MUSTAFA KEMAL'in neler başardığını anlatmak istedim. Onlara AKL-I KEMAL'i anlatmak istedim! Türkçe anlattım anlamadılar, Arapça anlatırsam belki anlarlar diye düşündüm!..

Not: Gerçek bir Türkçe âşığı olan Atatürk, 1930'larda Arapça "Kemal" adını Türkçe "kale" anlamına gelen "Kamal" biçiminde yazıp söylemiştir.

"O'nda hayran olduğum iki olağanüstü nitelik var: Biri alev gibi parlayan yurt sevgisi; öteki, eserine mutlak bir mantık ve birlik sağlayan özgüven... Bir tek adam, her şeyi tasarlamış, her şeyi gerçekleştirmiştir. O'nun kazandığı ün ve gördüğü saygının yüceliği, eşsizliği kolayca anlaşılır..."

Fransız Başbakanlarından **Édouard Herriot**, 1938

İçindekiler

Önsöz

Kemalist Aklı Kullanmak 11

PROJE 1

UÇAK SANAYİ PROJESİ
(Havacılık ve Uzay Öngörüsü)

Uçak Korkusundan Uçak Sevgisine 29
Osmanlı Dönemi Türk Havacılığı ve Atatürk 32
Kuvayı Havaiye ve Atatürk 47
Kırık Kanatlar Mucizesi 55
Atatürk'ün Havacılık ve Uzay Öngörüsü 60
Atatürk'ün Yerli Uçak ve Motor Projesi 69
Atatürk'ün Havacılık Konusundaki Çalışmaları 74
Türk Tayyare Cemiyeti (Türk Hava Kurumu) 83
Ulusal Savunma Sanayinin Kurulması 92
Kayseri Uçak Fabrikası 93
Eskişehir Uçak Tamirhanesi/Fabrikası 101
Vecihi Hürkuş'un Yerli Uçakları 101
Nuri Demirağ Uçak Fabrikası ve Uçuş Okulu 106
Şakir Zümre Fabrikası'nın Uçak Bombaları 113
Ankara THK Uçak ve Motor Fabrikaları 115
Ankara Rüzgâr Tüneli (ART) 122
Uçak Sanayi Projesi'nin Yok Edilişi 124

PROJE 2
DİNDE ÖZE DÖNÜŞ PROJESİ

Kendine Özgü/Sade Bir Dindar.............................137
Dâhinin Felsefi Kodları, Bilimsel Kafa Yapısı ve Din........150
Vatandaş İçin Medeni Bilgiler ve Tarih II
Kitabı'nın Dinsel Sırrı.......................................154
"Gökten İndiği Sanılan Kitapların Dogmaları"
Sözünün Şifresi 157
İslam Rönesansı'ndan Hurafelerin Bataklığına..............163
Osmanlı'da Dinde Öze Dönüş Çalışmaları..................171
Dinde Öze Dönüş Projesi'nin Kaynakları....................177
Atatürk Diyor ki: "İslam Akılcı Bir Dindir."................179
Dinde Öze Dönüş Projesi ve Atatürk........................184
Dinde Öze Dönüş Projesi ve Din............................191
Yazı, Dil ve Din 193
Din Dilinin Türkçeleştirilmesi: Türkçe Kur'an,
Dua, Hutbe, Ezan, Salat 197
Türkçe Kur'an..202
Türkçe Hutbe 213
Milli Tarih, Milli Dil ve Milli Din...........................218
Atatürk'ün Türkçe Kur'an, Dua, Ezan Arayışları............227
Camilerde Türkçe Kur'an, Dua, Ezan Hazırlıkları..........231
Yerebatan Camii'nde Türkçe Kur'an........................238
Sultanahmet Camii'nde Türkçe Kur'an.....................241
Ayasofya Camii'nde Türkçe Kur'an.........................242
Nağmeli, Makamlı Türkçe Kur'an...........................248
Atatürk Arapça Kur'an'ı Yasaklamamıştır 250
Süleymaniye Camii'nde Türkçe Hutbe......................252
Türkçe Ezan 255
Atatürk'ü Anlayamadılar 264
Atatürk'ün İslam Dinine Hizmetleri........................275
Dinde Öze Dönüş Projesi'nin Yok Edilişi...................277

PROJE 3
TARİH VE DİL TEZLERİ PROJESİ

Atatürk ve Tarih 296
Atatürk ve Arkeoloji 301
Atatürk'ten Önce Tarihimiz ve Arkeolojimiz 305
Türk Tarih Tezi'nin Doğuşu
(Hazırlıklar, İlk Kuruluşlar, Kitaplar) 313
Tarih Kongreleri 331
Halkevlerinde ve Ülkü Dergisi'nde Türk Tarih Tezi 339
Türk Tarih Tezi'nin Bilimle İmtihanı 343
Atatürk ve Türk Dili 354
Dil Devrimi'nin Kökleri 357
Türk Dil Tezi'nin Doğuşu
(İlk Hazırlıklar, Kitaplar, Kuruluşlar) 363
Dil Kurultayları 374
Güneş Dil Teorisi 380
Güneş Dil Teorisi'nin Bilimle İmtihanı 387
Atatürk ve Güneş Dil Teorisi 393
Atatürk'ün Bilimkurgu Tarih Öngörüsü:
"Sesler Kaybolmaz" 403
Tarih ve Dil Çalışmalarının Sonucu: Türk Rönesansı 408
Atatürk ve Antropoloji:
"Irkçı Batı'ya Bilimsel Başkaldırı" 415
Paradigma Değişikliği: Sosyolojiden Antropolojiye 423
Türkiye'de Antropolojinin Kurumsallaşması 427
Atatürk'ün Antropoloji Çalışmaları Bilimseldir,
Irkçılığa Karşıdır 434
Bilimsellik 435
Irkçılık Karşıtlığı 445
Atatürk'ün Avrasya Devleti 453
Tarih ve Dil Tezleri Projesi'nin Yok Edilmesi 463

Kaynakça 473
Fotoğraflar 489

Önsöz

Kemalist Aklı Kullanmak

İnsanoğlunu diğer canlılardan ayıran en önemli özelliği bir **akla** sahip olmasıdır. İnsanlar beyinlerini kullanarak **akıllı** davranabilirler ve akılları sayesinde de her türlü gelişmeye ve değişime ayak uydururlar. Bugün insanlığın sahip olduğu uygarlığın getirdiği bütün değerlerin **insan aklının ürünü** olduğunu bütün bilim kitapları yazmaktadır. İnsanlar akıl sahibi olduklarının bilincine vardıktan sonra, **akıl yolu** ile önlerini açarlar ve yaşam yolunda ilerlemek üzere akıllarını kullanırlar. (...)

Tarihöncesi dönemden başlayarak bugüne kadar birbiri ardı sıra gündeme gelen dönemler boyunca yaşanan olaylar ve yapılan çalışmalar, günümüz dünyasında çok önemli bir bilgi birikimi ortaya çıkarmıştır. Günümüzün dünya güçleri ve büyük devletleri böylesine bir bilgi birikiminin üzerinde oturarak dünyaya egemen olmaya çalışmakta, bilgi gücünü en büyük güç olarak kullanma yollarıyla kendi akıllarının gösterdiği yollardan gitmektedirler. Bu çerçevede **her güç merkezi, kendi çıkarları doğrultusunda bir akıl oluşturmakta ve sürüp giden siyasal mücadele ortamında kendi akıllarının merkezde yer alacağı bir düzen arayışı** içerisine girmektedirler. Her insan geçmişten gelen yaşam biçimi ve eğitim düzeyi doğrultusunda kendi aklına sahip olurken, çeşitli siyasal merkezler ya da kuruluşlar taşıdıkları kimliğe ve sahip oldukları konuma göre en üst düzeyde çıkarlarını gerçekleştirmek üzere hareket etmektedirler. Arka düzeyde geliştirilen kimlik ve çıkar düzenleri doğrultusunda bir akıl yaratılarak, bu akıl ile dünya sorunları ele alınmaya ve sorunlar çözüme kavuşturulmaya çalışılmaktadır. Akıllı yaratık olan insanların içinde yer aldığı her oluşumda ya da kurdukları her kurumda kişiselliğin ötesinde toplumsal, kurumsal ya da siyasal akıllar birbirinden farklı çizgilerde oluşturularak devreye sokulmaya çalışılmaktadır. **Bu çerçevede akılcılığın giderek çıkarcılığa ve hegemonya düzenleri oluşturmaya yönelik bir çizgide kullanıldığı görülmüştür. Giderek içinden çıkılmaz bir hal alan günümüzün kaotik ortamının gündeme gelmesinin arkasındaki ana neden, çıkarcı akıllar arasında yaşanan hegemonya ve tüm dünyaya yönelik sömürü çekişmesidir.**

Teknolojik buluşlar ile giderek küçülen dünya üzerinde **acımasız bir çıkarcı akıllar kavgası** tırmanırken, Sovyetler Birliği'nin dağılması sonrasında *"Akla Veda"* isimli kitaplar yayımlanarak, **bütün insanlığa akılcılıktan uzaklaşmak açıkça önerilmiştir.** Feyerabend'in *"Akla Veda"* isimli kitabına bakıldığı zaman, insanlığın akılcılıktan çıkarılarak **akıl ötesi ya da akıldışı** metafizik yönlere doğru çekilmek istendiği göze çarpmaktadır. **İnsanlığı akıl çizgisinden çekip alarak fizikötesi yönlerde kullanmak isteyen çıkarcı akıl çevreleri, aynı zamanda dini öne çıkararak cemaatler üzerinden dini geniş halk kitleleri üzerinde etkin bir biçimde kullanmak ve bu yoldan halk kitlelerini küreselleşme adını verdikleri kendi çıkarcı düzenlerine yeni bir sömürge düzeni çerçevesinde bağlamak istemektedirler.** Bu aşamada artık, egemen güçlerin sahip oldukları bilgi birikimi ve aklı tamamen çıkarcı bir doğrultuda kullanarak yeni bir sömürge çağını açmaya çalıştıkları görülmektedir. Onlar **küçük bir azınlık** olarak bütün dünyaya egemen olabilme yolunda çıkarcı bir aklı en üst düzeyde kullanırlarken, kontrol etmek istedikleri dünya halklarının kendi akıllarını kullanarak böylesine bir çıkar düzenine karşı çıkmalarını önlemek üzere kitleleri cemaatler üzerinden dine doğru yönlendirmektedirler. (...)

Küresel emperyalizmin dayatmış olduğu akıldışı yollar ters tepince, insanlık yeniden uyanmaya başlamış ve uygarlığın getirmiş olduğu bilgi birikiminin ortaya çıkarmış olduğu modern akıl yeniden devreye girerek insanlığın kaderinde etkili olmaya başlamıştır. Eğitim görmüş her insanın normal olarak kendi aklı ile hareket ettiği gibi, devletler ve toplumlar da geçmişten gelen bilgi birikiminin yönlendirdiği bir aklı yeniden uygulamaya başlamışlardır. Dini ekonomik emperyalizmin bir alt kolu olarak kapitalistleştirme yolu ile yoksul kitleler üzerinde egemen kılma çabaları yetersiz kalınca, açlık ve işsizlik en üst düzeylere doğru tırmanmaya başlamış, insanlığı geçen yüzyılda sosyalist ihtilallere götüren siyasal mücadeleler yeniden siyaset sahnesinde öne çıkmıştır. Sosyalist sistemin çöküşü ile beraber başlamış olan şaşkınlık ve belirsizlik dönemi sona ererken, uyutulmak istenen halk kitleleri önceden hazırlanan kalıplara sokulamamış ve bu nedenle küresel sermaye hegemonya düzenini sürdürebilmek doğrultusunda üçüncü dünya savaşı provokasyonlarına başlamıştır. Daha önceki iki dünya savaşı sayesinde dünya hegemonyasını ele geçiren **küresel sermaye yapılanması**, bir dünya devletini çıkarları doğrultusunda oluşturabilmek üzere üçüncü dünya savaşını tek çıkar yol olarak gördüğü için, merkezi coğrafyadaki sıcak çatışmalar üzerinden bu çok tehlikeli projesini zorla dayatmaya başlamıştır. İçinde bulunulan bu yıl, bu tehlikeli proje açısından tarihsel kırılma noktasıdır. (…)

Yirminci yüzyılın başları itibariyle bütün dünyaya egemen olmak üzere harekete geçen küresel sermaye sahiplerinin Birinci ve İkinci Dünya Savaşları aracılığı ile gerçekleştirmek istedikleri bölgesel hegemonya düzenine merkezi alanın en merkezdeki ülkesi olarak Türkiye Cumhuriyeti karşı çıkmıştır. Batı emperyalizmi üzerinden bölgeye getirilmek istenen hegemonya düzenine karşı antiemperyalist çizgide bir Kurtuluş Savaşı'nı gündeme getirmiş olan Mustafa Kemal, arkasına aldığı eski Osmanlı ahalisi ile bir uluslaşma süreci yaratmış ve ortaya çağdaş bir ulus devlet çıkarmıştır. Birinci Dünya Savaşı'na karşı çıkan böylesine büyük bir çöküş olayı içerisinde Türklere sahip çıkan ve savaş sonrasında ulusal kurtuluş mücadelesine devam ederek Türkiye Cumhuriyeti ulus devletini tarih sahnesine çıkaran bir siyasal aklı, bu devletin kurucusu Mustafa Kemal ortaya koymuştur. Tarihin kesişme noktasında bir büyük devrim Rusya'da gerçekleşince, bu olayın yaratmış olduğu yeni dünya düzeni dengelerinden yararlanarak jeopolitik merkezde bir tam bağımsız Türk devletini, Mustafa Kemal ortaya koymuştur. İşte bu nedenle Türk devletinin arkasında bir kurucu akıl olarak Kemalist akıl bulunmaktadır. Doğu ile Batı arasında, Asya ile Avrupa kıtalarının kesişme noktasında, İslam dünyası ile Avrupa Hıristiyanlığın sınırlarında ve merkezi coğrafyanın toplumsal yapılarında böylesine bir ulusal-üniter-merkezi devletin kurulabilmesi son derece zor bir işin başarılmasıdır. Bu başarının arkasında ise, kurucu iradeyi temsil eden kurucu önderin aklının önde gelen rolü vardır. Eğer böylesine bir kurucu akıl kurucu önderde bulunmasaydı, her türlü dış ve iç tehdide ve emperyal zorlamalara karşı böylesine bağımsız bir devlet dünyanın orta yerinde kurulamazdı. Düveli muazzama denilen büyük emperyal devletlerle önce savaşmak sonra da mücadele etmek zorunda kalan kurucu önder, yaşadığı olaylardan ve okuduğu beş bine yakın kitaptan aldığı bilgilere dayanarak Türkiye Cumhuriyeti'ni kurmuştur. Ülkeyi kurtarmak üzere Samsun'a çıkmadan önce bitmiş olan Osmanlı Devleti'nin genelkurmayı, istihbarat örgütü ve devletin kadrolarıyla yaptığı hazırlıklara dayanarak yola çıkmış ve geçmişten gelen devlet-i ebed-müddet anlayışı doğrultusunda hareket ederek, bitmiş olan bir devletin sonrasında yeni Türk devletini gene aynı çizgide bağımsız bir siyasal varlık olarak tarih sahnesine çıkarmıştır.

Her türlü iç ve dış saldırıya rağmen, halen ayakta olan ve bağımsız siyasal varlığını zorlanarak da olsa koruyabilen Türk devleti, kurucusundan gelen **kurucu aklı** iyi bilmek ve bunun bilincine vararak yoluna devam etmek durumundadır. **Bu doğrultuda tartışmaların giderek arttığı bir aşamada, genç bir Türk tarihçisi olarak Sinan Meydan cesaretle ortaya çıkmış ve "*Akl-ı Kemal*"** adını taşıyan kitabıyla (kitap serisiyle) Türkiye Cumhuriyeti ulus devletini tarih sahnesine çıkaran kurucu önderin siyasal aklını bugünün genç cumhuriyet kuşaklarına aktarmaya çalışmıştır. Atatürk ile ilgili şimdiye kadar on binin üzerinde kitap yayımlanmıştır. Ne var ki, siyasal akıl açısından Atatürk'ü ele alan ve değerlendirerek bugünün cumhuriyet kuşaklarına aktaran bir kitap yayımlanmamıştır. İşte Sinan Meydan böylesine bir boşluğu doldururken, önemli bir bilimsel çalışmayı Türk kütüphanelerine kazandırmıştır. Umarız, bugünün kuşakları artık duygusal Atatürkçülüğü bir yana bırakarak akılsal Atatürkçülük doğrultusunda *"Akl-ı Kemal"* isimli kitabı okuyarak tartışırlar ve bugünün Kemalist aklını yakalamak doğrultusunda, Kemalist akıl tartışmalarına yönelirler. Türkiye Cumhuriyeti'ni kuran iradenin dayandığı temel felsefe, bilgi birikimi ve ortaya çıkan tarih dersleri geniş boyutlarda ele alınarak tartışılırsa, o zaman devlet kuran önder olarak Mustafa Kemal'in aklına erişilebilir ve onun devleti kurarken ya da yönetirken kullanmış olduğu siyasal akıl bugün açısından değerlendirilebilir. Merkezi alanda emperyalist ve Siyonist bir düzen oluşturulması doğrultusunda işbirlikçi neoliberal, Batıcı ve cemaatçi kadroların Atatürk'e ve Kemalist Cumhuriyete saldırılarının giderek arttığı son aşamada, Atatürk ve Kemalist Cumhuriyet ile ilgili gerçekçi ve nesnel değerlendirmelerin yapılabilmesi için **Kemalist aklın ya da Akl-ı Kemal'in** her yönü ile ortaya konulması gerekmektedir, **çünkü bugün eğer hâlâ dünyanın ortasında Türkiye Cumhuriyeti adında bir bağımsız Türk devleti varsa, bu Akl-ı Kemal ya da Kemalist akıl sayesindedir.** Devlet kurucu önderin, devletin modelini oluştururken, devleti yapısallaştırırken kullandığı siyasal akıl, *Kemalist akıl* olarak ele alınmalı ve bilgi birikiminin ışığında her yönü ile nesnel bir biçimde değerlendirilerek siyasal saldırılara yanıtlar verilebilmelidir.

"Akl-ı Kemal" isimli kitabında (ilk iki cildinde) Sinan Meydan, Atatürk'ün on ayrı projesini ele almaktadır. Bir siyaset bilimci olmadığı için tarihçi bir bakış açısıyla Atatürk'ün projelerini ele alan Meydan, sırasıyla Akl-ı Kemal'in ortaya koyduğu on ayrı projeyi Türk kamuoyuna yansıtmıştır. Sırasıyla **Çağdaş Türkiye Projesi, Türk Ulus Devlet Projesi, Rumeli Savunma Hattı Projesi, Ordu ile Siyaseti Ayırma Projesi, Beden Eğitimi ve Spor Projesi, Anadolu'nun İşgalini Önleme Projesi, Yeşil Cennet-Örnek Çiftlikler Projesi, İdeal Cumhuriyet Köyü ve Halkevleri Projesi, Güneydoğu Anadolu Projesi ve Demokrasi Projesi** ola-

rak tam on büyük projeyi Türkiye Cumhuriyeti'nin kurucu önderi Mustafa Kemal Atatürk'ün aklının ortaya koyduğu ürünler olarak açıklamaktadır. Atatürk'ün başka projelerini ikinci plana atarak ön planda on ayrı projeyi ele alan Sinan Meydan, bu kitabı ile yeni bir tartışmayı gündeme getirmekte ve tarihin önde gelen kahramanlarından birisi olan Mustafa Kemal'in aklını tam bir asır sonra açıklayarak tartışmaya sunmaktadır. Kendi içinde hepsi bir mantısal tutarlığa sahip görünen bu projeler sayesinde çağdaş bir cumhuriyet ve ulus devleti olarak Türk devletini Atatürk, dünyanın merkezi coğrafyasında kurabilmiştir. Yüzüncü yılına yaklaşırken, Türkiye Cumhuriyeti'nin dünyanın ortasında kaya gibi sağlam duran bir devlet yapısına sahip olmasının arkasında yatan gerçek, kurucu iradenin kullanmış olduğu doğru siyasal akıldır. Atatürk aklını kullanırken, Osmanlı ordusunda aldığı askeri bilgi ile beraber Osmanlı Devleti tarihi ve siyasal birikiminden de Anadolu'nun benzersiz jeopolitiğinden olabildiğince yararlanmış ve imparatorluk sonrası dönemde Türk devletini gerçekçi temeller üzerine başarılı bir biçimde kullandığı siyasal akıl ile, yani Kemalist akıl ile kurabilmiştir. Birinci Dünya Savaşı aşamasında imparatorluklar çağı sona ererken ve ulus devletler dönemi gündeme gelirken, Atatürk gerçekçi bir biçimde davranmış ve Osmanlı döneminden gelen bilgi birikimini jeopolitik konum ile beraberce değerlendirerek Türkiye Cumhuriyeti devletini kurmuştur.

Bugünün Türkiyesi'nde Kemalist akla dayanan bir Atatürk Cumhuriyeti düzeni bulunmaktadır: Osmanlı Devleti'nin *hasta adam* olarak ilan edildiği 1852 yılında, *Büyük Britanya İmparatorluğu* merkezi coğrafya için Osmanlı sonrası dönemde geçerli olmak üzere *Yakın Doğu Konfederasyonu* planını hazırlayarak uygulama alanına sokmuştur. İngilizlerin en Siyonist başbakanı olarak Benjamin Disraeli'nin öncülüğünde hazırlanmış olan bu proje tümüyle Osmanlı İmparatorluğu'nun ortadan kaldırılmasını, Büyük Britanya İmparatorluğu'na bağlı olacak bir Yakındoğu Konfederasyonu'nun Osmanlı hinterlandında kurulmasını öngörüyordu. Bu doğrultuda Çanakkale'ye İngiliz ve Fransız donanmaları gönderilmiş ama Çanakkale'nin geçilmezliğini de tarih ortaya koymuştur. Ruslar, Kafkasya ve Balkanlar'dan aşağı doğru Kırım Savaşı sonrasında inmeye başlayınca İngilizler Kıbrıs'a el koyarak Ortadoğu ülkelerini Ruslardan önce işgal ediyorlardı. Osmanlı zayıflayarak geri çekildikçe, ahali merkezi topraklar olan Anadolu'ya göç ederek direnişe geçiyor ve dünya savaşı ile beraber bir de ulusal kurtuluş savaşı verilmesi zorunluluğu gündeme geliyordu. İşte bu aşamadan sonra, Osmanlı sonrası için yeni bir proje gerekiyordu. Mondros Bırakışması ile teslim olan Osmanlı hükümeti bitince geride kalan Osmanlı Devleti'nin kalıntıları ile Anadolu halkı bir araya gelerek ulusal kurtuluş savaşını örgütlüyorlardı. **Bir ölüm kalım ve var olma savaşı** verildikten sonrası için yeni bir proje gerekiyordu. Bu projenin ilk adımları son Osmanlı Meclisi'nde alınan **Misak-ı Milli** kararı doğrultusunda atılıyor ve Anadolu'da Kurtuluş Savaşı başlatılıyordu. Savaşın uzun sürmesi, Türklerin kendi ülkelerinde varlıklarını koruması açısından sorun olmuyor, savaş sırasında yeni kurulan devlet ile Türkler geleceğe dönük olarak yeni bir devlet projesini **Akl-ı Kemal** sayesinde devreye sokabiliyorlardı.

Yirminci yüzyılın başlarında dünyanın önde gelen emperyal devletleri, Osmanlı topraklarının bulunduğu merkezi alanda savaşlara ve kendi planları doğrultusunda bir çekişmeye yöneldikleri aşamada, dünyanın orta yerinde Batılı ülkelerin hegemonya kuracağı yeni projelerin devreye girdiği görülmektedir. İşte tarihin bu en kritik aşamasında, Mustafa Kemal dünya sahnesine çıkarak Osmanlı sonrası bütün emperyal ve Siyonist projeleri devre dışı bırakan yeni bir devlet projesini Ulusal Kurtuluş Savaşı ile beraber gündeme getiriyordu. **Bu açıdan Türkiye Cumhuriyeti ulus devleti bir siyasal projedir ve ulusal çizgide siyasi bir akla dayanmaktadır.** Ulusal Kurtuluş Savaşı'nın öncüsü olarak tarih sahnesine çıkan Mustafa Kemal, daha sonra savaşın kazanılmasından sonra elde edilen siyasal güç ile yeni devlet projesinin hayata geçirilmesine yöneliyordu. Sinan Meydan'ın **Akl-ı Kemal** isimli kitabında belirtildiği gibi, Türkiye Cumhuriyeti bir siyasal projedir ve bir bilgi birikimi ile beraber aynı zamanda ulusal bir siyasi akla da dayanmaktadır. Avrupa'nın yanı başında, çağdaş bir Türkiye yaratma yolunda Türk ulus devleti kurmak, Kemalist aklın kullanılmasıyla devreye sokulan kilit bir proje idi. Anadolu'nun işgalini önleme, Rumeli savunmasını gerçekleştirme, kurucu iradeyi temsil eden Kemalist aklın gerçekleştirdiği girişimlerdi. Misak-ı Milli kararının ilanı gene kurucu iradenin gerçekleştirdiği ilk adımdı. Türklerin ve Müslümanların çoğunlukta bulunduğu ve topluca yaşadığı merkezi alan coğrafyasında, ulusal sınırlar içinde bir Türk ulus devleti o dönemin ulus devlet modası doğrultusunda kuruluyordu. Gelişmiş Batı ülkelerinin sahip olduğu modern ulusal-üniter ve merkezi devlet yapılanması, kurucu iradenin Türkiye için uygun bulduğu bir devlet modeli idi. Kurucu önder olarak Mustafa Kemal bu doğrultuda aklını kullanmıştır. Birinci Dünya Savaşı sonrasında merkezi coğrafyada Türkiye Cumhuriyeti devlet modeli, tarihsel açıdan Kemalist aklın eseri olarak kabul edilebilir. Atatürk, Akl-ı Kemal'e sahip olan bir siyasal önder olarak, Kemalist modelde bir Türk devletini Türk ulusuna kazandırıyordu.

    Türkiye Cumhuriyeti yüzüncü yılına doğru yol alırken, iki kutuplu dünya düzeni çöküyor ve sosyalist sistemin dağılması ve Sovyetler Birliği'nin ortadan kalkması üzerine merkezi alanda gene eskisi gibi emperyal projeler devreye giriyor. Büyük Britanya İmparatorluğu öncüsü ve kurucusu olduğu dünya devleti oluşumu adına, gene eskisi gibi Osmanlı hinterlandında bir Yakındoğu Konfederasyonu kurmaya yönelirken, İngiltere'nin yavrusu olan Amerika Birleşik Devletleri Büyük Ortadoğu Projesi ile ılımlı İslam üzerinden yeni bir Panislamcılık politikasına Türkiye üzerinden yöneliyor. Beş bin yıllık Ortadoğu tarihinde en eski etnik grup olduğunu öne sürerek, vaat edilmiş topraklarda üçüncü kez İsrail'i bir Yahudi devleti olarak kuran Siyonistler ise, Büyük İsrail devletini bölge halklarına ve ülkelerine karşı dayatıyor. Üç büyük emperyal proje bölgeye Batı bloku üzerinden dayatılırken, Osmanlı sonrasında kurulmuş olan bölge devletleri ortadan kaldırılmak isteniyor. İşte bu aşamada, bütün Ortadoğu devletleri ile beraber Türkiye Cumhuriyeti de tasfiye edilmek isteniyor. Osmanlı İmparatorluğu sonrasında merkezi coğrafyada kurulmuş olan devletler içerisinde en ciddi örgütlenmiş olan Türk devletinin de ortadan kaldırılmak istenmesi, Türk devleti ve Türk ulusu açısından kabul edilemeyecek bir durumdu. Böylesine yepyeni bir aşamada, **Akl-ı Kemal** ile kurulmuş olan Türkiye Cumhuriyeti ulus devletinin korunabilmesi ve yoluna devam edebilmesi açısından Kemalist aklın kullanılması gerekmektedir. **Kemalist aklın uygulamaya geçmesinin bir sonucu olarak doğmuş olan Türkiye Cumhuriyeti'nin korunabilmesi doğrultusunda Kemalist aklın Atatürk'ün Cumhuriyeti'ni yönetenler açısından kullanılması doğal bir zorunluluk olarak öne çıkmaktadır,** çünkü Yakındoğu Konfederasyonu, Büyük Ortadoğu Federasyonu ya da Büyük İsrail merkezli bir Ortadoğu Birleşik Devletleri kurulabilmesi doğrultusunda emperyalist ve Siyonist çevrelerin devlet yıkıcılığı merkezi alanda devam edip gitmekte, terör ile beraber savaş ve her türlü siyasal komplolar Türkiye ile beraber komşularına dayatılmaktadır.

Bugün gelinen aşamada, Atatürk Cumhuriyeti'nin korunabilmesi ve yoluna devam edebilmesi için ciddi bir Kemalist akıl uygulamasına ihtiyaç bulunmaktadır. **Atatürk'ün tüm yazdıkları ve yaptıkları böylesine bir Kemalist aklın günümüz koşullarında oluşturulabilmesi için son derece yeterli bir kaynak olarak bugünün yönetici kuşaklarına yön göstermekte ve destek sağlamaktadır.** Ne var ki, soğuk savaş döneminde *Atatürkçülük* adına İngiliz-Amerikan ve İsrail destekli askeri yönetimlerin yeniden devreye girmesi artık mümkün görünmemektedir. Teknolojik açıdan gelinmiş olan yeni aşamada hiçbir plan ya da proje gizli kalmamakta ve eskisi gibi gizli darbe senaryolarıyla Atatürkçülüğün Batılı emperyal devletlerin çıkarları doğrultusunda eskisi gibi kullanılabilmesi mümkün olamamaktadır. Bu aşamada artık sivil bir Kemalizm'e ya da demokratik çizgide bir Atatürkçülüğe gereksinme duyulmaktadır. Savaş koşullarında ya da soğuk savaş döneminde Kemalizm adına uygulanan yöntemlerin bugünün demokratik ortamında artık eskisi gibi uygulanamayacağı görülmekte ve bu nedenle, Kemalist Cumhuriyet'in korunabilmesi doğrultusunda yepyeni bir Kemalist aklın devreye girmesi gerekmektedir. **Merkezi alanda sürüp gelmekte olan bin yıllık Türk devleti geleneği ve birikimi bugünün koşullarına uygun bir demokratik Atatürkçülüğün yepyeni bir Kemalist akıl ile devreye girebilmesini mümkün kılabilecektir.** Bugünün Atatürkçülerinin ve Cumhuriyet'in yeni Kemalist kuşaklarının böylesine bir birikime ve toplumsal zenginliğe sahip çıkmasıyla beraber, bugünün Kemalist aklı ortaya çıkabilecek ve Türk toplumuna bu darboğazdan geçerken yön gösterebilecektir. **Devletin kuruluş çizgisinden ve kurucu iradenin özünden kaynaklanacak yeni bir çıkış, bugünün değişen koşullarının görülmesine yardımcı olabilecek, içinde bulunulan yeni konjonktürün anlaşılmasını ve Türkiye'nin ulusal çıkarları doğrultusunda gerçekçi politikalar izlemesini sağlayabilecektir.**

Akl-ı Kemal ile kurulmuş olan Türkiye Cumhuriyeti'nin yüzüncü yılına erişebilmesi ve kurucu önderin söylediği gibi ilelebet payidar kalabilmesi için **Kemalist aklın yeniden devreye girmesi zorunlu görünmektedir.** Kemalist akıl, modern Türk devletinin ve çağdaş cumhuriyet rejiminin ulusal çıkarlar doğrultusunda korunabilmesi için yön göstermeye devam etmelidir. Bu doğrultuda oluşacak siyasal aklın Türk devleti üzerinde etkili olması, **Türkiye'yi bugün yönetmekte olan siyasal kadroların devletin kuruluşundan gelen Kemalist akıl ile hareket etmeleri birçok sorunun çözülmesinde önemli katkılar sağlayacaktır.** Kemalist akıl, doksan yıldır yaşanan olaylardan ders çıkaran **kemale ermiş, yani olgunlaşmış bir siyasal akıl** olabilmelidir. Böylece, Türk toplumu içerisinde Atatürkçü olmayan diğer toplum kesimlerinin de ülke ve devletin geleceği açısından ulusal çıkarlar doğrultusunda yeniden bir araya gelebilmeleri sağlanabilecektir. Emperyal ve Siyonist çevreler ile yakın temas ve diyalog içerisinde olan bazı işbirlikçi çevreler, Batılı emperyal ve Siyonist projeler doğrultusunda Türkiye Cumhuriyeti'ni ortadan kaldırmaya yönelik çalışırlarken, Kemalizm'i faşizm, devlet aklının kullanılmasını da otoriterizm olarak suçlamaktan çekinmemektedirler. Kemalist çizgide devlet aklının kullanılmasını hukuk devletinin sınırlarını aşmak olarak suçlamaktan çekinmeyen bu işbirlikçi toplum kesimleri, üçüncü dünya savaşı sürecinde **Türkiye Cumhuriyeti'ni tasfiye edebilmek için her türlü siyasal senaryoyu ve bu doğrultudaki psikolojik savaş komplolarını uygulamaya getirerek, ülkeyi ciddi bir çöküşe doğru zorlamaktadırlar.** Küreselleşmenin yaşandığı çeyrek yüzyıllık zaman dilimi sonrasında, artık Türk ulusu ve Türkiye Cumhuriyeti ulus devleti daha bilinçli bir Kemalist aklı uygulayarak önümüzdeki dönemde ortaya çıkabilecek her türlü zorluğu ve dar geçiti aşabileceklerdir. Türkiye'yi kurtaracak Kemalist akıl, yurtta ve dünyada sulh anlayışı ile aynı zamanda bölge ve dünya barışının korunmasında da önemli katkılar sağlayacaktır.

Prof. Dr. Anıl Çeçen
27 Nisan 2012

Akl-ı Kemal'in 4. cildinde yer alan "**Atatürk'ün Akıllı Projeleri**" şunlardır:

1. **UÇAK SANAYİ PROJESİ** (Havacılık ve Uzay Öngörüsü): Türk Havacılık Tarihi'nin kısa bir bilançosu; Trablusgarp çöllerinde, Balkan dağlarında ve Çanakkale semalarında derme çatma Türk uçakları, Kurtuluş Savaşı yıllarının kırık kanatlar mucizesi, Atatürk'ün Kayseri, Ankara, Eskişehir uçak ve motor fabrikaları, Vecihi Hürkuş ve Nuri Demirağ'ın ürettiği yerli uçaklar, Nuri Demirağ Uçak Fabrikası ve Uçuş Okulu'nun şaşırtan hikâyesi, 1930'larda üretilen, hatta ihraç edilen yerli uçaklar, Atatürk'ün bilinmeyen "uzay öngörüsü" ve "Ay Projesi", 1940'larda Türkiye'nin yaptığı yarasa uçak "Uçan Kanat" gerçeği, 1940'larda hayata geçirilmek istenen yerli savaş uçağı "Mehmetçik Projesi", 1940'larda uçakların aerodinamik testleri için yapılan Ankara Rüzgâr Tüneli, Atatürk'ten sonra 1950'lerde ABD raporları ve istekleri doğrultusunda Türk uçak fabrikalarının tava, tencere ve traktör fabrikasına dönüştürülmesi... Belgeler, fotoğraflar...

2. **DİNDE ÖZE DÖNÜŞ PROJESİ:** Atatürk'ün bilinmeyen din anlayışı, İslam Rönesansı'ndan hurafelerin bataklığına yuvarlanan İslam dünyasının kısa tarihi, Osmanlı'da dinde öze dönüş çalışmaları, Atatürk'ün 1930'lardaki din ve İslam eleştirilerinin göz ardı edilen devrimci nedenleri; "Gökten indiği sanılan kitapların dogmaları" sözünün şifresi, Atatürk'ün Dinde Öze Dönüş Projesi'nin nedenleri, Atatürk'ün ve genç Cumhuriyet'in din dilinin Türkçeleştirilmesi konusundaki büyük mücadelesi, 1932'de Atatürk'ün 9 seçilmiş hafızla Dolmabahçe Sarayı'ndaki bir haftalık Kur'an ve din çalışması, Dr. Reşit Galip'in "Türk'ün Milli Dini İslam" Tezi, Tarih Kurultaylarında Hz. Muhammed'e sahip çıkılması, Atatürk'ün Ayasofya'da planladığı büyük din tartışması, Türkçe Kur'an, Türkçe dua, Türkçe hutbe, Türkçe ezan, Türkçe salat konusundaki bilinmeyenler, Mehmet Akif'in Kur'an tercümesini

yapmaktan vazgeçmesinin gerçek nedeni, Atatürk'ün İslam dinine yaptığı büyük hizmetler, 1950'lerde Atatürk'ün Dinde Öze Dönüş Projesi'nin yok edilmesi...

3. **TARİH VE DİL TEZLERİ PROJESİ:** Atatürk'ün okuma tutkusu ve tarihe, arkeolojiye, dile, antropolojiye verdiği önem, Atatürk öncesinde Türkiye'de tarih ve arkeolojinin durumu, Türkçenin 700 yıllık kayıp tarihi, Atatürk'ün Türk Tarih Tezi'nin uluslararası kaynakları, Tarih Kurultayları, Cumhuriyet'in Batı Merkezli Tarih'e başkaldıran kültür-uygarlık eksenli bilimsel tarih kitapları, Dil Devrimi'yle Türkçenin kurtuluşu, Atatürk'ün Türk Dil Tezi/Güneş Dil Teorisi'nin uluslararası kaynakları, Atatürk'ün dilbilim tutkusu ve dilbilim/kökenbilim çalışmaları, Atatürk'ün Türkçe sözcükleri, Dil Kurultayları, Tarih ve Dil Tezlerinin bilimsel boyutu ve uluslararası etkisi, Atatürk'ün bilimkurgu tarih/dil görüşü (sesler kaybolmaz), Atatürk'ün antropolojiye verdiği önemin nedenleri, 1929'da Cumhuriyet'in paradigma değişimi; sosyolojinin yerine antropoloji, ırkçı Nazi antropolojisine karşı eşitlikçi Brakisefal Avrasya Kuramı'yla başkaldırı, Tarih Kurultaylarında ve tarih kitaplarında antropoloji, Türkiye'de antropolojinin kurumsallaşması, Afet İnan'ın Anadolu'da 64.000 kişi üzerinde yapılan dünyanın en büyük antropoloji anketine dayanarak yazdığı doktora tezinin bilimsel boyutu ve önemi, ilk Türk antropoloğu Prof. Dr. Şevket Aziz Kansu'nun antropoloji dünyasında elde ettiği saygınlık, 18. Uluslararası Antropoloji ve Tarihöncesi Arkeoloji Kongresi'nin Türkiye'de yapılmak istenmesinin nedenleri, Atatürk'ün antropoloji çalışmalarının bilimsel niteliği ve ırkçılık karşıtlığı, Atatürk'ün ölümünden sonra Tarih ve Dil Tezleri Projesi'nin yok edilmesi, 1949'da ABD-Türkiye arasındaki eğitim anlaşması ve Fulbright Komisyonu, Türk Tarih Tezi'nin önce Greko (Yunan)-Roma Tezi'ne, sonra Türk-İslam Sentezi'ne dönüştürülmesi, Atatürk'ün Dil Tezi'yle dalga geçilmesi ve Atatürk'e yapılan büyük saygısızlık...

AKL-I KEMAL'i dört ciltte bitirmeyi düşünüyordum, ancak Atatürk'ün göz kamaştıran projelerini bütün boyutlarıyla, en iyi şekilde sizlere ulaştırmak için çaba sarf ederken projelerin 4 cilde sığmayacağını gördüm, bu nedenle Akl-ı Kemal'i beş ciltte bitirmeye karar verdim. Akl-ı Kemal setinin tamamlanmasını sağlayacak olan 5. ciltte MODERN ANKARA PROJESİ, YÜZEN FUAR PROJESİ, MUSİKİ VE SANAT PROJESİ, SAĞLIK PROJESİ, ÇAĞDAŞ ÜNİVERSİTE (EĞİTİM) PROJESİ ve İNSANLIK PROJESİ yer alacaktır.

İyi okumalar...

Sinan MEYDAN
Büyükçekmece/İstanbul/2013

*Eşim ÖZLEM AKKOÇ MEYDAN ile
kızım İDİL MAYA MEYDAN'a sonsuz sevgilerimle...*

PROJE 1

UÇAK SANAYİ PROJESİ
(Havacılık ve Uzay Öngörüsü)

Uçak Korkusundan Uçak Sevgisine

Atatürk, 17 Aralık 1903'te Wright Kardeşlerin havadan ağır ilk motorlu uçuşu yapmasından 7 yıl sonra, 1910'da Fransa'da ilk kez uçakla tanışmıştır.

10 Eylül 1910'da Paris'te uluslararası katılımlı Picardie Manevraları düzenlenmiştir. Osmanlı Devleti, Paris Ateşemiliteri Bnb. Fethi (Okyar) Bey, Topçu Rıza Paşa, Kur. Yzb. Selahattin Bey ve Kur. Yzb. Mustafa Kemal Bey'den oluşan bir gözlemci heyetiyle manevralara katılmıştır. Picardie Manevraları, Atatürk'ün ilk Avrupa gezisidir.[1]

Atatürk trenle İstanbul'dan Fransa'ya giderken, yolda arkadaşı Binbaşı Selahattin Bey'in başındaki fesle dalga geçilmesi ve manevra esnasında Atatürk'ün ileri görüşlülüğüne hayran kalan yabancı ataşelerden bir albayın, başındaki fesi gösterip, *"Bunu ne diye giyersiniz? Bu başınızda oldukça kimse kafanıza itibar etmez,"* demesinden çok etkilenmiştir.[2]

Atatürk, Picardie Manevralarında askeri strateji dehasını gözler önüne sermiş ve çok isabetli bir öngörüyle, **"Bu kadar hazırlık barış için yapılamaz. Aklımızı başımıza almalıyız. Çıkacak savaş bütün dünyayı ateşe atabilir ve biz bunun dışında kalamayız,"**[3] diyerek dört yıl önceden I. Dünya Savaşı'nın çıkacağını ve Osmanlı'nın bu savaşa girmek zorunda kalacağını tahmin etmiştir.

---

1 Osman Yalçın, *"Türk Tarihi Bakımından 20. Yüzyılda İki Önemli Gelişme: Havacılığın ve Bir Liderin Doğuşu"*, **Turkish Studies - International Periodical For The Languages, Literature and History of Turkish or Turkic**, C 6/2 Bahar 2011, s. 1035.

2 Uluğ İğdemir, **Atatürk'ün Yaşamı, 1881-1918**, C 1, 2. bas., Ankara, 1988, s. 22; Falih Rıfkı Atay, **Çankaya**, Pozitif Yayınları, İstanbul, ty., s. 74.

3 Fethi Okyar, **Üç Devirde Bir Adam**, haz. Cemal Kutay, İstanbul, 1980, s. 127.

*Atatürk, Fethi Okyar'la birlikte
Picardia Manevralarında uçakları seyrederken*

Picardie Manevralarına katılan Atatürk ve Fethi (Okyar) Bey, İstanbul'a dönünce Harbiye Nezareti'ne gönderilmek üzere bir rapor hazırlamışlardır.[4] Mavi ve kırmızı kuvvetlerin uçak kullandığını ve uçakların çok etkili olduğunu anlattıkları raporda havacılığın öneminden söz etmişlerdir. Özellikle Fethi Bey'in Paris'ten gönderdiği raporlardan, havacılığın askeri önemi konusunda derin bir öngörüye sahip olduğu anlaşılmaktadır. Örneğin 2 Eylül 1911 tarihli raporunda Fethi Bey *"Uçaklardan savaş zamanında keşif ve ulaşım amacıyla büyük yararlar beklenmektedir,"* diyerek bu konuda Osmanlı ordusunun geri kalmamasını istemiştir.[5] Arkadaşı Fethi Bey'le havacılık konusunda görüş alışverişinde bulunan Atatürk, çok erken yaşlarda havacılığın önemini kavramıştır.[6]

Picardie Manevraları Atatürk'ün hayatında bir dönüm noktasıdır. Manevralar sırasında ölümle yaşam arasında gidip gelmiştir. Atatürk, 1934 yılında Ankara Orduevi'nde Irak Hava Kuvvetleri'ne bağlı subaylara Picardie'de yaşadığı bu ilginç olayı şöyle anlatmıştır:

---

4 Erol Mütercimler, **Fikrimizin Rehberi**, İstanbul, 2008, s. 190.
5 Bülent Yılmazer, **Çanakkale Hava Savaşları**, Mönch Türkiye Yayıncılık, Ankara, 2005'ten naklen "*Çanakkale Hava Savaşları*", **Bütün Dünya dergisi**, Mart 2006, s. 26.
6 Yalçın, **agm.**, s. 1036.

"... Manevranın sonunda, daha çocukluk çağında olan uçaklarla gösteriler yapıldı. Bundan sonra manevraya katılan yabancı subaylardan isteyenlerin bu uçaklara bindirileceği bildirildi. Ben de hemen uçaklardan birine doğru yöneliyordum ki General Ali Rıza bileğimden tuttu. 'Bilmediğin aş, ya karın ağrıtır ya baş,' diye beni uyardı. Uçağa benim yerime başka ülkeden bir subay bindi. Bu uçak havada bir dönüş yaptıktan sonra yere çakıldı. Ölümden kurtulmuştum."[7]

O olaydan sonra Atatürk, hayatında bir daha hiç uçağa binmemiştir.[8] Ancak bir gün uçağa binmek isteğini manevi kızı pilot Sabiha Gökçen'e şöyle itiraf etmiştir:

"Şunu sana itiraf edeyim ki Gökçen, ben de uçak kullanmak isterdim. Göklere tek başıma egemen olmak isterdim. Kim bilir, belki bir gün hiç olmazsa spor olarak bunu yapabilecek bir zaman bulurum..."[9]

Atatürk Sabiha Gökçen'le

---

7   Sadi Borak, **Atatürk**, İstanbul, 2004, s. 82; Sadi Borak, **Hayat Tarih Mecmuası**, S. 4, Mayıs 1965, s. 52.
8   Mütercimler, **age.**, s. 191.
9   Sabiha Gökçen, **Atatürk'ün İzinde Bir Ömür Böyle Geçti**, haz. Oktay Verel, İstanbul, 1982, s. 96.

1910 yılında, Picardie Manevraları sırasında bir taraftan uçak korkusu başlayan Atatürk, diğer taraftan **"istikbalin göklerde olduğunu"** düşünmeye başlamıştır. Atatürk, Cumhuriyet döneminde hayata geçireceği **Uçak Sanayi Projesi**'ni ilk olarak –büyük bir olasılıkla– Picardie Manevraları sonrasında düşünmeye başlamıştır.

Osmanlı Dönemi Türk Havacılığı ve Atatürk

Picardie Manevralarından sonra Avrupa'da askeri amaçlı uçak sanayi gelişmeye başlamıştır. Bu manevralardan sonra Alman, İngiliz, İtalyan ve Rus orduları askerî pilot yetiştirmek amacıyla Fransa'ya öğrenci göndermeye başlamıştır.[10]

Şaşırtıcı bir şekilde Osmanlı Devleti'nde askeri havacılık Avrupa'yla eşzamanlı olarak gelişme göstermiştir. Öyle ki Osmanlı havacılık çalışmaları bütün Balkan ülkelerinden ve Rusya'dan önce başlamıştır.[11] Osmanlı'nın başlangıç olarak Batı'nın gerisinde kalmadığı belki de tek alan askeri havacılıktır dersek fazla abartmış olmayız!

Osmanlı topraklarında ilk uçaklı uçuşu, **Baron de Catters** gerçekleştirmiştir. "Voison" adlı uçağıyla 2 Aralık 1909'da İstanbul semalarında süzülen Baron, Harbiye Nazırı Mahmut Şevket Paşa'yı ziyaret etmiş, Paşa da bir komisyon kurarak uçuşların ve uçakların incelenmesini istemiştir.[12] Osmanlı Genelkurmayı havacılık konusunda bilgi toplamak için 1911 yılında iki subayını Avrupa'ya göndermiştir. Dönemin sadrazamlarından **Mahmut Şevket Paşa** havacılıkla çok ciddi olarak ilgilenmiştir. Bu çerçevede Genelkurmay Başkanlığı'nın 2. Şube görevlilerinden **Süreyya (İlmen) Bey**'i havacılık teşkilatlanmasıyla görevlendirmiştir.[13] 1 Haziran 1911'de "Harbiye Bakanlığı Fen Kıtaları

---

10 Yalçın, **agm.**, s. 1036
11 Süreyya İlmen, **Türk Tayyarecilik ve Balonculuk Tarihi**, İstanbul, 1948, s. 8.
12 Yavuz Kansu, **Havacılık Tarihinde Türkler 1, En Eski Çağlardan Birinci Dünya Savaşına**, Ankara, 1971, s. 114.
13 **Genelkurmay Başkanlığı Türk Silahlı Kuvvetler Tarihi**, C 3, K. 6, (1908-1920), Ankara, 1996, s. 298.

Müstahkem Genel Müfettişliği"nin kurulmasıyla Türk ordusu içinde hava kuvvetlerinin temeli atılmıştır.[14]

1911 yılında İtalya, Osmanlı toprağı Trablusgarp'a saldırmıştır. Osmanlı Devleti'nin her bakımdan hazırlıksız yakalandığı bu savaşta, ilk olarak İtalyanlar uçak kullanmıştır. İtalya öncü kuvvetlerle birlikte uçuş bölüğüne 9 uçak ve 2 hava gemisi göndermiştir. Bu İtalyan bölüğü keşif uçuşu yapmış ve Türk mevzilerine bombalı saldırılarda bulunmuştur.[15] İtalyanlar savaşta Türk mevzilerinin üzerine, yaklaşık iki kiloluk dört bomba atarak tarihteki ilk hava bombardımanını gerçekleştirmiştir.[16] İtalyan uçakları Trablusgarp ve Bingazi'deki Hilal-i Ahmer çadırlarını bile bombalamıştır.[17]

Trablusgarp Savaşı başladığında İtalyan ordusunun 28 uçak ve 2 yönlendirilebilir balondan oluşan bir hava gücü vardır. Buna karşın Osmanlı ordusunun hiç hava gücü yoktur. Bu nedenle Osmanlı Devleti savaş sırasında 2 uçak bulup yabancı pilotlar kiralamıştır.[18] Ancak son anda uçakların Trablusgarp'a sevkinde yaşanan olumsuz gelişmeler üzerine, Osmanlı bu savaşta uçak kullanamamıştır. Osmanlı, Trablusgarp Savaşı'nda uçak kullanamasa da, bir İtalyan uçağını düşürmeyi başarmıştır. Böylece havacılık tarihinde yerden açılan ateşle uçak düşüren ilk ülke olmuştur.[19]

---

14 Abdurrahim Fahimi Aydın, "*Tayyareden Uçağa: Milli Hava Sanayinin Kuruluşunda Türk Halkının Yaptığı Bağışlar*", **Karadeniz Araştırmaları**, Güz 2011, S. 31, s. 54.
15 Michael Paris, "*Air Power and Imperial Defence 1880–1919*", **Journal of Contemporary History**, C 24, No: 2, Nisan 1989, s. 221'den naklen Aydın, **agm.**, s. 53.
16 A. D. Harvey, "*Bombing and the Air War on the Italian Front, 1915-1918*", **Air Power History**, C 47, S. 3, Güz 2000'den naklen Aydın, **agm.**, s. 53.
17 Seçil Akgün, Murat Uluğtekin, "*Trablusgarb ve Hilal-i Ahmer*", **OTAM**, S. 3, 1992, s. 42; Aydın, **agm.**, s. 53.
18 İrfan Sarp, **Türk Hava Kuvvetlerinin Doğuş Yılları**, Ankara, 1986, s. 4; Yalçın, **agm.**, s. 1036.
19 Yavuz Kansu, Sermet Şensöz, Yılmaz Öztuna, **Havacılık Tarihinde Türkler 1**, Hava Kuvvetleri Basımevi, Ankara, 1971, s. 120, 159; Yaşar Özdemir, **Şehit Pilot Binbaşı Fazıl Bey**, Ankara, 1981, s. 12; Mazlum Keyüsk, **Türk Havacılık Tarihi: 1912-1914 Birinci Kitap**, Eskişehir, 1950, s. 198; GNKU. ATASE, **Türk Silahlı Kuvvetleri Tarihi**, C III, Kıs. 6 (1908-1920), Ankara, 1996, s. 305; Yalçın, **agm.**, s. 1036.

Geleceğin en etkili savaş gücü olan uçaklar ilk olarak 1911 yılında İtalya ile Osmanlı Devleti arasındaki Trablusgarp Savaşı'nda kullanılmıştır. Ayrıca keşif, havadan çekim, bombardıman, düşen ilk uçak gibi havacılık tarihinin ilkleri de bu savaş sırasında yaşanmıştır.[20]

Atatürk, gazeteci "Mustafa Şerif" adına düzenlenen sahte bir pasaportla 15 Ekim 1911 tarihinde, Mısır üzerinden gizli yollarla bölgeye giderek Trablusgarp Savaşı'na katılmıştır. Derne ve Tobruk'ta başarıyla mücadele etmiştir. Bir hava saldırısı sırasında gözünden yaralanarak bir süre hastanede yatmıştır. Trablusgarp Savaşı sırasında İtalyan uçaklarının Türk mevzilerine yaptığı saldırılarda uçakların çok etkili bir silah olduğuna tanık olmuştur.[21] Yanında bulunan A. Fuat Bulca'ya, *"Bir gün bu uçakların Türklerin de elinde bulunacağını ve bunlardan yararlanılacağını,"* söylemiştir.[22]

15 Mart 1912'de, Osmanlı Genelkurmayı sipariş ettiği ilk keşif uçaklarına sahip olmuştur.[23] Bu ilk Türk uçakları, ilk kez 27 Nisan 1912'de Türk semalarında uçmuştur.[24] Eğitimlerini tamamlayıp yurda dönen **Feza** ve **Kenan** beyler uçmaya başlamıştır.[25]

Balkan Savaşları öncesinde Osmanlı Devleti'nin elinde 2 Deperdüssen, 5 REP (Fransız), Bileryo, 2 Bristol (İngiliz) ve 2 Mars DFWs (Alman) ve Nieuports ve Harlan'dan oluşan bir hava gücü vardır.[26] Bu uçaklar yabancı pilotlarca kullanılmıştır. Uçaklar için Albay Süreyya Bey komutasında İstanbul **Yeşilköy'de bir askeri havaalanı** kurulmuştur. Pilotlar İstanbul'da yetiştirilmeye başlanmıştır. 3 Temmuz 1912'de de "Yeşilköy Tayyare

---

20 David Killingray, "*A Swift Agent of Government: Air Power in British Colonial Africa, 1916–1939*", **The Journal of African History**, C 25, S. 4, 1984, s. 429–430'dan naklen Aydın, **agm.**, s. 53.
21 Yalçın, **agm.**, s. 1037.
22 **agm.**, s. 1037.
23 Selma Otçu, "*İstanbul Hava Kuvvetleri Müzesi*", **Silahlı Kuvvetler Dergisi**, Ocak 2010, S. 403, s. 94; Aydın, **agm.**, s. 54.
24 Aydın, **agm.**, s. 54.
25 "*Türk Hava Kuvvetlerinin Tarihçesi*", **Atatürk ve Türk Havacılığı**, Ankara, 1981, s. 13.
26 Süreyya, **age.**, s. 9; Kansu, **age.**, s. 129; Aydın, **agm.**, s. 54-55.

Okulu"nun açılışı yapılmıştır.[27] Okulun ihtiyaçlarını karşılamak için halkın bağışlarından yararlanılmıştır.[28] Hükümet ekimde Almanya'dan iki Bristol "bi Planes" bombalama aygıtları ve iki torpil şeklinde bomba, altı el bombası ve iki Alman teknisyen istemiştir. Bu iki Alman teknisyen, 8 pilot eğitmiştir.[29] Ancak bu pilotlar yalnız başlarına uçacak düzeye gelmeden Balkan Savaşları patlak vermiştir.

Pilot Feza Bey

1912 I. Balkan Savaşı'nda Osmanlı Devleti'nin hava gücü Fransa'da eğitilmiş 2 pilot ve yurtdışından satın alınmış 17 uçaktan oluşmuştur.[30]

---

27 *"Türk Hava Kuvvetlerinin Tarihçesi"*, **Atatürk ve Türk Havacılığı**, Ankara, 1981, s. 13.
28 **Türk Silahlı Kuvvetler Tarihi**, s. 300.
29 Aydın, **agm.**, s. 35.
30 Murat Arda Çakmak, *"Teknoloji Aktarımı ve Türk Hava Sanayine Getirdikleri"*, **2. Ulusal Uçak, Havacılık ve Uzay Mühendisliği Kurultayı**, Eskişehir, 10 Mayıs 2003'ten aktaran Aydın, **agm.**, s. 55.

Balkan Savaşları sırasında Bulgarlar Edirne'de sivil halka uçaklarla saldırmış ve havadan bildiriler atmıştır. Bu savaşlara katılan Ziya Şakir, "Meçhul Asker-1912 Edirne'nin Muhasarası" adlı anılarında Edirne semalarındaki Bulgar uçaklarından şöyle söz etmiştir:

"*Keskin bir motor horultusu Edirne'nin saf ve masum semasını velveleye veriyordu. Tayyare Sultan Selim Camisi'nin üzerinden doğru geçti. Tayyareden atılan kâğıt desteleri beyaz kelebekler gibi her tarafa dağılıyordu...*"[31]

Osmanlı Devleti, uçakları ilk defa II. Balkan Savaşı'nda keşif ve bombardıman amaçlı olarak kullanmıştır.[32] Örneğin bu savaş sırasında **Üsteğmen Fethi Bey** "Osmanlı" adlı uçağıyla düşman hatları üzerinde bir saati aşkın keşfinde düşmanın yeni bataryalarını tespit etmiş, Çatalca Muharebeleri öncesinde de Feza ve Kenan beyler Silivri civarında ateşe maruz kalmalarına rağmen, iki saat süreyle keşif uçuşu yaparak önemli bilgiler toplamıştır.[33]

Mayıs 1913'te kurmay subayların rasıt (gözlemci) olarak yetiştirilmesi ve bağımsız bir rasıt sınıfının (gözlemci sınıfının) teşkilatlandırılması için emir yayımlanmış ve havadan gözetleme ve eğitim programı oluşturulması için bir talimatname hazırlanmıştır.[34]

6 Mart 1913 tarihli bir emirle Türk uçaklarının kanat altlarına milliyeti gösterme amacıyla **ay yıldız** çizilmiştir ki, bu dünya havacılığında bir ilktir.[35]

Balkan Savaşları sırasında maddi ve manevi büyük sıkıntılar çeken Osmanlı Devleti, hazinede uçak alacak para olmadığı için halktan yardım toplamaya karar vermiştir. Mahmut Şevket Paşa hava gücünü artırmak için "Tayyare İanesi" kampanyası başlatmıştır. Mahmut Şevket Paşa 30, Sultan Reşat da 1000 altınla kampanyaya destek vermiştir. Bu paralarla alınan uçağa "Osmanlı" adı verilmiştir. Serasker Rıza Paşa da kendi parasıyla alıp orduya

---

31 Ziya Şakir, **Meçhul Asker-1912 Edirne Muhasarası**, İstanbul, 2011, s. 115.
32 Yalçın, **agm.**, s. 1037.
33 Erden Candaş, **1911'den 2000'lere Hava Kuvvetleri**, Ankara, 1993, s. 25.
34 **age.**, s. 35.
35 Yılmazer, **age.**, s. 35.

bağışladığı uçağa "Vatan" adını koymuştur. Mısırlı Prens Celalettin de "Prens Celaleddin" adını verdiği bir uçak satın alıp orduya vermiştir. Yardım paralarıyla alınan ilk uçaklara "Meşrutiyet" ve "Ordu" adları verilmiştir. Memurlar da "Gümrük" ve "Maliye" adlarını vermeyi düşündükleri uçakları almak için para toplamıştır.[36] Halkın bağışlarıyla 103.483 Frank'a "Muavenet-i Milliye" adı verilen bir uçak satın alınmıştır.[37]

Osmanlı Müdafaa-i Hukuk-i Nisvan Cemiyeti üyelerinden **Belkıs Şevket Hanım**, 1 Aralık 1913'te Pilot Fethi Bey'in kullandığı bir uçakla İstanbul semalarında dolaşmıştır. Belkıs Şevket Hanım'ın uçağa binmek istemesinin amacı kadınların yardımlarıyla "Kadınlar Dünyası" adını vermeyi düşündüğü bir uçak satın alıp orduya bağışlamaktır. Ancak bütün gayretlerine karşın yeterli miktarda para toplamayı başaramamıştır.[38]

Uçağa binen ilk Türk kadını olan Yazar Belkıs Şevket Hanım, Türk havacılığının ilk şehitlerinden Pilot Fethi Bey'le "Osmanlı" adlı uçakta

36 Aydın, **agm.**, s. 56.
37 **agm.**, s. 56.
38 Türk Hava Kuvvetleri Resmi İnternet Sayfası: (http://www.hvkk.tsk.tr) Erişim tarihi 10 Eylül 2012.

İşin ilginç yanı 1913 yılında **İstanbul'da bir uçak fabrikası** kurulması gündeme gelmiştir.[39] Ancak, maalesef Cumhuriyet dönemine kadar Türkiye'de uçak fabrikası kurulamamıştır.

1914 yılında I. Balkan Savaşı yenilgisini biraz olsun unutturmak isteyen **Enver Paşa**, Fransa'da eğitim görüp yurda dönen ilk pilotlardan olan **Fethi, İsmail Hakkı** ve **Nuri** beylerin 2500 kilometrelik **İstanbul-Kahire uçuşunu** gerçekleştirmelerini istemiştir. Enver Paşa, 8 Şubat 1914'te İstanbul Yeşilköy'deki uğurlama töreninde pilotları ve izleyenleri coşturan bir konuşma yapmıştır. Yaveri Mülâzım-ı Evvel Sadık Bey'i de Fethi Bey'in yanına refakatçi olarak vermiştir. Bu ikili "Muavenet-i Milliye", Yüzbaşı Nuri ve Mülâzım-ı Evvel İsmail Hakkı da "Prens Celaleddin" adlı uçakla Kahire'ye doğru havalanmıştır. Ancak yolda uçakları düşünce Fethi Bey, Sadık Bey ve Yüzbaşı Nuri ilk hava şehitlerimiz olmuştur. Enver Paşa yine de İstanbul-Kahire yolculuğundan vazgeçmemiştir. Bu sefer de Pilot Salim ve Kemal beyleri bu işle görevlendirmiştir. Bu ikili birkaç başarısız denemenin ardından, nihayet 6 Mayıs 1914'te Kahire'ye inmeyi başarmıştır.[40]

Atatürk Balkan Savaşları'nda çeşitli görevler yaptıktan sonra, Bolayır Kolordusu Kurmay Başkanlığı görevine atanmıştır. **II. Balkan Savaşı'nda, Edirne'yi almak üzere ileri harekâta geçen kolordunun kurmay başkanı Atatürk'tür.** 1 Mart 1914'te bu savaştaki hizmetlerinden dolayı yarbay rütbesine terfi eden Atatürk, Türklerin savaşlarda ilk kez uçak kullanmış olmasından memnun kalmış ve hava gücüne çok daha fazla önem verilmesi gerektiğini düşünmeye başlamıştır.

Osmanlı Devleti askeri uçak sanayine Avrupa'yla eşzamanlı olarak yönelmiş olsa da kısa zamanda Avrupa'nın gerisinde kalmıştır. Örneğin 1914-1918 yılları arasındaki I. Dünya Savaşı'na İngiltere 84 uçakla katılmış, savaş sonunda 3500 uçak üretir hale gelmiştir. İtalya savaşın başında 84 uçağa sahipken, savaş

---

39 Fethi Kural, **Kuruluş Yıllarında Türk Askerî Belgeleri 1909-1913**, Ankara, 1974, s. 328; Yalçın, **agm.**, s. 1038.
40 Necdet Sakaoğlu, *"İlk Hava Şehitlerinin Uçağı da Suriye'de Düştü"*, **NTV Tarih**, Ağustos 2012, S. 43, s. 76-80.

sonunda 1754 uçağa ulaşmıştır. Fransa cephede 3600 uçak bulundurmuştur. Almanya savaşın başında 258 uçağa sahipken savaş sonunda 5000 uçağa ulaşmıştır. Rusya 190 uçağa ek olarak Fransız lisansıyla uçak üreterek 145 olan pilot sayısını artırmıştır. Avusturya toplam 70 uçak ve 36 pilotla katıldığı savaş sırasında 5431 uçak üretmiştir. Belçika savaşın başında 30 uçağa sahipken, savaşın sonunda 127 uçağa ulaşmıştır. 740 uçak ve 800 pilot ile 1917'de savaşa giren ABD, savaş sırasında 4846 bombardıman uçağı üretmiştir.[41]

Buna karşılık savaşa girdiğinde Osmanlı ordusunda 8 uçak ve 10 pilot vardır. Savaş sırasında Alman desteğiyle 40 uçağa, savaş sonunda ise 100 uçağa ulaşılmıştır. Savaş sırasında Osmanlı topraklarında 450 civarında uçak görev yapmıştır. Savaş sırasında Osmanlı Devleti, Almanya'nın yardımlarıyla 100 kadar pilota sahip olmuştur.[42]

1915 Ocak ayında Alman ordusundan **Yüzbaşı Serno** Osmanlı havacılığını düzenlemek üzere İstanbul'a gelmiş, mayısta Almanya'ya giderek uçak teminine çalışmış ve Yeşilköy'de bir **pervane imalathanesi** kurulmasını sağlamıştır. Serno'nun yanında görev yapan subaylar arasında Almanya'da kendi olanaklarıyla pilot eğitimi alan Süvari Üsteğmen Şakir Fevzi Bey'in de havacılık çalışmalarına önemli katkıları olmuştur.[43] 1915 yılı sonunda Osmanlı ordusunda uçak okulu istasyonundan başka yedi uçak birliği oluşturulmuştur. Bu birlikler ve görev yerleri şöyledir:

- 1'inci ve 6'ncı Tayyare Bölükleri Çanakkale'de
- 2'nci Tayyare Bölüğü Irak'ta,
- 3'üncü Tayyare Bölüğü Uzunköprü'de
- 4'üncü Tayyare Bölüğü Adana'da
- 5'inci Tayyare Bölüğü 2'nci Ordu'da,
- 7'nci Tayyare Bölüğü Kafkas Cephesi'nde görevlendirilmiştir.

---

41 Kansu, **age.**, s. 166, 171; Aydın, **agm.**, s. 59.
42 Mustafa Keskin, "*Milli Mücadele'de Türk Hava Kuvvetleri İçin Uçak Sağlanması*", Erciyes Üniversitesi Sosyal Bilimler Enstitüsü Dergisi, Yıl 1988, S. 2, s. 216; Aydın, **agm.**, s. 59.
43 Yılmazer, **age.**'den naklen "*Çanakkale Hava Savaşları*", **Bütün Dünya** dergisi, Mart 2006, s. 28.

- Bir tayyare bölüğü Şam'da, bir tayyare bölüğü de Keşan'da konuşlandırılmıştır.
- Ayrıca bir de sabit balon bölüğü kurulmuştur.
- Bahriye Nezareti'ne bağlı Deniz Tayyare Birliği'nde 2 Niyaport (eğitim), bir Curtis ve 8 Gotha olmak üzere toplam 11 uçak vardır.[44]

I. Dünya Savaşı yıllarında Albatros B-1 Uçağı ve mürettebatı

I. Dünya Savaşı'nda Çanakkale Cephesi'nde ilk zamanlarda düşman hava gücü, Türk hava gücünün 14 katıyken, daha sonra 7 katına düşmüştür. Düşmanın kara uçakları yanında uçak gemilerinde bulunan deniz uçakları ve topçu atışlarını düzenleyen balonları vardır. Buna karşın Türk tarafı bazen tek uçağa kadar düşmüş, son zamanlarda ise 1 ve 6. Hava Bölüğü ve

---

44 Yavuz Kansu, Sermet Şensöz, Yılmaz Öztuna, **Havacılık Tarihinde Türkler**, Ankara, 1971, s. 181; Mazlum Keyüsk, **Türk Havacılık Tarihi: 1912-1918**, Eskişehir, 1950, s. 56; **Birinci Dünya Harbi Türk Hava Harekâtı**, C IX, Genelkurmay Harp Tarihi Başkanlığı Resmi Yayınları, Seri No: 3, Ankara, 1969, s. 33.

Almanya'dan temin edilen modern uçaklarla biraz olsun nefes almıştır.[45]

Çanakkale Savaşlarında Türk hava gücü çok zor koşullarda kendisinden kat kat güçlü düşman hava güçleriyle mücadele etmek zorunda kalmıştır. Bu nedenle de zaman zaman akla hayale gelmeyecek yaratıcı çözümler bulmuştur. Örneğin uçaklardan atmak için yeterli bomba olmadığı zamanlarda Türkler, kendi bombalarını kendi olanaklarıyla üretmiştir. Şöyle ki: *"Peksimet taşımak için kullanılan ahşap kutulara 100-150 adet uçak çivisi dolduruluyor ve bunlar uçakların yanlarına bağlanıyordu. Düşman üzerinden uçarken kutuların kapakları açılarak yüzlerce çivinin düşmesi sağlanıyordu."*[46] O günlerde kendi uçak bombalarını yapmayı başaran Türkler, silahsız keşif uçaklarını da kendi buluşlarıyla silahlandırmıştır. *"El yapımı uçak bombalarının yapımında İstanbul zanaatkârları arasından seçilen makine ustaları, bakırcılar, demirciler ve marangozların görev aldıkları, İstanbul şoförlerinin ise kısa bir kurstan geçirildikten sonra uçakların onarımında makinist olarak görevlendirildikleri belirtiliyor. Bu makinist ve ustalar Çanakkale Hava Savaşları'nda bir olmazı daha gerçekleştirmişler, Almanya'dan destek için gönderilen B-1 silahsız keşif uçaklarını kendi buluşlarıyla silahlandırmışlardır."*[47]

Özellikle Çanakkale Savaşları sırasında Türk uçakları keşif görevlerinde gayet başarılı olmuş, verdikleri raporlarla komutanların işini kolaylaştırmıştır. Örneğin Türk keşif uçakları 18 Mart 1915 sabahı deniz savaşı ve 24-25 Nisan 1915 ve 9-10 Ağustos 1915 kara savaşları öncesi düşmanın hareketlerini ve

---

45 Yalçın, **agm.**, s. 1038.
46 Yılmazer, **age.**'den naklen *"Çanakkale Hava Savaşları"*, **Bütün Dünya dergisi,** Mart 2006, s. 22-23.
47 İlk kez Çanakkale Cephesi'nde havadaki bir Türk uçağı düşman uçağını makineli tüfek atışıyla düşürmeyi başarmıştır. Böylece Üsteğmen Ali Rıza Bey idaresindeki Albatros C I tipi uçakta Rasıt Teğmen İbrahim Orhan, bir düşman uçağını düşüren ilk Türk olarak tarihe geçmiştir. Türk havacılarının bu buluşlarını daha sonra Almanlar da kendi uçaklarında uygulamışlar ve uçaklardaki rasıt yerine makineli tüfek yerleştirmişlerdir. Makineli tüfek yerleştirilmiş bu uçaklar özellikle II. Dünya Savaşı'nda adeta ölüm kusmuştur (ayrıntılar için bkz. Bülent Yılmazer, **Çanakkale Hava Savaşları,** Mönch Türkiye Yayıncılık, Ankara, 2005).

muhtemel amaçlarını belirleme başarısı göstermiştir.[48] Dahası Türk havacıları, çağımızın vazgeçilmez savaş gerekliliği olan elektronik karıştırmayı dünyada ilk kez Çanakkale Savaşlarında başarmıştır. Şöyle ki: 1915'te İngiltere'nin "Queen Elizabeth" adlı savaş gemisi, bir Türk savaş uçağı yüzünden telsiz haberleşmesinde güçlük yaşadığını rapor etmiştir.[49]

Çanakkale Savaşları sırasında, müttefik kuvvetlerinin 40 civarındaki uçağı karşısında az sayıda Türk uçağı ve havacısı önemli başarılara imza atmıştır. Bu dönemde 1'inci Tayyare Bölüğü'nde 5'i pilot ve 10'u rasıt olmak üzere toplam 15 Türk havacı ve 23 Alman havacı görev yapmıştır. Deniz ve hava savaşları boyunca 6'sı hava savaşı, 16'sı ise yerden açılan savunma ateşi sonucunda toplam 22 düşman uçağı düşürülmüştür. Bunun dışında Türk havacılardan hiçbiri Çanakkale Savaşları sırasında hayatını kaybetmemiştir.

Breguet marka uçaklarıyla iki Türk pilotu

---

48 Yalçın, **agm.**, s. 1038.
49 Yılmazer, **age.**'den naklen "*Çanakkale Hava Savaşları*", **Bütün Dünya dergisi**, Mart 2006, s. 25-26.

Bütün bunlar olurken Atatürk, Çanakkale'de uçakların gücüne ve etkisine bizzat tanık olmuştur.[50] Atatürk'ün birliğinin bulunduğu mevkiler düşman uçakları tarafından sık sık bombalanmıştır. 1910 yılında Picardie Manevralarında yaşadığı olaydan dolayı uçağa binmekten korkan Atatürk, ölüm saçan düşman uçaklarıyla ise adeta dalga geçmiştir.

Çanakkale Savaşları'nda Atatürk'ün yanında bulunanların anlattıkları, onun tepesine bırakılan uçak bombalarından bile zerre kadar ürkmediğini göstermektedir. Örneğin Çanakkale Savaşlarında yanı başında bulunan Yaveri Cevat Abbas Gürer'in anlattığına göre, 26 Temmuz 1915 tarihinde Anafartalar'da yapılan savaşta yaklaşık 5500 kadar Türk askeri 30.000 civarında düşmanı durdurmuş, düşmanı Tuzla Gölü'ne kadar sürmüştür. Atatürk 26 Temmuz'u 27 Temmuz'a bağlayan gece Conkbayırı'na geçip cepheyi yeniden düzenlemiştir. 27 Temmuz'da Büyük Anafarta köyünde bulunduğu bölge ve karargâhı 11 düşman uçağı tarafından havadan bombardıman edilmiştir. Bu bombardımanda karargâhta karışıklık çıkmış ve personel birbirini kaybetmiştir. Ancak Zabit Vekili Zeki Doğan (ilk Hava Kuvvetleri Komutanı Hava Orgeneral Zeki Doğan) ile Atatürk gece Conkbayırı'na ulaşmışlar. Karargâhın diğer personeli ise, ancak sabahın erken saatinde görev yerine ulaşabilmiştir.[51] Cevat Abbas'ın anılarına göre, düşman uçaklarının tacizleri sürekli devam etmiş, ancak Atatürk buna pek önem vermeyip korunmaya yönelik tedbir almayı gerekli görmemiştir. Oysa Ordu Komutanı Liman von Sanders hava taarruzlarında ormanlık alana sığınarak özel korunma tedbirleri almıştır.[52]

Atatürk, Anafartalar Bölgesi Cephe Grup Komutanı olarak görev yaptığı sırada, İngiliz Pilot Yarbay Samson, eylül ayının ikinci haftasında bir Nieuport uçağı ile Selvili üzerine geldiğinde,

---

50 İhsan Tayhani, **Atatürk'ün Bağımsızlık Politikası ve Uçak Sanayi 1923–1950**, Ankara, 2001, s. 185; Yalçın, **agm.**, s. 1038.
51 Turgut Gürer, **Atatürk'ün Yaveri Cevat Abbas Gürer, Cepheden Meclise Büyük Önder İle 24 Yıl**, İstanbul, 2006, s. 73-77.
52 age., s. 73-77.

arazide yol alan bir araç ve araçta 2 subayın bulunduğunu görüp araç üzerine alçalarak 2 bomba atmıştır. Araçtakiler sipere yatarak tedbir almışlar, ancak atılan bombalar Allah'tan araca isabet etmemiştir. Uçağın uzaklaşmasıyla yeniden yol alan araca İngiliz Pilot Yarbay Samson ikinci defa saldırmıştır. Bu saldırıda uçaktan atılan ve yerde patlayan bombanın şarapnel parçaları etrafa yayılarak arabanın ön camının kırılmasına ve şoförün yaralanmasına neden olmuştur. Ancak araçta bulunan subaylar olaydan yara almadan kurtulmuştur. Samson anılarında, bu aracın Atatürk'e ait olduğunu ve bu bilgiyi barış döneminde karşılaştığı diğer Türk subayından bizzat duyduğunu belirtmiştir.[53]

H. C. Armstrong, bir zamanlar yasaklanan *"Bozkurt"* adlı eserinde Atatürk'ün Çanakkale'de İngiliz uçaklarının saldırısına uğradığını şöyle anlatmıştır:

"... Gelibolu'ya dönerken bir İngiliz uçağı, bindiği otomobili baştan aşağı taradı. Bombalar arabanın önündeki ve arkasındaki yolda patladı. Bir tanesi de ön cama çarpıp şoförü öldürdü. Fakat Mustafa Kemal'e bir şey olmadı."[54]

Atatürk Çanakkale Savaşı sırasında Türk havacılarının özellikle keşif alanındaki başarılarına bizzat tanık olmuş, Çanakkale'de büyük bir destan yazarken bu keşif raporlarından yararlanmıştır. Çanakkale Savaşları, Atatürk'ün havacılığa çok daha fazla önem vermesine neden olmuştur.

Atatürk I. Dünya Savaşı'nda bir taraftan cepheden cepheye koşup düşmanla boğuşurken, diğer taraftan askeri ve siyasi sorunlarla ilgilenmiştir. Asker ve sivil yöneticilere yazdığı raporlarda sorunları sıralayıp çözüm yolları önermiştir. O günlerde Atatürk'ün tespit edip çözüm önerdiği sorunlardan biri de, uçakların cepheye gönderiliş biçimiyle ilgilidir. O günlerde cepheye gönderilecek uçaklar, gidecekleri birliklere havadan uçarak değil, yerden kara araçlarıyla taşınmaktadır. Hava istasyonunun sorunları ve yeterli pilot ile teknik ekip bulunmaması bunda

---

53 Cenk Avcı, **Çanakkale Cephesi'nde Hava Savaşları**, Ankara, 2009, s. 160-161.
54 H. C. Armstrong, **Bozkurt**, çev. Gül Çağlalı Güven, İstanbul, 1997. s. 47.

etkilidir. Ancak bu nedenle 1-2 günde uçarak cepheye gidebilecek bir uçak, karadan 1-2 ayda ancak cepheye ulaşabilmektedir. Böylece uçağa en fazla ihtiyaç duyulan zamanlar yollarda harcanmış, uçak cepheye ulaştığı zaman ise çoğunlukla kanadı, gövdesi veya motoru taşıma esnasında hasar gördüğünden uçaktan uzun süre yararlanılamamıştır.

17 Mart 1917'de 2. Ordu Komutanı olarak Doğu Cephesi'ne atanan Atatürk, 21 Mart 1917 tarih ve 3817 numaralı şifre ile Osmanlı Ordusu Başkomutanlığı'ndan **kendi ordusuna tahsis edilecek uçakların karadan değil, havadan uçarak gönderilmesini talep etmiştir.**[55]

İşte o belge:

"Başkomutanlık Vekâletine, 21 Mart 1917

Uzun bir yolu takip ederek kara vasıtalarıyla gelen uçaklardan orduda gerektiği şekilde istifade edilemediğini daha önce edinilen tecrübeler ortaya çıkarmıştır. Bu durum, ordu nezdindeki Uçak Bölük Komutanı tarafından da defalarca ifade edilmiştir. 16 Mart 1917 tarihli emirleriniz ile gönderileceği bildirilen uçağın karadan değil, uçarak Ulukışla-Maraş-Malatya üzerinden Elazığ'a getirilmesi için ilgililere emir buyrulmasını. Malatya'da bir Uçuş Meydanı vardır. Maraş'ta da meydanın hazırlanması için Uçak Bölük Komutanı'na emir verilmiştir. Bu konudaki talimatınızın beklenmekte olduğunu arz ederim.

2. Ordu Komutanı Mustafa Kemal"[56]

Atatürk'ün bu isteği üzerine, uçakların bölgeye havadan gönderilmeleri için Toros Dağları'nın aşılması gerekmiştir, ancak bu mesafenin yüksekliği 4500 metreyi bulmaktadır. Bu nedenle Ceyhan'da bir meteoroloji istasyonu kurularak meteoroloji raporlarının hazırlanması planlanmıştır.[57]

---

55 Yaşar Özdemir, **Atatürk ve Türk Havacılığı**, Ankara, 1981, s. 67; İrfan Sarp, **Türk Hava Kuvvetlerinin Doğuş Yılları**, Ankara, 1986, s. 57; Yalçın, **agm.**, s. 1039.
56 Sarp, **age.**, s. 100-101; Keyüsk, **Türk havacılık Tarihi (1917-1918) İkinci Kitap** C 2, s. 75-77; Yalçın, **agm.**, s. 1040.
57 Yalçın, **agm.**, s. 1040.

I. Dünya Savaşı'nda, II. Gazze Muharebesi'nde Türk uçakları çok başarılı olmuştur. Bu başarıyı bir İngiliz yazar şöyle ifade etmiştir: *"İki Halberstadt tayyaresi tepemiz üzerinde daireler çizip duruyorlardı. Bunlar herhalde resim almayalım diye bizi o bölgeden uzaklaştırmak veya düşürmek üzere havalanmışlardı. İki Halberstadt'a karşı havada 25 tayyaremiz olduğu halde, Türkler rasıtlarımızdan birini öldürdü. İki pilotumuzu yaraladı ve iki tayyaremizi de kurşunla yere düşürdü. Diğer altısını öyle zarara uğrattılar ki bunlar ancak yere varabildiler. İki Türk tayyaresi ise bu kadar iş gördükten sonra, 25 tayyareden geri kalanları önlerine katıp öyle bir kovaladılar ki bu adeta anlatamayacağım bir kâbustu. Şunu da söylemeden çekinmeyeceğim ki Gazze'de bize duman attıran o iki tayyareci ile dünyanın en mükemmel orduları, hem de hakkıyla övünebilirler."*[58]

I. Dünya Savaşı'nda Türk orduları en ağır yenilgilerini Filistin Cephesi'nde almıştır. Filistin Cephesi'nde 19 Eylül 1918'de İngiliz ordusunun sekiz kat kuvvetle Osmanlı ordusuna saldırmasıyla başlayan Türk geri çekilişi, 7. Ordu Komutanı Atatürk'ün 26 Ekim 1918'de Halep'in kuzeyinde İngilizlerle yaptığı **Katma Muharebesi**'ni kazanmasıyla durdurulabilmiştir. I. Dünya Savaşı'nın sonlarında Filistin Cephesi'nde Türk ordusunun yaşadığı büyük güçlüklerin temelinde, İngilizlerin bu bölgedeki üstün hava gücüne Türklerin karşılık verememeleri yatmaktadır. Bu durum İngiliz raporlarından birine; *"Harekâtımızın tamamen gizli kalmasına hizmet eden unsurun esası hava kuvvetlerimizin temin ettiği hava hâkimiyeti idi..."* şeklinde yansımıştır.[59] O günlerde Türklerin yeterli uçağa sahip olamamalarının nelere mal olduğunu, bir İngiliz pilotun 22 Eylül 1918 tarihli günlüğündeki şu satırlardan daha iyi ne anlatabilir ki: *"Bomba, tüfek ve ölüm yağmuru... Yüzlerce Türk, oldukları yerlerde durarak sadece ölümü beklemekten başka bir şey yapamıyorlar! Az sonra uçağımla havalanıp kendilerini öldüreceğimden dolayı yüreğim sızlıyor..."*[60]

---

58 Keyüsk, **age.**, s. 140; Yalçın, **agm.**, s. 1040.
59 Keyüsk, **age.**, s. 446-448; Yalçın, **agm.**, s. 1041.
60 Sarp, age., s. 109-113; Keyüsk, **age.**, s. 449; Yalçın, **agm.**, s. 1041.

Bütün bunlara bizzat tanık olan Atatürk, ulusal savunmanın temelinin havacılık olduğunu o günlerde tam anlamıyla kavramıştır. Atatürk, Mondros Ateşkes Anlaşması sonrasında 301, 302, 303, 304 nolu Alman hava bölüklerindeki havacılara teşekkür ederek ülkelerine uğurlamıştır.[61]

Osmanlı Devleti havacılık çalışmalarına Avrupa ülkeleriyle eşzamanlı başlamış olsa da, bilgi, teknoloji ve yetişmiş elemana sahip olmadığı için hiçbir zaman kendi uçağını yapamamıştır. Düyûn-ı Umûmiye kıskacında, borç batağında ve emperyalizmin saldırısı altında olduğu için de, hiçbir zaman yeterli miktarda uçak satın alamamıştır. Fethi Okyar'ın raporları, Mahmut Şevket Paşa'nın isteği, Süreyya Bey'in gayretleri ve adını tarihe yazdıran Fethi Bey gibi çok az sayıdaki kahraman Türk pilotun başarıları dışında Osmanlı'da gerçek anlamda havacılıktan söz etmek olanaksızdır.

Osmanlı'nın o buhranlı günlerinde bir taraftan cepheden cepheye koşarak düşmanla savaşan Atatürk, diğer taraftan askeri, siyasi, sosyal, kültürel, bilimsel birçok farklı konuya kafa yormaya devam etmiş, bu sırada havacılıkla ve uçaklarla da ilgilenmiştir. Balkan Savaşlarında ve I. Dünya Savaşı'nda Çanakkale Cephesi'nde az sayıdaki Türk keşif uçağının verdiği başarılı keşif raporlarını, Trablusgarp Savaşı'nda ve I. Dünya Savaşı'nda Filistin Cephesi'nde yeterli sayıda uçak ve pilot olmamasının yarattığı sıkıntıları hatırladıkça, "istikbalin göklerde olduğunu" düşünmeye başlamıştır besbelli...

Kuvayı Havaiye ve Atatürk

30 Ekim 1918 tarihli Mondros Ateşkes Antlaşması'ndan sonra, İngiltere, Fransa, İtalya, Ermenistan ve Yunanistan Türkiye'yi işgal etmiştir. Mondros Ateşkesi'yle Osmanlı'nın askeri güçlerinin neredeyse tamamını kontrol eden İtilaf devletleri 10 Ağustos 1920 tarihli Sevr Antlaşması'nın, 191. ve 194. maddeleriyle de daha emekleme çağındaki Türk hava gücünü etkisiz kılmak istemiştir.

---

61 Tayhani, **age.**, s. 186-187; Yalçın, **agm.**, s. 1041.

Bu maddelere göre özetle, mevcut Türk hava gücü hemen ortadan kaldırılacaktır.[62] Ayrıca Osmanlı hükümetinden havacılıkla ilgili teçhizat ve malzemelerin teslim edilmesi ve hava harp sanayine yönelik herhangi bir girişimde bulunulmaması istenmiştir.[63]

Mondros Ateşkesi'nin imzalanmasından sonra, Filistin'den geri çekilen hava birlikleri **Konya**'da, Irak'tan geri çekilen küçük bir hava birliği de **Elazığ**'da konuşlandırılmıştır.[64]

İstanbul'a gelen İngiliz ve Fransız hava birlikleri, Yeşilköy'ün kuzeyindeki **Safraköy Tayyare İstasyonu**'nu işgal etmiştir. Buradan ayrılan Türk havacıları, kurtarabildikleri uçak ve malzemeleri deniz yoluyla Anadolu yakasındaki **Maltepe**'ye nakletmiştir.[65] Deniz Tayyare İstasyonu'nun Yeşilköy Feneri doğusundaki uçak ve malzemeleri de Bahriye Nezareti'nin **Haliç'teki deniz ambarına** taşınmıştır.[66] Ancak daha sonra bu uçaklar ve malzemeler, Milli Hareketi yok etmek için Padişah Vahdettin ve Sadrazam Damat Ferit tarafından kurulan Kuva-yı İnzibatiye'nin hizmetine sunulmuştur. Damat Ferit Kabinesi, İstanbul-Maltepe İstasyonu uçaklarının Kuva-yı İnzibatiye'ye katılmasını istemiştir. Milli Hareket karşıtı beyannameler bu uçaklarla Anadolu'ya atılabilecek ve gerektiğinde Anadolu bu uçaklarla bombalanacaktır. Bu amaçla önce Maltepe Tayyare İstasyonu'ndaki uçaklardan birkaçının uçuşa hazırlanmasına izin verilmiştir. Ancak Anadolu'daki Milli Harekete katılmak isteyen vatansever havacılar, bu fırsattan faydalanarak aralarında gizlice anlaşıp hazırlıklarına başlamıştır, fakat bu faaliyetleri hükümetçe fark edilince uçuş izinleri iptal edilmiştir.[67]

---

62 Hulusi Kaymaklı, **Havacılık Tarihinde Türkler**, C 2, Ankara, 1997, s. 20-22; Yalçın, **agm.**, s. 1042.
63 Yalçın, **agm.**, s. 1042.
64 Rahmi Doğanay, *"Büyük Taarruz'da Türk Havacılığı"*, **Fırat Üniversitesi Sosyal Bilimler Dergisi**, C 13, S. 1, Elazığ, 2003, s. 376.
65 **Türk İstiklal Harbi, Deniz Cephesi ve Hava Harekâtı**, Genelkurmay Harp Tarihi Yayını, C 5, Ankara, 1964, s. 121.
66 Alptekin Müderrisoğlu, **Kurtuluş Savaşı**'nın Mali Kaynakları, Ankara, 1990, s. 49.
67 İrfan Sarp, **Türk Hava Kuvvetlerinin Doğuş Yılları**, Ankara 1986, s. 101; Mesut Aydın, **Milli Mücadele'de İstanbul'da Kurulan Gizli Gruplar ve Faaliyetleri**, İstanbul, 1992, s. 196; Doğanay, **agm.**, s. 377.

16 Mart 1920'de, İstanbul'un işgalinden sonra Türk havacıları Maltepe Meydanı'nda bulunan 45 kadar uçaktan uçabilecek durumdaki 20 kadarını Anadolu'ya kaçırmak istemiş, ancak başarılı olamamıştır. İngilizler **Maltepe Meydanı**'nı işgal ederek uçak ve malzemeleri tahrip etmiştir. Bu nedenle Maltepe Meydanı'ndaki 45 uçaktan hiçbiri Anadolu'ya geçirilememiştir.[68] Bunun üzerine Teğmen Avni (Okar), Üsteğmen Muhsin (Alpagot), Üsteğmen Emin Nihat (Sözeri), Üsteğmen Rafet, ayrıca astsubay ve sivillerden Pilot Hayri Hoca, Makinist Eşref gibi bir kısım havacılar Mudanya-Bursa yoluyla Anadolu'ya geçip **Konya Tayyare İstasyonu'na** katılmıştır.

Atatürk bütün engellemelere ve imkânsızlıklara karşın Anadolu'da iyi kötü bir hava gücü oluşturmaya çalışmıştır. Nitekim TBMM'nin ilk askeri teşkilatlarından biri "**Hava Kuvvetleri Şubesi**"dir.[69] TBMM'nin açılışında halkın moralini yükseltmek için Konya'dan getirilen bir AEG uçağı Ankara'da gösteri uçuşu yapmıştır.[70] 1920 Mayısı'nda, doğudaki hava teşkilatında bazı değişiklikler yapılmıştır. 15. Kolordu Kumandanlığı'nın 27 Mayıs 1920 tarihli emriyle 7 ve 8. Hava bölükleri kaldırılarak yerlerine 15. Hava (Horasan) Uçak Bölüğü kurulmuştur. Milli Savunma Bakanlığı Harbiye Dairesi, Yeşilköy Hava İstasyonu ve diğer hava istasyonlarının işgal güçlerinin kontrolünde olması, İzmir'in işgali ve Yunanlıların 100 civarındaki uçaktan oluşan hava gücü karşısında, 13 Haziran 1920'de Türk hava gücünü yeniden teşkilatlandırmıştır.[71] Milli Savunma Bakanlığı Harbiye Dairesi'nin iki şubeden oluşan Hava Kuvvetleri Şubesi'nin 1. Sınıf Hava İstasyonu **Eskişehir**'de kurulmuş ve idari bakımdan 20. Kolordu'ya bağlanmıştır. 2. Sınıf Hava İstasyonu ve bir tamir atölyesi de **Erzincan**'da kurulmuştur. Osmanlı Devleti'nden

---

68 Oktay Zayıf, İstiklal Savaşı Yıllarında Türk Hava Birliğinin Etkinliği, Ankara, 2001, s. 283; Doğanay, **agm.**, s. 377.
69 Ergin Ersoy, *"Kurtuluş Savaşı'nda Türk Hava Kuvvetlerinin Katkıları"*, **Hava Kuvvetleri Dergisi**, Haziran, 2002, S. 341, s. 10.
70 Kaymaklı, **age.**, s. 42-43.
71 Sıtkı Tanman, **Türk Havacılık Tarihi İstiklal Harbi (1918-1923)**, C 2, 2. Kitap, Eskişehir, s. 30-32; Yalçın, **agm.**, s. 1043.

kalan 2. Hava Bölüğü'nün **Elazığ'da** depolanan malzemeleri de **Erzincan'a** nakledilmiştir.[72]

Ayrıca İzmir'de Gaziemir Tayyare Bölüğü, iki üç uçaklık Güzelyalı Deniz Tayyare Bölüğü, Konya'da Suriye-Filistin Cephesi'nden getirilen 3. ve 4. Tayyare bölükleri vardır. Kurtuluş Savaşı'nın başlarında bu bölüklerde çoğu uçamaz halde sadece **17 uçak** vardır. Erzurum'da da Doğu Cephesi'nden getirilen 7. ve 8. Tayyare bölüklerinin işe yaramaz durumda **13 keşif uçağı** vardır.[73]

14 Haziran 1920 tarihli bir emirle Batı Cephesi'nde kullanılmak amacıyla **Eskişehir'de I. Uçak Bölüğü, Uşak'ta II. Uçak Bölüğü kurulmuştur.**[74] II. Uçak Bölük Komutanı Yzb. Fazıl'ın isteğiyle uçakların her iki yanına pençelerinde bomba taşıyan **kartal** resimleri çizildiği için bu bölük, "Kartal Müfrezesi" diye anılmıştır.[75] Kurtuluş Savaşı yıllarında bakım-onarım işleriyle **Konya Uçak İstasyonu** ilgilenmiştir.[76]

Kurtuluş Savaşı'nda **Amasra'da da bir deniz uçak üssü** kurulmuştur. Amasra Deniz Uçak Üssü'nün Kurtuluş Savaşı sonunda, 1922 Eylül ayı itibariyle 4 binbaşı, 36 subay, 5 astsubay ve 250 erden oluşan bir kadrosu vardır. Üs, Lozan Antlaşması'ndan sonra 1924 yılı başında İzmit'e aktarılmıştır.[77]

Kurtuluş Savaşı sırasında Amasra Deniz Uçak Üssü'ndeki az sayıda kırık dökük uçakla hem Karadeniz hem de işgal altındaki Batı Anadolu kontrol edilmeye çalışılmıştır. Buradaki 3 deniz uçağıyla keşif uçuşları yapılmıştır. Ancak uçaklardaki arızalar nedeniyle bu keşif uçuşlarında pilotlar için ölüm her an kol gezmiştir. Nitekim iki kardeş pilot, Teğmen Suphi ile Alaattin ikinci uçuşlarında şehit olmuştur. 13 Eylül 1922'de Sapanca Gölü'ne inmek

---

72 Tanman, **age.**, s. 12; Yalçın, **agm.**, s. 1043.
73 **Türk İstiklal Harbi-Batı Cephesi**, C 2, 3. bas., Genelkurmay Askeri Tarih ve Stratejik Etüt Başkanlığı Yayınları, Ankara, 1999, s. 28-29.
74 Aydın, **agm.**, s. 61.
75 Cüneyt Kavuncu, "*Kartal Müfrezesi*", **Harp Akademileri Dergisi**, S. 6, Yıl: 2, Eylül-2002, s. 20.
76 Kaymaklı, **age.**, s. 444-445.
77 Erol Mütercimler, **Bu Vatan Böyle Kurtuldu** (cep boy), İstanbul, 2009, s. 343.

üzere Amasra'dan havalanan bir uçak, motorundaki arıza nedeniyle Akçakoca'ya inmiştir. 16 Eylül 1922'de de Yüzbaşı Cemal ve Teğmen Şerafettin yönetimindeki uçak yine Amasra'dan havalanıp İzmit'e giderken Sapanca Gölü'ne inmek zorunda kalmıştır. Yüzbaşı Selahattin idaresindeki bir uçak da, 25 Eylül 1922'de Sapanca veya İznik göllerinden birine inmek isterken kötü hava nedeniyle bir kanadı ile moturu zarar görerek Sakarya girişine inebilmiştir.[78]

7 Eylül 1922'de Amasra'daki uçakların İzmit'e taşınması istenmiştir. Ancak bu uçaklardan sadece ikisi 16 Eylül 1922'de İzmit'e gelebilmiştir. 18 Kasım 1922'de İzmit'te, ikisi Amasra'dan ikisi de İstanbul'dan gelen **sadece 4 deniz uçağı** toplanabilmiştir. Fakat bu uçaklardan hiçbiri uçabilecek duruma getirilememiştir.[79]

I. Dünya Savaşı'ndan kalan uçaklarımızın bir kısmı işgalcilerin eline geçmiş, bir kısmı işgalcilerce tahrip edilmiş, bir kısmı ise kullanılamaz duruma gelmiştir. Öyle ki Batı Cephesi'nin hizmetine sunulan Eskişehir ve Afyonkarahisar uçak istasyonlarında uçabilecek durumda **sadece 4 uçak** vardır.[80]

Türk orduları I. İnönü Savaşı'na sadece **2 uçakla** girmiştir. Sakarya Savaşı sonuna kadar Türk ordusunun **uçak sayısı 10'u geçmemiştir.** Ayrıca bunlardan ancak ikisi uçabilmiştir. Kurtuluş Savaşı yıllarında İstanbul'da uçak ve uçuş malzemesi alıp gizlice Anadolu'ya kaçırma işiyle "Felah Grubu" ilgilenmiştir. Erzurumlu işadamı **Nafiz (Kotan) Bey** de İtalyanlardan birkaç uçak satın alıp İstanbul'dan gizli yollarla Anadolu'ya ulaştırmıştır.[81] Bu uçaklar "Erzurumlu Nazif I-II-III" diye adlandırılmıştır. Atatürk ve İsmet İnönü ile BMM Başkanlık Heyeti'nden Adnan ve Hasan Fehmi beyler, Nazif Bey'i bu vatansever davranışından dolayı telgraflarla kutlamıştır.[82]

Sakarya Savaşı ile Büyük Taarruz arasındaki yaklaşık bir yıllık sürede Atatürk Türk Hava Kuvvetleri'ni güçlendirmek için

---

78 age., s. 340-341.
79 age., s. 342.
80 **Türk İstiklal Harbi- Batı Cephesi**, s. 34.
81 Aydın, **agm.**, s. 61.
82 Doğanay, **agm.**, s. 181.

hükümetten arkadaşı **Nuri Conker** ve **Saffet Arıkan** beyleri halkın bağışlarıyla uçak almaları için Almanya'ya göndermiştir. Buradan **29 uçak** satın alınmıştır. Bu uçaklar ve malzemeleri önce gemiyle gizlice Rusya'nın Baltık limanlarına, sonra da oradan trenle Novorossisk Limanı'na getirilmiştir. Daha sonra da Şahin Vapuru'yla Trabzon'a, oradan da Samsun'a taşınmıştır. Hem uçakların çok dökük durumda olmaları hem de yolculuk sırasında iyice hırpalanmaları nedeniyle bu uçaklardan ancak **ikisi** onarılarak kullanılabilmiştir.[83]

Sakarya Savaşı'ndan sonra İtalya ve Fransa'nın TBMM ile anlaşarak Anadolu'dan çekilmeye başlamalarıyla birlikte harekete geçen Türk yetkililer, İtalya'dan **21 adet** SPAD-XIII uçağı ve Fransa'dan **10 adet** Breguet 14 A-2 uçağı almıştır.[84] Fransa ve İtalya'dan satın alınan bu uçakların üzerinde makineli tüfek yoktur. Bu uçaklar satılırken (uluslararası kurallar gereği) üzerlerindeki silahlar sökülmüştür. Bu nedenle Konya Meydanı'ndaki askeri depoda, I. Dünya Savaşı'nda Alman uçaklarından kalma makineli tüfekler bu uçaklara takılmıştır. Uçaklar denendikten sonra, uçabilenler cepheye gönderilmiştir.[85]

Büyük Taarruz öncesinde **32 uçak** aynı anda uçuşa hazır hale getirilmiştir.[86] Büyük Taarruz'dan bir gün önce, 25 Ağustos 1922'de Batı Cephesi Komutanlığı'ndan Akşehir Cephe Tayyare Bölüğü'ne verilen emirde, *"26 Ağustos 1922 tarihinden itibaren orduların, genel taarruzun başlayacağı 26 Ağustos günü saat 06.00-08.00 arasında düşman ihtiyat grubunun ve Afyonkarahisar'ın güney bölgesindeki düşman birliklerinin durumunun keşfedileceği, Av uçaklarını özellikle Afyonkarahisar ve batı bölgesinde uçarak düşmanın keşif faaliyetlerine mani olması, saat 10.00'da aynı vazifenin tekrar edilmesi"* bildirilmiştir.[87]

---

83 **agm.**, s. 379.
84 Yalçın, **agm.**, s. 1044; Doğanay, **agm.**, s. 380.
85 Sarp, **age.**, s. 118; Doğanay, **agm.**, s. 380.
86 Yalçın, **agm.**, s. 1044.
87 **ATASE Arşivi**, Kls. 1579, D. 9'dan naklen Doğanay, **agm.**, s. 383.

*Büyük Taarruz öncesi
Yüzbaşı Fazıl Bey Hava Bölüğü'nden bir uçak, pilotları ve ekibi*

26 Ağustos günü hava bulutlu olmasına rağmen, keşif uçakları kendilerinden istenen bütün görevleri tamamlayıp, seçilen önemli hedeflere bomba taarruzunda bulunmuştur. Av uçakları da gün boyunca yaptıkları devriye uçuşları sırasında karşılaştıkları düşman uçaklarıyla giriştikleri hava sataşmalarında 3 düşman uçağını kendi hava hatlarının gerisine inmek zorunda bırakmış, bir düşman uçağını da Bölük Komutanı Yüzbaşı Fazıl, Afyon'un Hasanbeli kasabası civarında düşürmüştür.[88] Bu nedenle Başkomutan Atatürk, Büyük Taarruz'un devam ettiği 31 Ağustos 1922 tarihinde havacıları kabul edip rütbelerini yükseltmiştir.[89]

Kuva-yı Havaiye (Hava Kuvvetleri) Müfettişliği, 23 Eylül 1922'de Büyük Taarruz ve sonrasında "Tayyare Bölüğü"nün faaliyetlerini bir rapor halinde Milli Savunma Bakanlığı'na sunmuştur.[90] Aşağıda özetlediğimiz bu rapor, Büyük Taarruz'da az

---
88 **İstiklal Harbi ile İlgili Telgraflar**, Ankara 1994, s. 151; Doğanay, **agm.**, s. 383.
89 Yalçın, **agm.**, s. 1044.
90 **Türk İstiklal Harbi, Deniz Cephesi ve Hava Harekâtı**, s. 189-190.

sayıdaki Türk uçağının çok zor koşullarda büyük başarılar elde ettiğini göstermektedir:

"1. Yeni gelen ve makineli tüfekleri takılan spat uçakları 25-26 Ağustos 1922 günlerinde hava üstünlüğü sağlamıştır. Düşman keşif uçakları keşfe devam edemediğinden harekâtımız örtülü kalmış ve kendi uçaklarımız mükemmel şekilde keşiflerini yapmışlardır.
2. Keşif uçakları iki tarafın durumunu kusursuz olarak tespit etmiş ve umumi cephe durumu hakkında çok faydalı bilgiler vermişlerdir.
3. Keşif uçaklarının ilk düşman çekilmesi başladığı zaman Yunan Tümenlerinin Eğert köyü ve sonra da Uşak istikametinde, kuzey grubunun Eskişehir Bozüyük istikametinde, çekilişlerini ve bu bölgedeki birliklerimizin harekâtını tam olarak tespit etmek suretiyle cephe komutanlığına gerekli bilgiler verilmiştir.
4. Çekilen düşman birliklerine tesirli bomba ve makineli tüfek taarruzları yapılmış ve özellikle çekilmenin ilk günlerinde Uşak'ta bulunan düşman kollarına ağır kayıplar verdirilmiştir.
5. Hareket sırasında av uçaklarımız bir düşman uçağını düşürmüş, ikisini de inişe mecbur etmiştir.
6. Batı Cephesi'nde düşmandan sekiz adet uçak ve çok miktarda uçak malzemesi elde edilmiştir. Ayrıca Uşak'ta 18.240 uçak bombası ele geçirilmiştir.
7. Harekât boyunca bölüğün çeşitli sebeplerden 4 uçağı hasar görmüş, 3'ü kısmen onarılmıştır. Bölüğün bugünkü kuvveti 16 uçak olup bunlardan iki bölük, bir grup teşkil edilmesi Cephe Komutanlığı'nca arz edilmiştir. Ayrıca Afyon'da 5, Konya'da 2 uçak uçuşa hazırlanmıştır.
8. Harekâtta ve özellikle uçakların ileri meydanlara intikalinde yer hizmetlerini yapabilecek nakliye ve muhabere müfrezesine ihtiyaç vardır."

Gerçek şu ki, Kurtuluş Savaşı'nda çok sayıda tam donanımlı ve iyi durumda Yunan uçağına karşı az sayıda, yeterli donanıma sahip olmayan, toplama Türk uçağı önemli başarılar kazanmıştır.

Kurtuluş Savaşı'nda ilk şehit pilotumuz Pilot Üsteğmen İbrahim Ethem'dir. Ethem, Konya'da patlak veren gerici Delibaş Mehmet İsyanı'nı bastırırken, 3 Ekim 1920'de millicilere karşı gericilerce şehit edilmiştir.

Kırık Kanatlar Mucizesi

Kurtuluş Savaşı bir anlamda karada kırık tekerlekli kağnılar, havada kırık kanatlı uçaklarla kazanılmıştır. Kurtuluş Savaşı'nda birkaç Türk mühendisi ve birkaç gözü pek Türk pilotu kırık kanatlar mucizesi yaratmıştır.

I. Dünya Savaşı sonrasında Atatürk'ün elindeki hava gücü hurda halinde, kırık dökük birkaç uçaktan oluşan küçük bir enkazdır. Kurtuluş Savaşı'nda gerçek anlamda bir hava gücü ancak 1922 yılında, Büyük Taarruz öncesinde oluşturulmaya başlanmıştır.

İlk zamanlarda kırık dökük Türk uçakları Eskişehir'deki şimendifer (demiryolu) tamir atölyesinde onarılarak kullanılır hale getirilmiştir.[91]

Kurtuluş Savaşı sırasındaki Türk hava gücü, 20 subay, 10 sivil pilot, 10 makinist ve tamirci olmak üzere toplam 40 kişiden meydana gelmiştir. Batı Cephesi'ndeki iki uçak bölüğü **Yüzbaşı Fazıl Bey**'in komutasında İsmet Paşa'ya bağlı olarak görev yapmıştır.[92]

Anadolu'daki millicilerin elinde bulunan uçakların yedek parçası ve tamir malzemesi de yoktur. Bu parçaların yurtdışından getirilmesi gerekmiştir. Büyük Taarruz'da az sayıdaki Türk uçağının olağanüstü fedakârlıkları, savaşın kazanılmasında etkili olmuştur. Hava birliklerinin ihtiyaç duyduğu uçakların onarım malzemesi ya yurtdışından gizli ve kaçak yollarla getirilmiş veya işgal ordusu mensuplarından para karşılığı satın alınmıştır. Uçak yakıtının bir kısmı Rusya'dan, bir kısmı da yüksek fiyatlarla İtalyanlardan alınıp ya at ve eşek sırtında ya da kağnılarla

---
91 Kansu Şarman, *"Milli Mücadele'de Hava Muharebeleri"*, **Popüler Tarih**, Ekim 2000, S. 5, s. 18.
92 **agm.**, s. 18.

Anadolu'ya taşınmıştır. Ancak uçak bombalarının yurtdışından alınması mümkün olmamıştır. Bu nedenle 7.5 kilogramlık top mermilerinden uçak bombası yapılmaya çalışılmıştır.[93]

Yurtdışından elde edilen yedek parçaları "Felah Grubu" gizli yollarla İstanbul'dan Anadolu'ya göndermiştir.[94] Ancak her şeye rağmen uçakların onarımı ve bakımı için gereken bazı maddeler bir türlü bulunamamıştır. Örneğin o dönemde bezle kaplı uçakları dış etkenlerden koruyan "emayit" adlı malzeme bir türlü bulunamamıştır. Bu nedenle Sakarya Savaşı öncesinde uçakların bir bölümünün kanatlarında "emayitle" kaplı özel kanat bezleri yerine yumurta akı ve patatesten yapılan karışımla kaplanmış brandalar kullanılmıştır.[95] Ancak bu yöntemle yapılan kanatlar genelde uçak havalandıktan çok kısa bir süre sonra büyük sorunlara yol açmıştır.

Türk havacıları, Büyük Taarruz öncesinde Fransa ve İtalya'dan silahsız olarak aldıkları uçaklara Alman Maksim makineli tüfekleri takmıştır. Fakat Alman uçaklarının motor dişlilerine göre yapılmış olan bu tüfekler Fransız ve İtalyan uçaklarına uymamıştır. Bu uçakların çoğu ateş ederken kendi pervanelerini delmiştir.[96]

Sakarya Zaferi'nden sonra Ankara'ya gelip Atatürk'le görüşen ve bir ara cepheyi gezen **Fransa Dışişleri Komisyonu Başkanı Franklin Bouillon**, Sakarya Savaşı'nda kullanılan, motoru Gnom uçağından alınma, kanatları Albatros tipi uçaktan aktarma, bez kanatları patates püresiyle emayitlenmiş garip görünüşlü uçağımızı görünce: *"Ne delice kahramanlık! Elbette kazanırsınız!"* demekten kendini alamamıştır.[97]

Pilotlarımızdan Sıtkı, Kenan, Muhsin, Vecihi ve Behçet'e İnönü Savaşları'ndaki kahramanlıklarından dolayı Batı Cephesi Komutanı İsmet Paşa şu telgrafı çekmiştir: "*İnönü Meydan Mu-*

---

93 Sarp, **age.**, s. 120; Doğanay, **agm.**, s. 381.
94 Şarman, **agm.**, s. 19.
95 **agm.**, s. 19.
96 **agm.**, s. 19.
97 Alptekin Müderrisoğlu, **Sakarya**, C 2, İstanbul, 1982, s. 141.

harebesi muzafferiyetinin amillerine, topçularla, tayyarecilerime hassaten selam ve teşekkür ederim." Birkaç ay sonra pilotlar da Yunanlılardan ele geçirdikleri bir uçağa "İsmet" adını vermişlerdir.

İstiklal Savaşı'mızda kullanılan "İsmet" adlı tek DH.9

Sakarya Savaşı öncesinde Türk hava gücünün yeni üssü Polatlı yakınlarındaki **Malıköy**'dür. Burası aslında biraz düzgünce bir tarladır. Tarlanın hemen kenarında havacıların kaldığı birkaç çadır, bir telefon hattı, birkaç varil benzin ve hangarsızlıktan açıkta duran biri bozuk üç uçak vardır. Uçaklardan kusursuz olanın adı "İzmir"dir. Erzurumlu Nafiz Bey'in hediye ettiği "Nafiz" adlı uçağın günü gününe uymamaktadır. Bir avuç havacı, kırık dökük bu uçaklarla topladıkları bilgileri üslerinin 7 kilometre doğusundaki Alagöz köyündeki Batı Cephesi Komutanlığı'na ulaştırmıştır. Pilotlarımız uçuş sırasında mutlaka kibrit taşımıştır. Eğer uçakları havada arızalanır ve düşman içine inmek zorunda kalırsa, uçaklarını düşman eline geçmemesi için yakmayı planlamışlardır.[98]

Alptekin Müderrisoğlu, *"Sakarya"* adlı önemli eserinde Sakarya Savaşı sırasında bir avuç Türk havacısının kırık dökük

---

98 age., s. 59, 141.

birkaç uçakla yarattığı kahramanlığı destansı bir dille anlatmıştır. Şimdi Müderrisoğlu'na kulak verelim:

"(...) *Yüzbaşı Fazıl bu sabah erkenden yanına gözetleyicisini alarak havalandı. Malıköy üzerinden birkaç kısa tur atarak tırmanışa geçti. İstediği yüksekliğe ulaşınca batıya yöneldi. Gerilerden cepheye akan ulaşım kolları, eski kervan izlerini anımsatan yola benzer çizgiler üstünde sıralanmışlardı. Kağnılar, at arabaları, havadan küçücük tahta oyuncaklar gibi gözüküyorlardı. Bunların hareketleri o denli yavaştı ki, ancak çok dikkatlice bakılınca ilerledikleri sezilebiliyordu. Cepheden gerilere uzanan kimi boş, kimi yaralı taşıyan at arabaları ile kağnılar da aynı çizgi üzerinde sıralanmıştı. Üstleri beyaz tenteli olan at arabalarının yaralı taşıdığı belliydi. Zira bazı tenteli arabaların anayoldan ayrılarak demiryolu kıyısındaki yeşilliklere doğru ilerledikleri belliydi. Oradan geçecek Ankara'ya giden ilk trene yaralıları vereceklerdi herhalde. Sakarya Irmağı'na yaklaşırken Türk savunma mevzilerinin üzerinde uçuyordu. Gerilerde bazı küçük birliklerin yer değiştirdiği görülüyordu.*

Porsuk Çayı'nın Sakarya ile birleştiği yere varınca güneye kıvrıldı. Irmak boyunca uçmaya başladı. Beylikköprü yakınlarında demiryolunun iki yanında Yunan kuvvetlerinin doğuya doğru yürüdüklerini gördü. Demiryolunun kuzeyindeki kuvvetlerin demiryolunun güneyinde ilerleyenlerden daha fazla olduğu dikkati çekiyordu.

Biraz daha güneye inince Yıldız ve Sabancı köyleri gerilerinde görülen Yunan kuvvetlerinin bir tümen gücünde olduğunu anladı. Beş altı kilometre güneyde Ilıca Deresi ile Sakarya Irmağı'nın birleştiği yerde Yunanlıların kurduğu ikinci köprünün ulaşıma açıldığı anlaşılıyordu. Bu kesimde yeni bir Yunan tümeninin yürüyüş halinde olduğu görülüyordu...

Yüzbaşı Fazıl gördüklerini önündeki harita üzerinde işaretlerken, gözetleyicisi de defterine notlar alıyordu. Bu arada şimdi gördükleriyle dünkü uçuşta gördükleri arasındaki farkı ortaya çıkarmaya çalışıyorlardı. Dün Kanlıgöl ile İnlerkatrancı arasında gördükleri kuvvetlerin daha kuzeye geldiklerini bu

karşılaştırmadan anlamışlardı. Bu kuvvetlerin bulunduğu yeri, Yamak-Alacık-Tamburoğlu ve Ilıca köylerini birleştiren bir çizgiyle haritaya işaretlediler.
(...)
Başkomutan Mustafa Kemal Paşa, güney kanattaki gelişmeleri kaygıyla izliyordu. Kuşatma tehlikesi henüz uzaklaştırılamamıştı. (...)
Pilot Yüzbaşı Fazıl Bey'in gözetleme uçuşundan döner dönmez gönderdiği raporu değerlendiren Mustafa Kemal Paşa, kaygısında haklı olduğunu anladı. Yunanlılar, bugün de olanca güçleriyle güney kanada yüklenip kuşatma girişimlerini yenileyeceklerdi. (...)"[99]

Türk havacıları:

Önceleri İstanbul'dan Anadolu'ya gizli yollarla uçak kaçırmayı denemişler.

Büyük Taarruz öncesinde sadece kırık dökük üç uçakla harikalar yaratmışlar.

Büyük Taarruz öncesinde Fransa ve İtalya'dan alınan uçaklarla çok küçük de olsa bir hava gücüne sahip olmuşlar.

Kırık dökük uçakların kanatlarını patates püresiyle kaplamışlar.

Değişik uçakların parçalarını kullanarak toplama uçaklar yapmışlar.

Fransa ve İtalya'dan alınan uçaklara Alman tüfekleri takmışlar.

Rusya'dan ve İtalya'dan alınan uçak benzinini at ve eşek sırtında taşımışlar.

Top mermilerinden uçak bombası yapmaya çalışmışlar.

Türk havcıları işte bu şekilde oluşturdukları derme çatma bir hava gücüyle Kurtuluş Savaşı boyunca 15 Yunan uçağını sağlam ele geçirip 10 Yunan uçağını tahrip etmeyi başarmıştır. Buna karşın sadece 3 uçak kaybetmiştir.[100]

Bunun adı kırık kanatlar mucizesidir...

---

99   age., s. 142-143.
100 Şarman, agm., s. 19.

Atatürk'ün Havacılık ve Uzay Öngörüsü

> *"Bir gün insanoğlu tayyaresiz de göklerde yürüyecek, gezegenlere gidecek, belki de aydan bize haber yollayacaktır..."*
>
> Atatürk, 1936
> Eskişehir

Atatürk'ün ileri görüşlülüğünün en çarpıcı örnekleri havacılık ve uzay konusundaki şaşırtıcı öngörüsünde karşımıza çıkar. Atatürk, 1920'lerde ve 1930'larda birçok kişinin henüz farkında bile olmadığı havacılık ve uzay konusunda gelecekte varılacak noktayı çok önceden sezerek Türk ulusunu bu konuda çalışmaya teşvik etmiştir.

Atatürk Yeşilköy Havacılık tesislerinde

Türk Tayyare Cemiyeti'nin 15 Mayıs 1925'teki açılış töreninde, *"İstikbal göklerdedir. Göklerini koruyamayan uluslar, yarınlarından asla emin olamazlar... Her işte olduğu gibi havacılıkta da en yüksek seviyede gökte seni bekleyen yerini az za-*

manda dolduracaksın. Ey Türk genci kısa zamanda gökte seni bekleyen yerini alacaksın,"[101] diyerek havacılığın önemine dikkat çekip Türk gençlerini havacılığa teşvik eden Atatürk, 1936 yılında Eskişehir Uçak Alayı'nı ziyaretinde de, *"Geleceğin en etkili silahı da, aracı da hiç kuşkunuz olmasın uçaktır. Bir gün insanoğlu uçaksız da göklerde yürüyecek, gezegenlere gidecek, belki de aydan bize haber yollayacaktır. Bu mucizenin gerçekleşmesi için 2000 yılını beklemeye gerek kalmayacaktır. Gelişen teknoloji daha şimdiden bunu müjdeliyor. Bize düşen görev ise, Batı'dan bu konuda fazla geri kalmamayı temindir,"*[102] diyerek büyük bir bilimsel ve teknik öngörüde bulunmuştur. Gerçekten de çok geçmeden geleceğin en etkili silahı da aracı da uçak olmuş, insanoğlu gezegenlere ve aya gitmiş, aydan dünyaya haber yollamış ve bu mucize 2000 yılından önce gerçekleşmiştir.

Atatürk 1930'larda, gelecekte insanoğlunun aya ayak basacağından emindir. O, bu çarpıcı öngörüsü doğrultusunda, *"Kanatlı bir gençlik memleketin geleceği bakımından en büyük güvencedir. Bir gün Batılı ayaklar Ay'da ayaklarının izlerini bırakacaklarsa, bunların arasında bir de Türk'ün bulunması için şimdiden çalışmalara girişmek, aşamalar kaydetmek gerekir,"*[103] diyerek günümüzden 80 yıl önce gelecekte bir gün Batılıların Ay'a ayak basacaklarını öngörerek, Ay'a ayak basacak bu Batılı ayaklar arasında Türklerin de olmasını istemiş ve bunun için gereken çalışmaları başlatmıştır. Bu nedenle Atatürk'ün sadece bir "Uçak Sanayi Projesi" değil, bununla birlikte aslında bir de "Uzay Sanayi Projesi" vardır. Hiç dile getirilmemesine karşın Atatürk'ün Türk ulusuna hedef gösterdiği "muasır/çağdaş medeniyet" kavramı içinde "Türklerin aya ayak basması" bile vardır.

101 *"Atatürk ve Havacılık"*, **Hava Kuvvetleri Dergisi**, Yıl: 1988, S. 301, s. 74-78; Aydın, **agm.**, s. 63; Utkan Kocatürk, **Atatürk'ün Fikir ve Düşünceleri**, Ankara, 1999, s. 330; Gökçen, **Atatürk'ün İzinde Bir Ömür Böyle Geçti**, s. 192-193; *"Atatürk ve Havacılık"*, **Türk Hava Kuvvetleri Sitesi** (http://www.hvkk.tsk.tr). Erişim tarihi, 1 Aralık 2012.
102 *"Atatürk ve Havacılık"*, **Türk Hava Kuvvetleri Sitesi** (http://www.hvkk.tsk.tr). Erişim tarihi, 1 Aralık 2012; Gökçen, **age.**, s. 192-193.
103 *"Atatürk ve Havacılık"*, Türk Hava Kuvvetleri Sitesi (http://www.hvkk.tsk.tr). Erişim tarihi, 1 Aralık 2012; Gökçen, **age.**, s. 69.

Peki ama Atatürk, daha 2000 yılına gelmeden insanoğlunun Ay'a ayak basacağını nasıl ve nereden öğrenmiştir? Bu konuda Batı'da yapılan çalışmaları mı takip etmiştir? Dahası 1920'lerin ve 1930'ların Türkiyesi'nde bu konularda yazıp çizen, bu konulardan söz eden gazeteler, dergiler, kitaplar, yazarlar, çizerler var mıdır? Genç Cumhuriyet'in aydınları, yazarları, çizerleri, mühendisleri dünyada daha emekleme aşamasında olan "uzay sanayi" konusuyla ilgilenmiş midir?

Benim tespitlerime göre Atatürk'ün *"İnsanoğlu 2000 yılından önce Ay'a ayak basacak"* öngörüsünün temelinde yine Atatürk'ün çok okuması vardır. 5000'den fazla kitap okuyan Atatürk, insanoğlunun en eski düşlerinden birinin uçmak olduğunun, dünyada tarihin çok eski dönemlerinden beri bu konuda önemli adımlar atıldığının ve özellikle 20. yüzyılın başından itibaren Batı'da havacılık sanayinin çok geliştiğinin ve bu gelişimin artık uzay sanayine evrildiğinin farkındadır. O her şeyden önce Türklerin havacılığa, uçmaya ve uzaya çok meraklı bir ulus olduğunun farkındadır. Okuduğu tarih kitaplarından, binlerce yıl önce ilk Müslüman Türk bilimadamlarının havacılık ve uzay konusunda çalışmalar yaptıklarını; Osmanlı döneminde Hazarfen Ahmet Çelebi'nin yapay kanatlarla uçmayı denediğini, Lagardi Hasan Çelebi'nin roket yaptığını öğrenmiştir.

Atatürk havacılık ve uzay sanayi konusundaki yerli ve yabancı yayınları takip etmiş, bu konulardaki yazıları, altına üstüne notlar alarak, önemli gördüğü satırların altını çizerek okumuştur.

Örneğin 1930'larda okuduğu J. Churchward'ın *"Mu'nun Mukaddes Sembolleri"* adlı kitabında Hindistan'da antik dönemlerde "uçan cisimlerin" anlatıldığı bölümle özel olarak ilgilenmiş, bazı satırların altını, bazı paragrafların başını çizmiştir.

Atatürk kitapta geçen, *"Hint Manüskrisi, tarihi 500 ME (Milattan Evvel) Geylon Kralı Ravan, düşman ordusu üzerine uçarak birçok hasara sebep olan bombalar yağdırdı. Neticede Ravan esir edilerek öldürüldü ve uçan makinesi Hint reisi Ram Chandra'nın eline geçti. Reis bu uçakla şimali Hindistan'da bulunan payitahta uçarak avdet etti."* biçimindeki paragrafta yer alan *"uçarak birçok hasara sebep olan bombalar"* ve *"uçan makinesi"* cümlelerinin altını çizmiştir.[104]

"Baha Beharata ME 1000. Bu çok eski kitapta bir kralın kardeş bir hükümdara dostluk nişanesi olmak üzere 'uçan bir makine hediye ettiği' zikredilmektedir." Atatürk burada geçen *"uçan bir makine hediye ettiği"* cümlesinin de altını çizmiştir.[105]

Atatürk aynı kitapta geçen aşağıdaki paragrafların başını boydan boya uzun ve kalın iki çizgiyle işaretlemiştir. Bu işaret biçimi Atatürk'ün burada anlatılanlarla ilgilendiğini, bunları dikkate değer bulduğunu göstermektedir.

"10.000 ile 20.000 sene evvelki Hint Hava gemileri en mufassal (ayrıntılı) malumat bunlardan ibarettir. Bunlardan maada (başka) elime bir vesika daha geçti ki, bu da bir resim ile hava gemilerinin inşa tarzını, makinelerini, kuvvetini, vesairesini tarif eden bir talimatnameden ibarettir. Kuvvet, havadan, masrafsız, basit bir usulle temin edilmektedir. Makine halihazırdaki türbine benzemektedir. Müteharrik kuvvet, bir hücreden diğer bir hücreye geçmekte ve bu hareket, kuvvet tükeninceye kadar devam etmektedir."

"Makine harekete geçirilince, durdurulamadığı takdirde dönen aksamın yatakları aşınıncaya kadar mütemadiyen işlemektedir. Bu hava gemileri, yere hiç inmeden makineleri eskiyinceye kadar dünyanın etrafında dönebilecek bir kabiliyette idi. Kuvvet gayrimahduttur (sınırsızdır) veya daha ziyade makinenin madeni aksamının tahammülü derecesinde mahduttur (sınırlıdır). Birçok uçuşlardan bahsedildiğine tesadüf ettim. Şimdiki haritalarımıza göre 1000 ile 5000 millik olması icap eder. Bütün yazılarda bu hava gemilerinin zâtülhareke (kaptanlı) oldukları sarahaten izah edilmektedir."

"Tabiri diğerle, uçarken kullandıkları kuvveti, bizzat kendileri temin etmekteydi. Hiçbir mahrukat kullanmamakta idiler. Bunları işitince bütün gururlanmamıza rağmen terakki (ilerleme)

---

104 Atatürk'ün Okuduğu Kitaplar, C 10, s. 351; Sinan Meydan, **Köken**, "Atatürk ve Kayıp Kıta Mu-2", İstanbul, 2008, s. 436.
105 Meydan, **age.**, s. 437.

yolunda 15.000 ile 20.000 sene geri olduğumuzu düşünmekten kendimi alamıyorum. Hava gemilerinden bomba yağdırmak bizde daha ancak 20 senelik yeni bir şeydir. Halbuki burada bunun 15.000 ile 20.000 sene önce yapılmış olduğuna şahit oluyoruz. Ravan'ın öldürülmüş olduğu ateş ve yıldırım püsküren dairevi silah, bizim bugünkü mitralyözlerimize hayret edilecek derecede benzemiyor mu? Böyle olmasına rağmen bugün tarihi beşerde şimdiye kadar misli görülmemiş derecede beyinli âlimlere malik olmakla övünüyoruz. Bu sarih egoizme cehalet tacını giydirmek değil midir? (...) Bu kadim uçaklardan bahseden hemen hemen yukarıdakilerle aynı tarihli birçok Çin yazıları da mevcuttur. (Mu'nun Mukaddes Sembolleri, s. 211-212)"[106]

Atatürk'ün Hindistan'da MÖ 500-1000'lerde, hatta 10.000-15.000'lerde inşa edilip uçtuğu iddia edilen "**uçan savaş araçlarıyla**" ilgilenmesi her şeyden önce onun genel kabulleri sorgulayan, çok geniş sınırlara sahip, hatta sınırsız bilim anlayışıyla, araştırmacı kişiliğiyle ve uçsuz bucaksız merak duygusuyla ilgilidir. İşte Atatürk'ün "*İnsanoğlu 2000 yılından önce Ay'a ayak basacak*" öngörüsünün sırrı, onun bu "aykırı okumalarında", başkalarının "akıl dışı" diye burun kıvırdıkları bu konularla ilgilenmesinde gizlidir. Aslında bu bakış tarzı dünyadaki bütün dâhilerin ortak özelliğidir. Nitekim Atatürk dâhiyi şöyle tanımlamıştır: "*Dâhi odur ki, ileride herkesin takdir ve kabul edeceği şeyleri ilk ortaya koyduğu zaman herkes onlara delilik der.*"

Atatürk 1920'lerin ve 1930'ların dünyasında birçok insana "hayalci", "akıl dışı", hatta "fantastik" gelen havacılık ve uzay konularında sadece kendisi okumamış, bu konularda halkın da okumasını sağlamıştır. Dünyada daha emekleme aşamasında olan uzay sanayi, genç Cumhuriyet'in göz ardı etmediği konulardan biridir. Örneğin Atatürk'ün kurduğu Türk Tayyare Cemiyeti'nin yayımladığı *Türk Hava Mecmuası* adlı dergide havacılık ve uzay sanayi konusunda dünyada yapılan en son çalışmalara yer verilmiştir. Bu dergideki yazılardan bazılarında Batı'da "Ay'a gitmeyi" konu alan romanlardan, bu konudaki

---

[106] **Atatürk'ün Okuduğu Kitaplar**, C 10, s. 352-353; Meydan, **age.**, s. 437.

bilimsel çalışmalardan söz edilmiştir. Bu yazıları Atatürk'ün de büyük bir dikkatle okuduğuna şüphe yoktur.

Örneğin *Türk Hava Mecmuası*'nın 1 Mayıs 1927 tarihli 23. sayısında Münir Hayri imzalı, **"Ay'a Seyahat Fennen Kabil (Mümkün) midir?"** adlı uzunca bir yazı yayımlanmıştır. Yazıda **"Ay Seyahatleri"**, **"Seyahat Mesafesi"**, **"En Son Fikirler"**, **"Ay'a Gidecek Alet"** başlıkları altında Ay'a seyahat konusunda geçmişten o güne (1927) kadar dünyadaki düşüncelerden ve çalışmalardan söz edilmiştir.[107]

"Ay Seyahatleri" başlığı altında, *"... Uzun zamanlar muhtelif muharrirler ay seyahatini romanlarında tahkik etmişlerdir. Bunlardan Jules Verne'in 'Arz'dan Kamere Seyahat' ile Wels'in 'Kamer'de İlk İnsanlar' hikâyesi Türkçeye tercüme edilmiştir. Bu muharrirlerin kimisi bir volkan infilakından, kimisi bir top güllesinden (...), bazıları da radyumdan istifade ederek hayallerine bir de mantık uydurmuşlardır,"* denilerek Batı'da Ay seyahatlerini konu edinen romanlardan söz edilmiştir.[108]

"Seyahat Mesafesi" başlığı altında, *"Fakat romancıların ortaya attıkları fikirlerin hiçbirisi pratik değildi. Halbuki bugün insan bahr-i muhitleri (denizleri), çölleri, kıtaları dolaştıktan sonra ciddi bir surette Arz'ın (Dünya'nın) haricine de gitmeyi düşünmeye başlamıştır. Bizi Arz'dan çıkmaktan men eden iki sebep vardır: Biri havanın takriben 990 kilometre irtifadan sonra tamamıyla bitmesi, diğeri de Arz'ın cezbesinin bizi mütemadiyen kendisine doğru çekmesidir. (...) Arz'ın cezbesinden (çekiminden) kurtulmak için de Arz'dan hareketimizde 11.300 metrelik bir sürate ulaşmak kâfi geldiği hesap edilmiştir. Halbuki Ay'a gitmek için bu kadar bir sürat de lazım değildir. Arz'dan 87.000 fersah uzaklaştıktan sonra artık Ay'ın cezbesi başlar. Bu mesafeye gidebilmek için de 10.900 metrelik sürat kâfidir..."* denilerek Dünya'dan Ay'a gitmek için ne kadar bir süratle hareket etmek gerektiği tartışılmıştır.[109]

---

107 *"Ay'a Seyahat Fennen Kabil midir?",* **Türk Hava Mecmuası,** 1 Mayıs 1927, S. 23, s. 2-3.
108 agm., s. 2.
109 Türk Hava Mecmuası, agm., s. 2.

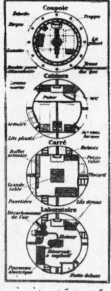

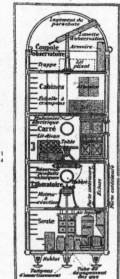

Türk Hava Mecmuası'nın 1 Mayıs 1927 tarihli sayısında yer alan "Ay'a Seyahat" adlı o makale ve çizimler[110]

110 Sinan Meydan arşivinden.

Türk Hava Mecmuası'nın 1 Mayıs 1927 tarihli sayısında yer alan "Ay'a Seyahat" adlı o makale ve çizimler[111]

---

111 Sinan Meydan arşivinden.

"En Son Fikirler" başlığı altında, *"Bir Alman ve Amerikalı mühendis Ay'a seyahat için roket usulüyle bir gülle tasvir etmişlerdi. Fakat Kamer'e (Ay'a) gitmek meselesi böylece halledilse bile halledilmeyen en mühim bir nokta vardır. Ay'da hava yoktur. (...) Arz'dan Ay'a gidip oraya inerek dolaşmak hemen hemen kabil değil denilebilecek bir meseledir. Halbuki Ay'a kadar gitmek ve onun etrafını döndükten sonra avdet etmek (geri dönmek) mevzubahistir. Biz Ay'ın yalnız bir sathını (yüzeyini) görebiliyoruz. Hep aynı tarafını gördüğümüz Ay'ın arkasında neler vardır? Bunu tetkik etmek arzusu Ay'a seyahatin en mühim hareketinden birisidir,"* denilerek Dünya'dan Ay'a seyahat mümkün olsa bile, Ay'ın yüzeyine inilemeyeceği, sadece çevresinde bir tur atılıp geri dönüleceği anlatılmıştır.[112]

"Ay'a Gidecek Alet" başlığı altında da, *"Bunun için iki Fransız mühendis küçük bir kule şeklinde bir alet tasvir etmişlerdir. Resimlerimizde (üstteki fotoğraflar) teferruatı (ayrıntısı) görülen bu alet şu suretle hareket edecektir: (...) Daire şeklinde bir tünel inşa edilecek ve bu tünele ray döşenecektir. Rayların üzerine konulacak küçük bir vagon üzerine Ay'a gitmeye namzet alet yerleştirilecektir. Bu tünelin bir ucu açık olacak ve tam Ay'a dönük olacaktır. Tazyikli hava ile alet tünelin içinde gittikçe artan bir süratle birçok devirler yaptıktan sonra nihayet açık ağza bırakılacak ve cehennemi bir süratle döne döne hareket edecektir. Ay'ın etrafında da bir devir yaptıktan sonra avdet edecektir (geri dönecektir): Arz'a yaklaştığı zaman artık hareket gücünü kaybetmiş olan alet, paraşüt ve benzeri teşkilat sayesinde yavaşça yere inecektir.*

Biz bunun istinat ettiği (dayandığı) fikri esasları ve tafsilatı arz etmekten içtinap ediyoruz. Yalnız fen âleminin uçmakla ilgili bu son tecrübesi hakkında okurlarımıza biraz malumat vermekle iktifa ediyoruz. Bütün bunlar iyi olmakla beraber geriye halledilmesi lazım gelen mühim bir nokta kalıyor: Mühendisler Ay'a gitmek için vesaiti ve hatta bunları inşa için parayı bulmuşlardır.

---

112 agm., s. 3.

Yalnız bulunmayan ve bütün dünyada aranan bu alete binecek 'akıllı'dır,"[113] denilerek Ay'a gitmek için Batı'da geliştirilen teknik projelerden eleştirel bir bakışla söz edilmiştir.

1927'de *Türk Hava Mecmuası*'nda Ay'a seyahatin bilimsel açıdan mümkün olup olmadığının tartışıldığı bu yazıda genel olarak Ay'a seyahatin mümkün olabileceği, ancak Ay'a ayak basmanın mümkün olamayacağı ifade edilmiştir. Bu yazıları ve daha fazlasını okuyan, bu konulara kafa yoran Atatürk ise çok değil, birkaç yıl sonra 1936'da, "*... Bir gün insanoğlu uçaksız da göklerde yürüyecek, gezegenlere gidecek, belki de aydan bize haber yollayacaktır. Bu mucizenin gerçekleşmesi için 2000 yılını beklemeye gerek kalmayacaktır. Gelişen teknoloji daha şimdiden bunu müjdeliyor...*" diyerek, insanoğlunun Ay'a gidip oradan bize haber yollayacağını belirtmiştir.

Bu öngörüsüyle Akl-ı Kemal, çağının çok ötesinde bir deha olduğunu bir kere daha göstermiştir.

Atatürk'ün Yerli Uçak ve Motor Projesi

> *"Bundan sonrası için bütün uçaklarımızın ve motorlarının ülkemizde yapılması ve hava harp endüstrimizin de bu temele göre geliştirilmesi gerekir."*
>
> Atatürk, 1937

Almanların I. Dünya Savaşı'nı kaybetmeleri sonunda imzalamak zorunda kaldıkları Versay Anlaşması ile ülkelerinde "uçak üretmesi" yasaklanmıştır. Almanya, I. Dünya Savaşı'nda **47.637 uçak üretmiş** ve güçlü bir hava kuvvetine sahip olmuştur. Emperyalizm bu gücü yok etmek istemiştir. Osmanlı da I. Dünya Savaşı'nda yenilmiştir. Mondros Ateşkes Antlaşması ile uçaklarına el konulmuş, Sevr Antlaşması'yla uçak üretmeleri yasaklan-

---

[113] **agm.**, s. 3.

mıştır, ama Türkler Atatürk'ün önderliğinde Kurtuluş Savaşı'nı kazanarak Sevr Antlaşması'nı yırtıp Lozan Antlaşması'nı imzalayarak dosta düşmana tam bağımsızlıklarını kabul ettirmiştir.

Hep "tam bağımsızlık" parolasıyla hareket eden Atatürk, siyasi ve kültürel bağımsızlıkla birlikte ekonomik bağımsızlığa da büyük önem vermiştir. Geleceğin Türkiyesi'nin kendi fabrikalarını kurmasını, kendi demiryollarını, kendi gemilerini, kendi uçaklarını ve hatta kendi uçak motorlarını kendisinin yapmasını istemiştir.[114] Bu çerçevede yerli uçak ve uçak motoru projesini hayata geçirmek istemiştir. Bu onun vasiyetlerinden biridir.

Devlet Hava Yolları'nda 1953-1954 yıllarında genel müdür olan, Afyon Milletvekili Rıza Çerçel, *"Atatürk ve Hava Yollarımız"* adlı yazısında şöyle bir anısından söz etmiştir:

"Atatürk bir yaz gününde Devlet Hava Yolları Ankara Tayyare Meydanı'nı ziyarete gelmişti. Çevresi tepelerle çevrilmiş ıssız bir kır, bu kırın kuytu bir köşesinde, sanki kır bekçisi için yapılmış gibi mütevazı bir kulübe, kenarları vahşi otlar ve sazlarla sarmaş dolaş olmuş iki kambur pist, kömür cürufunun çamurları üzerine serpilmesi ile vücutlanmış bir uçuş yolu. İşte o günkü havaalanının varı yoğu bu kadardı.

O'na, alan binası önünde hasır bir koltuk getirmiş; etrafını çevrelemiş; yakın bir gelecekte yapılacak işleri, alınacak uçakları, kurulacak tesisleri uzun uzun anlatmıştık. Atatürk sadece dinliyordu. Bu dinleyişte tunçtan bir heykel sabrı vardı. Nihayet bu mutlu ziyaretin değerli anısını sonsuzlaştırmak için kendisinden bir imzasını rica etmiştik. Uzatılan defteri ve kalemi aldı.

---

114 Atatürk yerli sanayiye verdiği önemi bir keresinde manevi kızı Sabiha Gökçen'e şöyle anlatmıştır: "... *Birinci Dünya Savaşı biter bitmez, bu kara günlerde kullanılan tüm silahlar birdenbire demode oluverdi. Almanlar, Fransızlar, İngilizler, Amerikalılar ellerindeki bu silah fabrikalarını uzun vadeler tanıyarak geri kalmış ülkelere satmaya çalışıyorlar. Neden? Çünkü onlar daha modernlerini, daha etkili olanlarını yapabilecek fabrikalar kurmakla meşguller. Bunu her alanda yapabilirsiniz. Tekstil alanına, ilaç sanayi alanına, otomotiv sanayine; kısacası aklınıza gelen her alana... Biz yeni ve genç bir Türkiye kuruyoruz. Dost, düşman ülkelerin geride kalmış teknolojilerine gereksinmemiz yok. Ya en yenisini kurar, onlarla boy ölçüşürüz ya da biraz daha sabreder, bunu yapabilecek güce erişmemizi bekleriz...*" Gökçen, **age.**, s. 67.

Düşünüyordu. Gözleri karşıki ıssız tepelerle, bunların çevrelediği alan boşluğunda bir şeyler arıyor gibiydi, isteksiz bir edâ ile başını önüne eğdi. Elindeki kalemin, kâğıt üzerine mıhlanmış gibi bir hali vardı. Nihayet kalem işler gibi oldu ve kâğıt üzerinde Kemal'in baş harfi olan tek bir K harfi belirdi. Fakat hepsi bu kadardı. Büyük insan atacağı Kemal Atatürk imzasının baş harfi olan K harfini yazdıktan sonra defteri ve kalemi geri verirken: 'Şimdilik bir K harfi yeterlidir. Bana vaat ettiğiniz işler yapılıp bitirildikten sonra imzamın geri kalan kısmını tamamlarım,' demişlerdi."

Anlaşıldığı kadarıyla Atatürk, yerli uçak ve yerli motor üretilmesini istemiş ve birileri bu konuda kendisine söz vermiştir.

Atatürk 1930'lu yıllarda hükümeti ve havacılık sanayisinden sorumlu olan yetkilileri bu sözlerini tutmaları, bir an önce yerli uçak ve yerli motor yapmaları konusunda uyarmıştır. Atatürk'ün bu uyarılarından birine tanık olan Sabiha Gökçen'e kulak verelim:

"Yeşilköy Havaalanı'nda Atatürk ve İnönü ile birlikteydik. Gazeteler havacılıkta yeni bazı atılımlar yapılacağından bahsediyorlardı. Bunun yanı sıra Batı teknolojisinden, yeni uçaklardan dem vuruluyor, fotoğraflar yayımlanıyordu. Atatürk bir ara başını sallayarak İnönü'ye şunları söyledi: 'Şunu bil ki Paşa, verdiğimiz sözde durmak mecburiyetindeyiz. Paramızı daha fazla yabancılara kaptırarak geleceğimizi tehlikeye düşüremeyiz. Uçağımızı kendimiz yapacağız. Paraşütümüzü kendimiz yapacağız. Yedek parçalarımızı kendimiz yapacağız. Ulusun bu konudaki umudunu boşa çıkaramayız.'"[115]

Atatürk ölümünden iki yıl kadar önce, havacılık konusundaki çalışmaların yetersizliğinden yakınarak yetkilileri bu konuda daha çok çalışmaya davet etmiştir.

---

115 Gökçen, age., s. 192-193.

Atatürk 1936 yılında İstanbul Yeşilköy'deki havacılık tesislerini gezerken sevinci ve gururu yüzünden okunuyor

Şu sözler de Atatürk'e aittir:
"Hava ordusuna sarf ettiğiniz himmeti artırmanızı dilerim. Yeni bir program tatbikat devresinde bulunduğumuz için Hava Kuvvetlerimiz arzumuz derecesinden uzaktır. Kuvvetli bir hava ordusu vücuda getirmek yolunda iyi neticelere doğru emniyetle yürümekte olduğumuzu ifade ederken, hava taarruzlarına karşı milletin hazırlanması için de ayrıca alakanızı uyandırmak isterim."

Atatürk 1 Kasım 1937'deki meclis konuşmasında yerli uçak ve uçak motoru projesinden şöyle söz etmiştir: *"Hava kuvvetlerimiz için yapılmış olan üç yıllık program, büyük ulusumuzun içten ve bilinçli ilgisi ile şimdiden başarılmış sayılabilir. Bundan sonrası için bütün uçaklarımızın ve motorlarının ülkemizde yapılması ve harp hava endüstrimizin de bu temele göre geliştirilmesi gerekir. Hava kuvvetlerinin aldığı önemi göz önünde tutarak, bu çalışmaları planlamak ve bu konuyu layık olduğu önemle ulusun gözleri önünde canlı tutmak gerekir (alkışlar)."*[116] Görüldüğü gibi Atatürk, ölümünden bir yıl kadar

---

[116] Millet Meclisi Tutanak Dergisi, D. V, C 20, 1 Kasım 1937, s. 3.

önce meclis açış konuşmasında, "yerli uçak ve yerli motor üretilmesini" ve "hava endüstrimizin bu temele göre geliştirilmesini" istemiştir. Bu onun gerçek vasiyetidir.

Atatürk her fırsatta havacılığa verdiği önemden, havacılık konusundaki çalışmalardan, Türk havacılara ve pilotlara duyduğu güvenden söz etmiştir. Örneğin 3 Mayıs 1935'te Türk Hava Kurumu'nda yaptığı konuşmada Türk ordusunun hava gücü ve Türk havacılara duyduğu güven konusunda şöyle demiştir:

"Bizim dünyamız, bilirsiniz toprak, su ve havadan oluşmuştur. Hayatın da esas unsurları bunlar değil midir? Bu hususlardan birinin eksikliği, yalnız eksikliği değil, sadece bozukluğu hayatı imkânsız kılar. Türkiye Cumhuriyeti Hükümeti, kara ordusunun yanında donanmamızı kurarken, hava filolarımızı da en son hava şartlarıyla düzenlemekten geri kalmadı. Şahısları ile onur duyduğumuz hava subaylarımız ve komutanlarımız da yetişmiş bulunuyorlar. Uçmanlarımız her zaman ve her halde ulusun yüzünü ağartacak yüksek değerdedirler.

Türk çocuğu her işte olduğu gibi havacılıkta da en yüksek düzeyde, gökte, seni bekleyen yerini az zamanda dolduracaksın. Bundan gerçek dostlarımız sevinecek, Türk ulusu mutlu olacaktır."[117]

Atatürk yerli uçak ve yerli motor üretilmesi dışında, bu uçakları kullanabilecek yerli pilotlar yetiştirilmesini de istemiştir. Bu amaçla manevi kızlarından **Sabiha Gökçen**'in dünyadaki ilk kadın savaş pilotlarından biri olmasını sağlamıştır. Gökçen, Atatürk'ün yönlendirmesiyle yedi erkek adayla birlikte Rusya'da planör eğitimini tamamlamış, 1936'da Eskişehir Askeri Hava Okulu'na girip başarıyla eğitimini tamamlayarak mezun olmuştur. Aynı yıl askeri pilot olarak Eskişehir Birinci Hava Alayı'nda göreve başlamıştır. 1937'de Dersim Harekâtı'na katılmış, 1938'

---

117 **Atatürk'ün Söylev ve Demeçleri**, ATTB, Atatürk Araştırma Merkezi, Ankara, 1997, s. 322.

de ise "barış elçisi" olarak Balkanlar'ı havadan dolaşmıştır.[118] Aynı yıl öğretmen pilot olarak Türk Kuşu'na katılmış ve 1955'e kadar bu görevine devam etmiştir. 22 Mart 2001'de vefat etmiştir.[119]

Atatürk'ün Havacılık Konusundaki Çalışmaları

Atatürk cumhuriyetin ilanıyla birlikte, planlı programlı havacılık çalışmalarını başlatmıştır. Her şeyden önce Türk ordusunun çok güçlü bir hava gücüne sahip olmasını amaçlamıştır. Kurtuluş Savaşı'nda kağnıyla kamyonu yenmenin ne demek olduğunu asla unutmayan Atatürk, bir an önce askeri teknolojiyi, savaş araç gereçlerini modernleştirme yoluna gitmiştir. Kurtuluş Savaşı'nda az sayıdaki kırık dökük uçağın yarattığı mucizeyi hatırladıkça, Türkiye'nin hiç zaman kaybetmeden dünya ölçeğinde bir uçak filosuna sahip olması için çalışma başlatmıştır.

Atatürk 1 Kasım 1924 tarihli meclis açış konuşmasında; *"Yurt savunmasından söz ederken askeri alanda önemli ve etkin bir nitelik taşıyan Hava Kuvvetleri'ne yüce meclisin özellikle ilgisini ve dikkatini çekmek isterim,"* diyerek havacılığa vurgu yapmış, 1 Kasım 1925 tarihli meclis açış konuşmasında yine havacılık konusunu gündeme getirip, *"... Efendiler, ulusumuzun ülke savunmasına gösterdiği özel ilgiye şükran borçluyuz. Yurttaşların kendi girişimleri ile meydana getirdikleri Hava Kurumu az zamanda verdiği ürünlerle geniş bir gelişme umut ettirmektedir,"* demiştir.

---

118 Cumhuriyet ve Atatürk düşmanları öteden beri Sabiha Gökçen'i Dersim Harekâtı'na katılmış olmasından dolayı suçlarlar. Fakat birincisi Gökçen'in Dersim Harekâtı'na katılmasını isteyen bizzat Atatürk'tür. İkincisi Sabiha Gökçen eşkıyaların 160 kadar kayıp verdikleri 1937'deki I. Dersim Harekâtı'na katılmıştır. Bu harekâtta Türk uçakları daha çok keşif uçuşları yapmıştır. Gökçen de uçağıyla keşif uçuşu yapmıştır. Üçüncüsü, Dersim Harekâtı'na katılan tek pilot Sabiha Gökçen değildir. Gökçen bu harekâta katılan çok sayıdaki pilottan sadece biridir. Ancak Dersim duygu sömürüsü yapanlar yıllardır, sanki Dersim bastırma harekâtına uçağıyla havadan sadece Sabiha Gökçen katılmış ve Dersim'de havadan yapılan askeri saldırıyı sadece Gökçen yapmış gibi anlatırlar. Bu anlatımların tamamı yalandır.

119 Sabiha Gökçen'in havacılık hayatı ve Atatürk ile ilişkileri konusunda bkz. Sabiha Gökçen, **Atatürk'ün İzinde Bir Ömür Böyle Geçti**, haz. Oktay Verel, İstanbul, 1982.

Atatürk her fırsatta Türk hava gücünü seyretmiştir büyük bir gururla

Oktay Verel, Sabiha Gökçen'in hayatını anlattığı *"Atatürk'ün İzinde Bir Ömür Böyle Geçti"* adlı kitabında, Atatürk'ün havacılığa verdiği önemden ve bu konudaki bazı çalışmalarından şöyle söz etmiştir:

"Gençleri havacılığa teşvik ediyordu yaptığı konuşmalarla Gazi Paşa... Onun bu heyecanlı görüşüne İsmet Paşa da katılıyordu. Nitekim Türk Tayyare Cemiyeti'nin bütün Genel Yönetim Kurulu toplantılarına o zamanlar başbakan olan İsmet İnönü başkanlık ediyordu. Cemiyetin genel başkanı vardı ama Gazi Paşa bu konuda İsmet İnönü'yü görevlendirmişti. Bir yandan ülke demirağlarla örülüyor, bir yandan çeşitli fabrikalar kuruluyor, bir yandan da havacılık konusunda gerekli çalışmalar yapılıyordu. Savaş sonrası Türkiye için bunu bir fantezi gibi görenler,

daha ileriki yıllarda ne derece yanıldıklarını çok iyi anlayacaklardı. Gazi hiçbir konuyu Türk ulusu için bir fantezi, bir lüks olarak kabul etmiyordu.

Bir yandan askeri havacılık çalışmaları, bir yandan da Türk Tayyare Cemiyeti çatısı altında sivil havacılık çalışmaları yapılıyordu. Vakit buldukça Paşa da Türk Tayyare Cemiyeti'ne giderek faaliyetler hakkında bilgi alıyordu. Savaş sonrası Türkiye'nin çok fakir olan bütçesi ile mucizeler yaratılır, o ulusal bilinç şahlanırken, Mustafa Kemal Paşa Türk Tayyare Cemiyeti için o çok güvendiği, himayetperver, yardımsever ulusunu yardıma çağırmıştı. 'İstikbal Göklerdedir,' diyor, bunun heyecanını bütün bir ulusa aşılıyor, çalışmalar hakkında sık sık bilgiler veriyordu. 'İstikbal Göklerdedir,' derken bunu sadece bir işaret olarak bırakmıyordu. Bu bir ulusal hedefti. Onun için sadece fikir alanında, spor alanında kalmamalıydı. Bu konuda daha geniş yatırımlar yapılmalı, çağdaş havacılık teknolojisi tümü ile ülkeye getirilmeliydi. Tayyare fabrikaları kurmalıydık. Kendi uçağımızı kendimiz yapmalı, günün birinde ele güne muhtaç hale gelmemeliydik. Çünkü dünya uluslarını gelecekte hiç de parlak günler beklemiyordu. Çelik kanatlarla, kendi yaptıkları çelik kanatlarla göklerini, topraklarını savunamayan ulusların akıbetleri hüsran olacaktı."[120]

Atatürk döneminde, Atatürk'ün yönlendiriciliğinde ve himayesinde **havacılık** konusunda yapılan belli başlı çalışmalar şunlardır:

1. Askeri havacılığın geliştirilmesi ve bu amaçla Türk Hava Kuvvetleri'nin modern silahlarla ve uçaklarla donatılması için dünyadaki gelişmiş sistemlerin envantere alınması,
2. Askeri havacılığın silah sistemlerinin; Türk askeri fabrikalarında onarım, revizyon ve Fabrika Seviyesi Bakımlarının (FASBAT) yapılması,
3. Dünyadaki gelişmelerin takip edilmesi ve eğitimler alınarak Türkiye'de de benzer yapıyı oluşturabilecek eğitimli insanların havacılık sektörünün başına getirilmesi,

---

120 Gökçen, **age.**, s. 64-65.

4. Türk milli havacılığını geliştirmek için "Türk Tayyare Cemiyeti"nin (Türk Hava Kurumu) kurulması,
5. Tayyare, Otomobil ve Motor Türk AŞ'nin (TOMTAŞ) kurulması,
6. TOMTAŞ'ın Kayseri'de bir Uçak Fabrikası kurması,
7. Eskişehir Uçak Tamirhanesi/Fabrikası'nın kurulması,
8. Özel teşebbüs sahiplerine devletin ilgi göstermesi (Vecihi Hürkuş, Nuri Demirağ),[121]
9. Türk Kuşu'nun kurulması,
10. Türk Sivil Havacılığı'nın (Devlet Hava Yolları) kurulması ve geliştirilmesi,[122]
11. Halka havacılığı sevdirmek amacıyla *Türk Hava Mecmuası* ile *Havacılık ve Spor* dergilerinin çıkarılması.[123]

Biraz detaylandırmak gerekirse:
1923 yılında **Hava Kuvvetleri Müfettişliği**'ne Kur. Alb. Muzaffer Ergüder getirilmiştir. 1923 yılı sonunda Hava Kuvvetleri Müfettişi Muzaffer Ergüder başkanlığında bir heyet Avrupa'da havacılıkta meydana gelen gelişmeleri görmek ve Türkiye'nin bu gelişmelerden yararlanmasını sağlamak amacıyla; Fransa, İtalya, Almanya ve İngiltere'yi kapsayan bir inceleme gezisine çıkmıştır. Bu gezi sırasında İtalya'dan 12 adet Savoia (S-16) uçağı, Fransa'dan başlangıç eğitimi için 39 adet Caudron-27 ve tekamül uçuşları için 32 adet Caudron-59 uçakları sipariş edilmiştir. Fransa ile yapılan bir anlaşma ile bir kısım Türk subayın

---

121 Bu konuda bazı resmi prosedürler ve bazı işgüzar yöneticilerin öngörüsüzlükleri, işi zorlaştırmaları bu desteğin sınırlı düzeyde kalmasına neden olmuştur. Özel havacılık teşebbüslerine Atatürk döneminden sonra ilgi gösterildiğini söylemek fazla iyimserlik olur.
122 Yalçın, **agm.**, s. 1048.
123 Bu dergilerden *Havacılık ve Spor* dergisinin bütün bir koleksiyonuna, *Türk Hava Mecmuası*'nın da birçok sayısına sahip olan biri olarak iddia ediyorum ki, Türkiye'de bugün bile bu kalitede havacılık dergisi bulmak çok zordur. Özelikle 1930'lu yıllarda yayımlanmaya başlayan *Havacılık ve Spor* dergisi Türkiye'den ve dünyadan her türlü havacılık haberini okurlarına ulaştıran, sadece havacılık ve spor konularını değil, bilim, sanat, kültür, eğitim konularında da halkı bilgilendirip bilinçlendiren dopdolu bir dergidir (S. M.).

Fransa'da uçuş eğitimi alması ve Fransız pilotların Türkiye'de uçuş öğretmenliği yapmaları kararlaştırılmıştır.[124]

1924 yılında Türkiye'deki hava birliklerinin sayısı artırılmıştır. İzmir'de 1 ve 2. uçak bölükleri, Mardin'de 7. Kolordu emrinde 3. Uçak Bölüğü, Erzurum'da 11. Kolordu emrinde 4. Uçak Bölüğü, Eskişehir'de 6. Uçak Bölüğü oluşturulmuştur. Bu yıl sipariş edilen Caudron-27 ve Caudron-59'lara ek olarak Almanya'dan 20 adet Ju F-13 Limuzin, Fransa'dan 16 adet Breguet 14 A/2 sipariş edilmiştir. Yıl sonuna doğru 10 hava subayı Fransa'ya eğitime gönderilmiştir. İzmir'de **bir konuşlu uçuş okulu**, Halkapınar ve Afyon'da **malzeme depoları**, Halkapınar'da bir **tamirhane** oluşturulmuştur.[125]

1925 yılında uçak bölük sayısı 10'a çıkarılmıştır. İzmir **Gaziemir Hava Uçuş Okulu** 2 bölüğe çıkarılmıştır. Hava birlikleri İzmir ve Eskişehir'de toplanmıştır. Bu yıl ilk olarak **meteoroloji** ve **uçak bakım kursları** açılmıştır. İlk hava kurmay subay adayları Yzb. Emin Nihat Sözeri ve Hüseyin Hüsnü, İstanköy Yıldız'daki Harp Akademisi'nde eğitime başlamıştır.[126]

Atatürk 16 Şubat 1925'te **Türk Tayyare Cemiyeti**'ni kurmuştur.[127]

1925'te Eskişehir'de **Tayyare Mektebi (Uçuş Okulu)** kurulmuştur. 1929'da bu okul kaldırılarak yerine 3 bölükten oluşan **Uçuş Eğitim Tabur Komutanlığı** kurulmuştur.[128] 1928'de Kuva-yı Havaiye Müfettişliği kaldırılarak onun yerine MSB'ye bağlı **Hava Müsteşarlığı** kurulmuş ve **hava taburları** oluşturulmuştur. Müsteşarlık merkezi Ankara'ya taşınmış ve ilk hava müsteşarı tuğgeneralliğe terfi ettirilen **Muzaffer Ergüder** olmuştur.[129] Kurtuluş Savaşı'nda 40 kadar personele sahip olan Hava Kuvvetleri'nin 1928'de toplam personel sayısı 407 kişi-

---

124 Yalçın, **agm.**, s. 1048.
125 Kaymaklı, **age.**, C 2, s. 161-613; Yalçın, **agm.**, s. 1048.
126 Yalçın, **agm.**, s. 1050.
127 İleride ayrıntılı olarak anlatılacaktır.
128 Yalçın, **agm.**, s. 1052.
129 **agm.**, s. 1051.

ye ulaşmış, bütçesi ise 4.526.991 Türk Lirası'na yükselmiştir.[130] 1932'de hava taburları alaya dönüştürülmüştür. Bu doğrultuda; Eskişehir'de 1 ve 2. tayyare taburundan oluşan 1. Tayyare Alayı, Diyarbakır'da 3 ve 4. tayyare taburundan oluşan 2. Tayyare Alayı, İzmir'de 5 ve 6. tayyare taburundan oluşan 3. Tayyare Alayı oluşturulmuştur.[131] 22 Mayıs 1939'da ilk Türk Hava Tugayı kurulmuş, 16 Ağustos 1943'te hava tugayları tümen düzeyine yükseltilerek Genelkurmay Başkanlığı'na bağlanıp 31 Ocak 1944'te **Türk Hava Kuvvetleri Komutanlığı** kurulmuştur.[132]

1926'da **Kayseri'de Türkiye Uçak ve Motor Fabrikası (TOMTAŞ)** kurulmuştur.[133]

Türk Hava Kuvvetleri 1929'da modernize edilmiştir. Keşif/ bombardıman uçağı olarak 8 adet Letow S-16T Smolik satın alınmış, Ankara'da bir hava laboratuvarı açılmış ve hava hekimliği için Dr. Yusuf Balkan Fransa'ya uzmanlık eğitimine gönderilmiştir.[134] 1930'da da bir kısım hava personeli eğitim almaları için İtalya'ya gönderilmiştir.[135]

1930 yılında **Vecihi Hürkuş**, her şeyi ile yüzde yüz yerli "Vecihi-XIV" tipi uçağını üretmiştir.[136]

Uçak mühendisliği için Fransa'ya eğitime gönderilen **Selahattin Raşit Alan** 1931 yılında eğitimini tamamlayarak yurda dönmüş ve bu yıl **ilk makinist subay kursu** açılmıştır. Kursa, Yzb. Avni Okar, Yzb. İsmail Hakkı, Yzb. Basri Bilgin, Ütğm. Hıfzı Dim gibi çoğu I. Dünya Savaşı'na girmiş subaylar katılmıştır.[137]

Atatürk havacılığa verdiği önemi tüm dünyaya göstermek için New York'tan havalanıp Atlantik Okyanusu'nu geçerek

---

130 agm., s. 1052.
131 N. Metin Güneşşen, **Cumhuriyet'ten Günümüze Türk Kara Havacılığı**, Hacettepe Üniversitesi Atatürk İlkeleri ve İnkılap Tarihi Enstitüsü, Yayımlanmamış Yüksek Lisans Tezi, Ankara, 2003, s. 24; Yalçın, **agm.**, s. 1052-1053.
132 **Kara Havacılık Dergisi, 50. Yıl Özel Sayısı**, Ankara, 1998, s. 14; Güneşşen, age., s. 24.
133 İleride ayrıntılı olarak anlatılacaktır.
134 Yalçın, **agm.**, s. 1052.
135 **agm.**, s. 1052.
136 İleride ayrıntılı olarak anlatılacaktır.
137 Yalçın, **agm.**, s. 1052.

İstanbul Yeşilköy'e inip dünya rekoru kıran Amerikalı pilotları 1 Ağustos 1931'de Yalova'da kabul etmiştir. Ayrıca bu başarılı uçuş denemesinin tüm masraflarını karşılayarak Türkiye Cumhuriyeti'nin ilk sponsoru olmuştur.

1932 yılında ilk kez Amerika'ya uçuş eğitimi için subay gönderilmiştir. Yine 1932'de 1. Alay Komutanı Celal Yakal komutasında 3'lü kol, Atatürk'ün emri ile havacılığı Türk milletine sevdirmek için bir Türkiye turu düzenlemiştir. 5350 kilometre mesafelik Türkiye turu başarı ile tamamlanmıştır. Atatürk İzmir'deki hava birlik ve kurumlarını İran Şahı ile birlikte denetlemiştir.[138]

1933 yılında Amerika'dan Fleet-II tipi bir eğitim uçağı alınmış ve bu uçağın akrobasi yeteneği dolayısıyla üretici firma Eskişehir'de bir akrobasi kursu açmıştır. Cumhuriyet'in 10. yıl kutlamalarında bütün hava birlikleri Ankara'daki geçit törenine katılmıştır. Bu tören sırasındaki gösterilere; Sovyetler Birliği, İran ve Afganistan'dan da birer uçuş ekibi katılmıştır.[139]

1933'te havacılara paraşüt kursu verilmeye başlanmıştır. Bu kurslara üst rütbedeki komuta kademesi de katılmıştır.[140]

23 Mayıs 1933'te çıkarılan bir kanunla **Devlet Hava Yolları** kurulmuştur.[141]

1933 yılında Ruslar, Türkiye Cumhuriyeti'nin 10. yıl kutlamalarına katılması için bir uçuş grubu göndermiştir. Bir yıl sonra 1934 yılında Sovyetler Birliği'ne, iade-i ziyaret amacıyla 5 uçaktan oluşan bir Türk uçuş kolu gönderilmiştir. Atatürk heyeti kabulünde, *"Kendinizi Ruslara iyi gösterin"* demiştir. Türk ekibin gezisi 20 Nisan 1934 tarihinde başlayıp 18 Mayıs 1934 tarihinde bitmiştir. Yurda dönüş rotasında, Romanya'ya da ziyarette bulunulmuştur.[142]

---

138 Kaymaklı, **age.**, C 2, s. 204; Yalçın, **agm.**, s. 1053.
139 Yalçın, **agm.**, s. 1053.
140 Kaymaklı, **age.**, C 2, s. 205; Yalçın, **agm.**, s. 1053.
141 Erkan Oral, *"Atatürk Dönemi Ulusal Savunma Sanayi Yaratma Atılımları"*, **Atatürk Haftası Armağanı**, Genelkurmay ATASE Başkanlığı Yayınları, 10 Kasım 2004, s. 160.
142 Yalçın, **agm.**, s. 1053.

1934 yılında İtalya'nın Akdeniz'deki yayılmacı emelleri yüzünden Atatürk Türk havacılarına tetikte olmalarını bildirmiş, bunun üzerine Türk pilotları da vatanın bağımsızlığı için son çare olarak gerekirse uçaklarıyla intihar pilotluğu (kamikaze) yapacaklarını yazılı olarak Atatürk'e bildirmişlerdir.[143] İtalyan diktatörü faşist Mussolini'nin Türkiye'yi tehdit etmeye başlaması üzerine Atatürk, Genelkurmay Başkanı Mareşal Fevzi Çakmak'tan dünyanın en gelişmiş uçaklarının araştırılmasını istemiştir. Atatürk, Mussolini'nin tehditlerine karşı Roma'yı bombalayıp geri dönebilecek uçaklara sahip olma imkânını araştırtmıştır. Plt. Yzb. Enver Akoğlu bu amaçla Amerika'ya gönderilmiş, gerekli incelemeleri yapmış ve incelemeler sonunda dönemin en gelişmiş uçakları alınmıştır.[144] Bu kapsamda İspanya İçsavaşı'nda önemli başarılar sağlayan Heinkel-III uçakları 1937 yılında Türk Hava Kuvvetleri envanterine girmiştir. Almanya'dan alınan uçakların eğitiminde kullanılmak için Wulf J-2'ler alınmış, yine 1937'de İngiltere'den dönemin en gelişmiş hafif bombardıman uçağı Bristol Blenheim'lerden de bir miktar satın alınmıştır.[145] Atatürk, *"Havacılarımız bütün ordu ve donanmamız gibi vatanı korumaya anık kahramanlardır. Büyük millet bu soyak evlatlarıyla kendini mutlu sanabilir,"*[146] diyerek Türk havacılarına duyduğu güveni ve inancı dile getirmiştir.

Fransa'da eğitimini tamamlayıp 1935 yılında yurda dönen doktorların istihtam edilmesiyle Eskişehir'de **Hava Sıhhi Muayene Merkezi** açılmıştır. **Hava Makinist Okulu**'nda Fransız öğ-

---

143 Yaşar Özdemir,, **Atatürk ve Türk Havacılığı**, Hava Kuvvetleri Basım ve Neşriyat Müdürlüğü, Ankara, 1981, s. 75; Kaymaklı, **age.**, C 2, s. 205-206; Yalçın, **agm.**, s. 1053, 1056. Atatürk, Fransa ile yaşanan Hatay Sorunu nedeniyle 1938 yılında pilotlara *"Cephaneniz kalmazsa uçaklarınızla Fransız gemilerine çarpabilir misiniz?"* diye sorduğunda Pilotlar, *"Evet,"* yanıtını vermişlerdir. Yalçın, **agm.**, s. 1056.
144 Hava Kuvvetleri Komutanlığı, *"Cumhuriyet Döneminin İlk Yıllarında Hava Gücü ve Türk Hava Kuvvetlerinin Kuruluşu (1923-1944)"*, **Hava Kuvvetlerinin 90. Altın Yılı**, S. 338, Ankara, 2000, s. 44; Kaymaklı, **age.**, s. 209; Yalçın, **agm.**, s. 1055.
145 Yalçın, **agm.**, s. 1055.
146 *"Atatürk ve Türk Havacılığı"*, **Havacılık ve Spor dergisi**, C IX, Ankara, 1938, s. 1888.

retmenler yerine Türk öğretmenler tarafından eğitim verilmeye başlanmıştır. 3 Mayıs 1935 tarihinde gençliğe uçuş sevgisini aşılamak için adını bizzat Atatürk'ün verdiği ve açılışını bizzat Atatürk'ün yaptığı **TÜRK KUŞU** kurulmuştur.[147]

1936'da **Nuri Demirağ** İstanbul Beşiktaş'ta **bir uçak fabrikası** kurmuş, İstanbul Yeşilköy'de de **bir uçuş okulu** açmıştır.[148]

9 Haziran 1936 tarihinde Eskişehir'e gelip hava birliklerini ziyaret eden Atatürk, burada yaptığı konuşmada havacılığın daha da güçlenmesini, kara kuvvetlerine yapılan desteğin keşif ile sınırlı kalmaması gerektiğini belirtmiş ve dünya havacılık tarihine giren bir öngörüde bulunarak, **insanoğlunun 2000'li yıllara varmadan gezegenlere gideceğini, hatta Ay'dan mesaj yollayacağını** belirtmiştir.

1937 yılında Hava Kuvvetlerinin alay sayısı dörde çıkarılmış, Kara ve Deniz Harp Akademilerinin yanında Yıldız'da **Hava Harp Akademisi** açılmıştır.[149]

Atatürk havacılıktan çok farklı amaçlar için yararlanılabileceğini erken fark etmiştir. Örneğin 1937 yılında Türkiye'nin Ege bölgesinde yer alan tarihi eserlerin ve arkeolojik kalıntıların hava fotoğraflarının çekilmesini istemiştir. Bu istek üzerine Ege'deki tarihi eserler havadan fotoğraflanarak bir albüm haline getirilip Atatürk ile Fevzi Çakmak'a sunulmuştur.[150]

Atatürk'ün, *"Göklerde bizi bekleyen yerimizi almak zorundayız. Yoksa o yeri başkaları istila eder ve işte o zaman bu ülke ve ulus elden gider"* ve *"İstikbal göklerdedir"* direktifleri doğrultusunda yetkilileri yönlendirmesiyle, Atatürk'ün himayesinde, Türk havacılığına gönül vermiş bir avuç mühendis, teknisyen, pilot ve yöneticinin çabalarıyla Türkiye, Atatürk döneminde envanterine giren yaklaşık **500 civarında uçak** ile bölgesel

---

147 Yalçın, **agm.**, s. 1054.
148 İleride ayrıntılı olarak anlatılacaktır.
149 Kaymaklı, **age.**, C 2, s. 225-226; Yalçın, **agm.**, s. 1055.
150 **Hava Kuvvetleri Komutanlığı Tarihçe Şube Müdürlüğü, Fotoğraf Albümü**, Ankara, 2010'dan nakleden Yalçın, **agm.**, s. 1055.

bir güç olmuştur.[151] Üstelik bu uçakların önemli bir bölümü yerli üretimdir.

Türk Tayyare Cemiyeti (Türk Hava Kurumu)

Atatürk 16 Şubat 1925'te **Türk Tayyare Cemiyeti**'ni kurmuştur. Cemiyetin adı 24 Mayıs 1935'te **Türk Hava Kurumu**'na dönüştürülmüştür. Cemiyetin ilk başkanı, Atatürk'ün yaverlerinden **Cevat Abbas Gürer**, daha sonraki başkanı ise yine Atatürk'ün yakın dostlarından **Ahmet Fuat Bulca** olmuştur.[152] Atatürk, cemiyete çok büyük önem verdiği için cemiyetin başkanlığına sırasıyla iki yakın dostunu getirmiştir. Atatürk, Cumhuriyet dönemi Türk havacılığının ilk büyük adımı olan bu cemiyeti kurarken, yine Türk ulusunun yardımseverliğine güvenmiştir. Cemiyetin bizzat Atatürk tarafından belirlenen parasal kaynakları şunlardır:

1. Fitre, zekat ve kurban derileri,
2. Tayyare piyangosu (şimdiki Milli piyango),
3. Bir kuruşluk Tayyare Cemiyeti dilekçe pulu,
4. Sigara paketlerindeki bir tek sigara,
5. İki cıva madeninin işletilmesinden elde edilen tüm gelirler,
6. Askeri terhis tezkerelerinin basımı ve az bir ücret karşılığı terhis edilecek erlere verilmesinden elde edilen gelir,
7. El ve duvar ilanlarının imtiyazı,
8. Uşak Şeker Fabrikası'nın her yılki ilk mahsulü ile Bulgaristan'dan kışlamak üzere Trakya'ya geçecek ağnamın sahiplerine verilecek kefaletnamelerin ve makara, iplik tesis hakkından elde edilen gelir.[153]

Görüldüğü gibi Türk Tayyare Cemiyeti'nin Atatürk tarafından belirlenen gelir kaynaklarının ilk sırasında "fitre, zekat ve kurban derileri" gibi **dinsel kaynaklı** gelirler vardır. İslam dininin savunmaya verdiği önemi çok iyi bilen Atatürk, Türk hava sanayini geliştirirken İslam dininin bu özelliğinden yararlanmak istemiştir. Aslında bu uygulama, Osmanlı'nın son zamanların-

---
151 Yalçın, **agm.**, s. 1057.
152 Turgut Gürer, **Atatürk'ün Yaveri Cevat Abbas Gürer - Cepheden Meclise Büyük Önder İle 24 Yıl**, İstanbul, 2006, s. 299.
153 Gökçen, age., s. 65.

da gazeteci yazar **Ahmet Mithat Efendi**'nin çabalarıyla başlamış bir uygulamadır. Atatürk bu uygulamayı bir anlamda daha da genişletip yaygınlaştırmıştır. Atatürk bu amaçla, fitre, zekat ve kurban derilerinin Tayyare Cemiyeti'ne verilmesi için Bakanlar Kurulu kararı çıkarttırmış, bu karara karşı gelen "yobazlarla" mücadele etmiştir.

Atatürk, fitre, zekat ve kurban derilerinin Tayyare Cemiyeti'ne bağışlanması konusundaki çalışmaları 1935 yılında Sabiha Gökçen'e şöyle anlatmıştır:

"Bizim ulusumuz bir kere inanmaya görsün. Ona yaptıramayacağınız, benimsetemeyeceğiniz şey yoktur. Türk Hava Kurumu'nu kurduğumuz zaman bunun ana gelir kaynağını bir yandan devlete, bir yandan da milletimizin hamiyet duygularına yükledik. Fitre ve zekatın yanı sıra kurban derilerinin bu cemiyete verilmesi için Bakanlar Kurulu kararı çıkardık. Bu karara karşı çıkmak isteyen yobazlarla, siyaset gereği bu uygulamadan vazgeçmemizi isteyenler oldu. Üstü kapalı ya da açık, gazetelerde yazılar bile çıktı. Oysa bu iki gelir de çok yanlış yerlere gidiyor, memleket yararına değil, kişilerin, zümrelerin menfaatlerine hizmet eder hale geliyordu. Devletin erişemediği yerlere halkın erişmesi kadar tabii ne olabilir. Bu topraklarda yaşayan herkese düşen birtakım kutsal görevler vardır. Hava Kurumu, Batı'ya yönelik hamlelerimizden biridir. Bu nedenle onu hem devlet desteğine mazhar kıldık hem de halkın desteğine kavuşturmak istedik. Biz bunu yaparken savaşın yıkıntıları henüz ortadan silinmemişti. Ülkemizin birçok yerlerinde daha viraneler vardı. Düşmanın yakıp yıktığı yerlerde hâlâ cinayetlerin dumanları tütüyordu. Burada uygarlığın nefesi değil, baykuşların sesleri duyuluyordu. On yılda pek çok kuruluş gibi Türk Hava Kurumu da rayına oturdu. Türk Kuşu gibi bir büyük okula kavuştu. Gençlerimiz, kızlarımız da dahil olmak üzere mavi semalarda koşmaya başladılar. Desteği sadece devlete yüklemek isteyenlere, meşhur gazeteci Ahmet Mithat Efendi'nin başından geçenleri anlatalım. Bu zat, Allah gani gani rahmet eylesin, kör taassubun en egemen olduğu bir

devirde, Osmanlı topraklarında milliyetçilikten de çok önde gelen bir yobazlık döneminde Tercüman-ı Hakikat gazetesinde bir yazı yayımlamış, merhum, bu yazısında kurban derilerinin ya da karşılıklarının, o deyimle söyleyeyim, 'milletin umuru hayriyesinde' kullanılmasını, yani hayır işlerinde kullanılmasını teklif ediyor. Ama cahil softalar dururlar mı? Çıkarları zedelenenler dururlar mı? Bunlar, 'Gelirimiz elden gidiyor,' gibisinden bir feryatla ertesi gün ellerine geçirdikleri sopalar, taşlarla matbaaya hücum ediyorlar. Şayet bu güzel fikrin sahibi Ahmet Mithat Efendi'yi yakalamış olsalardı zavallıyı olduğu yerde linç edeceklerdi kuşkusuz. Hükümet kuvvetleri çabuk davranmış, bu isyanı bastırmış. Fakat Ahmet Mithat Efendi inançlarından kolay kolay vazgeçmeyecek yaratılışta bir gazeteci olduğundan ertesi gün her türlü tehlikeyi göze alarak yine aynı gazetede bir başyazı daha yayımlıyor. Maksadı malum: Derilerin devlet eli ile toplanarak hayır işlerinde, sosyal işlerde kullanılmasını sağlamak. Bunun için de düşüncelerinin doğruluğunu Kur'an'dan ayetlerle, hadislerle ispat ederek bunda 'cevaz-ı şeri' (dine uygunluk) bulunduğunu söylüyor. Konu bab-ı meşihata getiriliyor ve oradan çıkan bir fetvayı şerife ile Ahmet Mithat Efendi'ye hak verilip kurban derileri devlet eliyle toplanarak satılıyor ve pek çok milli ve vatani işlerde kullanılıyor. Dediğim gibi, çıkarcı, geri kafalı çevrelerin bütün baskılarına rağmen bundan şöyle böyle yarım asra yakın bir zaman evvel başarılan bu zafere, bizim Cumhuriyet döneminde devam etmemiz kadar doğal ne olabilirdi ki? Devletin yapamadığını millet, milletin yapamadığını devlet yapmalıydı."[154]

Bu doğrultuda **Cumhuriyet'in Atatürk'lü** yıllarında cuma hutbelerinde Tayyare Cemiyeti'ne bağış yapmanın "dini bir vecibe" olduğu belirtilerek, tayyare piyangosuna katılmanın dini açıdan hiçbir sakıncasının olmadığı ifade edilmiştir. Örneğin 1927'de yayımlanan bir Türkçe hutbede, "... İşte Allah'ın emrine göre gizli aşikâr düşmanlara karşı bizim hazırlayabileceğimiz

---

154   Gökçen, age., s. 77-78.

kuvvetin en ehemmiyetlisi bugün tayyaredir, tayyareciliktir. Bu uğurda meydana atılan tayyare cemiyetimize yardım etmek boynumuza borçtur. Sakın bu işe ehemmiyet vermemezlik etmeyin. Aydan aya, yıldan yıla mutlaka bir şeyler verin. Böylece tayyareciliğin ilerlemesine sebep olun. Tayyare filolarımız olsun. Bizim de gökyüzünde çarpışacak kahramanlarımız bulunsun. O zaman hiç kimse bize fena gözle bakamaz,"[155] denilerek Müslüman halk Tayyare Cemiyeti'ne bağış yapmaya davet edilmiştir.

Halkın fitre, zekat ve kurban derilerini Tayyare Cemiyeti'ne bağışlaması için Atatürk **Diyanet İşleri Başkanlığı**'nı harekete geçirmiştir. Bu bağlamda Tayyare Cemiyeti Başkanı Fuat Bey, Diyanet İşleri Başkanlığı'na gönderdiği 3 Kasım 1934 tarihli şu yazıyla zekat ve fitrelerin Tayyare Cemiyeti'ne verilmesini istemiştir: "*Yaklaşmakta olan Ramazan'da halkımızın zekat ve fitrelerini her sene olduğu gibi bu sene de memleketin hava müdafaasına lazım olan silahları çoğaltmaya çalışan cemiyetimize vermelerini... Saygılarımla arz ve rica ederim efendim.*" [156]

Gazetelerde ve dergilerde sıkça fitre, zekat ve kurban derilerini Tayyare Cemiyeti'ne bağışlamanın dinsel bakımdan ne kadar doğru ve yararlı bir davranış olduğu anlatılmıştır.[157] Örneğin Tayyare Cemiyeti'nin yayın organı olan *Havacılık ve Spor* dergisi, halkın fitre, zekat, kurban derileri ve hatta kurbanlarını Tayyare Cemiyeti'ne bağışlaması için yoğun çaba sarf etmiştir. Bu dergide yayımlanan yazılarda ve reklamlarda fitre, zekat, kurban ve kurban derilerinin Tayyare Cemiyeti'ne bağışlanmasının öneminden söz edilmiştir. Örneğin *Havacılık ve Spor* dergisinin 15 Şubat 1934 tarihli 113. sayısında "*Kurban ve Tayyare*" başlıklı bir yazıda şu görüşlere yer verilmiştir: "*... Cemiyet kurulalıdan beri halk Kurban bayramında kestiği kurbanların derileri ile bağırsaklarını veriyordu. Evvelki yıldan beri derilerle bağırsaklar artık para etmediği için, ya kurbanı yahut parasını*

---

155 **Türkçe Hutbe**, Diyanet İşleri Reisliği Neşriyatı 3, Şehzadebaşı, 1927, s. 17-24'ten naklen Aydın, **agm.**, s. 70-71.
156 Aydın, **agm.**, s. 71.
157 **agm.**, s. 68.

veriyor. Bu kurban da en yararlı ve zaruri hizmeti ifa etmek için gerçekten güzel bir vesiledir. Bir kurban kesiyorsunuz, birkaç kilo etini kapınıza gelen birkaç kişiye veriyorsunuz. Sonra? O birkaç kişi et yiyemeyecek fakirse yılda bir gün sizin sadakanızı et diye yemekle yılın bütün o kalan yüzlerle günü hep karnı tok mu gezecektir? Sadaka ancak hayırlı oluşunda, hiçbir şüphe caiz olmayan bir şekilde olursa, yerinde bir insanlık, yerinde bir hayır hareketi olur. Kurban Bayramı'nda kesilen kurbanların etlerinin şuna, buna dağıtılışı, bir acıma duygusunun, bir hayır hareketinin israfından başka bir şey değildir. Fakat bu israf ediliş hareketi (Tayyare, Hilal-i Ahmer, Himaye-i Etfal cemiyetleri namına), Türk Tayyare Cemiyeti, sizin hayırseverliğinizi en geniş sahada tesirli bir hale getirebilir. Türk Tayyare Cemiyeti'ne vereceğiniz kurbanlar veya paraları, her şeyden önce hepimizin en mukaddes ölülerimiz olan hava şehitlerinin ruhlarını şad edecektir. O ruhlar ki, bir zaman ateş ve kan içinde kalan vatanı korumak ve kurtarmak için çarpışıp göçtüler. O ruhlar ki şimdi göklerimizden bizim oralara, onların kahramanca jestlerine ne dereceye kadar layık olduğumuzu heyecanla gözetlemektedirler."[158] Aynı derginin aynı sayısında "Kurbana Hazırlanalım" başlıklı yazıda da şöyle denilmiştir: "Ramazan bayramını sağlıcakla geçirdik. Fitrelerimizi Tayyare Cemiyeti'ne vererek yurdu ve milleti yükseltmek ve sağlamlaştırmak için üstümüze düşen vazifeyi yaptık. Şimdi önümüzde Kurban Bayramı var. Bu bayramda daha büyük işler yapabiliriz. Kurban derileri çok az para ettiği için geçen yıl Tayyare Cemiyeti deri yerine canlı kurban toplamaya başladı. Canlı kurban toplanmasının ilk senesi olduğu halde halkımız bu işe çok yakınlık gösterdi. Her yanda sürür sürü canlı kurban toplandı. Bazı yerlerde bu kurbanların sayısı umduğumuzdan çok fazla oldu. Mesela Konya (924) kurban toplayarak birinciliği aldı. Kalecik (470) kurbanla ikinciliği kazandı. Tercan (270) hayvan, Bayındır (200) hayvan, 78 lira para. (...) Başka

---

158 "Kurban ve Tayyare", **Havacılık ve Spor dergisi**, 15 Şubat 1934, S. 113, s. 1836-1837.

yerler de gücünün yettiği kadar çalıştı. (...) Kurban Bayramı'nda toplanacak hayvan, para ve derinin tutarı da fitre gibi Hilal-i Ahmer, Himaye-i Etfal ve Tayyare cemiyetleri arasında paylaşılacaktır. Bunun için kurbanını Tayyare'ye verenler üç hayırlı iş birden görmüş olacaklardır. Haydi arkadaşlar iş başına, şimdiden kurbanınızı hazırlayınız ve bu vazife yarışında geri kalmağa çalışınız..."[159]

Fitre, zekat, kurban ve kurban derilerinin Tayyare Cemiyeti'ne bağışlanmasında ülke savunmasının ve havacılığın öneminin farkında olan aydın din adamlarının da büyük katkısı olmuştur. Tayyare Cemiyeti'nin resmi yayın organı *Havacılık ve Spor* dergisinde *"Büyük İşin Büyük Yardımcıları"* başlığı altında Tayyare Cemiyeti'ne yardım eden kişiler ve yardımlarından söz edilmiştir. Bu kişiler arasında aydın din adamlarına da rastlanmaktadır. Örneğin 1932 yılına ait *Havacılık ve Spor* dergilerinden birinde *"Büyük İşin Büyük Yardımcıları"* başlığı altında **Hoca Ahmet Efendi** adlı bir din adamından şöyle söz edilmiştir: *"Fotoğrafını memnuniyetle bastığımız Hoca Ahmet Efendi, Nallıhan kazasının Karahisar Gölcük köyündendir. Elli dönümlük arazisini cemiyetimize teberru etmiştir. Tayyare Cemiyeti, bu hamiyeti çok vatandaşımızı Tayyare madalyasıyla taltif etmiştir."*[160]

1925 yılında kurulan Türk Tayyare Cemiyeti'nin Atatürk'ün belirlediği gelir kaynaklarının ilk sırasında "fitre, zekat, kurban ve kurban derileri" gibi dinsel gelir kaynaklarının bulunması; 1930'lu yıllarda camilerdeki hutbelerde, Türk Tayyare Cemiyeti'nin resmi yayın organı *Havacılık ve Spor* dergisindeki yazılarda ve reklamlarda Tayyare Cemiyeti'ne bağış yapmanın "dinsel bir görev" olduğunun belirtilmesi; fitre, zekat, kurban ve kurban derilerinin Tayyare Cemiyeti'ne bağışlanmasına çalışılması gibi uygulamalar, *"Atatürk ve genç Cumhuriyet 1923'ten sonraki devrimsel süreçte dinden söz etmez oldu! 1930'lu yıllar-*

---

159 *"Kurbana Hazırlanalım"*, **Havacılık ve Spor dergisi**, 15 Şubat 1934, S. 113, s. 1837.
160 **Havacılık ve Spor dergisi**, 30 İkinci Teşrin 1932, S. 84, s. 1877.

da din adeta unutuldu! Din hayatın her alanından çıkarıldı!" gibi iddiaları çürütmektedir. Görüldüğü gibi Atatürk, en önemli projelerinden biri olan **havacılığı geliştirmek için** halkı harekete geçirirken en çok "dine" vurgu yapmış, dinsel hükümlerden ve sonuç olarak dinsel kaynaklı gelirlerden yararlanmıştır. Gerçek şu ki: 1920'lerde Kurtuluş Savaşı'nda vatanı kurtarmak için dinden yararlanan Atatürk, 1930'larda Türk Devrimi ile vatanı kurarken de yine zaman zaman dinden yararlanmıştır.[161] Türk Tayyare Cemiyeti'nin bağış kampanyasının "din temelli" olması, Konya gibi en muhafazakâr yerlerin halkının bile bu kampanyaya büyük destek vermesi, 1923'ten sonra dinin devlet tarafından tamamen dışlandığı, unutulduğu, unutturulduğu ve dindarlara baskı yapıldığı iddialarını yerle bir etmektedir.

Türk Tayyare Cemiyeti, Türk Hava Kuvvetleri'ne uçak almak için "yardım" ve "bağış" kampanyası başlatmıştır. Öncelikle **Atatürk**, 10.000 lira bağışla bu kampanyaya destek olmuştur.[162]

Atatürk, Türk Kurtuluş Savaşı ve sonrasındaki Türk Devrimi'ni anlattığı *"Nutuk"* adlı eserinin satışından elde edilecek telif gelirini de Türk Tayyare Cemiyeti'ne bırakmıştır.[163]

İstanbul'da ilk Türk özel uçak fabrikasını kuracak olan Nuri Demirağ'ın kardeşi Naci Demirağ da Başbakan İsmet İnönü'ye bir telgraf çekip Tayyare Cemiyeti'ne 1 ile 3 uçak alacak şekilde 100.000-120.000 Türk Lirası yardımda bulunmak istediğini bildirmiştir. Başbakan İnönü, Naci Demirağ'a bir teşekkür telgrafı çekmiştir. Uçak alım kampanyasına Vehbi Koç da 5000 Türk Lirası bağışta bulunmuştur.[164]

---

161 Bunu "din istismarı" olarak görmek doğru değildir, çünkü Atatürk Kurtuluş Savaşı'nda ve sonrasında dinden yararlanırken "kişisel çıkar elde etmek ya da dinsel hükümleri çarpıtarak belirlediği kişisel hedefe ulaşmak" gibi bir "faydacı" tavır içinde olmamıştır. O dinden yararlanırken, dinin zaten var olan özelliklerini halka hatırlatmıştır. Bilindiği gibi cihat, fitre, zekat, kurban, kurban derisi gibi kavramlar İslam dinde var olan kavramlardır. Dinde zaten var olan bu kavramları ÜLKE YARARI İÇİN kullanmaktan daha DİNİ ne olabilir ki?
162 Aydın, **agm.**, s. 65; Yalçın, **agm.**, s. 1049.
163 Gökçen, **age.**, s. 65-66.
164 Osman Yalçın, *"Mühürdarzade Nuri Bey'in (Demirağ) Hayatı ve Çalışmaları (1886-1957)"*, **Ankara Üniversitesi Türk İnkılâp Tarihi Enstitüsü Atatürk Yolu** dergisi, S. 44, Güz 2009, s. 751.

Halk uçak alım kampanyasına büyük bir ilgi göstermiştir. Zengin, fakir, köylü kentli, yaşlı genç, doğulu batılı, asker sivil toplumun her kesiminden insan katılmıştır kampanyaya. Vatandaşlar elde ettikleri ürünün bir kısmını, tarlasını, bağını, bahçesini, hayvanını, hatta maaşını ve evlilik yüzüğünü bağışlamıştır.[165]

Atatürk 1 Kasım 1926 tarihindeki meclis açış konuşmasında, "... *Vatandaşların kendi gayret ve bağışlarının ürünü olan Tayyare Cemiyeti'nin bir senelik çalışma ve başarısı takdire şayandır,*" diyerek Tayyare Cemiyeti'ni takdir etmiş, 8 Haziran 1926 tarihinde Anadolu Ajansı'na verdiği demeçte de, *"Türk milletinin hava kuvvetlerimizin güçlendirilmesi gereğini idrak ederek takdire şayan fedakârlıklar göstermesi siyasi rüştünün ve medeniliğinin en büyük kanıtıdır. Bu amaçla çalışan Tayyare Cemiyeti'nin faaliyetini takdir ederim. Cemiyetin sabit ve belirli gelir bulmak için memleketimizin çeşitli yerlerinde toplamakta olduğu kongrelerin başarıyla sonuçlanması için bütün vatandaşların gayret sarf edeceklerine eminim,"*[166] diyerek yine Tayyare Cemiyeti'ni ve yardımlarıyla cemiyete destek olan halkı övüp takdir etmiştir.

---

165 Ayrıntılar için bkz. Komisyon, **Gönüllerden Göklere**, Hava Kuvvetleri Komutanlığı Tarihçe Şube Müdürlüğü, Ankara, 2005.
166 **Atatürk'ün Söylev ve Demeçleri, C III (1918–1937)**, s. 118.

Türk Tayyare Cemiyeti'ne peşin 30 lira veya taksitle 50 lira bağışlayanlara bronz, 75 lira peşin veya taksitle 100 lira bağışlayanlara gümüş, 200 lira peşin ve taksitle 250 lira bağışlayanlara altın, 5000 lira veya 7000 liradan fazla bağışlayanlarla değerli taşlarla bezenmiş dört çeşit madalya verilmiştir.[167] Madalyaların üstünde Vecihi (Hürkuş) Bey'in yaptığı "Vecihi K-VI" modeli uçağın resmi yer almıştır.[168] Dahası 10.000 TL bağışlayan kişi, kurum veya şehir istediği takdirde bu parayla satın alınan uçağa kendi adını verebilecektir.[169]

Türk Tayyare Cemiyeti'ne ilk bağış Ceyhan ilçesinden gelmiştir. Ceyhan ilçesinin 10.000 TL'lik bağışıyla İtalya'dan alınan ANSALDO A–300-4 model uçağa **Ceyhan** adı verilmiştir.[170]

Bir taraftan Atatürk ve devletin ileri gelenleri, diğer taraftan Türk Tayyare Cemiyeti yetkilileri ile *Havacılık ve Spor* dergisi başta olmak üzere değişik yayın organları uçak bağışı kampanyasına halkın ilgisini artırmak için adeta seferber olmuştur. Türk Tayyare Cemiyeti kuruluşundan üç ay sonra 100 kadar şehir ve kasabada şubelerini açıp, 2.000.000 lira bağış toplamıştır. Başarılı politikalar sonunda alınan uçakların sayısı 1929'da 130'a, 1935'te ise 300'e ulaşmıştır.[171] Tayyare Cemiyeti kuruluşunun beşinci yılı olan 1930 yılında 33.989.000 lira hasılat elde etmiştir.[172] 1932 yılına gelindiğinde toplanan yardım miktarı 40.000.000 liraya yaklaşmıştır.[173] 1925 yılında kampanya çerçevesinde sadece 1 uçak bağışlanmışken, 1935 yılında tam 26 uçak bağışlanmıştır.[174] 1925-1938 arasındaki toplam bağış miktarı 50.000.000 lirayı geçmiştir.[175]

---

167 Bkz. **Türk Tayyare Cemiyeti Nizamnamesi Esasisi**, Ankara, 1926; Aydın, agm., s. 66.
168 Vecihi Hürkuş, **Havada**, 1915-1925, 3. bas., 2008, s. 5; Aydın, **agm.**, s. 66.
169 **Türk Tayyare Cemiyeti Nizamnamesi**, 1925 (Madde 20); Aydın, **agm.**, s. 66.
170 Aydın, **agm.**, s. 66.
171 "*Havacılık*", **Yeni Hayat Ansiklopedisi**, C 3, s. 1508.
172 **Havacılık ve Spor dergisi**, 15 Birinci Kanun, 1930, s. 613.
173 Aydın, **age.**, s. 67.
174 Bkz. Komisyon, **Gönüllerden Göklere**, Hava Kuvvetleri Komutanlığı Tarihçe Şube Müdürlüğü, Ankara, 2005.
175 Yalçın, "*Türk Tarihi Bakımından 20. Yüzyılda İki Önemli Gelişme: Havacılığın ve Bir Liderin Doğuşu*", s. 1049.

Ulusal Savunma Sanayinin Kurulması

Kurtuluş Savaşı'nda kağnıyla kamyonu yenmenin ne demek olduğunu hiç unutmayan Atatürk, savaştan hemen sonra ulusal savunma sanayinin güçlendirilmesi için yetkilileri harekete geçirmiştir.

Türkiye Cumhuriyeti'nde ulusal sanayinin temelleri aslında daha Kurtuluş Savaşı yıllarında Anadolu'da atılmıştır. Kurtuluş Savaşı başlarında İstanbul ve çevresinden gizli yollarla Anadolu'ya gelen ustalar ve işçiler yanlarında getirdikleri makinelerle önce Eskişehir'de, sonra Ankara'da **İmalat-ı Harbiye** bünyesinde pencere demirlerinden, bahçe çitlerinden süngü, demiryolu raylarından silah ve cephane yaparak, eldeki top mermilerini yontup I. Dünya Savaşı'ndan kalma Alman toplarına uydurarak ordularımıza silah ve cephene hazırlamışlardır.

Kurtuluş Savaşı devam ederken, 1921 yılında Ankara'da **Askeri Fabrikalar Genel Müdürlüğü** kurulmuştur.[176]

Atatürk ulusal sanayinin kurulmasına büyük önem vermiştir. Bu doğrultuda yapılan çalışmalarla sanayi gelişmeye başlamıştır. Örneğin sanayi kesiminin GSMH içindeki payı 1925'te %9.6 iken bu oran 1940'ta %18.8'e çıkmıştır.[177]

"*Endüstrileşmek en büyük milli davalarımız arasında yer almaktadır,*" diyen Atatürk Türkiye'nin dört bir yanını fabrikalarla donatmak için bir sanayi planı hazırlatmıştır. 1934'te uygulanmaya başlanan I. Beş Yıllık Sanayi Planı çerçevesinde Türkiye'nin çok farklı bölgelerinde onlarca fabrika kurulmuştur. Bu fabrikaların önemli bir kısmı doğrudan savunma sanayi ile ilgilidir.

1923'ten 1950'ye kadar ulusal sanayiye büyük önem verilmiştir. Bu dönemde çoğu devlet kuruluşu olan savunma sanayi kuruluşları kurulmuştur. Bunların en büyüğü, kökeni Kurtuluş Savaşı yıllarındaki İmalat-ı Harbiye'ye dayanan **Makine ve Kimya Endüstri Kurumu**'dur.[178]

---

176 Oral, **agm.**, s. 156-157.
177 **agm.**, s. 157.
178 Aytekin Ziylan, **Savunma Sanayi Üzerine**, Ankara, Ekim 1999, s. 3; Oral, **agm.**, s. 157.

Atatürk sağlığında Türk Silahlı Kuvvetleri'nin birçok ihtiyacının ülke içinden karşılanması için çok sayıda ulusal savunma sanayi kuruluşu kurdurmuştur.[179] Atatürk döneminde kurulan belli başlı ulusal savunma sanayi kurum/kuruluşları şunlardır:

1. Ankara Fişek Fabrikası (1924)
2. Ankara Hafif Silah ve Top Tamir Atölyeleri (1924)
3. Gölcük Tersanesi (1924)
4. Şakir Zümre Fabrikası (1925)
5. Eskişehir Uçak Tamirhanesi/Fabrikası (1925)
6. Tayyare, Otomobil ve Motor Türk AŞ (TOMTAŞ, 1926)
7. Kayseri Uçak Fabrikası (1928)
8. Kırıkkale Mühimmat Fabrikası (1927)
9. Kırıkkale Elektrik Santrali ve Çelik Fabrikası (1928)
10. Kayaş Kapsül Fabrikası (1930)
11. Nuri Kıllıgil Tabanca, Havan ve Mühimmat Üretim Tesisleri (1930)
12. Barut, Tüfek ve Top Fabrikaları (1936)
13. Nuri Demirağ Uçak Fabrikası (1936)[180]

Görüldüğü gibi Atatürk'ün sağlığında genç Cumhuriyet'in ikisi devlete biri özel teşebbüse ait olmak üzere **üç uçak fabrikası, çok sayıda silah ve cephane fabrikası** vardır. Bunların geliştirilip sayılarının daha da arttırılmaması Atatürk'ten sonra Türkiye'yi yönetenlerin en büyük ayıplarından biridir.

Kayseri Uçak Fabrikası

Atatürk gelişen ve değişen dünyada ulusal savunma sanayinin belkemiğinin havacılık sanayi olduğunu daha 1912-1913 yıllarındaki Balkan Savaşlarında fark etmiştir. I. Dünya Savaşı'nda Çanakkale ve Suriye-Filistin cephelerinde hava gücünün etkisine bizzat tanık olmuştur. Kurtuluş Savaşı sırasında kırık dökük

---

179 Oral, **agm.**, s. 159.
180 Sinan Meydan, **Akl-ı Kemal "Atatürk'ün Akıllı Projeleri"**, C 3, İstanbul, 2012, s. 207-208; Oral, **agm.**, s. 159.

birkaç Türk uçağının zafere olan katkılarını asla unutmamıştır. Bu nedenle cumhuriyetin ilanından hemen sonra ulusal havacılık çalışmalarını başlatmıştır. 1925'te Türk Tayyare Cemiyeti'nin kurulmasıyla başlayan ulusal havacılık çalışmaları, uçak fabrikalarının kurulması, yerli uçakların üretilmesiyle çok önemli bir aşamaya gelmiştir.

Atatürk'ün *"Bütün uçaklarımızın ve motorlarımızın memleketimizde yapılması ve savaş sanayimizin de bu esasa göre geliştirilmesi gerekir"* hedefi doğrultusunda 1926'da 3.360.000 sermayeli **Tayyare Otomobil Motor Türk Anonim Şirketi (TOMTAŞ)** kurulmuştur.[181]

Atatürk'ün isteği üzerine İsmet Paşa Hükümeti, TOMTAŞ eliyle bir uçak fabrikası kurmak için çalışmalara başlamıştır.[182] Bu iş için uluslararası ortak arayışları sırasında Versay Barış Antlaşması'yla kendi ülkesinde uçak fabrikası kurması yasaklanan Almanya, Türkiye ile ortak uçak fabrikası kurmayı kabul etmiştir.[183]

7 Eylül 1925'te TC Milli Savunma Bakanlığı ile Alman Junkers Uçak Fabrikası AŞ arasında bir anlaşma imzalanmıştır. Bu anlaşmaya göre:

1. TOMTAŞ, Türk Hava Kuvvetleri'nin ihtiyacı olan her türlü uçağı ve motoru imal ederek, bunların revizyonunu yapacak,
2. Kayseri'de uçak imal etmek üzere uçak ve motor fabrikası kurulacak ve her türlü makine teçhizatı Junkers firması tarafından karşılanacak,
3. Eskişehir'de bir tesis kurularak uçakların küçük onarımları ile bakımları yapılacak,

---

181 Oral, **agm.**, s. 159; Hüsnü Özlü, *"Atatürk Döneminde Bir Savunma Sanayi Girişimi Örneği: TOMTAŞ (Tayyare Otomobil Motor Türk Anonim Şirketi)'ın Kuruluş ve Gelişimi"*, **Atatürk Haftası Armağanı**, Genelkurmay ATASE Başkanlığı Yayınları, 10 Kasım 2004, s. 208.
182 Oral, **agm.**, s. 159; Özlü, **agm.**, s. 207-208.
183 Nadir Bıyıklıoğlu, **Türk Havacılık Sanayi**, Ankara, 1991, s. 12; Özlü, **agm.**, s. 208.

4. Şirket Türkiye'de havayolu taşımacılığı ve işletmeciliği yapacak,
5. Şirket Türkiye'de petrol aramaları yapacak.[184]

Kısa bir süre sonra anlaşmaya uygun olarak uçak, uçak motoru ve otomobil yapmak amacıyla Almanya'nın Junkers Uçak Fabrikası ile ortak olarak Kayseri'de bir **"uçak fabrikası"** kurulmuş ve 6 Ekim 1926'da büyük bir törenle açılmıştır.[185] Fabrika, Milli Müdafaa Vekili Recep Peker, TOMTAŞ İdare Meclisi Başkanı Refik Koraltan ve Kayseri Belediye Reisi İbrahim Sefa tarafından açılmıştır.

Kurulan fabrika için gereken malzeme, tezgâh ve makineler Almanya'dan önce denizyoluyla İskenderun Limanı'na, sonra karayoluyla İskenderun'dan Ulukışla'ya, sonra da oradan demiryoluyla ve kağnılarla Kayseri'ye taşınmıştır.[186]

Kayseri Uçak Fabrikası'na kağnılarla malzeme taşınırken

---

184 Tuncay Deniz, **Türk Uçak İmalatı**, 2000, s. 12; Özlü, **agm.**, s. 208-209; *"Türkiye'de Havacılık Sanayi'nin Tarihçesi"*, **Hava Dergisi**, No: 229, Mart 1969, s. 54-57; Aydın, **agm.**, s. 78; Bilge İmamoğlu, *"Cumhuriyet Dönemi Endüstri Mirası, Havacılık Sanayi Yapıları"*, **TMMOB Mimarlar Odası**, Ankara, 2007, s. 37-50.
185 **Cumhuriyet** gazetesi, 7 Ekim 1926; Yalçın, **agm.**, s. 1050.
186 Özlü, **agm.**, s. 209.

Kayseri Uçak Fabrikası 120 Alman, 240 Türk olmak üzere toplam 360 personelle çalışmaya başlamıştır.[187] Fabrika 6 hangarda, birisi 100 kw'lık, ikisi 200 kw'lık dizel motorlardan enerji elde edilerek üretime geçmiştir.

Genç Türkiye Cumhuriyeti yerli işçi ve mühendis açığını çok çabuk bir şekilde kapatabilmek için bir kısım personeli Almanya'ya Junkers tesislerinde eğitime göndermiştir. Bir kısım mühendis ise "Gnome Rhône" motorlarının üretim biçimini görüp öğrenmeleri amacıyla Fransa'ya eğitime gönderilmiştir.[188]

Kayseri Uçak Fabrikası kuruluşundan itibaren çok önemli çalışmalar yapmış, kısa sürede çok sayıda uçak üretmiştir. Ancak zamanla Alman ve Türk işçiler-mühendisler arasındaki uyuşmazlıklar, sürtüşmeler ve Alman firmasının bazı sözlerini yerine getirmemesi gibi nedenlerle üretim aksamaya başlamıştır.[189] Bunun üzerine anlaşmazlık konuları mahkemeye gitmiştir. Mahkeme karar vermeden TOMTAŞ çalışmalarını durdurmuş ve Kayseri Uçak Fabrikası 28 Haziran 1928'de kapanmıştır.[190] Milli Savunma Bakanlığı ile Junkers Firması arasında imzalanan 21 Ekim 1928 tarihli protokol ile Alman firması, hisselerinin tamamını 520.000 lira karşılığında Türk Tayyare Cemiyeti'ne devretmiştir.[191]

Genç Cumhuriyet, Kayseri Uçak Fabrikası'nı çalıştırmaya kararlıdır. Bu amaçla, bu sefer de **Amerikan Curtis Uçak ve Motor Anonim Şirketi** ile 21 Ekim 1931'de bir senelik bir sözleşme imzalanmıştır.[192] Bu dönemde fabrikada üretilen eğitim uçaklarından birini Atatürk, İran şahına hediye etmiştir.[193]

---

187 **agm.**, s. 209.
188 1937'de altı ay süreyle Almanya'da eğitime gönderilen mühendisler ve işçiler şunlardır: Hava Fen Şubesi'nden Mühendis Fikret Çeltikçi, Kayseri Tayyare Fabrikası işçilerinden İrfan Berkmen, Mithat Yılmazer ve Ali Çöner. Bu personele ayda 150 lira harcırah verilmiştir. **Başbakanlık Cumhuriyet Arşivi (BCA):** 030-18/01-08/83-52-1, Karar No: 2- 8981'den naklen Özlü, **agm.**, s. 209.
189 Yalçın, **agm.**, s. 1051; Özlü, **agm.**, s. 210.
190 Özlü, **agm.**, s. 210.
191 BCA, Fon Kodu: 030.18.01.02, Yer: 6.57.15'ten naklen, Yalçın, **agm.**, s. 1050-1051; Özlü, **agm.**, s. 210.
192 BCA: 030-10/59-398.5/5-7514, Dosya No: 61-11; 030-18/01-02/24-72-17, Karar No: 11895'ten nakleden Özlü, **agm.**, s. 210.
193 **Cumhuriyet** gazetesi, 10 Kanuni Sani, 1932.

Kayseri Uçak Fabrikası 1936'da Polonya'nın **Państwowe Zakłady Lotnicze** firmasıyla lisans anlaşması yaparak 1937 yılından itibaren Polonya'nın **PZL-24A-24C** uçaklarından üretmiştir.[194]

Kayseri Uçak Fabrikası'ndan bir görünüş

Kayseri Uçak Fabrikası'ndan bir görünüş

---

194 BCA: 030-18/01-02/92-86-9, Karar No: 2-14289'den naklen Özlü, **agm.**, s. 211.

Kayseri Uçak Fabrikası'nda uçak üretimi

Kayseri Uçak Fabrikası'nda yapılan ilk avcı uçağı, ilk uçuşunu Mayıs 1934'te gerçekleştirmiştir.[195]

Turgut Özakman'ın anlatımıyla: *"3 Mayıs 1934 günü havacılıkla ilgili önemli bir gün daha yaşandı. Kayseri Uçak Fabrikası'nda tek motorlu altı avcı uçağının yapımı sonuçlanmış, açık arazide deneme uçuşları yapılmıştı. Deneme pilotları uçakları çok beğenmişlerdi. Bu güzel uçaklardan biri daha uzun bir deneme uçuşu için Kayseri alanından küçük bir törenle havalandı. Uçak şehir üzerinde bir tur attıktan ve kanatlarını sallayarak hava alanındakileri selamladıktan sonra Ankara'ya yöneldi. Motor tıkır tıkır çalışıyor, uçak her komuta anında yanıt veriyordu. 45 dakikalık bir uçuştan sonra ufukta Ankara göründü. Çiftlik büyük bir orman olmuştu. Alçalarak alana yaklaştı. Alanda bekleyenleri görüyordu. Hangarlara bayraklar asılmıştı. Törenle karşılanacaktı elbette. Gelen ilk Türk yapımı avcı uçağıydı. Yumuşakça alana indi, pistte ilerledi, kalabalığın beklediği yere yaklaşıp durdu. Uçağın gövde-*

---

195 Havacılık ve Spor dergisi, 15 Mayıs 1934; Aydın, **agm.**, s. 78.

sinde kırmızı beyaz bir dikdörtgen, kuyruğunda ay yıldız işareti vardı. Kalabalık uçağı ve pilotu alkışlamaya başladı. Uçaktan inince bir havacı binbaşı sevgiyle kucakladı ve sordu:
'Uçağı nasıl buldun?'
'Harika!'
Bu tip uçakların yapımına devam edilecek, yurtdışına da satılacaklardı."[196]

Kayseri Uçak Fabrikası'nda Türkiye, Almanya-Amerika-Polonya ortaklığıyla 1926-1938 arasında toplam **176 uçak** üretilmiştir.[197]

Bu uçakların tipleri, kullanım amaçları ve adetleri şöyledir:
- **Junkers A-20 (av-eğitim) 30 adet,**
- **Junkers F-13 Limousine (irtibat-nakliye) 20 adet,**
- **Curtiss Hawk-II (av) 46 adet,**
- **Curtiss Fledgling 2C1 (eğitim) 7 adet,**
- **Gotha GO -145A (eğitim) 46 adet,**
- **PZL P-24A (av) 6 adet,**
- **PZL P-24C (av) 11 adet,**
- **PZL P-24G (av) 10 adet.**[198]

Cumhuriyet kurulduğunda toplu iğne bile üretmekten aciz bir ülke olan Türkiye'de birkaç yıl sonra Kayseri'de bir uçak fabrikası kurulup, uçak üretilmesi neresinden bakılacak olursa olsun son derece devrimci, hatta mucizevi bir adımdır. Eğer Atatürk'ten sonra bu fabrika geliştirilip, buna ek yeni fabrikalar açılabilseydi (1940'larda Ankara'da bir uçak ve bir motor fabrikası açılmış, ancak 1950'lerde kapanmıştır), Türkiye havacılık alanında dünyanın sayılı ülkelerinden biri olabilirdi. Nitekim Türkiye'nin 1925'te Alman Junkers firmasıyla anlaşma yaptığı dönemde Junkers firması, Polonya ve Rusya ile de benzer anlaşmalar yapmıştır. Bu ülkeler uçak fabrikalarını kurup en iyi şekil-

---

196 Ateş Yalazan, "*Turgut Özakman'la Söyleşi: Çılgın Türk'ten Cumhuriyet Destanları-3*", Hürriyet gazetesi, 29 Ekim 2010.
197 Zeynep Gülten, **İlk Uçak Sanayimiz TOMTAŞ'tan 2. Hava İkmal Bakım Merkez Komutanlığı'na**, İstanbul, 2001, s. 75; Özlü, agm., s. 211.
198 Özlü, agm., s. 211.

de işletip dünya markası uçaklar üretmiştir. Kendi uçak fabrikasını kapatan Türkiye ise yıllarca Polonya'dan "PZL" tipi uçak satın almıştır.[199] Oysaki 1937-1938 yılları arasında Kayseri Uçak Fabrikası'nda bu uçaklardan 27 adet üretilmiştir.

Kayseri Uçak Fabrikası'nda üretilen uçaklardan biri

Kayseri Uçak Fabrikası'nda üretilen uçaklardan bazıları

Atatürk'ün geniş öngörüsünün bir ürünü olan Kayseri Uçak Fabrikası, Atatürk'ten sonraki liderlerin öngörüsüzlüğü nedeniy-

---

199 agm., s. 212.

le 1939'da uçak üretimine son vermiş, 1950'den sonra bakım ve onarım merkezine dönüştürülerek asıl amacından uzaklaştırılmıştır.[200]

Eskişehir Uçak Tamirhanesi/Fabrikası

7 Eylül 1925'te TC Milli Savunma Bakanlığı ile Alman Junkers Uçak Fabrikası AŞ arasında imzalanan anlaşma gereği Kayseri Uçak Fabrikası dışında, uçakların montaj ve onarım işlerini yapacak bir fabrika daha kurulmasına karar verilmiştir.

Bu doğrultuda 1928'de Eskişehir'de **I. Uçak Taburu Tamirhanesi** kurulmuş, bu kuruluş 1930'dan itibaren **Eskişehir Uçak Tamir Fabrikası** adıyla çalışmalarını sürdürmüştür.[201]

Vecihi Hürkuş'un Yerli Uçakları

I. Dünya Savaşı'nda uçağıyla büyük yararlılıklar gösteren Vecihi (Hürkuş) "**Vecihi K-VI**" adlı ilk uçağının projesini daha 1918'de çizmiştir. Vecihi Hürkuş, Kurtuluş Savaşı'nda da "**İsmet**" adlı uçağıyla özellikle Sakarya Savaşı'nın kazanılmasında büyük yararlılıklar göstermiştir. Vecihi Hürkuş, Osmanlı döneminde ilgi görmeyen "**Vecihi K-VI**" model uçağını Cumhuriyet döneminde göreve başladığı İzmir Seydişehir Hava Mektebi'nde yapıp bitirdikten sonra, 25 Aralık 1925'te başarılı bir deneme uçuşu yapmıştır.

Vecihi Hürkuş "Vecihi K-VI" adlı uçağı nasıl yapıp uçurduğunu 1925 yılında *Resimli Ay* dergisine verdiği röportajda şöyle anlatmıştır:

"*Geceli gündüzlü çalışarak elimizde mevcut tayyarelerden tamamen farklı, onlardan daha basit fakat sürat ve dayanıklılık itibariyle onlara üstün yeni bir proje vücuda getirdim. Bu projeyi hayata geçirebilmek için Kuvva-i Havaiye Müfettişliği'nin onaylaması lazımdı. Projemi müfettişliğe verdim ve müsaade ettikleri*

---
200 Gülten, **age.**, s. 3; Kaymaklı, **age.**, C 2, s. 167-172; Yalçın, **agm.**, s. 1051.
201 Özlü, **agm.**, s. 212.

takdirde bu proje dahilinde yeni sistem bir Türk tayyaresi yapabileceğimi bildirdim. Müfettişlik, projemi eski bir tayyareci olan fen memuruna tetkik ettirdi. Fen Memurluğu projenin uygulanabilir olduğunu tasdik etti. Tayyarenin inşasına müsaade edildi. Hayatımda o gün kadar mesut olduğumu hatırlamıyorum. Büsbütün yeni sistem bir tayyare yapacak, memleketime yeni bir şey hediye edecektim. İstikbalde tayyarenin oynayacağı mühim rolü herkesten iyi bildiğim için bu hediyenin ileride kıymet-i takdir edileceğine kani idim, inşaata başlamak için icap eden malzemeyi verdiler. Ben derhal faaliyete geçtim.

Benim yeni tayyarem, tayyare karargâhında bir hadise olmuştu. Bütün arkadaşlarım başıma üşüşüyor, faaliyetimi merakla takip ediyordu. İş muvaffakiyetle ilerliyordu. Gövdeyi yaptık, ayakları taktık. Kuyruğunu bitirmek üzere idim. Ben henüz muvaffak olmak ümidiyle gece sevincimden uyku uyuyamıyor, gündüz yorulmak bilmez bir faaliyetle çalışıyordum. Artık beş on güne kadar tayyare bitecek, eserim tamam olacaktı. Bu sırada fen memuru istifa ediyordu. Bunun üzerine tayyarenin inşası tehir edildi. Bu karar beni ta kalbimden vurdu. O gün beynime bir kurşun sıksalardı bu kadar müteessir olmayacaktım. (...)

Kanatları hazırladım. Motoru taktım. Tayyarem tamam olduğu gün dünyanın en büyük kâşifi kadar mesut ve bahtiyardım. Müfettişliğe müracaat ettim. Tayyaremin hazır olduğunu ve tecrübeye hazır bulunduğumu bildirdim. Tayyare iki yüz beygirlik bir motorla mücehhezdi ve saatte iki yüz kilometre sürati vardı. Mukavemet itibariyle de Avrupa'dan getirttiğimiz tayyarelerden hiç aşağı kalır yeri yoktu. Benim bu tecrübem daha ziyade kendi tayyarelerimizi kendi memleketimizde imal kabiliyetini göstermek itibariyle haizi ehemmiyetti.

Fakat işte ikinci mania ile mücadele etmek lazımdı. Müfettişlik, tayyarenin tecrübesine müsaade etmiyor, bir defa Heyet-i Fenniye tarafından tetkikine lüzum gösteriyordu. Tayyareyi ben yapmıştım. Üzerinde ben uçacak, hayatımı ben tehlikeye koyacaktım. Ben ne kadar sabırsızlanıyorsam, onlar o kadar soğukkanlılık gösteriyordu. Heyet-i Fenniye tayyareyi tetkik etti. Üç-

masına mani bir kusur görmedi. Fakat tecrübe yapılmasına da müsaade etmedi. Tetkikat bir aydan fazla sürdü. Bir türlü bir karar verilmiyor, tecrübe yapmama müsaade edilmiyordu. Ben tayyaremden emindim. Muvaffakiyetle uçacağımdan zerre kadar şüphem yoktu. Bunu Heyet-i Fenniye'ye fenni delillerle de ispat etmiştim. O halde neden bu eserimin tecrübe edilmesine müsaade etmiyorlardı? Artık tahammülüm kalmamıştı. Bir gün gizlice tayyaremi meydana çıkardım. Motoruna gaz doldurdum. Üzerine atladım. Ve makineleri tahrik ederek havalandım. Yükseldikçe ruhum açılıyor, muvaffakiyetimden ciğerlerim şişiyordu. Eminim ki ilk tayyare ile uçan mucitler bile bu kadar derin bir zevk duymamışlardır. İşte altımdaki makine sevinçli, şen eden gürültülerle ilerliyor, semadan bütün cihana muvaffakiyetimi ilan ediyordu. Tayyareme son sürati verdim. Havada iki yüz kilometre süratle uçuyordum. Yükselmek, aşağı inmek tecrübelerini yaptım. Tayyarem, elimizde mevcut tayyarelerin hepsinden daha büyük bir muvaffakiyetle işliyor, hepsinden iyi uçuyordu. Artık kalbim rahattı. Şimdi istedikleri kadar mümanaat edebilirlerdi. Tekrar geri döndüm, tayyaremi kaldırdığım yere indirdim. (...)"[202]

Ancak teknik olarak denenmemiş bir aletle uçuş denemesi yapıp insan hayatını tehlikeye attığı için Vecihi Hürkuş'a, yarım maaş kesimi ve on beş gün ev hapsi cezası verilmiştir. Bu cezayı haksız bulan Vecihi Hürkuş Hava Kuvvetleri'nden istifa etmiştir.[203]

Vecihi Hürkuş İtalyan pilot Lovadina ile birlikte Türk Tayyare Cemiyeti'nin ilk bağış uçağı olan "Ceyhan" adlı uçakla tanıtım uçuşları yapmıştır. Ankara'dan başlayan uçuş Aksaray, Konya, Manavgat, Antalya, Fethiye, Muğla, Aydın, Denizli, Uşak, Eskişehir üzerinden geçip İstanbul Yeşilköy'de tamamlanmıştır.[204]

Vecihi Hürkuş 1930'da İstanbul'da kurduğu atölyesinde "**Vecihi XIV**" adını verdiği ikinci uçağını 18 Eylül 1930'da yapmış-

---

202 Vecihi (Hürkuş), "İlk Türk Tayyaresini Nasıl Yaptım, Nasıl Taltif Edildim?", **Resimli Ay dergisi**, Nisan, 1341 (1925), S. 3, s. 4-5.
203 Vecihi, **agm.**, s. 5; Aydın, **agm.**, s. 74.
204 Aydın, **agm.**, s. 74.

tır. Hürkuş "Vecihi XIV" adlı uçağıyla 30 Eylül'de, İstanbul'da yaptığı 15 dakikalık gösteri uçuşunun ardından uçarak Ankara'ya gitmiştir.

Vecihi Hürkuş, "Vecihi XIV" adlı uçağını nasıl yapıp uçurduğunu da 1930'da *Havacılık ve Spor* dergisine verdiği bir röportajda şöyle anlatmıştır:

"Tayyaremi 25 Haziran'da inşaya başladım. Sabah saat 5'ten akşam 20'ye ve geceleri de saat 2 ve 3'e kadar devam etmek şartıyla geceli gündüzlü tam üç aylık muntazam bir çalışma sayesinde bitirebildim. Bu müddet zarfında elimden kısa bir ameliyat olduğum için on gün kadar tayyaremle meşgul olamadım. Tayyareme on dördüncü projem olduğu için 'Vecihi XIV' ismini verdim. Tayyaremi inşa ederken tamamen yerli malzeme kullandım. Bu nedenle ahşap inşaatı tercih ettim. Yalnız motor sehpası, emniyet telleri ve sairesi çeliktir. (...)

Tayyaremi ilk denediğim zaman bana iyi bir fikir verdi. Bu küçük denemeden sonra tayyaremi güvenle meydan üzerinde kaldırdım. Kısa bir süre sonra yerden yükselen Türk yapımı ilk tayyare büyük bir yetenekle uçuyordu. Bu ilk uçuşumda tayyareme 75 kiloluk benzin ve 35 kilo da yağ almıştım. Tayyare bu ağırlıkta zemini 25 metre sonra terk etmişti.

Birinci uçuş denememi başarıyla bitirdikten sonra halkın arzusuyla Kadıköy'de bir uçuş daha yaptım: Bu uçuşumda tayyaremin akrobasi vesaire uçuş yeteneklerini tespit ettim. Dönüşlerde, Looping ve takla atmalarda fevkalade hassas olan tayyarem beni çok memnun etti..."[205]

Ancak Vecihi Hürkuş bu sefer de yetkili makamlara haber vermeden uçak yapması ve uçağını muayene ettirmeden uçarak Ankara'ya gitmesi nedeniyle *"Hava Uçuş Kararlarına"* aykırı hareket etmekten dolayı uçağına uçuş izni alamamıştır.[206]

Bu gelişmeler üzerine Vecihi Hürkuş uçağını sökerek trenle İstanbul'a, oradan da Prag'a götürmüş ve Çek Hükümeti Havacılık

---

205 *"Azimkâr Bir Teşebbüsün Muvaffakiyetli Neticesi-Vecihi Bey'in Tayyaresi"*, **Havacılık ve Spor dergisi**, 15 Teşrinievvel, 1930, S. 33, s. 548.
206 Aydın, **agm.**, s. 74.

Dairesi'nde uçağını inceletmiştir. Bu komisyon Vecihi Hürkuş'un uçağının uluslararası havacılık kurallarına uygun bir eğitim ve spor uçağı olduğuna karar vermiştir. Vecihi Hürkuş buradan aldığı diploma ile uçağına binip uçarak İstanbul'a gelmiştir (1931).

Vecihi Hürkuş ve uçakları

Vecihi Hürkuş, Genelkurmay Başkanlığı'nın onay vermesi üzerine 27 Eylül 1932'de Kadıköy'de Türkiye'nin ilk sivil uçuş okulunu (**Vecihi Sivil Uçak Okulu**) açmıştır. Maddi yetersizlikler ve gerekli desteğin verilmemesi üzerine okulunu 1934'te kapatmak zorunda kalmıştır. Vecihi Hürkuş burada iki yıl içinde elindeki daha önce yaptığı 2 uçağa ek 6 uçak daha yapmıştır. Uçakların motorları dışındaki bütün parçalarını kendisi üretmiştir.[207]

Vecihi Hürkuş daha sonra TOMTAŞ'ta "test pilotu" olarak göreve başlamıştır. Bu görevi sırasında Almanya'dan alınan uçakların geliştirilmesi, modellerinin değiştirilmesi gibi çalışmaları olmuştur.[208]

---

207 **agm.**, s. 74-75.
208 **agm.**, s. 75.

Vecihi Hürkuş, zor koşullarda eğitim uçuşları yaparken de bazı kurumların, örneğin TEKEL'in ve İş Bankası'nın reklamlarını yapmıştır.

Vecihi Hürkuş 1954 yılında Türkiye'nin ilk özel havayolu şirketi olan **Hürkuş Havayolları**'nı kurmuştur.

Nuri Demirağ Uçak Fabrikası ve Uçuş Okulu

Nuri Demirağ, Atatürk'ün ulusal sanayi hamlesinin en önemli özel girişimcilerinden biridir. Kurtuluş Savaşı sırasında ve sonrasında demiryollarının yapımında büyük katkıları olan, bu nedenle Atatürk'ün "Demirağ" soyadını verdiği Nuri Bey, demiryolu dışında ulusal havacılık çalışmalarına, yerli uçak sanayi projesine de büyük katkılar vermiştir.[209]

1925'te Türk Tayyare Cemiyeti kurulup da uçak almak için bağış kampanyası başlatılınca kendisine, "*Siz ne vereceksiniz?*" diye soranlara Nuri Demirağ aynen şöyle demiştir:

"*Siz ne diyorsunuz! Benden ulus için bir şey istiyorsanız en mükemmelini istemelisiniz. Mademki bir ulus uçaksız yaşayamaz. Öyleyse bu yaşama aracını başkalarının bağışından beklememeliyiz. Ben bu uçakların fabrikasını yapmaya adayım.*"[210]

Nuri Demirağ bu sözü doğrultusunda hemen çalışmalara başlamıştır. Önce Avrupa ve Amerika'da bu işin nasıl yapıldığını incelemiştir. Bu incelemeler sonunda Avrupa ve Amerika'dan lisans alıp uçak yapmanın kopyacılık olduğunu, modası geçmiş tipler için lisans ücreti ödenmemesi gerektiğini, bu nedenle Avrupa ve Amerika'dan uçak lisansı alıp o uçakları üretmek yerine yepyeni bir Türk tipi yaratmanın gerekli olduğunu ifade etmiştir.[211]

Nuri Demirağ ilk örnek çalışmaları yapmak için İstanbul

---

209 Nuri Demirağ'ın hayatı için bkz. "*Nuri Demirağ*", **Bütün Dünya dergisi**, 1 Ekim 2012, s. 51-59; Osman Yalçın, "*Mühürdarzade Nuri Bey'in (Demirağ) Hayatı ve Çalışmaları (1886-1957)*", **Ankara Üniversitesi Türk İnkılâp Tarihi Enstitüsü Atatürk Yolu dergisi**, S. 44, Güz 2009, s. 743-769.
210 **Bütün Dünya dergisi**, agm., s. 55.
211 agm., s. 55.

Beşiktaş'ta, seri üretimi gerçekleştirmek için de Sivas-Divriği'de uçak fabrikaları kurmayı planlamıştır.[212]

Nuri Demirağ, 1934 yılında kendi imkânlarıyla "kağnı" amblemli bir uçak üretmiş olan Uçak Mühendisi Selahattin Alan ile ortak olarak 1936'da Beşiktaş'ta (bugün Deniz Müzesi olan Beşiktaş Barbaros Hayrettin İskelesi'nin yanında) **Uçak Etüt Atölyesi**'ni kurmuş ve kısa sürede bu atölyeyi geliştirerek 1937'de Türkiye'nin ilk özel uçak fabrikası olan **Nuri Demirağ Uçak Fabrikası**'nı (Uçak Stok, Montaj ve Tamir Atölyesi) kurmuştur.[213]

Demirağ, Beşiktaş'ta uçak etüt atölyesini kurduğu 1936 yılında Sivas Divriği'de de "**Büyük Gök Okulu**"nun temelini atmıştır.[214]

Demirağ 1940 yılında da **Yeşilköy Gök Okulu**'nu kurmuştur.[215] İkinci Cumhurbaşkanı İsmet İnönü'nün oğulları Erdal ve Ömer İnönü ile Nuri Demirağ'ın kendi oğlu da Yeşilköy Gök Okulu'nda uçuş eğitimi almaya başlamıştır.[216] Gök Okulu'nda yaklaşık 32.000 sorti uçuş yapılmıştır. Burada 290 pilot yetişmiştir.[217]

1930'larda Türkiye'de uçak fabrikası kurmak hiç de kolay değildir. Yeterli araç, gereç, bilgi ve teknoloji yoktur. Bu nedenle işe başlarken Avrupa'dan, Avrupalı uzmanlardan yararlanmaktan başka çare yoktur. Nuri Demirağ da öyle yapmıştır. Avrupa seyahatinde, Alman Sivil Hava Federasyonu aracılığıyla beş Alman uçak mühendisini, fabrikasında istihdam etmiştir. Uçak sanayi alanında uluslararası alanda önemli bir kişi olan Prof. Gassner ile de bir anlaşma yapmıştır.[218]

---

212 Aydın, **agm.**, s. 76.
213 BCA, Tarih 28.6.1948, Dosya: 6380, Fon Kodu: 030.10, Yer No: 61.413.34'ten naklen Yalçın, "*Mühürdarzade Nuri Bey'in (Demirağ) Hayatı ve Çalışmaları (1886-1957)*", s. 752; Ziya Şakir, **Nuri Demirağ Kimdir-İş Hayatında Muvaffak Olan Müteşebbislerimizin Serisi**, 1, Kenan Matbaası, İstanbul, 1947, s. 56; Aydın, **agm.**, s. 76.
214 Yalçın, **agm.**, s. 753.
215 **agm.**, s. 755.
216 **Bütün Dünya dergisi**, agm., s. 57-58; Yalçın, **agm.**, s. 755.
217 Yalçın, **agm.**, s. 755.
218 **agm.**, s. 752.

Atatürk'ün Uçak Sanayi Projesi çerçevesinde Nuri Demirağ'ın uçak fabrikası girişimini dönemin iki önemli ismi, Genelkurmay Başkanı Mareşal Fevzi Çakmak ile Hava Müsteşarı Zeki Doğan desteklemiştir. Mareşal Fevzi Çakmak, 6 Temmuz 1936'da Nuri Demirağ ve hükümete yazdığı yazılarla, Zeki Doğan ise 4 Ağustos 1938'de yazdığı kutlama yazısı ile kurulmakta olan hava harp sanayine destek olmuşlardır. Türk Hava Kurumu, Demirağ Uçak Fabrikası'na kuruluşu sırasında 10 adet uçak ve 65 adet planör siparişi vermiştir.[219] Planörler 1937-1938 yıllarında tamamlanarak teslim edilmiştir.[220] Yine Milli Savunma Bakanlığı 16 Haziran 1942 tarihinde yazdığı bir yazıyla Hava Kuvvetleri'ne ait tayyare, motor ve kara nakil vasıtalarının tamir ve bazı yedek parçalarının Demirağ'a ait tesislerde yapılmasını Bakanlar Kurulu'na tavsiye etmiştir. 1 Ağustos 1942 tarihinde Bakanlar Kurulu bu tavsiyeyi kabul etmiştir.[221]

Nuri Demirağ'ın uçaklarından biri hangardan çıkarılırken

---

219 Kaymaklı, **age.**, s. 353-356; Aydın, **agm.**, s. 77; Yalçın, **agm.**, s. 754-755.
220 Kaymaklı, **age.**, s. 353-356; Aydın, **agm.**, s. 77.
221 Yalçın, **agm.**, s. 754-755.

Nuri Demirağ Uçak Fabrikası, **Selahattin Alan**'ın 1934'te kendi imkânlarıyla yaptığı **"MMV-1"** uçağını geliştirme çalışmalarına başlamış ve 1940'ta **24 adet "NUD-36/37"** adlı eğitim uçağı üretmiştir.[222]

İlk yerli yolcu uçağı da **Nuri Demirağ Uçak Fabrikası**'nda üretilmiştir.[223] Nuri Demirağ'ın tamamen yerli mühendis ve işçilerle yaptığı bu ilk Türk yolcu uçağına **"Nu.D–38"** adı verilmiştir[224] (1941-1944). Uçağın teknik özellikleri şunlardır: Uçak 6 kişilik, çift kumandalı, 2200 devirli, 2 adet 160 beygir gücünde motorla donatılmıştır ve saatte 325 kilometre sürat yapmaktadır. Boş ağırlığı 1200 kilogram, dolu ağırlığı ise 1900 kilogramdır. Tam depo yakıt ile 1000 kilometre menzile sahiptir. 3.5 saat havada kalabilmektedir. Tavan irtifası 5500 metredir.[225] Bu uçak o dönemin "Avrupa A Klası" yolcu uçakları kategorisinde birinci seçilmiştir.[226]

Nu.D-38'in yapım aşamalarından bir görünüş

222 Oral, **agm.**, s. 159; (<u>http://www.ssm.gov.tr/anasayfa/savunmaSanayiimiz/Sayfalar/tarihce2.aspx</u>) Erişim tarihi 13 Aralık 2012.
223 Şakir, **age.**, s. 140; Yalçın, **agm.**, s. 754.
224 Uçağın modeli Türk mühendisler tarafından çizilmiştir. Motorlar hariç tüm aksam Türk teknisyen ve işçisinin ürünüdür.
225 Yalçın, **agm.**, s. 761.
226 Vildan Korul-Hatice Küçükönal, *"Türk Sivil Havacılık Sisteminin Yapısal Analizi"*, **Ege Akademik Bakış**, 2003, s. 25; Aydın, **agm.**, s. 77.

Nuri Demirağ uçak imalatını denetlerken

Bu ilk yerli yolcu uçağı 1941 Ağustosu'nda Nuri Demirağ'ın doğduğu Divriği'ye uçarak gidip gelmiştir. Halkın büyük heyecanını gören Demirağ, eylül ayında 12 uçaklık bir filoyu Bursa, Kütahya, Eskişehir, Ankara, Konya, Adana, Elazığ ve Malatya rotasında uçurarak Türk halkına, genç Cumhuriyet'in başarılı girişimcilerinin, yetenekli uçak mühendislerinin ve çalışkan işçilerinin artık kendi uçağını bile kendisinin yapmaya başladığını göstererek özgüven aşılamak istemiştir.[227]

Nu.D-38 tipi uçak 26 Mayıs 1944 tarihinde İstanbul- Ankara seferine başlamıştır.[228]

II. Dünya Savaşı sırasında Nuri Demirağ Uçak Fabrikası yıllık, 300 okul veya 150 eğitim ya da 50 avcı uçağı yapılabilecek güçtedir.[229]

---

227 Yalçın, **agm.**, s. 754.
228 **agm.**, s. 761.
229 **BCA**, Tarih 29.11.1939, Dosya: 6158, Fon Kodu: 030.10, Yer No: 59.399.25'ten naklen Yalçın, **agm.**, s. 754-755.

Türk yapımı Nu.D-38 yolcu uçağı havalanırken

Türkiye'de ilk **paraşüt merkezini** de Nuri Demirağ kurmuştur. Paraşüt yapımında kullanılacak ipeği üretmek için Üsküdar'da büyük bir koru satın alıp orada dut ağacı ve ipek böceği yetiştirmeye başlamıştır. Elde ettiği ipekten **ilk yerli paraşütü** yapmıştır.[230]

17 Ağustos 1941 tarihinde *Tasvir-i Efkâr* gazetesinin muhabiri Kandemir'in, *"Bu fabrikayı nasıl kurdunuz?"* sorusuna Nuri Demirağ şu yanıtı vermiştir:

"İstikbalimizin, istiklalimizin, şerefimizin göklerde olduğuna iman ettikten sonra, 5-6 sene aralıksız yanıma mütehassıs gençleri de alarak Moskova'dan tut, ta Londra'ya kadar uğrayıp uzun uzadıya tetkikler yapmadığımız yer kalmadı. Avrupa'nın bütün tayyare fabrikalarını, havacılık müesseselerini geceli gündüzlü dolaştık. Neticede her yerde gördüklerimizin içinden en mükemmellerini seçerek burayı kurduk." Aynı röportajın devamında Kandemir'in, *"Gelecekteki tasavvurlarınız nelerdir?"* sorusuna ise, *"Evvela bu müesseseyi fevkalade genişletmek, bir milyon iki yüz bin liraya mal olacak büyük Yeşilköy Gök Lisesi'ni kurmak... Divriği'de binlerce genci sinesine alacak; telsizciliği,*

---

[230] Yalçın, **agm.**, s. 756.

motorculuğu, pilotluğu, mühendisliği, paraşütçülüğü vesaire 12 şubeyi ihtiva edecek şekilde Gök Üniversitesi tesis etmek. Sonra... Şu çayırın bir kenarında, muradına ermiş insanların huzur ve saadetiyle oturup kahvemi içerken, bir işaretle yüzlerce tayyarenin birden havalandığını görmek," yanıtını vermiştir.[231]

Genç Cumhuriyet'in kendisi için değil ülkesi için çalışıp üreten en büyük müteşebbisi Nuri Demirağ, 1941 yılındaki bu röportajında "havacılık" başarısının altında Atatürk'ün *"İstikbal göklerdedir"* sözüne "iman ederek" yıllarca aralıksız çalışmasının yattığını belirtmiştir. Demirağ'ın o güne kadar hayata geçirdiği havacılık projeleri gibi gelecekte hayata geçirmeyi planladığı havacılık projeleri de adeta üstün bir aklın ürünü, dudak uçaklatan cinsten projelerdir. İşte o projeler:

- Dev bütçeli çağdaş bir **Yeşilköy Gök Lisesi** kurmak,
- Havacılığın her alanında eğitim verecek **Divriği Gök Üniversitesi**'ni kurmak,
- Yüzlerce yerli uçaktan oluşan **bir hava filosu** yaratmak.

Bu projeler ondan başka kimin aklına gelirdi ki! Ancak, maalesef Demirağ bu projelerini hayata geçirecek ne yeterli destek, ne zaman bulabilmiştir.

İlk Türk uçağını, ilk Türk paraşütü ve Türk demiryollarını yapan, Türk uçuş okullarını açan Nuri Demirağ ayrıca, Köy-Kent Projeleri geliştirmiş, maden ve petrol işleme planları hazırlamış, maden ve sanayi kentleri planı yapmış, daha 1931 yılında Asya ile Avrupa'yı birleştirmeyi düşünerek içinden demiryolu geçen bir boğaz köprüsü projesi, Keban Barajı ve yerli çimento fabrikası projeleri geliştirmiş ve demokrasinin gelişmesi için Milli Kalkınma Partisi'ni kurmuştur.[232]

---

231 Şakir, age., s. 81; Yalçın, agm., s. 757.
232 **Bütün Dünya dergisi**, agm., s. 57-58.

Gök Okulu öğrencileri Nuri Demirağ'ı selamlarken

Gerçek şu ki Nuri Demirağ, Atatürk'ün *"Muasır medeniyetler düzeyine ulaşmalı hatta o düzeyi aşmalıyız"* sözünü yerine getirilmesi gereken "kutsal bir vasiyet" gibi algılayıp bu uğurda varını yoğunu; bütün servetini, emeğini, aklını, iradesini, azmini ortaya koyup gece gündüz çalışarak yerli uçak yapmayı başarmış gerçek bir vatanseverdir. Atatürk'ü çok iyi anlayarak onun Uçak Sanayi Projesi kapsamında imkânsızı başaran Nuri Demirağ'ın havacılık projeleri maalesef Atatürk'ü hiç anlayamayan siyasilerin öngörüsüzlüğüne, siyasi oyunlarına ve emperyalist baskılara kurban gitmiştir.

Şakir Zümre Fabrikası'nın Uçak Bombaları

Atatürk'ün en eski ve en yakın arkadaşlarından biri olan ünlü Türk girişimcilerinden Şakir Zümre, Cumhuriyet'in ilk yıllarında kurduğu fabrikalarda **uçak bombası** üretmiştir. Zümre fabrikalarında üretilen bu yerli uçak bombaları yurtdışına bile ihraç edilmiştir.[233]

---

233 Şakir Zümre Atatürk ilişkisi ve Zümre Fabrikaları hakkında bkz. Sinan Meydan, **Akl-ı Kemal**, "Atatürk'ün Akıllı Projeleri", C 3, İstanbul, 2012, s. 191-194.

Şakir Zümre 1924 yılında Haliç kıyısında kurduğu "**Türk Sanayi Harbiye ve Madeniye Fabrikası**"nda uzun yıllar boyunca Türk ordusuna silah ve cephane üretmiştir.[234] 1940'larda fabrikanın tüm mühendisleri ve işçileri Türklerden oluşmuştur.

Şakir Zümre Fabrikası'nda üretilen bombaların kullanım şekli Şakir Zümre Fabrikası'nın teknik ekibi tarafından projelendirilerek "tarifnameleri" hazırlanmış ve 1939 yılında kitap olarak yayımlanmıştır. Türk ordusunun bomba ihtiyacı Şakir Zümre Fabrikası'nca sağlanmıştır. 100, 300, 500, ve 1000 kilogramlık uçak bombaları ve çeşitli yangın bombaları bu fabrikada üretilmiştir.[235]

Şakir Zümre Fabrikası'nda üretilen bombalar Yunanistan'a satılmıştır

Şakir Zümre Fabrikası Türk Hava Kuvvetleri dışında Türk Deniz Kuvvetleri'ne de bomba üretmiştir. Örneğin ilk Türk denizaltısı su bombaları bu fabrikada üretilmiştir.

---

234 Murat Koraltürk, "*Soba Borusundan Tayyare Bombalarına Unutulmuş Bir Marka, Şakir Zümre*", **Popüler Tarih** dergisi, Mayıs 2002, s. 69-70.
235 Yalçın, "*Türk Tarihi Bakımından 20. Yüzyılda İki Önemli Gelişme: Havacılığın ve Bir Liderin Doğuşu*", s. 1058.

Şakir Zümre Fabrikası'nın ürettiği bombalar ve silahlar Mısır, Polonya, Bulgaristan ve Yunanistan gibi ülkelere ihraç edilmiştir. Örneğin fabrika 1937 yılında Yunanistan'la 1.5 milyon liralık bir iş sözleşmesi yapmıştır. Bu sözleşme dönemin gazetelerinde, *"Harp Sanayimizin Büyük Zaferi. Yunanistan Bizden 1.5 milyon liralık Bomba Satın alıyor"* şeklinde yer almıştır.[236]

Ankara THK Uçak ve Motor Fabrikaları

Atatürk'ün Uçak Sanayi Projesi doğrultusunda 1940 yılında dönemin Başbakanı Şükrü Saraçoğlu, Milli Eğitim Bakanı Hasan Ali Yücel ve Türk Hava Kurumu (THK) Başkanı Şükrü Koçak tarafından üç önemli karar alınmıştır. Bunlar:

- Ankara'da bir uçak ve motor fabrikası kurulması.
- Ankara'da uçak mühendisliği eğitimi veren bir teknik üniversite kurulması.
- Ankara'da bu iki kuruluşa hizmet verecek bir araştırma-geliştirme enstitüsünün temelini oluşturacak bir aerodinamik araştırmalar merkezi kurulmasıdır.[237]

1941 yılında Ankara Etimesgut'ta **"THK Uçak Fabrikası"** kurulmuştur. II. Dünya Savaşı'nın başlamasıyla Türkiye'ye sığınan Alman ve Polonyalı uçak mühendisi ve teknisyenlerinin de girişimiyle Etimesgut'ta daha önce kurulmuş atölyeler genişletilerek THK Uçak Fabrikası'na dönüştürülmüştür. 8 milyon liralık, Ankara "THK Uçak Fabrikası"nda 1200 işçi çalışmıştır. Fabrikada Türklerin yanında başta müdür Wedrychowski olmak üzere 35 kadar Polonyalı mühendis ve teknisyen görev almıştır.

Bu fabrika 1944 yılında üretime başlamıştır. Ankara THK Uçak Fabrikası yurtdışından patentli uçakların üretimi ve revizyonunu yapması dışında tamamı yerli tasarım uçaklar geliştirmek üzere bir etüt bürosu oluşturmuştur. 6 yüksek mühendis, 4 mühendis ve 11 teknik ressam olmak üzere 21 kişiden olu-

---

[236] Ayrıntılar için bkz. Atilla Oral, **Şakir Zümre: İlk Silah Fabrikatörü**, Demkar Yayınevi, İstanbul, 2010.
[237] Aytekin Ziylan, **Savunma Sanayi Üzerine**, Ankara, 1999, s. 5.

şan bu birim, 1952 yılına kadar 16 tip uçak tasarımı gerçekleştirmiştir.[238] Fabrikada ilk olarak İngiliz Miles-Magister eğitim uçaklarından 80 adet üretilmiştir. Ayrıca bir miktar iki motorlu ambulans uçağı, "THK-10" adıyla hafif nakliye uçağı, 60 adet iki kişilik eğitim uçağı ve çeşitli planörler üretilmiştir. Fabrikada 1944-1952 arasında **126 adet Türk tasarımı uçak** üretilmiştir. Bu projeler arasında özellikle öncü teknolojiye sahip deneysel delta kanat (uçan kanat) "THK 13" adlı planör ile ambulans/turizm uçağı olarak tasarlanıp Danimarka'ya ihraç edilen "THK 5/5A" adlı uçak çok dikkat çekicidir. Her iki uçak da Paris Havacılık Fuarı'nda sergilenmiş ve büyük ilgi görmüştür.[239]

THK Uçak Fabrikası'nda üretilip Danimarka'ya ihraç edilen THK-5 ambulans uçağı

Ankara THK Uçak Fabrikası tasarım alanında dünyada ilklere imza atmıştır. Örneğin 1948'de, "hayalet uçakları" andıran "THK-13" adlı "uçan kanat" projesi bu fabrikada hayata geçmiştir. 1947'de THK Uçak Fabrikası'nda **Yüksek Mühendis Yavuz Kansu** ve ekibi dünya çapında ses getirecek "uçan kanat" projesinin tasarımına başlamıştır. Fabrikanın 13. projesi olduğu için "THK-13" adı verilen "uçan kanat", önce planör olarak

---

238 Bkz. Şükrü Er, "*Etimesgut Uçak Fabrikası ve Endüstrimiz*", **Mühendis ve Makine**, C 16, S. 178, Ocak 1972.
239 Oral, **agm.**, s. 160. Fabrikada üretilen bazı modeller şunlardır: THK-3 Akrobasi planörü, THK-4 Okul Planörü, THK-5 Ambulans uçağı, THK-7 ve 9 Eğitim Planörleri, THK-11 Turizm uçakları.

üretilmiş, daha sonra pervaneli ve jet motorlu uçak olarak üretilmesi planlanmıştır. Geleceğin tasarım harikası "THK-13" hafif olması için ahşap malzemeden üretilmiştir. Tek pilotun oturduğu kokpitin üstü açıktır. Hemen altında ana iniş takımı vardır. Planör, uçakla veya otomobille çekilerek havalanacak şekilde tasarlanmıştır. "THK-13" geliştirilirken, **Ankara Rüzgâr Tüneli**'nin inşaatı yeni başlamıştı. Bu nedenle Türk havacılık tarihinin en fantastik tasarımı olan "THK-13"ün rüzgâr tüneli testleri bir "THK-5"in sırtında gerçekleştirilmiştir. Planörün küçük bir maketi, özel olarak düzenlenmiş bir THK-5'in gövdesine sabitlenerek gerekli ölçümler havada yapılmıştır. Ancak THK-13 planörü maalesef uçurulamamıştır. Planör ilk birkaç denemede yere çakılmıştır. Yapılan incelemelerde, kanat içinde unutulan bir mengenenin kalkış sırasında yerinden çıkarak kumanda sisteminin çalışmasını engellediği ortaya çıkmıştır. Fakat "THK-13" ekibi yılmamıştır. Mühendisler kazadan arta kalanlarla bir THK-13 daha yapmışlardır. Bu kez planör üzerinde birtakım aerodinamik düzeltmeler yaparak modifiye bir "uçan kanat" yaratmışlardır. İkinci uçan kanat, ilk uçuşunu Ağustos 1949'da yapmıştır. Ancak, maalesef bu uçuş da başarısız olmuştur. **Paris Havacılık Fuarı**'nda sergilenen ve yurtdışında çok büyük bir ilgi gören "THK-13" projesi, anlaşılmayan bir şekilde iptal edilmiştir.[240]

THK-13'ün bazı özellikleri şunlardır:
Kalkış Ağırlığı: 520 kilogram
Kanat Alanı: 34.5 metrekare
Kanat Açıklığı: 20 metre
Yükseklik: 1.94 metre
Gövde Uzunluğu: 5.04 metre
Seyir Hızı: 106 km/saat
Süzülme oranı: 1/24
Uçuş Ekibi: 1 pilot

---

240 Ayrıntılar için bkz. Mustafa Kılıç, **Uçan Kanat THK-13**, THK Yayınevi, Ankara, 2008.

Türkiye'de 1948'de tasarlanan hayalet uçak (uçan kanat) THK-13

Yıllar sonra benzer bir modeli "hayalet uçak" adı altında ABD hayata geçirmeyi başarmıştır. NASA'nın desteklediği fonlarla Boeing'in "Phantom Works-Hayalet İşler" bölümü tarafından geliştirilen "X-48B", ilk uçuşunu 2007'de yapmıştır. 3000 metre yükselen uçak, saatte 220 kilometre hıza ulaşmıştır. Modelin geliştirilerek önümüzdeki 20 yıl içinde sivil yolcu taşımada kullanılması planlanmaktadır. Halen hizmetteki B-2 bombardıman uçağı, en başarılı uçan kanat örneğidir. Havacılık dünyasının 1 milyar dolarlık birim fiyatıyla en pahalı uçağı unvanını elinde bulunduran B-2, radara yakalanmadığı için "hayalet uçak" olarak adlandırılmıştır. Bu uçağın, 1940'lardaki Türk tasarımı "THK-13"e benzerliği dikkat çekicidir.

1948, TC THK Tayyare Fabrikası
THK–13 uçan kanat projesi

2000, ABD
B–2 uçan kanat bombardıman uçağı.

Modifiye THK-13'ten görüntüler

1945 yılında Ankara Atatürk Orman Çiftliği'nde "THK Uçak Motoru Fabrikası" kurulmuştur. Fabrika, Atatürk Orman Çiftliği arazisinde 60.000 metrekarelik bir alana kurulmuştur. Fabrika için 4.5 milyon lira, makine teçhizatı ile birlikte toplam 9 milyon lira harcanmıştır. Lisansör firma İngiliz De Havilland'dır. Makineler İngiltere, Amerika ve İsviçre'den alınmıştır. 1948'de üretime geçen fabrika "Gipsy" uçak motoru yapmayı başarmıştır.[241]

Ankara'da bir taraftan uçak ve uçak motoru fabrikaları kurulurken, diğer taraftan İTÜ'de Makine Fakültesi'ne bağlı olarak bir **Uçak Mühendisliği** bölümü açılmıştır.[242]

Ankara Uçak ve Uçak Motoru Fabrikalarının üretimini tasarladığı en ilginç uçaklardan biri de **"THK-16"** olarak adlandırılan jet motorlu eğitim uçağı **"Mehmetçik"**tir. 1950'lerin başında yeterli sayıda uçak siparişi alamayan Ankara THK Uçak ve Motor Fabrikaları krize girmiştir. THK, 5 Nisan 1952'de yapılan anlaşma ile Uçak ve Motor Fabrikası'nı 4 milyon lira karşılığında Makine Kimya Endüstrisi'ne (MKE) satmıştır. 1950'lerde Yavuz Kansu müdürlüğünde yeniden yapılanan fabrika, THK'nın geliştirdiği 6 ayrı yeni modeli üretme kararı almıştır. Bunlardan biri de **"Model 3"** olarak yeniden adlandırılan **"Mehmetçik"**tir. Ancak "Mehmetçik" üretilmemiştir, çünkü aynı dönemde başlayan Amerikan yardımları çerçevesinde Hava Kuvvetleri'ne **"Lockheed T-33"** jet eğitim uçakları hibe edilmiştir.[243]

Yüksek Mühendis **Selahattin Belen** başkanlığındaki ekip tarafından tasarlanan bu uçak, Türk Hava Kuvvetleri'nin envanterine girmeye başlayan jetlerde görev yapacak pilotların eğitiminde kullanılacaktı. Tamamen metal gövdeye sahip uçağın kokpiti,

---

241 *"Uçak Sanayinde Nasıl Aldatıldık"*, **Nükleer Teknoloji Bilgi Platformu**, (http://www.nukte.org), Erişim tarihi 12 Aralık 2012. *"Cumhuriyetten Günümüze Savunma Sanayi Kuruluşlarımız"*, **Savunma Sanayi Müsteşarlığı Resmi Sitesi**, (http://www.ssm.gov.tr), Erişim tarihi 12 Aralık 2012; Oral, **agm.**, s. 160.
242 Ziylan, **age.**, s. 5.
243 Uğur Cebeci, *"52 Yıllık Sır Uçak Mehmetçik"*, **Hürriyet** gazetesi, 21 Mart 2004.

önde öğrenci, arkada öğretmen pilot uçacak şekilde tasarlanmıştı. Motorlar ise ilk jet savaş ve eğitim uçaklarında olduğu gibi kanatların altında yer alacaktı. Uçakta Fransız Turbomeca imalatı Pimene jet motorları veya yine aynı şirketin Palas tipi jet motorları kullanılacaktı.

THK-16, Model 3 (Mehmetçik) Projesi

THK-16'nın belli başlı özellikleri şunlardır:
Görev: Jet eğitim
Mürettebat: 2
Motor: 2 adet Turbomeca Pimene
Azami Hız: 430 km/saat
Maksimum Yükseklik: 12.000 metre
Menzil: 710 kilometre
Boş Ağırlık: 510 kilogram
Kalkış Ağırlığı: 1100 kg
Kanat Açıklığı: 10 metre
Kanat Alanı: 14 metrekare
Gövde Uzunluğu: 7 metre
Yerden yükseklik: 1.8 metre

Ankara Uçak ve Motor Fabrikaları dışında ABD'den satın alınan uçakların bakım ve onarımlarını yapmak için 1942-1943 yıllarında **Malatya'da uçak onarım atölyeleri** kurulmuştur.[244]

---

244 Oral, **agm.**, s. 160.

Ankara Rüzgâr Tüneli (ART)

Uçakların tasarım ve test çalışmaları için rüzgâr tünellerine ihtiyaç vardır. *"Hava içerisinde hareket eden ya da hava akımına maruz kalan araç ve yapıların bu hareket ya da akımdan dolayı üzerlerine etkiyen kuvvet ve momentlerin bulunması, akım şeklinin ve yapısının belirlenmesi, **tasarım açısından** büyük önem taşımaktadır. Rüzgâr tünelleri bu tip bilgilerin edinilebildiği, yapay hava akımının oluşturulması ile gerçek olayın benzeştirildiği yapılardır. Yirminci asrın başlarında ilk olarak yapılmaya başlanan rüzgâr tünelleri, değişik hız rejimlerinde ve tiplerde olmak üzere günümüze kadar yaygınlaşarak ve gelişerek gelmiştir."*[245]

Atatürk'ün Uçak Sanayi Projesi çerçevesinde "rüzgâr tünelleri" konusunda 1940'larda Ankara'da önemli çalışmalar yapılmıştır.[246] *"Atatürk'ün ortaya koymuş olduğu projelerden biri olan ulusal havacılık sanayinin kurulması, bunun için de **Ar-Ge yoluyla tedarik** yönteminin benimsenmesi ve bu amaçla bir rüzgâr tüneli için genel bütçenin 1/3'ü düzeyinde altyapı masrafı yapılması"* kararlaştırılmıştır.[247]

Ankara Rüzgâr Tüneli, 1940'lı yılların Türkiyesi'nde Atatürk'ün "uzay vasiyetinin" önünü açacak en önemli yatırımdır.[248]

1947 yılında Milli Eğitim Bakanlığı tarafından Ankara Rüzgâr Tüneli (ART) binasının yapımına başlanmış, 1949 yılında motor aksamları monte edilmiş ve 1950 yılında kısmen işler duruma getirilmiştir.[249]

---

245 Ziylan, **age.**, s. 5.
246 Ahmet Ayhan, **Dünden Bugüne Türkiye'de Bilim-Teknoloji ve Geleceğin Teknolojileri**, İstanbul, 2002, s. 141; Oral, **agm.**, s. 160.
247 Ziylan, **age.**, s. 5; Ayhan, **age.**, s. 140; Oral, **age.**, s. 160.
248 Atatürk'ün *"Ay'a ayak basacak Batılı ayaklar arasında Türklerin de bulunması"* isteği onun unutulan uzay vasiyetidir.
249 Ziylan, **age.**, s. 5; Oral, **age.**, s. 160.

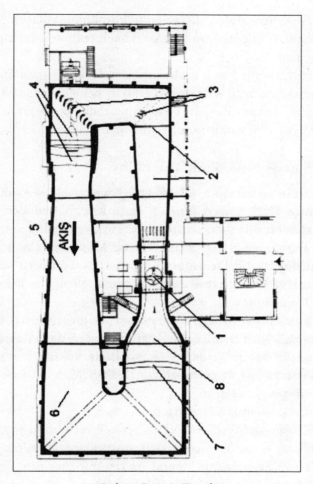

Ankara Rüzgâr Tüneli

Ankara Rüzgâr Tüneli'nin belli başlı teknik özellikleri şunlardır: Düşük ses altı, kapalı devre rüzgâr tünelidir. En yüksek hız: 100m/s'dir. Deneme odası boyutları: genişlik 3.05 metre, yükseklik 2.44 metre ve uzunluk 6 metredir. Üstün nitelikli akış özelliğine sahiptir. En yüksek hızda çalıştığında bile gürültü seviyesi çok düşüktür. Akım türbülans değeri %0.5'ten azdır. Kesit alan boyunca hız dağılım farklılığı en çok %0.2'dir.

Öyle ki Ankara'da, Beşevler'de kurulduğu yıllarda Alman biliminsanları bile Ankara Rüzgâr Tüneli teknolojisini gıpta ile karşılamıştır.

Kendi uçağını, kendi uçak motorunu kendisi yapan Türkiye, kendi uçaklarının tasarım ve testlerini de kendisi yapacaktır.

Ancak Ankara Rüzgâr Tüneli anlaşılmaz bir biçimde 1947 ile 1998 yılları arasında tam 51 yıl kapalı kalmıştır.

Uçak Sanayi Projesi'nin Yok Edilişi

Atatürk'ün zaman içinde Uzay Sanayi Projesi'ne evrilmesini amaçladığı Uçak Sanayi Projesi, Atatürk'ün ölümünden sonra 1940'larda bir süre daha hatırlanmış, Türkiye'nin tam anlamıyla ABD yörüngesine girdiği 1950'lerde ise adeta unutulmuş, unutturulmuştur. Atatürk'ten sonra Kayseri Uçak Fabrikası'nın, Ankara Uçak ve Motor Fabrikalarının başına gelenler bu bakımdan iyi incelenmelidir!

Atatürk'ün Uçak Sanayi Projesi'nin özel girişimcileri olan **Vecihi Hürkuş, Nuri Demirağ, Selahattin Alan** ise daha Atatürk'ün sağlığında bürokratik engellerle karşılaşmış, hükümetten gerekli desteği görememiş, öngörüsüzlüğün, kıskançlığın ve siyasi oyunların kurbanı olmuşlardır.

Tek tek anlatmak gerekirse:

1925 yılında "Vecihi K-VI" adıyla ilk yerli uçağı yapan **Vecihi Hürkuş** uzun bir süre yetkili makamlardan yaptığı uçağı deneme izni alamamıştır. Bunun üzerine bir gün izin almadan uçağıyla havalanarak çok başarılı bir deneme uçuşu yapmıştır. Ancak Vecihi Hürkuş'a, gerekli izinleri almadan uçuş denemesi yapıp insan hayatını tehlikeye attığı için, yarım maaş kesimi ve on beş gün ev hapsi cezası verilmiştir. Bu cezayı haksız bulan Vecihi Hürkuş Hava Kuvvetleri'nden istifa etmiştir.[250]

Vecihi Hürkuş 1930'da yaptığı "Vecihi XIV" adlı uçağıyla uçarak Ankara'ya gitmiştir. Ancak bu sefer de yetkili makamlara haber vermeden uçak yapması ve uçağını muayene ettirmeden

---

[250] Vecihi, **agm.**, s. 5; Aydın, **agm.**, s. 74.

uçuş denemesi yapması nedeniyle *"Hava Uçuş Kararlarına"* aykırı hareket etmekten dolayı uçuş izni alamamıştır.[251]

Vecihi Hürkuş, Türkiye'de kendisine bürokratik engeller çıkarılması üzerine kendi yaptığı uçağa yurtdışından uçuş izni almaya karar vermiş, uçağına atlayıp Prag'a uçmuş, orada uçağını kontrol ettirip uçuş izni alarak, yine uçağına atlayıp yurda dönmüştür.

Uçak yaptığı için devlet tarafından ödüllendirilmesi gereken Vecihi Hürkuş, bırakın ödüllendirilmeyi, izinsiz uçak yapmaktan ve uçağını kontrol ettirmeden uçuş yapmaktan dolayı cezalandırılmıştır.

Vecihi Hürkuş'un yaşadığı olumsuzlukların çok daha fazlasını maalesef Nuri Demirağ yaşamıştır.

Nuri Demirağ'ın Beşiktaş'taki uçak fabrikasında ürettiği "ND-36" (Al-2) tipi uçağı, Eskişehir'de yapılacak olan tanıtımında iniş esnasında pistin girişindeki su tahliye çukuruna girerek kaza yapmıştır. Uçağın pilotu mühendis **Selahattin Alan** şehit olmuştur. Türk Hava Yolları bu talihsiz olayı, Nuri Demirağ'ın uçaklarının yetersizliğine yormuştur. "ND-36" adlı Türk uçağının akıbeti daha sonra üretilecek olan "Devrim" adlı ilk Türk otomobilinin akıbetine benzemiştir. Her ikisi de ilk denemelerinde yaşanan aksiliklerin kurbanı olmuştur. Daha sonra uçakları test eden heyet, Nuri Demirağ'ın uçaklarının reddedilmesine karar vermiştir. Bu doğrultuda Demirağ'ın daha sonra yaptığı "Nu.D-38" adlı yolcu uçağına da Türk Havayolları tarafından ilgi gösterilmemiştir. Bu gelişmeler Nuri Demirağ Uçak Fabrikası'na büyük bir darbe vurmuştur. Bunun üzerine Nuri Demirağ hukuk mücadelesi başlatmıştır.[252] Türk Hava Kurumu ile Nuri Demirağ mahkemelik olmuş, iki ayrı bilirkişi heyetinin olumlu raporlarına rağmen THK Demirağ'ın uçaklarını almamıştır. Ayrıca Ankara Ticaret Mahkemesi Demirağ'ın aleyhine karar vermiştir.[253]

---

251 Aydın, **agm.**, s. 74.
252 Yalçın, *"Nuri Demirağ'ın Hayatı ve Çalışmaları"*, s. 759.
253 **agm.**, s. 760-761.

Bu arada Yeşilköy'de Nuri Demirağ'a ait tesisler havaalanı yapılmak üzere kamulaştırılmıştır.[254] Oraya şimdiki Atatürk Havalimanı inşa edilmiştir.

Nuri Demirağ yaklaşık 1.5 milyon Türk Lirası harcayarak ortaya koyduğu eserin boşa gitmemesi için 29 Kasım 1939 ve 26 Ağustos 1940 tarihinde de iki defa dönemin Cumhurbaşkanı İsmet İnönü'ye mektup yazmıştır. Demirağ mektuplarında Atatürk'ün Havacılık Projesi'nden, uçak sanayinin öneminden, bu konudaki çalışmalarından, uçaklarının bütün standartlara uygun olduğundan söz ederek devletin kendisine yardımcı olmasını istemiştir.[255]

Maalesef Nuri Demirağ'a yardım edilmemiştir. Ancak o yalnız başına mücadelesini sürdürmüş, daha önce de belirttiğim gibi 1940'ların ortalarına doğru "Nu.D-38" adıyla 6 kişilik ilk Türk yolcu uçağını üreterek uçurmayı başarmıştır.

Ancak Nuri Demirağ'ın uçak fabrikasını yaşatmak için verdiği mücadele sonuçsuz kalmıştır. Demirağ'ın uçaklarının Türk

---

254 agm., s. 759.
255 BCA, Tarih 29.11.1939, Dosya: 6158, Fon Kodu: 030.10, Yer No: 59.399.25'ten nakleden Yalçın, agm., s. 762-765.

Hava Kurumu tarafından "yetersiz" bulunarak alınmaması üzerine imal edilen uçakların bir kısmı Gök Okulu'nda pilotlarının eğitiminde kullanılmış, bir kısmına ise İspanya, İran ve Irak talip olmuştur. Ne var ki hükümet uçakların satılmasına da izin vermemiştir.[256]

Hükümetin ve Türk Hava Kuvvetleri'nin Demirağ'ın uçak fabrikasına ve uçaklarına önem vermemesinde 1940'larda Ankara'da devletin bir uçak fabrikası, bir uçak motoru fabrikası ve bir de rüzgâr tüneli inşa etmiş olması etkilidir. Devletçi politikalar çerçevesinde kendi uçağını kendi yapmaya başlayan devlet, maalesef özel teşebbüsün yaptığı ve yapacağı uçaklarla ilgilenmemiştir. Bu durum her şeyden önce Atatürk'ün özel teşebbüsü de koruyan "Karma Ekonomi" anlayışına aykırı bir tutumdur.

Sonuçta Nuri Demirağ'ın elinde kalan uçaklar uzun yıllar Yeşilköy hangarında bekletilmiştir. Dönemin Hava Kuvvetleri komutanı bu uçakları müzeye koydurmak için harekete geçmiş ancak kendisine bu uçakların kısa bir süre önce hurdacıya satıldığı söylenmiştir.[257]

Dönemin tek parti hükümetine kırgın olan Nuri Demirağ, Türkiye'nin ilk muhalefet partilerinden biri olan **Milli Kalkınma Partisi**'ni kurarak siyasete atılmış, ancak siyasette de ilgi görmemiştir. 1954 seçimlerinde DP listesinden milletvekili seçilmiş ve 1957 yılında şeker hastalığından vefat etmiştir.[258]

Atatürk'ün Uçak Sanayi Projesi'ni hayata geçirmeye çalışan özel girişimcilerin başına gelenler, Atatürk'ün ölümünden sonra devletin de başına gelmiştir.

Bu durumun temel nedeni 1946'dan itibaren değişen politikalardır. 1946'dan itibaren Türkiye artık dış borç almama, yerli üretim, ulusal sanayi gibi kırmızı çizgilerinden yavaş yavaş uzaklaşmaya başlamıştır.

"Cumhuriyetin ilk yıllarından itibaren başlayan hızlı yükseliş özellikle 1947 yılından itibaren yapılan Amerikan yardımları

---

256 Yalçın, **agm.**, s. 766.
257 Yalçın, **agm.**, s. 766; Aydın, **agm.**, s. 77.
258 Yalçın, **agm.**, s. 766.

ve dış ülkelerden alınan malzemelerin Türk savunma sanayini baltalaması ile duraklama, hatta durma noktasına gelmiş, bu rehavet dönemi ise Kıbrıs Barış Harekâtı sonrası Türkiye'ye karşı uygulanan ambargo ile sona ermiştir."[259]

Gerçek şu ki, 1946'dan itibaren ABD'nin Marşal Yardımı, Truman Doktrini, Trunborg Raporu, Berker Raporu ile ağır sanayi üretimi baltalanan Türkiye'nin artık uçak üretmesi de istenmemiştir. Örneğin **Trunborg Raporu**'nda Türkiye'nin devletçi ağır sanayiden vazgeçmesi, fabrika kurmaması, demiryolu yapmaması, gemi inşa etmemesi, tarıma yönelmesi, üretim yerine montaja ağırlık vermesi istenmiştir.

II. Dünya Savaşı'ndan sonraki soğuk savaş döneminde Türkiye'yi kendi uydusu haline getirmek isteyen ABD, her şeyden önce Türk Havacılık Sanayi'ni baltalamak istemiştir. Örneğin **Bahattin Adıgüzel**'in yazdıklarına göre 1925-1950 yılları arasında Türkiye'yi ziyaret eden Amerikalıların, resmi görevlerinin dışında ziyaret ettikleri iki önemli kurum ve tesis vardır. Birincisi Türk Hava Kurumu ve Uçak Fabrikası, ikincisi ise Nuri Demirağ Uçak Fabrikası ve Gök Okulu... Amerikalı uzmanlar bu fabrikaları gezdikten sonra kendi uçağını kendisi yapan, kendi mühendisini, kendi pilotunu kendisi yetiştiren "tam bağımsız" Türkiye'den endişelenerek Türkiye'ye bu konularda bazı telkinlerde, bazı isteklerde bulunmuşlardır. Türkiye de ABD'nin bu telkinleri ve istekleri doğrultusunda birçok şeyden vazgeçtiği gibi, uçak üretmekten de vazgeçmiştir. Nitekim Türkiye'nin 1920'lerde, 1930'larda, 1940'larda kurduğu uçak fabrikaları, Türkiye'nin ABD uydusu olduğu 1950'lerde DP döneminde kapanmıştır.

II. Dünya Savaşı sonrasında, 1952'de Türkiye'nin NATO'ya üye olmasıyla yapılan askeri yardımlar ulusal sanayimize büyük bir darbe vurmuştur.[260] Daha **1941-1944 yılları arasında ABD Türkiye'ye 95 milyon dolarlık** –elde kalmış– **savaş malzemesi**

---

259 Özlü, **agm.**, s. 213.
260 Oral, **agm.**, s. 161.

vermiştir. ABD'den gelen bu malzemelere bir bedel ödenmemesine karşın bu malzemelerin bakımı için her yıl bütçeden 400 milyon TL harcanmıştır. Bu tür yardımların etkisiyle, ABD'nin telkinleri ve istekleriyle 1950'lerde uçak üretmektense uçak almanın daha doğru olduğu düşünülerek uçak üretiminden tamamen vazgeçilmiştir.

Şükrü Er, bizzat tanık olduğu bir olayı şöyle anlatmıştır: *"Zamanın Hava Kuvvetleri komutanı 1949'da benim de bulunduğum bir heyete, Türk Hava Kurumu'na uçak siparişi vermemesinin gerekçesini, 'Amerikan yardımından bedava uçak almak dururken, uçak fabrikanıza parayla sipariş verirsem, yarın bu millet beni asar,' diyerek açıklıyordu."*[261]

Kayseri Uçak Fabrikası'ndan başlayalım:

1939'a kadar çok sayıda uçak üreten, hatta ürettiği uçaklardan bazılarını yurtdışına pazarlayan **Kayseri Uçak Fabrikası**, Atatürk'ün ölümünden sonra her geçen gün biraz daha güç kaybederek 1950'lerde kapanma noktasına gelmiştir.

Kayseri Uçak Fabrikası'ndan önce Türkiye'de bulunan bazı yabancı uçak firması temsilcileri rahatsız olmuş, bunlar bazı gizli faaliyetlerle fabrikanın çalışmalarına darbe vurmak istemiştir.[262] Yerli ve yabancı personel arasındaki uyuşmazlık ve aşırı mükemmeliyetçilik gibi nedenler de fabrikanın kapanmasına giden süreci hızlandırmıştır.

Kayseri Uçak Fabrikası 1950 yılından itibaren bakım ve onarım merkezi haline dönüştürülmüştür. 1950'de adı "Hava İkmal Merkezi", 1970'de ise "Hava İkmal ve Bakım Merkezi" olarak değiştirilmiştir. 1 Temmuz 1975'te "**İkmal Bakım Merkezi Komutanlığı**" adını alan tesisler, 19 Şubat 1986'da "**2. Hava İkmal Merkezi**" olarak adlandırılmıştır.[263]

Ankara Etimesgut'taki "**THK Uçak Fabrikası**" 1952 yılında MKE'ye devredilmiştir. Burada MKE tarafından da yolcu uçak-

---
261 İşveren dergisi, S. 12, Eylül 1992.
262 Kaymaklı, age., s. 352; Özlü, agm., s. 211.
263 **Kayseri Hava İkmal Bakım Merkezi Komutanlığının Tarihçesi**, s. 4'ten naklen Özlü, agm., s. 212.

ları üretilmiştir. Sekiz kişilik yolcu uçakları büyük rağbet görmüştür. **Bu uçaklar Danimarka ve Hollanda'ya bile ihraç edilmiştir.** Fabrikada 56 uçaklık son partiden sonra 1956'da uçak üretimine son verilmiştir.

Ankara Atatürk Orman Çiftliği'ndeki "**Uçak Motoru Fabrikası**" da 1954 yılında MKE'ye devredilmiştir. Burası 1955'te **Traktör Fabrikası**, 1968'de de **Tekstil Makineleri Fabrikası**'na dönüştürülmüştür. Burada bir ara **düdüklü tencere** bile üretilmiştir.

1950'li yıllarla havacılık sanayi kuruluşlarının teker teker kapatılması nedeniyle **Ankara Rüzgâr Tüneli (ART)** de uzun bir süre amaçsız kalmıştır. 1947 ile 1998 yılları arasında tam 51 yıl kapalı tutulmuştur. 50 yıl sonra 1990 yılında denemek için çalıştırıldığında sessiz bir saat gibi çalıştığı görülmüştür. 1994'te Ankara Rüzgâr Tüneli'nin içi temizlenmiş, pervane ve motor sistemlerinin bakımı, modernizasyonu yapılmış ve 1998 yılında tekrar hizmete girmiştir. ART, 1998 yılından beri TÜBİTAK'ın ileri teknoloji çalışmalarıyla ilgili deneylerinde kullanılmaktadır.

1946-1950'den sonra yerli uçak fabrikalarının başına gelenler Türkiye'nin ilk yerli bomba üreticisi **Şakir Zümre Fabrikası**'nın da başına gelmiştir. 1946'dan itibaren alınan Amerikan yardımı nedeniyle fabrika bomba üretiminden vazgeçmek zorunda kalmıştır. Şakir Zümre Fabrikası da hela taşı, elektrik ocağı ve soba üretimine ağırlık vermiştir.[264]

Türkiye, Atatürk'ün Uçak Sanayi Projesi'nin ne anlama geldiğini ancak 1970'lerde kısmen anlamıştır. 1950'lerde **Marşal Yardımı** çerçevesinde Amerika'dan uçak alındığı için artık yerli uçak fabrikalarına ihtiyaç olmadığını düşünen siyasiler, 1974 Kıbrıs Barış Harekâtı'ndan sonraki Amerikan ambargosu sırasında ne kadar yanıldıklarını anlamışlardır. Bu Amerikan ambargosu döneminde Türkiye yeniden ulusal savunma sanayine yönelmiştir. 1970'lerde "**Kendi Uçağını Kendin Yap**" kampanyasıyla bir anlamda Atatürk'ün Uçak Sanayi Projesi yeniden ha-

---

264 Koraltürk, **agm.**, s. 70; Meydan, **Akl-ı Kemal**, C 3, s. 194.

yata geçirilmiştir. Bu dönemde kurulan "Türk Hava Kuvvetlerini Güçlendirme Vakfı" ile yarım kalan havacılık çalışmaları yeniden başlatılmıştır. Bu çerçevede 1973 yılında "**Türkiye Uçak Sanayi Anonim Şirketi**" **(TUSAŞ)**, 1984 yılında Ankara'da "**Türk Havacılık ve Uzay Sanayi**" **(TAI)** ve Eskişehir'de "**Motor Sanayi Anonim Şirketi**" **(TEI)** kurulmuştur.[265]

Genç Türkiye Cumhuriyeti'nin 1944'te üretmeyi başardığı ilk yolcu uçağını, günümüzün sanayi devi Çin'in ancak 2007'de üretebildiği düşünülecek olursa, Atatürk'ün Uçak Sanayi Projesi'nin ne demek olduğu çok daha iyi anlaşılacaktır.[266]

---

265 Özlü, **agm.**, s. 213-214.
266 "*Çin İlk Yolcu Uçağını Üretti*", **Cumhuriyet** gazetesi, 27 Aralık 2007.

PROJE 2

DİNDE ÖZE DÖNÜŞ PROJESİ

> *"Türk milleti daha dindar olmalıdır, yani bütün sadeliği ile dindar olmalıdır, demek istiyorum. Dinime, bizzat gerçeğe nasıl inanıyorsam buna da öyle inanıyorum. Şuura aykırı, ilerlemeye engel hiçbir şey İçermiyor."*
>
> Atatürk, 1923

Atatürk'ün unutulmuş, unutturulmuş projelerinden biridir "Dinde Öze Dönüş Projesi". Yüzyılın başında yarı bağımlı, çürümüş, işgal edilip yıkılmış bir ümmet imparatorluğundan tam bağımsız, çağdaş bir ulus devlet yaratmayı başaran Atatürk, çok zor koşullarda elde edilen bu bağımsızlık ve çağdaşlığın sürekli olabilmesi için her şeyden önce bir **toplumsal aydınlanma** hareketi başlatmıştır. Sağlık devrimi, tarım devrimi, harf devrimi, kadın devrimi, eğitim devrimi gibi birbirini tamamlayan adımlarla gerçekleştirilen toplumsal aydınlanma hareketinin önündeki en büyük engellerden biri, yüzyıllar içinde tortulaşan, çarpıtılan, yanlış yorumlanan, istismar edilip kullanılan, akıl ve bilimdışı hurafelere bulanmış İslam dini olmuştur. Bu nedenle Atatürk, her şeyden önce **İslam dininin özünü, İslam dininin saflığını açığa çıkarıp** topluma bu "öz/saf İslamı" anlatmak istemiştir. Evet! Bunun geleneksel dine devrimci bir müdahale olduğu doğrudur. Evet! Bunun geleneksel İslamla yetişmiş çevreleri rahatsız edeceği de kesindir. Ancak bu müdahale Türkiye'de asla bir "din düşmanlığı", "din yıkıcılığı" biçimini almamıştır.

İşte cumhuriyetin ilanından sonra Atatürk'ün İslam dininin özünü, saflığını ortaya çıkarmak, hatta İslam dininin Türk yorumunu yapmak için başlattığı devrimci dinsel çalışmalar onun, kökleri Osmanlı'nın son dönemlerine kadar uzanan "Dinde Öze Dönüş Projesi"nin yapı taşlarıdır. Bu proje bizzat Atatürk'ün yönlendiriciliğinde hükümetin aldığı kararlarla dönemin seçkin din adamları tarafından yürütülmüştür. Atatürk'ün en yakınındakilerce bile doğru anlaşılamaması ve zamansız ölümü nedeniyle onun birçok projesi gibi bu projesi de maalesef yarım kalmış, sonraki dönemlerde toplumdan gizlenmiş ve zaman içinde unutulup gitmiştir.

Atatürk'ün **Dinde Öze Dönüş Projesi**'nin belli başlı ayakları şunlardır:

1. Dinlerin değişik cemaatler ve din istismarcıları tarafından kullanılmasını engellemek için Diyanet İşleri Başkanlığı'nın kurulması,
2. Tekke ve Zaviyelerin, Medreselerin Kapatılması, Saltanatın ve Halifeliğin Kaldırılması. Yeni Türk Alfabesi'nin Kabul Edilmesi, Kılık Kıyafet Değişikliği gibi devrimlerle siyasal, sosyal ve toplumsal hayat üzerindeki dinsel kuşatmanın kırılması,
3. Hayatı dinsel kurallarla değil, bilimsel kurallarla biçimlendirme amacı doğrultusunda "dinin bir vicdan meselesi" olduğuna vurgu yapılması,
4. Din istismarını, dinsel baskıyı, dinin devlet işlerine karıştırılmasını önlemek amacıyla laiklik ilkesinin hayata geçirilmesi,
5. İslam dininin her şeyden önce, herkes tarafından anlaşılmasının sağlanması,
6. Din dilinin Türkçeleştirilmesi; Kur'an ve güvenilir hadis kaynaklarının Türkçeleştirilmesi,
7. Hurafelerin dinden ayıklanması,
8. İslam dininin Arap yorumunun yerine Türk yorumunun yapılmaya çalışılması,
9. İslam dininin akılcı yönlerinin ortaya konulması, bu amaçla aklı dışlayan geleneksel din algısının sorgulanması, eleştirilmesi,

10. Her türlü misyonerlik çalışmasına engel olunmak istenmesi.

Atatürk'ün ölmeden önce Tarih ve Dil Tezleri ile birlikte üzerinde çalıştığı projelerden biri de Dinde Öze Dönüş Projesi'dir. Ancak Atatürk'ün sadece Türkiye'de değil, İslam dünyasında bile bir ilk olan bu projesi ya hiç anlaşılamamış ya da çok yanlış anlaşılmıştır.

Öyle ki Atatürk'ün ölümünden sonra bazı çevreler, Atatürk'ün "dinsiz", genç Cumhuriyet'in "din düşmanı" olduğunu iddia etmiştir. Atatürk'ün Dinde Öze Dönüş Projesi'nin ayrıntılarına geçmeden önce tarihsel gerçeklere tamamen aykırı olan bu iddiayı ele alalım.

Kendine Özgü/Sade Bir Dindar

Atatürk düşmanlarının öteden beri Atatürk'e saldırmak için kullandıkları en önemli yöntem, Atatürk'ün "dinsiz" olduğu ve "dindarlara baskı yaptığı" şeklindeki yalanı durmadan tekrarlamaktır. Yokluk ve yoksulluk içindeki bir toplumla önce emperyalizmi dize getiren, sonra da çağdaş bir ulus yaratan Atatürk'ün, "onunla Allah arasında" kalması gereken din-inanç konusundaki tutumuna göre değerlendirilmesi (gerçekten inanlar için söylüyorum), her şeyden önce günahtır! Çünkü din, Atatürk'ün de dediği gibi, *"Allah ile kul arasındaki bağlılıktır"*. Atatürk'ün inanıp inanmadığı, az ya da çok inandığı kişisel bir tercih olduğundan sadece Atatürk'ü ilgilendirir, ancak "Atatürk'ün din düşmanı olduğu ve dindarlara baskı yaptığı" iddiası herkesi ilgilendirir, bu nedenle de üzerinde durulması gerekir.

Atatürk'ün hayatı incelendiğinde onun hayatının hiçbir döneminde hiçbir dine ve hiçbir din mensubuna kötü gözle bakmadığı, hangi dinden olursa olsun bütün dindarlara saygıyla yaklaştığı, hiçbir din mensubuna baskı yapmadığı görülecektir. Nitekim Atatürk, *"Her türlü düşünceye ve inanışa saygılıyız,"* diyerek laiklik ilkesini hayata geçirmiştir. Atatürk'ün anladığı laiklik her şeyden önce dine ve dindara saygıdır.

*Atatürk, Kurtuluş Savaşı sırasında I. TBMM önünde
meclisin açılışı dolayısıyla yapılan dini törende dua ederken*

Öteden beri Atatürk düşmanları, Atatürk'ü Müslüman-Türk milletinin gözünden düşürmek için Atatürk'e "dinsiz" diye iftira atmışlar, genç nesilleri bu çirkin iftirayla zehirlemişlerdir. İşin asıl şaşırtıcı tarafı, kendisini "Atatürkçü" diye adlandıran bazı çevrelerin de Atatürk'ü "yüceltmek" adına onu "dinsiz" diye adlandırmış olmalarıdır. Yani bir grup "aşağılamak" için, bir başka grup ise "yüceltmek" için Atatürk'ün "dinsiz" olduğunu iddia etmiştir. Gerçek şu ki hiçbir konuda anlaşamayan din istismarcıları ile Atatürk istismarcıları "Atatürk'ün dinsizliği" noktasında anlaşmıştır. Örneğin bugün Türkiye'de Atatürk'ün "dinsiz olmadığını" iddia edenler, hem Atatürk düşmanı yobaz din istismarcılarının hem de sözde Atatürkçü Atatürk istismarcılarının saldırısına uğramaktadır. Din istismarcısı Atatürk düşmanlarının ve Atatürk istismarcısı sözde Atatürkçülerin Atatürk'e yönelik bu asılsız iddialarına yanıt vermek için **15 yıl çalışarak tam 1153** sayfalık ATATÜRK İLE ALLAH ARASINDA adlı bir kitap yazdım. Bu kitabımda **Atatürk'ün din anlayışını, doğumundan ölümüne kadar çok ayrıntılı bir şekilde belgelere dayalı olarak inceledim.** Neredeyse bütün arşivlere girdim, yerli yabancı bütün kaynakları taradım ve 15 yıllık çalışmalarımın sonunda Atatürk'ün bu ülkeye gelmiş geçmiş **en bilinçli, en sade ve en gerçek inananlardan** biri olduğunu gördüm. Araştırmalarım sonunda Atatürk'ün inancını kendi içinde yaşayan, toplumun her şeyden önce dinini anlamasını isteyen, bunun için de bir **DİNDE ÖZE DÖNÜŞ PROJESİ** geliştiren, din istismarıyla ve yobazlıkla savaşan, başka inançlara saygı duyan "kendince samimi bir dindar" olduğunu gördüm.[267]

Biraz anlatmam gerekirse:

Örneğin Atatürk, Ramazan aylarındaki manevi havadan etkilenmiştir. Öyle ki onu tanıyanların ifadelerine göre zaman zaman oruç tutmuş, oruç tutanlara kolaylıklar sağlamış, onlara büyük bir saygı duymuş, hatta Ramazan aylarında bazı kişisel zevklerinden (alkol almak, ince saz heyeti dinlemek gibi) vazgeçmiştir. Dahası sıkça Kur'an okumuş veya özel hafızına Kur'an okutarak dinlemiştir. Ayrıca akşamları hafızları çağırtarak onlarla bol bol Kur'an ve din sohbetleri yapmıştır.

Şimdi gelin lafı fazla uzatmayalım ve tanıklara kulak verelim.

Önce Atatürk'ün uşağı **Cemal Granda**'yı dinleyelim:

"... Ramazanlarda, Kadir gecesi ağzına kadehini koymazdı... Kadir geceleri sofra bile kurdurmazdı. Saygısı büyüktü. Bazen mevlit dinlediği de olurdu. Miraç bölümünde, 'Göklere çıktı Mustafa,' denince gözleri yaşarırdı. O zaman hemen kolonya götürürdük. İnanışı samimiydi. Bence Allah'a inanıyordu."[268]

Atatürk Ramazan aylarında Dolmabahçe Sarayı'na gelen ve oruç tutan misafirlerine özel ilgi göstermiş, iftar sofrasıyla bizzat ilgilenmiş, ibadet etmek isteyenlere yer göstermiştir.

---

267 Atatürk'ün din anlayışını bütün boyutlarıyla öğrenmek için bkz. **Atatürk İle Allah Arasında** "Bir Ömrün Öteki Hikâyesi", 6. bas., İnkılâp Kitabevi, İstanbul, 2012.
268 Turhan Gürkan, **Atatürk'ün Uşağı'nın Gizli Defteri**, İstanbul, 1971, s. 183.

Atatürk'ün kız kardeşi **Makbule Hanım** bu konuda şunları söylemiştir:

"... *Her Ramazan'ın bir günü ve ekseriyetle Kadir gecesi bana iftara gelirdi. O gün, imkân bulabilirse oruç da tutardı. İftar sofrasını tam eski tarzda isterdi. Oruçlu olduğu zaman iftara başlarken dua ederdi.* "[269]

Atatürk'ün Ramazan ayında kız kardeşi Makbule Hanım'a, "*Ramazan geliyor, annemize hatim okutmayı ihmal etme...*" diye hatırlatmada bulunup, hatim okuyacak hafıza hediye edilmek üzere bir zarf içinde para verdiği bilinmektedir.[270]

Atatürk'ün özel hafızı **Hafız Yaşar Okur,** Atatürk'ün Ramazan aylarındaki davranışlarını şöyle gözlemlemiştir:

"... *Ramazanların Atam için çok büyük bir önemi vardı. Ramazan gelir gelmez ince saz heyeti Çankaya Köşkü'ne giremezdi. Kandil geceleri de saz çaldırmazdı. Sadece beni huzurlarına çağırır, Kur'an-ı Kerim'den bazı sureler okuturdu. Ben okurken gözleri bir noktaya takılır, derin bir huşu içinde dinlerdi. Ruhunun çok mütelezziz olduğu her halinden anlaşılırdı.*

Ramazanlarda bir ay müddetle Hacı Bayram-ı Veli ve Zincirlikuyu camilerinde şehitlerin ruhuna Hatim-i Şerif okumamı emrederlerdi. O günlerde civar kasaba ve köylerden gelenlerle cami hıncahınç dolardı..."[271]

Görüldüğü gibi Atatürk Ramazan ayları boyunca bazı alışkanlıklarından da uzak durmuştur.

Örneğin incesaz heyetini Çankaya'ya sokmamış, Kandil geceleri saz çaldırmamıştır. Ayrıca Kur'an-ı Kerim okumuş, çeşitli camilerde de şehitlerin ruhlarına Hatim-i Şerif'ler okutmuştur. Atatürk'ün bütün bu davranışları, onun Ramazan'ın anlam ve önemini idrak etmiş, inanca saygılı, son derece sade bir Müslüman olduğunu kanıtlamaktadır.

---

269 Cemal Kutay, **Türkçe İbadet,** C 2, İstanbul, 1998, s. 301.
270 Ercüment Demirer, **Din, Toplum ve Atatürk,** 2. bas., İstanbul, 1999, s. 8.
271 Hafız Yaşar Okur, **Atatürk'le On Beş Yıl Dini Hatıralar,** İstanbul, 1962, s. 10.

Şimdi de Atatürk'ün kütüphanecisi **Nuri Ulusu**'ya kulak verelim:

"Atatürk otuz Ramazan geceleri başta Saadettin Kaynak Hoca olmak üzere o devrin hafızları olan Hf. Yaşar, Hf. Zeki, Hf. Küçük Yaşar, Hf. Burhan, Hf. Hayrullah beyleri davet ederdi ki, bu hafızlardan Hafız Yaşar aynı zamanda Cumhurbaşkanlığı Alaturka Müzik Şefi'ydi. 1930 yılında emekli oldu. Ama ölene kadar hep Atatürk'ün yanındaydı. Soyadı Kanunu çıkınca Atatürk ona 'Okur' soyadını vermiştir. Atatürk davet ettiği bu hafızlardan tek tek din konusunda bilgiler alırdı. Ayrıca çok üzerinde durduğu Türkçe Kur'an-ı Kerim hakkında görüşlerini de sorardı.

Atatürk'ün Özel Hafızı Yaşar Okur

Yine bir Ramazan ayı gecesinde Atatürk, Dolmabahçe Sarayı'nda aceleyle beni çağırttı. Derhal makamına girdim. O gece sofra şefimiz İbrahim Bey izinli olduğundan, benim görevim olmadığı halde düzenimi ve intizamımı beğendiğinden olacak beni istemişler. Odaya girdiğimde, 'Nuri oğlum hafızlar gelecek. Bu gece hafızların seslerini aksi sedasıyla daha güzel dinlemek için muayede salonundaki hususi daireye yemek masasını kurun, ama acele ha, kaç dakikada kurabilirsin?' Pek tecrübelisi olduğum bir konu değildi. Derhal lazım gelen emirleri gerekli kişilere tebliğ ettim, herkes işe koyuldu. Hakikaten tam otuz dakika sonra her şey tamam gibiydi. Sevdiği çiçekleri de elimle tam masaya koyarken Atatürk, misafirleriyle birlikte gelmez mi? Masanın yanına geldi. Şöyle bir göz ucuyla masayı, düzeni süzdü ve bana dönerek, 'Aferin Nuri, İbrahim'i aratmamışsın, çiçekler de pek güzel...' diye iltifatta bulundu. Zaten hep güzel şey yaptığımızda takdir ederdi. Amma bir de yanlış mı, hata mı yaptın, sadece bir bakardı ki, o bile yeterdi, içimize işlerdi.

Salona girdiler, sandalyeleri çekip oturdular, yemeğe başladılar. Konu yine Türkçe Kur'an-ı Kerim'di. Atatürk hepsiyle ayrı ayrı ilgilendi. Kur'an-ı Kerim'den okuttuğu duaları zevkle dinledi."[272]

Nuri Ulusu'nun dediği gibi gerçekten de Atatürk özellikle dinde Türkçeleştirme çalışmalarını başlattığı 1932 yılı Ramazan ayında sıkça tanınmış hafızlarla bir araya gelmiş, onlarla Kur'an konuşmuş, Kur'an okutup dinlemiş, hatta bizzat Kur'an okumuştur.

Atatürk'ün özel hafızı **Hafız Yaşar Okur**'u dinleyelim:

"1932'de Ramazan'ın ikinci günüydü. Atatürk ile Ankara'dan Dolmabahçe Sarayı'na geldik. Beni huzurlarına çağırdılar. 'Yaşar Bey,' dediler. 'İstanbul'un mümtaz hafızlarının bir listesini istiyorum. Ama bunlar musikiye de aşina olmalılar."

Bu emir üzerine Hafız Yaşar Okur, İstanbul'un en tanınmış hafızlarından, Saadettin Kaynak, Sultan Selimli Rıza, Süleymaniye Camii Baş Müezzini Kemal, Beylerbeyli Fahri, Darüttalim-i Musiki Azası'ndan Büyük Zeki, Muallim Nuri ve Burhan beylerin yer aldığı bir liste hazırlamıştır.

Sonraki gelişmeleri yine **Hafız Yaşar Okur**'dan dinleyelim:

"O ana kadar bunların niçin çağrılmış olduğunu ben de bilmiyordum. O gün anladım ki, tercüme ettirilmiş olan bayram tekbirlerini kendilerine meşk ettirecektir. Hafızlar ikişer ikişer oldular ve şu metin üzerine meşke başladılar: 'Allah büyüktür... Allah büyüktür...'

Atatürk, Cemil Said Bey'in Kur'an tercümesini getirtti. Bizlerin tercüme konusunda tek tek fikirlerini aldıktan sonra hemen hemen sabaha kadar tartıştık. Daha sonra ayağa kalkarak ceketlerinin önünü iliklediler. Kur'an-ı Kerim'i ellerine alıp Fatiha Suresi'nin Türkçe tercümesini açıp halka okuyormuş gibi ağır ağır okudular. Bu hareketleriyle bizlerin halka nasıl hitap etmemiz gerektiğini göstermek istiyorlardı.

Sonra Atatürk: 'Sayın hafızlar, içinde bulunduğumuz bu kutsal ay içinde camilerde okuyacağınız mukabelelerin tamamını okuduktan sonra Türkçe olarak da cemaate açıklayacak-

---

272 Mustafa Kemal Ulusu, Atatürk'ün Yanı Başında, "Çankaya Köşkü Kütüphanecisi Nuri Ulusu'nun Hatıraları", İstanbul, 2008, s. 187.

sınız. İncil de Aramca yazılmış ama sonradan bütün dillere tercüme edilmiştir. Bir İngiliz İncil'ini İngilizce, bir Alman İncil'ini Almanca okur. Herkes okunan mukabelelerin manasını anlarsa dinine daha çok bağlanır,' dediler.

Sonra yanındakilere: 'Gazetelere haber verin, yarın camilerde okunacak surelerin Türkçe tercümesi de okunacaktır,' emrini verdiler."[273]

Atatürk, bu hafızlarla 1932 Ramazan ayında sıkça toplantılar yapmıştır: Camilerde Kur'an okuyacak hafızlarla bizzat ilgilenmiş, hatta defalarca hafızlara Kur'an'ın nasıl okunacağını göstermiştir.

Saadettin Kaynak anlatıyor:

"Dolmabahçe Sarayı'nda büyük muayede salonunda saz takımı toplanmıştı. Atatürk bir imtihan ve tecrübe yapmaya hazırlanmış görünüyordu. Elinde Cemil Said'in Türkçe Kur'an-ı Kerim'i vardı. Evvela Hafız Kemal'e verdi okuttu, fakat beğenmedi. 'Ver bana, ben okuyacağım,' dedi. Hakikaten okudu, ama hâlâ gözümün önündedir, askeri kumanda eder, emir verir gibi bir ahenk ve tavırla okudu."[274]

Atatürk her konuyla olduğu gibi din konusuyla da **"bilimsel"** gözle ilgilenmiştir. Atatürk'ün dünyadaki diğer devrimcilerden en temel farklarından biri, dini **"akıl dışı"** diye dışlamaması ve din üzerine de kafa yormasıdır.

Atatürk bir taraftan Ramazan aylarındaki manevi havayı solurken, diğer taraftan oruç ibadetini anlamaya çalışmıştır. Okuduğu bazı kitaplarda **"oruçla ilgili"** bazı bölümlerin altını çizip, bazı notlar alması onun "orucu anlama" çabasının bir yansımasıdır.[275]

Atatürk, **Leon Caeteni**'nin *"İslam Tarihi"* adlı eserini okurken orucun anlatıldığı bazı satırların altını çizmiş ve sayfa kenarlarına bazı özel işaretler koymuştur.[276] Örneğin **Hz. Muham-**

---

273 Meydan, **age.**, s. 688.
274 Niyazi Ahmet Banoğlu, **Nükte ve Fıkralarla Atatürk**, C 3, İstanbul, 1954, s. 160.
275 Meydan, **age.**, s. 790-791.
276 **Atatürk'ün Okuduğu Kitaplar**, C 3, s. 408-409.

med'in, nefsine hâkim olamadığı için hadım olmak isteyen İbn-i Mazun'a onay vermemesi; "nefsine hâkim olmak istiyorsa, oruç tutmasını" söylemesi, Atatürk'ün dikkatini çekmiştir: *"Peygamber onay göstermedi. Heveslerini yatıştırması için oruç tutmasını tavsiye etti."* Atatürk önemli gördüğü bu satırın altını boydan boya çizmiştir.[277] Atatürk aynı kitapta 'Ramazan Bayramı'nın ortaya çıkışını" anlatan şu bölümle de ilgilenmiştir. *"O sene (Hz.) Muhammed taraftarlarına fitre zekatı vergisinin ödenmesini emretti. Bundan bir iki gün önce Müslümanlara bir konuşma yaptığı rivayet olunuyor. Ramazan ayı sonunda (Hz.) Muhammed bütün ashabı ile birlikte şehirden çıkarak musallaya gitti. Salatül-iyd (bayram namazı) denilen namazı orada kıldı. Orucun bitimi bu namaz ile kutlanmış oluyordu. İlk defa olarak böyle bir âdet yapılmakta idi..."*[278]

Önemli bularak bu satırların altını çizen Atatürk, ayrıca, *"ilk defa olarak böyle bir âdet yapılmakta idi"* cümlesinin başına iki adet "X" işareti ve "Dikkat" anlamında bir "D" harfi koymuştur.[279]

Atatürk'ün nasıl gerçek bir dindar olduğunu bu kitabın sınırları içinde bütün boyutlarıyla özetlemek neredeyse imkânsızdır. **Ancak yine de birkaç başlık altında onun kendine özgü dindarlığını şöyle özetlemek mümkündür:**

- Atatürk daha 7 yaşında annesi Zübeyde Hanım'ın isteği ile Kur'an-ı Kerim'i hatmetmiştir. 8 yaşında Kur'an'ın tamamını ezbere okuyabilmektedir.[280]
- Atatürk daha çocukluk yıllarında Selanik'te Mevlevi-Bektaşi tekkelerine giderek ayinlere katılmıştır.[281]
- Atatürk Çanakkale Savaşı yıllarında yakın dostlarına, arkadaşlarına yazdığı mektuplarda Allah'a olan inancını dile

---

277 age., s. 488-489.
278 age., s. 464-465.
279 age., s. 464-465.
280 Meydan, age., s. 77.
281 age., s. 70-77.

getirmiş ve *"Allah'ın inayeti sayesinde"* bu savaşı kazanacaklarını belirtmiştir.[282]
- Atatürk Kurtuluş Savaşı yıllarında camilere, cem evlerine gitmiş, cuma namazlarını kılmış, cami minberine çıkıp, *"Allah birdir, şanı büyüktür,"* diye başlayan Hz. Peygamber'den övgüyle söz eden bir hutbe vermiş, TBMM'yi tekbir ve dualarla açtırmıştır.[283]
- I. TBMM'de girişte hep bir hafıza Kur'an okutmuştur. Aynı şekilde Cumhuriyet döneminde Topkapı Sarayı'nda Kur'an okutma geleneğini sürdürmüştür.
- Atatürk özel hayatında fırsat buldukça Kur'an okumuş veya Kur'an okutup dinlemiştir. Özellikle özel hafızı Hafız Yaşar Okur'a Kur'an okutmuştur. Atatürk zaman zaman da manevi kızlarından Nebile'ye ezan ve Kur'an okutup dinlemiştir.[284]
- Atatürk'ün en yakın arkadaşı Fevzi Paşa ve annesi Zübeyde Hanım beş vakit namazlarını kılan, İsmet Paşa ise elinden geldiğince ibadetlerini aksatmayan insanlardır. Atatürk çevresinde namazlarını kılan ibadetlerini yapan herkese çok saygılı davranmıştır.[285]
- Atatürk Kurtuluş Savaşı sırasında tuttuğu özel notları arasında zaman zaman *"hafızı çağırıp Kur'an okuttuğunu"* yazmıştır.[286] Yine özel notları arasında *"ALLAH BİRDİR VE BÜYÜKTÜR"* notu göze çarpmaktadır.[287]
- Atatürk cumhuriyeti ilan ettikten sonra 1930'lu yıllarda özellikle Ramazan aylarında dönemin tanınmış hafızlarını köşke/saraya çağırarak onlara Kur'an okutup dinlemiştir. Makamla Kur'an okunmasına büyük önem veren Atatürk, hafızların makam hatası yapmamalarına ve ayetleri tane tane okumalarına büyük özen göstermiştir.[288]

---

282 age., s. 223-236.
283 age., s. 247-266, 317-373.
284 age., s. 766-779, 783-786.
285 age., s. 796-798, 800.
286 age., s. 261-262.
287 age., s. 763.
288 age., s. 685-687.

- Atatürk 1930'larda Çanakkale şehitleri için her yıl Çanakkale Mehmet Çavuş abidesi önünde **mevlit** okutmuştur. Aynı şekilde her yıl annesi Zübeyde Hanım'a da mevlit okutmuştur.[289]
- Atatürk döneminde okullarda din eğitimi devam etmiştir. Köy ilkokullarında din derslerinde *"Cumhuriyet Çocuğunun Din Dersleri"* adlı kitap okutulmuştur.[290]
- Atatürk, Kurtuluş Savaşı sırasında Yunanlılar tarafından yakılıp yıkılan **yüzlerce camiyi onarttırmış ve yeniden yaptırmıştır**. Hatta Eskişehir Mihalıççık Camisi'ni cebinden 5000 lira verip yeniden yaptırmıştır.[291] Ayrıca Atatürk'ün yurtdışında Paris ve Tokyo camilerinin yapımına katkıda bulunduğuna ilişkin iddialar vardır.
- Atatürk İslam dünyasıyla da yakından ilgilenmiştir. Kurtuluş Savaşı sırasında İslam dünyasının desteğini yanına alan Atatürk, Kurtuluş Savaşı'ndan sonra da İran-Irak ve Afganistan gibi Müslüman ülkelerle **Sadabat Paktı**'nı kurarak, Hıristiyan haçlı saldırılarına karşı Müslüman ülkelerle birlikte hareket etmiştir.[292]
- Atatürk, Müslüman ülkelerin liderleriyle de çok iyi ilişkiler geliştirmiştir. Örneğin **Afgan Kralı Amanaullah Han** ve **İran Şahı Rıza Pehlevi** ile kişisel dostluk kurmuştur.
- Atatürk 1937 yılında Filistin'e yönelik bir Siyonist-Haçlı Hıristiyan saldırısı olacağını haber alır almaz, *"Filistin'e el sürülmez,"* diye bir bildiri yayımlayarak Müslüman Filistinlilerin yanında olduğunu herkese göstermiştir.[293]
- Tarihe çok meraklı olan Atatürk, en çok **Hz. Muhammed**'den etkilenmiştir. Onun savaşlarını bütün detaylarıyla öğrenmiş, liselerde okutulan tarih kitaplarında İslam tarihi bölümünün yazımına bizzat katkıda bulunarak bu kitaplarda Hz.

---

289 age., s. 781-788.
290 Bkz. Muallim Abdülbaki, **Cumhuriyet Çocuğunun Din Dersleri**, (2 ve 3. sınıf), İstanbul, 1929-1931.
291 Meydan, **age.**, s. 654-657.
292 age., s. 834-836, 374-424.
293 age., s. 834-836.

Muhammed'in savaşlarını anlatan haritaları bizzat kendisi çizmiştir. Tarih çalışmaları sırasında Hz. Muhammed'i eleştirmeye kalkanları, *"Hz. Muhammed'in kıymetinden habersiz cahil serseriler bizim tarih çalışmalarımıza katılamazlar,"* diye azarlamıştır. Hz. Muhammed'den, *"Benim, senin adın silinir ama o ölümsüzdür,"* diye söz etmiştir.[294]

- Atatürk 1922 Sakarya Savaşı'ndan 1934 Soyadı Kanunu'na kadar İslami içerikli **"Gazi"** unvanını ad olarak kullanmıştır. Soyadı Kanunu'ndan sonra da zaman zaman ad olarak "Gazi" unvanını kullanmaya devam etmiştir.

"Yeni Türkiye'de İslamcılık" adlı önemli kitabın yazarı Alman **Gotthard Jäschke**, iyi bir yabancı araştırmacı gözüyle **Atatürk ve din ilişkisini** şöyle gözlemlemiştir:

"Atatürk'ün hayatının başında ve sonunda dindarlığı ile tanınmış iki sade Müslüman kadın bulunmaktadır. 1923'ten ölümüne kadar ona çocuk gibi bağlılık duyduğu annesi Zübeyde Hanım ve sevecen bir kardeş sevgisiyle bağlandığı kardeşi Makbule Hanım. Zübeyde Hanım onun, birden aklına gelen yüksek fikrine çok az uyabildiği halde, her zaman bunun için kendisine Allah'ın lütfunu dilemişti. Makbule Hanım da kardeşinin yıllar geçtikçe şeriattan daha çok uzaklaşmasını o kadar az anlayacak durumda olduğu halde ona karşı sevgisini yitirmemişti. (...)

Askerlik hayatının uzun yıllarında, özellikle 1915 Çanakkale Savaşı sırasında askerler için dinin büyük önemi olduğunu anlamıştı. 1917 tarihli Yeni Mecmua'da onunla yapılan bir konuşma vardır. Orda şöyle diyor: 'Okuma bilen askerler Kur'an'ı ellerinde tutuyorlar ve cennete girmeye hazırlanıyorlar, okuma bilmeyenler, 'Allah Allah!' diye savaş çağrısını tekrarlıyorlardı.

Kurtuluş Savaşı başından beri dini bir anlam taşıyordu. Yunanlıların 'Haçlı Seferi'ne Türkler 'cihat' ile karşılık vermişlerdi. Mustafa Kemal imamlara savaşı 'farzı ayn' olarak gösterme rolüne düştüğünü anlamıştı. Kendisi de Allah'ın tehlike içinde bulunan milletlere gönderdiği 'Gazi' olarak değerlendirilmişti.

---

294 age., s. 871-902.

Talihin döndüğü (yaralandığı) Sakarya Savaşı'ndan sonra kendisine bu unvan verilmek suretiyle böyle biri olarak yüceltilmiş ve tüm İslam âleminde, özellikle Hindistan'da hayranlık duyulmuştu. Onlara hitap ettiği, 17 Mart 1920 tarihli beyanname şu sözcüklerle son bulmaktadır: 'Allah'ın himayesi ve şefaati için yalvarırız.' Çoğu zaman da 'Allah'ın yardımı' için dua etmiş ve bir zaferden sonra Allah'a şükretmeyi hiç unutmamıştır. 1 Mart 1921 tarihli yıllık raporunda mecliste şöyle diyordu: 'Cenabıhak'tan cümlemize muvaffakiyet temenni ederken, hakkı beka ve istiklalimizi kurtarmak gibi bülent ve kutsi mücahede uğrunda ihrazı şehadet eden kardeşlerimizin mübarek ruhlarına da Fatihalar ithaf eylerim.'

Mustafa Kemal başından beri hararetle arzu ettiği ileriye doğru bir gelişmenin olasılığını, ancak Batı uygarlığına (akla ve bilime) uyarken şeriata bağlı kalınamayacağını gerçekten görüyordu. Şeriatın kamu hayatından ayrılması (laiklik) ve hilafetin kaldırılmasının (3 Mart 1924) hemen ardından, medreselerin ve şeriat mahkemelerinin kapatılmasıyla başladı. Bunu İslam âleminden önemli ölçüde ayıran, Latin alfabesinin alınmasına kadar uzun bir dizi modernleşme tedbirleri izledi. Mustafa Kemal'in asri ve medeni kavramların ancak ilerici bir anlamda anlaşıldığı takdirde Müslümanlıkla bağdaşacağı hususundaki görüşü başlangıçta belli idi.

Büyük bir açıklama gezisine çıkıp (17 Ocak-24 Mart 1923) halkı bu hususta aydınlatma yollarını aradı. Ayın 31'inde şöyle diyordu: 'Allah'ın emrettiği şey Müslim ve müslimenin beraber olarak iktisabı ilmi irfan eylemesidir.' Ve 16 Mart'ta 'Elhamdülillah hepimiz Müslümanız, hepimiz dindarız... Hangi şey ki akla, mantığa, halkın çıkarlarına uygundur, biliniz ki o bizim dinimize de uygundur,' diyordu. 1923 yılı Eylül ortalarında Fransız yazarı Maurice Pernot'a şunu söyledi: 'Memleketimizi çağdaşlaştırmak istiyoruz... Türk milleti daha dindar olmalıdır, yani bütün sadeliği ile dindar olmalıdır, demek istiyorum. Bilince karşı, ilerlemeye engel hiçbir şey içermiyor.' Ve 1 Mart 1924'te, 'Bağlanarak inandığımız ve mesut bulunduğumuz İs-

lam diyanetini, yüzyıllardan beri olageldiği üzere bir siyaset aracı konumundan kurtararak yüceltmenin zorunlu olduğu gerçeğini gözlemliyoruz.'

Mustafa Kemal Atatürk, hiç kimsenin ibadetini, özellikle namazını geleneklere göre yapmasından kuşku duymamıştır. İbadet hakkına karışmaktan kaçınmıştır. Ziya Gökalp de 26. surenin, 195. ayetine göre Arapça Kur'an okumaya (tilavet) dokunulmamasını istemişti. 22 Ocak 1932'de Hafız Yaşar (Atatürk'ün özel hafızı) Yerebatan Camii'nde buna yetkili olunmadığına dikkati çekmişti. Orda 36. surenin (Ya Sin) 83. ayetini Arapça okuyup, sonra ekli bulunan Türkçesini açıklamıştı.

Atatürk'ün ölümünden sonra Makbule Atadan (Ö. 18 Ocak 1956) cenaze namazı için özen göstermişti. Cenaze namazı, 19 Kasım 1938'de cenazenin Ankara'ya naklinden az önce Dolmabahçe Sarayı'nda gereği gibi yerine getirildi. Onu izleyen yıllarda da hep mevlit okuttu. Süleymaniye Camii'nde Kadir gecesi (20 Mayıs 1955) sonunda Atatürk için edilen dua aşağıda yazılı bölümüyle çok dokunaklı olmuştu: 'Vatanın kurtulması için cesaretle öne atılan ve kahraman Mehmetçiklerimize önder olarak vatanı kurtaran, hür bir vatan üzerinde imanlı, canlı ve inkılâpçı bir nesil yetiştirmeyi kendine en büyük gaye edinen Mustafa Kemal Atatürk'e ikram eyle ya Rabbi!"[295]

Aslında önemli olan Atatürk'ün az ya da çok inandığı, hatta inanmadığı değil, bu millet için yapıp ettikleridir. Onun bu millet için yapıp ettikleri, bu milleti sevenlerin ona sahip çıkıp, ona minnettar olması için yeterlidir. Bu bağlamda Atatürk'e –Atatürk'ün inancını veya inançsızlığını bir kenara bırakıp– en çok da gerçekten inan, samimi Müslümanların sahip çıkması gerekir, çünkü o her şeyden önce bu milletin dinini, diyanetini, namusunu Hıristiyan haçlı emperyalizminin elinde oyuncak olmaktan kurtarmıştır. Bu nedenle ona sadece Türkler değil, bütün İslam dünyası minnettar olmuştur. Nitekim Kurtuluş Savaşı'ndan sonra Atatürk'e

---

295 Prof. Dr. Hikmet Bayur'a Armağan, 1985'ten (çev. Nimet Arsan) naklen **Dünyanın Gözünde Atatürk**, der. Ahmet Köklügiller, 2. bas., İstanbul, 2010, s. 298-301.

dünya Müslümanlarının verdiği unvanlardan biri de *"İslamın kılıcı"* şeklindedir. O önce Çanakkale'de, sonra Kurtuluş Savaşı'nda Müslüman Türk insanına yönelik Hıristiyan Haçlı ittifakını durdurarak her şeyden önce Türk Müslümanlığını ya da Müslüman Türkü kurtarmıştır. Bu gerçek ortada dururken Atatürk inansa ne yazar, inanmasa ne yazar? Onun din ve Tanrı algısı Müslüman Türklerin kurtarıcısı olduğu gerçeğini değiştirir mi?

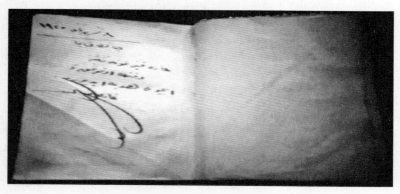

Atatürk'ün imzalayarak hediye ettiği Kur'an'lardan biri: 8 Teşrîn-i sânî (Kasım) 1925 – Çankaya. "Gazi Kız Numune Mektebine dikkatle okunmak ve... için hediye ediyorum." Gazi Mustafa Kemal

Dâhinin Felsefi Kodları, Bilimsel Kafa Yapısı ve Din

Atatürk çağını aşmış bir "savaş ustası", gelmiş geçmiş en büyük örgütçülerden biri ve Asya'nın en büyük devrimcisidir. O tartışmasız bir "dâhidir"[296]. Bu kadar üstün yeteneklere sahip bir insanı, bir dâhiyi anlamak doğrusu çok da kolay değildir. Hele hele okumanın sadece boş zaman etkinliği olarak kabul edildiği, "felsefe" dersinin önemsiz görülerek okullardan kaldırıldığı, kitabi ve akıl süzgecinden geçirilmiş bilgininin yerine kulaktan dolma nakilciliğin egemen olduğu bir toplumda, Atatürk gibi

---

296 Bu gerçeği, usta tarihçi Prof. Dr. İlber Ortaylı, *"Atatürk dünya tarihinin en ender yetiştirdiği bir dehadır..."* biçiminde ifade etmiştir. İlber Ortaylı, **1923-2023 Cumhuriyet'in İlk Yüzyılı**, İstanbul, 2012, s. 86.

çağını aşmış bir "dehayı" anlamak, özellikle de onun felsefi derinliğini çözmek çok zordur. Buna, bir de değişik kaygılarla bu dehanın çarpıtılması da eklenince, Atatürk'ün insana, evrene, doğaya ve Tanrı'ya bakışını tam olarak ortaya koyabilmek neredeyse imkânsızlaşmıştır.

Atatürk üzerine yaklaşık olarak 15 yıldır kafa yoran ve Atatürk'ü doğumundan ölümüne kadar inceleyen biri olarak şunu söyleyebilirim ki, Atatürk sürekli genişleyen evren misali sürekli gelişen ve olgunlaşan bir düşünce dünyasına sahiptir. Bir taraftan ömrünü adadığı toplumunu kurtarmaya çabalarken, diğer taraftan içinde yaşadığı "evreni" anlamaya çalışmıştır. *"Akl-ı Kemal"*in 1. cildinde anlattığım gibi Atatürk'ün felsefeden tarihe, dinden dile, matematikten kuramsal fiziğe kadar pek çok farklı alanda 5000 civarında kitap okumasının altında "bilimsel zekâ" ve biliminsanlarına has bir "merak" ve "sorgulama dürtüsü" vardır. Atatürk'ün göz kamaştıran başarılarının anahtarını da burada aramak gerekir.

Yarı bağımlı, az gelişmiş bir imparatorluğun sürekli değişimi arzulayan bir bireyi olarak yetişen Atatürk, aile kucağında ve çevrede aldığı geleneksel dinsel eğitimden sonra (Zübeyde Hanım etkisiyle), eğitim hayatında, özellikle İstanbul Harp Okulu ve Harp Akademisi yıllarında dünyayı etkilemeye başlayan **pozitivizm, materyalizm, Darwinizm, sosyalizm** üzerine kafa yormaya başlamış ve nitekim 1905'de not defterlerinden birine *"Evvela sosyalist olmalı, maddeyi anlamalı"* diye bir not düşmüştür. Atatürk'ün sonraki yıllarda karşımıza çıkacak olan "Akıl ve bilim" vurgusunun kökleri bu dönemlere gider. J. Jack Rousseau'dan Montesquieu'ya, Namık Kemal'den Abdullah Cevdet'e kadar birçok yerli ve yabancı aydının görüşleriyle bu dönemde tanışmıştır.

Atatürk bir taraftan pozitivizm ve materyalizm üzerine kafa yorarken, diğer taraftan da din üzerine okumaya ve düşünmeye devam etmiştir. Okuduğu kitaplar arasında bütün tektanrılı dinlerin kutsal kitaplarıyla birlikte özellikle İslam dini konusunda başta Kur'an olmak üzere yüzlerce kitap vardır. Onun sıradan insanlardan farkı, atadan, deden gelen her bilgiyi çağının gelişmelerine paralel olarak yeniden değerlendirmesi ve sorgulamasıdır. Dolayısıyla mensup olduğu İslam dini de dahil, din ve Tanrı kavramlarını bile yaşamı boyunca ciddi biçimde sorgulamıştır. Atatürk'ün, din ve inanç konusundaki görüşlerini anlamak için bu "sorgulamalara" da göz atmak gerekir.

Atatürk'ün, Lenin, Stalin, Napolyon, İskender gibi liderlerden ve devrimcilerden farkı din üzerine de ciddi bir biçimde, entelektüel düzeyde kafa yormuş olması ve dini yok etmek için değil, gerektiğinde sorgulayarak anlaşılması, anlaşılarak anlatılması için uğraşmasıdır.

Atatürk özellikle **Çanakkale Savaşı** yıllarında, savaş meydanlarında karşılaştığı manzaralardan dolayı olsa gerek, din ve Tanrı kavramı üzerinde düşünmüştür. Atatürk'ün Çanakkale Savaşı'ndan yakın dostlarına yazdığı mektupların satır aralarındaki *"Allah büyüktür"*, *"Allah dilerse olur"*, *"Allah'ın inayetine sağınarak çalışıyorum"* gibi dinsel ifadeler ve Çanakkale anıları arasında bize aktardığı *"Bombasırtı Vakası"*, onun 1915 yılında Çanakkale'de din ve Tanrı kavramını "içselleştirdiğini" kanıtlamaktadır.[297] Askerlerinin inancıyla gurur duyan Atatürk, o günlerde bile akılcı düşünceyi bir kenara bırakmamıştır.

Türk insanının "inancını" çok iyi bilen Atatürk, Kurtuluş Savaşı yıllarında bilerek ve inanarak bir "dinsel meşruiyet politikasına" başvurmuştur. Müslüman Anadolu insanını, Hıristiyan işgalciye karşı en iyi birleştirecek şeyin İslam dini olduğunu görerek, Kurtuluş Savaşı'nın başından sonuna kadar İslam dininden övgüyle söz etmiştir. Bu sırada meclisi dualarla açtırmış, bazen camiye, bazen cem evine gitmiş, bütün yazışmalarında dinsel bir üslup kullanmıştır. Atatürk bunu yaparken aslında Kur'an'daki "cihat" kavramından yararlanmıştır.[298] O günlere ait *"Hafıza Kur'an okuttum"*, *"Hafız Kur'an okudu"*, *"TANRI BİRDİR VE BÜYÜKTÜR"* biçimindeki kendi elyazısıyla tuttuğu özel notlarından kendisinin de samimi olarak Tanrı'ya yöneldiği anlaşılmaktadır.

---

297 Meydan, age., s. 217-236.
298 age., s. 317 vd.

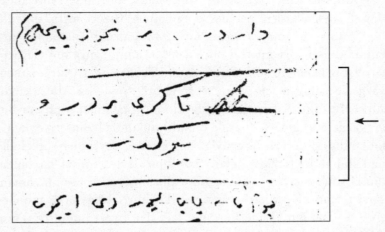

Atatürk'ün 18 numaralı not defterinde iki kalın çizgi arasına (okla gösterilen yer) yazdığı "Tanrı birdir ve büyüktür" ifadesi

Atatürk'ün 19 numaralı not defteri: "9 Mart 1922 Perşembe: Saat 8'e doğru İsmet Paşa geldi. Evvela yemek. Yemekten sonra 10 Mart için sureti hareket kararlaştırıldı. Ondan sonra hafıza Kur'an okuttuk."

Atatürk Kurtuluş Savaşı sonrasında, devrimler sürecinde dinsel söylemlerden neredeyse tamamen vazgeçmiştir. Büyük bir "taktisyen" olan Atatürk'ün 1923 sonrasında olumlu anlamda dinsel söylemlerini önce azaltmasının, sonra din eleştirileri yapmasının ve son olarak da dinsel söylemlerden tamamen vazgeçmesinin nedeni yine "stratejiktir". Şöyle ki: Atatürk nasıl ki Kurtuluş Savaşı yıllarında dinin, Müslüman toplumu bir araya getireceğine inanarak olumlu anlamda "dinsel söylem" kullandıysa, dinden "övgüyle" söz ettiyse, devrimler sürecinde de "akıl ve bilimi" esas alan "laik" bir devlet kurma sürecinde dinsel söylemlerden o kadar uzak durmuş, hatta zaman zaman **sarsıcı "din eleştirileri"** yapmıştır.[299] Tanrısal kaynaklı monarşik Osmanlı'nın yerine kurduğu laik Türkiye Cumhuriyeti'nin lideri olarak Atatürk'ün, cumhuriyetin ilanından sonra da dinsel söylem kullanmaya devam etmesi, onu hep eleştirdiği "dinden meşruiyet alan" Osmanlı padişahları durumuna koyardı ki, hiç kuşkusuz bu durum büyük bir tutarsızlık olurdu.

Vatandaş İçin Medeni Bilgiler ve Tarih II Kitabı'nın Dinsel Sırrı

Bilindiği gibi 1930 yılında Atatürk Afet İnan'a *"Vatandaş İçin Medeni Bilgiler"* adlı bir kitap dikte ettirmiştir (not ettirmiştir). Bu kitabın yazılış amacı, adı üstünde topluma "medeni bilgiler" vermektir. Tarihsel, siyasal, sosyal, toplumsal, ekonomik ve dinsel konularda yoğunlaşan *"Vatandaş İçin Medeni Bilgiler"* kitabında

---

299 Kurtuluş Savaşı yıllarında "olumlu dinsel söylemle" yarattığı manevi hava ile zafere ulaşan Atatürk, savaş sonrasındaki devrimler sürecinde ise "din eleştirileriyle" aklın ve bilimin önünü açarak çağdaşlığa ulaşmak istemiştir. Bu nedenle Atatürk'ün din/İslam hakkında gerçekten ne düşündüğünü öğrenmek isteyenlerin ne Atatürk'ün Kurtuluş Savaşı sırasındaki topluma yönelik "dinsel söylemlerine" ne de Kurtuluş Savaşı'ndan sonraki topluma yönelik "din eleştirilerine" fazla takılmamaları gerekir. Çünkü dâhi-kurtarıcı Atatürk için her ikisi de stratejidir. Atatürk'ün din/İslam hakkında ne düşündüğünü öğrenmek isteyenlerin Atatürk'ün özel notlarına, özel mektuplarına ve daha çok onu tanıyanların anlattıklarına (karşılaştırmalı olarak) bakmalarını öneririm. Atatürk'ün manevi dünyası için bkz. Meydan, *age.*, s. 745-850.

Atatürk, "devrimci bir yaklaşımla" yeni kurulan Türkiye Cumhuriyeti yurttaşlarını evrensel/çağdaş/medeni bilgilerle tanıştırmak istemiştir. Bu kitabın temel amacı, çağdaş ve demokratik bir devletin yurttaşlarını akıl ve bilim ilkeleri doğrultusunda her konuda bilinçlendirmektir. Radikal bir devrimci olan Atatürk, Osmanlı toplumunda "akıl ve bilimin" önünü kapatan şeyin "din", daha doğrusu "dinin çarpıtılmış yorumları" olduğunu bilmektedir. Bu durumda en çabuk biçimde akıl ve bilimin önünü açmak için, kendisine "dinsiz" denilmesini bile göze alarak, genelde dinleri özelde de İslam dinini, daha doğrusu İslam dininin geleneksel yorumlarını ağır biçimde eleştirmiştir. Dünya tarihinde hiçbir Müslüman devrimcinin cesaret edemeyeceği bu "din eleştirileri", Atatürk'ün kendisini toplumuna feda ettiğinin en açık kanıtlarından biridir.

"*Vatandaş İçin Medeni Bilgiler*" kitabındaki Atatürk'ün İslam dinine yönelik eleştirilerini okurken, Atatürk'ün neyi ne zaman nerede ve neden söylediğini, yazdığını bilerek okumak gerekir. Bunun için de her şeyden önce Atatürk'ü doğru anlamış olmak gerekir. Nasıl ki Atatürk'ün Kurtuluş Savaşı yıllarında "İslam ve din" konusundaki "övgü dolu" yaklaşımlarını onun "dindarlığına" kesin kanıt olarak gösteremezsek (çünkü bunlar daha çok o günün koşullarında Müslüman halkı Millî Mücadele etrafında toplamak için söylenmiştir), Atatürk'ün 1930'da "*Vatandaş İçin Medeni Bilgiler*" kitabında yazdığı "İslam ve din eleştirilerini" de onun "dinsizliğine" kesin kanıt olarak gösteremeyiz. Çünkü Atatürk 1930'larda Türk Devrimi'nin temel taşı olan akıl ve bilime vurgu yaparak laikliği güçlendirmek ve irticanın önünü kesmek istemiştir. Bunu yaparken de "devrimci bir mantıkla" geleneksel dini eleştirmiştir. Atatürk'ün benzer din eleştirileri, "*Tarih II Orta Zamanlar*" ve "*Türk Tarihinin Ana Hatları*" adlı kitaplarda da vardır.[300] Özetle Atatürk'ün, hem 1920'lerde "din" hakkındaki "övgü dolu söylemleri" hem de 1930'larda "din" hakkındaki "eleştirel yazdıkları" Atatürk'ün din anlayışını gerçek

---

300 Atatürk'ün "*Vatandaş İçin Medeni Bilgiler*", "*Tarih II Orta Zamanlar*" ve diğer kitaplardaki din eleştirileri ve bu eleştirisin analizleri hakkında bkz. Meydan, **age.**, s. 271-302.

anlamda ortaya koymaz, çünkü bunlar daha çok zamana, zemine göre yapılmış "stratejik" ve "devrimci" açıklamalardır. Tek kelimeyle, daha çok pragmatik yaklaşımlardır. Bu kadar basit bir gerçeğe rağmen, bugün yobazı, liboşu, hatta sözde Atatürkçüsü, *"Vatandaş İçin Medeni Bilgiler"*, *"Tarih II"* ve *"Türk Tarihinin Ana Hatları"* adlı kitaplardaki "din eleştirilerine" dayanarak Atatürk'ün "dinsiz" olduğunu iddia etmiştir, etmektedir. Bu konuda en ileri gidenlerden biri **Doğu Perinçek**'tir.[301] Dini "afyon" olarak gören Marksist/Maoist kökenli Perinçek, *"Atatürk, Din ve Laiklik Üzerine"* adlı kitabında ve başka yazılarında Atatürk'ün özellikle *"Vatandaş İçin Medeni Bilgiler"* ve *"Tarih II Orta Zamanlar"* adlı kitaplardaki "kendi elyazısıyla kaleme aldığı" din eleştirilerini "Atatürk'ün dinsizliğine" kesin kanıt olarak sunmuştur. Ancak aynı Perinçek, Atatürk'ün Kurtuluş Savaşı sırasındaki dini, Allah'ı ve Peygamber'i öven sözlerini "stratejik", "taktiksel" değerlendirmeler olarak yorumlamıştır.[302] Ne gariptir ki, Atatürkçü Perinçek, Atatürk ve din konusundaki bu yaklaşımıyla Atatürk düşmanı Abdurrahman Dilipak'la aynı noktada buluşmaktadır.

Burada her şeyden önce şunu bilmek gerekir ki, adeta toplumu için yaşayan Atatürk, zaman zaman "kişisel inançlarını" ve "zevklerini" bile toplumsal ilerleme adına bir kenara bırakabilmiş ya da öyle bir izlenim yaratmıştır. Örneğin alaturka müziği çok seven Atatürk, kulakları alafranga müziğe alıştırmak için bir dönem (6 ay) alaturka müziği yasaklamıştır. Ama o yasak günlerinde sarayda gizli gizli alaturka müzik dinlemiştir. Bunun gibi 1930'da yazılan *"Vatandaş İçin Medeni Bilgiler"* kitabında "geleneksel İslamı çok ağır şekilde eleştiren" Atatürk, yine 1930'lu yıllarda geceleri gizlice sarayında manevi kızı Nebile'ye ezan, özel hafızı **Hafız Yaşar Okur**'a ise Kur'an okutup "gözyaşları içinde" dinlemiş, 1932'de dinde Türkçeleştirme çalışma-

---

301 Doğu Perinçek, Atatürk üzerine çok sayıda araştırma esere imza atmış gerçek bir biliminsanıdır. Ben de bu değerli eserlerinden fazlaca yararlandım, yararlanmaktayım. Ancak bu gerçek onun bütün görüşlerini ve yorumlarını benimsediğim anlamına gelmez.
302 Ayrıntılar için bkz. Doğu Perinçek, **Atatürk, Din ve Laiklik Üzerine**, Kaynak Yayınları, İstanbul, 1995.

larını başlatmış, hafızlara güzel Kur'an okuma yarışmaları yaptırmış, Çanakkale'de Mehmet Çavuş Abidesi'nde ve annesinin mezarı başında mevlit okutmuş, Hz. Muhammed'den övgüyle söz etmiştir. Ancak bütün bunları birkaç kişiden başkasının bilmesini de istememiştir. **Demem o ki, bir dönem alaturka müziği yasaklayan Atatürk'e nasıl ki "alaturka müzik düşmanı" denilemezse, bir dönem İslam dinini eleştiren Atatürk'e "İslam düşmanı" da denilemez.** Çünkü görülen o ki Atatürk gerçekten de toplumsal amaçlar için kişisel inançlarını ve zevklerini "gizli" yaşayabilecek kadar kendini topluma adamış bir liderdir. Özetle Atatürk'ün, akıl ve bilimin önünü açmak için vahiy kaynaklı "dine yönelik" 1930'lardaki "dokundurmaları", onun "dinsizliğinin" değil, "taktisyenliğinin" bir göstergesidir.

"Gökten İndiği Sanılan Kitapların Dogmaları" Sözünün Şifresi

Son zamanlarda sözüm ona "Atatürk'ün dinsizliğine" en büyük kanıt olarak onun 1 Kasım 1937 tarihli meclis açış konuşmasının sonundaki *"gökten indiği sanılan kitapların dogmaları"* sözü gösterilmektedir. Yeri gelmişken, Atatürk'ün çokça çarpıtılan bu sözünü açıklayalım:

Öncelikle Atatürk'ün o sözünü –Atatürk'ü dinsiz göstermek isteyenlerin yaptığı gibi cımbızlamadan– öncesiyle sonrasıyla ortaya koyalım:

"Aziz milletvekilleri,

Dünyaca bilinmektedir ki, bizim devlet yönetimimizdeki ana programımız, Cumhuriyet Halk Partisi programıdır. Bunun kapsadığı prensipler, yönetimde ve politikada bizi aydınlatıcı ana çizgilerdir. Fakat bu prensipleri, gökten indiği sanılan kitapların dogmalarıyla asla bir tutmamalıdır. Biz, ilhamlarımızı, gökten ve gaipten değil, doğrudan doğruya yaşamdan almış bulunuyoruz (alkışlar).

Bizim yolumuzu çizen, içinde yaşadığımız yurt; bağrından çıktığımız Türk ulusu ve bir de, uluslar tarihinin bin bir acıklı olay ve sıkıntı ile dolu yapraklarından çıkardığımız sonuçlardır.

Elimizdeki programın ruhu, bizi sadece bir kısım vatandaşlarla ilgilenmekten engeller, biz bütün Türk ulusuna hizmet ederiz. Geçen yıl içinde, parti ile hükümet kuruluşunu birleştirmekle vatandaşlar arasında ayrılık tanımadığımızı fiilen göstermiş olduk (var ol sesleri). Bu olayın bizim, devlet yönetiminde kabul ettiğimiz, 'Kuvvet birdir ve o ulusundur' gerçeğine uygun olduğu ortadadır (alkışlar). Gücün tek kaynağı olan Türk milletinin seçkin vekillerini, büyük mutlulukla, eğilerek selamlarım (bravo, yaşa sesleri, şiddetli ve sürekli alkışlar)."[303]

Her şeyden önce Atatürk 1937'deki bu meclis açış konuşmasında daha önceki meclis açış konuşmalarında olduğu gibi Müslüman Türk milletinin yükselmesi, ilerlemesi, refahı, mutluluğu için neler yapılacağını açıklamıştır. Ağır sanayinin kurulmasından madenlerin işletilmesine, demiryollarından kültür sanat politikalarına kadar Türk milletinin kalkınmasını sağlayacak birçok farklı alanda yapılanları ve yapılacakları sıralamıştır. Bütün bunları dönemin hükümetinin, CHP'nin yapacağını ifade etmiştir. Daha sonra, *"Dünyaca bilinmektedir ki, bizim devlet yönetimimizdeki ana programımız, Cumhuriyet Halk Partisi programıdır. Bunun kapsadığı prensipler, yönetimde ve politikada bizi aydınlatıcı ana çizgilerdir,"* demiş ve bu prensiplerin, yani CHP'nin ilkelerinin (6 ilke) zamana göre değişebilirliğini **çok etkili bir şekilde vurgulamak** için de, *"Fakat bu prensipleri, gökten indiği sanılan kitapların dogmalarıyla asla bir tutmamalıdır. Biz, ilhamlarımızı, gökten ve gaipten değil, doğrudan doğruya yaşamdan almış bulunuyoruz,"* demiştir. Böylece Atatürk CHP'nin prensiplerinin (ilkelerinin) dogma (donmuş, kalıplaşmış, değişmez) olmadığını, bu prensiplerin hayattan alındığını belirtmiştir. Yani Atatürk, *"gökten indiği sanılan dogmalar"* sözünü kutsal kitapları aşağılamak amacıyla değil, CHP'nin prensiplerinin hayattan alındığını, dolayısıyla "dinamik" prensipler olduğunu çok güçlü bir şekilde ifade etmek için söylemiştir. Bu söylem tarzı (teşbih/benzetme) bir dâhi olan Atatürk'ün sıkça

---

303 Millet Meclisi Tutanak Dergisi, D. V, C 20, s. 3, 1 Kasım 1937.

başvurduğu yöntemlerden biridir. Atatürk konuşmalarında özellikle öne çıkarmak, altını çizmek istediği noktaları böyle dikkat çekici, sarsıcı benzetmelerle, karşılaştırmalarla belirginleştirmiştir. Burada da CHP'nin prensiplerinin hayattan alındığını, değişebilirliğini, dinamikliğini vurgulamak için çok radikal bir şekilde bu prensipleri **kutsal kitaplardaki hükümlerle** karşılaştırmıştır. Ancak Atatürk bu karşılaştırmayı yaparken –hep iddia edildiği gibi– asla dinlere, kutsal kitaplara hakaret etmemiştir.

Sırasıyla gidelim:

1. *"Gökten indiği sanılan kitapların dogmaları"* **ifadesi İslam dinine saygısızlık değildir**: Burada her şeyden önce İslam dinine ve onun kutsal kitabı Kur'an'a bir hakaret söz konusu değildir. Şöyle ki: Açıkça görüldüğü gibi burada hangi dinden söz edildiği belirtilmemiştir. İslam dini ifadesi geçmemektedir.

2. *"Gökten indiği sanılan kitaplar"* **ifadesinde ilahi dinlere de hakaret yoktur:** Şöyle ki: Bilindiği gibi hiçbir ilahi din (Tanrısal kaynaklı-kitaplı din) gökten inmemiştir. Hele hele son İslam dininin "gökten indiğini iddia etmek" abesle iştigal olur. Çünkü Kur'an'ın gökten indiğini iddia etmek her şeyden önce Allah'ı gökte sanmak olur ki bu büyük bir yanılgıdır. Belli ki İslamın Semavi (göksel) din, Kur'an'ın semavi (göksel) kitap olduğu şeklindeki ifadeden hareket edenler, yüzeysel bir bakışla Kur'an'ın gökten yere indiğini düşünmektedirler. Aslında gökteki bir tanrı inancı hem İslama inananların hem de ona inanmayanların ortak bilinçaltıdır. Oysa ki ne gökte bir Tanrı vardır, ne İslam semavi bir dindir, ne de Kur'an gökten inen bir kitaptır. Burada "inmek" sözüyle kastedilen boyutsaldır. İslami kaynaklara göre Kur'an, İslam peygamberi Hz. Muhammed'e vahiy şeklinde ilham edilmiştir. İnme kelimesinin Arapçası **"nüzul"**dur ki, nüzul sadece gökten inme anlamında değildir, birkaç örnek ile anlatalım: Mesela "nüzul" kelimesini oluşturan asıl kelime "NZL" köküdür. Örneğin "teNZiLat" indirimdir, ama "gökten indirim değil" fiyatlarda indirim! "NeZLe" demek "sinüslerden akıntının akciğerlere inmesi" olayıdır. Bu da sinüs akıntısının gökten inmesi değildir, bir de "inme" vardır, yani "felç". Bilindiği gibi felç de

gökten inmemiştir. Örnekleri çoğaltmak mümkündür. Aslında İslam dininin ana kaynağı Kur'an'da, Kur'an'ın gökten inmediği açıkça ifade edilmiştir. Şöyle ki: Kur'an'da (39-Zümer-1)'de "**Tenzîlul kitâbi minallâhil azîzil hakîm (hakîmi)**" (بِاَتِكْلَا لْيِزْنِ مِيكَحْلَا زِيزَعْلَا هَلَلا نَم), yani "**Bu kitabın indirilişi aziz ve hâkim olan Allah'tandır.**" Elmalılı Hamdi Yazır başta olmak üzere bütün Kur'an tercümelerinde bu ayet burada verdiğim meale yakın bir şekilde çevrilmiştir. Hiçbir tercümede "**gökten indirildi**" ifadesi yoktur. Daha doğrusu "**gök**", "**gökyüzü**" ifadesi yoktur. Görüldüğü gibi Atatürk çok haklıdır. Gerçekten de kutsal kitapların, özellikle Kur'an'ın gökten indirildiği hakikaten de bir "sanrıdır". Demek ki asıl dine hakaret "Kur'an'ın gökten indirildiğini" sanmaktır. Demek ki neymiş! Atatürk Kur'an'a bugün ona dinsiz damgasını yapıştıranlardan çok daha fazla hâkimmiş.

3. "*Gökten indiği sanılan kitapların dogmaları*" cümlesindeki "**dogmalar**" kutsal kitap sözlerine hakaret değildir: Şöyle ki, bütün sözlüklerde "*dogma*" sözcüğü "*kat'i olarak ileri sürülen fikir*" anlamındadır. Bu sözcük Fransızca "Dogme" sözcüğüne dayanmaktadır. "Dogma" sözcüğü Türk Dil Kurumu'nun "*Türkçe Sözlüğü*"nde aynen şöyle tanımlanmıştır: "(*Fr. Dogme. Yunan. Fel.*) *Doğruluğu sınanmadan benimsenen, bir öğretinin veya ideolojinin temeli yapılan sav, nas.*"[304] Dolayısıyla kutsal kitapların "dogma" olduğunu söylemek de gerçeği ifade etmekten ibarettir. Bilindiği gibi Kur'an'daki ilkelerin değişmez, zaman ötesi ilkeler olduğunu bizzat Kur'an ifade etmiştir, Müslümanlar da bu ilkeye inanmıştır. Yani Atatürk, "*kitapların dogmaları,*" derken de kutsal kitaplara hakaret etmemiş, gerçeği ifade etmiştir. Atatürk, "*Bizim prensiplerimizi dogmalarla bir tutmamalıdır,*" dedikten sonra, "*Biz, ilhamlarımızı, gökten ve gaipten değil, doğrudan doğruya yaşamdan almış bulunuyoruz,*" demiştir ki, burada da "dogma" sözcüğünün birebir sözlük anlamından, yani "*doğruluğu sınanmadan benimsenen, bir öğretinin veya ideolojinin temeli yapılan sav, nas*" ifadesinden hareket etmiş-

---

304 TDK, Türkçe Sözlük, 9. bas. Ankara, 1998, s. 609.

tir. "Bizim prensiplerimiz dogma değildir," derken kendi prensiplerinin doğrudan doğruya yaşamdan alındığını, yani "doğruluğunun sınandığını" anlatmak istemiştir.

Sonuç: *"Fakat bu prensipleri (CHP ilkeleri), gökten indiği sanılan kitapların dogmalarıyla asla bir tutmamalıdır. Biz, ilhamlarımızı, gökten ve gaipten değil, doğrudan doğruya yaşamdan almış bulunuyoruz,"* diyen Atatürk:

1. Bu sözü, CHP ilkelerinin değişebilir, zamana uygun ilkeler olduğunu vurgulamak için "anlam güçlendirici" olarak kullanmıştır.
2. Kutsal kitaplar, hele İslamın kutsal kitabı Kur'an gökten inmemiş, Allah tarafından indirilmiş/ilham edilmiştir. Bu konuda *"Zümer Suresi-1"*de **"Kur'an'ın Allah tarafından indirildiği"** ifadesi vardır, ancak Kur'an'ın *"gökten indirildiği"* ifadesi yoktur. Çünkü zaten İslama göre Allah gökte değildir. "Allah insana şah damarından daha yakındır, Allah her yerdedir." Allah'ın gökte olduğu inancı eski pagan dönemlere (İslam öncesi zamanlara) ait bir kavramdır. Örneğin eski Türklerde Tanrı'nın gökte olduğunun düşünülmesi ve *"Gök-Tanrı"* ifadesinin kullanılması gibi. Yani Atatürk haklıdır, kutsal kitaplar hele Kur'an "gökten" inmemiştir.
3. *"Kitapların dogmaları"* ifadesi de çok doğru bir kullanımdır, çünkü "dogma" sözcüğü "değişmeyen kurallar" anlamına gelmektedir. Bilindiği gibi Müslümanlara göre Kur'an da sonsuza kadar değişmeyen, değişmeyecek bir kitaptır.

Görüldüğü gibi Atatürk, günümüzün "dindar" geçinen Atatürk düşmanlarından çok daha fazla İslam dinine ve o dinin kutsal kitabı Kur'an'a hâkimdir. Atatürk düşmanları Müslüman Türk insanının algıda seçiciliğine hitap ederek Atatürk'ün meclis konuşmasını cımbızlayıp, o konuşmada geçen bazı ifadelerini –bütün cehaletleriyle– çarpıtarak Atatürk'ün dinsiz olduğuna ilişkin kanıt olarak göstermişlerdir. Ama ne demişler: Yalancının mumu yatsıya kadar yanar. Sanırım yatsı vakti!

* * *

Atatürk'ün gerçek din anlayışı "özel notlarında", "hatıralarında", "not defterlerinde" ve "özel mektuplarında" gizlidir. Bütün bu kaynakları taradığımızda Atatürk'ün kendine özgü bir din anlayışıyla karşılaşılacaktır. Belli ki o, hurafelerden arındırılmış İslama inanmıştır. İslama girmiş Emevi âdetlerini ve bazı kemikleşmiş uygulamaları eleştirmiştir. Yobaza, din bezirgânına, dinciye, dinin siyasete alet edilmesine karşıdır. Akıl ve bilimin önünü tıkamayan saf ve samimi bir din anlayışına asla karşı değildir, buna "doğal din" demek mümkündür. **Kur'an-ı Kerim'in tefsir ve tercümesini** hazırlatması, **Buhari Hadislerini** Türkçeye çevirtmesi, "*50 Hutbe Kitabı*"nı hazırlatması ve 100.000 takım dini kitap bastırıp ücretsiz dağıttırmasının anlamı, "*Şuura muhalif, ilerlemeye engel hiçbir şey içermiyor,*" dediği İslam dininin doğru anlaşılmasıdır.

Atatürk "*Nutuk*"ta din hakkındaki gerçeklerin bir gün yine bilim tarafından aydınlatılacağını, bu aydınlanma gerçekleşinceye kadar her yerde dini kullanan "*din oyunu aktörlerine*" rastlanacağını belirtmiştir.

Ayrıca, tabii ki Atatürk sıradan bir Müslüman, daha açıkça ifade etmem gerekirse, dini bir "cami hocası gibi" anlamış klasik bir Müslüman da değildir. İslam dininde eleştirdiği, sorguladığı noktalar vardır, hatta bu noktalar çoktur. İbadetlerini eksiksiz yerine getiren, hatta fazlaca ibadet eden ameli yönü çok güçlü biri de değildir, ama tek Tanrı'ya, İslamın "öz itibariyle" ilerlemeye engel olmadığına inancı tamdır. Gizli dünyasında kendine özgü biçimde ibadet etmiş, hatta yukarıda belirttiğim gibi Kur'an okuyup, okutup dinlemiştir, dini anlamaya, dahası dinin anlaşılmasına çalışmıştır. Toplumsal anlamda hiçbir zaman dine karşı bir savaş başlatmamıştır ki, önemli olan da budur. O yobazlığa düşmandır, dindarlarla değil, dincilerle kavgalıdır. Onun zamanında laiklik adına yapılan bazı yanlış uygulamaların sorumlusu olarak onu görmek büyük bir hatadır.

Bir insan, hem akla ve bilime vurgu yapar, hem materyalizm ve pozitivizm üzerine düşünür, hem dinleri eleştirir, hem gizli giz-

li dua eder, dinlerle ilgilenir mi? diye düşünüyorsanız, işte bu durum, çağını aşan deha Atatürk'ün farkıdır. İşte bu nedenle evet "o da bir insandır" ama "çok başka bir insandır". İşte bu nedenle Atatürk hiçbir ideolojinin kalıpları içine girmemiş, bütün kalıpları parçalayarak kendi ideolojisini, Kemalizmi yaratmıştır.

İslam Rönesansı'ndan Hurafelerin Bataklığına

"İslam Rönesansı'ndan Hurafelerin Bataklığına": Müslümanların 8. yüzyıldan bugüne geçirdiği tarihsel değişimin adı bu olsa gerekir.

İslamın kutsal kitabı **Kur'an-ı Kerim**, *"oku"* diye başlayan yeryüzündeki ilk ve tek kutsal kitaptır. Bu nedenle İslam dininin ilk ve en önemli ibadeti okumaktır. Abbasi Halifesi **Harun Reşit**'in Bizans üzerine yaptığı seferlerde ganimet olarak özellikle "kitap toplatmasının" ardında bu ilk emrin yattığı açıktır. Kur'an'da açıkça, *"De ki hiç bilenlerle bilmeyenler bir olur mu? Ancak gönül ve akıl sahipleri düşünüp ibret alır. Kulları içinde Allah'tan ancak bilginler ürperir..."*[305] denilerek okumaya, öğrenmeye, bilgiye, akla vurgu yapılmıştır. İslam Peygamberi Hz. Muhammed de, *"Âlimin uykusu, cahilin ibadetinden hayırlıdır. Bilginler peygamberlerin mirasçılarıdır. Âlimin yüzüne bakmak bile ibadettir. Bilgin ve bilgi elde etmek isteyen kusurlu da olsa, suçlu da olsa cennete gider. Âlimler yeryüzünün ışıklarıdır, benim vârislerimdir. Bir an bilgiyle meşgul olmak altmış yıl ibadet etmekten hayırlıdır. İlim Çin'de bile olsa gidip alın..."* gibi sözleriyle/hadisleriyle pek çok kere akıl ve bilimin önemine işaret etmiştir.

8 ile 15 yüzyıl arasında İslam âlimlerinin çalışmalarında Kur'an'ın ve Hz. Muhammed'in bu telkinleri etkili olmuştur. Örneğin ünlü **İslam âlimi El Kindi**, nereden gelirse gelsin, isterse yabancı kaynaklardan gelsin, her türlü bilginin tanınmasını istemiştir.

---

305 **Kur'an-ı Kerim**, Zümer Suresi, 9. ayet, Fatir Suresi, 28. ayet.

İslam dünyasında 8. yüzyılda gerçek anlamda bir akıl ve bilim çağı yaşanmıştır. Bu dönemde özellikle Abbasiler zamanında antik Yunan filozoflarının eserleri Arapçaya tercüme edilerek büyük bir bilim-kültür patlaması yaratılmıştır.

Antik çağdan sonraki ilk Rönesans, 8. yüzyılda İslam dünyasında yaşanmıştır. Avrupa daha eski Mısır, Sümer ve Hint uygarlıklarıyla şekillenen antik Yunan'ın bilgi birikiminden habersizken Ortadoğu'da Müslümanlar **Aristo**'yu, **Hipokrat**'ı, **Pisagor**'u, **Anaksimandros**'u tanımıştır. Böylece Doğu İslam dünyası, Batı Hıristiyan dünyasında yaklaşık 700 yıl önce **Hipokrat**'ın, **Galen**'in eserlerindeki tıp bilgileriyle ve **Batlamyus**'un astronomi, **Aristotales**'in ve **Platon**'un dünya hakkındaki teorileriyle tanışmıştır. **Euklides**'in *"Elementler"*ini, **Batlamyus**'un *"Almagest"*ini Arapçaya tercüme etmiştir. Müslüman bilimadamları Sümer, Mısır kaynaklı antik Yunan bilimi ile Hint, Çin ve Türk bilimini tercümelerle inceleyip yeni bir bilimsel senteze varmıştır.

İslam dünyasında 8. yüzyıl ile 10. yüzyıl arasındaki bu altın çağı yaratanlar İslam dininin "ilk emrini" yerine getirip okuyan ve aklını kullanan Müslüman bilimadamlarıdır.

İslam Rönesansı, astronomiden matematiğe, kimyadan biyolojiye, tıptan psikolojiye kadar pek çok alanda uygarlık tarihini derinden etkilemiştir.

Özetlemek gerekirse:

Müslüman bilimadamları çok sayıda rasathane ve hatta seyyar gözlemevi yaparak yıldızların hareketlerini incelemiştir. Gözlem araçları icat ederek gökyüzünün sırlarını keşfetmeye başlamışlardır. Örneğin **dürbün** ve **teleskobun** mucidi onlardır. **Battani** gibi Müslüman astronomlar, görünür gezegenlerden her birinin ayrı bir gökküre üzerinde döndüğünü açıklamıştır. Dünyanın döndüğünü ilk keşfedenler de Müslüman bilimadamlarıdır.

Müslüman bilimadamları antik Yunan'dan yararlanmışlar, ancak Yunan bilimini taklit etmek yerine, yararlanıp, eleştirip, sorgulayarak, onu daha da geliştirmeyi başarmışlardır. Örneğin

İbnü'l Heysem görmeyi sağlayan ışınların gözden nesneye değil, nesneden göze doğru yayıldığını keşfederek **Ptolemaios** ve **Euklides**'e karşı çıkarak onları eleştirmiştir.

Dönemin ünlü Müslüman bilimadamlarından **Sabit Bin Kurra** ise, "kaldıraç kuramı"nı matematiksel temellere oturtmuş, matematiksel teoremlerin tanımını vermiş ve Pisagorcuların "sayılar teoremini" geliştirmiştir.

İslam dünyasının büyük bilginlerinden **Harezmi** de cebirin temellerini atarak, ikinci dereceden denklemleri, sayıların karekökü ile küpkökünü alma yöntemlerini geliştirmiş, trigonometrinin gelişmesiyle ikindi namazının zamanını hesaplamak için gereken tanjant ve kotanjant hesabını yapmıştır.

Harezmi *İbn-i Sina* *Biruni*

Tıp alanında yaptığı çalışmalarla tanınan **Ebubekir Razi** ve **İbn-i Sina** ise insan vücudundaki düzenin, evrenin yapısını yansıttığını söylemişlerdir. İbn-i Sina'nın ünü kısa sürede Avrupa'ya kadar yayılmıştır. Batılılar ona *"Avicenna"* adını takmıştır. Tıp üzerine yazdığı *"Kanun"* adlı kitap *"Canon"* adıyla Batı dillerine çevrilmiştir.

O dönemde daha pek çok Müslüman bilimadamı ışık saçmıştır dünyaya: Matematikte **Nasîrüddin Tûsî**, **Ömer Hayyam**, **Abdülhamid İbn Türk**; astronomide **Bîrûnî**, **Uluğbey**; kimyada **Câbir**, **İbn Hayyam**, **Kindi**, **Razi**; tarihte **İbn Haldun** vb…

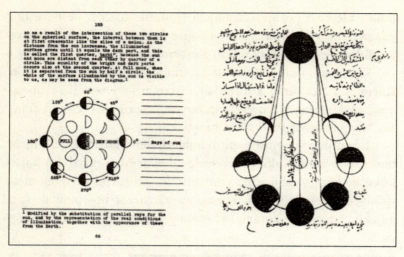

Bîrûnî'nin gezegenlerin hareketini gösteren çizimleri

8. yüzyılda İslam dünyasının böyle bir altın çağ yaşamasında **Amr bin Ubeyd, Halife Memun** ve **Ebu Hanife** çok özel bir öneme sahiptir. Sırasıyla incelemek gerekirse:

1. **Amr bin Ubeyd (ö. 767):** İslam dünyasında akıl ve bilimi savunun ilk mütefekkirlerden biridir. Kurduğu ekol Batı'da *"İslam Rasyonalizmi"* veya *"İslam Akliye Okulu"* diye adlandırılmıştır.

2. **Abbasi Halifesi Memun (786-833):** Onun döneminde gerçek anlamda bir İslam Rönesansı yaşanmıştır. Onun döneminde İslamın aklı temel alan bir din olduğunu ileri sürenler **Mutezile mezhebi** etrafında toplanmışlardır. Memun döneminde antik Yunan, Bizans, Hint ve Çin kaynakları Arapçaya çevrilmiştir. Bu eserler, Memun'un kurduğu ilk İslam akademisinde incelenmiştir. İçinde büyük bir kütüphane ve rasathane bulunan bu akademinin adı *"Beyt'ül Hikme"*dir. İslam bilginleri burada evrenin sırlarını çözmeye çalışmışlardır.

3. **Ebu Hanife (699-767):** Hanefi mezhebinin kurucusu olan Ebu Hanife, çok dar ve ilkel bir çevrenin ihtiyaçları dikkate alınarak söylenmiş hadislerin, ananelerin, zaman ve şartların de-

ğiştirdiği yeni ihtiyaçlara yanıt veremeyeceğini ileri sürerek akli değerlendirmelere dayanan yolları önermiştir. Ebu Hanife'nin önerdiği çözüm yolları kıyas, icma ve akla başvurmaktır. Ona göre çözüm, *"Zamanın ve mekânın değişmesiyle hükümler de değişir"* ilkesini dikkate almaktır. Ebu Hanife'ye göre, Kur'an vahyi lafız olarak Arapça inmemiştir. Mana olarak ilham edilmiş Hz. Peygamber'in lisanıyla tebliğ edilmiştir. Dolayısıyla her millet Kur'an'ı kendi diliyle okuyabilir.[306]

İslam dünyasında 8 ve 9. yüzyıllarda başlayan "akıl çağı" zamanla, bir taraftan Akdeniz üzerinden İspanya'ya, Ortadoğu üzerinden de Anadolu'ya yayılmıştır. Ancak bu "altın çağ" önce **Eş'ari**, sonra da onun takipçisi **Gazali** ile birlikte yavaş yavaş yok olmaya başlamıştır. Müslümanlar aklı ve bilimi ihmal etmeye, şekille ve nakille ilgilenmeye başlamışlardır.

Bir taraftan Eş'ari ve Gazali İslamda akıl çağına son verirken, diğer taraftan Emeviler döneminde Muaviye ve Yezit İslama saltanat, baskı, zorbalık, din fetişizmi, din istismarı gibi İslam dışı unsurları sokmuştur.

13. yüzyıla gelindiğinde artık İslamda **içtihat kapısı** kapanmıştır. İşte 13. yüzyılda kapanıp 16. yüzyılda mühürlenen o içtihat kapısını 20. yüzyılın başlarında **Mustafa Kemal Atatürk** kırıp açmayı denemiştir.

Müslüman Türklerde, önce Horasan, Buhara, Semerkant ve civarında başlayan Türk-İslam aydınlanması, daha sonra Horasan erenleri, Türk sufileri aracılığıyla Anadolu'ya inmiştir. **Mevlana, Hacı Bektaşi Veli, Yunus Emre, Pir Sultan Abdal** gibi bir anlamda İslamın Türk yorumunu yapan Türk mutasavvıfları sayesinde Anadolu'da 11. yüzyıldan 16. yüzyıla kadar aklı ve bilimi dışlamayan bir Türk-İslam anlayışı egemen olmuştur. Bu anlayış hem Anadolu Selçuklu Devleti'nin hem de Osmanlı Devleti'nin temeline yerleşmiştir.[307] Ancak 16. yüzyılda özellikle Halifeliğin Osmanlı Devleti'ne geçmesinden sonra **Alevilik, Bek-**

---

306 Meydan, age., s. 555-556.
307 Anadolu'nun İslamlaşması konusunda bkz. Ahmet Yaşar Ocak, **Türkler, Türkiye ve İslam**, İletişim Yayınları, İstanbul, 1999.

taşilik ve **Mevlevilik** gibi tasavvufi gelenekten beslenen "akılcı" Türk-İslamı, yerini yavaş yavaş Sünni gelenekten beslenen "nakilci" Arap İslamına bırakmaya başlamıştır.

Osmanlı Devleti'nde 16. yüzyıla kadar akla, bilime önem verilmiştir. Örneğin Fatih Sultan Mehmed'in İstanbul'u aldıktan sonra kurduğu *"Sahnı Seman Medreseleri"*nde pozitif bilimlere de yer verilmiştir. Ancak Fatih'ten sonra başa geçen II. Bayezid dönemi ve sonrasında maalesef nakilci Arap-İslam anlayışının etkisiyle Osmanlı Devleti aklı ve bilimi dışlamıştır. Bu süreçte geçen yüzyıllar içinde akıl ve bilimin yarattığı boşluğu "batıl" ve "hurafe" doldurmuştur. Zamanla "batıl" ve "hurafe" din zannedilir olmuştur. Çok geçmeden eğitim de bu durumdan nasibini almış ve en önemli eğitim kurumlarından medreseler pozitif bilimlere kapatılmıştır.

Erol Güngör'ün ifadeleriyle: *"Tıp ve hendese Kanuni devrine kadar okutulmuş, ondan sonra Osmanlı medreseleri fıkıh, kelam, tefsir, hadis, gramer ve retorik okutan birer ilahiyat mektebi haline gelmiştir. Aristo'nun dört unsur (toprak, su, hava, ateş) nazariyesi, Batlamyus'un astronomi ve coğrafyası yine hâkimdir. Yazılan eserler, hep eskilerin açıklaması mahiyetindedir. Medrese âlimleri arasındaki tartışmalar, sadece nelerin insanı dinden çıkaracağına dairdir. İlmi düşüncelerden o kadar uzaklaşılmıştır ki, on yedinci yüzyıldan çok sonraları bile medrese uleması arasında mesela, 'Bir ipliği sinek pisliğine batırıp gömerseniz nane biter' şeklinde hezeyanlar yazanlar çıkmıştır."*[308]

Medreselerde ayrıca, don ve çakşır giymenin İslama uygun olup olmadığı, mezarlıkta yetişen ağacın meyvesinin yenip yenmeyeceği tartışılmış, elbiselerin güveden korunması için ceplerine ayetler yazılı kâğıtlar koymak gerektiği öğretilmiştir.[309]

17. yüzyılda Osmanlı uleması "din" diye "hurafelerle" ilgilenmekle meşguldür. Örneğin bu dönmede **"Kadızadeliler"** diye

---

308 Erol Güngör, *"Medrese İlim ve Modern Düşünce"*, **Töre Dergisi**, Kasım 1980, S. 114, s. 11-12.
309 Meydan, age., s. 635.

adlandırılan ulemanın uğraştığı "dinsel" konulardan bazıları şunlardır:
   Sigara ve kahve haram mıdır?
   Hızır peygamber yaşamış mıdır?
   Firavun iman ile ölmüş müdür?
   Pozitif bilim ve matematik öğrenmek haram mıdır?
   Ezan, mevlit vb. güzel sesle, makamla mı okunmalıdır?
   Tarikat erbabı dönerek zikretmeli midir?
   Hz. Muhammed'in ana ve babasının iman derecesi nedir?
   Yezid'e lanet edilir mi?
   Cemaatle birlikte nafile namazı kılınır mı?
   Kadın sesi haram mıdır?
   Büyüklerin eli, eteği öpülür mü?[310]

17. yüzyıl Osmanlısı'nda bağnaz Kadızadelilerin tartıştıkları bu konulardan bazılarının 21. yüzyıl Türkiyesi'nde, bugün bağnaz dincilerce hâlâ tartışılması ve bu tartışmaların Müslümanları etkilemesi çok düşündürücüdür.

Osmanlı Devleti'nde zamanla İslam dininin bağnaz Arap yorumu akıl ve bilimin önünü iyice kapatmıştır. İslam dininde "ruhban sınıfı" olmamasına karşın İslam dinini adeta tekeline alan Sünni din adamları padişahlara bile kafa tutar hale gelmiştir. Kanuni döneminde **Şeyhülislam Ebusud**'un fetvalarıyla hızlanan "yozlaşma" ve "yobazlaşma" dönemi "din adına" aşağıdaki örneklerin ortaya çıkmasına neden olmuştur:

- Takiyüddin adlı astronomi bilgininin İstanbul'da kurduğu rasathane, 1580'de Ahmet Şemsettin Efendi'nin "*Göklerin sırlarını öğrenmeye kalkışmanın bir küstahlık olduğunu*" ve "*rasathane kuran devletlerin zeval bulduğunu*" bildiren bir fetva yayımlamasıyla yıkılmıştır.
- Coğrafya derslerinde harita göstermenin şeriata uygun olup olmadığı tartışılmıştır.
- III. Mustafa, Prusya Kralı Frederick'e Ahmet Rasim Efendi adlı bir elçi göndererek ondan üç müneccim istemiştir.

---
310 Abdullah Manaz, **Atatürk Reformları ve İslam**, İzmir, 1995, s. 142.

- İbrahim Müteferrika tarafından 1727 gibi geç bir tarihte Osmanlı Türklerine ulaşan matbaada İslami eserlerin basımı, 5 Temmuz 1727'de yayımlanan bir fermanla yasaklanmıştır.
- 1774 Küçük Kaynarca Anlaşması'nı imzalamaya gelen Rus delegelerine şeyhülislam muska yazmıştır. Bunlar Rus delegelerinin geleceği yere gömülürse Rus heyetinin ağzının, dilinin tutulacağına inanılmıştır.
- 1831'de İstanbul'da çıkan bir vebada gemilerin karantinaya alınması söz konusu olduğunda, *"Karantina denen şey Frenk âdetidir; buna ehli İslam dininde riayet caiz değildir"* şeklinde fetva yayımlanmıştır.
- Bir fıkıh kitabında, *"Pırasa diye tanınan bitkiyi yemek helal mi haram mı? Ehli cennet lisanı Arapça mıdır yoksa Farsça mıdır?"* şeklinde sorular ve yanıtları yer almıştır.[311]

İslam kültürüne giren ve tefsir kitaplarında yer alan hurafelerden bazıları da şunlardır:
- Gökler bir meleğin omzunda dönmektedir.
- Dünya öküzün boynuzunda veya balığın sırtında bulunmaktadır. Depremler bunların kıpırdanmasından oluşmaktadır.
- Yıldırım ve gök gürlemeleri bazı tefsircilere göre meleklerin bağırması ve kalplerinin kükremesidir. Yağmur da meleklerin ağlamasıdır.
- Ay, Cebrail'in kanadı ile söndürülür ve nur halinde kalır.
- Havva'ya zor doğum yapma cezası verilmiştir.
- Yılan sürünmeyle cezalandırılmıştır.[312]

Bu ve benzeri hurafeleri çoğaltmak mümkündür. Ne bilimle ne de İslam diniyle bağdaşması mümkün olmayan bu saçmalıklar yüzyıllar boyu insanların beynini sulandırmaktan başka bir işe yaramamıştır. Şüphesiz Atatürk'ün birçok konuşmasında **"boş inançlar"** diye adlandırdığı şey, bu tür hurafeler ve batıl inanışlardır.

---

311 Meydan, age., s. 637-638; Manaz, age., s. 143.
312 Manaz, age., s. 198-199.

Bütün bu örnekler, Atatürk'ün neden İslam dininde bir öze dönüş projesi geliştirmek zorunda kaldığını daha iyi açıklamaktadır. Bu örnekler, Osmanlı toplumunda uzun bir süre sadece bilimin değil dinin de ihmal edildiğini ortaya koymaktadır. Bu nedenle Atatürk bilimsel ve dinsel aydınlanmayı birlikte ele almıştır. Birinin eksikliği diğerini olumsuz yönde etkileyeceği için bir anlamda buna mecbur kalmıştır. Atatürk her şeyden önce hurafelerden arınmış bir İslamın bilimin önünde bir engel olmayacağını düşünmüştür.[313]

Osmanlı'da Dinde Öze Dönüş Çalışmaları

16. yüzyıldan sonra nakilci Arap-İslam anlayışının etkisiyle yozlaşan Türk İslamı, 17. yüzyıldan itibaren pek çok Osmanlı aydınını ve gerçek din adamını rahatsız etmeye başlamıştır. Özellikle 1839 Tanzimat Fermanı ile başlayan Batılılaşma döneminde Osmanlı Devleti'nin geri kalmasının temel nedenlerinden biri olarak zaman içinde tahrip edilip bozulan bu İslam anlayışı gösterilmiştir. Tanzimat reformcuları, bir taraftan Batılılaşmaktan söz ederken diğer taraftan İslamın özü olarak gördükleri "asr-ı saâdet" dönemine yönelmekten söz etmişlerdir.

Osmanlı Devleti'nde özellikle 19. yüzyıldan itibaren sırasıyla **Yeni Osmanlılar, Jön Türkler** ve **İttihat ve Terakki Partisi** "İslamda öze dönüş" olarak adlandırılabilecek bazı çalışmalar yapmıştır.

Osmanlı'da 19. yüzyılın sonlarında "ileri görüşlü ulema" diye adlandırılabilecek bazı kişiler görüşlerini *"Sırat-ı Müstakîm"*, (daha sonra *Sebiürreşad*) gibi yayın organlarıyla halka ulaştırmıştır. Örneğin bu kişiler arasında **Mehmet Akif Ersoy, Mardinizade Ebulula, Bereketzade İsmail Hakkı, M. Şemsettin Günaltay** ve **Ziya Gökalp** gibi eğitimli Müslüman aydınlar vardır.[314]

---

313 Meydan, age., s. 638-639.
314 Şerif Mardin, **Bediüzzaman Said Nursi Olayı, Modern Türkiye'de Din ve Toplumsal Değişim**, 5. bas., İstanbul, 1994, s. 228-229; Meydan, age., s. 639-640.

Şemsettin Günaltay, Mehmet Akif ve Ziya Gökalp her şeyden önce İslamın ana kaynağı Kur'an-ı Kerim'in anlaşılmasını, dolayısıyla Türkçeye tercüme edilmesini savunmuşlardır.

19. yüzyılda genel anlamda Osmanlı aydını, İslam dininin hurafelerle kaplanarak öz güzelliğini kaybettiğini, toplumu geri bırakan bir araç haline geldiğini düşünmektedir.

Örneğin **Celal Nuri İleri**, *"Hevaic-i Kanuniyemiz"* (Gereksindiğimiz Yasalar) adlı kitabında bu konuda şu değerlendirmeleri yapmıştır:

"İyice bilmeliyiz ki, bugün Müslümanlar bir içtihat yanlışından, bir apaçık hukuk gerçeğini anlayamadıklarından çöküntüye gidiyorlar. Bilginler bu gerçeği güzelce anlamalı ve İslam dünyasına anlatmalıdırlar.

Göstermek istediğimiz gerçek şudur: Kurallar ve yer zamana bağlı olarak her vakit, belki her dakika değişir. Dünyada, tarihte bir hukuk kuralının değişmeden kaldığı görülmemiştir. Solon, Likurgos, Roma Kilise Yasası, sözün kısası tüm yasalar, değişip başkalaşmış, eskimiş ve yenileri yapılmıştır. Yasa, gereksinimleri düzenlemek için yapılır. Yoksa gereksinimler eski yasalara uydurulamaz. İşte biz Müslüman düşkünler, yerçekimi yasası kadar sağlam, bilim ve matematik yasaları ölçüsünde güçlü bir değişim yasasını anlayamamışız. Dünyada kurulan her kural değişir. Bunun bir istisnası vardır; o da 'zamanın değişmesiyle kurallar da değişir' diyen İslam kuralıdır.

Müslümanlardan baskıcılık dönemlerinden kalma bir âdet var. Dinsel yasalar evrenin sonuna değin gidecek, insanların durumlarını düzenleyecek sanıyoruz. Ey bilginler, size seslenirim! En büyük yasa koyucu Müslümanlığı düzenlediği vakit, bundan amacı kuşkusuz insanlığın o günkü ve gelecekteki mutluluğu idi. Oysa görüyoruz ki, çağımızda İslam mutlu olacağına mutsuzdur. Demek ki, o ulu yasa koyucunun amacı gerçekleşemiyor. İslam dünyası nasıl gönence ulaşırsa, hangi yasaların uygulanması ile yükselebilirse, asıl İslam yasaları işte o yasalardır. Yoksa, bin yıl önce dört imamın çıkardığı ve gerçekten de kendi zamanlarında

Müslümanların mutluluğunu sağlamış olan kurallar, bugün bile gerekli olan İslam hukuku değildir.

'Zamanın değişmesiyle kurallar da değişir' ilkesinin sınırlı bir bölüm kurallar için geçerli olabileceğini öne süren anlayış, dine de, fetvalara da, halifelerin uygulamalarına da, akıl ve mantığa da, tarihsel yasalara da, yasaların ruhuna da aykırıdır..."[315]

Görüldüğü gibi Celal Nuri, sorunun kaynağını İslamda içtihat kapısının kapanmış olmasına bağlamıştır. Celal Nuri ve onun gibi düşünen aydınlara göre yapılması gereken, İslam dininin gelişen ve değişen çağa göre yeniden yorumlanmasıdır.

19. yüzyılda bu konuda çok daha radikal düşüncelere sahip Osmanlı aydınları da vardır. Örneğin Jön Türk aydınlarından **Dr. Abdullah Cevdet** ve **Kılıçzade Hakkı** gibi materyalist çizgiye kaymakta olan Osmanlı aydınları aslında İslamın özü itibariyle de ilerlemeye engel olduğunu düşünmektedirler, ancak Osmanlı toplumundaki köklü ve güçlü İslami damarı dikkate alarak yazılarına İslamın "özü" itibariyle ilerlemeye engel olmadığını belirtmişlerdir.

Peyami Safa çizgisindeki Osmanlı aydınları ise İslamın özü itibariyle ilerlemeye engel olmadığını, ancak zaman içinde hurafelerin, boş inançların, din istismarının alıp başını gittiğini düşünerek bu konuda cesur bazı adımlar atılmasını önermişlerdir.

20. yüzyılın başında Atatürk'ün Dinde Öze Dönüş Projesi kapsamında hayata geçireceği birçok yenilik, 19. yüzyılda Osmanlı'da bazı Jön Türk aydınları tarafından önerilmiştir.

Peyami Safa'ya kulak verelim:

"Birer tembellik yuvası olan bütün tekkeler ve zaviyeler ilga olunmalı (kapatılmalı); medreseler kapatılarak yerlerine College de France tertibinde bir ulûm-ı edebiye (edebi ilimler) medresesi yapılacağı gibi, Fatih Medresesi yerine École Polytechnique tarzında bir diğer medrese-i aliye vücuda getirilmeli; sarık sarmak ve cübbe giymek yalnız din adamlarına mahsus kılınmalı; evliyaya nezirler (adaklar) yasak edilmeli; okuyucu, üfleyici, sıt-

---

315 Aktaran Özer Ozankaya, **Cumhuriyet Çınarı**, Ankara, 1994, s. 62-63.

ma bağışlayıcılar kâmilen tenkil edilmeli (ortadan kaldırılmalı); ahalinin şer'i şerife mugayir (halkın şeriata aykırı) bazı itikatları (inançları) tashih olunmalı (düzeltilmeli). (Mesela softaların ve cahil şeyhlerin söyledikleri, 'canım dünya fani değil mi ya? Aza kanaat edip, cem'i mal etmeyiniz (mal biriktirmeyiniz) ahirette o altınlar hep derinize yapışacaktır) gibi herzelere ve maskaralıklara kimsenin kanmaması sağlanmalıdır. Binaların üstüne asılan 'ya hafız' levhalarının altına bir de herhangi bir sigorta kampanyasının ismi yazılmalıdır. Şer'i mahkemeler ilga ile (kaldırılarak) nizam-i mahkemeler ıslah olunmalıdır (düzeltilmelidir)..."[316]

Jön Türk aydınlarının dinsel reform projeleri vardır ve bu projelerden bazıları hayata geçirilmiştir. Örneğin İttihat ve Terakki döneminde medrese müfredatı yeniden düzenlenmiştir. Kadıların eğitimi için "Medreset-ül-kuzât" ve vaiz yetiştirmek için "Medreset-ül-vâizîn" adlı okullar açılmıştır. Medreselerin yönetimine ilişkin yeni yasal düzenlemelere gidilmiştir. 1917 yılında aile hukuku yeni yasal düzenlemelere tabi tutulmuş, örneğin çok kadınla evlilik ilk eşin isteğine bırakılmıştır. İslami kurumlarda reform yapılmıştır. "Dâr-ül-hikmet-il-İslâmiyye" adında bir İslam akademisi kurulmuştur. Bu akademinin vaaz örnekleri, ilmihaller, medreseler için elkitapları hazırlamak ve İslami klasikleri yayımlayarak yaygınlaştırmak gibi görevleri vardır.[317]

19. yüzyılda İslam dininde reform/yenilik yapılması gerektiği konusunda Jön Türk aydınlarını ve ilerici ulemayı derinden etkileyen pek çok gerçek İslam âlimi vardır. Bu İslam âlimleri içinde **Şeyh Cemalettin Efgani (1838-1897)** ve **Şeyh Muhammed Abduh (1849-1905)** çok önemli bir yere sahiptir.

Muhammed Abduh'a göre, *"Müslümanlar İslamlığı kaybetmiş ve din adına hurafelerin esiri olmuşlardı. Müslümanlığı Peygamber zamanının 'o saf' haline kavuşturmak gerekmekteydi. Batı'nın tekniğini ve pozitif ilimlerini alarak Müslümanlığı kuvvetlendirmek gerekiyordu."*[318]

---

316 Peyami Safa, **Türk İnkılâbına Bakışlar**, 3. bas., İstanbul, 1995, s. 51-55.
317 Mardin, **age.**, s. 229-230; Meydan, **age.**, s. 642.
318 A. Adnan Adıvar, **Tarih Boyunca İlim ve Din**, s. 495'ten nakleden Meydan,

Abduh İslamın hurafelerle kaplandığını, Müslümanların ilerlemeleri için Müslümanlığı çepeçevre kuşatan bu hurafelerin ayıklanması gerektiğini ileri sürmüştür.

Abduh öncelikle dinin kaynağına, Kur'an'a inmeyi, onun dışında hiçbir şey kabul etmemeyi, Hz. Muhammed dönemindeki ilk Müslümanların inançlarını esas alarak, sonradan bazı uydurmalarla, geleneklerle dine giren hurafeleri ve yanlış inanışları ortadan kaldırmak gerektiğini ifade etmiştir.

Abduh'a göre İslam dininde geniş bir hoşgörü anlayışı vardır. Abduh, Şiilik, Sünnilik gibi mezheplerin ve tarikatların dinde yeri olmadığını düşünmektedir. Hatta Allah tarafından gönderilmiş tüm ilahi dinlerin temelde ortak esaslar taşıdığını iddia etmiştir:

"*Gerek bizden önce gelen ve gerek gelecek olan insanlar için ancak bir din vardır. Bu din yolu dış şekilleriyle birbirinden ayrılır. Fakat ruhu ve peygamberler ağzından bildirilen gerçeği asla değiştirmez. Bu gerçek, Allah'a gönül temizliği ile inanmak ve birbirini elinden geldiği kadar hayır işlemeye, kötülüklerden kaçınmaya teşvik etmekten ibarettir.*"[319]

Muhammed Abduh, İslam dininin "akılcı" bir din olduğuna inanmaktadır. Abduh'a göre aklın, mantığa uymayan şeyi kabul etmesi beklenmemelidir. Hatta,"*eğer Peygamber'in söylediği şeylerde akla uymayan bir yön varsa, onun dış anlamının gerçek anlamı olmadığını düşünerek, gerçeği o sözler arasında bulmaya çalışmak veya bu noktada işi Allah'a ve onun ilmine bırakmak yolları vardır.*"[320]

Önce Jön Türk aydınlarını etkileyen Cemalettin Efgani ve Muhammed Abduh, daha sonra da Atatürk'ü etkilemiştir. Atatürk'ün "Dinde Öze Dönüş Projesi"nin kaynakları arasında bu iki büyük İslam âliminin görüş ve düşünceleri de vardır.

Osmanlı'da ulemanın hep "dinsel gerekçelerle" yeniliklere karşı olduğu yönündeki klasik tezi doğrulayacak çok sayıda ör-

---

age., s. 643.
319 Adıvar, age., s. 497'den nakleden Meydan, age., s. 644.
320 Adıvar, age., s. 497'den nakleden Meydan, age., s. 644.

nek verilebilirse de, ulema içinde birçoklarının *"reformcu sultanlarla işbirliği içinde çalıştıkları da göze çarpar."*[321]

Örneğin daha III. Selim döneminde Şeyhülislam Ahmed Esad Efendi, Selim'in reformlarına onay vermiş, fakat gerici ulemanın hücumuna uğramaktan da kurtulamamıştı. Yine III. Selim'e sunulan reform taslaklarından biri, dini sınıfın üyesi olan, Tatarcık Abdullah Molla'ya aittir. Yine Beşiktaş Cemiyeti'nin felsefe okutmanı olan Kethüdâzâde Arif Efendi'nin uğraştığı konuların yarısından çoğunu, geometri, astronomi ve felsefe gibi modern ilimler oluşturmaktadır. Türkçe bir matbaa kurulmasına ilk kez izin verildiğinde, "sözlüklerin, tarih, felsefi ilimler, astronomi ve coğrafya ile ilgili eserlerin" basılmasına nezaret edecek olan komisyon "ilerici" ulemadan oluşturulmuştur. 1734'te Mekteb-i Mühendishane kurulduğunda cebir ve geometri "ilerici" ulema tarafından okutulmuştur. Bu okul için Fransa'ya deney araçları siparişi veren yine ulemadan Pirizade adlı bir âlimdir.[322] Sultan Mahmud'un hükümdarlığı sırasında gerçekleştirilen reformları ulemadan Keçecizade ve Şeyhülislam Arif Hikmet Bey olumlu birer adım olarak görmüşler ve reformların gerçekleşmesine yardım etmişlerdir. Ayrıca Osmanlı'da eğitimin modernizasyonuna bizzat yardımcı olan ulema mensupları da vardır.[323]

Osmanlı Batılılaşması, Şerif Mardin'in ifadesiyle yeniliklere karşı gelen "reaksiyoner ulemayı" ıslah etmek için de uğraşmıştır. Bu amaçla Hoca Tahsin Efendi, Reşit Paşa tarafından "Batılı bir ulema eliti meydana getirmek amacıyla tabii ilimler öğrenmek üzere Fransa'ya gönderilmiştir. Tahsin Efendi burada 12 yıl kalmıştır."[324] Hoca Tahsin Efendi daha sonra Darülfünun Dekanlığı'na atanmıştır. Bir fizik deneyi ile ilgilenmesi, onu çok geçmeden "reaksiyoner/gerici" ulemanın boy hedefi haline getirmiştir:

"Vakum (boşluk) kavramını açıklamak için cam bir fanusun altına bir güvercin koymuştu. Kabın havasını boşaltmaya başla-

---

321 Şerif Mardin, **Yeni Osmanlı Düşüncesinin Doğuşu**, İstanbul, 1996, s. 244.
322 age., s. 244-245.
323 age., s. 245-246.
324 age., s. 250.

yıp da kuş öldüğünde Tahsin Efendi maksadını ispatlamış olduğunu düşünmekteydi. Oysa yaptığı şey onu sihirbazlık ithamlarına maruz bıraktı. Böylelikle zındık olmakla suçlandı, derslerini bırakmak zorunda kaldı ve sonunda azledildi."[325]

"Açık fikirli" Osmanlı ulemasının ilerici yaklaşımları ve çalışmaları "gerici ulemanın" baskısı yüzünden 19. yüzyılın ikinci yarısında iyice azalmıştır. Fakat yine de Tanzimat'ın köksüz Batılılaşma anlayışına bayrak açan **Ziya Paşa, Namık Kemal** ve **Ali Suavi** gibi **Yeni Osmanlı aydınları** büyük oranda ilerici ulemanın görüşlerine katılıp, her şeyden önce İslam dinini saran hurafeleri ayıklamayı ve hurafelerden beslenen bağnazlığı yok etmeyi amaçlamışlardır.

Yeni Osmanlı aydınlarının bu çabalarını daha sonra **Mehmet Akif, Ziya Gökalp** gibi aydınlar bir kademe daha ileri götürerek bir anlamda **dinde öze dönüşün** altyapısını hazırlamışlardır.

Dinde Öze Dönüş Projesi'nin Kaynakları

Atatürk önce ilkokulda, askeri öğrencilik yıllarında, sonra cepheden cepheye koşarken, daha sonra da Kurtuluş Savaşı sırasında karşılaşmıştır hurafelerle bulanıp öz güzelliğini kaybetmiş İslam anlayışıyla.

İlkokulda Arapça güzel yazı dersinde dayak yediğinde, askeri okulda abdestsiz namaz kılmak zorunda kalan arkadaşlarını gördüğünde, genç bir kurmay subay olarak Suriye'de görev yaparken Arap fanatikliğiyle karşılaştığında, Kurtuluş Savaşı'nda işgalcilerle işbirliği yapan satılmış bazı din adamlarını gördüğünde, aklını kullanmayan, bilimden, sanattan, kültürden habersiz Müslümanları tanıdığında kafasında bir yerlerde Dinde Öze Dönüş Projesi'nin ilk kıvılcımları da oluşmaya başlamıştır.

Atatürk'ün doğduğu Selanik'in Orta Anadolu kökenli Türk-Türkmen tasavvufi İslam anlayışının merkezlerinden biri olması, Atatürk'ün akla ve bilime değer veren, hoşgörüye dayanan, ilerlemeye açık Alevilik, Bektaşilik ve Mevlevilik gibi İslam yorumlarını tanımasını sağlamıştır. Atatürk'ün babası

---

[325] age., s. 250.

Ali Rıza Efendi'nin Alevi-Bektaşi kökenlere sahip olması dışında Atatürk'ün Abdülkerim Paşa gibi Mevlevi dostları, Namık Kemal gibi Bektaşilikten beslenmiş fikir kaynakları vardır. Bir dönem içinde bulunduğu İttihat ve Terakki'de de çok sayıda Bektaşi vardır. Atatürk Kurtuluş Savaşı'nda en büyük desteği Alevi, Bektaşi ve Mevlevilerden almıştır. Kurtuluş Savaşı sırasında Hacıbektaş Dergâhı'nı, Kurtuluş Savaşı'ndan sonra da birçok defa Konya Mevlana Müzesi'ni ziyaret etmiştir.[326] Ankara'yı başkent ilan edip Cumhuriyeti kurarken, 13. yüzyıldaki Ankara Ahi Cumhuriyeti'nden esinlendiğini bizzat ifade etmiştir. **Atatürk'ün sağ elini sol göğsüne koyma ritüeli de tamamen bu Türk-Türkmen kökenli tasavvufi İslam anlayışının bir işaretidir.** Atatürk'ü derinden etkileyen bu tasavvufi İslam anlayışı onun bağnaz Arap-İslam anlayışına tepki duymasına neden olmuş, bu tepki Dinde Öze Dönüş Projesi olarak ortaya çıkmıştır.

Atatürk, **Namık Kemal** ve **Ziya Gökalp** gibi Yeni Osmanlı aydınlarından İslam'ın Türk yorumunu ya da başka bir ifadeyle Türk İslamını öğrenirken, **Abdullah Cevdet, Kılıçzade Hakkı** gibi Jön Türk aydınlarından da hurafelerle bulanmış İslam anlayışının akıl ve bilimin önünde nasıl güçlü bir engel olduğunu ve "İslami meşruiyet politikasını" öğrenmiştir. İttihat ve Terakki Partisi'nin 1913-1918 arasında yaptığı bazı "din merkezli" düzenlemelerden de ilham almıştır.

Namık Kemal   *Ziya Gökalp*   *Abdullah Cevdet*

326 Meydan, **age.**, s. 48, 52-53, 69-77, 174-175, 346-351.

Atatürk'ün kafasında Dinde Öze Dönüş Projesi'nin şekillenmesinde 1905, 1909, 1911 ve 1917 yıllarında Ortadoğu'da ve Kuzey Afrika'da Arapların arasında bulunduğu dönemlerin çok özel bir yeri vardır. Atatürk özellikle 1905'te genç bir kurmay subay olarak bulunduğu Suriye Şam'da bir taraftan dinden beslenen Arap fanatikliğine, diğer taraftan Arapların bağnaz, geri ve ilkel İslam anlayışlarına tanık olmuştur. Atatürk Ortadoğu'da gördüğü Arap-İslam anlayışıyla öteden beri alışık olduğu Alevi, Bektaşi, Mevlevi köklerden beslenen Türk-İslam anlayışını karşılaştırmış, Türklerin İslam yorumunun Arapların İslam yorumuna göre çok daha ileri düzeyde olduğuna karar vermiştir.[327] İşte 16. yüzyıldan itibaren Türkleri giderek etkisi altına alan bu Arap-İslam anlayışına karşın yeniden Türk-İslam anlayışını egemen kılmak amacıyla kafasında bir yerlerde sessiz ve derinden Dinde Öze Dönüş Projesi'ni geliştirmeye başlamıştır.

Atatürk 1909'da ve 1911'deki Trablusgarp Savaşı sırasında tanıdığı **Şeyh Ahmed Sünûsî**'den ve Kurtuluş Savaşı'nda vatan savunması için yanında yer alan **Rıfat Börekçi, Ahmet Hulusi** gibi **Kuvvacı din adamlarından** "bağımsızlığa" önem veren İslam anlayışını öğrenmiştir. Cephelerde İslam dininin Türk askeri için de büyük bir motivasyon kaynağı olduğuna tanık olmuştur. Örneğin Çanakkale Savaşı sırasında "Bombasırtı Vakası"nda Türk askerlerinin Kur'an okuyarak, Kelime-i şahadet getirerek, Allah Allah sesleriyle düşman üzerine yürüdüklerine tanık olduğunu anlatmıştır sonradan.

Atatürk, Dinde Öze Dönüş Projesi'yle bir taraftan İslam dinini saran batıl inanışları ve hurafeleri dinden ayıklayıp, dinin öz güzelliğini ortaya çıkarmayı amaçlarken, diğer taraftan dinin anlaşılması için din dilini Türkçeleştirmeyi amaçlamıştır.

Atatürk Diyor ki: "İslam Akılcı Bir Dindir."

"Benim manevi mirasım akıl ve bilimdir," diyecek kadar rasyonalist bir insan olan Atatürk, İslam dinini de "akıl" ve "bi-

---

327 age., s. 166-173.

lim" ölçüleriyle değerlendirmiştir. Atatürk bu değerlendirmeleri sonunda İslam dininin "özü" itibariyle *"Akla aykırı ve gelişmeye engel olabilecek hiçbir şey içermediği"* kanısına varmıştır.

Örneğin 29 Ekim 1923'te Fransız gazeteci **Pernot**'a verdiği demeçte, *"Dinime, bizzat gerçeğe nasıl inanıyorsam buna da öyle inanıyorum. Şuura aykırı, ilerlemeye engel hiçbir şey içermiyor,"* demiştir.[328]

Yine bir keresinde İslam dininin akla, bilime ve mantık ilkelerine tamamıyla uygun olduğunu şöyle ifade etmiştir:

"Bizim dinimiz en makul ve en tabii bir dindir ve ancak bundan dolayıdır ki son din olmuştur. Bir dinin tabii olması için akla, fenne, ilme ve mantığa uygun olması lazımdır. Bizim dinimiz bunlara tamamen uygundur."[329]

Atatürk bu düşüncelerini bir başka konuşmasında daha da açarak, İslam dininin neden akla ve mantığa uygun bir din olduğunu şöyle açıklamıştır:

"Eğer akla, mantığa ve gerçeğe uymamış olsaydı bununla (İslam diniyle) diğer tabiat kanunları arasında çelişki olması gerekirdi; çünkü tüm hayat kanunlarını (maddi ve manevi âlem kanunlarını) yapan Cenabıhak'tır."[330]

Atatürk İslam dininin ilkeleriyle bilimin açıkladığı tabiat kanunları arasında uyuşmazlık olmamasının, İslam dininin akla ve mantığa uygun bir din olduğunu kanıtladığını ileri sürmüştür.

Atatürk her şey gibi İslam dinini anlayıp yorumlamak için de akıl ve mantık ölçülerinden ve bilimden yararlanmak gerektiğini belirtmiştir. Bir anlamda akıl ve mantığı "kontrol aracı", kendi ifadesiyle *"değer ölçüsü"* olarak gören Atatürk, neyin İslam dinine uygun olup olmadığını anlamak için "akıl", "mantık" ve "bilime" başvurulmasını önermiştir. Çünkü ona göre Allah'ın "akıl", "mantık" ve "bilim" ilkelerine aykırı hükümler ileri sür-

---

328 **Atatürk'ün Söylev ve Demeçleri**, C 3, Ankara, 1989, s. 93.
329 (31.1.1923, İzmir'de Halkla Konuşma) **Atatürk'ün Söylev ve Demeçleri**, C 2, Ankara, 1997, s. 90.
330 (7 Şubat 1923, Balıkesir Paşa Camii'nde Konuşma), **Atatürk'ün Söylev ve Demeçleri**, C 2, s. 98.

mesi olanaksızdır. Ancak burada Atatürk'ün bilim anlayışının her şeyi sorgulayan çok geniş kapsamlı bir anlayış olduğunu da bilmek gerekir.

Atatürk'e göre genel anlamda akıl ve bilimin kabul ettiği gerçekler, gerçek/saf/öz İslam dininin de kabul ettiği gerçeklerdir.

Şu sözler Atatürk'e aittir:

"Bilhassa bizim dinimiz için herkesin elinde bir değer ölçüsü vardır. Bu değer ölçüsü ile hangi şeyin bu dine uygun olup olmadığını kolayca anlayabilirsiniz..."[331]

Atatürk İslam dininde yer alan o değer ölçüsünün "akıl" olduğunu belirtmiştir. Akla, mantığa uygun olan şeylerin İslam dinine de uygun olduğunu şöyle ifade etmiştir:

"Hangi şey ki, akla, mantığa, milletin menfaatine, İslamın menfaatine uygunsa, kimseye sormayın, o şey dinidir..."[332]

Atatürk İslam dininin özü itibariyle akılcı bir din olması tezini, bu dinin "son din" olması gerçeğine dayandırmıştır. Ona göre insanlık milyonlarca yıl içinde bilgi, kültür bakımından artık belli bir olgunluk düzeyine ulaşmıştır. Bu nedenle Allah'ın bu "olgunlaşmış insanlığa" gönderdiği son dinin, insanlığın olgunlaşmasını sağlayan "akla", "mantığa" ve "bilime" aykırı olması düşünülemez. Bu görüşünü bir konuşmasında şöyle ifade etmiştir:

"Eğer dinimiz aklın, mantığın kabul ettiği din olmasaydı, en mükemmel din olmazdı, en son din olmazdı..."[333]

Görüldüğü kadarıyla Atatürk –hayatının bazı dönemlerinde maddeci düşünüş tarzına meyletmiş olsa da– genel anlamda İslamın "son din" olduğunu bir tarihsel gerçeklik olarak kabul etmiştir. İslam dini konusundaki yorumlarını bu gerçeklikten hareket ederek şekillendirmiştir.

İslam dininin **"akla aykırı, gelişmeye engel hiçbir şey içermediğini"** düşünen Atatürk'ün bu düşüncesinin kaynağı hiç

---

331 (16.3.1923, Adana Esnaflarıyla Konuşma), **Atatürk'ün Söylev ve Demeçleri, C 2**, s. 131-132.
332 **Atatürk'ün Söylev ve Demeçleri, C 2**, s. 131-132.
333 age., s. 131-132.

şüphesiz 13. yüzyıldan sonra içtihat kapısı kapanan, aklı dışlayan, batıl düşüncelerle, boş inançlarla, hurafelerle kaplanmış ve gelişmenin önünde engel olan bağnaz İslam anlayışı değildir. Atatürk'ün bu düşüncesinin kaynağı İslam dininin özü durumundaki **Kur'an-ı Kerim**'dir.[334]

Atatürk anlaşıldığı kadarıyla Kur'an'ı çok iyi incelemiş ve sonuçta en azından kuramsal olarak İslam dininin akla aykırı, mantıkla çelişen ve dolayısıyla ilerlemeye engel olabilecek bir yönünün bulunmadığını görmüştür. Gerçekten de **Kur'an** incelendiğinde aklın, mantığın, bilimin, düşünmenin önemine işaret eden çok sayıda ayet olduğu görülecektir.

İşte Kur'an'da akla, mantığa, bilime, düşünmeye vurgu yapan ayetlerden bazı kesitler:

"*... Size ayetleri gösteriyor ki aklınızı işletebilesiniz.*" (Bakara 73)

"*... Bu yüzden akıllarını işletmez onlar.*" (Bakara 171)

"*... Aklınızı işletmeyecek misiniz?*" (Bakara 76)

"*... Aklınızı işletmeniz ümidiyle Allah ayetlerini işte size böyle açıklıyor.*" (Bakara 242)

"*... Eğer sen ilimden nasibin sana geldikten sonra onların boş ve iğreti arzularına uyarsan, işte o zaman kesinlikle zalimlerden olursun...*" (Bakara 145)

"*... Allah bunları bilgi sahibi bir topluluğa açıklar...*" (Bakara 230)

"*... Hâlâ aklınızı işletmeyecek misiniz?*" (Ali İmran 65)

"*... Hâlâ düşünmüyor musunuz?*" (En-Am 50)

"*... İlim dışı bir şekilde insanları şaşırtmak için yalan düzüp Allah'a iftira edenlerden daha zalim kim olabilir?*" (En-Am 144)

"*... Yanınızda önümüze çıkaracağınız bir ilminiz var mı?*" (En-Am 148)

"*... Yemin olsun ki biz onlara ilme uygun bir biçimde fasıl fasıl detaylandırdığımız bir kitap gönderdik...*" (A'raf 52)

---

334 Meydan, age., s. 751.

"... Düşünüp anlamıyorsunuz." (Yunus 3)
"... Hele bir de akıllarını kullanmıyorlarsa..." (Yunus 42)
"... Allah pisliği, aklını kullanmayanların üzerine bırakır..." (Yunus 100)
"... Hâlâ düşünmüyor musunuz?" (Hüd 30)
"... Hâlâ aklınızı çalıştırmayacak mısınız?" (Hüd 51)
"... Biz onu size aklınızı çalıştırasınız (anlayasınız) diye Arapça bir kitap olarak indirdik..." (Yusuf 2)
"... Bütün bunlarda aklını çalıştıran bir topluluk için ibretler vardır." (Rad 4)
"... Sadece aklı ve gönlü işleyenler düşünüp ibret alır." (Rad 19)
"... Ant olsun biz gökte burçlar oluşturduk..." (Hicr 16)
"... Rüzgârları dölleyiciler olarak gönderdik..." (Hicr 22)
"... Bütün bunlarda aklını çalıştıran bir topluluk için elbette ibretler vardır..." (Nahl 12)

İşte bu nedenle Atatürk'ün, *"Benim manevi mirasım akıl ve bilimdir"* ve *"En gerçek yol gösterici akıl ve bilimdir, akıl ve bilim dışında yol gösterici aramak gaflettir, cehalettir"* biçimindeki sözleri İslamın ana kaynağı Kur'an'a uygundur.

Atatürk din konusundaki bilinmeyenlerin de bir gün bilim tarafından aydınlatılacağını düşünmektedir. Atatürk bu düşüncesini şöyle dile getirmiştir:

"İnsanlıkta din hakkındaki ihtisas ve derin bilgiler, her türlü hurafelerden ayıklanarak, gerçek ilim ve fennin nurlarıyla temiz ve mükemmel oluncaya kadar din oyunu aktörlerine her yerde tesadüf olunacaktır." Atatürk *"Nutuk"*ta yer verdiği bu satırların altını önemi dolayısıyla boydan boya çizmiştir.[335]

Atatürk bu sözleriyle bir taraftan –alışılmışın dışında bir yaklaşımla– dini de bilimin inceleme alanına sokarken, diğer taraftan –üstü kapalı olarak– Dinde Öze Dönüş Projesi'ne gönderme yapmıştır. Görüldüğü gibi Atatürk, dini saran hurafelerin

---

335 Sami N. Özerdim, *"Nutuk'ta Altı Çizilmiş Satırlar"*, **Belleten** XLV/1, 1981, S. 177, s. 67.

bilim ve fen sayesinde ayıklanacağını ve böylece dinin "temiz ve mükemmel" olacağını belirtmiştir.

Dinde Öze Dönüş Projesi ve Atatürk

Atatürk daha Kurtuluş Savaşı devam ederken, yanında bulunan Rıfat Börekçi ve Mehmet Akif gibi Kuvvacı ve aydın din adamlarıyla zaman zaman İslam dini konusunda sohbetler etmiş, yine savaş sırasında Halide Edip'in ve Fahrettin Altay Paşa'nın aktardığına göre İslam dini ve İslam tarihi üzerine kitaplar okumuştur. Atatürk İslam dini konusundaki bu hazırlıklarıyla bir taraftan Kurtuluş Savaşı sırasındaki "İslami meşruiyet" politikasını başarıyla yürütürken, diğer taraftan Kurtuluş Savaşı sonrasındaki Dinde Öze Dönüş Projesi'nin altyapısını hazırlamıştır. Ancak ne hikmetse, Atatürk anlatımlarında, Atatürk biyografilerinde ne onun İslami meşruiyet politikası yeterince anlatılmış, ne de Dinde Öze Dönüş Projesi'nden tek kelimeyle de olsa söz edilmiştir!

Atatürk'ün Dinde Öze Dönüş Projesi'nin gerekçesini doğru anlamak için her şeyden önce devrimci Atatürk'ün İslam dinine bakışını doğru anlamak gerekir. Bu bakımdan Asaf İlbay'ın, *"Paşam din hakkındaki düşüncelerinizi öğrenmek istiyorum,"* sorusuna Atatürk'ün verdiği şu yanıt önemlidir:

"Din vardır ve lazımdır. Temeli çok sağlam bir dinimiz var, malzemesi iyi fakat bina uzun asırlardır ihmale uğramış, harçlar döküldükçe yeni harç yapıp binayı takviye etmek (güçlendirmek) lüzumu hissedilmemiş, aksine olarak birçok yabancı unsur (tefsirler-hurafeler gibi) binayı fazla hırpalamış. Bugün bu binaya dokunulamaz, tamir de edilemez. Ancak zamanla çatlaklar derinleşecek ve zamanla sağlam temeller üzerinde yeni bir bina kurmak lüzumu hasıl olacaktır (gerekecektir)..."[336]

Görüldüğü gibi Atatürk'e göre özü itibariyle "sağlam" ve "iyi bir malzemesi" olan İslam dini, yüzyıllar içinde onu saran batıl inanışlar ve hurafeler yüzünden adeta özünü kaybetmiştir.

---

336 Sadi Borak, **Atatürk ve Din**, İstanbul, 1962, s. 81.

Geride din zannedilen birtakım "boş inançlar/hurafeler" kalmıştır. Ancak radikal bir devrimci olan Atatürk, yukarıdaki sözlerinin aksine bu "boş inançlar/hurafeler dininin" zamanla kendi kendine yıkılmasını beklemektense, o dini kendisi yıkıp yerine sağlam temeller üzerinde "gerçek İslam dinini" yeniden kurmayı amaçlamıştır. O, bu durumun, İslam dininin özünü kaplamış hurafeleri din zanneden geleneksel çevreleri rahatsız edeceğini bile bile bu cesur ve önemli adımı atmıştır. Bu bakımdan, evet Atatürk "din düşmanıdır", ama "boş inançlar/hurafeler dininin" düşmanıdır, gerçek İslam dininin değil!

Atatürk 1 Mart 1923 tarihli meclis konuşmasında "Diyanet ve Vakıf işleri" başlığı altında bir anlamda **Dinde Öze Dönüş Projesi'yle** ilgili çalışmalara başlandığını şöyle ifade etmiştir:

"Diyanet ve vakıf işleri:
Efendiler,
Şer'iye Bakanlığı'nda geçen yıl içinde birisi Fetva Şurası, diğeri de 'İslâmiyeti İnceleme ve Uzlaştırma' adı altında iki kurul oluşturuldu. Usul ve âdetlerin değişmesi ve bu değişme ile ortaya çıkan olayların ayet gereksinmeleri dikkate alınarak halledilmesi Fetva Şurası'nın bütün çalışmalarını dayandıracağı bir temel olmalıdır. İslâmiyet İnceleme Uzlaştırma Kurulu'nun görevleri içinde, İslam bilgilerinin Batı bilim kuralları ve felsefesiyle karşılaştırılması ve İslam ilminde en doğru iman, ilim, sosyal, sayısal, ekonomik konularla ilgili olayları incelemek ve sonuçlarını yayımlamak gibi sayılmaya değer önemli görevler bulunmaktadır. İnceleme için bir kütüphane kuruldu. İstanbul'dan, Avrupa'dan ve Mısır'dan bazı önemli kitaplar getirildi. Önemli birçok kitap da Avrupa ve Mısır'a ısmarlandı. Şer'iye Bakanlığı medreselerin birleştirilmesi ve modern kuruluşlara dönüştürülmesini amaçlamaktadır. Bakanlık modern içtihat ve tefsire kaynak olmak üzere bir İslam Kültür Merkezi kurulmasına büyük önem vermektedir."[337]

---

337 *"Atatürk'ün Türkiye Büyük Millet Meclisi'nin I. Dönem, 4. Yasama Yılını Açış Konuşmaları"*, **Millet Meclisi Tutanak Dergisi** D. 1, C 28, 1 Mart 1923, s. 2.

Görüldüğü gibi bizzat Atatürk, daha cumhuriyet ilan edilmeden önce Türkiye'de İslam dini üzerinde bazı çalışmalar başlatıldığını belirtmiştir. *"Fetva Şurası"* ve *"İslamiyeti İnceleme ve Uzlaştırma"* adlı iki kurulun oluşturulduğunu, bu kurulların çalışmalarını en iyi şekilde yerine getirmesi için Doğu'dan ve Batı'dan getirilen kitaplarla zenginleştirilmiş **bir kütüphanenin** kurulduğunu ve "modern içtihat ve tefsir" çalışmaları için bir de *"İslam Kültür Merkezi"* kurulacağını açıklamıştır.

Kısa bir süre sonra bunların büyük bir bölümü gerçekten de hayata geçirilmiştir. Bu kurum ve kuruluşlara 3 Mart 1924'te kurulan **Diyanet İşleri Başkanlığı**'nı da eklemek gerekir. Diyanet İşleri Başkanlığı, bir taraftan hurafe ve batıl fikirlerle kaplanmış, bağnaz bir İslam anlayışı yerine, olabildiğince sade, anlaşılabilir, pratik ve Türk sosyal hayatına uygun bir İslam anlayışının yerleşmesine çalışırken, diğer taraftan özellikle Atatürk'ün Kur'an tefsir ve tercümesi işini organize etmiştir.

Atatürk'ün 1 Mart 1923 tarihli meclis konuşmasında dile getirdiği Dinde Öze Dönüş Projesi zaman içinde daha da genişletilip sistematik hale getirilerek Atatürk'ün sağlığında aşama aşama hayata geçirilmeye çalışılmıştır.

Atatürk Dinde Öze Dönüş Projesi doğrultusunda, İslam dininin "özüne" sadık kalarak hurafeleri, batıl inanışları, geri düşünceleri dinden ayıklamak için bir faaliyet programı belirlemiştir. Atatürk'ün kafasında uzun bir süreç sonunda netleşen bu faaliyet programını Atatürk'ün özel kalemi **Hasan Rıza Soyak** anılarında şöyle özetlemiştir:

"a) Derhal din ile devlet işlerini birbirinden ayırmak ve laiklik yoluna girmek,

b) *Çeşitli hüvviyet ve kıyafetler altında ve İslamiyetin asla kabul etmediği şekilde Tanrı ile kullar arasına girip kitleye hükmetmeyi bir ticaret, bir sanat haline getirmiş menfaatçi ve riyakâr zümreyi dağıtmak,*

c) *O zümre tarafından saf halka Müslümanlığın kutsal akideleri olarak tanıtılmış olan, fakat gerçekte akıl ve mantığa olduğu kadar, İslam dininin esasları ile daima zamana,*

zamanın fikriyatına uymayı emreden fikirlerine de aykırı
bulunan batıl inanışları, çeşitli yollarla yapılacak uyarmalarla vicdan ve kafalardan söküp atarak, aklın ve müspet
ilimlerin egemenliğini sağlamak; bu suretle dinimizin kaynağına ulaşmak,
d) Cehalet ve taassuba destek olan bütün müessesleri tasfiye
etmek..."[338]

Atatürk'ü çok yakından tanıyan **Hasan Rıza Soyak**'a göre Atatürk'ün Dinde Öze Dönüş Projesi'yle **laiklik, Allah ile kul arasına girmeme, yani din istismarının önlenmesi, batıl inanışların ve eski kurumların yıkılması, aklın ve bilimin egemenliği** amaçlanmıştır. Nitekim saltanat ve hilafetin kaldırılması, "devletin dini İslamdır" maddesinin anayasadan çıkarılması gibi devrimlerle laiklik yerleştirilmiş; kılık kıyafet devrimi, tekke ve zaviyelerin, medreselerin kapatılması gibi devrimlerle de dinle ilgili olduğu zannedilen, ancak gerçek dinle hiçbir ilgisi olmayan eskimiş anlayışlara son verilip, yozlaşmış kurumlar kapatılmıştır.

Ülkemizde Atatürk'e düşmanlık besleyenlerin veya Atatürk'ü çok yüzeysel olarak inceleyenlerin iddia ettiği gibi Atatürk, yapmış olduğu devrimlerle Türkiye'yi "dinsizleştirmeyi" amaçlamış değildir. Tam tersine o, İslam dinini sarıp sarmalayan hurafeleri ve batıl inanışları yok ederek, aklın ve bilimin önünü açarak, İslam dinini yeniden eski öz güzelliğine kavuşturmayı, 10 ve 16. yüzyıllar arasında olduğu gibi Türklerin sosyal yapısına uygun bir İslam anlayışını 21. yüzyılın gerçekleri doğrultusunda yeniden hayata geçirmeyi amaçlamıştır.

Atatürk'ün bu çabalarına tanık olanlar arasında Atatürk'ün devrimlerini "dini inkılâp" veya "dinde devrim" olarak adlandıranlar vardır. Örneğin o tanıklardan Türkiye'nin ABD Büyük Elçisi **General Charles Sherrill**, *"Atatürk Nezdinde Bir Yıl Elçilik"* adlı kitabında Atatürk devrimleri hakkında şöyle demiştir:

"... Gazi Hazretleri, maksat ve gayesi çok yüksek olan dini bir inkılâp başarmıştır. Bu inkılâp için kim ne derse desin ona

---
338 Hasan Rıza Soyak, **Atatürk'ten Hatıralar**, C 1, İstanbul, 1973, s. 257-258.

tarihte Luther ve Wycliff gibi yüce din adamlarından daha üstün bir şeref ve mevki vermiştir."[339]

Ünlü "Atatürk" biyografisinin yazarı Lort Kinross, Atatürk'ün Dinde Öze Dönüş Projesi'nin amacından, *"Yeni Türkiye dinsiz değildi, ama ona yapmacıklıktan arınmış, akla uygun gelecek ve ilericiliğe engel olmayacak bir din gerekiyordu,"* diye söz etmiştir.[340]

Atatürk devriminde İslam dininin yeri konusunda ilk esaslı değerlendirmeleri 1950'lerin sonlarında **Prof. W. C. Smith** yapmıştır. Smith, *"Islam in Modern History"* adlı kitabında Atatürk'ün Müslüman Türklerin devlet yönetiminde ve cemiyetinde yaptığı büyük devrimin, bizzat İslamiyet için düşünce ve uygulama bakımından büyük bir değişiklik meydana getirdiğini kabul etmiştir. Prof. Smith bu değişimi, ***"Atatürk Türkiye'de, İslam'da Bir Reformasyon mu Meydana Getirmektedir?"*** sorusu çerçevesinde incelemiştir.

Smith'in bu konudaki düşüncelerini şöyle özetlemek mümkündür:

1. Türk halkının neredeyse tamamı Müslümandır.
2. Atatürk'ün dini devletten ayırması (laiklik), Türklerin Müslümanlığını engellememiştir.
3. Türk Devrimi, İslamiyette fiilen tarihi bir durum yaratmıştır ve bu İslam dünyasının başındaki bir millet tarafından başarıldığı için çok önemlidir.
4. Atatürk devrimiyle Türkler, İslamiyetin dinamizmini temsil ederek onu yenileştirmekten söz etmektedirler. Bu bakımdan Müslüman Araplar geriye, Müslüman Türkler ileriye bakmaktadırlar.
5. Geleneksel İslamı eleştiren Türk aydını, İslamı yeniden yapılandırmaya çalışmaktadır.
6. Atatürk gerçekleştirdiği devrimlerle asırlar içinde durağanlaşmış İslamı dinamik ve gelişmeye açık hale getirmiştir.

---

339 Borak, **age.**, s. 94.
340 Lord Kinross, **Atatürk, Bir Milletin Yeniden Doğuşu**, 12. bas., İstanbul, 1994, s. 452.

7. Atatürk devrimi sadece tarihi bir olay değildir, İslamiyeti teorik bakımdan da ilgilendirir.[341] Dünyaca ünlü tarihçi Prof. Dr. Halil İnalcık, Atatürk'ün gerçek İslam düşüncesinin gelişmesine engel olmak istemediğini, İslamiyeti *"öz dini"* olarak gördüğünü ve *"oportünist, siyasi ve dünyevi cereyanlardan"* ayrı olarak ona gerçek kaynakları üzerinde kendini bulma ve yaratma imkânları hazırladığını belirtmiştir.[342] İnalcık, *"Devleti sekülarize eden bu radikal kararlar (Atatürk devrimleri) Türkiye'de İslamiyetin kaldırıldığı şeklindeki yorumlara hak verdirmez,"*[343] diyerek Atatürk devriminin "İslam karşıtı" olmadığının altını çizmiştir.

İnalcık, Atatürk'ün 1924'te bu radikal devrimlerini Türk ulusuna ve İslam dünyasına açıklarken, ortaya koyduğu gerekçelere dikkat çekmiştir: İnalcık bizzat Atatürk'ün sözlerinden hareketle şu değerlendirmeleri yapmıştır.

"Mustafa Kemal, sekülarizmin zorunluluğunu şu kanıtlarla açıklamaya çalışmaktadır:
1. *Müslümanız, Müslümanlığı reddetmiyoruz.*
2. *Fakat tarih gösteriyor ki, din siyaset vasıtası yapılarak menfaat ve ihtiraslara alet edilmiştir.*
3. *İnanç ve vicdanımıza ait kutsal duygularımız bu gibi ihtiraslara alet yapılmamalıdır. Onu bu durumdan kurtarmamız vazifemizdir.*
4. *Dünya ve din işlerini ayırmak Müslümanların bu dünyada ve öbür dünyada mutluluğu için zorunludur. İslam dininin gerçek büyüklüğü bununla meydana çıkacaktır.*

Mustafa Kemal'in bu din görüşü kuşkusuz bir köy hocasının din görüşünden farklıdır. Mustafa Kemal bu din görüşünde 1890-1914 arasında Türk eğitiminde laikleşme ve aydınlanma çağının İslamiyet görüşünü benimsemiş ve uygulamaya koymuştur."[344]

---
341 W. C. Smith, **Islam in Modern History**, Princeton, 1957, s. 171-175.
342 Halil İnalcık, **Atatürk ve Demokratik Türkiye**, İstanbul, 2007, s. 119-120.
343 **age.**, s. 68.
344 İnalcık, **age.**, s. 68-69 (Halil İnalcık bu analizleri Atatürk'ün şu sözlerine da-

Halil İnalcık burada Atatürk'ün Dinde Öze Dönüş Projesi'nin en önemli amaçlarından birini ortaya koymuştur. Bu amaç, din ile siyasetin birbirinden ayrılması (laiklik) ve dinin her türlü istismarının önlenmesi biçiminde özetlenebilir.

Atatürk'ü en iyi anlayıp anlatan aydınlardan biri olan **Ahmet Taner Kışlalı**, Atatürk'ün *"İslama karşı değil, cehalete karşı savaştığını,"* belirterek **onun Dinde Öze Dönüş Projesi'ni** şöyle ifade etmiştir:

"Mustafa Kemal zamanla İslam dininin özünden uzaklaştığını, birçok yabancı öğenin —yorumlar ve boş inançlar olarak— işin içine girdiğini düşünüyordu. Çağdaş olmanın inançsızlıkla ilgisinin bulunmadığı kanısındaydı, ama bilerek, mantığını kullanarak inanmalıydı. Şöyle diyordu: 'Türkler, dinlerinin ne olduğunu bilmiyorlar. Bunun için Kur'an Türkçe olmalıdır. Türk Kur'an'ın arkasından koşuyor, fakat onun ne dediğini anlamıyor. Benim maksadım, arkasından koştuğu kitapta ne olduğunu Türk anlasın...' Müslüman Türk halkı, Kur'an'ı kendi dilinden okuyup anlama olanağına ancak cumhuriyet rejimi sayesinde kavuştu."[345]

Özetle Atatürk, İslam dinini çepeçevre saran hurafeleri ayıklamak ve tekrar bu hurafelerin İslam dinini sarıp sarmalamasını önlemek için İslam dininin öz kaynağı **Kur'an-ı Kerim**'in anlaşılmasını amaçlamıştır.

Atatürk Dinde Öze Dönüş Projesi'ni, 1923 yılındaki, *"Türk milleti daha dindar olmalıdır, yani bütün sadeliği ile dindar olmalıdır, demek istiyorum. Dinime, bizzat gerçeğe nasıl inanıyorsam buna da öyle inanıyorum. Şuura aykırı, ilerlemeye engel hiçbir şey içermiyor,"*[346] sözleriyle özetlemiştir.

Atatürk bir keresinde gerçek İslamiyetin Hz. Muhammed

---

yanarak yapmıştır: *"İntisab ile mutmain ve mesud bulunduğumuz diyanet-i İslamiyeyi asırlardan beri mütemayil olduğu veçhile bir vasıta-i siyaset mevkiinden tenzih ve i'la etmek elzem olduğu hakikatini müşahede ediyoruz... İ'tikad ve vicdaniyatımızı... Her türlü menfaat ve ihtirasata sahne-i tecelliyat olan siyasiyattan... Bir an evvel kat'iyyen tahlis etmek, milletin dünyevi ve uhrevi sa'adetinin emrettiği bir zarurettir."*

345 Ahmet Taner Kışlalı, **Atatürk'e Saldırmanın Dayanılmaz Hafifliği**, Ankara, 1994, s. 43-44.
346 **Atatürk'ün Söylev ve Demeçleri**, C 2, s. 92-93.

döneminde yaşandığını, daha sonra ise değişime uğradığını şöyle ifade etmiştir:

"... Tereddütsüz diyebilirim ki, bugünkü İslam dini başka Peygamber'in zamanındaki İslam dini başkadır. Gerçek İslamiyet, yaratılıştan gelen mantıklı bir dindir. Hayalleri, yanlış düşünceleri, boş inançları hiç sevmez, özellikle nefret eder."[347] İşte onun amacı Hz. Muhammed döneminde yaşandığını belirttiği o "gerçek İslamı" arayıp bulmaktır.

Aslında işin özü, Atatürk'ün ifadesiyle *"Türk milletinin daha dindar olması, ama bütün sadeliği ile dindar olmasıdır."* Atatürk'ün Dinde Öze Dönüş Projesi'nin temel amacı burada geçen **"sadelik"** sözcüğünde gizlidir.

Dinde Öze Dönüş Projesi ve Din

Tabi bu aşamada sorulması gereken en önemli soru, "Bu Dinde Öze Dönüş Projesi'nin dine uygun olup olmadığıdır." Bu soruya yanıt verirken de "hangi İslam dini" diye sormak gerekir. 16. yüzyıldan beri hurafelerle kaplanmış İslam dini mi, yoksa 13. yüzyıla kadarki akılcı İslam dini mi?

Bu sorulara yanıt vermek için Atatürk'ün Dinde Öze Dönüş Projesi'ni özetleyelim:
1. İslam dinini saran hurafelerin dinden ayıklanması,
2. Dinin siyasete, kişisel çıkarlara alet edilmesinin önlenmesi,
3. Din dilinin Türkçeleştirilmesi (Türkçe Kur'an, Türkçe hutbe, Türkçe ezan).

Burada üzerinde durulması gereken nokta, Dinde Öze Dönüş Projesi'nin "kalbi" durumundaki dinde Türkçeleştirme çalışmalarının İslam dinine, bu dinin ana kaynağı Kur'an'a gerçekten uygun olup olmadığıdır.

İslamın en büyük imamlarından Hanefi mezhebinin kurucusu **İmam-ı Azam Ebu Hanife**, Kur'an'ın Arapçadan başka dillere çevrilip, namazda bile o dilde okunmasının dini açıdan "caiz"

---
347 Reşat Genç, **Türkiye'yi Laikleştiren Yasalar**, Ankara, 1998, s. 149.

olduğunu, asıl amacın "lafız", yani "söz" değil "anlam" olduğunu asırlar önce ifade etmiştir.

Aslında Kur'an'ın başka dillere çevrilip çevrilmeyeceği sorusuna bizzat Kur'an yanıt vermiştir. Allah Kur'an'da "din" ve "dil" ilişkisini bütün çıplaklığıyla ortaya koymuştur. İşte birkaç örnek:

"Biz her elçiyi kendi kavminin diliyle gönderdik ki, onlara (emredilen şeyleri) açıklasın." (İbrahim 14/4)

"Biz onu Arapça bir Kur'an olarak indirdik ki anlayasınız." (Yusuf 12/12)

"Biz sana böyle Arapça bir Kur'an vahyettik ki, kentlerin anası (Mekke'yi) ve çevresindekileri uyarasın." (Şuara, 26/193-195)

"Eğer biz onu yabancı (dilde) bir Kur'an yapsaydık derlerdi ki (ayetleri anlayacağımız biçimde) açıklanmalı değil miydi? Araba yabancı söz mü geliyor?" (Fussilat, 41/44)

"Şüphesiz Kur'an Âlemlerin Rabbi'nin indirmesidir. Ey Muhammed apaçık Arap diliyle uyaranlardan olman için onu Cebrail senin kalbine indirmiştir." (Şuara, 192-195)

"Ey Muhammed, biz öğüt alırlar diye Kur'an'ı senin dilinle indirdik. Kolayca anlaşılmasını sağladık." (Duhan, 58)

Görüldüğü gibi inanlar için bizzat Allah, Kur'an'da çok açık ifadelerle *"Anlaşılsın diye Kur'an'ı Arapça indirdik,"* demiştir.

"Atatürk İle Allah Arasında" adlı kitabımda değindiğim gibi: *"Kur'an ilk hedef olarak vahşet ve cehalet içinde debelenen cahiliye Araplarını terbiye ve ıslah etme amacı taşıdığından Arapça olarak indirilmiştir. Bu Kur'an mantığından hareket edildiğinde eğer Kur'an Türklere indirilseydi Türkçe, İngilizlere indirilseydi İngilizce, Japonlara indirilseydi Japonca olarak indirilecekti. Kur'an'da belirtildiği gibi, 'Kendilerine apaçık beyanda bulunsun diye her peygamberi kendi milletinin diliyle gönderdik' (İbrahim, 4). Allah, sapkın ve ilkel Arap toplumunu doğru yola sokabilmek için gönderdiği mesajın (Kur'an'ın) öncelikle Arap halkı tarafından anlaşılmasını amaçlamıştır. Bu nedenle Kur'an'ın dili Arapçadır."*[348]

---

348 Meydan, age., s. 663.

Asıl din düşmanlığı, Müslüman olduğu halde asırlardır Müslümanlığın kutsal kitabı Kur'an'ı anlamadan okumaktır. İşte Atatürk Dinde Öze Dönüş Projesi ile her şeyden önce Kur'an'ın anlaşılmasını amaçlamıştır.

Yazı, Dil ve Din

Atatürk'ün dediği gibi *"Aslında mesele din değil, dildir."* Cumhuriyet öncesindeki birçok "dinsel sorunun" temelinde büyük bir "dilsel sorun" vardır. Atatürk birçok Osmanlı aydını gibi Arapça-Farsça ve Türkçeden oluşan "Osmanlıca" adlı yapay dilin toplumsal sorunların temel kaynağı olduğunu çok erken görmüştür. Osmanlı Devleti'nin iyi eğitim alıp cepheden cepheye koşan komutanlarından biri olan Atatürk, Şam'da, Çanakkale'de, Muş'ta, Bitlis'te, Sivas'ta, Erzurum'da, Ankara'da vb. bulunduğu dönemlerde sıradan/gerçek halkın, Türklerin Arap harfleriyle okuma-yazmakta çok zorlandığını, büyük şehirlerde yaşayanların ancak %7'sinin küçük yerlerde, köylerde, kasabalarda yaşayanların ise ancak %2'si veya 3'ünün okuyup yazabildiğini gözlemlemiştir. Çok daha önemlisi, halkın "Osmanlıca" adlı "yamalı bohça" görünümündeki bu yapay dili Arap harfleriyle okuyup yazamamasından dolayı Arap harflerini ve Arapçayı bilen kesimlerin (medrese ehlinin ve din adamlarının) halk üzerinde bir tür otorite kurduğunu fark etmiştir. Kendisi okuyup yazamayan halk, her ne kadar okuyup yazamasa da, ya da okuyup anlamasa da kutsal kitap Kur'an'ın Arap harfleriyle yazılmış olmasından dolayı Arap harflerine "gizli", "kutsal", "dinsel" bir anlam yüklemiştir. Yani Osmanlı'nın kullandığı Arap harfleri, bir taraftan Türkçenin gramer ve ses yapısına hiç uymadığı için okuma yazmayı zorlaştırırken, diğer taraftan cahil halk kitleleri tarafından "kutsal" görüldüğü için din adamlarına bir tür ayrıcalık kazandırmıştır. Yani halkın büyük bir çoğunluğu (1928 Harf devrimi öncesindeki istatistiklere göre erkeklerin %92'si, kadınların %99'u) Arap harfleri ve bu harflerle yazılan Arapça, Farsça, Türkçe sözcüklerin karışımından oluşmuş Osmanlıca yüzünden ne gazete, ne dergi, ne kitap ne de kutsal kitap Kur'an-ı Kerim'i okuyup anlayabilmiştir. Yani iki taraflı bir cehalet vardır. **Hem hayatın, hem dinin gerçeklerinden habersiz bir toplum söz konusudur.** İşte Atatürk bu durumu her türlü ilerlemenin önündeki en büyük engel olarak görmüştür. "Muasırlaşma" diye adlandırdığı **çağdaşlaşmanın** ancak bu iki taraflı cehaleti yenmekle mümkün olacağını düşünmüştür. Bu nedenle önce, 1928 yılında "eklemeli" ve "çok sesli" bir dil olan Türkçeyi, Türkçenin yapısına hiç uymayan "çekimli" ve "çok sessiz" bir dil olan Arapçanın alfabesiyle yazma garabetine son vermiştir. Bu amaçla **Yazı Devrimi'ni** gerçekleştirerek Türkçenin yapısına neredeyse birebir uyan Göktürk-Etrüsk kökenli Latin alfabesini (Yeni Türk alfabesini) kabul etmiştir. Daha sonra, 1931 yılından itibaren Arapça, Farsça-Türkçe ve son zamanlarda Fransızca karışımından oluşan Osmanlıca adlı yapay dilin yerine, asırlar içinde unutulmaya terk edilmiş öz Türkçeyi arayıp bulmak ve yeni Türkçe sözcükler türetmek şeklinde özetlenebilecek olan **Dil Devrimi'ni** gerçekleştirmiştir. Yazı ve Dil Devrimleri ile Türk insanının kendi öz dilini çok kolay bir şekilde okuyup anlaması ve böylece aydınlanıp ilerlemesini amaçlamıştır.

Atatürk'ün –Atatürk karşıtı çevrelerin hep iddia ettikleri gibi– Yazı ve Dil Devrimi Türkiye'yi tarihinden, geçmişinden ve dininden koparmak için yapılmamıştır. Tam tersine **Yazı ve Dil Devrimi, Arap harflerinin ve Arapça, Farsça, Fransızca gibi dillerin istilasına uğrayan Türkçenin yok olmaması için, herkesin okuryazar olması için, dolayısıyla herkesin aydınlanması için yapılmıştır.** Ayrıca Osmanlı döneminde okuma yazma bilmeyen insanların tarihten de, dilden de, dinden de, kültürden de habersiz oldukları açıktır. Atatürk'ün Yazı ve Dil Devrimleri sayesinde insanlar okuma yazma öğrenip tarihini de, dilini de, dinini de, kültürünü de çok daha iyi bir şekilde öğrenmeye başlamıştır.

Atatürk Yeni Türk Alfabesi'nin kabulünden sonra yurt gezilerine çıkarak yeni harfleri "başöğretmen" olarak halka tanıtmıştır. Bu gezilerinden birinde **Tin Suresi'nin ilk ayetlerini** bir hocaya Yeni Türk harfleriyle yazdırmıştır.

Atatürk, Tekirdağ'da Eskicami imamı **Mevlana Mustafa Özveren**'den Tin Suresi'ni Arap harfleriyle yazmasını istemiştir: *"Hoca Efendi yaz bakalım: 'Vettini vezzeytuni ve Turi Sinin ve haze'l beledi'l emin..."*

Mustafa Özveren Hoca, bu ayeti Arap harfleriyle yazıp bitirince Atatürk hocanın gözlerinin içine bakarak, *"Hocam ben bu yazdıklarını 'valtin vaiziton' diye okuyorum. Ne dersin?"* demiştir.

Mustafa Özveren Hoca, Atatürk'e, *"Efendim, bunun üstünü var, şeddesi var. Bakınız bunları koyduğunuz zaman aslı gibi okunur,"* demiştir.

Bunun üzerine Atatürk, hocanın Arap harfleriyle yazdığı ayeti orada bulunanlara da okutmuş, fakat herkes farklı şeyler telaffuz etmiştir.

Kimse ayeti tam olarak doğru okuyamayınca **Atatürk**, aynı ayeti **Yeni Türk harfleriyle yazmaya başlamış** ve bu sırada şunları söylemiştir:

"Görüyorsun Hoca Efendi, bu harflerin şeddesi yok. Hem bak bu harflerle ne kadar kolay ve yanlışsız okunuyor. Biz işte bunu düşünerek ve Batı eserlerini de kolayca öğrenebilmek için, bütün dünyaya lisanımızı kolayca öğretebilmek için Latin harflerini (Yeni Türk harflerini) kabul ediyoruz."

Bunun üzerine hoca, *"Çok güzel efendim, çok güzel, diyecek bir şey yok. Allah muvaffak etsin,"* demiştir.

Atatürk daha sonra, yeni Türk harfleriyle **Tin Suresi**'ni yazmış olduğu o kâğıdı Mevlana Mustafa Özveren Hoca'ya uzatıp şöyle demiştir: *"Bu kâğıt sende kalsın, bir hatıram olsun. Yeni harfleri öğren ve herkesi öğrenmeye teşvik et, bir daha gelişimde seni böyle göreyim."*[349]

---

349 M. Şakir Ülkütaşır, **Atatürk ve Harf Devrimi**, Ankara, 1981, s. 92-93; Ahmet Bekir Palazoğlu, **Atatürk ve Eğitim**, Ankara, 1988, s. 202-203; Meydan, **age.**, s. 686.

Atatürk karşıtlarının iddia ettikleri gibi Atatürk Yazı ve Dil Devrimlerini yaparak toplumun İslam diniyle olan bağlantısını kesmeyi de amaçlamamıştır. Eğer öyle bir amacı olsaydı 1928'de Arap harflerinden yeni Türk harflerine geçirdiği Türkiye'de Kur'an'ı yeni Türk harfleriyle Türkçeye tercüme ettirmez, Kur'an'ı Arapça olarak bırakırdı. Hutbeleri ve ezanı da Türkçeleştirmezdi. Oysaki O, Kur'an'ın okunup anlaşılmasını istediği için Türkçeye çevirtmiştir. Hutbeleri ve ezanı da anlaşılması, içselleştirilmesi, daha iyi hissedilmesi için Türkçeye tercüme ettirmiştir. Çünkü bir metin ancak anadilde okunursa gerçek anlamda hissedilip içselleştirilebilir. Yani Atatürk, Osmanlı Devleti döneminde 600 yıl kadar –Arapça olduğu için– Türklerin okudukları ancak anlayamadıkları Kur'an'ı Türkçeye tercüme ettirerek Kur'an'ın anlaşılmasını sağlamıştır. Dolayısıyla Türk-İslam tarihinde **Müslüman Türk halkının gerçek anlamda Kur'an'la tanışmasını sağlayan Atatürk'tür.** Kur'an'ın Türkçeleştirilmesinden, yani anlaşılmasından rahatsız olup bunu "dinsizlik" diye adlandıranların, ezanın Türkçeleştirilmesini de aynı şekilde "dinsizlik" diye adlandırmalarına şaşmamak gerekir. Onlara göre Arapça **"Allah"** sözcüğünün yerine Türkçe **"Tanrı"** sözcüğünü kullanmak bile dinsizliktir! Oysa ki, bilindiği gibi "Yaradan"ın en eski adlarından biri Türkçe "Tanrı" sözcüğüdür. Orta Asya'da MS 8. yüzyılda **"Tengri"** diye kullanılan bu sözcük, MÖ 4000'lerde Sümerlerde **"Dingir"** olarak kullanılmıştır. Yani Türkçe **"Dingir/Tengri/Tanrı"** sözcüğü, etimolojik açıdan Arapça **"Allah"** sözcüğünden daha eski bir sözcüktür. Ayrıca Türklerin Yaradan'a kendi dillerinde seslenmelerinden daha doğal ne olabilir? Bunun dinsizlikle ne alakası vardır? Yoksa bizim dinciler, Allah'ın Türkçe bilmediğini mi sanmaktadır? Ayrıca Atatürk'ten önce geçmişte de "Allah" için Türkçe **"Tanrı"**, hatta **"Çalab"** adları kullanılmıştır. Örneğin **Yunus Emre, Molla Feneri, Süleyman Çelebi** zaman zaman Arapça "Allah" yerine Türkçe "Tanrı" ve "Çalab" adlarını kullanmıştır.

Din Dilinin Türkçeleştirilmesi: Türkçe Kur'an, Dua, Hutbe, Ezan, Salat

> *"Kur'an tercüme edilmez demek,*
> *Kur'an'ın manası yoktur*
> *demektir."*
> Atatürk

Atatürk Kur'an'ın Türkçeye tercümesine karşı çıkanlara, İslamın en büyük imamlarından **Ebu Hanife**'nin bir sözünden yola çıkarak, *"Kur'an tercüme edilemez demek, Kur'an'ın manası (anlamı) yoktur demektir,"*[350] diye yanıt vermiştir. Atatürk Dinde Öze Dönüş Projesi'nin en önemli aşaması olarak din dilinin Türkçeleştirilmesini, din dilinin Türkçeleştirilmesinin en önemli ayağı olarak da İslam dininin ana kaynağı Kur'an-ı Kerim'in Türkçeye tefsir ve tercümesini görmüştür.

Atatürk, din dilinin Türkçeleştirilmesi çalışmalarında Yeni Osmanlı ve Jön Türk aydınlarından etkilenmiştir. Bu konudaki en önemli esin kaynağı, **Ziya Gökalp**'tir.

> *"Bir ülke ki camisinde Türkçe ezan okunur.*
> *Köylü anlar manasını namazdaki duanın,*
> *Bir ülke ki mektebinde Türkçe Kur'an okunur,*
> *Küçük büyük herkes bilir buyruğunu hüdanın,*
> *Ey Türkoğlu işte senin orasıdır vatanın."*[351]

Bu satırların yazarı Ziya Gökalp, 20. yüzyılın başında Türkiye'de din dilinin Türkçeleştirilmesi (Türkçe Kur'an, Türkçe ezan, Türkçe hutbe) düşüncesini en güçlü şekilde savunanlardan biridir.

---

350 Falih Rıfkı Atay, **Atatürkçülük Nedir?**, 3. bas., İstanbul, 2006, s. 38. Buradaki Ebu Hanife Atatürk benzerliğine **Prof. Yaşar Nuri Öztürk** dikkat çekmiştir. (ART, 07.01.2009). Meydan, **age.**, s. 661, dipnot, 1271.
351 Ziya Gökalp, **Yeni Hayat**, İstanbul, 1941, s. 9.

Ziya Gökalp, *"Türkçülüğün Esasları"* adlı kitabında "Dini Türkçülük" başlığı altında din dilinin Türkçeleştirilmesinden şöyle söz etmiştir:

"Dini Türkçülük, din kitaplarının ve hutbelerle vaazların Türkçe olması demektir. Bir millet dini kitaplarını okuyup anlayamazsa tabiidir ki, dinin hakiki mahiyetini öğrenemez. Hatiplerin, vaizlerin ne söylediklerini anlamadığı surette de ibadetlerden hiçbir zevk alamaz. İmam-ı Azam Hazretleri, hatta namazdaki surelerin bile milli lisanla okunmasının caiz olduğunu beyan buyurmuşlardır. Çünkü ibadetten alınacak vecd, ancak okunan duaların tamamıyla anlaşılmasına bağlıdır. Halkımızın dini hayatını tetkik edersek görürüz ki ayinler arasında en ziyade vecd duyulanlar, namazlardan sonra anadiliyle yapılan deruni ve samimi münacatlardır. Müslümanların camiden çıkarken büyük bir vecd ve iç huzuru ile çıkmaları, her ferdin kendi vicdanı içinde yaptığı bu mahrem münacaatların neticesidir.

Türklerin namazdan aldıkları ulvi zevkin bir kısmı da yine anadiliyle inşad ve terennüm olunan ilahilerdir. Bilhassa teravih namazlarını canlandıran amil, şiir ile musikiyi kapsayan Türkçe ilahilerdir. Ramazan'da, vesaire zamanlarda Türkçe irad olunan vaazlar da halkta dini duygular ve heyecanlar uyandıran bir amildir.

Türklerin en ziyade vecd aldıkları ve zevk duydukları bir ayin daha vardır ki, o da Mevlid-i Şerif kıratından ibarettir. Şiir ile musikiyi ve canlı vakaları cem eden bu ayin, dini bir bidat suretinde, sonradan hadis olmakla beraber, en canlı ayinler sırasına geçmiştir.

Tekkelerde Türkçe yapılan zikirler esnasında okunan Türkçe ilahilerle nefesler de büyük bir vecd menbaıdır (kaynağıdır).

İşte bu misallerden anlaşılıyor ki bugün Türklerin ara sıra dini bir hayat yaşamasını temin eden amiller, dini ibadetlerin arasından eskiden beri Türk lisanıyla (diliyle) icrasına müsaade olunan ayinlerin mevcudiyetidir. O halde dini hayatımıza daha büyük bir vecd ve inşirah vermek için gerek –tilavetler müstesna olmak üzere– Kur'an-ı Kerim'in ve gerek ibadetlerle ayinlerden sonra okunan bütün dualarla münacaatların ve hutbelerin Türkçe okunması lazım gelir."[352]

Din dilinin, özellikle Kur'an'ın Türkçeleştirilmesi konusuna vurgu yapanlardan biri de usta şair **Mehmet Akif Ersoy**'dur. Ersoy'un aşağıdaki dörtlüğü Gökalp'in yukarıdaki beşliğine benzerliğiyle dikkat çekmektedir:

"*Açarız nazmı celilin bakarız yaprağına,
Yahut üfler geçeriz, ölünün toprağına,
İnmemiştir hele Kur'an, bunu hakkıyla bilin,
Ne mezarlıkta okunmak ne de fal bakmak için.*"

İstiklal Marşımızın şairi Mehmet Akif, bu dörtlüğüyle Arapça Kur'an'ın "yaprağına bakılan, ölünün toprağına okunan ve fal bakılan" bir kitap durumunda olduğunu belirterek, Kur'an'ın anlaşılarak okunamamasından duyduğu rahatsızlığı dile getirmiştir. Ersoy'un bu düşüncelerini bilen **Atatürk**, bilindiği gibi Kur'an'ın Türkçeye tercüme edilmesi görevini –Elmalılı Hamdi Yazır'la birlikte– Mehmet Akif Ersoy'a vermiştir.

M. Akif Ersoy

Türkiye'de din dilinin Türkçeleştirilmesi konusu 19. yüzyıl Osmanlı aydınları tarafından sıkça dile getirilmiş konulardan biridir. Örneğin Yeni Osmanlı aydınlarından **Ali Suavi**, Kur'an'ın Türkçeye çevrilebileceğini ve hatta **Türkçe namaz** kılınabileceğini belirtmiştir.[353]

II. Meşrutiyet döneminde, İttihatçıların imamı durumundaki **Mehmed Ubeydullah Efendi**, İttihatçı Talat Paşa'dan Türkçe namaz kıldırmak için izin istemiş, ancak Talat Paşa izin vermemiştir.[354]

---

352 Ziya Gökalp, **Türkçülüğün Esasları**, İstanbul, 1976, s. 164-165.
353 Hilmi Ziya Ülken, **Çağdaş Düşünce Tarihi**, İstanbul, 1979, s. 76.
354 Meydan, **age.**, s. 662.

Hocazade Mehmed Ubeydullah Efendi *"Kıvam-ı İslam"* adlı eserinde Kur'an ve hadislerin Türkçeye çevrilmesinin zorunlu olduğunu savunmuştur.[355]

Yine İttihatçılar döneminde, bu sefer 1913'te **Şerafettin Yaltkaya** tarafından gündeme getirilen **Türkçe namaz** konusu yine ilgi görmemiştir.[356]

Şeyh Ubeydullah Efgani, 1911 yılında *"Kavm-i Cedid"* adlı eserinde dinsizliğin ortadan kalkması için Kur'an'ın ve hadislerin Türkçeye çevrilmesi gerektiğini belirtmiştir.[357]

19. yüzyılın sonlarında ve 20. yüzyılın başlarında Osmanlı aydınları Osmanlı toplumunun sorunları arasında dini konulardaki bilgisizlikten de söz etmiştir. Aydınlar, bu dini bilgisizlikten kurtulmak için öncelikle Kur'an'ın Türkçeye tercüme edilmesi ve anlaşılarak okunması gerektiğini belirtmiştir. Örneğin 1916 yılında **Tüccarzade İbrahim Hilmi**, *"Avrupalılaşmak Felaketlerimizin Esbabı (Sebepleri)"* adlı eserinde Osmanlı Devleti'nin "buhranlarının nedenlerini" sorgularken, "dini bilgisizlik" ve "Türkçe Kur'an" konularında şunları yazmıştır:

"... Bugün milyonlarca Müslüman Allah'ın kendilerine ne emrettiğini, Kur'an'da neler söylenmiş olduğunu bilmiyorlar. Hele biz Türkler Kur'an-ı Kerim'in Türkçe tercümesi olmaması yüzünden dinimizin esasını bile bilmiyoruz. Diyoruz ki, 'Kur'an Türkçeye tercüme edilemez. Her ayetin birçok anlamı vardır. Mutlaka uzun bir tefsire ihtiyaç gösterir. O halde milyonlarca Arap ve Arapçayı bilenler Kur'an-ı daima tefsirle birlikte mi okuyorlar? Ulemadan olmayan bir Arap Allah'ın kelamını okumakla ne kadar bir şey anlıyorsa, biz Türkler de yüce ayetlerin meallerini okumaktan da o kadar bir şey öğrense yine hiç bilmemekten; aslında Kur'an'da olmayıp en cahilin Kur'an'a atfedilen bir türlü rivayet ve hurafelerle zihninin yanıltılmasından daha iyi değil midir?"[358]

---

355 İsmet Bozdağ, **İşte Atatürk'ün Türkiyesi**, (cep boy), İstanbul, 2009, s. 17.
356 Meydan, **age.**, s. 662.
357 Bozdağ, **age.**, s. 17.
358 Tüccarzade İbrahim Hilmi, **Avrupalılaşmak**, haz. Osman Kafadar-Fuat Öztürk, Ankara, 1997, s. 156.

Bu cümleleriyle dini bilgisizlikten, hurafelerden kurtulmak için Kur'an'ın Türkçeleştirilip anlaşılarak okunması gerektiğini belirten İbrahim Hilmi, ayrıca Kur'an'ın anlamını bilmemekten dolayı Türk manevi hayatının bir hayli sarsıldığını anlatmış, ayrıca Türk toplumunun sorunlarının tek nedeninin "dini duyguların gevşemesi" olmadığını, sorunların temelinde çağın gereklerini, ilerlemelerini takip edememenin yattığını ifade etmiştir.[359]

İbrahim Hilmi'ye göre eski Müslüman Türkler İslamiyeti son zamanlardaki Osmanlı Türklerinden çok daha iyi anlamıştı: *"... Eğer onlar İslam dinini biz Müslümanların anladığı gibi anlamış olsaydılar, o şanlı devletleri, o parlak medeniyetleri hiçbir zaman ortaya koyamazlardı."*[360]

İbrahim Hilmi, ayrıca insanların dinlerini çok iyi anlamalarının da tek başına ülke kalkınması için yeterli olmadığı görüşündedir. Ona göre milletlerin "milli" ve "siyasi" varlığı sadece dini bilimlerle ve din duygusuyla ayakta durmaz. Pozitif bilimlerde de ilerleme gereklidir. Bu konuda şöyle demiştir:

"Gerçek İslamiyet de hiçbir zaman buna engel değildir. Din rivayet ve hurafelerle boğulursa, uyuşukluk ve gevşekliğin etkisiyle öğrenilmesi zor ve zahmetli olan bilimlerden uzak kalır. Böylece bilgisizlik artar, çalışma kalkar, sefalet ve esirlik yaygınlaşır."[361]

İbrahim Hilmi, hurafelerden arınmış bir İslamın ilerlemeye engel olmadığını düşünmektedir. Ona göre dinsel konulardaki yanlış düşüncelerin temelinde de "bilgisizlik" yatmaktadır. Müslümanlar bilimin ışığıyla aydınlanmaya başladıklarında, dini konulardaki bilgisizlikten de kurtulup İslamiyeti gerçek anlamıyla tanıyacaklardır:

"Bugünkü dini kayıtsızlığı meydana getiren bilgisizliktir. Hurafeler ve İsrailiyyata olan inançtır. Bu batıl inançların gevşe-

---

359 age., s. 157.
360 age., s. 158.
361 age., s. 159-160.

diği, Avrupa biliminin Müslümanlar arasında gerçeği gibi yayıldığı gün din ilimlerine düşkünlük daha da artacak, İslamiyetin ilk saflığına dönülecek, asr-ı saâdete ait temiz ve pak kaynağa yaklaşılacak. Hz. Muhammed'in o sonsuz ışığından hayat, mutluluk elde edilecektir."[362]

İbrahim Hilmi'nin İslam dini, din dilinin Türkçeleştirilmesi, din ve hurafe ayrımı, bilim ve din ilişkisi gibi konulardaki yaklaşımlarının Atatürk'ün bu konudaki yaklaşımlarına neredeyse birebir benzemesi, Atatürk'ün bu konulardaki düşünce kaynakları arasında İbrahim Hilmi'nin de olduğunu göstermektedir.

Ali Suavi, Tüccarzade İbrahim Hilmi, Ziya Gökalp ve Mehmet Akif gibi aydınlar başta olmak üzere, birçok Osmanlı aydını din dilinin Türkçeleştirilmesi gerektiğini belirtmiştir. Din dilinin Türkçeleştirme çalışmalarının ilk adımını doğal olarak Kur'an-ı Kerim'in Türkçeye tercümesi oluşturmuştur.

Türkçe Kur'an

Atatürk'ün Kur'an'ın Türkçeleştirilmesi çalışmalarına geçmeden önce Atatürk'ten önce bu konuda yapılanları özetleyelim:

Osmanlı'nın son zamanlarında **Ahmet Cevdet Paşa**, Kur'an'ın bazı hükümlerini Osmanlıcaya çevirtmiştir.[363]

1841'de *"Tefsir-i Ayıntabi"*, 1875 yılında *"Tefsir-i Züptetü'l Ahtar"* ve 1865'te *"Tefsir-i Mevahip"* adlı tefsir çalışmaları yapılmıştır, ancak bu çalışmalar bilimsellikten çok uzak, hurafelerle dolu çalışmalardır.[364]

Osmanlı'nın son zamanlarında Türkçe Kur'an'ın bayraktarlığını yapan yayın organlarından biri **Dr. Abdullah Cevdet**'in *İçtihat* dergisidir. Örneğin *İçtihat* dergisinde, *"Din, Dua ve Halk"* adlı bir makalede Kur'an'ın anlamını bilmemenin "dinsizlik" olduğu iddia edilmiştir.

---

362 age., s. 162.
363 Meydan, age., s. 667.
364 Ekmeleddin İhsanoğlu, **Eb Nahvetu'l Alemiye Havle Tercemati Meani'l Kur'an'il Kerim**, İstanbul, 1985, s. 267'den naklen Manaz, age., s. 196.

"*Biz Kur'an-ı Kerim'in manasını anlamadan okuyan bir Müslüman milletiz. Fakat bunun dosdoğru manası dinsiz bir milletiz*"[365]

1908'den itibaren II. Meşrutiyet döneminde bazı Kur'an çevirileri olmuş, ancak bu çeviriler şeyhülislam emriyle toplatılmıştır.[366] 1914'te çıkmaya başlayan ve İttihatçıların finanse ettikleri **İslam Mecmuası** adlı dergi İslam dininin hurafelerle, batıl düşüncelerle kaplandığını ileri sürerek, İslamın öze döndürülmesi için her şeyden önce İslamın ana kaynağı Kur'an'ın anlaşılması gerektiğini savunmuştur.[367] Bu amaçla çok cesur bir adım atıp her sayının ilk sayfasının başında bir Kur'an çevirisi yayımlamıştır. 13. sayıdan itibaren Arapça metin verilmeyerek Kur'an'ın sadece Türkçe tercümesi ve tefsiri yayımlanmıştır.[368]

I. Dünya Savaşı sırasında İttihatçıların iktidarı döneminde **Maarif Vekâleti**, Kur'an'ın "Eşari" ve "Maturidi" yorumları için ödüllü bir yarışma açmıştır.[369]

Osmanlı'da ilk Kur'an çevirilerinden birini **Zeki Maganiz** yapmıştır. Maganiz'in çevirisi, 1914 yılında basılıp piyasaya sürülmüştür.[370] Bu çeviriyi din dilinin Türkçeleştirilmesini savunan Tüccarzade İbrahim Hilmi yaptırmıştır.[371]

Osmanlı'nın son zamanlarında Türkçe Kur'an'dan söz eden aydınlardan biri de **Ahmet Ağaoğlu'dur**. Ağaoğlu bir gün İstanbul Türk Ocağı'nda Kur'an'ın ve duaların Türkçeleştirilmesinden söz edince Abdülaziz Çaviş Efendi adlı bir imam Beyazıt Camii'ndeki vaazında kendisini "iman" ve "nikâh" tazelemeye davet etmiştir.[372]

Kur'an-ı Kerim, 1919 yılında Çağatay lehçesiyle Türkçeye

---

365 İçtihat, no: 338, 1 Şubat 1932, s. 5651'den naklen Meydan, **age.**, s. 667.
366 İlhan Arsel, **Arap Milliyetçiliği ve Türkler**, İstanbul, 1999, s. 374-375.
367 Masami Arai, **Jön Türk Dönemi Türk Milliyetçiliği**, İstanbul, 2000, s. 128.
368 **age.**, s. 136.
369 Bozdağ, **age.**, s. 17.
370 Meydan, **age.**, s. 667.
371 Bozdağ, **age.**, s. 17.
372 Sabahattin Özel, **Büyük Milletin Evladı ve Hizmetkârı Atatürk ve Atatürkçülük**, İstanbul, 2006, s. 205.

tercüme edilmiştir. Ancak bu çeviri Türk halkının ihtiyacına yanıt vermekten çok uzaktır.

Cumhuriyet döneminin ilk Kur'an tercümesi **Seyyit Süleyman Tevfik Efendi**'nin *"Tercüme-i Şerife"* adıyla yayımlanan mealidir.[373]

Cumhuriyet'in ilk Kur'an tercümelerinden biri de 1924 yılında **Cemil Said** tarafından hazırlanmıştır. Yine **Hüseyin Kazım** ve arkadaşları da *"Nuru'l Beyan"* adlı bir tercüme hazırlamıştır. Ancak her iki tercüme de yeterli görülmemiştir.[374]

1927 yılında **Süleyman Tevfik**'in yaptığı Kur'an tercümesi de anlaşılır bulunmamıştır.[375]

1927 yılında **Osman Reşit** başkanlığında bir heyet tarafından yapılan Kur'an tercümesi de beğenilmemiştir.[376]

1927 yılında **İsmail Hakkı İzmirli**'nin yaptığı tercüme kısmen beğenilip yaygınlaşmıştır.[377]

Cumhuriyet'in ilk önemli Kur'an tefsiri ise **Mehmet Vehbi Efendi**'nin hazırladığı *"Hülasatü'l Beyan Fi Tefsiril Kur'an"* adlı çalışmasıdır.[378]

1928 Haziranı'nda Darülfünun İlahiyat Fakültesi'nde **Fuad Köprülü**'nün başkanlığında kurulan bir komisyonun hazırladığı raporda din dilinin Türkçeleştirilmesi, dua ve hutbelerin Türkçe okunması önerilmiştir.[379]

Atatürk din dilinin Türkçeleştirilmesine karar verdiğinde, bu konuda daha önce yapılan bütün bu çalışmalardan etkilenmiş ve yararlanmıştır. 1841 yılından beri din dilinin Türkçeleştirilmesi konusunda yapılan çalışmaların büyük bir ihtiyaçtan doğduğunu çok iyi görmüştür. Bu nedenle daha cumhuriyeti ilan

---

[373] Bozdağ, age., s. 18.
[374] Meydan, age., s. 667.
[375] age., s. 668.
[376] age., s. 668.
[377] **World Bibliyografphy of Translations of Meanings of the Holy Kuran Printed Translation** (1515-1590), İstanbul, 1986, s. 447-481'den naklen Manaz, age., s. 196.
[378] Meydan, age., s. 669.
[379] Gotthard Jäschke, **Yeni Türkiye'de İslamcılık**, çev. Hayrullah Örs, Ankara, 1972, s. 44.

etmeden önce din dilinin Türkçeleştirilmesi konusunda ilk arayışlara başlamıştır. Örneğin daha 23 Nisan 1920'de TBMM'nin açılışında **Türkçe dua** edilmiştir.[380] Atatürk 1921 yılında Sakarya Savaşı'nın devam ettiği günlerde, geceleri karargâhındaki çadırında Türkçe tefsir ve tercüme konusunda kitaplar okumuştur.[381]

1924 yılında Atatürk'ün işaretiyle harekete geçen Eskişehir Mebusu Abdullah Azmi Efendi ve elli arkadaşının teklifiyle Diyanet İşleri bütçesine, *"Kur'an-ı Kerim ve Hadis-i Şeriflerin Türkçe tercüme ve tefsir heyeti için ücret ve masraf olarak 20.000 lira ödenek eklenmesi"* istenmiştir. TBMM bu isteği kabul ederek onaylamıştır. Böylece hükümet Kur'an tefsir ve tercümesi için harekete geçmiştir.

TBMM'nin bu kararı 23 Şubat 1924 tarihli *Cumhuriyet* gazetesine, *"Meclis'in Kur'an-ı Kerim'in tercümesini kabul ettiği"* şeklinde yansımıştır.

Ziya Gökalp 1923'te Ankara'da yayımladığı *"Türkçülüğün Esasları"* adlı kitapta *"Dini Türkçülük"*ten söz etmiştir. Atatürk, din dilinin Türkçeleştirilmesi konusundaki çalışmalarda her şeyden önce Ziya Gökalp'in bu *"Dinde Türkçülük"* ilkesinden hareket etmiştir. Bu nedenle 1924 yılının başlarında bu konuları Ziya Gökalp'le görüşmüştür.[382] Atatürk'ün bir işaretiyle Diyarbakır'dan Ankara'ya gelen ve yeniden kurulan *"Telif ve Tercüme Heyeti"* başkanlığına seçilen Ziya Gökalp'in Atatürk'le Çankaya Köşkü'nde gün boyunca yaptığı görüşmede neler konuşulduğu açıklanmamıştır. Ancak sonraki gelişmelerden bu görüşmede Dinde Öze Dönüş Projesi'nden söz edildiği anlaşılmaktadır.[383]

Atatürk Ziya Gökalp'ten sonra **Dr. Reşit Galip**'le görüşmüştür. Nitekim Atatürk'ü çok iyi anlayan bu genç doktor kısa bir süre sonra Halkevlerini yönetecek, Milli Eğitim bakanı olacak, ancak genç yaşta ölüp gidecektir.[384]

---

380 Özel, **age.**, s. 205.
381 İlhan Çiloğlu, **Allah ve Asker**, İstanbul, 2006, s. 61-62; Meydan, **age.**, s. 668.
382 Bozdağ, **age.**, s. 21.
383 **age.**, s. 20.
384 **age.**, s. 25.

Atatürk'ün Dinde Öze Dönüş Projesi'nin en önemli ayağını oluşturan din dilinin Türkçeleştirilmesi çalışmasını *"Türk Müslümanlığı"* diye projelendiren **Dr. Reşit Galip**'tir.[385]

İsmet Bozdağ'ın yorumuyla, Ziya Gökalp'i kaynak alan Reşit Galip *"imanı şuura yaymak"* için, Atatürk ise *"Anadolu Türkleri ile Orta Asya Türklerini din ve milliyet potasında bütünleştirmek için"* işe koyulmuşlardır.[386]

Atatürk'ün Dinde Öze Dönüş Projesi konusunda görüş ve düşüncelerine başvurduğu bir diğer isim de eski Adalet Bakanı **Seyyit Bey**'dir. Atatürk özellikle din dilinin Türkçeleştirilmesi konusunu gerçek bir İslam âlimi olan Seyyit Bey'le de uzun uzun konuşmuştur. Bu konuşmalardan birine tanık olan **Yusuf Kemal Tengirşek**'e kulak verelim:

"Bir gün Seyyit Bey'le birlikte Çankaya'ya çıktık. İkimizi birden çağırmıştı. Çalışma odasına aldı bizi. Yazı masasının kenarında eski yeni birçok kitap üst üste konmuş göze çarpıyordu. Nitekim biraz sonra Gazi açıkladı: 'Türkçe ibadet üzerine yazılmış kitapları topladım. İçinde çok dikkate değer fikirler var. Sizi bunları tartışmak için davet ettim.' Ben hemen ceketimin düğmesini ilikleyerek bir kenara ilişmeye çalışırken, 'Yağma yok,' dedi. 'İnce politikayı bırak, sen de bildiklerini söyleyeceksin.'

Öğleden az sonra ikindi öncesi Çankaya'ya çıkmıştık, evlerimize dönerken tan ağarıyordu. Tek konu Türkçe ibadet... Aksiyonlar, reaksiyonlar. Daha o zaman Reşit Galip yok, hatta Kur'an meali bile hazırlanmamış. Ama Gazi Paşa bir 'kültür ihtilali' demek olan 'Türkçe ibadet' reformunun birdenbire mi, yoksa benimsete benimsete mi oluşturulması gerektiğine kararlı değildi ve bizimle bu konuyu tartıştı. Ben, devrimin zaman içinde oluşturulmasından yana idim. Seyit Bey de beni destekliyordu. Gazi, radikal davranıştan yana idi. Nitekim yıllar sonra, kendisi gibi radikal davranıştan yana Reşit Galip'i bulunca hemen yola çıktılar."[387]

---

385 age., s. 25.
386 age., s. 27.
387 age., s. 27-28.

Görüldüğü kadarıyla Osmanlı'nın son dönemlerindeki çalışmalar bir yana, Atatürk'ün Dinde Öze Dönüş Projesi'nin fikir babası **Ziya Gökalp**, proje mimarı ise **Dr. Reşit Galip**'tir. Atatürk, **Seyyit Bey**'in görüşlerinden de yararlanmıştır.

Ziya Gökalp

Dr. Reşit Galip

Seyyit Bey

Kur'an tefsir tercümesi konusunda 1924 yılındaki meclis kararından sonra çalışmalar hızlanmıştır. Diyanet İşleri Başkanlığı, Atatürk'ün isteği üzerine Kur'an'ın tefsir ve tercüme görevini, çok usta bir din âlimi olan **Elmalılı Hamdi Yazır** ile dine hâkim bir dil ustası olan **Mehmet Akif Ersoy**'a vermiştir.

Bu doğrultuda 1925 yılında Diyanet İşleri Başkanlığı, **Elmalılı Hamdi Yazır** ve **Mehmet Akif** Ersoy ile bir *"Kur'an tefsir ve tercüme sözleşmesi"* yapmıştır. Bu sözleşme, araştırmacı yazar Übeydullah Kısacık'ın ulaşıp *"Bir İstiklâl Âşığı Mehmet Akif"* adlı kitabında yayımladığı 10 Ekim 1925 tarihli orijinal belgeye göre Beyoğlu 4. Noteri'nde yapılmıştır. Sözleşmede Mehmet Akif ve Elmalılı Hamdi Yazır'ın yanı sıra Diyanet İşleri Riyaseti adına Aksekili Ahmed Hamdi Efendi'nin imzaları vardır. Sözleşmeye göre Diyanet İşleri Başkanlığı'nca, Mehmet Akif ve Elmalılı Hamdi Yazır'a Kur'an tefsir ve tercümesi karşılığında 1000'er lirası peşin olmak üzere 6000 lira ödeme yapılması taahhüt edilmiştir. Sözleşmenin aşağıda yer verdiğim maddelerine göz atılacak olursa TBMM'nin (dönemin CHP Hükümeti'nin) ve Atatürk'ün bu Kur'an tefsiri ve tercümesi işine ne kadar büyük önem verdikleri çok açık bir şekilde görülecektir.

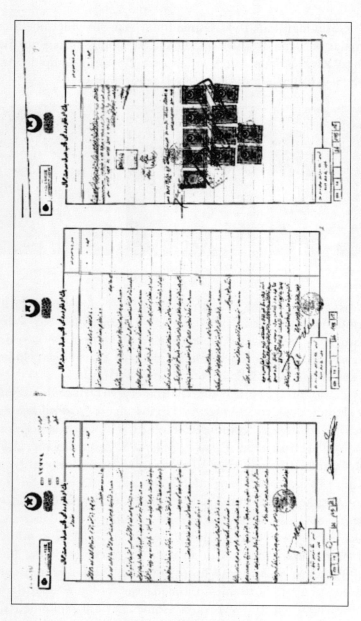

*Elmalı Hamdi Yazır ve Mehmet Akif'le imzalanan
Kur'an tefsiri ve tercümesi sözleşmesi*

İşte orijinal diliyle o sözleşme:
1. *Kur'an-ı Kerim'in tercümesiyle muhtasar bir surette tefsirini Mehmet Akif Bey ile Hamdi Efendi deruhde etmişlerdir.*
2. *Riyaset-i müşarunileyha Hamdi Efendi ile Mehmet Akif Bey'den her birine altışar bin lira te'diye edecektir.*
3. *İşbu meblağın te'diyesi şu suretle olacaktır: Her birine biner liradan cem'an iki bin lirası peşin verilecek ve mütebaki miktar birinci cüz nihayetinde yüz seksen altışar, diğer cüzlerden beheri nihayetinde yüz altmış altışar lira verilmek suretiyle muksitan te'diye edilecektir.*
4. *Tarz-ı tahrir şekl-i atide olacaktır. Ayet ve âyât-ı kerime yazılarak altına meal-i şerifi ve bunu müteakip tefsir ve izah kısmı yazılacaktır.*
5. *Tefsir ve izah kısmında bervech-i ati nukat nazar-ı dikkate alınacaktır.*
   a) Âyât-ı kerime nisbetindeki münasebat, b) Esbab-ı nüzul, c) Kıraat 'Ki aşereyi tecavüz etmemek lazımdır.' d) İktizasına göre terkib ve hükemanın izahat-ı lisaniyesi, e) İtikatça Ehl-i Sünnet mezhebine ve amelce Hanefi mezhebine riayet olunarak ayatın mütazammın olduğu ahkam-ı diniye, şer'iyye ve hukukiyye, ictimaiyye ve ahlakıyye işaret veya alakadar bulunduğu mübahis-i hikemiyye ve ilmiyeye müteallik izahat bilhassa tevhid ve tezkir-i meva'ıza müteallik ayatın mümkün mertebe basit izahı, alakadar veyahut münasebattar olduğu bazı tarih-i İslam vukuatı, f) ... Müelliflerince yanlış veya tahrif yollu şeyler dermeyan edildiği görülebilen noktalarda tenbihat-ı muhtevi notlar, g) İnde'l-iktiza nasih ve mensuh ve muhassas, h) Baş tarafa mühim bir mukaddime tahririyle bunda hakikat-i Kur'an'ın ve Kur'an'a müteallik mesail-i mühimmenin izahı
6. *Peyderpey takarrür eden müsveddeler üçer nüsha olarak tebyiz edilerek biri Hamdi Efendi'de, biri Akif Bey'de, diğeri de riyaset namına heyet-i müşavere azasından Aksekili Hamdi Efendi'de bulunacaktır.*
7. *Müsveddelerin tebyiz ve inde'l-iktiza kütüphanelerden bazı*

eserlerin istinsah ettirilmesi için mumaileyhimin emrinde ücret-i maktu'a ile güzel yazılı bir yahut icab ederse iki zat istihdam olunacak ve bunlara takdir edilecek ücret riyasetten te'diye kılınacaktır.
8. İlk tab'ın Diyanet İşleri Riyaseti'nin hakkı olup on bin adet olarak güzel kâğıda ve nefis bir surette tab ettirilecek ve fakat yüzde yirmisi müelliflere ait olacak ve tabın şeklini müellifler tayin edecektir.
9. Eser-i mezkûrun esna-yı tabında formaların tashih ve tab'ına müteallik bütün iştigalat riyaset-i müşarunileyhaya aittir.
10. Sahifelerin istertopisi alınacak ve bila bedel müelliflere verilecektir.
11. Birinci tabından sonra hakkı tab yalnız müelliflere ait bulunduğu cihetle müellifler dilediği miktarda eser-i mezkûru tab edilecektir."

Yukarıdaki Kur'an tefsiri ve tercümesi sözleşmesinde görüldüğü gibi, bu işin nasıl yapılacağı sözleşme taraflarına en ince ayrıntısına kadar maddeler halinde yazılı olarak anlatılmıştır. Bu durum her şeyden önce genç Cumhuriyet'in bu işe ne kadar büyük önem verdiğini göstermektedir. Çok daha ilginci, sözleşmede yer alan bu teknik ayrıntıların (bu maddelerin) hazırlanmasında **Atatürk** doğrudan etkili olmuştur. Şöyle ki, Kur'an tercümesine büyük önem veren Atatürk, nasıl bir tefsir ve tercüme istediğini 7 maddeyle açıklamıştır. Atatürk'ün Kütüphanecisi **Nuri Ulusu** anılarında bu "7 madde" hakkında şu bilgileri vermiştir:

"Atatürk yapılacak tefsirle bizzat ilgilenmiştir. Nitekim benim dönemimde de bu çalışmalar süratle devam etti. Sonuçta yedi ana maddeyle bu işi sonuçlandırttı. Tabi şimdi tafsilatlı (ayrıntılı) olarak bu maddeler pek hafızamda değil. Ana hatlar, hatırladığım kadar, ayetlerin inişlerinin sebepleri belirtilecek, kelimelerin dil izahatları olacak, ayetlerin anlatmak istediği din, hukuk, sosyal ve ahlaki konular hakkında bilgiler verilecek, bunlarla ilgili eski tarihi olaylar uzun uzun anlatılacak, vs."[388]

---

388 Ulusu, **age.**, s. 184-185.

Atatürk'ün belirlediği bu 7 madde, daha sonra –yukarıda orijinal belgesini verdiğim– Diyanet İşleri Başkanlığı ile **Elmalılı Hamdi Yazır** ve **Mehmet Akif Ersoy** arasında imzalanan protokole şöyle yansımıştır:
1. Ayetler arasındaki ilişkiler gösterilecektir.
2. Ayetlerin iniş (nüzul) sebepleri kaydedilecektir.
3. Kırâat-i Aşereyi (10 okuma tarzını) geçmemek üzere kıratlar hakkında bilgi verilecektir.
4. Gerektiği yerlerde sözcük ve terkiplerin dil açıklaması yapılacaktır.
5. İtikat ta ehlisünnet, amelde Hanefi mezhebine bağlı kalınmak üzere ayetlerin içerdiği dini, şer'i, hukuki, sosyal ve ahlaki hükümler açıklanacaktır. Ayetlerin ima ve işarette bulunduğu **ilmi** ve **felsefi** konularla ilgili bilgiler verilecek, özellikle "tevhid" konusunu içeren, ibret ve öğüt özelliği taşıyan ayetler genişçe açıklanacak, konuyla doğrudan ve dolaylı ilgisi bulunan İslam tarihi olayları anlatılacaktır.
6. Batılı tarihçilerin yanlış yaptıkları noktalarla okuyucunun dikkatini çeken noktalarda gerekli açıklamalar yapılacaktır.
7. Eserin başına Kur'an gerçeğini açıklayan ve Kur'an'la ilgili bazı önemli konuları anlatan bir önsöz (mukaddime) yazılacaktır.[389]

Kur'an tefsir ve tercümesi görevini kabul eden Elmalılı Hamdi Yazır ve Mehmet Akif Ersoy hemen çalışmalara başlamıştır, ancak çalışmalarını Mısır'a giderek orada sürdüren Mehmet Akif, zaman içinde Kur'an'ı hakkıyla Türkçeye tercüme edemeyeceğini anlayarak tercüme işini yarım bırakmıştır.[390] Ancak Elmalılı Hamdi Yazır, Kur'an tefsir ve tercümesini 1935 yılında yapıp bitirmiştir. Elmalılı Hamdi Yazır'ın *"Hak Dini Kur'an Dili"* adını verdiği bu tefsir ve tercüme 9 ciltlik 6433 sayfalık dev bir eserdir. Bu eser, 1936-1939 yılları arasında Diyanet İşleri Başkanlığı tarafından 10.000 takım olarak bastırılıp Türkiye'nin her yerine ücretsiz olarak dağıtılmıştır.[391]

---

389 Meydan, age., s. 670.
390 age., s. 673-679.
391 age., s. 670.

Elmalılı Hamdi Yazır'ın *"Hak Dini Kur'an Dili"* adlı Kur'an tefsirine **Atatürk**'ün katkısıyla bir önsöz yazılmıştır. Atatürk'ün Kütüphanecisi bu gerçeği şöyle ifade etmiştir: *"Eserin bitiminde kendi katkısıyla Kur'an'ın gerçeğini ve Kur'an'la ilgili özellikleri açıklayan güzel bir önsöz hazırlandı ve basıma girdi."*[392]

Elmalı Hamdi Yazır ve dev eseri "Hak Dini Kur'an Dili"

Atatürk sadece Kur'an'ın tefsir ve tercümesini değil, İslam dininin diğer önemli kaynağı olan **hadisleri** de Türkçeye tercüme ettirmiştir. Atatürk'ün işareti üzerine TBMM sağlam hadis kaynaklarının Türkçeye tercüme edilmesi görevini **Ahmet Naim Efendi**'ye vermiştir. Ahmet Naim Efendi de dikkatli bir çalışma sonunda *"Buhari Tercüme ve Şerhi"*ni hazırlamaya başlamış, ancak eseri tamamlayamamıştır. Bunun üzerine eseri tamamlama görevi **Kâmil Miras Hoca**'ya verilmiştir. Kâmil Miras Hoca'nın 12 cilt olarak tamamladığı *"Buhari Hadislerinin Tercümesi ve Şerhi"* 1932 yılında bastırılıp Türkiye'nin her yanına yine ücretsiz olarak dağıtılmıştır.[393]

Elmalılı Hamdi Yazır'ın 9 ciltlik Kur'an tefsiri ve tercümesi ile Kâmil Miras'ın 12 ciltlik Buhari Hadisleri tercümesi ve şer-

---

392 Ulusu, **age.**, s. 185.
393 Manaz, **age.**, s. 205.

hi Atatürk'ün din dilinin Türkçeleştirilmesi çalışmalarının en önemli ve en başarılı çalışmalarıdır. Atatürk'ün 1930'larda hazırlattığı bu eserler, Türkiye'de bugün hâlâ aşılamamış en önemli İslam kaynaklarıdır.

Cumhuriyet'in ilk 15 yılında devlet desteğiyle Elmalılı Hamdi Yazır'ın 9 ciltlik dev eseri başta olmak üzere Kur'an'ın tefsir ve tercümesiyle ilgili **toplam 9 eser** yazılıp yayımlanmıştır.[394] Bu eserlerin toplam baskı adedi 100.000'e yakındır.[395]

Türkçe Hutbe

Atatürk Dinde Öze Dönüş Projesi'nin ilk ve en önemli ayağı olan din dilinin Türkçeleştirilmesi kapsamında İslam dininin ana kaynağı Kur'an-ı Kerim'in ve sağlam hadis kaynaklarının Türkçeye tercümesini yaptırdıktan sonra camilerde okunan **hutbelerin Türkçeleştirilmesi** için çalışma başlatmıştır.

Dünyada ilk Türkçe hutbe 1905'te Rusya Orenburg'da Müslüman Türklerin gittiği bir camide okunmuştur.[396]

Türkiye'de ilk Türkçe hutbe Abdülmecit'in halife seçilmesinden sonra (1922) İstanbul Fatih Camii'nde **Müfit Efendi** tarafından okunmuştur.[397]

1 Kasım 1922'de Saltanatın kaldırılmasından sonra İstanbul'da bazı camilerde Türkçe hutbe okunması ve minberlerden Türkçe vaaz ve öğütlerde bulunulması üzerine Şeyhülislamlık duruma müdahale ederek Türkçe hutbe ve vaaz verilmesini yasaklamıştır.[398]

I. TBMM'ye hutbelerin Türkçeleştirilmesi konusunda bir öneri sunulmuş, ancak öneri usule uygun olmadığı gerekçesiyle reddedilmiştir.[399]

---

394 Osman Nuri Ergin, **Türk Maarif Tarihi**, C V, İstanbul, 1977, s. 1928, 1931, 1934.
395 Meydan, **age.**, s. 671.
396 Hasan Cemil Çambel, **Makaleler, Hatıralar**, Ankara, 1964, s. 36; Özel, **age.**, s. 206; Meydan, **age.**, s. 707-708.
397 Fahrettin Erdoğan, **Türk Ellerinde Hatıralarım**, 1954, s. 79; Meydan, **age.**, s. 708.
398 İçtihat, S. 150, 23 Kasım 1922, s. 3120; Meydan, **age.**, s. 708.
399 Özel, **age.**, s. 205.

Atatürk, her konuda olduğu gibi Türkçe hutbe konusunda da halkın nabzını yoklamış, halkla görüş alışverişinde bulunmuştur. Örneğin Kurtuluş Savaşı'ndan sonra bir yurt gezisi sırasında Konya'da görüştüğü Hacı **Hüseyin Ağa**'ya, *"Hutbeden ne anlıyorsun hacı... Doğru söyle?"* diye sormuştur.

Hüseyin Ağa bu soruya, *"Ne anlayayım oğlum. Okuyorlar, biz de dinliyoruz. Ben cahil adamım tabi anlayan anlar. Sizler anlarsınız,"* diye cevap vermiştir.

Bunun üzerine Atatürk, **"Ben de anlamıyorum,"** deyince, Hüseyin Ağa bu sefer şunları söylemiştir:

"Nasıl anlamazsın? Geçenlerde Elham'ın, Kulhu'nun manasını bana verdin. O günden beri düşündükçe hep ağlarım. İki üç gün önce hocalara gittim. Onlara dedim ki, haydi bakalım düşün önüme! Sizi Paşa'ya imtihan ettireceğim. Bak korkularından yanına yanaşamadılar, gelemediler."[400]

Atatürk hutbelerin Türkçeleştirilmesi konusundaki görüşünü ilk kez 1 Mart 1922'de meclisin 3. toplanma yılını açarken şöyle açıklamıştır:

"Efendiler, camilerin mukaddes minberleri halkın ruhani, ahlaki gıdalarının en yüce ve en bereketli kaynaklarıdır. Dolayısıyla camilerin ve mescitlerin minberlerinden halkı aydınlatacak ve doğru yolu gösterecek kıymetli hutbelerin içeriğini halkın öğrenmesini sağlamak Şer'iye Vekaleti Celilesi'nin görevidir.

Minberlerden halkın anlayabileceği lisanla ruh ve beyne hitap olunmakla ehli İslamın vücudu canlanır, beyni saflanır, imanı kuvvetlenir, kalbi cesaret bulur.

Fakat bana göre değerli hatiplerin sahip olmaları gereken ilmi özellikler, liyakat ve dünya durumunu bilme önemlidir. Bütün vaiz ve hatiplerin bu arzuya hizmet edecek surette yetiştirilmesine Şer'iye Vekâleti'nin kuvvet sarf edeceğini ümit ediyorum."[401]

---

400 Mehmet Önder, **Atatürk Konya'da**, Ankara, 1989, s. 76-77; Ulusu, age., s. 186; Meydan, **age.**, s. 705.
401 **Atatürk'ün Bütün Eserleri**, C 12, s. 284-285.

Aslında hutbelerin Türkçeleştirilmesi yolundaki ilk fiili adımı da daha cumhuriyet ilan edilmeden önce, 1923 yılında, yine bizzat Atatürk atmıştır. Atatürk 7 Şubat 1923 tarihinde **Balıkesir Zagnos Paşa** Camii'nde minbere çıkarak, *"Tanrı birdir, şanı büyüktür..."* diye başladığı Türkçe hutbesinde Hz. Muhammed'den övgüyle söz ettikten sonra İslam tarihine girmiş, daha sonra da sözü hutbeler konusuna getirmiştir. Atatürk bu ilk ve son Türkçe hutbesinde, hutbelerin anlaşılır, halkı aydınlatıcı, halka yol gösterici ve çağa uygun nitelikte olması gerektiğini şöyle ifade etmiştir:

"Hutbenin herhalde halkın kullanacağı dille verilmesi gerekir. Minberlerden aks edecek sözlerin bilinmesi ve anlaşılması, bilim ve fen gerçeklerine uygun olması lazımdır. Bununla birlikte hutbeler tamamen Türkçe ve zamanın gereklerine uygun olmalıdır ve olacaktır."

"... Efendiler hutbe demek nasa hitap etmek demektir, yani söz söylemek demektir. Hutbenin anlamı budur. Hutbe denildiği zaman bundan birtakım kavram ve anlamlar çıkarılmamalıdır. Hutbe okuyan hatiptir. Yani söz söyleyen demektir."[402]

Atatürk hutbeyi bu şekilde tanımladıktan sonra hutbe veren hatiplerin sahip olması gereken özellikleri de şöyle sıralamıştır:

"... Hutbe verenlerin siyasi, sosyal ve medeni hayatı her gün takip etmeleri zorunludur. Bunlar bilinmediği takdirde halka yanlış telkin yapılmış olur."[403]

Atatürk, hatiplerin çağı yakalamış, yenilikleri takip eden aydın kişiler olması gerektiğini belirtmiştir. Bu bağlamda Hz. Muhammed dönemine gönderme yaparak o dönemdeki hatiplerin büyük âlimler olduğunu söylemiştir.

Atatürk camilerde, meydanlarda halkı çeşitli konularda aydınlatmak için ortaya çıkan kişilerin halka doğruyu söylemeleri, halkı dinlemeleri ve halkı aldatmamaları gerektiğini ifade etmiştir.[404]

Hutbelerin içeriği konusuna da değinen Atatürk, yine Hz. Muhammed dönemine gönderme yaparak hutbelerin içeriğini

---

402 Atatürk'ün Söylev ve Demeçleri, C II, 98-100.
403 age., s. 98-100.
404 age., s. 98-100.

yaşanılan dönemin meselelerinin oluşturması gerektiğini söylemiştir:

"... Gerek Peygamber Efendimiz ve gerek dört halifenin söylediği şeyler o günün meseleleridir. O günün, askeri, idari, mali ve siyasi, sosyal konularıdır... Hutbeden amaç halkın aydınlatılması ve uyarılmasıdır, başka şey değildir. Yüz, iki yüz, hatta bin sene önceki hutbeleri okumak, insanları cehalet ve gaflet içinde bırakmak demektir."[405]

Atatürk 1923'te TBMM'de, *"Hutbeler tamamen Türkçe ve zamanın gereklerine uygun olmalıdır ve olacaktır,"* diyerek Türkçe hutbe çalışmalarını başlatmıştır.

Atatürk'ün işaretiyle harekete geçen bazı milletvekilleri, örneğin Çankırı Milletvekili Talat ve Ziya beyler meclise bir önerge vererek *Türkçe Hutbe Dergisi* çıkarılmasını ve bütün camilerde Türkçe hutbe okunmasını istemişler, ancak bu öneri TBMM'nin "kararı" değil "temennisi" olarak kabul edilmiştir.[406]

Atatürk'ün isteği üzerine 25 Şubat 1925'te II. TBMM'de bir grup milletvekili hutbelerin Türkçeleştirilmesini gündeme getirmiştir. Daha sonra beş uzmandan oluşan bir komisyon 1926 yılı sonunda Diyanet İşleri Başkanlığı'na bir "reform taslağı" ile 58 örnek hutbe sunmuştur. Buna paralel olarak Diyanet İşleri Başkanı Rıfat Börekçi hutbelerdeki Kur'an ve hadis metinlerinin Arapça nasihat bölümlerinin ise Türkçe okunmasını istemiştir. Bu yasal düzenleme 1928 yılında uygulanmaya başlanmıştır.[407]

Atatürk'ün Dinde Öze Dönüş Projesi kapsamında ilk Türkçe hutbe Atatürk'ün emriyle 1932 yılında **İstanbul Süleymaniye Camii'nde** okunmuştur.[408] Bu ilk Türkçe hutbenin ayrıntılarına ileride değineceğim.

Yalnız şimdi, Atatürk'ün, hutbelerin çağın şartlarına, hayatın gereklerine uygun olmasına ne kadar büyük önem verdiğini gözler önüne seren bir anıya yer vermek istiyorum.

---

405 **age.**, s. 98-100.
406 Bozdağ, **age.**, s. 29.
407 Jäschke, **age.**, s. 44.
408 Meydan, **age.**, s. 708.

Atatürk 1932 yılında Ankara'da bir akşam sofrasına **Hacıbayram Camii İmamı Sürmeneli Osman Hoca**'yı da davet etmiştir. Atatürk güler yüzle karşıladığı hocaya, "*Hoca efendi, yarın, daha doğrusu bugün cuma. Cuma hutbesinde cumaya gelenlere ne anlatacaksınız?*" diye sormuştur.

Bu beklenmedik soru karşısında önce biraz şaşıran hoca sonra kendini toparlayarak şu yanıtı vermiştir:
"*Cennetten cehennemden bahsedeceğim.*"
"*Güzel. Başka neler anlatacaksınız?*"
"*Günahtan, sevaptan bahsedeceğim.*"
"*Başka başka neler anlatacaksınız, hoca efendi?*"
"*Haramdan, helalden bahsedeceğim.*"
Atatürk ısrarla, "*Başka hoca efendi! Başka bir şeyler anlatmayacak mısınız?*" diye sorunca hoca, ne yanıt vereceğini bilememiştir. Herkes sessizlik içinde hocaya bakarken Atatürk müşfik bir sesle şunları söylemiştir:
"*Hoca efendi, elbette bunları anlatacaksınız. Bu sizin göreviniz. Ama başka görevleriniz de var. Başka şeyleri de anlatacaksınız. Asırlardan beri kara cehalet içinde bırakılan bu halka kimler doğruları anlatacak? Camiler yalnız dinin değil, siz aydın hocalar sayesinde başka doğruların, başka güzel şeylerin de konuşulup öğrenildiği yerler olacaktır. Binlerce şehidimizin kanı pahasına elde ettiğimiz bağımsızlığımızın, cumhuriyetimizin, devrimlerimizin nimetlerini, sizler halkımıza anlatmayacaksınız da kimler anlatacak?*"

Atatürk'ün bu sözleri üzerine hoca, "*Haklısınız Paşa,*" demiştir. O gece **Atatürk**, hocanın yarın vereceği hutbenin "*Cumhuriyet ve nimetleri*" konusunda olmasını kararlaştırmıştır. Daha sonra da hutbenin içeriği ile ilgili görüş alışverişinde bulunulmuştur.[409]

Daha önce de belirttiğim gibi hutbelerin çağın gereklerine, hayatın gerçeklerine uygun olmasını isteyen **Atatürk**, dönemin

---

[409] S. Eriş Ülger, **Türk Rönesansı ve Anılarda Gazi Mustafa Kemal Atatürk**, İstanbul, 1999, s. 82-86.

Diyanet İşleri Başkanı Rıfat Börekçi Hoca ile birlikte 50 örnek Cuma hutbesi belirlemiştir.[410] Namazın öneminden içkinin zararlarına, Allah'ı sevmekten Peygamber'e uymaya, anaya babaya hürmetten askerliğin şerefine kadar birçok farklı alanda tam 50 örnek hutbe... 1930'larda Türkiye'de camilerde cuma günleri bu hutbeler okunmuştur.

Milli Tarih, Milli Dil ve Milli Din

> *"Türk milletinin atası olan Türk adındaki insan... Nuh Aleyhisselam'ın oğlu Yafes'in oğlu olan kişidir..."*
>
> Atatürk, 1922

Atatürk'ün **Dinde Öze Dönüş Projesi**, onun **Tarih ve Dil Tezleri Projesi**'ni tamamlayan bir projedir. Bu nedenle bu iki proje 1930'larda eşzamanlı olarak yürütülmüştür.

Tarih ve Dil Tezleri Projesi'yle, Türk tarihinin karanlıkta kalmış yönlerini gün ışığına çıkartmak, Türk dilinin öz güzelliğini ve zenginliğini ortaya koymak isteyen Atatürk, Dinde Öze Dönüş Projesi ile de *"Türklerin milli dini"* olarak gördüğü İslam dininin özünü açığa çıkarmak istemiştir.

Şu sözler Atatürk'e aittir:

"Müslümanlık Türk'ün milli dinidir. Müslümanlığı Türkler yaymışlar ve Türkler kendilerine göre en geniş manası ile anlamışlar ve benimsemişlerdir. Ancak softaların mütereddi (gerici) kafaları Müslümanlığı bir türlü Türk'ün milli dini olarak görmemiştir. Müslümanlığa –Türk milletinin önünde– lazım olan manayı vermek gerekir."[411]

"Din" ve "dil" arasında çok derin ve büyülü bir ilişki olduğuna inanan Atatürk, Türk milletinin diniyle ve diliyle hep gurur

---
410 Bkz. Emine Şeyma Usta, **Atatürk'ün Cuma Hutbeleri**, İleri Yayınları, İstanbul, 205.
411 Bozdağ, **age.**, s. 35.

duymuştur. Bunu bir keresinde, *"Milletimiz din ve dil gibi iki fazilete sahiptir. Bu faziletleri hiçbir kuvvet milletimizin kalp ve vicdanından çekip alamamıştır ve alamaz,"* diye ifade etmiştir.

Türk milletinin diniyle ve diliyle gurur duyan Atatürk, dini "hurafelerden", dili de "yabancı sözcüklerden" arındırarak "özleştirmek" istemiştir. Bu nedenle, önce 1928 yılında Türkçenin yapısına hiç uymayan Arap alfabesini kaldırıp yerine Türkçenin yapısına uyan Göktürk-Etrüsk kökenli Latin alfabesini (yeni Türk alfabesini) kabul etmiş, sonra 1931 yılında Türkçeyi saran Arapça ve Farsça sözcükleri Türkçeden ayıklayarak, kaybolmaya yüz tutmuş eski Türkçe sözcükleri bulup çıkartarak ve yeni Türkçe sözcükler türeterek Türkçeyi geliştirmiş, daha sonra da 1930'larda Arap alfabesiyle Arapça yazılmış Kur'an-ı Kerim'i, yeni Türk alfabesiyle Türkçeye tercüme ettirerek anlaşılmasını sağlamıştır. Atatürk bu çalışmalarıyla din ve dil arasında yüzyıllardır kurulamamış o "bağı" Türkçe ile kurmuştur. Nitekim 1933'te Bursa'daki Arapça ezan olayından sonra *"Mesele din değil, dildir,"* derken bu gerçeğin altını çizmek istemiştir.

Atatürk Dinde Öze Dönüş Projesi için *"İslamiyeti İnceleme ve Uzlaştırma Kurumu"*, *"Telif ve Tercüme Heyeti"* ile *"İlahiyat Fakültesi"*ni, Tarih ve Dil Tezleri Projesi için de *"Tarih ve Dil Kurumları"*nı kurmuştur.

Atatürk'ün bütün bu tarih, dil ve din konulu çalışmalarının odağında "**Türklük bilinci**" yatmaktadır. **Amaç, Türk'ün milli/ulusal tarihini, Türk'ün milli dilini ve Türk'ün milli dinini tüm boyutlarıyla ortaya koymaktır.** Atatürk bütün bu çalışmalarla tarihte, dilde ve dinde yaşanacak **ulusal uyanışın** zaman içinde hem Orta Asya'daki Türk devletleriyle bir kültürel dayanışmaya ve işbirliğine hem de evrensel uygarlığa büyük bir katkı yapacağını düşünmüştür.

Atatürk'ün 1930-1938 arasında eşzamanlı olarak başlattığı tarih, dil ve din konusundaki çalışmalar sadece Türk Ulus Devleti'ni güçlendirmeyi amaçlamaz, bununla birlikte aynı zamanda "Avrasya Devleti Projesi"ne de hazırlık amacı taşır. **İsmet**

Bozdağ'ın ve **Atilla İlhan**'ın dile getirdiği **Avrasya Devleti Projesi** de Atatürk'ün unutulan akıllı projelerinden biridir.[412]

İsmet Bozdağ, "*İşte Atatürk'ün Türkiyesi*" adlı kitabında bu konuda şu değerlendirmeyi yapmıştır:

"... *Kur'an'ın Türkçeye çevrilmesi ile –öyle sanıyorum ki– hem Orta Asya'daki Türk toplumlarına bir bütünleşme modeli hazırlamış oluyor, hem de 'devleti' toplumda tek otorite kaynağı durumuna getiriyordu...* "[413]

Atatürk'ün talimatıyla 1932 yılı Ramazan ayında İstanbul'un önemli camilerinde Türkçe Kur'an okutulduğu dönemde gazetelerde, din dilinin Türkçeleştirilmesinin Türk dünyasını ilgilendiren bir konu olduğuna vurgu yapılması dikkat çekicidir. Örneğin 1932 yılında Ayasofya Camii'nde yapılan dini törenden **Cumhuriyet gazetesi**, "*... Ulu Tanrı'nın ulu adını semaları titreten vecd ve huşu ile dolu olarak tekbir ederken, her ağızdan çıkan bir tek ses vardı. Bu ses, **Türk dünyasının Tanrısı'na kendi bilgisiyle taptığını** anlatıyordu...*" diye söz etmiştir.

Atatürk, dil (Türk'ün milli dili Türkçe) ile din (Türk'ün milli dini İslam) arasında kurduğu ilişkinin benzerini "tarih" ve "din" arasında da kurmuştur. Bu amaçla Türk Tarih Tezi kapsamında **İslam tarihi ile ön Türk tarihi arasında bağlantılar aranmış**, İslam Peygamberi Hz. Muhammed'in ve bazı İslam büyüklerinin Türklerle ilişkileri araştırılmış, İslam tarihinde Türklerin izi sürülmüştür.

Atatürk, İslam tarihinde Türk köklerini arama görevini "*Müslümanlık: Türk'ün Milli Dini*" adlı bir proje geliştiren **Dr. Reşit Galip'e** vermiştir.[414]

Dr. Reşit Galip projesinde/tezinde her şeyden önce **Hz. Muhammed'in de Türk kökenli** olduğunu ve Türklerle iyi ilişkiler kurduğunu ileri sürmüştür. Reşit Galip'in bu konudaki gerekçeleri şunlardır:

---

412 Bu konuda bkz. İsmet Bozdağ, **Atatürk'ün Avrasya Devleti**, Tekin Yayınevi, İstanbul, 1999. Ayrıca Akl-ı Kemal'in elinizdeki bu 4. cildinde yer alan **Atatürk'ün Tarih ve Dil Tezleri Projesi** bölümünde Atatürk'ün Avrasya Devleti Projesi'ne de yer vereceğim.
413 Bozdağ, **İşte Atatürk'ün Türkiyesi**, s. 73.
414 age., s. 33.

1. Hz. Muhammed, Arap değil müstağriptir. Yani dışarıdan Arabistan'a gelmiş bir aileden doğmuştur. Oysa Araplar, Sami ırka bağlıdırlar. Arabistan'ın kuzeyi Sami değildir.
2. Nasıl ki Hz. İbrahim de Arap olmayıp kuzeylidir ve oradan Arabistan'a gelip yerleşmiştir. Hz. Muhammed de Hz. İbrahim'in soyundan gelir.
3. Hz. İbrahim ve oğlu İsmail de Türk kökenlidir.
4. Türkler Abbasi devletine hâkimdirler. Hatta kendilerine "Emir-i Müminin" denilmiştir.[415]

Dr. Reşit Galip, bu ve buna benzer örneklerle İslam medeniyetinin özünde Türk medeniyeti olduğunu iddia etmiştir. Dr. Reşit Galip tezini şöyle bitirmiştir:

"Müslüman dini, Türk milli bünyesine en uygun dindir. Ancak Müslümanlığın Türk milli bünyesine en uygun olduğu zaman ve haller, onun Türk milletince gerçek manası ile anlaşıldığı hallerdir. Anlaşılmanın çaresi de tektir. O çare, Müslümanlığı Türk'ün anlayabileceği bir hale getirmektir. Bu da ancak ibadetin (de) Türkçe yapılmasıyla mümkündür. Bizim en büyük gayretimiz dini duaları ve kitapları herkesin anlayabileceği bir dille hazırlamak olmalıdır.

İnsanlar dinsiz yaşayamazlar. Belki yüz bin yıllık bir gelenek, insanoğullarına din ihtiyacını telkin etmiştir. Türk milleti de kendi milli dinine sahip olmalıdır. Bu Türk'ün milliyetçiliği için de bir zorunluluktur."[416]

Türk Tarih Tezi'nin tartışıldığı Tarih Kongrelerinde İslam tarihi ve Türkler konulu tezler de gündeme getirilmiştir. 20-25 Eylül 1937'de toplanan **İkinci Türk Tarih Kongresi**'nde Hz. Muhammed ve bazı İslam büyüklerinin Türklerle ilişkisi konusunda çok çarpıcı tezler ortaya atılmıştır. Örneğin **Prof. İsmail Hakkı İzmirli**, "*Şark Kaynaklarına Göre Müslümanlıktan Evvel Türk Kültürünün Arap Yarımadası'nda İzleri*" ve "*Peygamber ve Türkler*" adlı bildirilerinde Hz. Muhammed'in Türk olabilme ihtimali üzerinde durmuştur.

---

415 age., s. 34.
416 age., s. 34-35.

Atatürk ve Dr. Reşit Galip

Prof. İzmirli, "Şark Kaynaklarına Göre Müslümanlıktan Evvel Türk Kültürünün Arap Yarımadası'nda İzleri" adlı bildirisine şöyle bir giriş yapmıştır:

"*İslamın doğduğu Arap Yarımadası'nda Müslümanlıktan evvel Türk kültürünün izleri hakkında hiçbir şey yazılmamış, ilim dünyasını pek ziyade alakadar eden bu konu bugüne kadar perde arkasında kalmıştır.*"[417]

Prof. İzmirli, bu girişten sonra Hz. Muhammed'in köklerinin Sümerlere dayandığını iddia etmiştir:

"*Evs ve Hazeç kabileleri, Mezopotamya'dan Sümer ilinden kalkıp Sümer medeniyetinin yayıldığı Yemen'e gelmişler, oradan Medine'ye göçmüşlerdi. Kendilerinde Türk kültürü görülmekle, Türk olabilecekleri anlaşılıyor. 'Evs', 'us'tan; 'hazreç', 'hazer'den*

---

417 İsmail Hakkı İzmirli, "*Şark Kaynaklarına Göre Müslümanlıktan Evvel Türk Kültürünün Arap Yarımadası'ndaki İzleri*", **İkinci Türk Tarih Kongresi,** İstanbul, 1937, s. 230.

Araplaşmış olabilir. Nitekim Arapçada 'evs' kurt; 'hazreç' aslan manasına gelir. Evet 'uz' Oğuz'dan gelmiş ise de istitaklarını (türevlerini) bilmeyen veya düşünmeyen Araplar 'kurt' ananesini hatırlayarak 'kurt' manasını vermiş olurlar."
Prof. İzmirli tezini kanıtlamak için ilginç deliller ileri sürmüştür. Örneğin Hz. Muhammed'in yakın akrabalarının önemli bir bölümünün Türk olduğunu belirtmiştir:
"Peygamber'in bir haremi (hanımı) Türktür. Tarihülhamis'in beyanına göre Mısır Kralı Mukavris'in Peygamber'e gönderdiği Marye bir Türk kızıdır. Marye ile beraber gelenlerden adı malum olan kız kardeşi Şirin, erkek kardeşi Mağbur da Türk olmakla; Peygamber'in bir haremi, bir baldızı, bir kayınbiraderi hep Türktür. Marye ile Şirin, Kıbıt kavmi arasında yüksek bir mevkide bulunduklarını Mukavris mektubunda bildiriyor. Bu Türk güzeli Marye'den İbrahim doğmuş Peygamber buna çok sevinmişti. Peygamberliği zamanında doğan yegâne erkek çocuğu budur. Bu Türk yavrusu 18 ile 22 ay arasında yaşadıktan sonra ölmüştür. Peygamber bundan çok acı duymuştur."
Prof. İzmirli, Hz. Muhammed'in hem Türklerle yakın ilişkiler kurduğunu hem de Türkleri övücü sözler söylediğini belirtmiştir:
"Peygamber bir Türk kubbesinde ibadet etmiştir. Peygamber bir Ramazan ortalarında Türk kubbesinde (çadırında) ibadet etmiştir ki, tam on gün on gece Tanrısı'na ibadette bulunmuştur. Bu Türk kubbesi hakkında tafsilat bulamadım."[418]
Prof. İzmirli, Hz. Muhammed'in Türkleri çok sevdiğini, Kur'an'da Türkçe sözcük olduğunu belirtmiştir:
"Peygamber'in Türkü zammeden bir hadisi bile yoktur. Kur'an'da Türk vasfı ile mezkûrdur. Kur'an'da Türkçe kelime vardır. Peygamber Türklere tecavüzü men etmiştir. Peygamber Türkçe bir mektup yazmıştır..."[419]

---

418 agm., s. 281.
419 agm., s. 282-289.

Prof. İsmail Hakkı İzmirli, İkinci Türk Tarih Kongresi'ne sunduğu *"Peygamber ve Türkler"*[420] adlı ikinci bildirisinde de benzer tezleri savunmuştur:

Prof. İsmail Hakkı İzmirli

Prof. İzmirli, *"Asırlarca Müslümanlara önder olan Türkler ile Müslüman Peygamberi arasında ne gibi münasebet vardır. Bu münasebet bizleri nereye kadar götürebilir? Şimdiye kadar araştırılmamış bu mevzu hakkında Türk Tarih Kurultayı için gizli kalan bazı noktaları kuvvetli vesikalar, ilginç mehazlar ile izah edeceğim,"*[421] dedikten sonra bu tezinde açıklayacağı konuları şöyle sıralamıştır:

1. *Peygamber, kuvvetli bir ihtimal ile uruk (kabile-ırk) itibariyle Türk olabilir.*
2. *Evs ve Hazreç kabileleri Türk uruğundan, Türk ırkından gelmektedir.*
3. *Peygamber'in ashabı arasında malum olan üç Türk vardır.*
4. *Peygamber Ramazan'da bir Türk çadırında ibadet etmiştir.*
5. *Peygamber Türkçe bir mektup yazmıştır.*
6. *Peygamber'in Türkler hakkında hadisi vardır.*
7. *Kur'an'da Türkçe kelime vardır.*
8. *Malum olan Türk yüksek âlimi Mübarekoğlu, ashabı derecesindedir.*
9. *İmam-ı Azam Ebu Hanife Türk'tür, ideolojisi Türk ideolojisine uygundur.*
10. *İmam-ı Azam, kadınlara hâkimlik vermiş, Kur'an'ı manadan ibaret görmüştür.*[422]

---

420 İsmail Hakkı İzmirli, *"Peygamber ve Türkler"*, **İkinci Türk Tarih Kongresi**, s. 1013-1044.
421 **agm.**, s. 1013.
422 **agm.**, s. 1013.

Prof. İzmirli, Hz. Muhammed'in Türklüğü tezini şöyle kanıtlamaya çalışmıştır:

"*Umumiyetle şark yazarlarının yazdıklarına göre Peygamber Adnan göbeğinden gelmekte, Arab-ı Müstaribe'dir (başka cinsten iken Araplaşmış). Irk, kabile itibariyle Arap değildir. Peygamber'in büyük babası İbrahim Peygamber'dir. İbrahim, dedelerinden Abir'e (Avar) nispetle İbranidir, İbranilerden Şam'a nispetle Sami'dir...*

... Bu sözler ince elekten geçirilirse, İbrahim Şam evladından olmayıp belki Türklerin babası saydıkları Yafes evladından olduğu daha ziyade anlaşılır.

... Ur şehri Türkçede 'hendekle çevrilmiş kale olup' Sümer'in medeniyet merkezi olan büyük bir Türk şehridir. İbrahim de işte bu Türk şehrinde doğmuştur... Hülasa Tarek ile Tarık ve Türk, Azer ile Hezer ve Haser, Ubur ile Amur, Abir ile Avar adları göz önünde tutulunca; Türk şehrinde doğan, Türk hakanlığına damat olan İbrahim Türk ırkından olacaktır. Artık İsmailoğulları olan Adnaniler ve bu arada Peygamber... Hep ırk itibariyle Türk olurlar..."[423]

Prof. İzmirli'ye göre sadece Hz. Muhammed ve bazı akrabaları değil, İslamın en büyük yorumcularından **İmam-ı Azam Ebu Hanife** de Türktür:

"*İmam-ı Azam ırk itibariyle Türktür. Sabitoğlu Numan'ın büyükbabası Zota, Kabil şehrindendir. Kabil, Camütarip'te tasrih olduğuna göre Türk ilinin en meşhur bir şehridir.*

Kur'an'a 'manadan ibaret' demek de tamamen Türk ideolojisine uygundur... Türkçe okumak, hutbeyi Türkçe irad etmek Ebu Hanife'nin mezhebine uygundur. Daha hâlâ bu Ebu Hanife'nin Türklüğünden şüphe edilebilir mi?"[424]

Görüldüğü gibi **Dr. Reşit Galip** ve **Prof. İsmail Hakkı İzmirli**, İslam dininin Türklerin milli dini olduğunu kanıtlamak için İslam öncesinden itibaren Arap Yarımadası ve civarında Türk izleri ara-

---

423 age., s. 1013-1015.
424 age., s. 1020-1026.

mış, İslam Peygamberi Hz. Muhammed başta olmak üzere Ebu Hanife gibi İslam büyüklerinin Türk kökenli olduğunu tarihsel delillerle ortaya koymaya çalışmıştır. Bu tezlerin bilimsel değeri bir tarafta, ortada olan bir gerçek var ki o da, Atatürk'ün İslam dinine ve bu dinin peygamberi Hz. Muhammed'e ve önde gelen İslam büyüklerine sahip çıkmak istediğidir. İslamı "Türklerin milli dini" olarak gören Atatürk, bu görüşünün tarihsel dayanaklarının bulunabileceğini, *"Peygamberimizin ecdadını araştırırsanız, belki de Türk olduğunu ispat edebilirsiniz,"* sözüyle ifade etmiştir.[425]

Hz. Muhammed'e büyük bir saygı ve hayranlık duyan Atatürk, bir taraftan Dr. Reşit Galip ve Prof. İsmail Hakkı İzmirli'ye İslam tarihinde Türk izleri arattırıp Hz. Muhammed'in muhtemel Türk köklerini araştırtırken, diğer taraftan Tarih Kongrelerinde Hz. Muhammed'in tarihsel değerinin bütün açıklığıyla ortaya konulmasını istemiştir. Tarih Kongresi'ne katılanları Hz. Muhammed konusunda şöyle uyarmıştır: *"Askeri dehası kadar siyasi görüşleriyle de yükselen bir insanı cezbeli bir derviş gibi tasvire yeltenen cahil serseriler, bizim tarih çalışmalarımıza katılamazlar."*[426]

Atatürk, "Türklerin milli tarihi" ile "Türklerin milli dini İslam" arasında daha Kurtuluş Savaşı sırasında bir ilişki kurmuştur. **Atatürk 1 Kasım 1922'de TBMM'de Saltanatın kaldırılması** dolayısıyla yaptığı konuşmanın bir yerinde, *"Türk milletinin atası olan Türk adındaki insan... Nuh Aleyhisselam'ın oğlu Yafes'in oğlu olan kişidir..."*[427] diyerek Türklerin kökenlerini **Nuh Peygamber**'e dayandırmıştır.

Görüldüğü gibi Atatürk, İslam dinini yok etmek, İslam dinini toplumsal hayattan dışlamak gibi "dinsizleştirme politikaları" izlememiş, tam tersine "Türklerin milli dini İslam" parolasıyla Türklerin anlayarak inanacakları, hurafelerden arındırılmış sade bir İslam anlayışını hayata geçirmek istemiştir. Bunu yaparken de İslamın iki temel kaynağına; Kur'an'a ve Hz. Muhammed'e sahip çıkmıştır.

---

425 M. Sadık Cennetoğlu, **Ömer Hayyam Büyük Türk Şairi ve Filozofu**, s. 231-232.
426 Şemsettin Günaltay, **Ülkü dergisi**, C IX, S. 100, 1945, s. 3-4.
427 **Atatürk'ün Söylev ve Demeçleri**, C I, s. 288.

Atatürk'ün Türkçe Kur'an, Dua, Ezan Arayışları

Atatürk din dilinin Türkçeleştirilmesi konusundaki çalışmalarına başlarken, birçok devriminden önce yaptığı gibi halkın nabzını yoklamış, bu konuya halkın nasıl baktığını öğrenmek istemiştir.

1925 yılından itibaren halkın arasında olduğunda her fırsatta Türkçe Kur'an'dan, Türkçe duadan, Türkçe hutbeden, özetle din dilinin Türkçeleştirilmesinden söz etmiştir.

Örneğin 22 Mayıs 1926 tarihinde Bursa Türk Ocağı'nda din dilinin Türkçeleştirilmesi konusunda önemli mesajlar vermiştir. Bir bakıma o gün bu konuda küçük bir nabız yoklaması yapmıştır:

"Arkadaşlar, öteden beri fikrimi işgal eden bir husus var. Kur'an Türkçeye tercüme edilmeli midir? Yoksa edilmemeli midir? Bunu birçok kişiye soruyorum. Kimisi muvafıktır diyor. 'Niçin muvafıktır?' diyorum, izah edemiyor. Kimisi de, 'Hayır muvafık değildir,' diyor. Onlara da, 'Niçin muvafık değildir?' diyorum, onlar da beni ikna edici bir cevap veremiyor.

Velhasıl şimdiye kadar beni tatmin eden cevap alamadım. Bilmem sizler bu konuda ne fikirdesiniz?"[428]

Atatürk'ün yanıt aradığı bu soruya o sırada orada bulunan din adamları ellerinden geldiğince yanıt vermeye çalışmıştır. Atatürk bu yanıtlar içinde en çok **Hafız Ahmet**'in (**Karaboncuk**) yanıtını beğenmiştir.

"*Muhterem Gazimiz*" diye söze başlayan Hafız Ahmet, "*Arzu buyurduğunuz cevabı Kur'an bizzat diliyle veriyor,*" demiş ve "*İnna enzel nühü Kur'an'en Arapbiyen leal lekküm takliüm*" ayetini okumuştur.

Bunun üzerine Atatürk, hafızdan ayetin anlamını açıklamasını istemiştir.

Hafız Ahmet ayeti şöyle açıklamıştır:

"*Bu ayet diyor ki: Biz Kur'an'ı Rap kavmine indirdiğimiz için Arapça indirdik. Yoksa başka dillerde de indirebilirdik. Se-*

---

428 Ahmet Karaboncuk, **Bakış**, Kasım 1970'ten naklen Avni Altıner, **Her Yönüyle Atatürk**, İstanbul, 1986, s. 474.

bebi de Kur'an'ı yalnız okumak değil, manasını da anlamamız içindir.

Muhterem Gazimiz, mademki Kur'an'ın asıl maksat ve isteği içeriğini anlamakmış, biz Türkler Arapça bilmediğimiz için Kur'an Türkçeye tercüme edilmelidir ki manasını anlayabilelim. Sualinize Kur'an'dan okuduğum ayetten daha veciz bir cevap olur mu?"[429]

Bu açıklamadan çok memnun kalan Atatürk'ün yüzünde alışılmışın dışında bir dikkat ve memnuniyet ifadesi belirmiştir. Din adamlarının bu konuya anlayarak sahip çıkmasına çok sevinmiştir.

Atatürk Hafız Ahmet'e, *"Ayeti bir daha okur musun?"* diye seslenmiştir. Hafız ayeti ve anlamını tekrarlamıştır.

Hafız Ahmet'in açıklamalarından memnun kalan Atatürk yerinden kalkıp hafızın elini sıkıp tebrik etmek için hafıza doğru yöneldiği sırada ileri atılan Hafız Ahmet, Atatürk'ün elini öpmüştür. Atatürk, *"Hakikaten bu cevap beni tatmin etti. Çok memnun oldum,"* demiştir. O gün yaklaşık bir saat devam eden sohbet sırasında Atatürk halkla hep din dilinin Türkçeleştirilmesi konusunu konuşmuştur.[430]

1927'de Kayseri'de katıldığı bir açılış töreninde, orada bulunanlardan birinin bir hocayı ileri iterek, *"İzin verirseniz hoca efendi dua etsin,"* demesi üzerine Atatürk, *"Allah benim dilimden de anlar. Ona illa anlamadığımız bir dille ne söylediğimizi iyice bilmeyerek dua etmek mi şarttır?"* diye karşılık vermiştir.[431]

Atatürk'ün İslam dininin ana kayağı Kur'an-ı Kerim'i Türkçeye tercüme ettirmek istemesinin temel nedeni Kur'an'ın Müslüman Türk halkı tarafından anlaşılmasını sağlamaktır. Bu amacını bir keresinde şöyle dile getirmiştir:

"Türkler dinlerinin ne olduğunu bilmiyorlar. Bunun için Kur'an Türkçe olmalıdır. Türk, Kur'an'ın arkasından koşuyor

---

429 Karaboncuk, age.'den nakleden Altıner, **age.**, s. 474.
430 **age.**, s. 474.
431 Altıner, **age.**, s. 474.

fakat onun ne dediğini anlamıyor, içinde neler var bilmiyor ve bilmeden tapınıyor. Benim maksadım, arkasından koştuğu kitapta neler olduğunu Türk anlasın."

Atatürk 1930'ların başında bir taraftan Kur'an'ın Türkçeye tefsiri ve tercümesi çalışmalarını başlatırken, diğer taraftan halkı Türkçe Kur'an'a, Türkçe duaya, Türkçe hutbeye ve Türkçe ezana alıştırmak için de çalışma başlatmıştır. Bu çalışmalara 1932 yılında İstanbul'da bizzat başkanlık etmiştir.

İsmet Bozdağ'ın ifadesiyle:

"1932 yılının ilk günlerinde başlayan hazırlıklar ocak ayının bütün günlerini ve gecelerini doldurdu. Ankara'da Halkevleri merkezinde, İstanbul'da Dolmabahçe Sarayı'nda iki kumanda merkezi kuruldu. 1933 yılının Şubatı'na denk düşen Ramazan ayında 'Türkçe ibadet' kampanyası başlatılacaktı.

Hareket TBMM'de, hükümette, basında ve kamuoyunda eşzamanlı olarak başlatıldı. Büyük Millet Meclisi'nde söz alan milletvekilleri girişimi destekliyorlar. Bakanlar verdikleri demeçlerde konuyu işliyorlar, basın tam kadro kampanyanın yanında olduğunu gösteriyordu."[432]

Atatürk 1932 yazının sonunda İstanbul'da, Dolmabahçe Sarayı'ndaki yemekli bir toplantıda yanında bulunanlardan birine, *"Sen namaz kılıyormuşsun, doğru mu?"* diye sormuştur. Soruya muhatap olan kişi, *"Evet efendim, ara sıra kılarım,"* demiştir. Atatürk bu sefer, *"Neden namaz kılıyorsun?"* diye sormuş, o kişi de şöyle yanıt vermiştir: *"Efendim ben namaz kıldıkça içimde derin bir vicdani huzur duyuyorum. Namaz kılarken kendimi dünyadan ayrılmış hissediyorum. Bir an yükseliyorum, adeta Allah'la karşı karşıya kalmış gibi oluyorum."*

Atatürk bu sefer de, *"Namazda ne okuyorsun?"* diye sorunca söz konusu kişi, namaz surelerini okuduğunu söylemiştir.

Bunun üzerine Atatürk adı geçen sureleri şimdi orada okumasını istemiş, o da okumuştur. Ardından Atatürk, *"Bunların anlamı nedir?"* diye sormuştur. Ancak o kişi okuduğu surele-

---

432 Bozdağ, age., s. 29.

rin ne anlama geldiğini söyleyememiştir. Bunun üzerine Atatürk, sofradaki diğer kişilere de aynı soruyu sormuştur. Ancak hiç kimse bu soruya doyurucu yanıt verip de o surelerin anlamını açıklayamamıştır.

Atatürk daha sonra yanındakilere **Yasin Suresi**'ni okuyup bazı ayetlerin tercümesini sormuştur. Masadakilerden bazıları bu soruya yarım yamalak yanıt verirken, bazıları hiç yanıt vermemiştir.

Bunun üzerine Atatürk tekrar ilk muhatabına dönerek şöyle bir soru daha sormuştur:

"Peki, sen az önce adeta, 'Allah'la karşı karşıya kalıyorum,' dedin. Ona kendi anlamadığın bir dilde hitap ettin. Bu söylediklerinden sen bir şey anlamadığın halde Allah'ın mutlaka Arapça anladığına nasıl hükmettin?"

Sorunun muhatabı, *"Efendim Kur'an Arapça nazil olduğu için..."* demeye çalışırken araya giren Atatürk, *"Evet, ama Kur'an-ı Kerim Arabistan'da Arap milletine kendi diliyle hitap ediyordu. Sorarım size, Allah yalnız Arapların Allah'ı mıdır?"* demiştir. Bunun üzerine o kişi, *"Hayır efendim, Yüce Allah bütün âlemlerin Rabbi'dir,"* deyince Atatürk, *"O halde?"* diyerek karşılık beklemiş, ancak beklediği o karşılığı alamamıştır.

Bu sırada orada bulunan **Reşit Galip** söz alarak şu açıklamaları yapmıştır:

"İbadet Allah'la kul arasında kalben birleşmek demektir. Bunun bizim anladığımız manada delili olamaz. Daha doğrusu kelimeler ibadet vasıtası olamazlar. Ancak ibadet düşüncelerin Allah'a tevcihidir."

Bu sırada Atatürk Reşit Galip'e, *"İnsan düşüncelerini neyle ifade eder?"* diye sorunca o da, *"Şüphesiz kelimelerle efendim,"* yanıtını vermiştir.

Bunun üzerine Atatürk, *"O halde bilmediğimiz bir dilin kelimelerini kullanarak nasıl konuşur, his ve düşüncelerinizi nasıl ifade edersiniz?"* diye sormuştur.

Reşit Galip, *"Efendim manalarını öğreniriz,"* karşılığını verince **Atatürk**, şu çarpıcı analizi yapmıştır:

"Siz annenize sevginizi anlatmak için, 'Ah chère maman,' derseniz, anneniz size ne der? 'Deli,' demez mi? Anne, Allah'ın yeryüzündeki timsalidir. Allah, anneyi, insanı yaratmak için vasıta eder, ona kendi kudretinden bir değil, birçok şey verir. Şu halde insan, anasına nasıl anadiliyle hitap ederse, Allah'a da yine anadiliyle hitap eder."[433]

Atatürk'ün bu basit örneklendirmesi, din dilinin Türkçeleştirilmesi çalışmalarının mantığını olanca açıklığıyla ve anlaşılırlığıyla gözler önüne sermektedir.

Atatürk bütün devrimleri gibi Dinde Öze Dönüş Projesi'ni de "ben yaptım oldu" mantığıyla değil, uzmanlarla, yakın arkadaşlarıyla, milletvekilleriyle, devlet adamlarıyla ve en önemlisi bizzat halkla görüşerek, tartışarak hayata geçirmiştir.

Camilerde Türkçe Kur'an, Dua, Ezan Hazırlıkları

Atatürk 1932 yılının Ramazan ayında İstanbul'da halkı Türkçe Kur'an'a ve Türkçe duaya alıştırmak için yapılacak çalışmalarla doğrudan ilgilenmiştir. İlk Türkçe Kur'an'ın, ilk Türkçe hutbenin, ilk Türkçe ezanın hangi camide ne şekilde okunacağına bizzat karar vermiştir.

Atatürk 1932 yılında İstanbul'a geldiğinde bir öğleden sonra Ayasofya Camii'ne gidip gezdikten sonra Dolmabahçe Sarayı'na dönüşünde yaverinden, Dr. Reşit Galip'i bulmasını istemiştir. **Dr. Reşit Galip** bulunup Atatürk'ün huzuruna çıkarılmıştır. Sonraki gelişmeleri Reşit Galip'ten dinleyelim:

"Atatürk, Ayasofya'dan döndükten sonra çalışmak üzere beni özel bürosuna çağırdı. İkimizdik. Bana, 'Ayasofya hakkında ne düşünüyorsun?' dedi. Bu binanın tarihi ve mimari kıymetinden söz etmemi istediğini sandım. Fazla bilgim olmadığını söyledim.

'Hayır, Reşit Galip, cami olarak Ayasofya için ne düşünüyorsun?'

---

[433] Dücane Cündioğlu, **Türkçe Kur'an ve Cumhuriyet İdeolojisi**, İstanbul, 1998, s. 188-191.

Yine de kavrayamadım. Bu sefer maksadını şöyle anlattı:

'Bu mabet dünya tarihinde birçok vicdan tartışmalarının kürsüsü olmuştur. Bizans döneminde birçok din bilgini, bizzat imparatorun ya da imparatoriçenin önünde tarihi mezhep tartışmalarını oradaki kürsüden yapmışlardır. Büyük ve mücahit papazlar, oradaki kürsüden tiranların yüzüne –halkın karşısında– tükürmüşlerdir.

Fatih Sultan Mehmed orada İstanbul'u aldığını ve Bizans devletine son verdiğini ilan etmiş... Kendisi, geniş ve hoşgörülü bir anlayışla orada ilk namazını kılmıştı. Ayasofya dünya ölçüsünde bir mabettir.'

Atatürk sözün burasına gelince yeniden bana döndü. 'Reşit Galip!... Senin Müslümanlık tezini tartışacağın güzel bir yer değil mi?'

Gazi beni kürsüye ya da minbere çıkarıp 'Din Tezimi' orada bir hutbe ya da vaaz gibi anlatmamı mı istiyordu? Bir an düşündüm. Kendimi yeşil bir cübbe içinde minberde görür gibi oldum. Doğrusunu söyleyeyim bütün cesaretim kırıldı.

Gazi, benim ne düşündüğümü anlamış gibi fikrini açıkladı:

'İstanbul'daki din ulemasını toplayalım. Halka da duyuralım, herkes gelsin! Camiye hoparlör koyduralım, içeri giremeyenler de dışarıdan dinlesin... Sen bu ulema ile fikrini tartış, halk hakem olsun!'

Düşündüm. Bu fikir mücadelesi uğruna kendimi feda etmekte asla duraksamam! Ama doğrusunu söyleyeyim, bu işin pek de kolay olmayacağını düşünüyordum. Bazı kimseler itiraz edebilirler, hatta bazı yobazlar olay da çıkarabilirlerdi. Kendi gittiğime yanmam, bizim fikirler de cabadan güme giderdi!

Düşündüklerimi olduğu gibi Gazi'ye anlattım. Fikrime güvendiğimi, ama işin fikir tartışmasından el şakasına dönüşmesi ihtimalinden endişe ettiğimi, böyle bir halin fikrimizi dejenere edebileceğini anlattım.

Gazi düşündü.

'Bu konuyu halk önünde tartışmak çok güzel! Emin ol, Türk halkı o kadar sağduyu sahibidir ki, aklına gelenlerin hiç-

biri olmayabilir. *Bununla beraber yobazların fikre karşı koyamayınca işi gürültüye boğmaya kalkmaları da akla yakındır. Onlara karşılık vermek kolay! Kolay ama böyle bir olaydan sonra uzun süre bu fikri bir daha ele alamayız!" ve bana, 'Tezini al da gel,' dedi.*
Bir süre sonra saraya döndüğüm zaman Gazi: 'Duraksaman yanlış değil,' dedi. 'Hükümet de senin fikrinde. Böyle dini bir tartışmanın mevsimsiz olduğunu söylüyorlar. (...) Bu işi yine Dolmabahçe'de yürütelim,' dedi."[434]

Atatürk'ün, Dr. Reşit Galip'ten *"Türk'ün Milli Dini İslamiyet"* adlı tezini Ayasofya'da İslam âlimlerine karşı halkın huzurunda savunmasını istemesi iki bakımdan çok önemlidir. Birincisi, Atatürk dünyanın en eski mabetlerinden biri olan Ayasofya'nın tarihini çok iyi bilmektedir. Bu tarihi mabette geçmişte, Bizans döneminde yaşanan dini tartışmalardan esinlenmiş, Fatih'in İstanbul'u fethiyle Türk İslamının simgesi haline gelen Ayasofya'da yine tarihe geçecek bir din tartışması yaptırmak istemiştir. İkincisi, Atatürk din dilinin Türkçeleştirilmesi konusundaki çalışmaların halkın huzurunda açıkça tartışılarak, görüş alışverişinde bulunularak yürütülmesini istemiştir.

Atatürk'ün bu cesur ve halkçı düşüncesine Dr. Reşit Galip'ten çok **İçişleri Bakanı Şükrü Kaya** ve **Başbakan İsmet İnönü** karşı çıkmıştır. Gerekçeleri şudur: *"Ramazan ayı gibi hassas bir dönemde Türkiye'nin en büyük, en eski camisi Ayasofya'da Hz. Muhammed'in Türk soyundan geldiğini, ezanın ve kametin Türkçe yapılması gerektiğini, ibadetin Türkçeleştirilmesi gerektiğini tartışmaya açıp ileri sürmek sonunun nereye varacağı kestirilemeyen bir macera olurdu."*[435]

Anlaşılan o ki Atatürk'ün devrimci cesareti çevresindeki evrimci korkaklığa takılmıştır. "Din" gibi hassas bir konuda insanları daha fazla zorlamayı doğru bulmayan Atatürk, *"Türk'ün Milli Dini İslamiyet"* tezini Ayasofya'da tartıştırmaktan vazgeç-

---

434 Bozdağ, age., s. 41-43.
435 age., s. 44.

miştir, ancak bu konuda Dolmabahçe Sarayı'nda çalışma yapmaya karar vermiştir. Türkçe Kur'an'ın ve Türkçe duanın halka en iyi şekilde anlatılması için Dolmabahçe Sarayı'nda yapılacak çalışmalara Atatürk başkanlık edecektir.

Dr. Reşit Galip'ten dinleyelim:

"*Bir çalışma planı hazırladık. Çalışmalar sarayda yapılacaktı. Çalışmalarla:*
1. *Müslümanlığın bir Türk dini olduğunu ispatlayacaktık.*
2. *Dinde ibadetin 'Allah ile kul arasında bir kalp bağlılığı' olduğu tezini geliştirecektik.*
3. *Kulun Tanrısı'na ibadet ederken söylediklerini, yürekten söylemesi gerekir. Yürek dili, kişinin anadilidir. İnsan en güzel duygularını anadili ile ifade eder. Bu nedenle duaların anadilden yapılması lazımdır. Bu fikir tartışılacak ve savunulacaktır.*
4. *Bu noktalarda ittifak sağlandıktan sonra duaların Türkçeleştirilmesi konusunda iş bölümüne gidilecektir.*"[436]

Dr. Reşit Galip şöyle devam ediyor:

"*Gazi, 'İstersen ihtiyatlı olalım! Sen, belli başlı duaları güzelce Türkçeye çevir, onların üzerinde tartışsak daha iyi olur,' dedi.*

Bana 'Tekbir' ile 'Ezan'ın ilk olarak Türkçeleştirilmesi görevini verdi ve 'Dikkatli ol,' dedi.

'Tekbirin bestesi en büyük Türk bestekârı Itri'nindir. Itri, Tekbir'in kelimeleri ve heceleri bakımından vezinlerini hesap ettiği için, manalarını da göz önünde tutarak bestelemiştir. Türkçeleştirirken buna özellikle dikkat et.'

Bu konuda kimseye bir şey söylemememi de tembihledikten sonra odama çekildim. Akşama kadar çalıştım. Götürdüm, beğenmedi. Sofraya ikimiz oturduk ve sabaha kadar Tekbir üzerinde çalıştık."[437]

Sonraki gelişmeleri de Atatürk'ün özel hafızı **Hafız Yaşar Okur**'dan dinleyelim:

---

436 age., s. 45-46.
437 age., s. 46-47.

"*1932'de Ramazan'ın ikinci günüydü. Atatürk ile Ankara' dan Dolmabahçe Sarayı'na geldik. Beni huzurlarına çağırdılar. 'Yaşar Bey,' dediler. İstanbul'un mümtaz hafızlarının bir listesini istiyorum. Ama bunlar musikiye de aşina olmalıdırlar.*"
Bu emir üzerine Hafız Yaşar Okur, İstanbul'un en ünlü hafızlarının bir listesini yapmıştır. Listede şu isimler vardır: Hafız Saadettin Kaynak, Sultan Selimli Rıza, Süleymaniye Camii baş müezzini Kemal, Beylerbeyli Fahri, Darüttalim-i Musiki azasından Büyük Zeki, Muallim Nuri ve Hafız Burhan beyler...

Hafız Yaşar Okur'a kulak verelim:

"*O ana kadar bunların niçin çağrılmış olduğunu ben de bilmiyordum. O gün anladım ki, tercüme ettirilmiş olan **bayram tekbirini** kendilerine meşk ettirecektir. Hafızlar ikişer ikişer oldular ve şu metin üzerinde meşke başladılar: 'Allah büyüktür... Allah büyüktür... Allah büyüktür...*'"[438]

Hafız Yaşar Okur'un aktardığına göre Sultan Selimli Hafız Rıza bu tercümeye itiraz etmiş ve Bolu Milletvekili Hasan Cemil Bey'e dönerek: "*Efendim! Türk'ün Tanrısı vardır! Bu Tanrı şeklinde okunursa daha uygun olur kanaatindeyim,*" demiştir.

Rıza Efendi'nin bu teklifi ilgi çekici bulunmuş ve bu konu derhal Atatürk'e arz edilmiştir. Atatürk, "***Allah büyüktür... Allah büyüktür... Allah büyüktür...***" şeklindeki tekbirin sadeleştirilmesi/Türkçeleştirilmesi önerisini olumlu karşılayarak, "***Peki arkadaşlar, Tekbirin tercümesini okuyun bakalım,***" demiştir.

Bunun üzerine hafızlar Türkçe tekbiri:

"*Tanrı Uludur, Tanrı Uludur*
Tanrı'dan başka Tanrı yoktur
Tanrı uludur, Tanrı uludur
Hamd ona mahsustur," diye okumuştur.

Atatürk, bu tercüme şeklini bir hayli beğenmiştir. O gece sabahın ilk ışıklarına kadar Kur'an, dua, tekbir, ezan konuşulmuştur.

---

[438] Hafız Yaşar Okur, **Atatürk'le On Beş Yıl Dini Hatıralar**, İstanbul, 1962, s. 12.

O gece olanları yine Hafız Yaşar Okur'dan dinlemeye devam edelim:

"Atatürk, Cemil Said Bey'in Kur'an tercümesini getirttiler. Bizlerin tercüme konusunda tek tek fikirlerini aldıktan sonra hemen hemen sabaha kadar tartıştık. Daha sonra ayağa kalkarak ceketlerinin önünü iliklediler. Kur'an-ı Kerim'i ellerine alıp Fatiha Suresi'nin Türkçe tercümesini açıp halka okuyormuş gibi ağır ağır okudular. Bu hareketleriyle bizlerin halka nasıl hitap etmemiz gerektiğini göstermek istiyorlardı.

Sonra Atatürk, 'Sayın hafızlar, içinde bulunduğumuz bu kutsal ay içinde camilerde okuyacağınız mukabelelerin tamamını okuduktan sonra Türkçe olarak da cemaate açıklayacaksınız. İncil de Arapça (Aramca) yazılmış sonradan bütün dillere tercüme edilmiştir. Bir İngiliz İncil'ini İngilizce, bir Alman İncil'ini Almanca okur. Herkes okunan mukabelelerin manasını anlarsa dinine daha çok bağlanır,' dediler.

Sonra yanındakilere 'Gazetelere haber verin, yarın camilerde okunacak olan surelerin Türkçe tercümesi de okunacaktır,' emrini verdiler."

O geceki toplantının tanıklarından biri de Atatürk'ün kütüphanecisi **Nuri Ulusu**'dur. Ulusu anılarında o gün yaşananları şöyle anlatmıştır:

"Atatürk, bu ilk tercüme Kur'an'ı (Cemil Said'in Kur'an tercümesi) Hafız Saadettin Kaynak Bey, hafız arkadaşları Kemal, Nuri, Rıza, Fahri ve müzik öğretmeni Zeki ve Nuri Bey, Milli Eğitim Bakanı Reşit Galip Bey ve milletvekili Cemil Bey ile ben ve arkadaşlarımın da oluşturduğu gruba, **adeta kalabalık bir insan topluluğuna okuyormuş gibi tane tane okudu.** *Okuduktan sonra hafızlara dönerek, 'Şimdi bundan sonra bu görev sizlere düşüyor. Halkımıza bu Türkçe Kur'an'ı aynen benim okuduğum gibi yavaş yavaş, tane tane, ağır ağır okuyarak anlatacaksınız. Halkımız Kur'an'ımızı tam anlamıyla bilecek ve de anlayacak,' dedi."*

Atatürk ve Dr. Reşit Galip 1932 yılı Ramazan ayında belirlenen hafızlarla Dolmabahçe'de sık sık bu tür, din dilinin Türkçeleştirilmesi konulu toplantılar yapmıştır. Atatürk camilerde halka Kur'an okuyacak hafızlarla bizzat ilgilenmiştir. Zaman zaman Kur'an'ın Türkçe tercümesinin halka nasıl okunacağını hafızlara bizzat göstermiştir. **Hafız Yaşar Okur**'un, **Nuri Ulusu**'nun ve **Hafız Saadettin Kaynak**'ın anılarından anlaşıldığı kadarıyla Atatürk o günlerde yüksek sesle ve büyük bir dikkatle Kur'an okuyarak hafızların dikkat etmeleri gereken noktalar üzerinde durmuştur.

Saadettin Kaynak anlatıyor:

"Dolmabahçe Sarayı'nın büyük muayede salonunda saz takımı toplanmıştı... Atatürk, bir imtihan ve tecrübe yapmaya hazırlanmış görünüyordu. Elinde Cemil Said'in tercümesi Türkçe Kur'an-ı Kerim vardı.

Evvela Hafız Kemal'e verdi, okuttu fakat beğenmedi. 'Ver bana ben okuyacağım,' dedi.

Hakikaten okudu, ama hâlâ gözümün önündedir; askeri kumanda eder, emir verir gibi bir ahenk ve tavırla okudu."[439]

Atatürk 1932 yılında hafızlarla yaptığı sabahlara kadar süren din ve Kur'an konulu görüşmelerden, fikir alışverişlerinden sonra onlara, *"Arkadaşlar, hepinizden ayrı ayrı memnun kaldım. Bu mübarek ay vesilesiyle camilerde yaptığımız mukabelenin son sahifelerini Türkçe olarak cemaate izah ediniz. Halkın dinlediği mukabelelerin manasını anlamasında çok fayda vardır,"* demiştir.[440]

1932 yılı Ramazan ayında İstanbul'da Dolmabahçe Sarayı'nda Türkiye Cumhuriyeti'nin kurucusu Mustafa Kemal Atatürk'ün başkanlığında ve yönlendirmesinde İstanbul'un en tanınmış dokuz hafızı dokuz gün/gece hep Türkçe Kur'an, Türkçe dua, Türkçe tekbir, Türkçe ezan gibi konularla ilgilenmiştir.[441]

Görüldüğü gibi Atatürk sanki bir devlet lideri, bir asker değilmiş de bir din âlimiymiş gibi, İstanbul'un en önde gelen hafızlarıyla, din adamlarıyla din ve Kur'an konuşacak, hatta o ha-

---

439 Niyazi Ahmet Banoğlu, **Nükte ve Fıkralarla Atatürk**, C 3, İstanbul, 1954, s. 160.
440 Okur, **age.**, s. 14.
441 Bozdağ, **age.**, s. 50.

fızlara Kur'an okuma dersleri verecek kadar İslam dinine ve bu dinin ana kaynağı Kur'an'a hâkimdir. Belgeler, anılar, tanıklar Atatürk'ün Kur'an'ın orijinal Arapça metnini yasaklamayı değil, bu Arapça metni Türkçeleştirerek anlaşılmasını sağlamayı amaçladığını göstermektedir.

Atatürk'ün 1932 yılı Ramazan ayında Dolmabahçe Sarayı' nda bizzat hazırladığı hafızlar, İstanbul'un tarihi ve seçkin camilerinde halka Türkçe Kur'an, Türkçe dua, Türkçe tekbir ve Türkçe ezan okumuşlardır.

Atatürk Müslüman Türk halkının Kur'an'ın sadece ruhani gücünden değil, özellikle –Kur'an'ın da istediği gibi– anlam ve içeriğinden yararlanmasını istemiştir. Hafızlara verdiği talimatlarda Kur'an'dan okunan surelerin, önce Arapça daha sonra da Türkçe okunmasını, anlam üzerinde durulmasını istemiştir. Atatürk ayrıca hafızlardan genç Cumhuriyet için de dua etmelerini istemiştir.[442]

Yerebatan Camii'nde Türkçe Kur'an

Atatürk din dilinin Türkçeleştirilmesi çalışmalarını iki aşamalı olarak yürütmüştür. İlk aşama Kur'an, dua, hutbe, tekbir, ezan ve salatın Türkçeleştirilmesi, ikinci aşama ise Türkçeleştirilen bu dinsel metinlerin halka ulaştırılmasıdır.

Atatürk Türkçe Kur'an'ın ilk kez Yerebatan Camii'nde halka okunmasını istemiştir. Atatürk bu camiyi hem boyutu itibariyle –fazla büyük olmamasından dolayı– nabız yoklama, ilk uygulama için uygun gördüğünden hem de **Ayasofya Camii**'ne yakın olmasından dolayı tercih etmiştir. Daha önce anlattığım gibi Atatürk aslında din dilinin Türkçeleştirilmesi çalışmalarını Ayasofya Camii'nde tartışmalı ve halka açık bir şekilde yürütmek istemiş, ancak hükümetin çekinceleri üzerine bu işten vazgeçmiştir. Ancak Atatürk şimdi de Ayasofya Camii'nde Türkçe Kur'an okutmayı ve çok büyük bir kalabalığın katılacağı bu **dini-milli töreni** ilk kez radyodan yayımlatmayı planlamıştır. Bu pla-

---

442 Meydan, **age.**, s. 693.

nı doğrultusunda zihinlerde *"Keşke bu törenler Ayasofya'da da düzenlense!"* isteğini oluşturabilmek için de ilk Türkçe Kur'an'ın Ayasofya'ya çok yakın bir yerde, Yerebatan Camii'nde okunmasını özellikle istemiştir.

Atatürk Dolmabahçe Sarayı'nda hafızlarla yaptığı görüşmelerde, camilerde halka hangi surelerin, hangi ayetlerin okunacağını da bizzat belirlemiştir.

Örneğin özel hafızı **Hafız Yaşar Okur**'u Yerebatan Camii'nde **Yasin Suresi**'nin Türkçe tercümesini okumakla görevlendirmiştir.[443]

Cumhuriyet gazetesi bu haberi, "**Yerebatan Camii'nde Türkçe Yasin Okunacak**" manşetiyle halka duyurmuştur.

Gazeteden okuyalım:

"Dün de yazdığımız üzere bugün Ayasofya'daki Yerebatan Camii tarihi bir gün yaşayacaktır. Riyaset-i Cumhur Mızıkası Alaturka Kısmı Şefi Hafız Yaşar Bey, cuma namazından sonra Yerebatan Camii'nde evvela bir mevlit okuyacak, sonra Yasin Suresi'nin Arapçasını ve Türkçe tercümesini kıraat edecektir (okuyacaktır). Bu tercüme çok güzel bir tarzda yapılmıştır. Türkçe Kur'an okunacağı haberi halk arasında büyük bir alaka uyandırmıştır. Bugün Yerebatan Camii'nin çok kalabalık olacağı ve halkın kendi öz dili ile okunacak Kur'an'ı dinlemeye şitap edeceği (koşacağı) muhakkaktır."[444]

Yerebatan Camii'nde Yasin Suresi'nin **önce Arapçasını sonra Türkçesini** okumakla görevlendirilen **Hafız Yaşar Okur**, bu önemli görevi nasıl yerine getirdiğini anılarında şöyle anlatmıştır:

"... Kürsüye çıktım. Nefesler kesilmişti. Bütün gözler bende idi. Arapça Besmeleyişerifi çekip arkasından yine Arapça olarak Yasin Suresi'ni okumaya başladım. Kur'an'ı Türkçe okuyacağımı zannedenlerin gözlerindeki hayret ifadesini görüyordum. Sureyi, 'Sadakallahülazim' diye bitirdikten sonra; 'Vatandaşlar,' diye söze başladım. On altıncı sure olan Yasin, seksen üç ayettir.

---

443 Okur, age., s. 14.
444 **Cumhuriyet** gazetesi, 1932.

Mekke-i Mükerreme'de nazil olmuştur. Şimdi size tercümesini okuyacağım:

'Müşfik ve Rahim olan Allah'ın ismiyle başlarım. Hâkim olan Kur'an hakkı için kasem ederim ya Muhammed! Sen tarik-i müstakime (doğru yola) sevk eden bir resulsün. Kur'an sana aziz ve rahim olan Tanrı tarafından nazil olmuştur.'

Sureye böylece devam ederek seksen üçüncü ayetin sonunu da şöyle okudum:

'Her şeyin hükümdar ve hâkimi mutlak olan Tanrı'ya hamt olsun. Hepiniz O'na rücu edeceksiniz.'

Yasin Suresi böylece hitama (sona) erdikten sonra Türkçe olarak şu duayı yaptım:

'Ulu Tanrım! Bu okuduğum Yasin-i Şerif'ten hasıl olan sevabı Cenab-ı Muhammed Efendimiz Hazretleri'nin ruh-i saâdetlerine ulaştır. Tanrım, hak ve adalet üzerine hareket edenleri sen payidar eyle... Türkiye Cumhuriyeti'ni ilelebet payidar kıl. Türk milletini sen muhafaza eyle. Şanlı Türk ordusunu ve onun kahraman kumandan ve erlerini karada, denizde, havada her veçhile muzaffer kıl. Yarabbi! Vatan uğrunda fedayı can ederek şehit olan asker kardeşlerimizin ruhlarını şad eyle. Vatanımıza kem gözlerle bakan düşmanlarımızı perişan eyle. Topraklarımıza bol bereket ihsan eyle. Memleketin ve milletin refahına çalışan büyüklerimizin umurlarında muvaffak bil hayır eyle! Amin!"[445]

Yerebatan Camii'nde okunan Türkçe Kur'an haberi ertesi günkü *Cumhuriyet* gazetesinin manşetinden, **"Türkçe Kur'an Dün İlk Defa Okundu"** ana başlığıyla verilmiştir. Haber, **"Yasin Suresi Büyük Bir Vecd-ü Heyecanla Dinlendi"** alt balığıyla şöyle ayrıntılandırılmıştır:

"Kur'an-ı Kerim'in Türkçe tercümesi dün ilk defa olarak Hafız Yaşar Bey tarafından çok beliğ (açık) ve müessir (tesirli) bir suretle Ayasofya'daki Yerebatan Camii'nde okunmuştur.

Matbuatın (basının) birkaç günden beri verdikleri haberler üzerine Yerebatan Camii halkın tehacümüne (hücumuna) maruz

---

[445] Okur, age., s. 15-18.

kalmıştır. Daha sabahleyin saat 10'da cami dolmuştu. Küçücük caminin içinde kadın ve erkek büyük bir kalabalık vardı. Avluda ve sokakta birçok kimseler pencerelere tırmanmış içerden gelecek sesleri işitmeye çalışıyorlardı."[446]

Rejimin gazetesi Cumhuriyet, Atatürk'ün din dilinin Türkçeleştirilmesi çalışmalarını bütün ayrıntılarıyla halka duyurmuştur. Bu konuya hem manşetten haber olarak hem de yorum ve analizlere çok geniş bir yer vermiştir.[447]

Atatürk'ün din dilinin Türkçeleştirilmesi çalışmalarının sıkça Cumhuriyet gazetesinin manşetinden duyurulması, her şeyden önce Atatürk'ün bu konuya ne kadar büyük bir önem verdiğini göstermektedir.[448]

Sultanahmet Camii'nde Türkçe Kur'an

Atatürk Yerebatan Camii'ndeki Türkçe Kur'an ziyafetinden çok memnun kalmış, benzer uygulamaların İstanbul'un başka, daha büyük ve tarihi camilerinde de tekrarlanmasını istemiştir.

Yerebatan Camii'nde yapılan dini törene halkın büyük bir ilgi göstermesinden memnun kalan Atatürk, cami küçük olduğu için halkın bu "dini atmosferden" yeterince yararlanamadığını, bu nedenle benzer bir dini törenin daha büyük olan Sultanahmet Camii'nde de tekrarlanmasını istemiştir.

Atatürk'ün isteğiyle Sultanahmet Camii'nde düzenlenen dini törene on binlerce kişi katılmıştır.

1932 yılı Ramazanı'nda Sultanahmet Camii'nde gerçekleştirilen o büyük dini töreni **Hafız Yaşar Okur** şöyle anlatmıştır:

"Bu direktifleri üzerine gereken hazırlıklar yapıldı. Cuma günü öğle namazından bir saat evvel dokuz hafızdan mürekkep (kurulu) bir heyet Sultanahmet Camii'nde toplandılar. Caminin içinde ve dışında on bin kişiden fazla cemaat vardı. Fatih Camii hatibi Hafız Şevket Efendi tarafından bir hutbe okundu. Sonra

---
446 Cumhuriyet gazetesi, 1932.
447 Meydan, age., s. 692.
448 age., s. 693.

cuma namazı kılındı ve tekbir alınmaya başlandı. Cemaati teşkil eden on bin kişi tekbire iştirak etti. On bin kişinin ilahi bir vecd içinde aldığı tekbirler çok ulvi bir manzara arz ediyordu.

Tekbir bittikten sonra Kur'an-ı Kerim'in bazı surelerinin Türkçe tercümeleri okundu. Mevlidi müteakip bir dua ile dini merasim hitam buldu (sona erdi). "[449]

Ayasofya Camii'nde Türkçe Kur'an

Daha önce anlattığım gibi Atatürk, 1932 yılı Ramazan ayında Türkçe Kur'an, dua, ezan çalışmalarını başlattığında Dr. Reşit Galip'in *"Türk'ün Milli Dini İslamiyet"* adlı tezini Ayasofya Camii'nde tartışmalı olarak halkın huzurunda açıklamasını istemişti, ancak hükümetin bu konudaki çekinceleri yüzünden bu düşüncesinden vazgeçmişti. Ancak bu sefer de din dilinin Türkçeleştirilmesi sürecinde Ayasofya Camii'nde çok görkemli bir dini tören düzenlenmesini ve bu törende okunacak Türkçe Kur'an-ı Kerim'in **radyodan yayımlanmasını** planlamıştı.

Daha önce Yerebatan ve Sultanahmet camilerinde gerçekleştirilen dini törenleri çok beğenen Atatürk, çok daha geniş katılımlı ve çok daha görkemli bir dini töreni Kadir gecesinde Ayasofya Camii'nde yaptırmıştır. Ayasofya Camii'nde yapılacak büyük dini törenin coşkusunu daha da artırabilmek için bu törenin özellikle Kadir gecesinde yapılmasını istemiştir.[450]

1932 yılı Ramazan ayının 26. gecesi Ayasofya Camii'nden yükselen Türkçe Kur'an nağmeleri aynı anda hem Ayasofya'nın o devasa kubbesinin altında toplanmış on binlerce Müslüman Türk'ün hem de radyoları başındaki milyonlarca Müslümanın kalbine işlemiştir.

---

449 Okur, age., s. 19.
450 Okur, age., s. 19. Atatürk'ün Türkçe Kur'an çalışmaları için bir Ramazan ayını ve Kadir gecesini seçmesi çok anlamlıdır. Bilindiği gibi İslam inancına göre Kur'an-ı Kerim bir Ramazan ayında Kadir gecesi inmeye başlamıştır. Atatürk bu İslami inanç nedeniyle Türkçe Kur'an çalışmalarını özellikle Ramazan ayında gerçekleştirmiştir.

Şimdi sözü, o gece Ayasofya Camii'nde Türkçe Kur'an okumakla görevli **Hafız Yaşar Okur**'a bırakalım:

"... *Akşam namazından sonra kapılar kapatıldı. İlahiler ve ayin-i şerif okundu. Hoparlörler caminin her tarafına konulmuştu. Bu dini merasim Türkiye'den ilk defa radyo ile bütün dünyaya yayılıyordu.*

Sıra mevlide geldi. Yirmi hafızın iştirakiyle okunan mevlid pek muhteşem ve ulvi oldu. Perde perde yükselen bu ilahi nağmeler Ayasofya Camii'nin nidalarından Türkiye sathına ve tüm dünyaya yayılıyordu. Cemaat sanki büyülenmişti. Hele muazzam cemaatin de iştirak ettiği tekbir sedaları insana havalanacakmış gibi bir hafiflik hissi veriyordu..."[451]

Cumhuriyet gazetesi, Ayasofya Camii'ndeki o görkemli töreni ertesi gün "**70.000 Kişinin İştirak Ettiği Dini Merasim**" başlığıyla manşetten vermiştir. Haberin alt başlıkları da şöyledir:

"*Dün gece Ayasofya Camii şimdiye kadar tarihinin kaydetmediği emsalsiz dini tezahürata sahne oldu.*"

"*Ayasofya'da 40.000 kişi vardı.*"

"*Camiye sığmayan 30.000 kişilik bir halk kitlesi meydanları doldurmuştu.*"

"*Namaz kılınırken (kalabalıktan) secde edilemiyordu. Türkçe tekbir halkı ağlatıyor, âmin sedaları asumana (göklere) yükseliyordu.*"

Cumhuriyet bu alt başlıklardan sonra ilk sayfada haberin ayrıntılarına yer vermiştir:

"*Dün gece Ayasofya Camii'nde toplanan 50.000'e yakın kadın, erkek Türk Müslümanlar on üç asırdan beri ilk defa olarak Tanrılarına kendi lisanları ile ibadet ettiler. Kalplerinden, vicdanlarından kopan en samimi, en sıcak muhabbet ve ananeleri ile Tanrılarından mağfiret dilediler.*

Ulu Tanrı'nın ulu adını semaları titreten vecd ve huşu ile dolu olarak tekbir ederken, her ağızdan çıkan tek bir ses vardı.

---

451 Okur, **age.**, s. 20-22.

Bu ses, Türk dünyasının Tanrısı'na kendi bilgisiyle taptığını anlatıyordu.

Bir ihtiyar annenin gözlerinden çağlayan, bir genç delikanlının kirpiklerinden titrer gibi parlayan ve kalp kaynağından kopup gelen sevinç ve huşu ifade eden yaşlar bütün bu samimi tezahüratın çok kıymetli birer ifadesiydi.

Ayasofya Camii daha gündüzden, saat dörtten itibaren dolmaya başlamıştı. Mihrabın bulunduğu hattan son cemaat yerine kadar caminin içinde iğne atılsa yere düşmeyecek derecede insan vardı. Kadın, erkek hep bir arada idi. Herkes birbirine Müşvik (sevecen) bir lisan ile muamele ediyor, yer olmadığı halde çekilerek yer vermeye çalışıyor, bu mukaddes gecenin ruhu niyetinden istifade etmek için koşup gelen herkes en ufak hareketlerinde büyük bir samimiyet ile meşbu (dolu) bulunuyordu.

Yatsı namazı yaklaşmıştı. Ayasofya artık dışarıdaki kapılarına varıncaya kadar insanla dolmuştu. Ve bütün kapılar kapanmış ve binlerce halk dışarıda kalmıştı. Yalnız caminin içinde 40.000 kişi vardı. Dışarıdaki avluda, şadırvanların bulunduğu meydanda da binlerce halk birikmişti. İçeride ve dışarıda olmak üzere 70.000 kişi bu 20 asırlık ibadetgâhı ihata etmişti (doldurmuştu).

Ezan okundu... Otuz güzel sesli hafızın iştirak ettiği bir müezzin heyeti ile teravih kılındı. Halk o kadar mütekâsif (sıkışık) bir halde idi ki, herkes birbirinin arkasına, ayaklarının arasına, hatta neresi rast gelirse secde ediyordu... Bir kısım halk da ayakta veya oturduğu halde namaz kılıyordu.

Teravih biter bitmez caminin içinde emsali görülmemiş bir uğultu başladı. Bu ne bir nehir uğultusuna, ne bir gök gürlemesine ne de başka bir şeye benziyordu. Herkes ellerini semaya kaldırmış dua ediyordu. Bu uğultu birkaç dakika devam etti. Müteakiben otuz güzel sesli hafız hep bir ağızdan tekbir almaya başladılar.

'Tanrı uludur
Tanrı'dan başka Tanrı yoktur
Tanrı uludur, Tanrı uludur.

Hamd ona mahsustur.'
Bu Türkçe tekbir Ayasofya Camii'ni yerinden sarsıyordu. Halk da bu seslere iştirak ediyordu. Tekbir hitam (son) buldu. Hafız Yaşar Bey tarafından Mevlid-i Şerif okunmaya başlandı. Mevlid, en güzel sesli hafız tarafından okundu. Her bahis arasında Türkçe tekbir getiriliyordu. Peygamberimizin doğduğunu anlatan mısra okunmaya başlandı:
'Geldi bir ak kuş kanadıyla revan.'
40.000 kişi ayağa kalkmıştı. 40.000 kişi salâvat getirdi. 40.000 kişi Türkçe tekbir aldı. 40.000 kişi heyecan duydu.
Hafız beylerin lâhûtî sesleri, bilhassa Hafız Kemal ve Hafız Burhan beylerin bu binlerce senelik Tanrı ibadetgâhını velveleye veren sesleri Ayasofya'nın muazzam kubbesinden etrafa dağılıyor, bütün kalpleri yeni yeni heyecanla dolduruyordu.
Mevlitten sonra Hafız Yaşar Bey, Türkçe Kur'an'a başladı. Tebareke Suresi'ni okudu. Müteakiben Hafız Rıza, Hafız Seyit, Hafız Kemal, Burhan, Fethi, Turhan beylerle otuz hafız hep birer birer muhtelif makamlardan Türkçe Kur'an okudular. Her sureden sonra Türkçe tekbir alınıyordu. Nihayet saat 10'da dini merasim son bulmuştu. Hafız İsmail Hakkı Bey tarafından Türkçe çok beliğ bir dua okundu. Duanın sonlarında Hafız Yaşar Bey, 'Millet hâkimiyetinin tecellîgâhı olan Türkiye Cumhuriyeti'ni ilelebet payidar eyle Yarabbi! Ulu Gazimiz Mustafa Kemal Hazretleri'nin vücudunu sıhhate daim eyle Yarabbi!' diyerek dua ederken yine 40.000 kişi hep bir ağızdan ve candan, gönülden 'Amin' diyorlardı. Dua bitti... Gene hafız beyler Türkçe tekbir aldılar ve ibadet nihayet buldu.
Ayasofya'daki bu merasim-i diniye radyo vasıtasıyla İstanbul ve Türkiye'nin her tarafında, bütün dünyada dinlenmiştir. Evlerde bile hususi içtimalarda (toplantılarda) Mevid-i Şerif dinlenirken herkes huzur ve huşu ile, zevk ve heyecanla dinliyorlar ve camideki merasime iştirak ediyorlardı.
Ayasofya'da yer bulamayıp da bu dini ihtifali (töreni) yakından göremeyenler, şehrin muhtelif mahallelerine konan hususi radyolardan merasimi takip etmişlerdir. Radyosu bulunan gazi-

no ve kıraathaneler de hınca hınç dolmuş, halk bu suretle dini ihtifali dinleyebilmiştir.

Bu akşam Ayasofya Camii'nde yapılan ihtifal (tören) Ankara'nın her tarafından ehemmiyetle takip olunmuştur. Hemen her radyonun etrafında büyük bir kalabalık toplanmış ve Mevlid-i Şerif, Türkçe Kur'an surelerini derin bir tahassüsle (duyguyla) dinlemiştir. Bilhassa Gazi heykelinin duvarındaki büyük radyonun önünde muazzam bir kalabalık toplanarak yağmakta olan kara rağmen ana lisanlarıyla yapılmakta olan ilahi hitabeyi saatlerce dinlemiştir.

Anadolu'nun her tarafından alınan haberler, kemal-i tehalükle (ciddiyetle) şurada burada bulunan radyoların etrafında toplandıklarını bildirmektedir.

Ajans bu büyük hadiseyi, daha evvelden Avrupa'nın her tarafına telgrafla bildirmiş olduğu için, ecnebi memleketlerin pek çoğunda hadisenin ciddi bir alaka uyandırdığı tahmin edilmektedir."[452]

O gece Ayasofya Camii'nin devasa kubbesini aşıp radyo aracılığıyla tüm yurda yayılan Arapça ve Türkçe Kur'an ve Mevlid-i Şerif nağmelerini, Türkçe tekbirleri dinleyenlerden biri de radyosu başındaki Atatürk'tür.

Atatürk'ün Kütüphanecisi **Nuri Ulusu**, Ayasofya Camii'ndeki dini töreni, o gece yaşananları ve **radyosu başında Kur'an dinleyen Atatürk'ü** şöyle gözlemlemiştir:

"Türkçe Kur'an, Ramazan'ın Kadir gecesinde bu sefer o zaman cami olan Ayasofya'da okunacaktı. Başta yine Hafız Saadettin ve Hafız Yaşar olmak üzere, hafızlar Kemal, Sultan Selimli Rıza, Hafız Fahri, Beşiktaşlı Rıza, Muallim Nuri, Hafız Zeki, Hafız Burhan, Türkçe Kur'an'ı hutbe şeklinde 'Tanrı uludur,

---

452 **Cumhuriyet** gazetesi, Ayasofya Camii'ndeki bu görkemli dini törene büyük önem vererek birinci sayfanın neredeyse tamamını bu habere ayırmıştır. Gazete, Ayasofya'daki dini töreni tam altı sütunluk manşetle okuyucusuna duyurmuştur. Dini törene tam sayfa yer veren gazetede Atatürk'ün o sıradaki ziyaretleri bile alt sıralarda kısacık ve tek sütun halinde verilmiştir. Bu durum Atatürk'ün din dilinin Türkçeleştirilmesi çalışmalarına ne kadar büyük önem verdiğinin en açık kanıtı değil midir?

Tanrı uludur, Tanrı'dan başka Tanrı yoktur,' diye hep birlikte tekbir ve tehlil ile birlikte okudukları **mevlidi o gece Atatürk sarayda radyosundan dinlemişti.**

Sırf bu Mevlidi Ayasofya'dan dinleyebilmek için saray görevlileri camide bir teşkilat kurarak **Atatürk'e radyo başında bu Kadir gecesini tüm teferruatıyla dinletme başarısını** da gösterdiler. Ben de her zaman olduğu gibi radyoyu dinlerken zaman zaman yanında olurdum. **Dualar okunurken kendinden geçtiğini, zaman zaman ise göz pınarlarında yaşların biriktiğini net bir şekilde görerek izlediğim çok olmuştur."**[453]

* * *

Atatürk, Ayasofya Camii'ndeki dini töreni çok beğenmiş ve özel olarak hazırladığı 9 hafızından ve diğer hafızlardan çok memnun kalmıştır. Beğeni ve memnuniyetlerini hafızlara bizzat iletmek için onları Dolmabahçe Sarayı'na iftara davet etmiştir. Atatürk'ün bu onurlandırıcı ince davranışını **Hafız Yaşar Okur** şöyle anlatmıştır:

"... *Ertesi akşam hafızlar saraya geldi. Üst katta muazzam ve mükellef bir iftar sofrası hazırlanmıştı. Atatürk de sofrada hafızlarla birlikte iftar etti. İftardan sonra hafızlara ayrı ayrı Kur'an okuttular. Hepsi teker teker iltifatlarına mazhar oldular. Huzurlarından ayrılırken hafızları seryaver beyin odasına davet ettiler. Orada hafızlara 200 lira ihsanda bulundular. Sonra yine Atatürk'ün emriyle hafızlar otomobillerle evlerine kadar götürüldü..."*[454]

Atatürk'ün Kütüphanecisi **Nuri Ulusu** da Hafız Yaşar Okur'u doğrulamıştır:

"*Yerebatan ve Ayasofya camilerinde okunan dualardan sonra Atatürk tüm hafızları Dolmabahçe Sarayı'na davet etti ve benim vasıtamla hepsini 200'er lirayla taltif etti (ödüllendirdi).*"[455]

---

453 Ulusu, age., s. 189.
454 Okur, age., s. 22.
455 Ulusu, age., s. 190.

Nağmeli, Makamlı Türkçe Kur'an

Atatürk'ün din dilinin Türkçeleştirilmesi çalışmaları için seçilmiş hafızlardan olan **Sultanahmet Camii İmamı Hafız Saadettin Kaynak,** Fatih Camii'nde Türkçe Kur'an'ın nasıl okunduğunu anlatırken Türkçe Kur'an'ın halka okunması sırasında yaşanan sıkıntılardan da söz etmiştir. **Saadettin Kaynak** şöyle diyor:

"... *Sıra Türkçe Kur'an tecrübelerine gelmişti. Atatürk'ün arzusu: Kur'an'ın Türkçesinin de aslı gibi makam ve lahm ile okunması merkezindeydi. Fakat bu bir türlü gerçekleşmiyordu. Çünkü tercüme nesirdi. Bununla beraber iyi bir nesir de değildi! Kur'an'ın edaya gelmesi, lahm ile okunması, Arap dilinin medler, gunneler, idgamlar ve buna benzer hususiyetleri oluşundan başka bir de Kur'an'ın kendisine has olan nefes alma için secaventleri, seci ve kafiyeye benzeyen –fakat seci ve kafiye olmayan– nesre benzeyen fakat nesir olmayan; sözün kısası, her şeyi ile metni gibi okunmasının da bir mucize oluşundan ileri geliyordu. Türkçe tercümesinde bu vasıfların hiçbiri yoktu. (Bu yüzden) bir türlü olmuyordu ve olamıyordu. Türkçe hitabet dili olarak çok kuvvetliydi. Bununla beraber Türkçede makam ile bir nesri okumak çok acayip bir şey oluyordu!*

Daha ilk başlangıcında ben, bu işin iyi bir sona ermeyeceğini anlamıştım. Hatta Kadir gecesi, Ayasofya Camii'nde Yeni Saray karşısında yapılan ilk tecrübeden dahi, arkadaşlarım nağme ve lahm ile okumalarına karşı ben Mümezzil Suresi'ni hitabe tarzında okumuştum. Bunu radyo ile cihan da dinledi.

O gece Atatürk sarayda dinleyerek, Yaveri Celal Bey'in anlatışına göre, ben bu süratle okurken o da defaât ile, 'Bravo Saadettin' diye bağırmıştır..."[456]

İyi bir hafız olmasının yanı sıra çok iyi bir de musikişinas olan Saadettin Kaynak'ın Atatürk'ün din dilinin Türkçeleştirilmesi çalışmalarına yönelik bu "teknik" eleştirileri ve analizleri son derece önemlidir. Saadettin Kaynak, Atatürk'ün Kur'an'ın Türkçesini de Arapçası gibi nağmeli, makamlı okutmak istediği-

---
456 Bozdağ, **age.,** s. 51-52.

ni, ancak hafızların bütün iyi niyetli çabalarına karşın Kur'an'ın Türkçesini Arapçası gibi nağmeli, makamlı okumayı başaramadıklarını itiraf etmiştir. Bu durumun nedeni olarak da Arapçanın bir düzyazı metnini bile nağmeli, makamlı okumaya uygun olmasına karşın, Türkçenin buna uygun olmamasını göstermiştir. Ayrıca o sırada eldeki Kur'an tercümelerinin de bu iş için yetersiz olduğunu belirtmiştir (gerçekten de o sırada –1932– daha Elmalılı Hamdi Yazır'ın Kur'an tercümesi bitmemiştir. 1936'da bitecektir. Ayrıca Elmalılı tercümesi de bu iş için uygun değildir. O sırada kullanılan Kur'an tercümesi son derece yetersiz olan Cemil Said'in Kur'an tercümesidir).

Saadettin Kaynak'ın bu tespitleri bizleri bir kere daha **Akl-ı Kemal**'le yüzleştirmektedir. Şöyle ki: Saadettin Kaynak'ın 1932'de deneyerek gördüğü bu gerçekleri Atatürk, Dinde Öze Dönüş Projesi'ni düşünmeye başladığı 1923-1924 yıllarında – üstelik denemeden– görerek hareket etmiştir. Atatürk o sırada eldeki Kur'an tercümelerinden hiçbirinin nağmeyle, makamla okunabilecek özellikte olmadığını fark ederek yeni yaptıracağı Kur'an tercümelerinden en azından birinin nağmeyle, makamla okunabilecek özellikte olmasını istemiştir. İşte bu nedenle Kur'an tercümesi görevini 1924 yılında Elmalılı Hamdi Yazır'la birlikte usta şair Mehmet Akif Ersoy'a da vermiştir. Atatürk 1932 yılından itibaren camilerde nağmeyle, makamla Türkçe Kur'an okutmayı planlarken, bu planını en mükemmel şekilde hayata geçirebilmek için Mehmet Akif Ersoy'un söz ustalığını, usta şairliğini kullanarak hazırlayacağı nağmeye, makama uygun Türkçe Kur'an'a güvenmiştir. *"Atatürk, başka adam bulamadı mı? Kur'an tercümesi görevini neden Mehmet Akif gibi bir şaire verdi?"* sorusu da böylece kendiliğinden yanıt bulmaktadır. Atatürk Kur'an'ı ses güzelliklerini koruyarak, akustiğini yansıtarak, nağme ve makamla okunabilecek şekilde ancak Mehmet Akif'in Türkçeye tercüme edeceğine inandığı için bu görevi özellikle ona vermiştir. Ancak büyük bir olasılıkla Atatürk'ün bu düşüncesi, *"Kur'an'ın Arapça aslının yasaklanacağı, namaz-*

da da bu Türkçe Kur'an tercümesinin kullanılacağı" şeklinde çarpıtılarak Mehmet Akif Ersoy'a aktarılmıştır. Bilindiği gibi Türkiye'den uzakta Mısır'da çalışmalarına devam eden Akif, kulağına gelen bu dedikodulara kanarak ve çok daha önemlisi yaptığı tercümenin Atatürk'ün kendisinden istediği mükemmellikte bir tercüme olmadığına inanarak bu işten vazgeçmiştir. Akif 1935'te Türkiye'ye geldiğinde Atatürk'ün hâlâ onun Kur'an tercümesinin peşinde olmasının nedeni Türkçe Kur'an'ın nağmeyle, makamla okunabilmesi için ille de Akif'in tercümesine ihtiyaç duymasındandır. Elmalılı Hamdi Yazır'ın 1936'da bitirdiği tercüme de bu iş için uygun değildir.

Atatürk, Dr. Reşit Galip'in "**Türk'ün Milli Dini İslamiyet**" tezindeki gibi gerçekten de İslamiyeti her yönüyle "Türk'ün milli dini" haline getirmek istemiştir. Bu amaçla İslamiyetin ana kaynağı Kur'an-ı Kerim'in Türkçe tercümelerinin, bir Müslüman Türk'ün her isteğine ve ihtiyacına kolayca yanıt vermesini amaçlamıştır. Nitekim 1924 yılında TBMM'nin onayıyla ve Diyanet İşleri Başkanlığı eliyle aynı anda bir Kur'an tercümesi, bir de Kur'an tefsir ve tercümesi hazırlatmak için hem ünlü din âlimi **Elmalılı Hamdi Yazır**'a hem de usta şair **Mehmet Akif Ersoy**'a görev vermiştir. Elmalılı'nın hazırlayacağı Kur'an tefsir ve tercümesi Kur'an'ın hem anlamını hem yorumunu bilmek isteyenlere hitap ederken, Akif'in hazırlayacağı Kur'an tercümesi yine Kur'an'ın hem anlamını bilmek isteyenlere hem de –tıpkı Arapça Kur'an okurken olduğu gibi– Türkçe Kur'an'ı da nağmeyle, makamla okumak isteyenlere hitap edecektir. Görüldüğü gibi Atatürk Türk insanının bütün "Kurani ihtiyaçlarını" düşünüp o doğrultuda çalışma başlatmıştır.

Atatürk Arapça Kur'an'ı Yasaklamamıştır

Atatürk düşmanlarının öteden beri tekrarlayıp durdukları yalanlardan biri de "Türkçe ibadet" çalışmaları yapan Atatürk'ün Kur'an'ın orijinal Arapça metnini yasakladığı ya da yasaklamayı planladığı şeklindedir. Oysaki evet, Atatürk din dilinin Türkçeleştirilmesine büyük bir önem vermiş, bu konuda çok ciddi çalışmalar yapmış, Kur'an'ı, duaları, hutbeyi, ezanı Türkçeye tercüme ettirmiş, camilerde Türkçe Kur'an, Türkçe dua, Türkçe hutbe ve Türkçe ezan okutmuştur. Bütün bunları Müslüman Türk insanının dinini anlayarak, bilerek yaşaması için yapmıştır. Ancak Atatürk hiçbir zaman Kur'an'ın orijinal Arapça metnini yasaklamayı düşünmemiş, bu konuda hiçbir çalışma yapmamış, yaptırmamıştır.[457]

Nitekim 1932 yılında camilerde Türkçe Kur'an, dua, tekbir, ezan, mevlit uygulamaları sırasında Kur'an'ın, surelerin ve duaların önce Arapça orijinali, sonra Türkçe tercümeleri okunmuştur. **Atatürk hafızlara verdiği talimatlarda Kur'an'ın önce Arapça aslının okunmasını, namazın bu şekilde kılınmasını, fakat daha sonra okunan ayet ve surelerin Türkçe anlamlarının açıklanmasını istemiştir.** Bütün hafızlar Atatürk'ün bu talimatı doğrultusunda hareket etmiştir. Bu konuda aşırıya kaçanlar ise cezalandırılmıştır.[458]

Din dilinin Türkçeleştirilmesi çalışmalarının canlı tanıklarından dönemin din adamları, Atatürk'ün Kur'an'ın orijinal Arapça metninin okunmasını hiçbir şekilde yasaklamadığını ifade etmişlerdir. Örneğin **Hacı Nimet Camii Hatibi Ercüment Demirer** bu konuda şu değerlendirmeyi yapmıştır:

"... Eğer Atatürk, Kur'an'ın aslının okunmasını yasaklamış ve sadece Türkçe olarak okunmasını uygulamış olsaydı, biz de bir Müslüman olarak bunu Kur'an'a bir müdahale olarak kabul eder, tenkit ederdik..."[459]

Atatürk Dinde Öze Dönüş Projesi kapsamında din dilinin Türkçeleştirilmesine büyük önem vermiş, öncelikle Kur'an'ın Türkçe tercümesinin hazırlanmasını ve Müslüman Türk halkının bu tercümeyi kullanıp anlayarak, düşünerek ibadet etmesini istemiştir. O, kişisel olarak Türklerin Kur'an'ı anlayacakları dilde, yani Türkçe okumalarını, dualarını Türkçe etmelerini, hatta

---

457 Meydan, age., s. 702.
458 age., s. 703.
459 Demirer, age., s. 8.

namazlarını bile Türkçe kılmalarını (Türkçe ibadet) istemiştir. Ancak bu isteğini hiçbir zaman Müslüman Türk halkına "zorla" kabul ettirmek gibi bir baskıcı tavır sergilememiştir.

Atatürk'ün genç Cumhuriyeti, ne Türkçe Kur'an'ı, ne Türkçe duayı, ne de Türkçe ibadeti zorunlu kılan ya da Arapça Kur'an'ı yasaklayan bir yasa/kanun/kararname çıkarmıştır. Bu konuda hiçbir zaman hiç kimseye baskı yapmamıştır. Yalnızca ezanın Türkçe okunmasını zorunlu kılan bir yasa çıkarmıştır.

Süleymaniye Camii'nde Türkçe Hutbe

Daha önce anlattığım gibi Atatürk'ün din dilinin Türkçeleştirilmesi çalışmaları içinde Türkçe hutbe konusu da çok önemli bir yere sahiptir.

Atatürk din dilinin Türkçeleştirilmesi çalışmaları kapsamında ilk Türkçe hutbeyi 1932 yılı Ramazan ayında İstanbul Süleymaniye Camii'nde okutmuştur.

Atatürk bu önemli görevi, **Hafız Saadettin Kaynak**'a vermiştir. Süleymaniye Camii'nde ilk Türkçe hutbenin nasıl okunduğunu Saadettin Kaynak'tan öğrenelim:

"'Haydi bakalım... Türkçe hutbeyi Süleymaniye Camii'nde oku. Ama okuyacağını evvela tertip et, bir göreyim,' dedi. Yazdım verdim beğendi fakat, 'Paşam ben de hitabet kabiliyeti yok, bu başka iş, hafızlığa benzemez,' dedim.

'Zaman yok! Bir tecrübe edelim,' buyurdu.

Bunun üzerine tekrar sordum: 'Hutbeye çıkarken sarık saracak mıyım?'

'Hayır! Sarığı bırak... Benim gibi baş açık ve fraklı...'

Ne diyeyim, inkılâp yapılıyor, 'Peki,' dedim.

O gün hıncahınç dolan Süleymaniye Camii'nde cemaat arasına karışmış 150 de sivil polis vardı.

Bu tedbirin isabetli olduğu da çok geçmeden anlaşıldı.

Ben Türkçe hutbeyi okur okumaz, kalabalık arasından bilahare Arap olduğu anlaşılan biri sesini yükselterek, 'Bu namaz olmadı!' diye bağırdı.

Fakat çok şükür, itiraz eden yalnız bu Araptı."[460]

Saadettin Kaynak'ın Süleymaniye Camii'nde okuduğu ilk Türkçe hutbe ertesi günkü *Cumhuriyet* gazetesinin manşetine, "**İlk Türkçe Hutbe Dün Okundu**" biçiminde yansımıştır.

Haberin alt başlıkları da şöyledir:
"Süleymaniye'de Türkçe hutbe"
"Cami lebalep dolmuştu. Hutbe okunurken bir taraftan da tekbir alınıyordu."
"Dün bütün camiler hıncahınç dolmuş, halk Türkçe Kur'an dinlemiştir."[461]

Haberin ayrıntıları ise şöyledir:
"Dün Ramazan'ın son cuması olduğu için camiler her gününden daha kalabalıktı. Bu Ramazan halkın Türkçe Kur'an'a karşı gösterdiği büyük alaka ve tezahürü yüzünden mabetlerimizde hâsıl olan izdiham dünkü cuma namazında Ayasofya'da, Beyazıt, Fatih, Süleymaniye gibi camilerimizde en azami şeklini almış bulunuyordu.

Bilhassa Süleymaniye Camii'nde sesinin güzelliği ile de maruf (tanınan) Hafız Saadettin Bey tarafından Türkçe hutbe okunacağını haber alanlar cuma namazından çok evvel camiyi doldurmuşlardır. Namaz saati geldiği zaman izdiham öyle bir hal almıştı ki camiye namaz kılmak için girenlerin kıpırdanmalarına imkân kalmamış ve yüzlerce kişi içeri giremeyerek avluda kalmıştır."[462]

Atatürk'ün 1932 yılı Ramazan ayında bizzat hazırladığı 9 hafızın İstanbul'un güzide camilerinde Türkçe Kur'an, Türkçe dua, Türkçe tekbir, Türkçe hutbe ve Türkçe Mevlid okuması halkın büyük ilgisini çekmiştir.

---

460 Komisyon, **Atatürk'ün İslama Bakışı, Belgeler ve Görüşler**, s. 71-72; Borak, **Atatürk ve Din**, s. 121; Meydan, **age.**, s. 709.
461 **Cumhuriyet** gazetesi, "İlk Türkçe Hutbe" haberini manşetten altı punto olarak vermiştir. Bu durum –daha önce de belirttiğim gibi– Atatürk'ün din dilinin Türkçeleştirilmesi çalışmalarına ne kadar çok önem verdiğinin göz ardı edilen kanıtlarından biridir.
462 **Cumhuriyet** gazetesi, 1932.

İlk Türkçe Hutbe haberinin yer aldığı Cumhuriyet gazetesi

Cumhuriyet gazetesi bu büyük ilgiyi, **"Türkçe Kur'an Okunan Camiler Dolup Taşıyor"** manşetiyle okuyucularına ulaştırmıştır.

"Dün Birçok Camide Güzel Sesli Hafızlar Türkçe Kur'an Okudular (Hafız Burhan Bey'in Mukabelesi)" başlıklı haberde şu bilgilere yer verilmiştir:

"İlk defa olarak Riyaseticumhur Orkestrası Alaturka Şefi Hafız Yaşar Bey tarafından okunan Türkçe Kur'an'ın halk arasında uyandırdığı alaka ve tesir devam etmektedir.

Dün de şehrimizin birçok küçük muhtelif camilerinde muktedir hafızlar tarafından Türkçe Kur'an okunmuştur.

Hafız Burhan Bey Kabataş Camii'nde 'El Furkan' Suresi'ni Türkçe olarak okumuştur.

Hafız Burhan Bey, Davutpaşa Sultanisi'nden mezundur. Bir zamanlar mabeyn mızıkasında bulunmuştur. Sesi çok güzeldir.

Kendisinin Türkçe Kur'an okuyacağını haber alan halk camiyi erkenden doldurmuş, büyük bir kalabalık da mukabeleyi kapıdan ve pencerelerden dinlemeye mecbur kalmışlardır.

Cemaat arasında ekseriyeti kadınların, şık ve temiz giyinmiş hanımların teşkil ettiği görülmüştür."

Halkın Türkçe Kur'an okunan camilere akın etmesini sadece "merakla" açıklamak olanaksızdır. Müslüman Türk halkı, asırlardır duvarında asılı duran Arapça Kur'an'ın, bir hocanın iki dudağı arasından dökülen Arapça sözlerin ne anlama geldiğini ilk kez anlama fırsatı bulmuş ve bu fırsatı değerlendirmek istemiştir. Asırlar sonra ilk kez Müslüman Türk halkı –Atatürk'ün ifadesiyle– "Peşinde koştuğu Kur'an'da" neler olduğunu öğrenmiştir.

Türkçe Ezan

Her şeyden önce ezan ibadet değil, ibadete çağrı olduğundan dinde bir amaç değil, araçtır. Ezan İslam dininin en önemli sembollerinden biri, belki de birincisidir. Allah, Kur'an'da, Kur'an'ın Arap toplumu tarafından anlaşılması için Arapça gönderildiğini ifade etmiş, İmam-ı Azam Ebu Hanife başta olmak üzere büyük müfessirler de Kur'an'ın başka dillere çevrilebileceğini, hatta başka dillere çevrilmiş Kur'an'la namaz bile kılınabileceğini belirtmişlerdir. Bu nedenle **ezanın başka dillere çevrilmesinin önünde hiçbir "dinsel engel" yoktur.** Kur'an'da, ezanın başka dillere çevrilemeyeceği hakkında hiçbir hüküm yoktur. Bu konuda sadece "geleneksele aykırılıktan" söz edilebilir.

Türk tarihinde ilk kez **Osmanlı döneminde,** 1880'lerde bazı camilerde Türkçe ezan okunmuştur.

Macar Halk Edebiyatı bilgini **İgnaz Kunoş,** 1885'te İstanbul'u ziyaret ettiğinde bazı camilerden Türkçe ezan okunduğuna tanık olduğunu belirtmiştir.

Kunoş, 1926 yılında İstanbul Darülfünun'unda verdiği bir konferansta "Osmanlı'da, İstanbul'da Türkçe ezan okunuşuna tanık olduğunu" şöyle anlatmıştır:

"... Gel Şehzadebaşı'ndaki sakin kahveler, Direklerarası'ndaki kıraathaneler, biri söylerse öbürü dinler. Akşam da oldu. İkindi mumları şamdanlara dikildi. Şerefeye çıkan müezzinler kıble tarafına dönüp, ellerini yüzlerine örtüp ince ince ezan okumaya başladılar:

'Yoktur tapacak, Çalap'tır ancak...'"

İgnaz Kunoş'un bu gözlemlerini yorumlayan **Prof. Dr. İlhan Başgöz** şöyle demiştir:

"Demek ki ezanın Türkçe okunması da Atatürk devrinin icadı değilmiş. Daha 1880'lerde Şehzadebaşı'nda ezanı, hem de 13. yüzyıl Türkçesinden alınan sözcüklerle Türkçe okuyan müezzinler varmış."[463]

"Atatürk ile Allah Arasında" adlı kitabımda belirttiğim gibi, "Bu bilgi ne kadar doğrudur tartışılır, ama şurası bir gerçek ki, bazı Osmanlı aydınlarının (Ali Suavi, Ahmet Ağaoğlu gibi) hayal hanelerinde tıpkı Türkçe Kur'an gibi Türkçe ezan konusunun da bir yeri vardır."[464]

Atatürk Dinde Öze Dönüş Projesi'ni geliştirirken, Türkçe Kur'an, Türkçe dua, Türkçe hutbe konularında olduğu gibi Türkçe ezan konusunda da bir hayli araştırma ve inceleme yapmıştır. Okuduğu "İslam tarihi ve dini" konulu kitaplarda ezan başlığıyla özel olarak ilgilendiği anlaşılmaktadır.

---

463 İlhan Başgöz, *"Türkiye'de Laikliğin Sosyal ve Kültürel Kökleri"*, **Bilanço 1923-1998,** Ankara, 1998; Meydan, **age.,** s. 719.
464 Meydan, **age.,** s. 719.

Örneğin Atatürk, **Leon Caetani**'nin *"İslam Tarihi"* adlı eserini okurken "ezan" konulu şu bölümlerle ilgilenmiştir:

"Müminler her gün namaz kılmak üzere belli saatlerde Peygamber'in etrafında toplanıyorlardı. Muhammed bir zaman bunları Yahudilerin yaptığı gibi boru ile davet etmeyi düşündü. Fakat sonra bu fikri terk etti. Hıristiyanlar gibi çan çalmayı tasarladı. Hatta çan yaptırdı. Muhammed, bu çanın takılı olacağı iki sırığın yapılmasına da karar vermişti. Fakat bu yenilik Müslümanların hoşuna gitmedi. Muhammed de fikir değiştirmek süratliliğini gösterdi."[465] (s. 163)

Bu satırların altını çizen **Atatürk**, *"Yahudilerin yaptığı gibi..."* cümlesiyle devam eden bölümün başına **"Dikkat"** anlamında bir *"D"* harfi koymuştur.[466]

Atatürk şu satırlarla da ilgilenmiştir:

"Ömer ile Medineli Abdullah bin Zeyd bin Salabe aynı rüyayı gördüler. Bunda Allah müminleri çan ile değil, insan sesiyle ibadete çağırmayı emrediyordu. Muhammed bu rüyaların doğru olduğunu kabul ederek ona uygun hareket etti. Bilal Habeş'i yüksek ve kuvvetli sesinden dolayı müminleri namaza çağırmak gibi yeni bir vazifeyle görevlendirdi. İslamiyetin ilk müezzini oldu (Hişam, 346-348; Haldun, ikinci cilt, zeyl 17; Hamis, birinci cilt, 404-405; Halebi, ikinci cilt, 205-206; Buhari, birinci cilt, 160 vd.)" (s. 164)

Atatürk, bu paragrafın başına bir *"X"* işareti koymuş ve *"Ömer ile Medineli Abdullah bin Zeyd bin Salabe aynı rüyayı gördüler. Bunda Allah müminleri çan ile değil insan sesiyle ibadete çağırmayı emrediyordu"* cümlelerinin altını çizmiştir.[467]

Atatürk daha sonra da şu satırları okumuştur dikkatlice:

"Buhari, Abdullah Bin Ömer'e atfen şu hadisi zikrediyor: 'Müslümanlar Medine'ye geldikleri zaman ilk önce bir araya toplanmak âdetleri idi. Namaz vaktini aralarında kararlaştırırlardı. Namaz için davete ihtiyaç yoktu'. Çünkü Müslümanların

---

465 Atatürk'ün Okuduğu Kitaplar, C 3, s. 310.
466 age., s. 306.
467 age., s. 307.

toplanmasının ihtiyari olduğunu gösteriyor. Zaten aynı hadis, bunu aşağıda belirtildiği gibi teyit etmektedir:

Bir gün bu mevzuya dair görüşüldüğü sırada birisi, 'Hıristiyanların çanına benzer bir çan kullanınız,' dedi. Fakat başka biri ilave etti: 'Yahudilerin kullandığı boruya benzer boru daha iyidir. Bunun üzerine Ömer şunları söyleyerek sözleri kesti: 'Niçin içinizden birini sizi namaza çağırmaya memur etmiyorsunuz? Peygamber, 'Ya Bilal!' dedi. 'Kalk namaza çağır.' Bundan açık suretle anlaşılıyor ki, Müslümanları namaza davet etmek fikri Peygamber'den değil, Müslümanların kendinden çıkmıştır. Peygamber yalnız uygunluğunu kabul etmiştir. Müezzinin kim olacağını tayin etmiştir. Bu yeniliğin ruhu Ömer olmuştur..." (s. 164-165)

Atatürk önemli bulduğu **bu satırların altını çizmiş**, ezanı insan sesiyle okuma düşüncesinin Ömer'e ait olduğunun belirtildiği bölümün başına ve sonuna **ikişer adet "X"** işareti koymuş ve tüm paragrafın başını ve sonunu **dikey bir çizgiyle işaretleyerek** ayrıca paragrafın başına bir **"D"** harfi koymuştur.[468]

Bu okumalarından açıkça görüldüğü gibi Atatürk, Buhari başta olmak üzere güvenilir hadis kaynaklarından alıntılarla "ezanın kökenini" anlamaya çalışmıştır.

Caetani'nin aktardığına göre **Buhari** ve diğer güvenilir hadis kaynaklarında ezanın doğrudan "dinsel" bir anlamı yoktur. Atatürk, okumalarında ezanın Hz. Ömer'in teklifi ve Hz. Muhammed'in de onayıyla Müslümanların insan sesiyle namaza çağrılması olduğunu öğrenmiştir.

19. yüzyılda Osmanlı'da önce **Ali Suavi** sonra da **Ziya Gökalp** ezanın Türkçe okunmasından söz etmişlerdir.

Ezanı Türkçeye tercüme ettirecek olan Atatürk, İslam dininde "kutsal" olanın ibadete çağrı değil, ibadetin bizzat kendisi olduğunun farkındadır.

Atatürk bu kişisel hazırlıkları dışında, Dr. Reşit Galip, önde gelen din adamları ve 9 hafızıyla da Türkçe ezan konusunu görüşmüş ve sonunda ezanın da Türkçeleştirilmesine karar vermiştir.

---

468 age., s. 308.

Cumhuriyet gazetesi Türkçe ezan okunacak camileri birkaç gün önceden halka duyurmuştur. Örneğin Fatih Camii'nde okunacak Türkçe ezan haberi manşetten **"Bugün Fatih Camii'nde Türkçe Ezan Okunacak"** başlığıyla verilmiştir.

30 Ocak 1932 tarihli Cumhuriyet gazetesi

İlk Türkçe ezan Atatürk'ün talimatıyla 30 Ocak 1932 tarihinde **Hafız Rıfat Bey** tarafından **Fatih Camii'nde** okunmuştur.

30 Ocak'ta ikindi ezanının Türkçe okunacağını duyanlar, Fatih camiine koşmuştur. Büyük bir kalabalık Fatih Camii önünde toplanmıştır. **Hafız Rıfat Bey**, ezanı önce Arapça, ardından Türkçe okumuştur:

"Allah büyüktür...
Tanrı'dan başka tapacak yoktur
Ben şahidim ki Tanrım büyüktür..."

İlk Türkçe ezanın okunduğunu duyuran gazete kupürü

İlk kez Fatih Camii'nden halka duyurulan Türkçe ezan, ertesi gün öbür minarelerden de duyulmaya başlanmıştır.

Türkçe ezan uygulaması çok kısa bir sürede bütün yurda yayılmıştır. Artık ezan vakitlerinde camilerden *"Tanrı uludur, Tanrı uludur. Şüphesiz bilirim bildiririm ki Tanrı'dan başka yoktur tapacak..."* şeklinde Türkçe ezanlar yükselmiştir semaya...

İlk Türkçe ezanın okunduğunu duyuran gazete küpürü

İlk din kongresinden sonra Vakıflar Genel Müdürlüğü Ocak 1933'ten itibaren bütün cami ve mescitlerde Türkçe ezan hazırlıklarına başlanmasını emretmiştir.[469]

---

469   Jäschke, age., s. 45.

1933 yılı Ocak ayında **İçişleri Bakanı Şükrü Kaya** bir genelge yayımlayarak Türkiye'nin bütün camilerinde ezanların Türkçe okunmasını istemiştir.[470]

1933-1941 yılları arasında ezanı Arapça okuyanların "Kanuni düzeni sağlamaya yönelik emirlere aykırılık" suçundan cezalandırılmasına karar verilmiştir.[471] Sonuçta, 1933-1950 arasında Türkiye'de camilerde ezanlar Türkçe okunmuştur.

Ezanın Türkçeleştirilmesi bazı Atatürk ve Cumhuriyet düşmanlarının iddia ettiği gibi "dine aykırı" bir uygulama değildir. Ezanın Türkçeleştirilmesi "namaza çağrının" Arapça değil de Türkçe yapılmasıdır ki, Müslüman Türklerin namaza Türkçe çağrılmalarından daha doğal bir şey de yoktur. Burada yanıtlanması gereken soru, **insanları bilmedikleri bir dille mi yoksa anadilleriyle mi namaza, ibadete çağırmak daha etkili, daha iyi sonuç verir?** sorusudur. Hiç kuşkusuz anadilde yapılan çağrı daha etkilidir, çünkü bu çağrı dinleyen tarafından her harfine, her zerresine kadar hissedilir, ancak başka dilde yapılan bir çağrı "alışkanlığın yarattığı şartlı refleks dışında" derin bir etki uyandırmaz. Şöyle de ifade edebilirim: Arapça ezan okunduğunda dinsel kültür ve alışkanlıklar etkisiyle buna saygı duyan, ancak anlamını bilmediği veya bilse bile hissedemediği için ibadete/namaza gitmek konusunda içinde vicdani bir baskı/dürtü duymayan bir Müslüman Türk, anadilinde okunan ezanı duyunca ne dendiğini anladığı ve hissettiği için, içinde ibadete/namaza gitmek konusunda vicdani bir baskı/dürtü duyacaktır. **Kısaca Türkçe ezan –anlamı bilinse bile anadilde olmadığı için– hissedilemeyen Arapça ezanın ruhlarda yaratamadığı coşkuyu yaratacaktır.** Bu nedenle anadilde dolayısıyla Türkçe ezan aslında dinin belki şekline değil, ama ruhuna çok daha uygundur.

Kur'an'ın ve Hz. Muhammed'in bu konuda herhangi bir yasağı olmadığından ve dahası ezan ibadet değil, ibadete çağrı

---

470 Bozdağ, age., s. 55.
471 1941 yılında çıkarılan 4055 sayılı kanunla TCK'nın 526. maddesine bir fıkra eklenmiştir. Değişikliğe göre Arapça ezan ve kamet okuyanlar üç aya kadar hapsedilecek 10 liradan 200 liraya kadar para cezası ödeyeceklerdi.

olduğundan (keza anadilde ibadet bile İslam dinine aykırı değildir) ezanı anadilde, yani Türkçe okutan Atatürk'ü "dinsizlikle" suçlamak her şeyden önce İslam dininin özünden habersiz olmak demektir.

Ayrıca asla unutulmamalıdır ki, **Atatürk bu ülkede ezanların susmaması için bir ölüm kalım savaşı vermiştir.** Şu bir gerçek ki, O önce ezanların susmasını engellemiş, sonra da o ezanların anlaşılmasını sağlamıştır. **Bir kişiyi ezanın anlaşılmasını sağladığı için "dinsizlikle" suçlamak anlamsızdır.** Bu nedenle aklı başında bir Müslüman Türk'ün yapması gereken "ezan" konusunda Atatürk'e teşekkür etmektir.

Evet! "Ezan" İslam dininin bir anlamda "evrensel sembolü" olduğu için anadile çevrilmeden orijinal dilinde de okunabilirdi. Atatürk de bu gerçeğin farkındadır ancak O, **"Türk'ün Milli Dini İslam"** tezi çerçevesinde İslamı her şeyiyle Türkçeleştirmek istemiştir. Kur'an'ı, hutbeyi, tekbiri Türkçeleştirip de ezanı Türkçeleştirmemeyi dinde Türkçeleştirme çalışmalarının yarım kalması olarak görmüştür.

Türkçe ezan bütün ülkede benimsenmiştir, ancak ezanın Türkçeleştirilmesini "dinsizlik" olarak gören bazı gerici çevreler de "homurdanmaya" başlamıştır.

Yurt genelinde Türkçe ezanın okunmaya başlamasından kısa bir süre sonra, 1 Şubat 1933'te **Bursa'da küçük çaplı da olsa Türkçe ezana direniş** meydana gelmiştir.

1 Şubat 1933'te, başlarında Nakşibendî Tarikatı'ndan Kazanlı İbrahim adında biri liderliğinde ortalama 300 kişilik bir grup, Bursa Ulu Cami'de ezanın Türkçe değil yeniden Arapça okunmasını istemiştir. Bu isteklerini evkaf müdürü geri çevirince topluca vilayete giden grup bu konuda valiye ısrar ettiği sırada polis olaya müdahale ederek 15 kişiyi gözaltına almıştır.

Atatürk bu olayı haber aldığı sırada 22 günlük yurt gezisinin son durağı olan İzmir'dedir. Olayı haber alır almaz derhal İzmir'den Bursa'ya gelen Atatürk, yetkililerle yaptığı görüşmelerden sonra Anadolu Ajansı'na şu açıklamayı yapmıştır:

"Bursa'ya geldim. Olay hakkında yetkililerden bilgi aldım.

Olay aslında fazla önemli değildir. Herhalde cahil mürteciler adaletin pençesinden kurtulamayacaklardır.

Olaya dikkatinizi bilhassa çekmemizin nedeni dini siyasete veya herhangi bir tahrike vesile edenlere asla müsamaha etmeyeceğimizin bir kere daha anlaşılmasıdır. Olayın mahiyeti esasen din değil dildir. Kesin olarak bilinmelidir ki, Türk milletinin dili ve milli benliği bütün hayatına hâkim esas kılınacaktır."

Atatürk'ün Bursa'daki Arapça ezan olayından sonra yaptığı bu açıklamanın sonundaki,*"Kesin olarak bilinmelidir ki, Türk milletinin dili ve milli benliği bütün hayatına hâkim esas kılınacaktır,"* cümlesi her şeyi özetlemektedir. *"... Türk milletinin dili ve milli benliği bütün hayatına hâkim esas kılınacaktır,"* diyen Atatürk, din dilinin Türkçeleştirilmesiyle neyi amaçladığını da çok açık bir şekilde ortaya koymuştur.

Atatürk Bursa'dan dönmeden önce gençlerle yaptığı bir görüşmede meşhur *"Bursa Nutku"*nu söylemiştir. Atatürk bu nutkunda yeni rejimi koruyup kollama görevini **gençlere** vermiştir.

* * *

Türkçe Kur'an, Türkçe hutbe, Türkçe tekbir, Türkçe ezan derken, Hz. Muhammed'e saygı ve hürmet ifade eden sözlerin yer aldığı **"Salat"**ın da **Türkçeleştirilmesine** karar verilmiştir. Diyanet İşleri Başkanı Rıfat Börekçi'nin 6 Mart 1933 tarihli tebliği ile artık camilerde Hz. Muhammed hakkında söylenen sözler, salat da Türkçe söylenmeye başlanmıştır.[472]

Atatürk'ü Anlayamadılar

Atatürk gerçek anlamda "yalnız" bir adamdır. Kurtuluş Savaşı'na birlikte yola çıktığı dava arkadaşları bile daha yolun yarısında onu yalnız bırakmış, hatta bazıları zaman içinde ona "düşman" olmuştur. En yakın silah arkadaşları bile devrime tam

---

472 Meydan, *age.*, s. 721.

olarak inanmamıştır. Birçoğu hiç inanmamıştır. Kimileri saltanatın kaldırılmasına, kimileri cumhuriyetin ilanına, kimileri tarih ve dil tezlerine, kimileri Dil Devrimi'ne karşı çıkmıştır. Kimileri gönülsüzce ikna olmuş gibi yapmış, kimileri Atatürk'ün yanında, yakınında bulunmanın nimetlerinden yararlanmak için devrimci geçinmiş, kimileri de azılı birer Atatürk düşmanı haline gelerek savaş açmıştır eski dava arkadaşına...

Arkadaşları Atatürk'ü anlayamamıştır ya da yanlış anlamıştır.

Örneğin Atatürk **Dinde Öze Dönüş Projesi'ne** ve bu projenin en önemli ayağı olan **din dilinin Türkçeleştirilmesine** çok büyük bir önem vermiştir. Ancak ne onun arzusuyla bu çalışmalara katılanlar, ne çevresindeki aydınlar ne de devlet adamları onun bu "din merkezli" çalışmalarını maalesef hiç ama hiç anlayamamıştır. Öyle ki laikliği "dinsizlik", çağdaşlaşmayı "Batılılaşmak" sanacak kadar anlayamamıştır.

Atatürk'ün, bütün düşüncelerden ve ideolojilerden beslenip kendi özgün düşünce sistemini ve ideolojisini yarattığını anlayamamışlardır. Atatürk'ün bir taraftan akıl ve bilim eşliğinde çağdaşlaşma idealine yönelirken, diğer taraftan nasıl olup da din ile bu kadar içli dışlı olduğuna bir anlam verememişlerdir. Bu nedenle döneminin aydınları onu anlatırken onun anlayamadıkları bazı özelliklerini ve bazı çalışmalarını görmezden gelmişlerdir. Örneğin Atatürk'ün **Türk Tarih Tezi**'ni, **Güneş Dil Teorisi**'ni anlayamamışlar, anlayamadıkları için de doğal olarak anlatamamışlardır. Anlayamadıkları için anlatamadıkları bir başka konu da **Atatürk'ün Dinde Öze Dönüş Projesi** ve bu projenin en önemli ayağı olan **din dilinin Türkçeleştirilmesi** çalışmalarıdır. Nitekim Atatürk'ün 1924-1938 arasında sürekli üzerinde çalıştığı din dilinin Türkçeleştirilmesi konusuna **Atatürk biyografilerinde** neredeyse hiç yer verilmemiştir.

Örneğin Atatürk'ün yanında, yakınında yer almış **Falih Rıfkı Atay,** ünlü *"Çankaya"* adlı Atatürk biyografisinde Atatürk'ün tarla bekçiliğinden aşklarına kadar her şeyini anlatmasına karşın – nedendir bilinmez– Atatürk'ün din dilinin Türkçeleştirilmesi çalışmalarına hiç yer vermemiştir. Falih Rıfkı Atay, Atatürk'ün Kur'an-ı

Kerim'i Türkçeye tercüme ve tefsir ettirmek istediğini, Türkçe Kur'an, dua, hutbe, tekbir konusunda Dolmabahçe Sarayı'nda İstanbul'un en seçkin 9 hafızını bizzat hazırladığını, Dr. Reşit Galip'in "Türk'ün Milli Dini İslam" tezini Ayasofya Camii'nde tartışmalı olarak halka açıklatmak istediğini, 1932 Ramazan ayında İstanbul'un güzide camilerinde halka Türkçe Kur'an, Türkçe dua, Türkçe hutbe okuttuğunu adeta sansürlemiştir. Atay, Atatürk ve din konusunu sadece "laiklik" adı altında incelemiştir.

Falih Rıfkı Atay'ın iki farklı dönemi

Şevket Süreyya Aydemir, üç ciltlik ünlü *"Tek Adam"* adlı Atatürk biyografisinin üçüncü cildinin sonunda **"Ben Luther Olmayacağım"** başlığı altında **birkaç cümleyle** de olsa Atatürk'ün 1932 yılındaki din dilinin Türkçeleştirilmesi çalışmalarından söz etmiş, iki sayfa kadar da **Atatürk'ün din konusundaki çalışmalarına** yer vermiştir.

Şevket Süreyya Aydemir, çok az ve çok yüzeysel de olsa Atatürk'ün Dinde Öze Dönüş Projesi kapsamına giren çalışmalarından söz etmiştir, ancak bu çalışmalar karşısında "şaşkınlığını" da gizleyememiştir.

Aydemir'den okuyalım:

"Gerçi bir aralık din işlerini de ele almak yolunda davranışları olmuştur: Ezan gibi Kur'an'ı da Türkçeleştirmek, Türkçe dualar yaymak, camilerden halk için bir kürsü gibi faydalanmak, dini musikiyi bir halk eğitimi vasıtası olarak kullanmak yolunda

bir şeyler düşünmüştür. Bir şeylere girişmiştir. Fakat bu düşünce ve teşebbüsleri evvela bazı arkadaşları tarafından mukavemet gördü. Onlar bu işlerin ihmal edilişini, halk içinde yeni bir taassup dalgasının esmesi ve sosyal bünyede etkileri kaybolmaya başlayan mutaassıp unsurların su yüzüne çıkmaları bakımından daha faydalı görüyorlardı. Kaldı ki teokrasiye kaymadan ve laik devlet nizamı ile çatışmayan bir dini ıslahat hareketinin uygulama yol ve şartlarını bulabilmek de ayrıca çok söz götürür bir konuydu."[473]

Usta yazar Şevket Süreyya Aydemir, *"Gerçi bir aralık din işlerini de ele almak yolunda davranışları olmuştur"*, *"... bir şeyler düşünmüştür. Bir şeylere girişmiştir..."* diye biraz da küçümseyerek anlattığı Atatürk'ün din dilinin Türkçeleştirilmesi çalışmalarına önce Atatürk'ün bazı arkadaşlarının karşı çıktığını belirtmiştir. Aydemir, Atatürk'ün bazı arkadaşlarının, Atatürk'ün bu "din" konulu çalışmalarının "toplum içinde yeni bir taassup dalgasına" ve "mutaassıp unsurların su yüzüne çıkmasına" yol açacağını düşündükleri için karşı çıktıklarını yazmıştır.

Gerçekten de Atatürk'ün din konulu çalışmalarına Atatürk'ten başka sahip çıkan olmamış, dahası bazı arkadaşları bu çalışmalara gizli açık karşı çıkmış, her fırsatta işi yokuşa sürerek Dinde Öze Dönüş Projesi'nin yarım kalmasına yol açmıştır. Atatürk'ün din konulu çalışmalarına karşı çıkanların –ve Şevket Süreyya Aydemir'in– Atatürk'ün yapmaya çalıştığı şeyi anlayamadığının kanıtı yine Şevket Süreyya Aydemir'in şu cümlesinde gizlidir: *"Kaldı ki teokrasiye kaymadan ve laik devlet nizamı ile çatışmayan bir dini ıslahat hareketinin uygulama yol ve şartlarını bulabilmek de ayrıca çok söz götürür bir konuydu."* Evet! Atatürk gerçekten de teokrasiye kaymadan, laik devlet düzeni ile çatışmayan bir "dini ıslahat" yapabileceğine inanmıştı. Dinde Öze Dönüş Projesi'ni bu amaçla geliştirmiş, din dilinin Türkçeleştirilmesi çalışmalarını bu amaçla yapmıştır. Ancak ondan başka bu işe neredeyse hiç kimse inanmamıştır.

---

[473] Şevket Süreyya Aydemir, **Tek Adam**, C 3, 22. bas., İstanbul, 2007, s. 470.

Aydemir'i okumaya devam edelim:

"*Bir aralık da kendini din tarihine verdi. Muhammed'in hayatını, İslam tarihini derinden incelemeye başladı. Zaten daha önceleri ve henüz Ankara'da bir Millet Meclisi açılıp, bir hükümet kurulmadan önce de Keçiören yolundaki Ziraat Mektebi'nde geçen o buhranlı gecelerde kendini az çok bu konulara vermişti. Şimdi de İslam dini ile her şeye rağmen ayakta tutunan ve hâlâ milyonların ruhunu bağlayan güçlü hareketin iç kanunları, tarihi davaları, içyapısı ile daha yakından tanışmak istiyordu. Yaşanılan günler için bunlardan hükümler, manalar çıkarmakla meşgul oluyordu. Mesela Ankara'dan İstanbul'a, Yalova'ya giderken Afet Hanım'a, 'İslam tarihlerini topla, yanına al kızım,' diyordu ve Afet İnan, Türkçe, Fransızca kocaman denilecek bir sandıkla yolculuğa hazırlanıyordu. Sonra da gidilen yerde geceleri saatlerce süren kapanmalar, okumalar, notlar, tartışmalar...*"[474]

Görüldüğü gibi Şevket Süreyya Aydemir, Atatürk'ün önce 1920'lerde, sonra 1930'larda İslam dini ve tarihiyle ilgilendiğini, bu konularda çok kitap okuyup ciddi araştırmalar yaptığını çok açık bir şekilde ortaya koymuştur. Ancak Aydemir, Atatürk'ün bu "din okumalarına, din araştırmalarına" pek bir anlam verememiştir.

Şöyle demiştir:

"*Aradığı neydi? Aradığı içinde bulunduğu şartlarla cebelleşmekti. Gerçi padişahlığı kaldırmıştı. Halifeyi kovmuştu. Şeriat, mahkemelerinden kalkmış, Şer'iye mahkemeleri kaldırılmış, medreseler kapanmıştır. Bunların hepsi de İslam tarihine en çok hizmet eden, en çok müdahalesi olan bir millet içinde oluyordu. Acaba bu olaylar ve inkılâplar arasında bizzat İslam tarihinden çıkarılacak bazı ahkâm olamaz mıydı?*"[475]

Şevket Süreyya Aydemir burada aslında, Atatürk'ün Dinde Öze Dönüş Projesi'ni özetlemiş gibidir. Önce dinsel görünümlü eskimiş ve yozlaşmış kurumların ve kavramların kaldırılması, sonra İslam tarihine dönülerek dinin özünün aranması...

---

474 age., s. 470-471.
475 age., s. 471.

Aydemir, Atatürk'ün "din" konulu çalışmalarını özetledikten sonra Atatürk'ün çevresindekilerin bu çalışmalara bakışını da şöyle anlatmıştır:

"*Etrafındakilere gelince? Etrafındakilerin çoğu elbette, o ne derse ona 'evet' diyeceklerdi. Her zaman her devirde ve bütün sahip zuhurların etrafında olduğu gibi.*
Ama bazı yakınları: 'Yapma Paşam,' der gibi konuşuyorlardı. Dâhiliye Vekili Şükrü Kaya Ankara'dan Bursa'ya koşmuştu. İsmet Paşa'nın, Recep (Peker) Bey'in ve şahsen ne düşündükleri pek bilinmese de 'Vekiller Heyeti'nin endişelerini arz ediyordu. Gerçi Bursa'da hafızların toplanıp güzel sesle Türkçe ezan okumaları, tekbir getirmeleri, hatta radyoya bile verilen bazı yayınları halkın pencerelerini açıp sokaktan geçenlere de dinletmeleri belki zararsızdı. Ama memleketin içinde garip ve endişe verici havalar esmekte, dedikodular dolaşmaktaydı. Hülasa Gazi, beliren bazı kaygılar, bazı mukavemetlerle karşılaştı. Bazıları bu konunun 'ihmal' edilmesi, kendi haline bırakılması fikrindeydiler. Onlara göre halk içinde yeni bir taassup dalgasının esmesi ihtimali vardı ve bu olmamalıydı. Mutaassıp unsurlar yeniden su yüzüne çıkmamalıydı. Kaldı ki, teokrasiye kaymadan ve laik devlet nizamı ile çatışmayan bir din ıslahatı hareketinin uygulanma yol ve şartları da hakikaten karışık bir işti. Gerçi yeni Türk devletine de tam bir laik devlet denemezdi. Diyanet İşleri Reisliği, devletin bütçesinde ve dolayısıyla birtakım din hizmetleri devletin üstündeydi."[476]

Atatürk'ün din dilinin Türkçeleştirilmesi çalışmaları bir taraftan halkın bir bölümünün hoşuna gidip benimsenirken, diğer taraftan halkın başka bir bölümünün hoşuna gitmeyerek tepkisini çekmiştir. Atatürk'ün büyük bir özveriyle ve büyük bir inançla sahip çıktığı din konulu çalışmalar, Atatürk'ü tam olarak anlayamayan çevresindekilerin vurdumduymazlığı ve özellikle de hükümetin bazı korkuları yüzünden yarım kalmıştır.

---

476 age., s. 471.

Aydemir, zaman içinde Atatürk'ün bu din konulu çalışmalarında yapayalnız kalıp bu işleri bıraktığını şöyle anlatmıştır:

Ş. Süreyya Aydemir

"*Böylece bir taraftan din tarihi incelemeleri, diğer taraftan halktan gelen veya halka doğru çeşitli etkiler, bundan başka hükümetin kaygıları, endişeleri arasında Gazi, bir süre ve sanıyorum ki oldukça çetin ruh çatışmaları geçirdi. Evet, gerçi Türkiye'de din bir gerçekti. Halkın cehaletine, din adamı geçinenlerin değersizliğine, dini müesseselerin perişanlığına rağmen, din duyguları yaygın ve köklüydü. Din halk ruhunda güçlü bir varlıktı. Türkiye'de bir din ıslahatçısı için yapılabilecek belki çok şeyler vardı. Bu işi ne yapacağını bilen bir adam olarak ele almak, din işleri ve inançları üstünde, hem o günlerde ikide bir patlak veren olayları kontrol altına almak, hem yarın sorumsuz birtakım insanların siyasi sömürücülüklerine meydan bırakmamak için de belki lazımdı. Ama Gazi bütün bunlara rağmen ve herhalde bin bir türlü iç hesaplardan sonra, 'Ben Luther olmayacağım,' dedi ve işi olduğu yerde bıraktı...*"[477]

Görülen o ki "din" konusunda Atatürk'ün istediği, inandığı, çalıştığı kadar isteyip, inanıp, çalışan birkaç kişi daha olsaydı, onun Dinde Öze Dönüş Projesi hayata geçecek ve Türkiye tam bağımsız ve çağdaş bir ülke olmasının yanı sıra sade/saf/öz İslamın yaşandığı bir ülke olacaktı. Yine de bugün Türkiye İslam dünyasında nispeten daha sade, daha hoşgörülü bir İslam anlayışına sahipse, bunu Atatürk'ün yarım kalan o Dinde Öze Dönüş Projesi'ne borçluyuz.

Atatürk'ün çevresindekilerin O'nun din dilinin Türkçeleştirilmesi çalışmalarını anlamadıklarını, bu konuda gerekli çalışmaları yapmadıklarını, o zamanın **İçişleri Bakanı Şükrü Kaya,** 1946 yılında **İsmet Bozdağ**'a adeta itiraf etmiştir.[478]

---

477 age., s. 472.
478 Bozdağ, age., s. 74.

Şükrü Kaya anlatıyor:

"(Başbakan İsmet Paşa'nın isteği üzerine 1933 Ağustos ayında İstanbul'da Dolmabahçe Sarayı'nda Atatürk'le görüştüm). Bardaklarımıza çay doldurulmuştu. Şekeri karıştırırken laf olsun diye sormuşum gibi yaparak, 'Tecedüd-i diniye (dinde yenilik) işleri nasıl gidiyor Paşam?' dedim. Yine kuşkulandı! Yine gözleriyle yüzümü deler gibi inceledi. En küçük çizginin kıpırtısından anlam çıkaracak dikkat içinde:

'Sen niye söylemiyorsun?' dedi. 'Uygulayan sensin. Sıkıntı senin tarafında... Bir güçlüğün varsa söyle yardım edeyim.'

Temin ve tatmin ettim. Rahatladı. Bu sefer bana döndü. 'Sen söyle bakalım, Türkçe ezan, Türkçe Kur'an, camilerde bazı sağlık önlemleri alınmasına ne diyorsunuz?'

'Bunlar sizin ihtisasınız Gazi Paşam... Biz, buyruklarınızı uyguluyoruz!'

'Ne demek ihtisasınız? Benim ihtisasım askerliktir. Ama mademki Müslümanız, din hepimizin ihtisası... Kaldı ki senin benden farklı bir yanın var. Senin özgeçmişinde gördüm. Sorbon'da okurken dinler tarihi üzerinde büyük bir çalışma yapmış, tez hazırlamışsın!'

Gülümseyerek konuşmayı hafifletmeye çalıştım. 'Aman Gazi Paşam, sade bir çalışmayı çok abartıyorsunuz! Ben dinler tarihi üzerinde bir çalışma yapmış değilim. Doktora olarak Luther ve Protestanlık üstüne üstünkörü bir çalışmam var.'

'Üstünkörü müstünkörü, sen ne dersen de! Adının başına doktor işareti koymaya hak kazandığın bir konuyu hafifseyemezsin! Anlat da ben de yararlanayım.'

Ben Gazi Paşa'yı konuşturmaya, ne yapacağını öğrenmeye gelmiştim, ama o benden önce davranıp benim düşüncemi yakalamaya çalışacak!"[479]

Görüldüğü gibi İçişleri Bakanı Şükrü Kaya, Atatürk'ün din dilinin Türkçeleştirilmesi çalışmalarına pek de sahip çıkmış değildir, sadece Atatürk istediği için "çalışıyormuş gibi" yapmıştır.

---

479 age., s. 74-78.

Şükrü Kaya dinler tarihi konusu açılınca Atatürk'ün din dilini Türkçeleştirme çalışmalarını Luther'in Hıristiyanlıkta Reform hareketine benzetmiştir:

"... O an düşüncemde bir ampul yandı. Protestanlık macerasını anlatırsam, belki İslamiyette girişilen düzenlemelere faydalı olabilirdi. Şimdi size anlatacağım özeti Gazi Paşa'ya da geçtim."[480]

Şükrü Kaya burada Luther'in Hıristiyanlık dininde yaptığı yeniliklerden, Katolik-Protestan ayrımından, Hıristiyanlıkta mezhep savaşlarından söz ederek, sonucun "hüsran" olduğunu belirtmiştir: "*Çünkü bu sefer ikiye bölünmüş Hıristiyanlık, üçe bölünmüş oldu,*" demiştir.[481]

Atatürk'ün "***Sonrası gelsin! Sırasıdır,***" demesi üzerine Şükrü Kaya şöyle devam etmiştir:

"*Şu hayal kırıklığına bakın, Protestanlar, 'Dua' için kiliseye ihtiyaç yok, insan nerde ise orada Tanrısı ile buluşur, duasını yapar,' diyorlardı ve kiliselere karşı çıkıyorlardı. Muhteşem kiliseler yaptılar, tıpkı Katolikler gibi. Haftada bir gün, hem Katoliklerle aynı gün ve saatlerde pazarları ibadet günü kabul ettiler.*

'Herkes İncil'i okur, duasını yapar, papaza ihtiyaç yok,' diyorlardı. Papaz yetiştirmek için okullar açtılar ve Protestan papazları yetiştirdiler. 'İncil'i herkes kendiliğinden okur, anlar eder,' diyorlardı. Onlar da dualarına Latince cümleler serpiştirmeye başladılar. Kilisedeki korolara karşı idiler, ama kilise konusunda büyük üstünlük sağladılar."[482]

Şükrü Kaya, zaman içinde Protestanların Katoliklerden daha tutucu, daha bağnaz Hıristiyanlar haline geldiklerini örneklendirmiştir.[483]

Bu sırada orada bulunanlardan **Nuri Conker** söze karışarak:

"*Hani Paşam, sizin okullar için yazdırdığınız tarih kitapları var ya, onlardan birini rastgele bir yerinden açtım. Ekber Şah'ın*

---

480 age., s. 78.
481 age., s. 78-79.
482 age., s. 79-80.
483 age., s. 80.

kurduğu yeni dinden bahsediyor. Merak edip okudum. Ekber Şah Hindistan'da birçok dinin yan yana yaşadığını görmüş. Bu yüzden toplumda ikide bir din kavgası çıkıyor, binlerce insan ölüyor, sakat kalıyormuş. Ekber Şah düşünmüş. Nasıl bu işin önüne geçerim? Sonunda çareyi bulmuş! Hıristiyanlık, Müslümanlık, Buda, Konfüçyüs daha Hindistan'da yaşayan yerli dinlerin hepsinin en iyi yanını seçerek bir din kurmaya karar vermiştir... Ekber Şah, 'Halkıma iyilik ediyorum,' diye işi sıkı tutmuş, cezalandırmış, asmış, kesmiş, Ekber Şah Dini'ni bütün ülkesine yerleştirmiş... Ekber Şah da insan, günün birinde ölmüş... Ekber Şah ile birlikte ebedi barışı simgeleyen Ekber dini de kefenin cebinde gömülmüş... Ekber Şah tarihlerde de, Hindistan ahalisi içinde de hâlâ yaşıyor ama dininden eser yok! Neden? Çünkü kaynak ilahi değil! Dinler semavi oldukları için uzun zaman yaşıyorlar!"[484]

Görüldüğü gibi Atatürk'ü ne **İçişleri Bakanı Şükrü Kaya** ne de en yakın arkadaşlarından **Nuri Conker** anlayabilmiştir.

Şükrü Kaya   *Nuri Conker*   *M. Kemal Atatürk*

Şükrü Kaya, Atatürk'ün **Luther,** Nuri Conker ise **Ekber Şah** olmaya çalıştığını sanarak akıllarınca Luther'in ve Ekber Şah'ın başarısız olduklarını anlatmışlar ve benzer bir başarısızlığın

---
484 age., s. 81-82.

onun başına da gelebileceğini ima ederek onu din dilinin Türkçeleştirilmesi çalışmalarından vazgeçirmek istemişlerdir.

Şükrü Kaya'nın anlatımıyla, konuşulanları gülümseyerek dinleyen **Atatürk** aynen şunları söylemiştir:

"Size haber vereyim. Ben Luther olmayacağım! Hele Ekber Şah hiç! Çünkü Luther Avrupa'yı, Ekber Şah Hindistan'ı kana boyadı. Ben dinimizin dediğini yerine getiriyorum! Ben ne Luther'im ne Ekber Şah! Benim dinim İslamiyet! Kur'an ne diyorsa ben ona bakarım! Kur'an tam yedi yerde, 'Biz onu anlayasınız diye Arapça Kur'an olarak indirdik.' (Yusuf Suresi: 14/4) demiş.[485] *Ben de halkıma onu söylüyorum. Tanrı'ya kendi dilinizle yakarın, ona kendi dilinizle sığının, söylediklerini kendi dilinizle okuyup anlayın! Bunca açık bir gerçeği milletimin anlayamaması mümkün değil! Çıkarı olanlar, milletin cahilliğinden yararlananlar çıkar karşımıza! Ama bu millet onları ezer geçer..."*[486]

Söze, yoruma gerek var mı? İşte Akl-ı Kemal...

Şükrü Kaya, Atatürk'ün din dilinin Türkçeleştirilmesi çalışmalarını ve Atatürk'ü hiç anlayamadıklarını şöyle itiraf etmiştir:

"En yakınları olarak biz bile Mustafa Kemal Paşa'yı tam anlamış değiliz. Zaten herkes kendisi kadar karşısındakini anlar. Oysa o hepimizden o kadar farklı idi ki –doğrusunu söylemek gerekiyorsa– hiçbirimiz gerçek Atatürk'ü kavramış değiliz! Dehayı kavramak için de o soydan gelmek lazım. İsmet Paşa ve biçare ben Atatürk'ü yönlendirebileceğimizi sanmışız! Ne büyük abdallık! (...) Gazi'nin, 'Ben Luther olmayacağım,' sözüne tam sevinecektim ki, hiçbirimizin fark edemediği bir gerçeği önümüze serince –iyice anladım– biz Gazi'nin hamurundan gelmiyoruz! O başka maya, başka hamur! Biz eşyanın bize görünen yüzünü fark ediyoruz. O görünenin ardındaki gerçeği yakalıyor."[487]

Atatürk'ün Dinde Öze Dönüş Projesi kapsamında 1932 Ramazanı'nda başlayan din dilinin Türkçeleştirilmesi kampanya-

---

485 İbrahim 14/4, Şuera 193-195, Fussilat 2-3, Zuhruf 2-3, Şura 7, Duhan 58.
486 Bozdağ, **age.,** s. 83.
487 **age.,** s. 84-85.

sı, görülmemiş bir ilgiyle karşılanmış ancak Başbakan İsmet İnönü ve İçişleri Bakanı Şükrü Kaya'nın çekinceleri, isteksizlikleri yüzünden zamanla sadece "Türkçe ezan" formülüne dönüşmüştür.[488]

Ayrıca bu sırada Atatürk'ün tarih ve dil çalışmalarına yönelmesi, Hatay sorunu, Balkan Antantı ve Sadabat Paktı gibi siyasi işlerle ilgilenmesi gibi nedenlere Dinde Öze Dönüş Projesi'nin en önemli ayağı olan din dilinin Türkçeleştirilmesi çalışmaları yarım kalmıştır.[489]

Atatürk'ün İslam Dinine Hizmetleri

Atatürk 1923-1938 arasında Dinde Öze Dönüş Projesi kapsamında çok önemli çalışmalar yapmış, bir anlamda 13. yüzyılda ardına kadar kapanan "içtihat kapısını" biraz olsun aralamayı başarmıştır. Her şeyden önce İslam dininin "akla, mantığa uygun bir din" olduğu gerçeğini hatırlatmıştır. Din ile hurafeyi birbirinden ayırmak için mücadele etmiştir.

Özetlemek gerekirse Atatürk:
1. Haçlı Hıristiyan emperyalizmine karşı İslamın "cihat" ilkesini hayata geçirerek verdiği **Kurtuluş Savaşı** sonunda hem Müslüman Türk insanının namusunu, canını, malını, vatanını kurtarmış, hem de **camilerinde ezanların susmasını** engellemiştir.
2. Din işlerini yürütmek ve din istismarcılarının dini kullanarak halk üzerinde baskı kurmalarını engellemek için **Diyanet İşleri Başkanlığı**'nı kurmuştur.
3. İslam dinini **"Türk'ün milli dini"** olarak görmüş, **Hz. Muhammed'i sahiplenmiş** ve bu konuları da içeren Dinde Öze Dönüş Projesi'ni geliştirmiştir. Türk tarihinde İslam dini konusunda entelektüel düzeyde ciddi ciddi çalışan tek devlet adamı Atatürk'tür.
4. İslam dininin ana kaynağı **Kur'an-ı Kerim'i Türkçeye tercüme ve tefsir** ettirmiştir.

---
488 age., s. 86.
489 age., s. 86-87.

5. En güvenilir hadis kaynaklarından biri olan **Buhari Hadislerini Türkçeye tercüme** ettirmiştir.
6. Müslüman Türk halkının anlayarak, hissederek Tanrı'ya daha kalbi bir şekilde ve aracılara ihtiyaç duymadan yönelebilmesi için **camilerde Türkçe Kur'an, Türkçe hutbe ve Türkçe ezan** okutmuştur.
7. İslam dininin akla ve bilime aykırı hiçbir şey içermediği gerçeğinden hareket ederek yeni Türk devletinin temeline "aklı" ve "bilimi" yerleştirmiştir. Din-bilim çelişkisi içinde savrulup gitmemiş, saf/öz İslam dininin akla ve bilime engel olmadığını düşünerek **Müslüman Türkiye'nin aynı zamanda çağdaş bir Türkiye olabileceği formülünden hareket etmiştir.**
8. İslam dininin gereği zannedilen, ancak aslında İslam diniyle hiçbir ilgisi olmayan ya da zaman içinde ilgisini kaybetmiş olan **saltanat, halifelik, medreseler, tekke ve zaviyeler, falcılık, büyücülük, üfürükçülük, fes gibi kurum, kavram ve objeleri** kaldırmıştır.
9. **Cumhuriyeti ilan ederek** yüzyıllar önce Emevi halifesi Muaviye'nin saltanata dönüştürdüğü devlet başkanlığını yüzyıllar sonra yeniden aslına, özüne, meşveret/danışma/halkın seçimi biçimine dönüştürmüştür.
10. **Laiklik ilkesiyle** bir taraftan din ve devlet işlerini birbirinden ayırırken, diğer taraftan din istismarını önlemiş ve din özgürlüğünü garanti altına almıştır.
11. Yüzyıllar boyunca sözüm ona "dini nedenlerle" erkeklere göre birçok konuda geri bırakılmış, sınırlandırılmış, baskılanmış, hatta insanlık onuru ayaklar altına alınmış **kadına, "analık vasfına"** yakışır bir şekilde kadınlık ve insanlık onurunu yeniden kazandırmıştır. Atatürk'ün, Müslüman Türk kadınına verdiği medeni, sosyal, kültürel ve siyasal haklar her bakımdan İslam dininin ruhuna uygundur.
12. Kazandığı Kurtuluş Savaşı ile emperyalizmin ayakları altında ezilen bütün bir **İslam dünyasına "bağımsızlık"** modeli

oluşturmuş, Cumhuriyet döneminde ise İslam dünyasıyla çok iyi ilişkiler kurup, İtalya, Almanya ve Rusya gibi ülkelerin yayılmacı emellerine karşı **Türkiye, Afganistan, İran ve Irak** arasında **Sadabat Paktı**'nı kurmuştur.

Atatürk döneminde **ezanlar okunmaya devam etmiş, camiler açık olmuş, ibadet yasaklanmamış, Kur'an ilk kez anlaşılarak okunmuş**, din adamlarının Allah ile kul arasına girmemesi, yani ruhban sınıfının oluşması –ki zaten İslamda ruhban sınıfı yoktur– engellenmiştir. Şevket Süreyya Aydemir'in dediği gibi, *"... Cumhuriyet, inancı ve ibadeti serbest bırakmıştı. Namaz kıldığı için tek bir kişi suçlanmadı. Camiye gitmek kimseye suç sayılamadı. Camiler daima açık kaldı. Din ve itikat, zaten dinin kabul ettiği gibi Allah'la kul arasında bir iç bağlantı olarak kaldı."*[490]

Atatürk'ün **din dilini Türkçeleştirmesi, ezanı Türkçe okutması, halifeliği kaldırması, laiklik ilkesi, Arap harflerini kaldırması, tekke ve zaviyeleri kapatması ve kılık kıyafet devrimi gibi devrimlerinden hiçbiri İslamın özüne aykırı uygulamalar değildir.** Hiç kimse şapka takmadığı için idam edilmemiş, İstiklal Mahkemeleri dini gerekçelerle **tek bir din adamını bile** idama mahkûm etmemiştir. İdam edilenler ya vatan hainliğinden ya da devrimlere karşı halkı kışkırtmaktan dolayı idam edilmiştir. Kadınların kılık kıyafeti konusunda da hiçbir devrim kanunu çıkarılmamıştır. Bu tür iddialar, Atatürk ve Cumhuriyet düşmanlarınca uydurulmuş yalanlar, safsatalardır.[491]

Dinde Öze Dönüş Projesi'nin Yok Edilişi

Atatürk'ün yarım kalan Dinde Öze Dönüş Projesi, bu yarım haliyle bile Müslüman Türk insanını genel anlamda çok olumlu etkilemiştir. Türkçe Kur'an, Türkçe hutbe, Türkçe ezan sayesinde Müslüman Türk insanı yüzyıllar sonra ilk kez gerçek

---

490 Şevket Süreyya Aydemir, **İkinci Adam**, C 3, 6. bas., İstanbul, 2000, s. 175.
491 Bu tür yalanlara verdiğim yanıtlar için bkz. Sinan Meydan, **Cumhuriyet Tarihi Yalanları**, 2. Kitap, İnkılâp Kitabevi, İstanbul 2010-2011.

anlamda İslam dinini tanımış, Kur'an'da ne yazdığını öğrenmiş, Tanrı'ya anadilinde yönelme şansı bulabilmiştir.

Ancak hem Dinde Öze Dönüş Projesi'nin yarım kalması hem de Atatürk'ün zamansız ölümü nedeniyle, Atatürk'ten sonra Türkiye'yi yönetenler din konusunda maalesef ne yapacaklarını şaşırmış halde kalakalmışlardır. Bir taraftan laikliği "dinsizlik" olarak anlayan bazı yöneticilerin halk üzerinde kurduğu kısmi baskı, diğer taraftan Atatürk'ün akıl, bilim eşliğinde çağdaşlaşma (muasırlaşma) idealini "Batılılaşma" zannedenlerin dini toplumsal yaşamda etkisiz kılmaya çalışmaları, çok ciddi bazı toplumsal sıkıntılara neden olmuştur.

Atatürk'ün Dinde Öze Dönüş Projesi'nin, Kur'an-ı Kerim'in Türkçeye tercüme ve tefsir edilip halka ücretsiz dağıtıldığı 1936 yılında sona erdiği düşünülecek olursa 1936-1946 arasında tam on yıl boyunca maalesef yeni Türkiye'nin nasıl bir din politikasına sahip olacağı tam anlamıyla belirlenememiş, bu süreçte hem Dr. Reşit Galip'in *"Türk'ün Milli Dini İslam"* projesi hayata geçirilememiş hem de geleneksel İslam dini adeta unutulmaya terk edilmiştir. Atatürk'ün din adamı yetiştirmek için daha 1924 yılında kurdurduğu **İlahiyat Fakültesi** ve **imam hatip okulları** 1930'ların ortalarında **öğrenci yetersizliği** nedeniyle kapatılınca, din eğitimi konusu da sürüncemede kalmıştır. 1938'den itibaren okullardan din dersleri neredeyse tamamen kaldırılınca kısa bir süre sonra hem din adamı sıkıntısı baş göstermiş hem de kapatılan tarikatlar yeraltında yeniden örgütlenerek devletin boş bıraktığı "din adamı" alanını doldurmaya başlamıştır. Önce **Said-i Nursi**'nin sonra da **Fethullah Gülen**'in gizli açık çalışmalarla büyük kitleleri arkalarına almalarının alamet-i farikası işte burada gizlidir.

1947 yılına gelindiğinde toplumda yaşanan din adamı sıkıntısı CHP'yi düşündürmeye başlamıştır. O günlerde CHP parti divanı konuşmalarında "Din Adamı Yokluğu" gibi konular tartışılmaya başlanmıştır.[492]

CHP, II. Dünya Savaşı sırasında uyguladığı "savaş ekono-

---

492 Bozdağ, **age.**, s. 88.

misi" nedeniyle maddi olarak bunalan halkın, dini konulardaki bazı sıkıntıları da bahane ederek bir yıl önce (1946) kurulan muhalefet partisi DP'ye kaymaya başladığını görür görmez, bir anlamda Atatürk'ün yarım kalan Dinde Öze Dönüş Projesi'nden vazgeçerek, geleneksel din anlayışına geri dönüş kararı almıştır. Bunun açık adı "oy uğruna ilkelerden taviz vermektir". Gerçi CHP, daha Atatürk'ün ölümünden hemen sonra "ilkelerden" vazgeçmeye başlamıştı zaten!

Burada İsmet İnönü'nün üç önemli hatasından söz etmek gerekir. Birincisi, Atatürk döneminde, onun Dinde Öze Dönüş Projesi'ne tam olarak destek vermemesi, hatta karşı çıkması; ikincisi, Atatürk'ten sonra din işlerini ihmal etmesi; üçüncüsü 1947-1949 arasında Atatürk'ün yarım kalan Dinde Öze Dönüş Projesi'ne ilk darbeyi vurması.[493]

İsmet İnönü *Şemsettin Günaltay*

15 Ocak 1949'da CHP'de Hasan Saka'nın istifa etmesinin ardından partinin başına **Şemsettin Günaltay** geçmiştir. Günaltay, Atatürk'ün Türk Tarih Tezi çalışmalarına katılmış, ancak

---

493 Bu gerçeklerin altını çizmekle birlikte İnönü'nün "din düşmanı" olduğu, halka dinsel baskı uyguladığı, Kur'an okunmasını yasakladığı ve camileri kapattırdığı şeklindeki iddialar tamamen "İnönü düşmanlığıyla" söylenmiş yalanlardır. İnönü'nün "Milli Şefliği" döneminde tek parti CHP'nin yerel yönetimlerindeki bazı kişilerin kişisel tasarrufu olan yanlış uygulamalarını İnönü'nün uygulamaları olarak görmek son derece yanlıştır. Nitekim bu gibi yanlış uygulamaları haber aldığında bu kişileri bizzat İnönü uyarmıştır.

Atatürk'ün ölümünden hemen sonra bu çalışmalara inanmadığını açıklamış, hatta Atatürk döneminde okullarda okutulan tarih kitaplarının bazı bölümlerini "dinsel gerekçelerle" sansürlemiş bir İslam tarihçisidir. II. Meşrutiyet döneminde İslamcı akım içinde yer almıştır. Şemsettin Günaltay Hükümeti güvenoyu alırken, Günaltay, "sağlam bir demokrasi kurma" sözü vermiştir. Ancak güvenoyu alır almaz **din alanında** bazı icraatlar yapmıştır. CHP, **1948 yılında imam-hatip yetiştirmek amacıyla 10 aylık kurslar açmıştı** (DP 1951'de bu kursları okula dönüştürecektir). Günaltay Hükümeti, CHP Hükümeti'nin daha önce aldığı bir karar doğrultusunda **ilkokullara seçmeli din dersi** koymuştur. Ayrıca Ankara Üniversitesi'ne bağlı bir **İlahiyat Fakültesi** kurmuştur.

Atatürk'ün Dinde Öze Dönüş Projesi en büyük darbeyi **Demokrat Parti (DP)** döneminde yemiştir.

Atatürk'ün laik karakterli devrimleri devrim karşıtları tarafından "dinsizlik" olarak görülüp eleştirilmiştir, ancak Atatürk'ün sağlığında ve Atatürk'ten sonra 1946-1947'lere kadar bu karşı devrimci kişiler devrimlerle şekillenen rejime karşı doğrudan harekete geçememişlerse de, gizli açık propagandalarla sıradan halk kitlelerini "din sömürüsüyle" devrimlere, rejime ve rejimin partisi durumundaki CHP'ye karşı doldurup kışkırtmışlardır. II. Dünya Savaşı sırasındaki "kemer sıkma politikaları, ekonomik kısıtlamalar, güvenlik tedbirleri" ile de iyice bunalan halk kitleleri savaş sonrasında, 1946-1947 yıllarında yatağını arayan güçlü bir nehir durumuna gelmiştir.

Şevket Süreyya Aydemir, İsmet İnönü'yü anlattığı "*İkinci Adam*" adlı kitabında bu durumu şöyle analiz etmiştir:

"*Mesela İstanbul'un saltanat düşkünü çevrelerinden tutalım da, padişahlığın kalkışını, halifeliğin kaldırılışını, ezanın Türkçe okunmasını, Ayasofya'nın müze yapılmasını, kadının açılmasını, harflerin değişmesini ve bu çeşit bin bir işi hoş görmeyen ama bunlara bir şey diyemeyenlerin, derinde uyuyan ruhi tepkileri, şimdi İnönü'ye karşı şahlanacaktı. Böylece bütün bunların hesabını sorar gibi bir iç ferahlık duyulacaktı. Eski İttihatçı ar-*

tıklarını da bu kafileye katmalıdır. Bütçe açığını kapatmak için şekeri 5 liraya satanlardan, orduya maaş verebilmek için varlık vergisine başvuranlardan, şuna buna el koyanlardan, mahsûlât-ı arziyye vergisi tatbik edenlerden bir nevi intikam duygusu havada esiyordu. Nurcular, Ticaniler ve daha bin çeşit cahil, fakat inkılâbı affetmez insanlar artık sahnedeydi. Malı para etmeyen köylü, köy mektebine kağnısıyla taş çekmeye mecbur tutulan çiftçi, yolu yapılmamış köy, jandarmadan dayak yemiş muhtar, kârına kesat gelen murabahacı, doğudaki şeyhler, ağalar, yeni seçimde sandık başlarına, cihada gider gibi gideceklerdi. Bütün bunlardan başka da akla gelmez bin bir sebeple, fakat belki kendilerinin bile idrak etmediği bir çeşit aşağılık duygusu sebebi ile 27 yıldan beri dokunulmaz kalan iktidara karşı çıkacaklardı. Bütün bunlara bir bıkkınlık kompleksini de ilave etmeliyiz..."[494]

DP ve **Adnan Menderes,** bu yatağını arayan memnuniyetsiz halk kitlelerini daha da "köpürtüp" kendine yönlendirmek için –sanki daha önceleri benzer kışkırtmaların hangi sorunlara yol açtığını bilmezmiş gibi– kaba bir din istismarına yönelmiştir.

Aydemir'in yerinde tespitiyle, *"Dinin siyasete alet edilişi Batı Türkleri tarihinin şifa bulmaz bir hastalığıdır. Bu hastalık gerçi, Cumhuriyet'in Atatürk devrindeki tavsiyeler ve laik nizamın titiz uygulamaları ile küllenmişti. Fakat için için yanan ateşten bir şey kaybetmemişti. 1925'te 14 doğu vilayetini saran Şeyh Sait İsyanı din bayrağı altında yürütülmüştü. 1930'da Menemen'de Derviş Mehmet genç Kubilay'ın başını tekbir sesleri arasında keserek bir mızrağa geçirdi. Bursa'da din namına olaylar oldu. Canlar verildi. Hülasa bu ateş hiçbir zaman sönmedi. Said-i Kürdi, adını Cumhuriyet devrinde Said-i Nursi olarak maskeledi ve bu devirde suçlar işledi. Mahkûm oldu. (...) 1950'de iktidar değişince memlekette bir uçtan bir uca çok şeyler de değişti. Sahneye yeni ve sarıksız din bayraktarları çıktı ve bunlar daha 1950 seçimlerinde geniş faaliyet gösterdiler. 1954 seçimlerinde ise bu ko-*

---

[494] Şevket Süreyya Aydemir, **İkinci Adam,** C 2, 7. bas., İstanbul, 2000, s. 481-482.

nuda elbette ki daha açık, daha çok sayıda meydan okuyuşlar oldu..."[495]

DP, 1950 Mayısı'nda yapılan seçimleri kazanıp iktidara gelir gelmez ilk icraat olarak **Türkçe ezanın kaldırılıp yeniden Arapça ezana dönülmesi** için üç ayrı kanun tasarısı hazırlamıştır. Tasarılar 16 Haziran'da mecliste görüşülmeye başlanmıştır.

Genel Kurul'da söz alan DP milletvekili **Seyhan Sinan Tekelioğlu** şunları söylemiştir:

"Atatürk sağ olsaydı hiç şüphe yok ki, bu Büyük Meclis'in düşündüğü gibi düşünecekti. 'Allah'u ekber' ile 'Tanrı uludur' kelimeleri bir manaya gelmez. Eski zamanlara ait kitapları okursak birçok tanrıların olduğunu görürüz. Yağmur tanrısı, yer tanrısı vesaire. Binaenaleyh 'Tanrı uludur' deyince bunların hangisi uludur? Hıristiyanlar bile bir ölüyü haber vermek için çan çalarlar. Onlar çan çalınırken çanın ne demek istediğini anlıyorlar. Müslümanlar bir sela sesi duymuyorlar."

DP milletvekili Tekelioğlu "Türkçe ezan" konusundaki bu sözleriyle gerçeği çarpıtmıştır. Birincisi, Atatürk sağ olsaydı ne düşüneceği açıktır: Ezanı Türkçeleştiren Atatürk, 1933'te Bursa'da Arapça ezan okunmasını isteyenlere öylesine büyük bir tepki duymuştur ki, "Bursa Nutku" diye bilinen o meşhur konuşmasını yapmıştır. Yani, "Atatürk sağ olsaydı bizim gibi Arapça ezana dönülmesini isterdi" demek en hafif tabirle "saflık" olur! İkincisi "tanrı" kavramının sadece "çoktanrılı dinler" için kullanıldığı iddiası da tek kelimeyle gülünçtür. Tekelioğlu, *"Eski zamanlara ait kitapları okursak birçok tanrıların olduğunu görürüz. Yağmur tanrısı, yer tanrısı vesaire... Tanrı uludur deyince bunların hangisi uludur?"* diyerek bir "şark kurnazlığıyla" tanrı kavramının sadece "çok tanrıyı" kastetmek için kullanıldığını belirtmiştir. Oysaki "tanrı" sözcüğü Türkçedir ve Türkler de çoktanrılı değil tektanrılı bir toplumdur. İslam öncesi Türklerde "tanrı" sözcüğü "Gök-Tanrı" şeklinde tek bir

---

495 Aydemir, age., C 3, s. 175-176.

Tanrı'yı ifade etmek için kullanılır. Türkler "tanrı" sözcüğüyle geçmişten bugüne "çok Tanrı'yı" değil "tek Tanrı'yı" anlamış ve anlatmışlardır. İkincisi, tarihte birçok toplumda "çoktanrılı inanç sistemi" vardır. Antik Yunan başta olmak üzere bütün eski toplumlarda çok tanrıdan söz edilir. Yabancı dildeki kitaplarda "politeist" diye geçen ifade, o kitaplar Türkçeye tercüme edilirken doğal olarak "çok tanrı" diye tercüme edilmiştir. Bu kitaplar Arapçaya çevrilirken de aynı ifade "çok Allahlı" olarak çevrilmiştir. Burada önemli olan "Allah" veya "Tanrı" sözcüğünün tek bir yaratıcıyı mı, yoksa çoktanrılı sistemi kastetmek için mi kullanıldığıdır. Üçüncüsü, Tekelioğlu, "... *Müslümanlar bir sela sesi duymuyorlar,*" diyerek de adeta Allah'ın Arapçadan başka bir dil bilmediğini kastetmektedir! Aslında Tekelioğlu, meselenin "*din değil, dil meselesi*" olduğunu anlayamamıştır.

DP'nin Türkçe ezan yerine yeniden Arapça ezana geçilmesi tasarısı meclise geldiğinde CHP adeta ne yapacağını şaşırmıştır. Çünkü evet, Türkçe ezan Atatürk döneminde, 1933'ten beri okunmaya başlanmıştı, ama Arapça ezan okumayı yasaklayıp cezaya bağlayan kanun İnönü'nün "Milli Şef"liği döneminde çıkarılmıştı.[496] Bu tasarı doğrudan İnönü'yü hedef almıştı. Bu durumda CHP'nin çok dikkatli hareket etmesi gerekiyordu.

"*Türkçe ezan devrimlerin bir parçası sayılmıştı. CHP olarak sahip çıksalar oy kaybederler, gelecek seçimde 63 milletvekili de çıkaramayabilirlerdi. Öneriye destek verseler 'Atatürk ve Devrimlere' sahip çıkmamak ayıbı altında ezileceklerdi. Tam anlamı ile şaşkına dönmüşlerdi.*"[497]

Bu sorunu çözmek için CHP parti grubu **İsmet İnönü**'nün başkanlığında toplanmıştır. Bütün milletvekilleri görüşlerini belirttikten sonra İnönü şöyle demiştir:

"*Eğer tekrar bu meclise, yeni arkadaşlarınızla gelmek istiyorsanız, 'beyaz oy' kullanacaksınız! Yalnız karşı tarafın bu desteği istismar etmemesi için karşımızdakilerle girişimlerde bulun-*

---
496   Bozdağ, **age.**, s. 98.
497   **age.**, s. 99.

mak akıllıca bir önlem olur. Ancak haber vereyim ki, o gün ben mecliste bulunmayacağım!"[498]

Bunun üzerine CHP Grup Sözcüsü Cemal Reşit Eyüboğlu, Başbakan Adnan Menderes'le bu konuyu görüşmüş, Menderes kendisine teşekkür ederek memnuniyetini dile getirmiştir.

Mecliste önce CHP Grubu adına söz alan **Cemal Reşit Eyüboğlu**, "ezan" konusunda tartışma yaratmak istemediklerini belirterek şunları söylemiştir:

"Sayın arkadaşlar, Türk Ceza Kanunu'nun 526. maddesinden ezana taalluk eden ceza hükmünün kaldırılması maksadıyla hükümetin bugün huzurumuza getirdiği kanun tasarısı hakkındaki CHP Meclis Grubu'nun görüşünü arz ediyorum:

Bu memlekette milli devlet ve milli şuur politikası Cumhuriyet ile kurulmuş ve CHP bu politikayı takip etmiştir. Bu politika icabı olarak ezan meselesi de bir dil meselesi ve milli şuur meselesi telaki edilmiştir.

Milli devlet politikası mümkün olan her yerde Türkçenin kullanılmasını emreder, Türk vatanında ibadete çağırmanın da öz dilimizle olmasını bu bakımdan daima tercih ettik.

Türkçe ezan, Arapça ezan mevzuu üzerinde bir politika münakaşası açmaya taraftar değiliz.

Milli şuurun bu konuyu kendiliğinden halledeceğine güvenerek Arapça ezan meselesinin ceza konusu olmaktan çıkarılmasına aleyhtar olmayacağız."[499]

Üç maddelik tasarının ayrı ayrı oylanan maddeleri, CHP ve DP'nin ortak oylarıyla kabul edilmiş ve böylece 16 Haziran 1950'de Arapça ezan yasağı kaldırılmıştır. Meclisin demokrasi tarihinde ilk defa iktidar ve muhalefet ittifakla bir kanun çıkartmıştır.

17 Haziran 1950 tarihli *Cumhuriyet* gazetesi bu haberi, **"Meclis Arapça Ezan Yasağını Kaldırdı"** manşetiyle vermiştir. Bu manşetin hemen altında ise **"CHP milletvekilleri de kanunu tasvip ettiler (onayladılar)"** başlığına yer verilmiştir.[500]

---

498 age., s. 99-100.
499 **TBMM Zabıt Ceridelleri**, 16.6.1950, birleşim 9, oturum 1, s. 182.
500 **Cumhuriyet** gazetesi, 17 Haziran 1950.

Başbakan Meclis'te müzakereleri takip ediyor

Ezanın istenen dilde okunması kararlaştı

D. P. Meclis Grupu, bu husustaki kanunun Ramazandan evvel çıkmasını istedi

Mebuslar hakkındaki kanunun tadili teklifi

Cumhuriyet

Meclis, Arabca Ezan Yasağını Kaldırdı

C. H. P. milletvekilleri de kanunu tasvib ve kabul ettiler

Celse beklenmedik sahneler arasında cereyan etti

Bu değişimin başmimarı **DP lideri Adnan Menderes**, 4 Haziran 1950'de bir gazetecinin sorusu üzerine bu konudaki düşüncelerini şöyle dile getirmiştir:

"*... Büyük Atatürk inkılâplarına başladığı zaman taassup zihniyeti ile mücadele etmek zarureti duymuştur. Türkçe ezanın da böyle bir zaruretten doğduğunu kabul etmeliyiz. Bugünse camilerden ibadetin ve duaların hep din diliyle yapılmasıyla tezat teşkil etmektedir. Bu kadar yıldan sonra –vaktiyle zaruri olan– hürriyeti sınırlayan bu tedbirlerin devamına lüzum kalmamıştır. İrtica ve taassupla biz de savaşacağız ve millete mal olmuş inkılâpları savunacağız.*"[501]

Menderes'in, Atatürk'ün Türkçe ezan hareketini "taassup zihniyeti ile mücadele etmenin zorunlu bir sonucu" olarak görmesi kısmen doğrudur, ancak artık böyle bir mücadeleye gerek kalmadığını söylemesi tamamen yanlıştır. İcraatlarıyla irtica ve taassuba adeta bayram ettirecek olan Menderes'in "*İrtica ve taassupla biz de savaşacağız*" demesi ise tamamen politik bir söylemdir. Menderes'in Atatürk devrimlerini, "*millete mal olmuş, olmamış*" diye ikiye ayırması ise Atatürk devrimleriyle kavga edeceğinin ilk belirgin işaretlerinden biridir.

Menderes daha önce de 29 Mayıs 1950'de TBMM'de yaptığı konuşmada Atatürk devrimlerini, "*Halk tarafından kabul edilenler ve kabul edilmeyenler*" olarak ikiye ayırmıştır. Dolayısıyla Menderes'e göre "halkın kabul etmediği" devrimleri korumaya da gerek yoktur. Bu mantıkla DP döneminde bazı Atatürk devrimleri gericilerin tahriplerine açık bırakılmıştır. Nitekim bu yolda ilk adımı da bizzat Adnan Menderes atmıştır. Atatürk'ün Dinde Öze Dönüş Projesi'nin en önemli parçalarından biri olan "Türkçe ezanı" tekrar Arapçaya çevirtmiştir.

Menderes'in iktidar olur olmaz ilk icraatının Türkçe ezanı yeniden Arapçaya çevirmesinden vicdani rahatsızlık duyanlar da vardır. Örneğin DP'nin kurucusu, ilk genel başkanı ve daha sonra da Cumhurbaşkanı olan **Celal Bayar,** yıllar sonra **İsmet Bozdağ**'a şunları söylemiştir:

---

501 **Yeni Sabah** gazetesi, 5 Haziran 1950.

"Ben bu yasanın DP'nin ilk icraatı olmasını hâlâ içime sindirebilmiş değilim. Ben Atatürk'ün bütün getirdiklerine karşı her zaman duyarlı olmuşumdur."[502] Celal Bayar çok haklıdır! Çünkü insan Atatürk'ün o kadar güvenini kazanıp da Atatürk'ten sonra Atatürk'ün bütün devrimlerini yok etmeyi kendisine misyon edinmiş bir partinin kurucu genel başkanı olunca, ister istemez yıllar sonra bu yaptıklarından dolayı vicdan azabı duyacaktır!

Ezanın tekrar Arapçaya çevrilmesi, DP içindeki din istismarcısı karşı devrimci milletvekillerini de cesaretlendirmiştir. Örneğin **DP Diyarbakır Milletvekili Y. Kâmil Aktuğ**, şöyle demiştir:

"Demokrat Parti din koruyuculuğunu da üzerine almıştır. Bu borcun ilk taksidini 'Allahü Ekber'le ödemiştir. Allahü Ekber'e dayanarak ileriye yürüyeceğiz. Bu yolda ölmek var dönmek yok. Allah'ın yaktığı bu meşale söndürülmeyecek, bilakis alevlenecektir."

Görüldüğü gibi Adnan Menderes'in DP'si kaba bir din propagandası yapmaktadır. Türkçe *"Tanrı uludur"* demek yerine Arapça *"Allahü Ekber"* denilmesini "din koruyuculuğu" olarak adlandıracak kadar ilkel ve kaba bir din propagandası...

Menderes 1951'de DP İzmir İkinci İl Kongresi'nde şunları söylemiştir:

"Şimdiye kadar baskı altında bulunan dinimizi baskıdan kurtardık. İnkılâp softalarının yaygaralarına ehemmiyet vermeyerek ezanı Arapçalaştırdık. Türkiye bir Müslüman devlettir ve Müslüman kalacaktır. Müslümanlığın bütün icapları yerine getirilecektir."

Ezanı Arapçalaştırmayı *"dini baskıdan kurtarmak"* ve *"Müslümanlığın icabı"* olarak adlandıran Menderes, yine çok "kaba" bir bakışla **Arapçayı kutsamıştır**. Atatürk'ün din dilini Türkçeleştirmesini geniş halk yığınlarına *"dine baskı"*, *"Müslümanlığa aykırı bir uygulama"* olarak sunmuştur. Menderes'in bu sözleri —eğer bu sözlerinde samimiyse— onun Cumhuriyet Devrimi'ni, Atatürk'ü ve İslam dinini zerre kadar anlamadığını göstermekte-

---
[502] Bozdağ, age., s. 100.

dir, eğer bu sözlerinde samimi değilse, halkın gözünün içine baka baka yalan söylediğini; dini kullanarak iktidarını sağlamlaştırmak istediğini göstermektedir.

Menderes'in bu ipe sapa gelmez açıklamaları, Atatürk, Cumhuriyet ve CHP düşmanlığı yapması için bizzat Menderes tarafından "örtülü ödenekten kendisine para verilen" **Necip Fazıl Kısakürek** gibi rejim karşıtlarını da çok sevindirmiştir. Şu sözler Necip Fazıl'a aittir:

"*Böyle bir sözü söyleyecek Başbakan'ın kölesi olduğumuzu söylemekten şeref duyarız. Tekrar ediyoruz. Partimize, siyasi muhitimize, kabinemize, tezatlarımıza ve hatıra gelen ve gelmeyen her şeyimize rağmen, en saf ve halis tarafından azat kabul etmez köleliğimizi kabul buyurunuz.*"

Gerçekten de Necip Fazıl Kısakürek, Başbakan Menderes'in "kölesi" olup çalakalem Atatürk'e, Cumhuriyet'e, CHP'ye küfredecektir. Yani köle, köleliğini hakkıyla yerine getirecektir!

2013 yılında Necip Fazıl'ın 1950'lerde Menderes'ten birçok kere para yardımı talep ettiği anlaşılmıştır.

DP, Menderes, DP'li milletvekilleri ve Necip Fazıl gibi yandaş aydınların vıcık vıcık din istismarı kısa süre toplumda karşılık bulmuştur. Örneğin DP'nin ikinci kabinesini kurduğu 9 Mart 1951'in ertesi günü Konya DP il kongresinde "**Fes, çarşaf ve**

Arap harflerine dönülmesi" gibi karşı devrimci istekler ortaya atılmıştır.[503]

DP, 1951 yılından itibaren akşamları radyoda "**mevlit**" okutmaya başlamıştır.[504]

Bu gelişme üzerine Cumhurbaşkanı **Celal Bayar**, Başbakan Menderes'i telefonla arayarak, *"Devletin radyosunu camiye çevirdiniz... Eğer demokrasiden anladığınız bu ise yanıldığınızı göreceksiniz!"* diye azarlayınca Menderes, *"Efendim, benim bunlardan haberim yok. Başvekâleti aradığınızı söylediler, emirlerinizi almak için huzurlarınızdayım,"* deyince Celal Bayar, *"Sizin haberiniz yoksa kimin haberi var? İcraatınızın içinde radyoyu camiye dönüştürmek olmamalıydı!"* diyerek telefonu Menderes'in yüzüne kapatmıştır![505]

Celal Bayar

Bu olay, Menderes'le Bayar'ı karşı karşıya getirmiş, istifa tartışmaları yaşanmıştır. Ancak yine de Menderes'in din istismarı bitmek bilmemiştir. Örneğin Menderes her İstanbul'a gelişinde Eyüp Sultan'ı ziyaret etmiş, her Ramazan'da "hatim duaları" düzenlemiştir.[506]

DP ve Menderes, CHP'nin 10 aylık imam-hatip kurslarını 1951'de **İmam Hatip Okullarına** dönüştürmüştür. İmam Hatip Okulları kısa bir süre sonra asıl amacı olan "imam" ve "hatip" yetiştirmek dışına çıkarılarak imam doktor, imam mühendis, imam öğretmen, hatta imam bakan ve imam başbakan yetiştirir hale getirilmiştir. 1950-2013 arasında İmam Hatip Okulları toplumu din ekseninde biçimlendiren sağ iktidarlarının hem oy deposu hem de toplumsal dönüşüm atölyesi olmuştur.

DP ve Menderes, "dinsel özgürlük" kılıfı adı altında büyük bir hızla Atatürk devrimlerinden ödünler vermiştir. CHP'yi din-

---

503 age., s. 101.
504 age., s. 101.
505 age., s. 102.
506 age., s. 106.

sizlikle itham edip kendisini "İslamın koruyucusu" olarak gösteren DP ve Menderes, özellikle ekonomideki sorunları dinsel ödünlerle gizlemeye çalışmıştır. Örneğin DP, 1957 seçimlerinde dinsel sloganları ağırlıklı olarak kullanmış, Nurcularla seçim ittifakına girmiş, radyodaki dini programları artırmıştır. Başbakan Menderes 19 Ekim 1958'de Emirdağ'da yeşil tuğralı bayraklı **Said-i Nursi** tarafından karşılanmıştır."[507]

Menderes parti grubunda yaptığı bir konuşmada milletvekillerine, *"Siz isterseniz, hilafeti bile geri getirirsiniz"* diyebilmiştir.

Aydemir, Menderes'in DP'sinin neden ve nasıl kaba bir din istismarı yaptığını şöyle açıklamıştır:

"... Daima cahili arayan, daima cehlin dili ile konuşan ve böylece gereği uyandırılmamış kalabalıklar arasına sokulup onlarla kolayca dil birliği kurabilen mürteci ve din simsarı daima tetikte kaldı. Her fırsatta 'din istismarcılığı' alanında kullandı. Kaldı ki bu alan çok çekici idi. Çünkü kalabalıkların kaynaştığı ve hele oy avcılığı için kolayca sömürülecek bir alandı. Bu alandaki kalabalıklar ise laiklik devrimine, laiklik hareketine karşı zinde kalan bir ruh direnişi içinde idiler. O halde kim bu kalabalığa hitap edebilirse, bu kalabalıkların oyları da onun olabilirdi. Nitekim Adnan Menderes de yukarıda ve bu irtica akımlarına karşı beyanlarını yaparken aslında bir imtihanın eşiğinde bulunuyordu. Hakikaten bu dediklerinde kendisi sebat edebilecek miydi? Milletin kendi dilinde okunan ezanları, daha ilk günlerinde Arap diline döndürmekle kalabalıkların duasını kazanmak yolunda ucuz bir kazanç tecrübesi de geçirmişti. Acaba şimdi böyle konuşan bu genç Başvekil, yarın ezanlar, tekbirler, mevlitler, cami çevrelerinde iftar ziyafetleri ve kurbanlar, radyolarda mevlitler, dini musahabeler derken kendini bu akışın havasına büsbütün kaptırarak bir oy avcısı haline dönüşmez miydi? Bunu zaman gösterecekti."[508]

DP ve Menderes Atatürk'ü ve devrimlerini gizli açık çok ağır

---

[507] Necip Mirkelamoğlu, **Atatürkçü Düşüncede ve Uygulamada Din ve Laiklik,** İstanbul, 2000, s. 513.
[508] Aydemir, age., C 3, s. 177-178.

bir şekilde eleştirip, birçok devrimin yarım kalmasına, birçok devrimin ise yok edilmesine neden olmuştur. DP ve Menderes'in sınır tanımaz "din istismarı" ve "Atatürk karşıtlığı" kısa bir süre sonra gerici/bağnaz/mürteci çevrelerin Atatürk ve devrimlerle karşı karşıya gelmesiyle sonuçlanmıştır. Nurcuların ve Ticani Tarikatı'nın Atatürk düşmanlığının önlenemez boyutlara ulaşması üzerine DP, "**Atatürk'ü Koruma Kanunu**"nu çıkarmıştır.[509] DP, İnönü'nün kontrolü altındaki CHP'ye karşı Atatürk'ü kullanma stratejisi izlemiştir. Bu süreçte, bir taraftan Atatürk'ü Koruma Kanunu'nu çıkarmış, diğer taraftan her yere Atatürk heykelleri yapmış ve paralardan İnönü fotoğraflarını çıkartarak yeniden Atatürk fotoğraflarını koymuştur. Böylece DP ve Menderes aslında Atatürk'e ve anısına hiç de saygılı olmamasına karşın, siyaseten –İnönü'den kurtulmak amacıyla– bir Atatürk kültü yaratmak istemiştir. **İçi boşaltılmış, sadece heykellere ve imgelere indirgenmiş, eleştirilemeyen, soğuk ve asık suratlı bir Atatürk**. Nitekim bir süre sonra DP'nin bu Atatürk'ü, Atatürk karşıtlarınca "*Beton Kemal*" diye adlandırılacaktır! Böylece DP ve Menderes amacına ulaşmıştır.

1950'de DP ve Menderes ile başlayan Karşı Devrim süreci o günden bugüne neredeyse hiç kesintisiz devam etmiştir. ABD etkisinde, Atatürk'ün "tam bağımsızlık" ve "çağdaşlık" ilkelerinden uzak, "demokrasicilik" oynamakla geçen bu süreçte sağ iktidarların en büyük gıdası "din istismarı" ve "Atatürk düşmanlığı" olmuştur ve olmaya devam etmektedir.

---

509 O günlerde "laiklik" konusunda sert yazılar yazan **Vatan** gazetesi başyazarı **Ahmet Emin Yalman**'ın Türkçüler Derneği üyesi bir genç tarafından kurşunlanması ve o sırada Ticani Tarikatı'nın Atatürk heykellerine saldırması üzerine paniğe kapılan **DP lideri Başbakan Menderes**, iktidar partisi genel başkanı olarak pozisyon değiştirmiş, yeni siyasetini Atatürk'e saldırmak yerine Atatürk'ü korumak şeklinde belirlemiştir. Bozdağ, **age.**, s. 106.

Proje 3

TARİH VE DİL TEZLERİ PROJESİ

> *"Tarih yazmak tarih yapmak kadar önemlidir. Yazan yapana sadık kalmazsa, değişmeyen gerçek insanlığı şaşırtan bir hal alır."*
>
> Atatürk, 1931

Atatürk'ün genellikle çok az ve yanlış bilinen bir projesidir Tarih ve Dil Tezleri Projesi... Aslında Atatürk'ün Tarih ve Dil Tezleri Projesi, birbirini tamamlayan iki farklı projedir. Bu proje içinde Atatürk'ün tarih ve dil tezleri dışında **Yazı Devrimi, Antropoloji Çalışmaları** ve **Güneş Dil Teorisi** de vardır. Atatürk'ün Tarih ve Dil Tezleri Projesi, onun Dinde Öze Dönüş Projesi ile aynı amaca yöneliktir. Bu amaç birliği "milli tarih, milli dil ve milli din" olarak adlandırılabilir.

Atatürk'ün Tarih ve Dil Tezleri Projesi'nin temel amacı, Türk tarihinin ve Türk dilinin öz güzelliğini ve zenginliğini gözler önüne sererek bir taraftan Türkleri "geri, barbar-dolikosefal-sarı ırktan" diye aşağılayan emperyalist ve ırkçı Batı Merkezli Tarih anlayışına "bilimsel yöntemlerle" başkaldırmak; diğer taraftan çokuluslu bir ümmet imparatorluğundan "vatandaşlık bilincini" esas alan bir ulus devlete geçiş sürecinde bu yeni devlete tarihsel ve kültürel derinlik kazandırmaktır.

Atatürk tarihe ve dile verdiği önemi 1934 yılında şöyle ifade etmiştir:

"Kültür işlerimiz üzerine ulusça gönüllerimizin titrediğini bilirsiniz. Bu işlerin başında da Türk tarihini doğru temelleri üstünde kurmak; öz Türk diline değeri olan genişliği vermek için

candan çalışmakta olduğunu söylemeliyim. Bu çalışmaların göz kamaştırıcı verimlere ereceğine şimdiden inanabiliriz."[510]

Atatürk'ün Tarih ve Dil Tezleri Projesi'ni doğru anlamak için her şeyden önce onun tarihe ve dile olan ilgisini, bu konulardaki kişisel çalışmalarını, bu konulardaki düşüncelerini bilmek gerekir.

Atatürk ve Tarih

Atatürk ortaöğretim yıllarından itibaren "tarihle" ilgilenmeye başlamıştır. Ona tarihin önemini ilk fark ettiren ve tarihi sevdiren Manastır Askeri İdadisi tarih öğretmenlerinden **Kolağası Mehmet Tevfik Bey**'dir. Mehmet Tevfik Bey, Fransız Devrimi'nin getirdiği ilkelerin dünyayı nasıl bir değişime doğru sürüklediğini en iyi görenlerdendir. Milliyetçiliğin yükselen değer olduğunun ve uluslaşmanın başladığının farkındadır. Osmanlı azınlıklarının bağımsızlık mücadelesini görmüş ve öğrencilerine ulusal bilinç aşılamaya çalışmıştır. Genç Atatürk, Fransız Devrimi'nin temel ilkelerinden "hürriyetin" ne anlama geldiğini yine Mehmet Tevfik Bey'den öğrenmiştir. Atatürk'ün o günlerdeki sınıf arkadaşlarından **Ali Fuat Cebesoy**, tarih öğretmeni Mehmet Tevfik Bey'in genç Atatürk üzerindeki etkisini şöyle gözlemlemiştir:

"(Mehmet Tevfik Bey) değerli ve milliyetçi bir Türk subayıydı. Türk tarihini iyi biliyor ve öğrencilerine tarih zevki veriyordu. Atatürk Türk tarihini bütün genişliği ve derinliği ile kavramış bulunan hocasından daima saygı ile söz etmişti. Bir gün bana, 'Tevfik Bey'e minnet borcum vardır, bana yeni bir ufuk açtı,' demiştir."[511]

Atatürk sadece okulda öğrendikleriyle yetinen bir öğrenci değildir, fırsat buldukça okul dışında da kendini geliştirmiş, sürekli okumuştur. **J. J. Rousseau, Montesquieu, A. Comte, Léon Cahun, Joseph de Guignes** ve **Volter** gibi yabancı aydınlar dışında **Namık Kemal, Ziya Gökalp, Yusuf Akçura, Mustafa Celaled-**

---
510 Arı İnan, **Düşünceleriyle Atatürk**, 2. bas., Ankara, 1991, s. 143.
511 Ali Fuat Cebesoy, Sınıf Arkadaşım Atatürk, İnkılâp Kitabevi, İstanbul, ty., s. 18.

din gibi yerli aydınları da okumuş ve onlardan etkilenmiştir.[512]

Atatürk, Namık Kemal'in *"Şark Meselesi"*, *"Tarih-i Osmanî"*, *"Makalat-ı Siyasiye ve Ebediye"* adlı eserlerini, **Ziya Gökalp**'in eski Türk tarihinden söz ettiği şiirlerinin yer aldığı *"Kızılelma"*, *"Yeni Hayat"* ve *"Altın Işık"* adlı eserlerini, **Mustafa Celaleddin**'in eski Türklerin ileri özelliklerini anlattığı *"Les Turcs Anciens et Modernes"* (Eski ve Modern Türkler) adlı eserini, **Léon Cahun**'un Türkçülüğün doğuşunda etkili olmuş, *"Introduction à L'Histoire de L'Asie: Turcs et Mongols, Des Origines à 1405"* adlı eserini, **De Guignes**'in, Hüseyin Cahit Yalçın tarafından Türkçeye çevrilen *"Hunların, Türklerin, Moğolların ve Daha Sonra Tatarların Tarihi Umumisi"* adlı eserini, **Louis Halphen**'in Türkleri olabildiğince aşağıladığı, *"Les Barbares: Des Grandes Invasion aux conquêtes Turques du XIe siècle"* (Barbarlar: Büyük İstiladan Türklerin XI. Yüzyıldaki Fetihlerine Kadar) adlı eserini okuyup incelemiştir.[513]

Atatürk'ün okuduğu 5000'e yakın kitaptan **879'u tarihle** ilgilidir.[514] Atatürk, antik tarihten, ön Türk tarihine, İslam tarihinden, Avrupa tarihine, Selçuklu tarihinden Osmanlı tarihine kadar tarihin neredeyse bütün dönemleri hakkında bir tarihçi titizliğinde çok geniş bir okuma yapmıştır. II. Ramses'ten Cengiz Han'a, Timur'dan Tuğrul Bey'e, Hz. Muhammed'den Büyük İskender'e, Napolyon'dan Fatih'e kadar tarihe damga vurmuş bütün büyük kişilikler hakkında birçok tarihçiden daha fazla bilgiye sahiptir.

Atatürk bir asker ve bir devlet adamı olarak olağanüstü başarılarını, okumaya ama özellikle de tarih okumaya borçludur dersek abartmış olmayız. Askeri başarılarının arkasında askeri tarihten, siyasi başarılarının arkasında ise siyasi tarihten çıkardığı dersler yatmaktadır.

---

512 Sinan Meydan, **Atatürk ve Türklerin Saklı Tarihi**, "Türk Tarih Tezi'nden Türk İslam Sentezi'ne", 4. bas., İstanbul, 2010, s. 50-62.
513 age., s. 51-62.
514 Şerafettin Turan, **Mustafa Kemal Atatürk, Kendine Özgü Bir Yaşam ve Kişilik**, 2. bas., Ankara, 2008, s. 64.

Bir keresinde şöyle demiştir:

"*İnsanların tarihten alabilecekleri önemli uyarı ve etkilenme dersleri bence, devletlerin genellikle politik kuruluşların meydana gelişinde, bu kuruluşların yapılarını değiştirmelerinde ve bunların çözülüp yıkılışlarında etkili olmuş bulunan nedenler ve bu nedenlerin incelenmesinden çıkan sonuçlar olmalıdır.*"[515]

Atatürk'e göre tarihi olayların temel nedeni ekonomidir:

"*... Bence bir ulusun doğrudan doğruya yaşamasıyla, yükselmesiyle, düşkünlüğüyle ilişkili olan en önemli etken ulusun ekonomisidir. Bu tarihin ve tecrübenin belirlediği bir gerçektir.*"[516]

Atatürk her şeyden önce tarihin objektifliğine, bilimselliğine önem vermiş, bunun için de tarihin belgeye dayanması gerektiğini belirtmiştir:

"*Bizim şimdiye değin doğru ulusal bir tarihe sahip olmayışımızın nedeni, tarihlerimizin gerçek okuyucularının belgelerine dayanmaktan çok ya birtakım övgü dizenlerin ya da birtakım kendini beğenmişlerin gerçek ve mantıktan uzak sözlerinden başka kaynak bulamama zavallılığıdır.*"[517]

Atatürk, tarihin belgelere dayanması dışında, o dönemler için daha çok yeni olan arkeoloji ve antropoloji gibi bilimlerden de yararlanılması gerektiğini söylemiştir:

"*Yine bu insan zekâsıdır ki, beklediğimiz neticeyi elde etmemiş olmakla beraber, bugünkü araştırıcı zekâları tatmin edecek ve tarihi aydınlatacak yeni metotlar ve ilimler bulmuştur. İşte arkeoloji ve antropoloji o ilimlerin başında gelir. Tarih bu son ilimlerin bulduğu belgelere dayandıkça temelli olur. Tarihi bu belgelere dayanan milletlerdir ki, kendi aslını bulur ve tanır. Yeter ki bugünün aydın gençliği bu belgeleri aracısız tanısın ve tanıtsın.*"[518]

Atatürk 1931 yılında Türk Tarih Kurumu'na gönderdiği

---

515 İnan, age., s. 143, 308.
516 age., s. 143.
517 age., s. 143.
518 age., s. 143.

bir mektupta, *"Tarih yazmak, tarih yapmak kadar önemlidir. Yazan yapana sadık kalmazsa, değişmeyen gerçek insanlığı şaşırtan bir hal alır,"*[519] diyerek tarihçilerin insanlığı şaşırtacak biçimde kurgusal, yalan tarih yazmamalarını istemiştir.

Atatürk tarihi "romantik düşler âlemi" olarak görüp hamasi söylemlerle milli egosunu tatmin eden günümüzün siyasilerinden çok farklıdır. O, tarihi anlayarak, analiz ederek, sorgulayarak okuyup bütün bu tarih okumalarından Türkiye Cumhuriyeti'ni kurarken yararlanmıştır. Atatürk tarihi kişisel bir zevk almanın çok ötesinde Türk Devrimi'ne tarihsel arka plan, tarihsel derinlik kazandırmak için okumuştur. Bu nedenle daha Kurtuluş Savaşı yıllarında İslam tarihi, Osmanlı tarihi okumuştur.[520]

Afet İnan ve Enver Ziya Karal'ın belirttiği gibi, *"O, tarihe ne kadar önem verdiğini yaptığı tarihi yazmakla da ispat etmiştir. İstiklal Savaşı'nın türlü safhalarının belgeleri 'Nutuk' kitabında toplanmış ve olaylar hakkındaki düşünceler kendisi tarafından izah ve tespit edilmiştir. Nutuk, örneğine az rastlanan bir tarih vesikasıdır."*[521]

Atatürk hem okuduklarıyla hem de yaşadıklarıyla dünyada ve Türkiye'de yüzyıllar içinde Türklerin hep aşağılanıp, dışlandıklarını görmüştür. Osmanlı Devleti'nin kurucu unsuru olmasına karşın yüzyıllar içinde Türklerin nasıl dışladıklarını, dünyadaki "barbar Türk" algısının nasıl bir Türk düşmanlığına dönüştüğünü çok iyi görebilmiştir. Bu görüşlerini birçok defa olanca açıklığıyla da dile getirmiştir.

"Osmanlı halkı içinde Türk milleti de tamamen esir duruma getirilmişti..."[522] *"... Milletimizin uzun yüzyıllardan beri hanlar, hakanlar, sultanlar, halifeler elinde, onların baskı ve ezinci altında ne kadar ezildiğini düşünürsek..."*

Atatürk, Osmanlı tarihinin bir milletin tarihi değil, milletin

---

519 age., s. 143.
520 Bkz. Afet İnan-Enver Ziya Karal, "*İstiklal Savaşımızda Tarih Bilgisinin Rolü*", **Atatürk Hakkında Konferanslar**, TTK Yayınları, Ankara, 1946, s. 8-19.
521 agm., s. 10.
522 **Atatürk'ün Söylev ve Demeçleri**, C 2, Ankara, 1997, s. 103.

başına geçen birtakım kişilerin hayat hikâyeleri olduğunu belirtmiştir:

"Efendiler, Osmanlı tarihini incelersek görürüz ki, bu bir milletin tarihi değildir. Milletimizi geçmişteki halini ifade eden bir şey değildir. Belki milletin ve milletin başına geçen birtakım insanların hayatlarına, ihtiraslarına, teşebbüslerine ait bir hikâyedir."[523]

"Osmanlı tarihi baştan sona hakanların, padişahların kısacası kişilerin, bir parça da mutlu azınlıkların davranışlarını ve girişimlerini sayıp döken bir destandan başka bir şey değildi..."

Atatürk, Harp Okulu ve Harp Akademisi yıllarından itibaren özellikle yabancı tarihçilerin Türkler hakkında yazdıkları kitaplarda, Türklerden "ikinci sınıf, dolikosefal sarı ırka mensup, barbarlar" olarak söz edildiğini görmüş, bu emperyalist ve ırkçı tarih görüşüne içten içe adeta isyan etmiştir. Örneğin **Louis Halphen**'in 1926'da yayımlanan *"Les Barbares: Des Grandes Invasion aux conquêtes Turques du XIe siècle"* (Barbarlar: Büyük İstiladan Türklerin XI. Yüzyıldaki Fetihlerine Kadar) adlı eserini okurken sayfa kenarına *"Bütün Avrupa Türkler karşısında!"* notunu düşmüştür.[524]

Yine 1932 yılında Rus temsilcisi Surits ile görüşmesinde *"Kirli ve Türklere hor bakan Batı bilimine güvenmediğini"* ifade etmiştir.

Atatürk, Türk tarihçilerini, Türk halkını Avrupalı tarihçilerin Türkler hakkında yazdıklarına hemen inanmamaları konusunda şöyle uyarmıştır:

"Hiçbir hükmü kendiniz, kendi bilginize ve inancınıza vurmadan, filan veya falan Avrupalı muharrir söylemiş diye hemen benimseyemeyiz. Onların, hele biz Türkler, bizim dili-

---

[523] Arı İnan, **Gazi Mustafa Kemal Atatürk**'ün Eskişehir-İzmit Konuşmaları **1923**, İstanbul, 1993, s. 27.
[524] Şerafettin Turan, **Atatürk'ün Düşünce Yapısını Etkileyen Olaylar, Düşünürler, Kitaplar**, Ankara, 1989, s. 49.

miz ve tarihimiz üzerindeki hükümlerinin çok kere yanlış bellenmiş esaslara dayandığını görüyorsunuz."[525]
Atatürk **tarih öğretimine** büyük bir önem vermiştir. Cumhuriyet döneminde orta dereceli okullarda okutulan **tarih kitaplarının hazırlanmasına** bizzat katkıda bulunmuştur. Her okul ziyaretinde mutlaka **tarih derslerine girip** öğrencilerin tarih bilgilerini sınamıştır. Tarih biliminin gelişimini teşvik etmek için **manevi kızı Afet İnan'ı tarihçi yapmıştır. Sofralarında en çok ve en sık tarih konuşturmuştur.** Tarih ve Dil Kurultaylarındaki bildirilerle çok yakından ilgilenmiş, bazı bildirilerin hazırlanmasına bizzat yardım etmiştir.

Atatürk ve Arkeoloji

Atatürk'ün Tarih Tezi, sadece tarih bilimine dayanan bir tez değildir. Atatürk'ün Tarih Tezi'nin tarihle birlikte arkeoloji, dilbilim ve antropoloji ayakları da vardır. Dilbilim ve antropoloji ayaklarını ilerleyen bölümlerde ayrıntılı olarak inceleyeceğimiz için, burada kısaca Atatürk'ün arkeoloji konusundaki çalışmalarına göz atalım:

Atatürk döneminde arkeoloji Batı'da çok büyük bir hızla gelişen genç bir bilim dalıdır. Emperyalist Batı, arkeolojiyi kullanıp eski uygarlıkları gün ışığına çıkarıp onlara sahip çıkarak kendi köklerini çok eskilere götürmek istemiştir.

Atatürk Türkiye'de arkeolojinin gelişmesini, Türk arkeologların yetişmesini ve özellikle Anadolu ve civarında kazılar yapılarak bu bölgelerdeki eski uygarlıkların gün ışığına çıkarılmasını istemiştir.

Atatürk Anadolu'da yapılacak kazıların uygarlık tarihine çok önemli katkılar sağlayacağını ifade ederek arkeologları Anadolu'da kazı yapmaya davet etmiştir.[526] Bu doğrultuda önceleri yabancı arkeologlar tarafından ve yabancı ülkelerin himaye-

---
525 Utkan Kocatürk, **Atatürk'ün Fikir ve Düşünceleri**, Ankara, 1999, s. 139.
526 Meydan, **age.**, s. 103.

sinde gerçekleştirilen kazılar, Cumhuriyet'in 10. yılında, 1933'te "**milli kazılar**" şeklini almıştır. **Arif Müfid Mansel, Remzi Oğuz Arık, Hamit Zübeyir Koşay, Ekrem Akurgal** gibi Türk arkeologları "milli kazılar projesi" sonucunda yetişmiştir.[527]

Türk Tarih Kurumu 1933 yılında arkeolojik kazılara başlamıştır. 1933-1943 arasındaki on yıllık sürede Türk Tarih Kurumu toplam **24 arkeolojik kazı** gerçekleştirmiştir.[528]

Atatürk'ün arkeoloji konusunda şaşırtıcı bir bilgi birikimi ve önsezisi vardır. Birçok kere kazı yapılacak yerleri bizzat işaret etmiştir ve o yerlerde yapılan kazılarda gerçekten de önemli tarihi eserlere ulaşılmıştır.[529]

Atatürk her fırsatta kazı yerlerini ziyaret ederek arkeologlarla görüşüp çıkarılan eserleri incelemiştir.[530]

Atatürk'ün arkeolojiye verdiği büyük önem uluslararası alanda ses getirdiği için **18. Uluslararası Antropoloji ve Tarİöncesi Arkeoloji Kongresi**'nin 1939 yılında Türkiye'de yapılmasına karar verilmiştir.[531]

Kurtuluş Savaşı'ndan sonra Ankara'da bir **Hitit Müzesi** kurduran Atatürk, Anadolu eskiçağ tarihini ve arkeoloji çalışmalarını o kadar yakından takip etmiştir ki, 1932 yılında "**Hitit ve Asianik Araştırmalar Derneği**" tarafından Fransa'da yayımlanmaya başlayan *Revue Hittite et Asianique* adlı dergiye sponsor olmuştur. Bunun üzerine *Revue Hittite et Asianique* yayın kurulu, her sayının giriş sayfasında, Atatürk'ü verdiği destekten dolayı "*Sous Le Haut Patronage De –S. Exc. GAZI MOUSTAPHA KEMAL– President de la République Turque*" sözleriyle onurlandırmıştır.

---

527 **age.**, s. 104.
528 Zafer Toprak, **Darwin'den Dersim'e Cumhuriyet ve Antropoloji**, İstanbul, 2012, s. 395
529 Meydan, **age.**, s. 104-105.
530 **age.**, s. 105-107.
531 Toprak, **age**, s. 198, 398

Revue Hittite et Asianique dergisinin Atatürk'lü giriş sayfası

Atatürk arkeolojiyle birlikte **müzeciliğe** de büyük önem vermiştir. Arkeoloji ile gün ışığına çıkarılacak uygarlık birikiminin bu müzelerde sergilenmesini istemiştir.

Atatürk daha Kurtuluş Savaşı sırasında Ankara'da Maarif Vekâleti bünyesinde kurulan **Asar-ı Atika Müdürlüğü**'nü bir yıl sonra **Kültür Müdürlüğü**'ne dönüştürmüştür.

Daha Kurtuluş Savaşı devam ederken 1921'de **Anadolu Medeniyetleri Müzesi** kurulmuştur.

Atatürk 5 Kasım 1922'de bir genelge yayımlayarak arkeolojik ve etnografik eserlerin toplanmasını, envanterlenmesini ve yeni müzelerin kurulmasını istemiştir.

Bu doğrultuda 14 Ağustos 1923 tarihli hükümet programında da müzeciliğe geniş bir yer ayrılmıştır.

Atatürk 3 Kasım 1924'te, **Topkapı Sarayı**'nın onarılıp müze olarak açılması için Bakanlar Kurulu kararı çıkartmıştır. Bu doğrultuda Topkapı Sarayı müzeye dönüştürülmüştür. Atatürk bu müze sayesinde Osmanlı tarihini, Osmanlı'nın maddi uygarlık ürünleriyle tanıtmayı amaçlamıştır.

Atatürk 1931 yılında Bakanlar Kurulu kararıyla **Konya Mevlana Dergâhı ve Türbesi**'ni müzeye dönüştürmüştür. Yani

Tekke, Zaviye ve Türbelerin Kapatılması kapsamında "Mevlana Dergâhı ve Türbesi" kapatılmayıp müzeye dönüştürülmüştür.

Atatürk 1935'te Bakanlar Kurulu kararıyla **Ayasofya Camii**'ni de müzeye dönüştürmüştür. Hem Hıristiyanlığa hem İslama hizmet etmiş dünyanın en eski mabetlerinden biri olan Ayasofya önce Hıristiyan ve İslam dünyasının, sonra da tüm insanlığın ortak uygarlık mirasıdır. Atatürk'ün Ayasofya'yı müzeye dönüştürmesi "İslama aykırı" bir uygulama değildir. Şöyle ki, birincisi Atatürk Ayasofya'yı camiden "kiliseye" değil "müzeye" çevirmiştir. İkincisi Ayasofya 1000 yıldan fazla Hıristiyanlığa, 500 yıla yakın Müslümanlığa hizmet etmiştir. Bu nedenle sadece bir din için değil her iki din için de kutsal ve önemlidir. Evet! Ayasofya'ya Hıristiyan veya Müslüman gözüyle bakınca orayı "kilise" ve "cami" olarak görme isteği son derece doğal ve anlaşılabilir bir istektir, ancak Atatürk gibi çağını aşmış bir deha Ayasofya'ya cami ya da kilise olarak değil, korunması gereken **insanlığın ortak uygarlık mirası** olarak bakmıştır. Müslümanların Allah'a her yerde ibadet edebileceğini çok iyi bilen Atatürk, bu büyük uygarlık mirasını daha iyi koruyup gelecek kuşaklara da aktarabilmek için müze haline dönüştürmüştür. 500 yıl kadar önce **Fatih Sultan Mehmed** İstanbul'u fethettiğinde fethin simgesi olarak Ayasofya'yı camiye dönüştürmüştü. O günlerde Ortodoks Hıristiyanlığın merkezi İstanbul'un düşmesinden sonra Ortodoks Hıristiyanlığın kutsal sembolü Ayasofya'nın da düşmesi, camiye dönüştürülmesi gerekli ve son derece normaldi. Fatih'in yerinde eğer 1453'te İstanbul'u fetheden **Atatürk** olsaydı, hiç kuşkunuz olmasın, o da Ayasofya'yı camiye çevirecekti! Çünkü 500 yıl önceki koşulların evrensel doğrusu buydu. O dönemde fetihler sonrasında kiliseler camiye, camiler kiliseye çevrilmekteydi. Ancak 500 yıl sonraki koşullar çok farklıdır. Üstelik söz konusu olan sıradan bir ibadethane değil, insanlık tarihinin en eski mabetlerinden Ayasofya'dır.[532]

---

[532] Fatih Sultan Mehmed'in *"Ayasofya Vasiyeti"*nin de uydurma olduğu anlaşılmıştır.

1937 yılında Türkiye'nin ilk **Resim ve Heykel Müzesi**'ni kurduran Atatürk, 17 yılda Türkiye'nin değişik yerlerinde 25 **arkeoloji müzesi** açtırmıştır.[533]
Özetle Atatürk;
1. Anadolu'da **"milli kazılar"** yaptırıp bu kazılarda çıkan eserleri sergiletmek için **arkeoloji müzeleri** kurdurarak Anadolu'nun eskiçağ kültür ve uygarlığına sahip çıkmıştır.
2. **Topkapı Sarayı**'nı müzeye dönüştürerek Osmanlı kültür ve uygarlığına sahip çıkmıştır.
3. **Konya Mevlana Dergâhı ve Türbesi**'ni müzeye dönüştürerek Selçuklu kültür ve uygarlığına sahip çıkmıştır.
4. **Ayasofya**'yı müzeye dönüştürerek ise Bizans-Osmanlı sentezine sahip çıkmıştır.

Atatürk, Kurtuluş Savaşı ile siyasi tapusunu ele geçirdiği Anadolu'nun, arkeolojik kazılar ve müzeler yoluyla da manevi (tarihi-kültürel-sanatsal-dinsel) tapusunu ele geçirmek istemiştir. Atatürk'ün Tarih Tezi'nin de en önemli amaçlarından biri budur.

Atatürk'ten Önce Tarihimiz ve Arkeolojimiz

"Resmi tarihle yüzleşme" adı altında söylenen palavralardan biri de "Atatürk'ün tarihimizle bağlarımızı" kopardığı şeklindedir!

Her şeyden önce Atatürk'ten önce bizim tarihimiz sistematik bir şekilde, neden sonuç ilişkisi çerçevesinde incelenip kültür-uygarlık ekseninde yazılmış değildir. Dolayısıyla Atatürk'ten önce insanımız tarihimizden habersizdir. İnsanımızın tarihimizle olan bağları çoktandır koparılmıştır zaten. İnsanımız ancak 20. yüzyılın başlarında Atatürk'ün bir "devlet politikası" haline getirdiği tarih çalışmaları sayesinde tarihimiz hakkında az çok bilgi sahibi olmaya başlamıştır.

Atatürk'ün tarih çalışmalarının temel amacı kendi ifadesiyle "Türk çocuğuna ecdadını" tanıtmaktır. Şöyle demiştir: *"Türk*

---
533 Meydan, age., s. 110.

çocuğu ecdadını tanıdıkça daha büyük işler yapmak için kendinde kuvvet bulacaktır."[534]

Atatürk'ün tarih çalışmalarından önce Osmanlı'da tarih ve arkeoloji konusundaki çalışmalara bakalım.

Osmanlı Devleti'nde 19. yüzyıla kadar birçok bilim dalı gibi **tarih bilimi** de fazlaca ihmal edilmiştir. Vakanüvis adlı Osmanlı hanedan tarihçileri neden-sonuç ilişkisine dayalı bilimsel tarihçilikten çok uzaktır.[535] Osmanlı Devleti'nde tarih yazımında önemli olan, padişahların hayat hikâyeleri, bazı önemli olaylar ile İslam tarihinin bazı önemli kişileri ve olaylarıdır. Osmanlı Devleti'nin kurucu unsuru Türklerin kim olduğu, nerden geldiği, İslam öncesi Türk tarihi hiçbir anlam ifade etmemektedir. Hem bu dönemlere ait belge ve bilgi eksikliği, hem de **"Tarihin Allah'ın emriyle yönlendirildiği"** şeklindeki İslami görüş Türklerin İslam öncesi tarihinin karanlıkta kalmasına neden olmuştur. Putperestliğin yaygın olduğu İslam öncesi dönemler "günahkârlık" ve "dinsizlikle" özdeşleştirildiği için Osmanlı'da tarih, yazının bulunuşuyla değil İslamiyetin doğuşuyla başlamıştır.[536] Osmanlı'da Müslümanların İslam öncesi zamanları araştırıp öğrenmesini bir tarafa bırakın, Müslümanlar bu "din dışı" eski zamanları hayal etmekten bile çekinmişlerdir. Bu anlayışın günümüzün "dincileri" arasında hâlâ yaygın olması düşündürücüdür. Kadim dincilerimiz bugün de İslam öncesi tarihi yok sayıp o eski dönemlerle (çoktanrılılıktan dolayı) asla ilgilenmezler.

Osmanlı Devleti'nde kurucu unsur Türkler, 15 ve 17. yüzyıllar arasında arada bir hatırlanmış olsa da, 19. yüzyılın ortalarına kadar Osmanlı'da bir Türk tarihinin varlığından söz etmek mümkün değildir.

---

534 Afet İnan, **Atatürk Hakkında Hatıralar ve Belgeler**, 2. bas., Ankara, 1968, s. 297.
535 Bu konuda bkz. Halil İnalcık-Bülent Arı, "*Osmanlı Türk Tarihçiliği Üzerine Notlar*", **Uluslararası Askeri Tarih Dergisi**, ATESE Yayınları, No: 87, Ankara, 2007, s. 213-247.
536 Meydan, **age.**, s. 74.

8. yüzyılda Orhun Anıtları'nda geçen "Türklük", Osmanlı' da ancak 15. yüzyılın ortalarına doğru **Sultan II. Murad (1424-1451)** döneminde yeniden hatırlanmıştır. Sultan Murad hem Türk atalarının "**han**" unvanını kullanmış, hem de Türk kökleri **Kayı aşiretinin damgasını** paralara koymuştur. İşte ilk kez o dönemde Osmanlı tarihçileri ve ozanları **Türk Oğuz Efsanesi**'ni işleyerek Osmanlı padişahlarını "Türk Eskiçağı"na bağlamışlardır.[537]

Fuad Köprülü, Osmanlı Devleti'nde 15. yüzyılda Arapça ve Farsça kelime ve deyimleri fazla kullanmaksızın arı, duru Türkçe yazan bir "edebi okul" gelişmeye başladığını belirtmiştir.[538]

15. yüzyıl sonlarına doğru Osmanlı kent soylularının kökleri eski Türk tarihine dayandırılmıştır. **Âşık Paşazade**'nin ifadeleriyle: "*Sultan Mehmed Han Gazi Han oğludur. Elhasıl Gökalp neslidir ki Oğuz Han oğludur.*"[539]

15. yüzyılda Lütfi Paşa "*Tevârih-i Âl-i Osman*" adlı eserinde Osmanlı Devleti'nin kurucusu Osman Gazi'nin Oğuz beyleri tarafından "hakanlığa" seçildiğini belirtmiştir.[540]

Osmanlı Devleti'nde 15. yüzyılda **Fatih Sultan Mehmed** döneminden itibaren "imparatorluk politikası" olarak Türklerin tasfiye edilip dönme-devşirmelerin ön plana çıkarılması sürecinde Türk kökler de bir tarafa bırakılmıştır. 1630'da **Koçibey, IV. Murad**'a sunduğu ünlü risalesinde Türklerin dışlandıkları devlet kademelerine dönme devşirmelerin yerleştirilmesini devletin temel sorunlarından biri olarak göstermiştir.[541]

Osmanlı'da 15. yüzyılın sonlarında unutulan Türklük ve Türk tarihi yaklaşık 400 yıl sonra, ancak 18. yüzyılda tekrar belli belirsiz bir şekilde hatırlanmaya başlanmıştır. Üstelik bunu hatırlayan/hatırlatan da Osmanlılar değil Batılılardır.

---

537 P. Wittek, "**Le Rôle Des Tribus Turques Dans L'Empire Ottoman**", Melenges Georges Smets (1952), 665-676'dan nakleden Berbard Lewis, **Modern Türkiye'nin Doğuşu**, 5. bas., Ankara, 1993, s. 9.
538 Mehmed Fuad Köprülü, **Milli Edebiyatın İlk Mübeşşirleri**, İstanbul, 1928'den nakleden Lewis, **age.**, s. 9.
539 Âşık Paşazade Tarihi, Nihal Atsız, İstanbul, 1970, s. 156.
540 Tevarih-i Ali Osman'dan Ziya Gökalp'e Türk Töresi, İstanbul, 1978, s. 11.
541 Meydan, **age.**, s. 76.

1789 Fransız Devrimi, milliyetçiliğin ortaya çıkmasını sağlamıştır. Milliyetçilik çokuluslu imparatorlukların yıkılışına yol açarken, uluslaşmayı hızlandırmıştır. Uluslaşma da Batı'da tarihe, arkeolojiye ve dile ilgiyi artırmıştır. Batılı emperyalist uluslar, tarih, arkeoloji ve dil (filoloji) çalışmalarıyla hem kendilerine derin tarihsel kökler bulmak hem de emperyal politikalarına tarihsel gerekçeler yaratmak istemiştir. Bu süreçte Batı'da Türk tarihi ve Türk dili konusunda da çok önemli çalışmalar yapılmıştır.

Örneğin 18. yüzyılın ortalarından itibaren Batı'da Genel Türk Tarihi hakkında pek çok eser yazılmıştır. Bunlar arasında ilk defa Orta Asya'daki Türk yazıtlarından söz eden **Von Strahlenberg**'in 1730'da yayımlanan eseri, **David Léon Cahun**'un 1896'da yayımlanan *"Asya Tarihine Giriş, Türkler ve Moğollar"* adlı eseri ve yine **Cahun**'un, **Necip Asım** tarafından 1912'de *"Gök Sancak"* adıyla Türkçeye çevrilen *"Mavi Sancak"* adlı romanı son derece önemlidir.[542]

Ayrıca **Klaproth (1834)**, **Hammer (1832)**, **Scott (1836)**, **Castern (1856)**, **Vámbéry (1885)** **Oberhummer (1912)** gibi Batılı tarihçiler daha çok Çin kaynaklarına ve ortaçağ seyyahlarının yazdıklarına dayanarak Orta Asya'yı Türklerin anayurdu olarak kabul etmişlerdir.[543]

19. yüzyılda Batı'da Türk tarihinin keşfedilmesi **Turquerie** (Türk hayranlığı) ve **Türkoloji** (Türk dili ve kültürü) akımlarının doğuşuna yol açmıştır. **Abel Rémusat, Silvestre de Sacy, De Guignes, Arthur Lumley Davids, Mustafa Celaleddin, Léon Cahun, Arminius Vámbéry** gibi Batılı biliminsanları Avrupa'da Türkolojinin doğup gelişmesini sağlayan belli başlı isimlerdir.[544]

Batı'da Türk tarihinin keşfedilmesinde **Orta Asya'da Orhun Anıtları**'nın bulunup okunmasının çok büyük bir rolü olmuştur. Önce, 1721 yılında nebatatçı **Daniel Gottlieb Messerschmidt** ve

---

542 Orhan Türkdoğan, **Kemalist Sistem ve Sosyolojik Yapısı**, İstanbul, 2005, s. 117.
543 Orhan Türkdoğan, *"Tepedeki Adam Mustafa Kemal"*, **Atatürk Üniversitesi 50. Yıl Armağanı**, S. 2, 1974.
544 Sina Akşin, **Kısa Türkiye Tarihi**, İstanbul, 2007, s. 85.

onun kılavuzluğunu yapan **Philipp Johann von Tabbert, Yenisey Yazıtları**'nı keşfetmiştir. 1899 yılında **Rus bilgin Yadrintsev** ise **Orhun Yazıtları**'nı keşfetmiştir. 1893 yılında **Danimarkalı dilci Wilhelm Thomsen** bu yazıtları okuduğunda Göktürk Devleti'nin siyasal ve kültürel tarihi ortaya çıkmıştır.[545]

Batılı haktanır ve objektif biliminsanları 19. yüzyılda bir taraftan Orta Asya'da binlerce yıllık Türk izlerine rastladıklarını açıklarken, diğer taraftan Ön Asya'da, Ortadoğu'da ve Anadolu'da yine binlerce yıllık Türk izlerine rastladıklarını açıklamışlardır. 19. yüzyılda **Mezopotamya'da (Irak)** ve **Küçük Asya'da (Anadolu)** yapılan arkeolojik kazılar sonunda ortaya çıkarılan **Sümer** ve **Hitit** uygarlıkları ilk ortaya çıkarıldıklarında **Conder, Sayce, Clark, Taylor, Lenon Mont, Hommel** gibi biliminsanları bu uygarlıkların Orta Asya kökenli Türklerce kurulduğunu ileri sürmüşlerdir.[546] Öyle ki, o zamanlar *"Irkların Tarihi"* adlı eseriyle ünlenen **Batılı Antropolog Eugène Pittard**, 1937'de yaşlılığına aldırış etmeden İstanbul'a gelip İkinci Türk Tarih Kongresi'ne Anadolu'nun dip kültürünün Türk kökenli olduğunu belirten bir bildiri sunmuştur.[547]

Batı'da Türk kültürüne ve Türk tarihine başlayan ilgi, arkeolojik kazılar sonunda gün ışığına çıkarılan birçok eskiçağ uygarlığının Türk kökenli olduğu iddialarının Batılı bilim çevrelerinde seslendirilmeye başlanması, Batı Merkezli Tarih'in esiri biliminsanlarında panik yaratmıştır. Örneğin **Fransız tarihçi ve din bilgini Ernest Renan** (1823-1892) Batılı tarihçilere şöyle seslenmiştir:

"Tarihin en güçlü ve en değerli uygarlığını, Türkler gibi şimdiye dek yakıp yıkmaktan başka marifet gösterememiş bir ırk nasıl yapmış olabilir. Gerçi gerçek, bazen gerçeğe benzemez. Eğer bize Samilerden ve Arilerden önceki uygarlıkların en yükseğini kuranların Türkler ya da Finuvalar olduğu kanıtlarla ispat edilirse, inanırız. Ancak bu kanıtların, onu kabul etmenin doğuracağı fecaat (yürekler acısı durum) kadar güçlü olması gerekir."[548]

---

545 Muharrem Ergin, **Orhun Abideleri**, 17. bas., İstanbul, 1994, s. 11-12.
546 Türkdoğan, **Kemalist Sistem ve Sosyolojik Yapısı**, s. 118.
547 Meydan, **age.**, s. 83; Toprak, **age.**, s. 162.
548 Ernest Renan, *"Histoire de Peuple d'Israël"*den nakleden **Türk Tarihinin Ana**

Osmanlı'da "bilimsel tarihçilik" diye adlandırılabilecek ilk çalışmalar 19. yüzyılda yenilikçi padişah II. Mahmud döneminde –biraz da şans eseri– başlamıştır. Sir Arthur Lumley Davids adlı bir İngiliz tarihçisinin İngilizce yazdığı ancak daha sonra Fransızcaya çevrilen ve *"Kitab-ı İlmü'n Nafi"* adıyla Osmanlı Türkçesine çevrilip **Sultan II. Mahmud**'a sunulan eserde, Türk tarihinden ve Türk kültüründen İslam öncesi kökleriyle birlikte söz edilmiştir.[549]

Ernest Renan

19. yüzyılda **Yeni Osmanlı aydınlarından Ali Suavi**, Türklerin birçok bakımdan "en yüksek" ve "en eski ırk", Türkçenin ise "dünyanın en zengin dili" olduğunu savunmuştur. Yazılarında sıkça "Türk" sözcüğünü kullanan Ali Suavi, Türklerin anayurdu Orta Asya'ya da dikkat çekmiş, oradaki "soydaşlara" yardım edilmesini istemiş ve Türkçenin okullarda tek eğitim dili olmasını savunmuştur.[550]

Suavi'nin şu sorusu o dönem için çok önemlidir: *"Orta Asya'ya Ruslar asker sevk ettikleri için bizim dinimizden, kavmimizden ve ailemizden olan bu Müslüman Türklere ne olduğunu merak ediyoruz."*[551]

19. yüzyılda **Akşam** gazetesinde **Ahmet Vefik Paşa**'nın "tarih metodolojisi" üzerine yazdığı yazılarla tarih Türkiye'de ilk kez "ilim" olarak algılanmaya başlanmıştır, ancak bu yazıların çoğu yine Osmanlı tarihi ile ilgiliyken sadece biri, *"Türklerin Orta Asya'daki şanlı olaylarını hatırlatma yönünde bir teşebbüstür."*[552]

Abdülaziz döneminin Askeri Okullar Nazırı **Süleyman Paşa** Türklerden "uygarlık kurucusu eski bir kavim" olarak söz etmiştir. Şıpka Kahramanı Süleyman Paşa'nın askeri okullarda

---
Hatları, İstanbul, 1996, s. 69.
549 Meydan, **age.**, s. 80.
550 Şerif Mardin, **Yeni Osmanlı Düşüncesinin Doğuşu**, İstanbul, 1996, s. 411.
551 İsmail Hami Danişment, **Ali Suavi'nin Türkçülüğü**, Ankara, 1942, s. 134.
552 Mardin, **age.**, s. 291.

okutulması için 1877'de hazırladığı *"Tarih-i Âlem"* adlı kitap Türklerin Orta Asya tarihinden başlamıştır.[553]

Osmanlıların Türk soyundan geldiği ilk defa açıkça Süleyman Paşa'nın *"Tarih-i Âlem"* ve **Ahmet Mithat Efendi'nin** *"Mufassal Tarih-i Kurum-i Cedide"* adlı eserlerinde belirtilmiştir.[554]

Türk aydınlarına eski Türk tarihini öğreten en önemli eser hiç şüphesiz sonradan **Mustafa Celaleddin** adını alan bir Polonyalı mültecinin *"Les Turcs Anciens et Modernes" (Eski ve Modern Türkler)* adlı eseridir. 1869'da İstanbul'da basılıp geniş yankı uyandıran bu kitabın kaynağı da A. De Gobineau'nun *"Irkların Eşitsizliği"* kitabıdır.[555]

A. De Gobineau

19. yüzyılda Türk tarihinden, Türklerden ve Türkçeden söz eden diğer kitaplar da şunlardır: **Fuat** ve **Cevdet paşalar** *"Kava'id-i Osmaniye"*, **Ahmet Vefik Paşa** *"Lehçe-i Osmani"*, *"Hikmet-i Tarih"*, **Süleyman Paşa** *"Sarf-ı Türkî"*, **Şeyh Süleyman Efendi** *"Lügat-i Çağatay"*, **Şemseddin Sami** *"Kamûs-i Türkî"*.[556]

18. yüzyılda Batı'da başlayan Türk tarihi ve Türk dili ile ilgili çalışmalar Türkiye'den önce Sovyet Rusya'daki Türklerin ilgisini çekmiştir. Türkiye'de ise özellikle **Ziya Gökalp**'in ve **Yusuf Akçura**'nın çalışmalarıyla eski Türk tarihi bilinir olmuştur.

Osmanlı'da tarih gibi arkeoloji de fazla gelişmemiştir. 1891'de kurulan **Müze-i Hümâyûn**'un Müdürü **Osman Hamdi Bey**'in kişisel çabalarıyla gelişmeye başlayan Türk arkeolojisi, ancak Atatürk'ün sistemli çalışmalarıyla belli bir noktaya gelecektir.[557]

* * *

---

553 Meydan, age., s. 84-85.
554 age., s. 85.
555 Şerif Mardin, **Türk Modernleşmesi**, İstanbul, 1995, s. 95.
556 Akşin, age., s. 85.
557 Meydan, age., s. 86-93.

Batı'da 19. yüzyılda Türk tarihine ve kültürüne ilginin artmasıyla 20. yüzyılın başlarında Osmanlı'da Türkçülük akımı otaya çıkmıştır. Bu doğrultuda 1909'da **"Türk Derneği"**, 1911'de **"Türk Yurdu Cemiyeti"** kurulmuş, bu cemiyet *Türk Yurdu Dergisi*'ni yayımlamıştır. 1912-1913 **Balkan Savaşları** sırasında Türklerin Balkanlar'dan atılıp göçe zorlanmaları ve katledilmeleri, bu sırada Batı'da birdenbire Türk düşmanlığının baş göstermesi Osmanlı'da **Türkçülük** akımının gelişmesinde etkili olmuştur. Balkan Savaşlarından sadece altı ay önce 1912'de **Türk Ocakları** kurulmuştur.[558] 1908'den itibaren Osmanlı azınlıklarının teker teker bağımsızlıklarını ilan etmeleriyle Osmanlı'nın çokuluslu yapısını yitirmeye başlaması, II. Abdülhamid'in "İslamcılık", Yeni Osmanlıcıların ve Jön Türkler'in "Osmanlıcılık" siyasetlerinin istenen sonucu vermemesi üzerine 1913-1918 arasında iktidarda olan İttihat ve Terakki Partisi "Türkçülük" akımına yönelmiştir. Bu akım, 1914'te başlayan I. Dünya Savaşı sırasında Orta Asya Türkleriyle birleşmek anlamına gelen "Turancılığa" evrilmiştir.

Meşrutiyet döneminde Saray çevresinin koruyuculuğunda yeni bir Osmanlı tarihi yazmak amacıyla **"Tarih-i Osmani Encümeni"** kurulmuştur. Ancak cemiyet bekleneni veremeyince zaman içinde çalışmalarının durdurulmasına karar verilmiştir.[559]

Özetlemek gerekirse, Atatürk'ten önce gerçek anlamda bir yazılı tarihimiz yoktur. Atatürk, her şeyden önce tarihimizi –unutulan dönemleriyle birlikte– yazılı hale getirmiştir. **O, 1930'lardaki tarih ve dil çalışmalarıyla bizi tarihimizden koparmamış, tam tersine Osmanlı döneminde yaklaşık 400 yıl ihmal edilen Türk tarihini, bütün derinliği ve genişliği ile bilimsel yöntemlerle ortaya koyarak, bizi yeniden unutulan köklerimize, tarihimize bağlamıştır.** Başka bir ifadeyle Atatürk, Türk tarihini haneden tarihinin darlığından kurtarıp bütün ihtişamıyla gözler önüne sermiştir.

---

558 Akşin, age., s. 86.
559 Mustafa Oral, **CHP'nin Ülküsü, "CHP'nin Kültür Siyasası Açısından Halkevleri Merkez Yayını Ülkü Dergisi"**, Antalya, 2006, s. 39.

Türk Tarih Tezi'nin Doğuşu (Hazırlıklar, İlk Kuruluşlar, Kitaplar)

Atatürk'ün Türk Tarih Tezi, Türkleri dışlayan Osmanlı'nın "Hanedan Tarihi"ne ve Türkleri aşağılayan "Batı Merkezli Tarih"e bilimsel bir tepki olarak doğmuştur. Atatürk Türk Tarih Tezi ile bir taraftan "ümmetçi" Osmanlı Hanedan Tarihi'ni, diğer taraftan ise "emperyalist" Batı Merkezli Tarih'i alabildiğince eleştirmiştir. Ancak onun bu eleştirileri ne Osmanlı ne de Batı düşmanlığı olarak değerlendirilmelidir. O, hem Osmanlı'nın hem de Batı'nın kültür ve uygarlığına her zaman saygı duymuştur. O, Osmanlı'nın ve Batı'nın Türklere bakışını, Türkleri dışlamalarını eleştirmiştir.

Atatürk'ün Türk Tarih Tezi'nin ayrıntılarına geçmeden önce Türk Tarih Tezi'nin amaçlarından söz edelim kısaca.

Türk Tarih Tezi'nin belli başlı amaçları şunlardır:
1. Emperyalizme hizmet eden **Batı Merkezli Tarih**'in Türkleri ötekileştirip aşağılayan "ırkçı" ve "kurgusal" tarih görüşüne **bilimsel yöntemlerle** başkaldırmak.
2. Çokuluslu Osmanlı İmparatorluğu'nun yıkılışından sonra kurulan **Türk Ulus Devleti'ne tarihsel derinlik** kazandırmak.
3. Yüzyıllardır kemikleşmiş din eksenli "ümmet" bilinci yerine laik kökenli **"ulus"** bilincini yerleştirmek.
4. Akıl ve bilim ilkeleri doğrultusunda çağdaşlaşırken Batı'ya yönelmenin doğal bir sonucu olarak Batı'dan sızan yabancı etkileri **kendi tarihsel köklerine** yönelerek dengelemek.[560]

Atatürk, *"Türkiye (...) mevcut tarih kitaplarının değil, tarihin gerçek gereklerini takip edecektir. Gerçekten mevcut tarihlerin kaydettiği olaylar, ulusların gerçek düşünceleri, hareketleri değildir,"*[561] diyerek başkaldırmıştır Batı Merkezli Tarih'e...

---

560 Ayrıntılar için bkz. Meydan, **age.**, s. 134-176.
561 Ahmet Köklügiller, **Atatürk'ün İlkeleri ve Düşünceleri**, 8. bas., İstanbul, 2005, s. 159.

Atatürk, Türklerin aşağılanmalarında Batı'nın emperyalist, yanlı, çarpık görüşlerinin yanı sıra Türk aydınının kendi kendini bilmemesinin de büyük rolü olduğu düşüncesindedir. 14 Eylül 1931'de Dolmabahçe Sarayı'nda bu gerçeği şöyle dile getirmiştir:

"... *Türklük hakkındaki görüş doğrudan doğruya Türk aydınlarının kendi kendini bilmemesinden ve başka uluslarda şu veya bu sebeplerle üstünlük varsayarak kendini onlardan aşağı görüp nefsine güvenini yitirmesindendir. Artık bu yanlış görüşe son vermek, Türklüğümüzü bütün asalet ve necabeti ile tanıtmak gerekmektedir dedim ve ondan beri inandığım bu gerçeğe bütün Türklerin inanmasını, bununla övünüp kendine güvenmesini ülkü bildim."*[562]

Atatürk, Türkleri "Sarı ırka mensup, ikinci sınıf, dolikosefal, uygarlıksız, barbar" bir halk olarak adlandıran Batı Merkezli Tarih'e her şeyden önce "Türklerin eski ve şerefli bir millet" olduklarını hatırlatmıştır:

"Bizim Türk milletimiz eski ve şerefli bir millettir. Zaten Orta Asya'nın Altay yaylasında yetiştiği için kartalın meziyetlerini daha baştan kazanmıştır. Çok uzakları görür, hızlı uçar ve ruhunu barındıracak kadar güçlü bir beni vardır. İster maddi bakımdan, ister düşünce bakımından olsun sıkıcı sıkıntılar içinde kalamaz. Nitekim Altay Yaylası'ndaki anayurdun dört bir yana uzaklığına da isyan etmiştir. İşte bu isyan sonucu Türkler doğuya ve batıya yayılmaya başlamışlardır."[563]

Atatürk, Batı Merkezli Tarih'e dört farklı bilimsel yöntemle –tarih, arkeoloji, dil, antropoloji– saldırmıştır. Bir anlamda Batı'ya Batı'nın "bilimsel" silahlarıyla yanıt vermiş, böylece her zaman yaptığı gibi düşmanını düşmanının silahıyla vurmuştur.

Atatürk, Türk Tarih Tezi'yle her şeyden önce "ulus devleti" güçlendirmek istemiştir. Anadolu'da, Misak-ı Milli sınırları içinde yaşayan farklı milliyetleri/etnisiteleri **Türk Ulusu** adı altında

---

562 Sadi Borak, **Atatürk'ün Resmi Yayınlara Girmemiş Söylev ve Demeçleri**, İstanbul, 1997, s. 244.
563 Charles N. Scherrill, **Bir ABD Büyükelçisinin Hatıraları**, Mustafa Kemal II, İstanbul, 1999, s. 73.

birleştirirken, öncelikle Türk tarihini bütün boyutlarıyla otaya çıkarmak istemiştir. Türk Tarih Tezi ile binlerce yıl önceye giden **Orta Asya Anadolu bağlantısını** kurup Türklerin Anadolu'nun "doğal sahibi" olduklarını kanıtlamak istemiştir. Böylece tarihsel gerekçeler ileri sürerek Anadolu'ya sahip çıkan Batı'ya, *"Hayır! Anadolu geçmişte sizin atalarınızın değil, bizim atalarımızın yurduydu,"* diye haykırmıştır! 1930 yılında *"Vatandaş İçin Medeni Bilgiler Kitabı"*nda şu görüşlere yer vermiştir:

"Türkiye Cumhuriyeti'ni kuran Türkiye halkına Türk milleti denir. Bugünkü Türk milleti siyasi ve toplumsal camiası içinde kendilerine Kürtlük fikri, Çerkezlik fikri ve hatta Lazlık fikri veya Boşnaklık fikri propaganda edilmek istenmiş vatandaş ve millettaşlarımız vardır. Fakat geçmişin baskı dönemleri ürünü olan bu yanlış adlandırmalar, birkaç düşman aleti mürteci beyinsizden başka hiçbir millet ferdi üzerinde elemden başka bir etki bırakmamıştır. Çünkü bu millet fertleri de genel Türk camiası gibi aynı ortak geçmişe, tarihe, ahlaka, hukuka dayanmaktadır. Bugün Anadolu'da yaşayan ve kendilerine Kürtlük, Çerkezlik, Lazlık ve Boşnaklık fikri propaganda edilmiş olan 'millet fertleri' bu vatandaş ve millettaşlarımız da aslında genel Türk camiası gibi aynı ortak geçmişe, tarihe sahiptirler. Türk Tarih Tezi'nin ortaya koyduğu bu görüşler, böylece Türkiye Cumhuriyeti'ni kuranların aynı millet olduğunu da ispatlamış bulunmaktadır. Türk milletini, Kürt, Çerkez, hatta Laz veya Boşnak olarak adlandırmak geçmişin baskı dönemlerinin ürünü yanlış adlandırmalardır. Aslında bunların hepsi 'genel Türk topluluğu gibi' aynı geçmişe, tarihe, ahlaka ve hukuka sahiptirler. Türk Tarih Tezi bu gerçeği ortaya koymuştur. Türklerin Anayurdu Orta Asya'dır ve en az 7000 yıldan beri Türkler buralardan yayılarak Anadolu'ya gelip yerleşmişlerdir. Bugün yapılan yeni kazılar, ilmi veriler Anadolu'ya yerleşen medeniyetlerin özellikle Etilerin (Hititlerin) MÖ 4000 yılına kadar uzanan bir kültür ve medeniyete sahip olduklarını göstermektedir."[564]

---

564 Afet İnan, **Medeni Bilgiler ve Atatürk'ün El Yazıları**, Ankara, 1969, s. 376-378.

Atatürk, Türk Tarih Tezi'nin, Anadolu'nun 7000 yıldan beri Orta Asya'dan yapılan Türk göçleriyle beslenmiş çok eski bir Türk yurdu olduğunu ve Türk ulusunu oluşturan Anadolu'daki etnik unsurların aynı ortak geçmişe, tarihe, ahlaka ve hukuka sahip olduklarını kanıtladığını ileri sürmüştür. Atatürk'ün bu açıklamaları, Türk Tarih Tezi'nin diğer milliyetleri/etnisiteleri dışlayıp ötekileştiren "ırkçı bir tez" olmadığını, tam tersine Anadolu'daki etnik unsurları "Türk ulusu" adı altında sahiplenip içselleştirdiğini çok açık bir şekilde gözler önüne sermektedir. Atatürk ayrıca bu açıklamalarıyla Batı Merkezli Tarih'in dayatması olan **1071 yalanını da sorgulayarak** Türklerin 1071'de değil, günümüzden 7000 yıl önce, yani MÖ 5000'lerde Anadolu'ya girdiklerini ileri sürmüştür. Bu durumda 1071 (Malazgirt Savaşı) Türklerin Anadolu'ya ilk girişi değil, ancak son girişlerinden biridir.

Atatürk, Türklerin Anadolu'ya MÖ 5000'lerde girdiğini birçok defa tekrarlamıştır. Örneğin bir keresinde bu düşüncesini kendi elyazısıyla; *"Bu memleket (Anadolu) dünyanın beklemediği, asla ümit etmediği, bir müstesna mevcudiyetin yüksek tecellisine yüksek sahne oldu. Bu sahne en az yedi bin senelik Türk beşiğidir..."* diye not düşmüştür.[565]

Atatürk bir keresinde de şöyle demiştir:

"Türk milleti! Sen Anadolu denilen yurda sonradan gelme değil, ilk yerleşip medeniyet kuranların çocuklarısın."[566]

Atatürk'ün ısrarla "tarihsel" gerekçeler ileri sürerek Anadolu'ya sahip çıkmasının arkasında Kurtuluş Savaşı öncesinde ve sonrasında emperyalist Batı'nın "tarihsel gerekçeler" ileri sürerek Anadolu'da hak iddia etmesi yatmaktadır.

I. Dünya Savaşı sonrasında Anadolu'nun paylaşımı sırasında Trakya gibi özbeöz Türk toprağı olan yerlerde bile tarihsel gerekçelerle hak iddia eden devletler çıkmıştır. Yunanlılar Batı Anadolu ile Trakya'ya, İtalyanlar ise Güney Anadolu'ya yerleşmek için bu topraklar üstünde tarihi iddialar ileri sürmüşlerdi.

---

565 Cemal Kutay, **Atatürk Olmasaydı**, İstanbul, 1993, s. 102-103.
566 Utkan Kocatürk, **Atatürk ve Türk Devrim Kronolojisi, 1918-1938**, Ankara, 1973, s. 168.

Doğu Anadolu'da bir Ermeni ve Kürt devletinin kurulması için sözde tarihi gerekçelere başvurulmuştur. Sevr Antlaşması bu yanlış ve çarpıtılmış tarih üzerine hazırlanıp Osmanlı Devleti'ne imzalatılmıştır.

Kanla, ateşle, gözyaşıyla kazandığımız Kurtuluş Savaşı'ndan sonra Lozan Konferansı'nda bile emperyalizm karşımıza yine çarpık tarihi iddialarla çıkarak savaş meydanında "silahla" kazandığımız zaferi, masa başında "tarihle" yenilgiye dönüştürmek istemiştir. Lozan Antlaşması'ndan sonra da yine sözde tarihi gerekçelerle hâlâ Anadolu'da hak iddia eden Batılı ülkeler vardı.

Atatürk, sözde tarihi gerekçelere dayanarak Anadolu'nun Ermenilerin ve Rumların anayurdu olduğunu iddia eden ve böylece Türkleri Anadolu'da "işgalci" durumuna düşürmek isteyen Avrupa'ya her fırsatta Anadolu'nun öteden beri Türk yurdu olduğunu haykırmıştır. Örneğin Lozan Antlaşması'nın imzalanacağı günlerde 16 Mart 1923'te Adana'da ulusa şöyle seslenmiştir:

"... Haksızlık ve küstahlığın bundan fazlası olamaz. Ermenilerin bu feyizli ülkede hiçbir hakkı yoktur. Memleketiniz sizlerindir, Türklerindir. Bu memleket tarihte Türktü, halde Türktür ve sonsuza kadar Türk olarak yaşayacaktır. Gerçi bu güzel memleket kadim asırlardan beri çok kere istilalara uğramıştı. Aslında ve en başında Türk ve Turani olan bu ülkeleri İraniler zapt etmişlerdir. Sonra (ülke) bu İranileri yenen İskender'in eline düşmüştü. Onun ölümüyle mülkü taksim edildiği vakit Adana Kıtası da Silifkelilerde kalmıştı. Bir aralık buraya Mısırlılar yerleşmiş, sonra Romalılar istila etmiş, sonra Şarki (Doğu) Roma, yani Bizanslıların eline geçmiş, daha sonra Araplar gelip Bizanslıları kovmuşlar. En nihayet Asya'nın göbeğinden tamamen Türk soyundan ırktaşları buraya gelerek memleketi asıl ve eski hayatına yeniden kavuşturdular. Memleket nihayet asıl sahiplerinin elinde kaldı. Ermenilerin vesairenin burada hiçbir hakkı yoktur. Bu bereketli yerler koyu ve öz Türk memleketidir."[567]

---

567 Atatürk'ün Söylev ve Demeçleri, C II, s. 130.

Afet İnan ve Enver Ziya Karal'ın yerinde tespitiyle, *"Bunun için de aleyhimizde kullanılmış olan silahın cinsinden bir silah ile kendimizi müdafaa etmekten başka çare yoktu. Aleyhimizde kullanılan silah tahrip edilmiş olan tarihti. O halde bize düşen görev tarihimizi gerçek yapısı ile meydana koymak ve şaşırtılmış bulunan efkâr-ı umumiyeyi Türk milleti ile Türk toprakları hakkında aydınlatmaktı."*[568]

Öteden beri tarihle ilgilenen **Atatürk**, daha Kurtuluş Savaşı'nın dumanı dağılmadan, 1 Kasım 1922'de TBMM'de yaptığı konuşmada Türk tarihinin eskiliği ve eski Türklerin uygarlığı hakkında şunları söylemiştir:

"Efendiler, bu dünyada en az yüz milyondan fazla nüfustan oluşan bir Türk milleti vardır ve bu milletin yeryüzündeki genişliği oranında bir derinliği vardır. En açık ve en katı ve en maddi delili tarihe dayanarak beyan edebiliriz ki, Türkler on beş yüzyıl önce Asya'nın göbeğinde muazzam devletler kurmuş ve insanlığın her türlü yeteneklerine beşiklik etmiş bir unsurdur. Sefirlerini Çin'e gönderen ve Bizans'ın sefirlerini kabul eden bu Türk devleti ecdadımız olan Türk milletinin teşkil eylediği bir devlettir."[569]

Atatürk, 1924 Eylülü'nde Samsun'da öğretmenlerle yaptığı toplantıda *"En hakiki mürşit ilimdir, fendir"* dediği konuşmasında öğretmenleri uzak geçmişle de ilgilenmeye davet etmiştir:

"Milletimiz derin ve köklü bir geçmişe sahiptir. Milletimizin yarattığı uygarlıkları düşünürsek, bu düşünce bizi altı yüz yıllık Osmanlı Türklüğünden Selçuk Türklerine, ondan önce de bu devirler gibi değerli büyük Türk devirlerine götürür."

Atatürk, 1926 ve 1927 yıllarında günlerce ve gecelerce Türk tarihi üzerinde çalışmıştır. Geceleri uykusuzluktan bitkin halde renkli gözlerinin üstüne düşen yorgun göz kapaklarını ıslak bir mendille silerek sabahlara kadar uyumamış, çalışma odasına kapanıp ciltlerce kitabı sayfa kenarlarına işaretler koyup notlar

---

[568] Afet İnan- Enver Ziya Karal, *"Atatürk'ün Tarih Tezi"*, **Atatürk Hakkında Konferanslar**, Ankara, 1946, s. 58.
[569] **Atatürk'ün Söylev ve Demeçleri**, C I, s. 261-262.

alarak, önemli gördüğü satırların altını çizerek okumuştur. Bazen üst üste üç gece hiç uyumadan okuduğu olmuştur.

"*Atatürk, cevabını yıllarca aradığı tarih sorularını aydınlatabilmek için bu konuda çıkmış en yeni kitaplardan bir kitaplık kurmuş, Türkiye'de tarih yazan ve tarihle uğraşabilecek herkesle birlikte bu kitapların incelenmesine girişmiştir.*"[570]

O okumaları sırasında H. G. Wells'in "*Dünya Tarihinin Ana Hatları*" adlı kitabından çok etkilenmiştir. Önce bu kitabın Türkçeye tercüme edilmesini, sonra da buna benzer bir kitap yazılmasını istemiştir. Wells'in kitabı, 5 cilt olarak 1927-1928'de Türkçeye tercüme edilmiştir.[571] Bu doğrultuda "*Türk Tarihinin Ana Hatları*" adlı kitap yazılmıştır.[572]

H. G. Wells

Atatürk'ün, Türk Tarih Tezi'ni ortaya atmadan önce günlerce, gecelerce notlar alarak okuyup üzerinde çalıştığı belli başlı kitaplar şunlardır:

1. H. G. Wells, "*Dünya Tarihinin Ana Hatları*"
2. E. Pittard, "*Irklar ve Tarih*"
3. L. Cahun, "*Fransa'da Ari Dillere Takaddüm Etmiş Olan Lehçenin Turani Menşei*"
4. M. Celaleddin, "*Eski ve Modern Türkler*"
5. Joseph de Guignes, "*Hunların, Türklerin, Moğolların ve Daha Sair Tatarların Tarih-i Umumisi*"
6. A. H. Sayce, "*Hititler veya Unutulmuş Bir Topluluğun Hikâyesi*"
7. A. C. Haddon, "*Ulusların Göçü*"[573]

---

570 Sabahattin Özel, Büyük Milletin Evladı ve Hizmetkârı Atatürk ve Atatürkçülük, İstanbul, 2006, s. 187-188.
571 Toprak, **age.**, s. 360.
572 Kinross, **age.**, s. 538-539.
573 Atatürk ve Türk Dili, Ankara, 1963, s. 45.

Türk Tarih Tezi'ni geliştirirken Atatürk'ü en çok etkileyen tarihçiler, **H. G. Wells, Mustafa Celaleddin, Léon Cahun** ve **De Guignes**'tir. Atatürk bu tarihçilerin dünyaca ünlü eserlerini çok dikkatle notlar alarak okumuştur.

Örneğin Atatürk, **Mustafa Celaleddin**'in *"Eski ve Modern Türkler"* adlı kitabını okurken sayfa kenarlarına aldığı bazı notlardan onun bu kitapta en çok şu bölümlerden etkilendiği anlaşılmaktadır:

1. Türkiye'ye yerleşmiş uygarlıkların genellikle **Arilerden geldiği** ve bunlardan bir kısmının da **Türk olduğu ya da Türk sayılabilecekleri** ve hükümdarların kültürel etkinliklerinde bu köken ve kan bağlılığının rol oynadığının anlatıldığı bölüm Atatürk'ün dikkatini çekmiştir. Bu nedenle bu bölümün yer aldığı satırların altını çizmiştir.[574]
2. **Türklerin uygarlık dışı bir kavim olduğu yolundaki suçlamaların yanlışlığı:** Haçlı Seferleri döneminde Latinler Ortadoğu'ya geldiklerinde Türklerin Arap uygarlığını koruyan bir yaşam düzeyinde yükselmiş olduklarının anlatıldığı yerlerin altını çizmiştir.[575]
3. Latince adlara göre **Etrüsklerin Tauro-Aranien ya da Türk olabileceklerini** anlatan bölümün sayfa kenarına Atatürk eski harflerle "çok mühim" diye yazmıştır.[576]
4. **Arap etkisi: Türk bilginlerinin Arapça adlar taşıması, Arap alfabesinin Türkçenin yapısına uygun olmadığının** anlatıldığı yerin altını çizmiştir.[577]

Atatürk'ün Türk Tarih Tezi'nin temel kaynaklarından olan **Léon Cahun**, *"Fransa'da Ari Dillere Takaddüm Etmiş Olan Lehçenin Turani Menşei"* adlı kitabında Türklerin geçirdikleri büyük felaketlere karşın millet halinde varlıklarını sürdürebilmelerini Türk diline bağlamıştır. Daha 1878'de Uluslararası

---

574 Turan, **Atatürk'ün Düşünce Yapısını Etkileyen Olaylar, Düşünürler, Kitaplar**, s. 26.
575 age., s. 26.
576 age., s. 27.
577 age., s. 27.

Oryantalistler Kongresi'nde Turani ırkların tarih öncesindeki göçlerine ilişkin görüşlerini sunmuş, bu bağlamda Fransa'daki yer adlarıyla Orta Asya'daki yer adları ve Türk sesleri arasında somut paralellikler kurmuştur. Ona göre bu o kadar açık bir gerçektir ki, Orta Asya haritası üzerinde tesadüfen seçilecek her hangi "ak"lı bir yerin adını Fransa'nın topografya sözlüklerinde bulmak hiç de güç değildir. Dolayısıyla Léon Cahun, dil araştırmalarından hareketle Avrupa'nın Preariyan dilinin veya dillerinin anahtarının Orta Asya'da olduğu sonucuna varmıştır.[578]

Atatürk'ün Türk Tarih Tezi'nin kaynaklarından biri de **De Guignes**'in *"Hunların, Türklerin, Moğolların ve Daha Sair Tatarların Tarih-i Umumisi"* adıyla çevrilen eseridir. De Guignes bu eserinde İslam öncesi Türk tarihinden çok ayrıntılı bir şekilde söz etmiştir. Atatürk özellikle *"Tarih II Orta Zamanlar"* adlı kitabın bazı bölümlerini yazarken, De Guignes'in bu kitabındaki görüşlerinden yararlanmıştır.[579]

Atatürk, Türk Tarih Tezi'nin omurgasını oluşturan Hititler, Sümerler, Etrüskler, Asurlular gibi eskiçağ uygarlıkları hakkında dünyada en son çıkan eserleri orijinallerinden veya çevirilerinden büyük bir heyecan ve dikkatle okuyup incelemiştir.[580] Örneğin **Louis Joseph Delaporte**'un *"Mezopotamya"* ve Dr. H. F. Kvergić'in *"Türk-Sümer Dilleri Üzerine Araştırmalar"* adlı kitapları bunlardan ikisidir.[581]

Atatürk'ün Tarih ve Dil Tezi'ni derinden etkileyen iki yabancı isim vardır. Bunlar 1930'larda Nazi Almanyası'ndan kaçıp Türkiye'ye gelen dünyaca ünlü **Sümerolog Benno Landsberger** ve **Hititolog Hans Güterbock**'dur.[582]

Atatürk Türk Tarih Tezi'ni geliştirirken yabancı tarihçiler ve dilciler dışında yerli biliminsanlarının çalışmalarından da fazlaca yararlanmıştır. Bunlar arasında ilk sırada **Ziya Gökalp** ve **Yusuf**

---

578 Léon Cahun, **Fransa'da Ari Dillere Takaddüm Etmiş Olan Lehçenin Turani Menşei**, çev. Ruşen Eşref, İstanbul, 1930, s. 16 vd.
579 Turan, **age.**, s. 29.
580 Türkdoğan, **age.**, s. 359.
581 **Atatürk'ün Okuduğu Kitaplar**, C 11, s. 177-192, C 20, 123-133.
582 Meydan, **age.**, s. 187.

Akçura gelmektedir. Ayrıca **Besim Atalay, Rıza Nur, S. Fikri Erten, Sadri Maksudi Arsal, Yusuf Ziya Bey** gibi Türk biliminsanları da Atatürk'ü etkilemiştir.[583]

Atatürk bu ön hazırlıklardan sonra uzun zamandır kafasını meşgul eden Türk Tarih Tezi'ni manevi kızı, tarihçi **Afet İnan**'ın katkılarıyla 1930 yılında ortaya atmıştır.

Afet İnan

O günlerde **Afet İnan** da Atatürk gibi tarih üzerine kitaplar okumuştur. İnan, okuduğu bazı yabancı kitaplarda Türkler hakkında küçük düşürücü ifadelere rastlayınca, çok öfkelenerek bu durumdan Atatürk'e söz etmiştir.[584] Örneğin bu kitaplardan birinde "Türklerin Sarı ırktan ikinci sınıf (secondaire) ve barbar bir kavim olduğu" yazılmış ve aynı kitapta Türklerin "Mongol" olduğunu kanıtlamak için Türk ırkıyla hiçbir benzerliği olmayan temsili resimlere yer verilmiştir. Bu kitapta Afet İnan'ı en çok şu satırlar öfkelendirmiştir:

"Geçmiş zamanlarda zengin ve çok güzel medeniyetlerin yurdu olan Küçük Asya bugün fakir bir memleket olup 9 milyon nüfusu vardır. Bu çöküşün esas sebebi Türklerin bu yerleri fethetmesiyle eski ticaret yollarının ve sulama işlerinin terk edilmiş olmasıdır..."[585]

Afet İnan, Türkleri aşağılayan bu kitapları Atatürk'e göstermiştir. Atatürk o günlerde bir taraftan Wells'in *"Dünya Tarihinin Ana Hatları"*nı diğer taraftan ise İstanbul Darülfünun'da verilen *"Tarih Ders Notlarını"* okumaktadır. Afet İnan'ın kendisine gösterdiği kitabı inceledikten sonra, **"Hayır böyle olamaz! Bunların üzerinde meşgul olalım,"** demiştir.[586]

---

583 age., s. 186-187.
584 age., s. 176.
585 Afet İnan, **Atatürk'ten Mektuplar**, Ankara, 1989, s. 9.
586 age., s. 9-10.

Artık Türk Tarih Tezi'ni ortaya koyup yerli ve yabancı bilimsanlarına bu tezi tartıştırmanın zamanı gelmiştir. Türk Tarih Tezi'nin bir numaralı savunucusu Atatürk'ün manevi kızı, tarihçi **Afet İnan** olacaktır. Nitekim Türk Tarih Tezi'nin ilk işaretleri, Atatürk'ün görevlendirmesiyle Afet İnan'ın **Türk Ocağı**'nda verdiği konferanslardır.

Atatürk, Türk Tarih Tezi ile öncelikle şu soruların yanıtlanmasını amaçlamıştır:
1. Türkiye'nin en eski yerli halkı kimlerdir?
2. Türkiye'de ilk medeniyet nasıl kurulmuş veya kimler tarafından getirilmiştir?
3. Türklerin cihan tarihinde ve dünya medeniyetinde yeri nedir?
4. Türklerin bir aşiret olarak Anadolu'da devlet kurmaları bir tarih efsanesidir. Şu halde bu devletin kuruluşu için başka bir izah bulmak lazımdır.
5. İslam tarihinin gerçek hüvviyeti nedir? Türklerin İslam tarihinde rolü ne olmuştur?[587]

Atatürk, Türk Tarih Tezi'ni 1930 yılında şöyle ortaya koymuştur:

"Türk ırkının kültür yurdu Orta Asya'dır. İlkçağlardan beri yüksek bir ziraat hayatına sahip olan, madeni kullanan bu topluluk sonradan Orta Asya'dan doğuya, güneye, batıya, Hazar Denizi'nin kuzey ve güneyine yayıldı. Bu yayılma neticesinde Türk dili ve kültürü de yayıldı. Gittiği yerlerde yabancı dillere ve kültürlere tesir ettiği gibi onlardan tesirler de aldı."[588]

Türk Tarih Tezi'ne göre uygarlıkların temeli Orta Asya'daki anayurtlarından dünyaya yayılmak zorunda kalan "eski ve modern Türkler" tarafından atılmıştır. Türkler gittikleri her yere ulusal kültürlerini de götürmüşler ve böylece "yüksek Türk kültürünün" etkisi altında kalan kültürler de gelişip yükselmiştir.[589]

---

587 Afet İnan-Enver Ziya Karal, *"Atatürk'ün Tarih Tezi"*, **Atatürk Hakkında Konferanslar**, Ankara, 1946, s. 59.
588 Afet İnan, *"Atatürk'ün Tarih Tezi,"* Belleten III, 10, (1939), S. 245-246.
589 Meydan, **age.**, s. 188.

Türk Tarih Tezi'nin hareket noktası **Orta Asya**'dır. Atatürk, 1930 yılı Ağustosu'nda Yalova'da Afet İnan'ın sorduğu tarihle ilgili bir soruya verdiği yanıtta Türklerin uygarlığa katkılarını tüm açıklığıyla ortaya koyduktan sonra sözlerini, *"Türklerin anayurdu Orta Asya'dır"* cümlesiyle bitirmiştir.[590] MÖ 15.000-7000'ler arasında Orta Asya'da meydana gelen bir doğal afet sonucunda orada yüksek bir uygarlık yaratmış olan Türkler, Orta Asya'dan dünyanın dört bir yanına yayılmışlardır. İleri Türklerin Orta Asya'dan göç etmelerinden sonra Orta Asya'da göçebe bir yaşam baş göstermiştir. Türk Tarih Tezi'ne göre Orta Asya'dan Anadolu'ya gelen ön Türkler **Hititler, Frigler, Lidyalılar, Urartular** gibi eski Anadolu uygarlıklarını; Mezopotamya'ya gidenler **Sümerler, Asurlular, Akadlar, Gutiler** gibi eski Mezopotamya uygarlıklarını; Avrupa'ya gidenler **Etrüskleri**, Ege'ye gidenler **İyonları** ve **Yunan öncesi halkları**; Trakya'ya gidenler **Truvalıları** meydana getirmiştir.[591]

Özetlemek gerekirse, Atatürk'ün geliştirip bütün boyutlarıyla araştırılması için yerli ve yabancı tarihçilerin maharetli ellerine bıraktığı **Türk Tarih Tezi'nin temel iddiaları şunlardır:**
1. İlk Türklerin Orta Asya'da yaşadıkları ve dünya uygarlığına öncülük edecek kadar eski, köklü ve ileri bir kültüre sahip oldukları,
2. Orta Asya'daki Türklerin MÖ 15.000-7000 arasında iklimde meydana gelen bozulma sonucunda Orta Asya'dan dünyanın dört bir yanına uygarlıklarıyla birlikte göç ettikleri,
3. Anadolu'nun ilk önemli uygarlığı Hititlerin ve Mezopotamya'nın ilk büyük uygarlığı Sümerlerin Türk kökenli olduğu,
4. Ege ve Yunan uygarlıklarının temelinde Türk kültürüne ait izlerin olduğu,
5. Antik Mısır uygarlığını kuranların ve Roma'nın kurucularından Etrüsklerin Türk kökenli olabileceği,

---

590 Ergün Sarı, **Atatürk'le Konuşmalar**, İstanbul, 1981, s. 184.
591 Meydan, **age.**, s. 188.

6. Orta Asya'dan Bering Boğazı yoluyla bazı Türk boylarının Amerika'ya geçtikleri ve bu nedenle İnka, Aztek ve Maya Kızılderililerinin Türk kökenli olabileceği.[592]

Atatürk ayrıca Türklerin Orta Asya'ya ne zaman ve nereden geldiği sorusuna da yanıt aramış, bu doğrultuda ömrünün sonlarında "**Kayıp Kıta Mu Kuramı**" ile de ilgilenmiştir.[593]

Atatürk bu iddiaları içeren Türk Tarih Tezi'ni ileri sürerken, *"milletimizi ve dünyayı eski ve hatalı bir tarih anlayışından yeni ve doğru bir tarih anlayışına getirmenin kolay olmadığını biliyordu"*.[594]

Atatürk, Türk Tarih Tezi'nin araştırılması için sistemli, planlı, programlı bir çalışma takvimi belirlemiştir. Bu doğrultuda kurumlaşmaya gidilmesini, basının ve aydınların bu işe sahip çıkarak halkın bilinçlendirilmesini, dahası bu işin "devlet meselesi" olarak ele alınmasını emretmiştir. Çok daha önemlisi kendisi de devlet başkanı olarak 1930-1938 arasında zamanının çok önemli bir bölümünü –dil çalışmalarıyla birlikte– bu işe ayırmıştır.

Önce yerli ve yabancı en son tarih kitaplarını içinde barındıran **büyük bir kitaplık** kurdurmuştur. Sonra yerli ve yabancı tarihçileri, aydınları, gazetecileri, tarihe meraklı herkesi bu kitaplıktan yararlanarak tarih araştırmaları yapmaya davet etmiştir. Bunun yanında bazı profesörlere, öğretmenlere, bakanlara ve milletvekillerine tarih konuları üzerinde görevler vermiş, bu konularda araştırmalar yapıp hazırlayacakları bildirileri/raporları/tezleri kendisine sunmalarını istemiştir. Her şeyden önce uzmanlardan bir heyetin Türk Tarih Tezi'nin temel iddialarını içeren bir kitap hazırlamasını istemiştir. Bu doğrultuda 1930 yılında *"Türk Tarihinin Ana Hatları"* adlı kitap hazırlanmıştır, ancak Atatürk bu kitabı fazla beğenmemiştir.

Tarih-i Osmani Encümeni, 1927 yılında "**Türk Tarih En-**

---

592 **age.**, s. 192-193.
593 Atatürk'ün, "Kayıp Kıta Mu Kuramı" hakkındaki araştırmaları için bkz. Sinan Meydan, **Atatürk ve Kayıp Kıta Mu**, C 1, 14. bas., İnkılâp Kitabevi, İstanbul, 2012; Sinan Meydan, **Köken-Atatürk ve Kayıp Kıta Mu**, C 2, 4. bas., İnkılâp Kitabevi, İstanbul, 2012.
594 İnan-Karal, **agm.**, s. 60.

cümeni Talimatnamesi" adıyla bir program yayımlamıştır. Bu programa göre İstanbul Darülfünunu'ndan Türk tarihini tarih öncesi kökleriyle araştırıp ortaya koyması istenmiştir.[595] Ancak 1927-1930 arasında bu program doğrultusunda dişe dokunur bir adım atılmayınca Atatürk, 1930 yılında **Türk Ocağı Türk Tarihi Tetkik Heyeti**'ni kurdurmuştur. Aralarında **Afet İnan, Yusuf Akçura** ve **Semih Rıfat** gibi isimlerin yer aldığı 16 kişiden oluşan bu "tarih heyeti" ilk toplantısını 4 Haziran 1930'da Türk Ocağı merkez binasında Hamdullah Suphi Tanrıöver başkanlığında yapmıştır. 1931 Nisanı'nda Türk Ocakları kapatılınca Türk Tarihi Tetkik Heyeti de tüzel kişiliğini kaybetmiştir.[596] Bunun üzerine Atatürk devrimci bir yaklaşımla 15 Nisan 1931'de **Türk Tarihi Tetkik Cemiyeti**'ni kurmuştur. Bu sırada **Türk Tarihi konulu çok büyük bir anket** hazırlanmasını emretmiştir. Türk Tarihi Tetkik Cemiyeti'ne Atatürk bizzat başkanlık etmiştir. Cemiyete gezici bir nitelik kazandırmıştır, Çankaya'da, Yalova'da Dolmabahçe'de, vapurda, trende, okulda Atatürk'ün bulunduğu neredeyse her yerde tarih toplantıları yapılmıştır. Afet İnan, toplantı saatlerinin yalnızca başlangıcının belli olduğunu, bazen 24 saat aralıksız çalışıldığını belirtmiştir. Atatürk'ün başkanlık ettiği Türk Tarihi Tetkik Cemiyeti'nin çalışmaları genelde tartışmalı geçmiştir. Atatürk bu tartışmalarda bilimsel gerçeklerin ve çoğunluğun görüşünün dikkate alınmasından yana olmuştur.[597]

Atatürk, kendi tarih tezinin "bilimsel" ve "objektif" ölçüler doğrultusunda incelenmesini, eleştirilmesini veya kabul edilmesini istemiştir. Asla bilimdışı yollara sapılmasını, Batı Merkezli Tarih'in yaptığı gibi "kurgusal bir tarih" yazılmasını, tarihi gerçeklerin çarpıtılmasını istememiştir. Bu nedenle 1931 yılında tarih kurulu üyelerine gönderdiği ünlü mektupta, *"Tarih yazanların tarih yapanlara sadık kalmaları gerektiğini"* belirtmiş, her fırsatta tarihçilere direktifler vermiştir. Örneğin bir keresinde,

---
595 Türk Tarih Encümeni Talimatnamesi, İstanbul Devlet Matbaası, 1927; Oral, age., s. 39-40.
596 Meydan, age., s. 242-243; Oral, age., s. 41.
597 İnan-Karal, agm., s. 60.

"Tarih hayal mahsulü olamaz. Tarih yazarken gerçek olayları bulmaya çalışmalıyız. Eğer bunları bulamazsak, bilinmezliği ve bu noktadan cehaletimizi itiraf etmekten çekinmeyelim,"[598] diyerek belgeye, gerçek bilgiye dayanmadan tarih yazmamak gerektiğini belirtmiştir. Başka bir direktifinde de, *"Her şeyden önce kendinizin dikkatle ve özenle seçeceğiniz belgelere dayanınız. Bu belgeler üzerinde yapacağınız incelemede her şeyden ve herkesten önce kendi inisiyatifinizi ve milli süzgeçlerinizi kullanınız,"[599]* demiştir.

Türk Ocağı ve Türk Tarihi Tetkik Cemiyeti Atatürk'ün başkanlığında yürüttüğü çalışmalar sonunda ilk iş olarak 606 sayfalık *"Türk Tarihinin Ana Hatları"* adlı kitabı hazırlayıp yayımlamıştır. Bu kitap 100 adet basılarak tartışılması, eleştirilmesi için uzmanlara dağıtılmıştır. Atatürk de bu kitabı inceleyerek bazı bölümlerini düzeltmiş, bazı bölümlerini ise yeniden yazmıştır.

*"Türk Tarihinin Ana Hatları"*nın yazılış amacı "Bu Kitap Niçin Yazıldı?" adlı giriş bölümünde şöyle ifade edilmiştir:

"... Bu kitap belirli bir amaç güdülerek yazılmıştır. Şimdiye kadar memleketimizde neşrolunan tarih kitaplarının çoğunda ve onlara mehaz olarak Fransızca tarih kitaplarında Türklerin dünya üzerindeki rolleri şuurlu ya da şuursuz olarak küçültülmüştür. Türklerin ecdat hakkında böyle yanlış malumat alması Türklüğün kendini tanımasında, benliğini inkişaf ettirmesinde zararlı olmuştur. Bu kitapta gözetilen esas amaç, bugün bütün dünyada tabii mevkiini istirdat eden (ele geçiren) ve bu şuurla yaşayan, milletimiz için zararlı olan bu hataların düzeltilmesine çalışılmaktır. Aynı zamanda bu, son büyük hadiselerle ruhunda benlik ve birlik duygusu uyanan Türk milleti için milli bir tarih yazmak ihtiyacı önünde atılmış ilk adımdır. Bununla milletimizin yaratıcı kabiliyetinin derinliklerine giden yolu açmak, Türk deha ve seciyesinin esrarını meydana çıkarmak Türk'ün hususiyet ve kuvvetini kendine göstermek ve milli inkişafımızın, derin

---

598 agm., s. 63.
599 agm., s. 63.

ırki köklere bağlı olduğunu anlatmak istiyoruz. Bu tecrübe ile muhtaç olduğumuz o büyük milli tarihi yazdığımızı iddia etmiyoruz. Yalnız bu hususta çalışacaklara umumi bir istikamet ve hedef gösteriyoruz."[600]

"Türk Tarihinin Ana Hatları" adlı kitaba yönelik eleştirilerin değerlendirilmesi sonunda, 1931 yılında –sonunda Léon Cahun'un konferansının yer aldığı– 87 sayfalık *"Türk Tarihinin Ana Hatları-Methal Kısmı"* adlı kitapçık hazırlanıp 30.000 adet basılarak piyasaya sürülmüştür.[601]

"Türk Tarihinin Ana Hatları" ve *"Türk Tarihinin Ana Hatları-Methal Kısmı"* adlı kitaplarla Türk Tarih Tezi biliminsanlarının ve halkın dikkatine sunulmuştur.

"Türk Tarihinin Ana Hatları-Methal Kısmı" dışında halka ulaştırılan ve kolay okunan 66 broşür daha hazırlanmıştır. Bunlar *"Türklerde Sanayi", "Türklerde Tiyatro", "Boyacılıkta Türkler", "Türklerde Beden Eğitimi", "Türklerde Maliye", "Türklerin Pedagojiye (Eğitime) Hizmetleri", "Deri Sanayinde Türkler"* gibi birçok kültür-uygarlık konusunu ele alan broşürlerdir.[602] Bu broşürlerle Türk tarihinin unutulan uygarlık sayfaları gözler önüne serilmiştir.

Daha sonra yeni Türkiye Cumhuriyeti'nin çağdaş okullarında tarih derslerinde okutulacak kitapların da Türk Tarih Tezi doğrultusunda hazırlanmasına karar verilmiştir. Bu çerçevede Türk Tarihi Tetkik Cemiyeti tarafından 1931 yılında *"Tarih I", "Tarih II", "Tarih III", "Tarih IV"* adlı kitaplar hazırlanmıştır.[603]

Bu kitaplardan **her biri 350-400 sayfa** kalınlığındadır. Kitaplarda metin dışında ayrıca **renkli tablolar, çok sayıda harita ve 100-130 sayfa tutarında resim** yer almıştır. Kitapların **her biri**

---

600   Türk Tarihinin Ana Hatları, 3. bas., İstanbul, 1999, s. 25.
601   Türk Tarihinin Ana Hatları-Methal Kısmı, İstanbul Devlet Matbaası, İstanbul, 1931, künye sayfası.
602   Doğan Avcıoğlu, Türklerin Tarihi, C I, İstanbul, 1995, s. 25.
603   **Tarih I**, "Tarihten Evvelki Zamanlar ve Eski Zamanlar", Maarif Vekâleti Devlet Matbaası, İstanbul, 1931; **Tarih II**, "Orta Zamanlar", Maarif Vekâleti Devlet Matbaası, İstanbul, 1931; **Tarih III**, "Yeni ve Yakın Zamanlarda Osmanlı-Türk Tarihi," Maarif Vekâleti Devlet Matbaası, İstanbul, 1931; **Tarih IV**, "Türkiye Cumhuriyeti", Maarif Vekâleti Devlet Matbaası, İstanbul, 1931.

30.000 adet basılmıştır. Kitaplar zaman içinde bazı değişikliklerle yeniden basılmıştır.[604]

Kitapların önsözlerinde, bu kitapların yazılış amacının, Türklerin tarihini "kan ve ateş maceralarından ibaret" zannedenlere gerçekleri göstermek; *"Türklerin uygarlığa hiçbir katkıları bulunmadığını"* dillerine dolayan Batılı tarihçilere yanıt vermek; *"Müslüman Türk tarihçilerinin ümmetçilik siyasetinin zarar görmemesi için ve dinsel kaygılarla uzun yıllar boyunca unutup unutturdukları İslam öncesi Türk tarihini gün ışığına çıkarmak için"* kaleme alındığı şöyle ifade edilmiştir:

"Son yüzyıllara gelinceye kadar Türk tarihi memleketimizde en az tetkik edilmiş mevzulardan idi. 1000 yıldan fazla süren İslamlık-Hıristiyanlık davalarının doğurduğu husumet duygusu ile mutaassıp müverrihler bu davalarda asırlarca İslamlığın öncülüğünü yapan Türklerin tarihini kan ve ateş maceralarından ibaret göstermeye çalıştılar. Türk ve İslam müverrihler de Türklüğü ve Türk medeniyetini İslamlık ve İslam medeniyeti ile kaynaştırdılar. İslamlıktan önceki binlerce yıla ait devreleri unutturmayı 'ümmetçilik' siyasetinin icabı ve din gayreti vecibesi bildiler. Daha yakın zamanlarda Osmanlı İmparatorluğu'na dahil bütün unsurlardan tek bir milliyet yaratmak hayalini güden Osmanlılık cereyanı da Türk adının anılmaması, milli tarihin yalnız ihmal değil, hatta yazılmış olduğu sayfalardan kazınıp silinmesi yolunda üçüncü bir amil halinde diğerlerine eklendi."[605]

Bu dört cilt tarih kitabından *"Tarih II-Orta Zamanlar"* adlı kitabın bazı bölümlerini bizzat **Atatürk** yazmıştır.

Dört kalın cilt olarak hazırlanan bu tarih kitapları genel olarak liseler için hazırlanmıştır. Fakat sonraları Maarif Vekâleti bu kitapları esas alarak ilkokullar ve ortaokullar için de tarih kitapları hazırlatmıştır.

Hem *"Türk Tarihinin Ana Hatları"* hem de *"Tarih I-II-III-IV"* adlı kitaplarda daha çok "Türklerin dünden bugüne uy-

---

604 Meydan, age., s. 232.
605 Tarih I, 4. bas., İstanbul, 2000, önsözden.

garlığa yaptıkları katkılar" ve "Antik uygarlıkların Türk kökleri" üzerinde durulmuş, Türk tarihi tarihöncesi dönemlerden Cumhuriyet'in ilk yıllarına kadar kesintisiz olarak bir bütün olarak anlatılmıştır. Savaşlardan, anlaşmalardan çok Türk kültüründen, Türklerin uygarlığa katkılarından söz edilmiştir.

Atatürk, "Türk Tarihi Tetkik Cemiyeti"ni 1932'de "**Türk Tarih Kurumu**"na dönüştürmüştür. Daha sonra aralarında Nazi Almanyası'ndan, Hitler baskısından kaçıp gelen Yahudi kökenli profesörlerin de olduğu biliminsanlarını da bu kurum bünyesinde toplamıştır. Türk Tarih Kurumu'nun rahat çalışabilmesi için de devleti, aydınları ve halkı seferber etmiştir. Bu amaçla bir program hazırlamıştır.[606] **Bu programın ana hatları şöyledir:**

1. Tarihi belgeler bulunarak koruma altına alınacak,
2. Açıkta bulunan kültür eserleri devlet tarafından korunacak,
3. Halkın tarihi eserlere sahip çıkması için çeşitli kurumlar tarafından popüler yayınlar ve propagandalar yapılacak,
4. Ülke içinde ve dışında müze ve kütüphanelerde bulunan eserlerin kopyaları yaptırılacak,
5. Belirli şehirlerde, belirli çağ ve kültürlere ait müzeler açılacak,
6. Yabancı bilimadamları ve kurumlarla işbirliği yapılacak,
7. Arkeolojik ve antropolojik araştırmalar ve kazılar yapmak için ülke içinde ve dışındaki önemli buluntu yerlerine uzamanlar gönderilecek,
8. İmkânlara göre kazılara başlanacak,
9. Bütün bunların yapılabilmesi için hükümet otoriteleri yardımcı olacak.[607]

Atatürk, Türk Tarih Tezi'ni hayata geçirirken 1933'te kurulan İstanbul Üniversitesi'nde "tarih" ve "arkeoloji", 1936'da kurulan **Ankara Dil ve Tarih-Coğrafya Fakültesi**'nde ise "Sümeroloji" ve "Hititoloji" bölümlerinin kurulmasını sağlamıştır. Üstelik bu bölümlerde **Landsberger, Güterbock, Von der Osten**

---

[606] Metin Aydoğan, Atatürk ve Türk Devrimi "Ülkeye Adanmış Bir Yaşam (2)" 10. bas., İzmir, 2008, s. 232.
[607] Uluğ İğdemir, **Yılların İçinden**, Ankara, 1976, s. 211-212.

gibi dünyaca ünlü Sümerologları, Hititologları ve arkeologları görevlendirmiştir. Ankara'da da "**Hitit Müzesi**" kurdurmuştur.

Tarih Kongreleri

Atatürk, Türk Tarih Tezi'nin çok daha bilimsel bir şekilde detaylandırılması, tartışılması ve konuşulup eleştirilmesi için öğretmenlerin ve tarihçilerin katıldığı Tarih Kongreleri düzenlemiştir.

Atatürk'ün amacı, ortaya attığı tezin bilimsel bir şekilde çok sayıda uzman eğitimci ve biliminsanı tarafından tartışılmasıdır.

Önce 23 Nisan 1930'da toplanan **Türk Ocakları Kurultayı**'na Aksaray delegesi olarak katılan **Afet İnan,** Atatürk'ün görevlendirilmesiyle, Türk tarihinin genişliğini ve derinliğini ortaya koyup Türk Tarih Tezi'ni açıklamıştır.[608]

Afet İnan'a kulak verelim:
"Türk'ün medeni vasfı üzerinde esasen çok hassasiyetle duruyordum. Vereceğim nutkun esaslarını derhal hazırlamaya başladım. Atatürk'ün yazdırdığı kısımlar da vardı.

Kendisi kurultayda bulunanlardan birkaç kişiyi Çankaya Köşkü'ne davet etti. Eski köşkün yemek salonu kurultayın bir komisyonu haline gelmişti. Nutkumu okudum. Dinleyenler fikirlerini bildirdiler. Herkes uygun buldu. Benden sonra Prof. Sadri Maksudi ve Dr. Reşit Galip beyler de aynı konuda konuşacaklardı."[609]

Türk Tarih Tezi'nin ilk kez tartışıldığı 1930 yılındaki bu Türk Ocakları Kurultayı, 1932 ve 1937'deki Tarih Kongrelerinin habercisi gibidir.

1932'de Ankara Halkevi'nde Birinci Türk Tarih Kongresi toplanmıştır.

Birinci Türk Tarih Kongresi'ne, lise tarih öğretmenleri ve üniversite tarih hocaları katılmış, basının da konuya sahip çıkmasıyla kongre ulusal bir nitelik kazanmıştır. Bu kongreye **Macaristan'dan**

---
608 İnan, Atatürk'ten Mektuplar, s. 12.
609 age., s. 12.

Zayti Frenç de katılmıştır.[610] İlk tarih kongresi uluslararası boyutta bir kongre değildir.

Birinci Türk Tarih Kongresi'ne **tarih öğretmenleri** ve üniversite hocaları tarafından sunulan bildirilerde hem Batı Merkezli Tarih görüşü doğrultusunda yazılan mevcut tarih kitaplarındaki yanlışlar ve eksikler dile getirilmiş, hem yeni yazılan *"Türk Tarihi'nin Ana Hatları"* kitabı değerlendirilmiş, hem de Türk Tarih Tezi'nin değişik konuları işlenmiştir. Lise tarih öğretmenlerinin tamamı tarih kitaplarıyla ilgili tebliğ sunarken, üniversite hocaları Türk Tarih Tezi'nin felsefesiyle, tarihsel boyutuyla ilgili tebliğ sunmuştur.[611]

Birinci Türk Tarih Kongresi'ne sunulan önemli bildirilerden bazıları şunlardır:[612]

1. Reşit Galip, *"Türk Irk ve Medeniyet Tarihine Umumi Bir Bakış"*
2. Zayti Frenç, *"Hint Akraba Kavimleri Arasında"*
3. Yusuf Ziya Bey, *"Mısır Din ve İlahlarının Türklerle Alakası"*
4. Hasan Cemil Bey, *"Ege Medeniyeti'nin Menşesine Umumi Bir Bakış"*
5. Afet Hanım, *"Tarihten Evvel ve Tarihin Fecrinde"*
6. Samih Rıfat Bey, *"Türkçe ve Diğer Lisanlar Arasındaki İrtibatlar. İptidai Türk Aile Hukuku ile Hindo Avrupa Aileleri Hukuku Arasında Mukayese"*
7. Şevket Aziz Bey, *"Türklerin Antropolojisi"*
8. Şemsettin Bey, *"İslam Medeniyeti'nde Türklerin Mevkii"*
9. Sadri Maksudi Bey, *"Tarihin Amilleri"*
10. Köprülüzade Fuad Bey, *"Türk Edebiyatına Umumi Bir Bakış"*
11. Afet Hanım, *"Orta Kurun Tarihine Umumi Bir Bakış"*
12. Avram Galanti Bey, *"Yerli Tarih Kitabı Türk Tarihinin Ana Hatları Hakkında Mülahazat"*
13. Yusuf Hikmet Bey, *"Şarka İnhitat Sebepleri"*

---

610 Oral, **age.**, s. 42.
611 **age.**, s. 43.
612 Bkz. Birinci Türk Tarih Kongresi, Konferanslar, Zabıt Tutanakları, Ankara, 1932.

14. Halil Ethem Bey, *"Müzeler"*
15. Akçuraoğlu Yusuf, *"Tarih Yazmak ve Tarih Okumak"*

Birinci Türk Tarih Kongresi konferanslarının/bildirilerinin ve zabıtlarının toplandığı *"Birinci Türk Tarih Kongresi"* adlı eserin önsözünde Türk Tarih Tezi ve Birinci Türk Tarih Kongresi şöyle özetlenmiştir:

"... *15 yıl önce Türk'ün varlığını tarihten, adını dillerden ve kitaplardan kaldırmaya yeltenenlere karşı Türk'ün yüksek varlığını gösteren Büyük Şef Gazi Mustafa Kemal hazretleri, Türk yurdunu ve istiklalini dünya tarihine şeref verecek bir kudretle kurtardıktan sonra, ona hakiki milli tarihini de öğretmek istedi. Dünyaya ilk medeniyet ışığını veren, cihan medeniyet tarihinin her safhasında ve beşeri faaliyetlerin her safhasında yaratıcı varlığının bin bir delilini gösteren Türk milletinin tarihini ilmi vesikalarla tespit ve neşretmek üzere kurduğu Türk Tarih Cemiyeti'ni yüksek himayesine aldı. Karanlıkları yırtan ve asırlarca hâkim olan dehasının derin kaynaklarından ilham alan Cemiyet, geceyi gündüze katarak onun çizdiği ana hatlar üzerinde Türk tarihini araştırdı ve Türk gençliğine 4 ciltlik bir tarih kitabı verdi. Türk tarihinin ve cihan tarihinin umumi görünüşüne yeni bir ışık ve yeni bir mana veren bu tarih kitaplarını okutmak vazifesini üzerlerine almış Türk muallimlerine Cemiyet'in Türk tarihi sahasında yaptığı ilmi tetkiklerin neticelerini göstermek ve mekteplerimizdeki tarih derslerine verilecek yeni cepheler hakkında meslektaşlar arasında bir fikir ve hedef birliği vücuda getirmek üzere Maarif Vekâleti ile Türk Tarihi Tetkik Cemiyeti el ele verdi. 1932 Temmuzu'nda Ankara'da Birinci Türk Tarih Kongresi'ni topladı. En asil bir gayeye hayatlarını vakfetmiş olan yüzlerce meslektaş memleketin her tarafından Ankara'ya koştular. Büyük Gazi'nin yüce ve kutlu varlığının aydınlattığı samimi bir çalışma havası içinde milli davayı sarsılmaz bir iman ile kuvvetlendirerek iş başına döndüler.*"[613]

Türk Tarih Tezi, ilk ciddi sınavını, 1932 Birinci Türk Tarih Kongresi'nde vermiştir. **Zafer Toprak**'ın Birinci Türk Tarih

---

613 Birinci Türk Tarih Kongresi, s. V-VI.

Kongresi hakkındaki şu değerlendirmesi önemlidir: "... *1932 Türk Tarihi Tetkik Cemiyeti'nin ilk kongresi Türkiye'nin kültür yaşamında bir fay hattı oluşturacak güçteydi. 1932 öncesi ve sonrası kültürel bağlamda iki ayrı dünyaydı. Tarih bilimleri açısından da önemli bir kırılma noktasıydı. Yüzyıllarca süregelen vakanüvis tarihçiliğinden 19. yüzyılın ikinci yarısında 'aktarmacı' Batı yanlısı popüler bir tarih anlayışına geçilmişti. II. Meşrutiyet'le birlikte bu tarih anlayışı yapılan çevirilerle çok daha 'bilimsel' bir tabana oturtulmuş, ancak 'aktarmacı' anlayışı sürdürmüştü. 1932 Tarih Kongresi, zaman ve zemin gözetilmeksizin Batı'dan alınan aktarmacı anlayışın Türk insanının kimliğini oluşturmada olumsuz etkileri olduğunu savunuyor, yerine yeni 'milli' tarih anlayışını koruyordu. Bu kimi romantik özlemleri beraberinde getiriyorsa da, tarih bilimini çok daha geniş bir tabana oturtarak çağdaş tarih anlayışını yakalamaya yönelik önemli bir adım atılmasına vesile oluyordu.*"[614]

Birinci Türk Tarih Kongresi'nde Batı Merkezli Tarih'e açıkça başkaldırılmıştır. Örneğin bu kongrede **Yusuf Akçura**, o zamanlar Türkiye'de Sosyal-Darwinist Batı Merkezli Tarih'in en önemli temsilcisi olan **Ali Reşad**'ın tarih görüşünü çok ağır bir şekilde eleştirmiştir.

Yusuf Akçura

Ali Reşad kitaplarında bir tür Sosyal-Darwinizm'e yer vermiş ve Fransa merkezli bir tarih anlayışını, sömürgecilik ve emperyalizm boyutlarını hiç dikkate almadan kitaplarına yansıtmıştır. Atatürk, işte tam da bu görüşe karşı Türk Tarih Tezi'ni geliştirmişti. Nitekim dört ciltlik tarih ders kitaplarının 1931 baskısında çağdaş dönemi kapsayan 3. cildinde Avrupa tarihine tek bir satır ayrılmamıştır. Daha sonraki yıllarda Avrupa tarihi kitaplara konulmaya başlanmıştır. Birinci

---

614 Toprak, **age.**, s. 148.

Türk Tarih Kongresi'nde **Yusuf Akçura**'nın yaptığı konuşma Batı Merkezli Tarih'i "reddiye" niteliğindedir. Akçura, konuşmasında Fransa merkezli bu tarih görüşünü ve bu görüşün en önemli savunucularından Ali Reşad'ı eleştirmiş, Türklerin dünyaya bakışının bundan sonra Avrupa gözüyle olmayacağını söylemiştir.[615]

Atatürk, Birinci Türk Tarih Kongresi'ne büyük önem vermiştir. Fırsat buldukça kongreye katılmış, bazen bildiriler sunulurken sessizce salona girip kendisi için ayrılmış yere oturarak bildirileri dinlemiş, zaman zaman elindeki küçük deftere notlar almış, aralarda bildiri sunanlarla tarih sohbetleri yapmıştır.

Atatürk, iki tarih kongresi arasında her fırsatta tarihçilerimize, dilcilerimize seslenmiştir. 1935 yılında meclis kürsüsünden tarihçilerimize şöyle seslenmiştir:

"Tarihimizin ve dilimizin karanlıklar içinde unutulmuş derinliklerini, dünya kültüründeki analıklarını reddolunmaz ilmi belgelerle ortaya koydukça, yalnız Türk milleti için değil ve fakat bütün ilim âlemi için dikkat ve uyanışı çeken kutsal bir vazife yapmakta olduklarını emniyetle söyleyebilirim."

Atatürk Birinci **Türk Tarih Kongresi**'ni izlerken

---

615 age., s. 242-243.

1937'de İkinci Türk Tarih Kongresi düzenlenmiştir. Türk Tarih Tezi'nin derinleştirilip, güçlendirilmesi için tarih çalışmaları kadar arkeoloji, dil ve antropoloji çalışmalarına da ihtiyaç vardır.[616] Ayrıca Türk Tarih Tezi'nin temel amaçlarından biri, Batı Merkezli Tarih'e başkaldırmak olduğuna göre tarih çalışmalarına yabancı biliminsanlarının (tarihçilerin, dilcilerin, antropologların) da katılması gereklidir. İşte 1937'deki İkinci Türk Tarih Kongresi'nde bu gerçekler doğrultusunda hareket edilmiştir. İkinci Türk Tarih Kongresi yabancı biliminsanlarının da katılımıyla çok daha geniş çaplı olmuştur.[617] Kongreye, Türk Tarih Kurumu ve Türk Dil Kurumu üyeleri dışında üniversitelerden ve yüksekokullardan akademisyenler, bilimsel kurumlardan temsilciler, ortaöğretim tarih öğretmenleri, İstanbul'dan yabancı okul temsilcileri ve yabancı biliminsanları katılmıştır. Tebliğ sunan biliminsanlarının yarıdan fazlası yabancıdır. Sunulan bildirilerin çoğu arkeolojiyle ilgilidir. **Afet İnan, Yusuf Ziya Özer, Şevket Aziz Kansu, Fuad Köprülü, Sadri Maksudi Arsal, Yusuf Hikmet Bayur, Şemsettin Günaltay,** hem birinci hem de ikinci kongreye katılan biliminsanlarıdır.[618]

Kongrenin fahri başkanı **dünyaca ünlü antropolog Eugène Pittard**'dır. Kongrede bildiri de sunan Pittard aslında kongreye damgasını vurmuştur. Kongrede asbaşkanlar ise Hasan Cemil Çambel, Halil Ethem Eldem ve Afet İnan'dır. **Hasan Cemil Çambel,** 1935'te Yusuf Akçura'nın ölümü nedeniyle Türk Tarih Kurumu Başkanlığı'na getirilmiş, Berlin'deki Alman Arkeoloji Enstitüsü onur üyeliğine seçilmiş çok değerli bir biliminsanıdır. Halil Ethem Eldem Asar-ı Atika Müzesi'nin başında bulunan bir arkeologdur. Afet İnan ise o günlerde daha çok antropolojiyle uğraşan bir bilim kadınıdır.[619]

Bu kongrede Türk Tarih Tezi, arkeoloji, dil ve antropoloji bilimleriyle güçlendirilmiş, dil-tarih ayrılmazlığı pekiştirilmiştir.

---

616 Hasan Cemil Çambel, **Makaleler, Hatıralar,** Ankara, 1964, s. 15.
617 Toprak, **age.,** s. 162.
618 Oral, **age.,** s. 46-47.
619 Toprak, **age.,** s. 162.

İkinci Türk Tarih Kongresi'ne sunulan önemli bildirilerden bazıları şunlardır:[620]
1. Eugène Pittard, *"Kongreye İştirak Eden Yabancılar Adına Kongreyi Açış Nutku"*
2. Afet İnan, *"Türk Tarih Kurumu'nun Arkeolojik Faaliyeti"*
3. Hamit Zübeyir Koşay, *"Türk Tarih Kurumu Tarafından Alacahöyük'te Yaptırılan Hafriyatta Elde Edilen Neticeler"*
4. Şevket Aziz Kansu, *"Ankara ve Civarı'nın Prehistoryasında Yeni Buluşlar"*
5. Eugène Pittard, *"Neolitik Devirde Küçük Asya ile Avrupa Arasında Antropolojik Münasebetler"*
6. İbrahim Necmi Dilmen, *"Türk Tarih Teorisinde Güneş Dil Teorisi'nin Yeri ve Değeri"*
7. Yusuf Ziya Özer, *"Son Arkeolojik Nazariyeler ve Subarlar"*
8. Abdülkadir İnan, *"Altay'da Pazırık Hafriyatında Çıkarılan Atların Vaziyetini Türklerin Defin Merasimi Bakımından İzah"*
9. Von der Osten, *"Anadolu'da Milattan Önce Üçüncü Bin Yıl"*
10. H. Güterbock, *"Etilerde Tarih Yazıcılığı"*
11. Arif Lütfi Mansel, *"Ege Tarihinde Akalar Meselesi"*
12. W. Brandestein, *"Etrüsk Meselesinin Şimdiki Durumu"*
13. Hasan Reşit Tankut, *"Dil ve Irk Münasebetleri Hakkında"*
14. Kerim Erim, *"Sümer Riyaziyesinin Esas ve Mahiyetine Dair"*
15. İsmail Hakkı İzmirli, *"Şark Kaynaklarına Göre Müslümanlıktan Evvel Türk Kültürünün Arap Yarımadası'ndaki İzleri"*
16. Geza Feher, *"Turko Bulgar, Macar ve Bunlara Akraba Olan Milletlerin Kültürü. Türk Kültürünün Avrupa'ya Tesiri"*
17. Reşit Rahmeti Arat, *"Türklerde Tarih Zaptı"*
18. Ernest Von Aster, *"Felsefe Tarihinde Türkler"*
19. Marguerite Dellenbach, *"Türklerin Antropolojik Tarihine Dair Vesikalar"*
20. Bossert, *"Türk Sanatının Keşfi"*

---

620 Bkz. İkinci Türk Tarih Kongresi (İstanbul 20-25 Eylül 1937), Kongre Çalışması ve Kongreye Sunulan Tebliğler, TTK Yayınları, İstanbul, 1943.

21. Şevket Aziz Kansu, *"Selçuk Türkleri Hakkında Antropolojik Bir Tetkik ve Neticeleri"*
22. Henri V. Vallois, *"Garbi Asya'nın Irklar Tarihi"*
23. Henri A. Alföldi, *"Türklerde Çift Krallık"*
24. Kont Zici, *"Macar Kavminin Menşeine Dair"*
25. T. J. Arne, *"Türkmen Stepinin Kabile Tarihi, Nüfusu ve Bunun Anadolu ile Münasebetleri"*
26. H. H. Sayman, *"Riyaziye Tarihinde Türk Okulu"*
27. W. Keppers, *"Halk Bilgisi ve Cihanşümul Tarih Tetkiki Karşısında Öz Türklük ve Öz İndo Germenlik"*
28. H. Schell, *"Eski Vesaik İlmi"*
29. Sabri Atayolu, *"Türk Kırmızısı"*
30. Saffet Engin, *"Eti ve Grek Dini Sistemlerinin Mukayesesi"*
31. C. Bosch, *"Tarihte Anadolu"*
32. Nevzat Ayas, *"Türkler ve Tabiat Kanunu"*
33. Fatih Gökmen, *"Eski Türklerde Heyet ve Takvim"*
34. Sadi Irmak, *"Türk Irkının Biyolojisine Dair Araştırmalar, Kan Grupları ve Parmak İzleri"*
35. Nurettin Onur, *"Kan Grupları Bakımından Türk Irkının Menşei Hakkında Bir Etüt"*
36. Ş. Akkaya, *"Sümer Dilinin Babil Diline Tesiri"*
37. Remzi Oğuz Arık, *"Proto Etilere Dair"*
38. Pralty, *"Türklerde Hıristiyanlık"*
39. A. von Gabain, *"Hun-Türk Münasebetleri"*
40. T. H. Baltacıoğlu, *"Edremit Civarında Türk Aşiretleri"*
41. Kamil Kepecioğlu, *"Türklerde Spor"*
42. İsmail Hakkı İzmirli, *"Peygamber ve Türkler"*
43. W. Brandestein, *"Limni'de Bulunan Kitabe, Etrüsklerin Anadolu'dan Neşet Ettiklerine Dair Dil Bakımından Ehemmiyetli Delili"*
44. Sadri Maksudi Arsal, *"Beşeriyet Tarihinde Devlet ve Hukuk Mefhumu ve Müesseselerinin İnkişafında Türk Irkının Rolü"*
45. L. Delaporte, *"Eti (Hatti)'nin Aşağı Mezopotamya ile Siyasi ve Kültürel Münasebetleri"*

Atatürk, Birinci Tarih Kongresi'yle olduğu gibi İkinci Türk

Tarih Kongresi'yle de ilgilenmiştir.[621] Birinci Tarih Kongresi'nde olduğu gibi ikincisinde de Atatürk oturumları izlemiştir. Zafer Toprak'ın dediği gibi, *"Dünyada altı gün süren bir bilimsel kongreyi baştan sona izleyen tek devlet başkanı belki de Atatürk'tü."*[622] Dahası Tarih Kongrelerine yerli ve yabancı biliminsanlarınca sunulan **90 kadar bildirinin** tamamını okuyan Atatürk, görüş, düşünce, öneri ve eleştirilerini ayrı ayrı tüm bildirilerin altına yazarak Türk Tarih Kurumu'na göndermiştir. Örneğin Türk Tarih Kurumu başkanlarından **Uluğ İğdemir,** Atatürk'ün bir gecede 10-15 bildiri okuduğuna tanık olmuştur.[623]

Gündüzleri Tarih Kongrelerini takip eden, geceleri sofrasında tarih sohbetleri yapan Atatürk, zaman zaman da kongreye sunulacak bildirilerin hazırlanmasında tarihçilere yardım etmiş, hatta **Hasan Cemil Çambel'in "Ege Medeniyeti"** konulu bildirisinde olduğu gibi bütün bir bildiriyi kendisi hazırlamıştır.[624]

Halkevlerinde ve Ülkü Dergisi'nde Türk Tarih Tezi

Atatürk, bir taraftan Türk Tarih Tezi'ni belli bir olgunluğa ulaştırmak için Türk Tarih Kurumu'nu kurup Tarih Kongreleri düzenlerken, diğer taraftan dört ciltlik "Tarih" serisiyle Türk gençlerini bu yeni tarih anlayışına göre yetiştirmeye başlamıştır.

Atatürk bütün projeleri gibi Tarih ve Dil Tezleri Projesi'nin de mutlaka halka anlatılmasını ve benimsetilmesini istemiştir. Atatürk'ün bu isteğinin yerine getirilmesinde 1932'de kurulan **Halkevlerinin, Halkevi dergilerinin** ve 1933'te çıkmaya başlayan *Ülkü* dergisinin çok önemli bir yeri vardır.

Çok kısa bir sürede Tunceli'den Edirne'ye kadar neredeyse Türkiye'nin her yanında birer şubesi açılan Halkevlerinin çalışma kolları ve etkinlik alanlarından biri de tarihtir. Halkevlerinin **"Dil, Edebiyat ve Tarih Şubesi (Kolu)"** kentlerde, kasabalarda, köylerde halkın bilgi, kültür düzeyini yükseltmek için konferanslar düzen-

---

621 İnalcık, **age.,** s. 140.
622 Toprak, **age.,** s. 163, 171.
623 Uluğ İğdemir, **Yılların İçinden,** Ankara, 1991, s. 36.
624 Hasan Cemil Çambel, **Makaleler, Hatıralar,** Ankara, 1987, s. 78.

lemiştir.[625] Tarih konulu konferanslarda halka, neden sonuç ilişkisine dayanan, Türklerin kültür ve uygarlığa yaptıkları katkıları ön planda bulunduran, tarihi olaylardan ders çıkarmayı esas alan bir mantıkla Türk ve dünya tarihi anlatılmıştır. Ayrıca toplam sayısı 62-75 arasında olan[626] **Halkevleri dergilerinde** de Türk Tarih Tezi, halkın anlayabileceği bir dille halka anlatılmıştır. Halkevleri kendi dergileri dışında bulundukları illere göre kitaplar da çıkarmıştır. Bu dergi ve kitaplarda **yerel tarih** araştırmalarına da yer verilmiştir. Örneğin **Gaziantep Halkevi** 1936'da 367 sayfalık şehrin tarihini ve kültürünü anlatan çok kaliteli bir kitap çıkarmıştır.[627]

Kadro dergisiyle birlikte Türk Devrimi'nin en önemli süreli yayın organlarından biri *Ülkü* dergisidir.[628] Atatürk, *"Ülkü'den öz ülkümüzü yaratmak için kutlu verimler beklerim,"* diyerek vermiştir adını *Ülkü'*nün.[629]

Ülkü dergisinin iki farklı sayısı

---

625 Firdevs Gümüşoğlu, **Ülkü Dergisi ve Kemalist Toplum**, İstanbul, 2005, s.133.
626 **age.**, s. 141.
627 **age.**, s. 142.
628 **Ülkü** dergisi 1933-1950 arasında tam 17 yıl yayımlanmıştır. Gümüşoğlu, **age.**, s. 150.
629 Bu cümle derginin ilk sayısında "Mustafa Kemal" adının hemen altında yer almıştır. Naim Onat, *"Atatürk ve Ülkü Adı"* **Ülkü** dergisi, C XII, S. 70 (Birincikanun 1938), s. 337-338; Oral, **age.**, s. 72; Gümüşoğlu, **age.**, s. 150.

Ülkü dergisinin 3 numaralı disiplin başlığı **tarihtir**. **Firdevs Gümüşoğlu,** *Ülkü* dergisinin tarih konulu yazılarını şöyle sınıflandırmıştır:

"*Ülkü'de dünya tarihinde Türklerin köklü bir tarihi olduğunu anlatan, bu görüşe karşı çıkanların savlarını çürüten yazılara yer vermek.*"

"*Türk uygarlığını, tarihi eserleri ve tarihi belgeleri ile ele alan incelemeler.*"

"*Türk tarihinde iz bırakan kişileri ve eserlerini tanıtan, yerli ve yabancı araştırmacıların yazıları.*"

"*Halkevlerinde yapılacak tarih ve folklor araştırmalarına halk arasında yaşayan Türk mitlerine ait derlemelere yer vermek.*"

"*Tarihi eserlerin belgelerini önemini kavrayacak bir milli bilinç oluşturacak bir yayın çizgisine dikkat etmek.*"[630]

Ülkü dergisinde, özellikle Atatürk'ün hayatta olduğu 1933-1938 arasında Türk Tarih Tezi doğrultusunda çok sayıda makale yayımlanmıştır.[631] Bu makalelerin çoğu, Atatürk'ün tarih, dil ve din çalışmalarının gönüllü neferi **Milli Eğitim Bakanı ve** *Ülkü* **dergisi yazarı Dr. Reşit Galip** tarafından yazılmıştır. Dr. Reşit Galip, *Ülkü* dergisinin Ekim 1933 tarihli ilk sayısında Atatürk'ün Türk Tarih Tezi'ni şöyle açıklamıştır:

"1. *İnsanlığın beşiği Orta Asya'dır. Hayat en evvel orada başladı ve en evvel orada tekamül etti.*

2. *Dünyanın ilk medeniyeti Orta Asya'da Orta Asya'nın asli halkı ve ilk sakini olan Türk ırkı tarafından kuruldu.*

3. *Türk ırkını antropolojik ırk tasnifinde Brakisefal-alpli tipi temsil eder.*

4. *Avrupa ve Asya münasebetleri hadiselerinden büyük muhaceretler (göçler) garptan şarka (batıdan doğuya) doğru değil, daima şarktan garba doğru olmuştur.*

5. *Orta Asya'nın muhtelif devirlerde şiddetini artıran kuraklık hadiseleri en mühim amil olarak Türkler büyük göçlerle*

---

630 Gümüşoğlu, **age.**, s. 164-165.
631 Bkz. Gümüşoğlu, **age.**, s. 310-321.

dünyanın muhtelif sahalarına yayılmışlar ve buralarda eski medeniyetleri kurmuşlardır.
6. Türk dili anadildir.
7. Eski medeniyetler için olduğu gibi –haksız olarak İslam medeniyeti– denilen daha yeni devirler medeniyetinde de birinci derecede kuruculuk ve yapıcılık rolü Türklerindir.
8. (...) Anadolu paleolitik devrin sonlarından itibaren Türkleşmeye başlamış, kalkolitik devirde bu Türkleşme azami derecede genişlemiş ve Selçuk devri sonlarına kadar binlerce yıl süren istilacı veya hululcü akınlar Anadolu'yu ırki manzara itibariyle Türklüğü en saf, en melezsiz temsil eden sahalardan biri haline getirmiştir. O derece ki Türklüğün en eski tarihi Orta Asya olduğu kadar Anadolu'da mütalaa edilebilir.
9. Türk milletinin, cihan medeniyetinin yürüyüş ve yükselişinde son birkaç asırdır tarihi rehberlik vazifesini ifa edemeyişi arızi sebeplere ve amillere bağlı arızi bir safhadır. Bütün yüksek ve yaratıcı cevherlerini yaşatmakta olan ırk bünyesi salimdir...
Bu esaslar tahlil edilince görülür ki Osmanlı tarih tezinin milleti ihmal ve inkâr etmesine karşı Mustafa Kemal tezi tek mevzu olarak ancak milleti alır, onu okur, onu araştırır, onu anlatır ve millet hayat ve istikbaline ait düsturlarını ancak onun geçmiş hayatından, onun tarihinden çıkarır..."[632]

Ülkü dergisi Birinci ve İkinci Tarih Kongrelerine büyük önem vermiş, bu kongreler öncesinde ve sonrasında dergide bilgilendirici yazılara yer verilmiştir. **Falih Rıfkı Atay ve İbrahim Necmi Dilmen** kongre öncesinde görüşlerini yazmışlar, kongre sonrasında da **Afet İnan**'ın İkinci Türk Tarih Kongresi'ne sunduğu *"Osmanlı Tarihine Umumi Bir Bakış ve Türk İnkılâbı"* adlı bildirisi gibi bazı önemli bildiriler yayımlanmıştır.[633]

Ülkü dergisinde, tarih felsefesi ile tarih, dil ve antropoloji ilişkisini dikkate alan yazılar ile İslam öncesi Türk tarihinden

---

632 Reşit Galip, *"Türk İnkılâbı ve Yabancı Tezler"*, **Ülkü** dergisi, S. 1, 9 Ekim 1933, s. 164-177.
633 Oral, **age.**, s. 87.

Osmanlı tarihine kadar birçok alanda çok sayıda tarihsel içerikli makale yayımlanmıştır.[634]

Türk Tarih Tezi'nin Bilimle İmtihanı

1940'lardan 1950'lerden itibaren Türk Tarih Tezi'nin tasfiye edilmesi sürecinde ve sonrasında Türk Tarih Tezi'ni "bilimdışı" görüp küçümse hatta bu tezle "dalga geçme" modası baş göstermiştir. Ancak bu tezle dalga geçenlerin neredeyse tamamı bu tez hakkında orijinal kaynaklardan bilgi edinmiş değildir. Bu dalgacılar, Birinci ve İkinci Tarih Kongrelerine sunulan bildirilerden haberdar olmadıkları gibi, bu bildirilerden bir tekini bile okumuş değildirler. *"Türk Tarihinin Ana Hatları"* ve liselerde okutulan dört cilt *"Tarih"* kitabını da ayrıntılı olarak incelememişlerdir. Yurdun dört bir yanındaki **Halkevlerinin tarih şubelerinin** çalışmalarından, **Halkevleri dergilerindeki tarih konulu makalelerden** ve *Ülkü* dergisindeki tarihsel içerikli yazılardan da habersizdirler. Çok daha önemlisi Türk Tarih Tezi'ni Atatürk'ün durup dururken "uydurduğunu" zannetmektedirler. Bu tezin 19 ve 20. yüzyılın başlarında bazı Batılı biliminsanlarının görüşlerine dayanılarak geliştirildiğinden, bu konuda derin araştırmalar ve incelemeler yapıldığından ve bu tezi Tarih Kongrelerinde **dünyaca ünlü çok sayıda biliminsanının savunduğundan** ve dahası bu tezin özgürce eleştirilebildiğinden de habersizdirler.

Özetle, bilgisizlik içinde "kulaktan dolma çarpıtılmış, yalan yanlış bilgilerle" bu tezle dalga geçen sözde aydınlarımız vardır! Bu "dalgacılar" aslında farkında olmasalar da bu işi gerçekten bilenler nezdinde çok gülünç duruma düşmektedirler. İşin tuhafı, gülünç durumdaki bu "dalgacıların" çokbilmiş tavırlarla bu tezin **bilimsel değerinden** söz eden bizlere gülmeleridir!

Her şeyden önce Türk Tarih Tezi'nin temel kaynaklarına bakmak gerekir. Bu kaynaklara bakıldığında, 19. yüzyılda ve

---

[634] Özellikle 1937'de Tarihçi Fuad Köprülü'nün direktörlüğünde, Ömer Lütfi Barkan'ın Osmanlı iktisat tarihine ilişkin makaleleri dikkat çekicidir. Oral, age., s. 87.

20. yüzyılın başlarında dünyada kabul gören birçok biliminsanından ve onların eserlerinden yararlanıldığı görülecektir. Örneğin Türk Tarih Tezi'nin **"Orta Asya'nın Türklerin anayurdu olduğu"** iddiası dünyaca ünlü Batılı tarihçilere ve dilcilere aittir: **Klaproth (1834), Hammer (1832), Scot (1836), Castern (1856), Vambery (1885), Oberhummer (1912), Stregowsky (1935), Menghin, Kopper (1937), Rudolf (1891), Ramstedt (1928), Nemeth (1928), Berthold (1935), Thomsen, Albert von Le Coq** gibi tarihçiler ve dilciler Çin kaynaklarına dayanarak Altay Dağları'nın, Baykal Gölü'nün ve Kingan Dağları'nın Türklerin anayurdu olduğunu ileri sürmüşlerdir.[635]

Türk Tarih Tezi'nin **"Anadolu'da Hititler, Mezopotamya'da Sümerler, Avrupa'da Etrüskler gibi eskiçağ toplumlarının Türk kökenli olduğu"** iddiası da yine dünyaca ünlü 19 ve 20. yüzyıl tarihçileri, dilcileri, arkeologları ve antropologlarının görüşlerine dayalı olarak ortaya atılmıştır. Örneğin **Zajti Ferenc, Conder, Sayce, Clark, Taylor, Lenon Mont, Hommel, Pittard, Winkler, Edlinger, Léon Cahun, De Guignes, Landsberger, Güterbock, Rasonyı, Kraus, Von der Osten** gibi biliminsanları Anadolu'nun, Mezopotamya'nın, hatta Mısır'ın ilk uygarlık kurucularının Türkler olduğunu ileri sürmüştür.[636]

Atatürk'ün Türk Tarih Tezi'nin birer ürünü olan *"Türk Tarihinin Ana Hatları"* adlı kitapta ve liselerde okutulan dört ciltlik *"Tarih"* serisinde yukarıda adlarını verdiğim biliminsanlarının da aralarında olduğu çok sayıda dünyaca ünlü biliminsanının yazdıkları kaynak olarak kullanılmıştır.

İkinci Türk Tarih Kongresi'nde sunulan bildirilerin **yarıdan fazlası** dünyaca ünlü Batılı biliminsanlarının "bilimsel" çalışmalarıdır. Örneğin **Eugène Pittard, Von der Osten, Hans Güterbock, Geza Feher, Ernest von Aster, Marguerite Dellenbach, Bossert, Henri V. Vallois, Henri A. Alföldi, Kont Zici, T. J. Arne, W. Kep-**

---

635 Meydan, age., s. 181.
636 age., s. 160, 181 vd.

pers, H. Schell, C. Bosch, Pralty, A. von Gabain, W. Brandestein, L. Delaporte İkinci Türk Tarih Kongresi'nde Türk Tarih Tezi'ni destekleyen bildiriler sunmuştur.

Ankara'ya gelip Birinci Türk Tarih Kongresi'ne katılan **Macar bilgin Zajti Ferenc** Türk uygarlığının 5000 yıl gerilere uzandığını, Avrupalı bilginlerin işlerine gelmediği için Türklerin uygarlık kuruculuğunu kabul etmediklerini belirtmiştir. Ona göre Türk uygarlığı Mısır uyarlığından bile eski olup bu konuda Yunan uygarlığının sözü bile edilemezdi.[637]

Türk Tarih Kongresi'ne bir bildiri sunan ve 6 Ekim 1932'de **Atatürk'le görüşen Zajti Ferenc**, beraberinde getirdiği Türk tarihiyle ilgili belge, bulgu ve eserleri Türk Tarih Kurumu'na bağışlamıştır.[638]

Atatürk, Türk Tarih Tezi kapsamındaki "Sümerler" konusunu araştırtmak için Almanya'da çivi yazılı bilim merkezlerinden biri olan **Leipzig Üniversitesi**'nde görev yaparken Nazi Hükümeti'nce görevden uzaklaştırılan dünyaca ünlü **Asurolog (Sümerolog) Benno Landsberger**'e Ankara Dil ve Tarih-Coğrafya Fakültesi'nde **Sümeroloji** bölümünün kurulmasını teklif etmiştir. Landsberger, bu alanlarla ilgi

Zajti Ferencz

li uzmanlık kütüphanelerinin kurulması şartı ile bu teklifi kabul etmiştir. Böylece o tarihlerde daha yeni ölmüş dünyaca ünlü Sümerolog **Heinrich Zimmern**'in kitaplığı Ankara Dil ve Tarih-Coğrafya Fakültesi'ne kazandırılmıştır.[639] Zimmern, Landsberger'in hocasıdır.

Atatürk, Türk Tarih Tezi kapsamındaki "Hititler" konusunu araştırtmak için **Hititoloji bölümü** kurdurmak amacıyla da (Mart 2000'de Chicago'da ölen) ünlü **Hititolog Prof. Hans**

---

637 **Cumhuriyet** gazetesi, 9 Ekim 1932.
638 **Cumhuriyet** gazetesi, 7 Ekim 1932.
639 Meydan, **age.**, s. 208.

Gustav Güterbock'u çok genç yaşlarında Ankara'ya davet etmiştir. O da bu görevi kabul ederek Ankara Dil ve Tarih-Coğrafya Fakültesi'nde bir **Hititoloji** bölümü kurmuştur.[640]

Benno Landsberger   *Heinrich Zimmern*   *Hans Güterbock*

Kısacası Atatürk Türk Tarih Tezi'nin en önemli ayaklarından biri olan, "Sümerlerin ve Hititlerin Türklüğü" iddiasını ortaya atarken dünyanın en ünlü Sümerologlarından **Benno Landsberger** ve dünyanın en ünlü Hititologlarından **Hans Güterbock**'un görüşlerinden faydalanmıştır.[641]

O günlerde dünyaca ünlü **Antropolog Eugène Pittard** da Atatürk'ün yanındadır. Bu dünyaca ünlü antropolog hem İkinci Türk Tarih Kongresi'nin "fahri" başkanlığını yapmış hem de Atatürk'le uzun uzun Türk Tarih Tezi'ni konuşmuştur.[642]

İkinci Türk Tarih Kurultayı'na katılan ve *"Garbi Asya'nın Irklar Tarihi"* adlı bir bildiri sunan **Antropolog Henri Victor Vallois** da Atatürk'e saygı duyan, dünyanın sayılı paleontologlarından biri olarak Türkiye'dedir. Vallois, 20. yüzyılın başlarında Marcellin Boule ile birlikte *"La Chapelle-aux-Saints-The Neandertal"* alanındaki bulgularıyla ünlenmiştir. İkinci Türk Tarih Kongresi'ne katılıp bir bildiri sunduğu sırada **Paris Beşeri Paleontoloji Enstitüsü**'nün müdürüdür ve *Revue d'Anthropologie*

---

640 **age.**, s. 208.
641 Bahriye Üçok, **Atatürk'ün İzinde Bir Arpa Boyu**, İstanbul, 1985, s. 171.
642 Toprak, **age.**, s. 162, 171.

adlı tanınmış dergiyi çıkarmaktadır. Bir süre sonra da Fransa'nın en ünlü antropoloji müzesi "Musée de L'Homme"un başına geçecektir.[643]

Atatürk, dünyaca ünlü antropolog/paleontolog Eugène Pittard'la çalışırken

Birinci Türk Tarih Kongresi bildirileri ve tartışmaları Avrupalı biliminsanlarının **300'den fazla eserinden alıntılar ve göndermelerle** doludur.[644]

Ayrıca Tarih Kongrelerine sunulan bildirilerin tamamı Türk Tarih Tezi'ni savunan, bu tezi kayıtsız şartsız kabul eden bildiriler de değildir. Tarih Kongrelerine Türk Tarih Tezi'ni eleştiren

---

643 age., s. 173.
644 Étienne Copeaux, **Tarih Ders Kitaplarında (1931-1933) Türk Tarih Tezi'nden Türk İslam Sentezi'ne**, çev. Ali Berktay, İstanbul, 2006; age., s. 52; A. Kadir Paksoy, **Ulus Devlet ve Tarih Eğitimi**, Ankara, ty., s. 192-210.

bildiriler de sunulabilmiştir. Özellikle tarihi sadece "İslam ve Osmanlı tarihinden" ibaret gören Darülfünun tarih hocaları Türk Tarih Tezi'ni eleştirmiştir. **Fuad Köprülü, Zeki Velidi Togan** ve **Avram Galanti** sundukları bildirilerde Türk Tarih Tezi'ni eleştirmiştir.[645] Çok daha ilginç olan, Atatürk'ün 1933 Üniversite Reformu ile üniversite dışında bıraktığı **Ali Muzaffer Göker, Yusuf Behçet Gücer, Ahmet Ağaoğlu, Hamit Sadi Selan, Ahmet Reşit Altınay** Türk Tarihi Tetkik Cemiyeti üyeliğine kabul edilmiştir.[646]

Fuad Köprülü   *Zeki Velidi Togan*   *Avram Galanti*

Türk Tarih Tezi'ne yönelik eleştirilere, 1930'larda Türk Tarih Tezi'nin en iyi savunucularından biri olan **Şemsettin Günaltay** iki uzun makale ile yanıt vermiştir. Bunlardan biri *"Belleten"*de yayımlanan *"Türk Tarih Tezi Hakkındaki İntikatların Mahiyeti ve Tezin Kati Zaferi"* adlı makale (bu kitap olarak da yayımlanmıştır); diğeri ise **Hasan Reşit Tankut**'la birlikte hazırladığı *"Dil ve Tarih Tezlerimiz Üzerine Gerekli Bazı İzahlar"* adlı kitaptır.[647]

Şemsettin Günaltay'ın, biri Hasan Reşit Tankut'la birlikte olmak üzere, yazdığı bu iki uzun makaleyi analiz eden **Prof. Dr. Zafer Toprak**'ın şu değerlendirmesi dikkat çekicidir:

---

645 Meydan, **age.**, s. 255.
646 Oral, **Türkiye'de Romantik Tarihçilik**, s. 301.
647 Şemsettin Günaltay, *"Türk Tarih Tezi Hakkındaki İntikatların Mahiyeti ve Tezin Kati Zaferi"*, **Belleten**, C 2, S. 7-8, Temmuz 1. Teşrin 1938, s. 337-365; Şemsettin Günaltay-Hasan Reşit Tankut, **Dil ve Tarih Tezlerimiz Üzerine Gerekli Bazı İzahlar**, Devlet Basımevi, İstanbul, 1938.

"Şemsettin Günaltay (Türk Tarih Tezi'ne yönelik) bu beş eleştiriyi teker teker ele alıyor ve geniş ölçüde *Batı ve İslam kaynaklarından örnekler vererek* çürütme girişiminde bulunuyordu. Tarihsel yöntembilim açısından son derece titiz olan bu 'savunma' o günün tarihsel birikimiyle uyum içerisindeydi ve 'bilimsellik' kıstaslarına göre yabana atılacak nitelikte değildi."[648]

Birinci ve İkinci Türk Tarih Kongresi'ndeki bildiriler incelendiğinde neden sonuç ilişkisine dayanan, arkeoloji, dil ve antropoloji gibi bilimlerden yararlanan, ırkçı ve dinci olmayan son derece bilimsel bir yaklaşım göze çarpmaktadır.[649]

Atatürk'ün Türk Tarih Tezi'nin temel kaynakları (Tarih kitapları, Tarih Kongresi bildirileri) incelendiğinde bu tezin dinci (ümmetçi, İslamcı vb.) olmadığı, üstün ırk iddiası değil eşit ırk iddiası taşıdığı, savaşçı, fetihçi değil kültür, uygarlık (bilim, sanat, mimari) merkezli olduğu, dinsel bilgileri değil döneminin en son bilimsel verilerini esas aldığı; örneğin hayatın başlangıcı konusunda "Evrim Kuramı"nı dikkate alıp, dinleri –dincilik veya din düşmanlığı yapmadan– vahiye penceresinden değil akıl ve bilim penceresinden anlattığı, Osmanlı tarihini, Osmanlı seviciliği, fetih fetişizmi yapmadan eleştirel bir bakışla ve kültür uygarlık eksenli olarak ortaya koyduğu görülecektir.[650] Ayrıca bu tarih görüşü, Batı Merkezli Tarih'e karşı, onun alternatifi –sistematik bir şekilde ilk kez ortaya konulan– yeni bir tarih görüşüdür. Türk Tarih Tezi'nin bilimselliğini anlamak için basit bir karşılaştırma yapmak gerekirse, örneğin Atatürk'ün Türk Tarih Tezi doğrultusunda 1930'larda hazırlattığı tarih kitapları günümüzün Türk İslam Sentezci tarih kitaplarından her bakımdan çok daha bilimseldir. **A. Kadir Paksoy'**un değişiyle: *"Eski tarih kitapları (Atatürk'ün tarih kitapları) yenilere (bugünkü tarih kitaplarına) göre daha yeni, yeni tarih kitapları ise eskilere göre daha eskidir. Eski tarih kitapları tarih bilimine daha yakın, yeni tarih kitapları ise daha uzaktır."*[651]

---

648 Toprak, age., s. 264.
649 Paksoy, age., s. 206-210.
650 age., s. 55-68.
651 age., s. 67.

Atatürk döneminde hazırlatılan *"Türk Tarihinin Ana Hatları"* ve *"Tarih I-II-III-IV"* adlı kitaplar ile Tarih Kongrelerine sunulan bildiriler incelendiğinde Türk Tarih Tezi'nin ileri sürüldüğü döneme göre son derece "bilimsel" ve "demokratik" bir nitelik taşıdığı görülecektir. Örneğin, o alışılmış emperyalist Batılı kafasıyla "önyargılı" olarak Türk Tarih Tezi'ni "darbeci" diye adlandıran **Fransız Tarihçi Étienne Copeaux** bile Atatürk dönemindeki tarih kitaplarını incelediğinde düşündüğünden çok farklı gerçeklerle karşılaşmıştır. Copeaux'ya göre 1931 yılında yazılmış tarih kitapları "sürpriz bir şekilde" diğer gelişmelere karşı kapalı bir model oluşturmamakta ve tamamı 500 sayfaya yaklaşan kitaplar içinde Türk Tarihi'ne ayrılmış bölüm yalnızca 78 sayfa tutmaktadır.[652]

Türk Tarih Tezi'ni peşinen "darbeci" diye adlandıran **Copeaux,** Atatürk'ün tarih kitaplarının "bilimsel" ve "demokratik" yapısı karşısında şaşkınlığa uğramış, ancak kendi gözleriyle gördüğü bu gerçekleri kabul etmek yerine bu durumu *"Tarihçilerin pasif direnişi"* olarak adlandırmıştır. Ancak Copeaux'nun bu yorumu yaparken gözden kaçırdığı nokta bu tarih kitaplarını yazan tarihçilerin Atatürk'e rağmen, Atatürk'e karşı değil, Atatürk'le geceli gündüzlü görüşmeler, tartışmalar sonunda bu kitapları yazdıkları gerçeğidir. Dahası Atatürk bu kitapları inceleyerek bazı bölümlerini düzeltmiş, bazı bölümlerini ise bizzat yazmıştır. Çok daha önemlisi bu tarih kitapları bir devlet kurumu olan Türk Tarihi Tetkik Cemiyeti tarafından yazılıp denetlenmiştir.[653] Yani ortada bir "pasif cireniş" falan yoktur! Atatürk'ün tarih kitaplarını "darbeci" diye adlandıran Copeaux'ya, "Bu nasıl darbeciliktir ki pasif direnişlere sessiz kalıyor?" diye de sormak gerekir tabi! Bu, Atatürk'ün hazırlattığı tarih kitaplarında umduğunu bulamayan Copeaux'nun uydurmasıdır!

---

652 Copeaux, age., s. 45.
653 Mustafa Oral, **Türkiye'de Romantik Tarihçilik,** 1910-1940, İstanbul, 2006, s. 278-288.

Atatürk'ün tarih kitaplarında **"ırkçı" bir propaganda yapılmadığı** da yine Copeaux'nun tespitlerinden biridir.[654]

Atatürkçü eğitim sistemi üzerinde uzun yıllar çalışan **Amerikalı bilim kadını Fay Kirby**, Atatürk'ün Türk Tarih Tezi'nin "ırkçı" olmadığını ifade etmiştir:

Fay Kirby, Türk Tarih Tezi'nin ırk görüşünün, Türklerin yalnız kültür ve uygarlık bakımından değil, ırk bakımından da tarihin belli başlı uygarlıklarını yaratan kavimlerin gerisinde olmadığını, hatta öncülerinden biri olduğunu kanıtlamaya çalıştığını belirtmiştir. Kirby şöyle devam etmiştir:

Atatürk'ün desteklediği, güçlü sezgilerini ve görüşlerini kattığı tarih tezi, yine Atatürk'ün kurduğu Türk Tarih Kurumu'nun bilimsel değerdeki araştırmaları, yayınları, kazıları, Milli Eğitim Bakanlığı'nın desteklediği klasik ve hümanist eğitim, hep bu Türk karşıtı görüşü, hiç değilse Türklerin kafasından söküp atmak, Türk'ün hem antik çağlardan önce, hem o çağlarda, hem de çağdaş Batı'da ortaya çıkmış uygarlıklara yabancı olmak şöyle dursun, bu uygarlıklarda önemli roller oynadığını göstermek amacını güdüyordu."[655]

Enver Ziya Karal ile **Afet İnan**'ın 1946 tarihli *"Atatürk Hakkında Konferanslar"* adlı kitabında Atatürk'ün Türk Tarih Tezi'nin "insanlık barışına" hizmet ettiği şöyle ifade edilmiştir:

*"Atatürk, Türk Tarih Tezi'yle insanların aralarında anlaşmak ve müşterek saadetleri yolunda çalışmak için muhtaç oldukları kültür ortaklığının kuvvetli bir adımını da atmış oluyor. O, 'İnsanları **mesut edecek yegâne vasıta, onları birbirine yaklaştırmak, birbirlerini sevdirmek, karşılıklı maddi ve manevi ihtiyaçlarını temine yarayan hareket ve enerjidir**' sözü ile de Türk milletinin saadetine verdiği değeri diğer milletler için de tanımış olmuyor mu?"*[656]

---

654 Copeaux, age., s. 117-119.
655 Paksoy, age., s. 46.
656 İnan-Karal, agm., s. 65.

Şevket Süreyya Aydemir de aynı kanıdadır. **Aydemir**, Atatürk'ün Tarih Tezi ile aslında bütün insanlığı ortak bir soya bağlamak istediğini belirterek şöyle demiştir: "... *Bütün insanlığı bir ve kardeş bir köke bağlamak? Bütün insanlığı bir ve kardeş bilen, insanları dünya vatandaşları olarak gören o soy insan (Atatürk) için bu ne engin bir heyecan kaynağıdır."*[657]

Türk Tarih Tezi'nin temel kaynaklarında sıkça bu tezin "bilimselliğine" vurgu yapılmıştır. Örneğin 1933'te çıkan "*10. Yıl Kitabı*"nda şöyle denilmiştir:

"*İnkılâp Türkiyesi'nin tarih telakkisi hareket noktası olarak Türk milletinin tarih sahnesine çıkışını, mihver ve varış noktası olarak da büyük milletin insanlık tarihinde oynadığı ve oynamakta olduğu medeniyet rolünü almıştır.*

Yeni tarih telakkimiz bizi milletimizin öz kaynaklarına götüren ve onun cihan içindeki seyrini anlatan ışıklı bir kaynaktır.

Bize, Türk tarihi ile insanlık tarihinin birbirleri ile olan karşılıklı ve içli dışlı münasebetlerini bir bütünlük halinde verir.

Osmanlı tarihi, İslam tarihi, Araplık tarihi, vs. Türk tarihinin içine ancak dolayısıyla alınmış fasıllardır.

Yeni Türk tarihi, bizi bize Avrupalıların istedikleri ve işlerine geldiği gibi değil, tarihi hakikatin gösterdiği gibi anlatmaktadır. Yeni Türk tarihinin en büyük vasfı her şeyden önce 'ilmi' oluşudur..."[658]

Atatürk Türk Tarih Tezi'nin "bilimselliğine" büyük önem vermiştir. Bu nedenle öncelikle bizzat kendisi 500'e yakın tarih kitabı okuyarak, yerli ve yabancı tarihçilerle görüş alışverişinde bulunarak kendisini geliştirmiştir. Atatürk tarihçilerle tartışmış, görüş ve eleştirilerini onlara ifade etmiş, ancak hiçbir zaman onlara zorla, baskıyla "uydurma bir tarih" yazdırma yoluna gitmemiştir. Bunu da, "*Tarih Kurumu'nun kuruluşunu izleyen ilk yıllarda tarih üzerine arkadaşları teşvik için birlikte çalıştım. Bu kurum tümüyle örgütlendikten ve bilimsel çalışmalarına hız verdikten*

---

657 Aydemir, **Tek Adam**, C 3, s. 411.
658 Paksoy, **age.**, s. 44-45.

sonra çalışmalarına karışmıyorum. Onlar bildikleri gibi akademik çalışmalarına devam ediyorlar," diye açıklamıştır.[659]

Bugünden bakınca gerçekten de Türk Tarih Tezi'nin bazı "aşırılıkları", "romantik" yanları göze çarpmaktadır, ancak bu aşırılıklar ve romantik öğeler ne Reşit Galip'in, ne Afet İnan'ın ne de Atatürk'ün uydurduğu şeylerdir, o dönemin dünyaca ünlü bazı yabancı biliminsanlarınca yazılıp çizilen iddialara dayalı sonuçlardır. Hep söylendiği gibi Türk Tarih Tezi "aşırı" ve "bilim-dışı" değildir, bütün tezler gibi Türk Tarih Tezi'nin de aşırılıkları, yanlışları, eksikleri vardır. Adı üstünde bu bir tezdir. Atatürk bu tezin araştırılması için yerli ve yabancı tarihçileri, dilcileri, arkeologları ve antropologları seferber etmiştir. Uluslararası düzeyde bir tarih kongresi düzenlemiştir. Ancak Atatürk'ün ölümünden sonra bu araştırmalara devam edilmemiştir. Hem "tez" hem de "antitez" tam olarak ortaya konulamadan konu kapatılıp unutulmaya terk edilmiştir. Oysaki bilimin gereği tezleri yok saymak, tezlerle dalga geçmek değil, tezleri en ince ayrıntısına kadar araştırmaktır. Nitekim bugün insanın yeryüzüne çıkmasıyla ilgili tezlerden biri de "uzaydan gelen tohumlar tezidir" ve bu tez bile bilim dünyasında çok ciddi olarak tartışılmaktadır. 1950-1990 arasında 40 yıl kadar "dalga geçilen", "unutulan" ve "unutturulan" Türk Tarih Tezi, bugün Türkiye'de ve dünyada gerçek biliminsanları tarafından farkında olarak ya da olmayarak yeniden tartışmaya açılmıştır.[660]

Zafer Toprak, *"Darwin'den Dersim'e Cumhuriyet ve Antropoloji"* adlı önemli çalışmasında Türk Tarih Tezi'nin önemini şu cümlelerle gözler önüne sermiştir:

"... Türk Tarih Tezi kapsayıcılığıyla özünde devrim niteliği taşıyacak bir dönüşüme yol açtı. Tarihin dar kalıplar içinde diplomatik siyasi yapısını kırdı; onu disiplinlerarası bir yapıya kavuşturdu. Türk Tarih Tezi'nin diğer bir katkısı tarihi çok daha

---

659 Şerafettin Turan, **Mustafa Kemal Atatürk, Kendine Özgü Bir Yaşam ve Kişilik**, 2. bas., Ankara, 2008, s. 588.
660 Bu konuda iyi bir çalışma için bkz. Zafer Toprak, **Darwin'den Dersim'e Cumhuriyet ve Antropoloji**, Doğan Kitap, İstanbul, 2012.

geniş bir zaman eksenine oturtmasıydı. Bu arada tarih yazımında en geniş bir biçimde dış kaynaklara başvurular oldu. Eskilerin vakanüvis tarihçiliği ya da Meşrutiyet yıllarının aktarmacı tarihçiliği geride kalıyor, farklı disiplinlerden yararlanılarak sentetik bilgilere yer veriliyordu. 1930'lu yılların Türkiyesi'nde en önemli kongreler 1932 ve 1937 yıllarındaki Birinci ve İkinci Tarih Kongreleri oldu. Dört cilt olarak özenle hazırlanan tarih kitapları antropolojik giriş bölümüyle tarihçiliğe yeni bir soluk getirdi. İlk kez tarihöncesi ön tarihe iniliyor, insanlığın evrimi bilimsel bir tabana oturtuluyor, arkeoloji ile tarihin köprüleri atılıyordu. Aynı titizlik ortaokul kitaplarında da gözlendi. Cildiyle, kâğıdıyla, renkli sayfalarıyla, özenli baskılarıyla 1930'ların ders kitaplarının düzeyine bugün bile ulaşılmadı."[661]

İşin çok daha ilginç ve düşündürücü yanı, bugün yerli ve yabancı biliminsanlarının yaptığı son araştırmalar Atatürk'ün 80 yıl kadar önce ileri sürdüğü Türk Tarih Tezi'nin birçok iddiasını doğrulamaktadır: Türk Tarih Tezi'nin, "**Türklerin 1071'den çok önce Anadolu'ya geldikleri, Sümerlerin ve Etrüsklerin Türklüğü**" gibi iddiaları bugün birçok yerli ve yabancı biliminsanı tarafından doğrulanmaktadır.[662]

Atatürk ve Türk Dili

1789 Fransız Devrimi'nin getirdiği uluslaşma, ulusal tarihle birlikte **ulusal dile** de büyük önem verilmesine neden olmuştur. Selanik'te doğup büyüyen, bu nedenle Batı'dan sızan düşüncelerin doğrudan etkisi altında kalan Atatürk, uluslaşmanın ilk şartının "ulusal dil" olduğunu çok erken yaşlarda görmüştür. Daha 1907 yılında sınıf arkadaşı **Ali Fuat Cebesoy**'a Anadolu merkezli bir Türk devletinden söz ederken böyle bir Türk devletinin sağlam bir dile, sağlam bir Türkçeye ihtiyaç duyacağının farkındadır.

---

661 Toprak, **age.**, s. 371.
662 Türk Tarih Tezi'nin bugünkü durumu için bkz. Sinan Meydan, **Atatürk ve Türklerin Saklı Tarihi, "Türk Tarih Tezi'nden Türk İslam Sentezi'ne"**, İnkılâp Kitabevi, 4. bas., İstanbul, 2012.

Atatürk, anadili Türkçe başta olmak üzere bütün dillere merak ve ilgi duymuştur. Daha çok genç yaşlarında, askeri öğrencilik yıllarında o zamanın dünyasının en yaygın dili **Fransızcayı** iyi derecede, **Almanca** ve İngilizceyi okuyup anlayacak kadar öğrenmiştir. Askeri öğrencilik yıllarında bir ara **Japonca** dersleri aldığı iddia edilmiştir. İyi derecede **Osmanlıca** bilen Atatürk, Arapça, Farsça, Türkçe, Fransızca, İngilizce, Almanca karışımı bir "yamalı bohça" görünümündeki Osmanlıcanın zorluklarını da çok erken yaşlarda fark etmiştir. Şam'dan Bitlis'e, Çanakkale'den Sakarya'ya Anadolu ve civarında cepheden cepheye koşarken Türkçe bilen halkın Osmanlıca okuyup yazmakta çok zorlandığına tanık olmuştur. İşte daha o yıllarda kafasının bir köşesinde yazı ve dil konusunda bazı düşünceler billurlaşmaya başlamıştır.

20. yüzyılın başlarında Selanik ve İstanbul'da bazı aydın çevrelerde Osmanlıcanın zorluklarına karşı başlayan "Öz Türkçecilik" akımı Atatürk'ün de dikkatini çekmiştir.

Atatürk, Selanik Askeri Rüştiyesi'nde okuduğu dönemde daha 13-15 yaşlarında iken Selanik'te yayımlanan ve "terkipsiz", "özleşmiş" bir Türkçeyi savunan *Çocuklara Rehber* adlı dergiyi takip etmiştir. Öğretmen Sadi ve arkadaşlarının çıkardığı bu dergide öğrencilerin çok kolayca anlayabileceği arı, duru bir dil kullanılmış ve dergide bu dille fen ve matematik yarışmaları düzenlenmiştir. Ali Ulvi Elöve'nin tespit ettiğine göre, derginin 30, 32 ve 38. sayılarında sorulan bilmeceleri doğru çözenler arasında Askeri Rüştiye öğrencilerinden Mustafa Kemal'in de adı vardır.[663]

Atatürk daha sonra Türk tarihi ve Türk dili konusunda okuduğu çok sayıda kitaptan etkilenmiştir. Askeri öğrencilik yıllarından beri severek okuduğu **Tevfik Fikret** ve **M. Emin Yurdakul** gibi şairlerin şiirleri dil konusunda kesin bir yargıya varmasında etkili olmuştur. Türkçenin Arapça, Farsça ve Fransızca gibi yabancı dillerden arındırılıp öz güzelliğinin ve zenginliğinin ortaya çıkarılmasını düşünmeye başladığında daha 20'li yaşlarında gencecik bir delikanlıdır.

---

663 Turan, **Mustafa Kemal Atatürk**, s. 391.

10 Aralık 1916'da Silvan'da not defterine yazdığı şu satırlar öz Türkçeye verdiği önemi göstermektedir:

"Yemekten evvel Emin Bey'in Türkçe şiirleri ile Fikret'in Rübab-ı Şikeste'sinden aynı zeminde bazı parçalar okuyarak bazı mukayese (karşılaştırma) yapmak istedim. İkisi de başka başka güzel. Ancak Türkçe olanda da diğerinde de aynı derecede Arapça, Farsça kelimat (kelimeler) var. Fakat biri parmak hesabı (hece vezni) diğeri değil!"[664]

1930'da *"Vatandaş için Medeni Bilgiler"* kitabında "ulus"u oluşturan temel unsurlardan birinin "dil birliği" olduğunu yazan Atatürk, *"Türküm"* diyenin Türkçe bilip Türkçe konuşması gerektiğini belirtmiştir. Bir keresinde şöyle demiştir:

"Türk demek dil demektir. Ulusallığın en belirgin özelliklerinden birisi dildir. Türk ulusundanım diyen insanlar, her şeyden önce ve ne olursa olsun Türkçe konuşmalıdır. Türkçe konuşmayan bir insan Türk ekinine, topluluğuna bağlılığını öne sürerse buna inanmak doğru olmaz."[665]

Atatürk, *"Vatandaş İçin Medeni Bilgiler"* kitabında Türkçeye verdiği önemi şöyle ifade etmiştir:

"Türk ulusunun dili Türkçedir. Türk dili dünyada en güzel, en zengin ve en kolay olabilecek bir dildir. Onun için her Türk, dilini çok sever ve onu yükseltmek için çalışır. Bir de Türk dili Türk ulusu için kutsal bir hazinedir. Çünkü Türk ulusunun geçirdiği bunca tehlikeli durumlarda, ahlakının geleneklerinin, anılarının çıkarlarının, özetle bugün kendi ulusallığını yapan her şeyin dili aracılığıyla korunduğunu görüyor. Türk dili Türk ulusunun yüreğidir, belleğidir..."

Atatürk, Türkçenin "öz güzelliğinin" ortaya çıkması için her şeyden önce yabancı dillerin baskısından, etkisinden kurtarılması gerektiğini belirtmiştir:

"Ulusal duygu ile dil arasındaki bağ çok kuvvetlidir. Dilin ulusal ve zengin olması, ulusal duygunun gelişmesinde başlı-

---

664 Şükrü Tezer, **Atatürk'ün Hatıra Defteri**, Ankara, 1972, s. 86.
665 Mustafa Baydar, **Atatürk Diyor ki**, İstanbul, 1960, s. 44.

ca etkendir. Türk dili dillerin en zenginlerindendir, yeter ki bu dil bilinçle işlensin. Ülkesini, yüksek bağımsızlığını korumasını bilen Türk ulusu, dilini de yabancı diller boyunduruğundan kurtarmalıdır."[666]

"**Türkiye Cumhuriyeti'nin temeli kültürdür**," diyen Atatürk'ün cumhuriyeti kurup kurumlaştırırken en çok önem verdiği iki konudan biri **Türk tarihi,** diğeri ise **Türk dilidir.**

Dil Devrimi'nin Kökleri

Bazı çevrelerin iddia ettiği gibi Atatürk'ün Dil Devrimi, "durup dururken", "hiç gerek yokken" yapılmış bir devrim değildir. 20. yüzyılın başlarında Atatürk'ün Dil Devrimi'ni zorunlu kılan Osmanlıcadan kaynaklı çok ciddi nedenler vardır. Bu nedenleri şöyle sıralayabiliriz:

8. yüzyılda Türklerin Müslüman olmasından sonra ibadet ve **bilim dil olarak Arapça, sanat (edebiyat) dili olarak da Farsçanın** kullanılmaya başlanmasıyla zamanla Türkçe ihmal edilerek adeta unutulmaya yüz tutmuştur.

13. yüzyılda Anadolu'nun ilk Müslüman Türk Devleti olarak bilinen **Anadolu Selçuklu Devleti**'nin resmi dil olarak **Farsçayı** kabul etmesi bu devlette dil ikiliğine neden olmuştur. Anadolu Selçuklu Devleti'nin Türk-Türkmen halkı, **Türkçe** konuşurken, devlet yöneticilerinin **Farsça** konuşması ciddi sorunlara yol açmıştır. Nitekim 1277'de Selçuklu'ya başkaldırıp Konya'yı ele geçirip bağımsızlığını ilan eden **Karamanoğlu Mehmed Bey** çıkardığı ilk fermanda, "*Bugünden sonra divanda, dergâhta, mecliste, meydanda Türkçeden başka dil kullanılmaya,*" diyerek bir anlamda anadiline sahip çıkmak isteyen Türk-Türkmen çoğunluğun sesi olmuştur.[667]

Anadolu Selçuklu Devleti'nin yıkılmasından sonra kurulan **Osmanlı Devleti**'nin özellikle 16. yüzyıldan sonra **bilim ve edebiyat dili olarak Arapça ve Farsça** ağırlıklı bir dil kullanma-

---

666 Atatürk bu cümleleri **Sadri Maksudi Arsal**'ın *"Türk Dili"* adlı eserini okuduktan sonra 2 Eylül 1930'da yazmıştır. Şerafettin Turan, **Atatürk ve Ulusal Dil,** Eylül, 1998, s. 23-24.
667 Turan, **Mustafa Kemal Atatürk,** s. 590.

sı sonucunda bu dile artık "Türkçe" denilemeyeceği için "Osmanlıca" adı verilmiştir. 16-19. yüzyıl arasında adeta Arapça ve Farsçanın istilasına uğrayan Türkçe öylesine dışlanmış ki, *"Ayağı çarıklı kaba Türklerin konuştuğu dil"* diye adlandırılmıştır.[668] Osmanlı'da o dönemde Türkçe o kadar aşağılanmıştır ki, örneğin Yavuz Sultan Selim dönemi olaylarını anlatan *"Selimname"* adlı kitabın yazarı **Keşfi,** kitabını Türkçe yazmasını isteyen bir şaire, *"Türk dili iri bir inci tanesi gibi yontulmamıştır ve iç tırmalayıcıdır. O yüzden yeryüzündeki zayıf yaratılışlı kişilerce hoş karşılanmamakta, dilde kurallara önem veren kimselerin anlayış ve beğenisine de uygun düşmemektedir. Bu yüzden de kültürlü kimselerin görüşlerinde dışlanmış ve güzel konuşan kişilerin söyleyişlerinde aşağılanmıştır,"* diyebilmiştir.[669]

İslamiyetin kabulünden sonra Türkçeye yerleşmeye başlayan Arapça ve Farsça sözcüklerin oranı Karahanlılar döneminde *"Kutatgu Bilig"*de %1-2 iken, iki yüz yıl sonra yazılan *"Atabetü'l Hakayık"*ta bu oran %20-26'ya çıkmıştır. Arapça ve Farsçanın oranı Türkçeye ağırlık veren halk şairi Yunus Emre'de %13 civarındayken, Divan şairi Baki'de %65, Nefi'de %60, Nabi'de %54'tür. Arapça, Farsça oranı Tanzimat şair ve yazarlarından Namık Kemal'de %62, Şemsettin Sami'de %64, Ahmet Mithat'da %57, İttihat ve Terakki döneminde Ziya Gökalp'te %57'dir.[670]

Osmanlı'da saray ve edebiyat çevrelerinin Arapça, Farsça özentisi yüzünden Türkçe sözcükler yerine Arapça, Farsça karşılıkları kullanılmıştır. Örneğin "**odun**" yerine "**hatab**", "**et**" yerine "**lahm**", "**pirinç**" yerine "**erz**", "**yok**" yerine "**na-mevcut**", "**bekleme**" yerine "**intizar**", "**çarpışma**" yerine "**müsademe**", "**baş**" yerine "**re's**", "**göz**" yerine "**çeşm**", "**yüz**" yerine "**vech**", "**dil**" yerine "**lisan**", "**el**" yerine "**yed**" gibi sözcükler kullanılmıştır.[671] Ayrıca,

---

668 age., s. 590.
669 Turan, **Atatürk ve Ulusal Dil,** s. 10.
670 Doğan Aksan, **Türkiye Türkçesinin Dünü, Bugünü, Yarını,** 2. bas., İstanbul, 2001, s. 117.
671 Zeynep Korkmaz, *"Atatürk ve Türk Dili",* Türk Dili dergisi, S. 655, Temmuz 2006, s. 19; Enver Ziya Karal, *"Osmanlı Tarihinde Türk Dili Sorunu",* **Bilim Kültür ve Öğretim Dili Olarak Türkçe** Ankara, 2001, s. 28.

"baba" yerine "peder", "anne" yerine "valide", "hâkimler" yerine "hükkâm", "çiğdem" yerine "lahlâh", "yol" yerine "tarîk", "gün" yerine "yevm", "yeni" yerine "cedid" kullanılmıştır. Garip kullanımlar da vardır. Örneğin, "Resm-i geçit" tamlaması: "resm" Arapça "tören" demektir, "geçit" ise Türkçedir. Aslında bu sözcüğün doğrusu Türkçe "geçit töreni" olmalıdır.

13-17. yüzyıl arasında Türkçe yazılanlar bugün (21. yüzyılda) anlaşılırken, 16-20. yüzyıl arasında Arapça, Farsça ağırlıklı yazılanlar bugün anlaşılamamaktadır. Örneğin **Dede Korkut, Yunus Emre, Karacaoğlan, Pir Sultan Abdal** Türkçe kullandıkları için bugün bile çok rahat anlaşılmaktadırlar. Ancak **Baki, Nefi, Abdülhak Hamit** bugün anlaşılamamakta ya da zor anlaşılmaktadır, çünkü ağırlıklı olarak Arapça ve Farsça kullanmışlardır.

İşte bir örnek:
Halk şairlerinden **Karacağlan** der ki:
"Nedendir de kömür gözlüm nedendir?
Şu geceki benim uyumadığım,
Çetin derler ayrılığın derdini
Ayrılık derdine doyamadığım."[672]
Sanırım anladınız, çünkü Türkçe!

Divan şairlerinden **Nefi** der ki:
"Girdi miftah-ı der-i genc-i mânia elime
Âleme bezl-i Güher eylesem itlaf değil
Levh-i mahfuz-ı sühandır dil-i pek-i Nefi
Tab'ı yaran gibi dükkançe-i sahaf değil."[673]
Sanırım anlamadınız, çünkü Arapça, Farsça!

Görüldüğü gibi yüzyıllar önce yazılmış, söylenmiş metinleri bugün anlayamamamızın nedeni **Atatürk'ün Dil Devrimi** değil, yüzyıllarca önce o metinleri yazanların Türkçe yerine Arapça, Farsça kullanmalarıdır. Başka bir şekilde ifade etmek gerekirse, İn-

---

672 Korkmaz, agm., s. 20.
673 agm., s. 20.

gilizlerin 500 yıl önce Shakespeare'in yazdıklarını bugün okuyup anlamalarının nedeni İngilizlerin 500 yıl önce dillerine sahip çıkmalarıyken, bizim 500 yıl önce Nefi'nin yazdıklarını bugün anlayamamamızın nedeni 500 yıl önce dilimize sahip çıkmamamızdır.

İşte zaten bu "sahipsizlik" bizde 20. yüzyılda Dil Devrimi'ni zorunlu kılmıştır.

Osmanlı'da bilim, sanat ve eğitim alanlarından dışlanan Türkçe öylesine hor görülmüştür ki, bazı Türkçe sözcüklerin yerine "uyduruk Arapça" sözcükler türetilmiştir. Örneğin dilimizde "okumaktan" gelen "okul" sözcüğü yerine Arapların "yazıhane" (büro) anlamında kullandıkları Arapça "mektep" sözcüğü uydurulmuştur.[674]

19 ve 20. yüzyılda yenilik hareketlerinin hızlandığı dönemde Osmanlıcanın yetersizliği iyice ortaya çıkmıştır. Batılılaşmaya paralel Batı'dan sızan İngilizce, Fransızca, Almanca bilim, sanat, tıp ve kültür terimlerine yeni karşılıklar bulunması gündeme gelmiştir. Ancak yüzyıllar boyunca Türkçe adeta unutulmaya terk edildiği için bu yabancı sözcüklere Türkçe değil Arapça karşılıklar türetilmeye çalışılmıştır. Örneğin **Ziya Gökalp**, "sosyoloji" yerine **"içtimaiyat"**, **"psikoloji"** yerine **"ruhiyat"**, **"realite"** yerine **"şeniyet"**, **"kültür"** yerine **"hars"** gibi Arapça karşılıklar türetmiştir.[675] Bunun gibi **Namık Kemal "hürriyet"**, **Ekrem Bey "tenkid"** gibi Arapça kökenli sözcükler türetmiş, ama bu sözcükler Arapça anlamlarıyla kullanılmamıştır.[676] Böylece aslında yabancı sözcüklere yine yabancı karşılıklar bulunmuştur! Başlangıçta Namık Kemal ve Ziya Gökalp gibi çok önemli Osmanlı aydınları bile Batı'dan gelen yabancı sözcüklere Türkçe karşılık türetmeyi düşünemeyecek kadar Türkçeden uzaklaşmışlardır maalesef! Atatürk'ün öz Türkçe hareketi dikkate alınacak olursa, onun kendisini derinden etkileyen bu iki aydını "aştığı" rahatlıkla söylenebilir.

Osmanlı'da **Medreselerde** Türkçe yasaktır. Osmanlı'da Türkçe, eğitim dili olarak ilk kez 1773'te "*Mühendishane-i*

---

674 Karal, **agm.**, s. 28.
675 Turan, **Mustafa Kemal Atatürk**, s. 591.
676 Cahit Tanyol, **Atatürk ve Halkçılık**, İstanbul, ty., s. 120.

Bahrî-i Hümâyûn"un (Deniz Harp Okulu'nun temeli) kurulmasıyla kullanılmaya başlanmıştır.[677]

1793'te III. Selim tarafından kurulan *"Mühendishane-i Berrî-i Hümâyûn"*da da dersler Türkçe verilmiştir.[678]

1827'de II. **Mahmud** döneminde açılan **Tıp Okulu**'nda da Türkçeye önem verilmiştir.[679]

I. Meşrutiyet'in ilanıyla yürürlüğe giren **1876 Anayasası Kanuni Esasi'nin 18. maddesine** göre **devlet memuru olacakların Türkçe bilmeleri** zorunlu tutulmuştur.[680] 1877'de yürürlüğe giren **Belediyeler Yasası**'na göre de **belediye meclislerine üye olacakların Türkçe bilmeleri** zorunludur.[681]

1876 Anayasası'nda Türkçenin resmi dil olduğunun belirtilmesiyle **ilkokullarda da Türkçe resmi dil** haline getirilmiştir.[682]

1908'de Türkçeyi güçlendirmek amacıyla **Ahmet Mithat, Necip Asım, Veled Çelebi, Buharalı Tahir** gibi aydınlarca "**Türk Derneği**" kurulmuştur.[683]

Osmanlı döneminde 19. yüzyıla kadar Türkçenin bir dilbilgisinin (gramerinin) olduğu bile düşünülmemiş, bu konuda hiçbir çalışma yapılmamıştır. Türkçenin dilbilgisini ilk kez tarihçi-hukukçu **Ahmet Cevdet Paşa (1823-1895)** ve **Sadrazam Mehmet Fuat Paşa (1815-1869)** düşünmüştür. Ancak bunların düşündüğü dilbilgisi sadece Türkçeye özgü kuraları içeren bir dilbilgisi değil, içinde Türkçeyi de barındıran Osmanlıcaya özgü bir dilbilgisidir. Türkçeye özgü dilbilgisinden ilk söz eden Osmanlı aydını Şemseddin Sami'dir

Ahmet Cevdet Paşa

---

677 Karal, **agm.**, s. 48-49.
678 **agm.**, s. 50.
679 Turan, **Atatürk ve Ulusal Dil**, s. 11.
680 **age.**, s. 13.
681 **age.**, s. 14.
682 Karal, **agm.**, s. 77.
683 **agm.**, s. 81-82.

(1850-1904). Bu konuyla ilk ilgilenenlerden biri de Şinasi'dir (1826-1871).[684]

Dilde sadeleşme ve Türkçe konusu ilk olarak II. Meşrutiyet döneminde Selanik'te çıkan *Genç Kalemler* dergisinde sistemli bir şekilde ele alınmış, onu daha sonra yayımlanan *Türk Yurdu, Yeni Mecmua* gibi dergiler takip etmiştir.

19. yüzyılda ve 20. yüzyılın başlarında Şinasi, Ziya Paşa, Ali Suavi, Ömer Seyfettin, Ali Canip, Ahmet Vefik Paşa, Şemseddin Sami gibi aydınlar Türkçeye önem verilmesi gerektiğini savunmuşlardır.

Mustafa Celaleddin, *"Eski ve Modern Türkler"* adlı kitabında çok eski bir dil olan Türkçenin Latinceyi çok derinden etkilediğini ileri sürmüştür.[685]

Ahmet Cevdet Paşa'nın kurduğu **Dâr-ül-mu'allimât (öğretmen okulu)** programlarında bolca Türkçe dersine yer verilmiştir. Yine onun kurduğu *"Encümen-i Dâniş"* adlı ilk dil akademisinin kuruluş bildirgesinde *"Akademi Türk dilini geliştirmeye çalışacaktır. Eskiler eserlerinde Arapça ve Farsça kelimelere o kadar yer vermişlerdir ki, bir sahifede ancak bir iki Türkçe sözcüğe rastlanmaktadır,"* denilerek yüzyıllarca Türkçenin Arapça ve Farsça içinde ezilmesi eleştirilmiştir.[686]

II. Meşrutiyet döneminde Türkçenin geliştirilmesi konusunda ciddi tartışmalar yaşanmıştır. Bu tartışmaları üç başlık altında toplamak mümkündür:

1. Resmi yazışma dilinin sadeleştirilmesiyle yetinilmesi,
2. Alfabenin düzenlenmesi,
3. Türkçenin Arapça ve Farsçadan temizlenerek bağımsız bir dil durumuna getirilmesi.[687]

Atatürk, Dil Devrimi'ni gerçekleştirirken 19. yüzyıldan beri devam eden bu dil tartışmalarından beslenmiştir, ancak çok daha sistemli, çok daha planlı, çok daha bilimsel, çok daha cesur

---

684 Tanyol, **age.**, s. 121-122.
685 Karal, **agm.**, s. 58.
686 **agm.**, s. 59.
687 **agm.**, s. 62.

ve radikal hareket ederek yüzyıllardır dışlanıp unutulmaya terk edilmiş Türkçeyi kurtarmıştır.

Türk Dil Tezi'nin Doğuşu (İlk Hazırlıklar, Kitaplar, Kuruluşlar)

Atatürk'ün Türk Dil Tezi'nden önce bu tezi de içinde barındıran **Dil Devrimi**'nden söz etmek gerekir. Atatürk **1928'de Harf Devrimi** ile Türkçenin ses ve dilbilgisi yapısına hiç uymayan Arap alfabesi yerine Türkçenin ses ve dil bilgisi (gramer) yapısına neredeyse birebir uyan Göktürk-Etrüsk kökenli Latin alfabesini (yeni Türk alfabesini) kabul etmiştir. Ancak yeni Türk alfabesinin kabul edilmesi yazı ve dil sorununun yalnızca yarısına çözüm getirmiştir. Arapça, Farsça, Türkçe ve hatta Fransızca karışımı **Osmanlıca** adlı "yapay dili" Arap harfleriyle yazmaktansa Latin harfleriyle yazmak çok daha kolay olmasına karşın, yazılan metinlerin anlaşılmasındaki zorluk devam etmiştir. Bu durumda şimdi yapılması gereken, dil sorununu çözmek; Türkçeyi çepeçevre saran Arapça ve Farsça sözcükleri atıp yerlerine yeni sözcükler bularak, türeterek herkesin anlayabileceği öz ve sade bir Türkçe yaratmaktır. Şevket Süreyya Aydemir, Atatürk'ün yazı ve dil konusunu hep birlikte ele aldığını belirtmiştir: *"Gazi, Türk harfleri ile Türk dilinin sadeleştirilmesi, arınması, köklerinin çağdaş kurallarla araştırılması işini daima beraber alıyordu. Kısaca Türk dili hareketi, aslında harf hareketi ile aynı zamanda başladı..."*[688]

Birinci Türk Dil Kurultayı'nda seçilen yönetim kurulu 17 Ekim 1932'de yayımladığı bildiride **Dil Devrimi'nin amacını** şöyle açıklamıştır:
1. Türk dilini ulusal kültürümüzün eksiksiz bir anlatım aracı yapmak,
2. Bunun için yazı dilinden, Türkçeye yabancı kalmış öğeleri atmak ve ana öğeleri öz Türkçe olan ulusal bir dil yaratmak...

---

688 Aydemir, **Tek Adam**, C 3, s. 306.

Dil Devrimi'nin belli başlı nedenleri şunlardır:
1. Yüzyıllardır ihmal edilerek unutulup kısırlaşan Türkçeyi kurtarmak.
2. Konuşma dili (Türkçe) ile yazı dili (Arapça-Farsça ağırlıklı ağdalı dil) arasındaki açıklığı kapatmak.
3. Türk Ulus Devleti'ni Türk ulusunun dili Türkçe ile güçlendirmek.
4. Türkçenin çok eski ve mükemmel bir dil olduğunu kanıtlamak.[689]
5. Tarih Tezi'ni destekleyecek bir Dil Tezi geliştirmek.

Atatürk yüzyıllardır ihmal edilip unutulmaya terk edilmiş Türkçeyi kurtarmaya karar verirken, **535 edebiyat, 397 dil-dilbilim kitabı** okumuştur.[690] Yeryüzünde bugüne kadar Atatürk'ten başka hiçbir devrimci böyle bir istatistiğe sahip değildir.

Atatürk'ün Dil Devrimi'ni gerçekleştirmeden önce okuduğu "dil-dilbilim" konulu kitaplardan bazıları şunlardır:
1. **Vasiliy İvanoviç Verbitsky**, *"Altay-Aladağ Türk Lehçeleri Lügati (I-II)"*
2. **Hilaire de Barenton**, *"Agram Mumyası Etrüsk Metni"*
3. **Prof. Joseph Barthelemy**, *"Ansiklopedik Sözlük"*
4. **Hamit Zübeyr (Koşay)- İshak Rafet (Işıtmam)**, *"Anadilden Derlemeler"*
5. **Ş. A. Uhantey**, *"Çuvaş Grameri Özeti"*
6. **N. İ. Zolontnitsky**, *"Çuvaş Söz Kökleri Lügati"*
7. **Dr. Gustav Schlegel**, *"Çince Yazıtlar"*
8. **Prof. Joseph Vendryes**, *"Dil-Dilbilim Tarihine Giriş"*
9. **Hilaire de Barenton**, *"Dillerin, Dinlerin ve Halkların Kökeni"*
10. **Charles Maquet-Léon Flot**, *"Fransız Dil Dersi"*
11. **François Pierre Guillaume Guizot**, *"Fransız Dili Evrensel Eşanlamlı Kelimeler Sözlüğü"*
12. **Antonie Paulin Pihan**, *"Fransız Dilindeki Sözcüklerin Etimolojik Sözlüğü"*

---

689 Sinan Meydan, **Cumhuriyet Tarihi Yalanları**, 1. Kitap, 5. bas., İstanbul, 2012, s. 482-484.
690 Turan, **Mustafa Kemal Atatürk**, s. 64.

13. Oscar Bloch, *"Fransızca Etimoloji Sözlüğü"*
14. Louis Marie Quicherat, *"Fransızca-Latince Sözlük"*
15. J. B. Morini *"Fransızca Sözcükler-Etimoloji Sözlüğü"*
16. Mehmet Ekrem, *"Fransızca Türkçe Sözlük"*
17. H. Bourgin- A. Groiset, *"Fransızcanın Öğretimi"*
18. Hilaire de Barenton, *"Gramerin Kökeni"*
19. Ahmet Vahit Moran, *"İngilizce-Türkçe Yoğunlaştırılmış Sözlük"*
20. Ebu Tahir Muhammed b. Yakub b. İbrahim, *"Kamus Tercümesi"*
21. Şemseddin Sami, *"Kamus-i Türkî"*
22. İ. M. Bukin, *"Kırgız Sözlüğü"*
23. Platon Mihayloviç Melioransky, *"Kırgızcanın Söz Dizimi"*
24. Prof. A. Ernout- Prof. A. Meillet, *"Latin Dili Kökenbilimsel Sözlüğü"*
25. Louis Marie Quicherat-Amédée Daveluy, *"Latince Türkçe Sözlük"*
26. Abdulkayyum Nasırî, *"Lehçe-i Tatarî"*
27. Buharalı Şeyh Süleyman Efendi, *"Lügat-i Çağatay ve Türki-i Osmanî"*
28. M. Brasseur de Bourgbourg, *"Maya Dili"*
29. Suomalais-Ugrilainen Seura, *"Orhun Yazıtları"*
30. Necip Asım (Yazıksız), *"Orhun Abideleri"*
31. Pierre Larousse, *"Renkli Küçük Sözlük"*
32. Hamdi Hüseyin Remzi, *"Tercüman ül-lûgat"*
33. Bedros Kerestedjian, *"Türk Diline Ait Bir Kökenbilimsel Sözlük"*
34. Pavet de Courteille, *"Türk Doğu Sözlüğü"*
35. Hüseyin Kazım Kadri, *"Türk Lügati"*
36. Bekir Çobanzade, *"Türk-Tatar Lisaniyatına Medhal (Giriş)"*
37. İsmail Habib (Sevük), *"Türk Teceddüt (Yeni) Edebiyatı Tarihi"*
38. Dr. H. F. Kvergić, *"Türkçe-Fransızca Sözlük"*
39. Ahmet Cevat (Emre), *"Türkçede Kelime Teşkili"*
40. Dr. H. F. Kvergić, *"Türkoloji İncelemesi"*

41. Nikolay Katanov, *"Uranha Sözlüğü"*
42. Eduard Karloviç Pekarskiy, *"Yakut Dili Lügati"*
43. İbrahim Alaettin, *"Yeni Türk Lügati"*
44. Prof. Emile Boisacg, *"Yunan Dilinin Etimolojik Sözlüğü"*
45. Mayer Leo, *"Yunan Etimolojisi El Kitabı"*
46. S. Maksudi Arsal, *"Türk Dili İçin"*[691]

Atatürk bu kitapları okurken de hep yaptığı gibi önemli gördüğü yerlerin altını çizmiş, sayfa kenarlarına özel notlar almış, hatta bazen bu kitapların boş sayfalarına elyazısıyla sözcük analiz çalışmaları yapmıştır. Örneğin **Pekarskiy**'in *"Yakut Dili Lügati"* adlı eserini okurken kitabın sonunda boş bir yerlere **"Yakut Dili Lügati'nden Çıkan Çalışmalar"** başlığı altında kendi dil notlarını almıştır.[692] Yine **Brasseur de Bourgbourg**'un *"Maya Dili"* adlı kitabını okurken de kitapta geçen **150'den fazla Mayaca sözcüğe** kendi elyazısı ile Türkçe karşılıklar bulmuş ve böylece **Türkiye'deki ilk Mayaca-Türkçe sözlüğü** hazırlamıştır.[693]

Atatürk'ün okuduğu **1000'e yakın edebiyat, dil-dilbilim kitabının** önemli bir bölümü değişik dillerin etimoloji sözlükleri, klasik sözlükleri ve gramerleridir. Atatürk, Türkçenin yüzyıllar içindeki **kayıp köklerini** ararken dünya dillerine yönelmiştir: Bir taraftan Türkçenin kaynağı olarak gördüğü **Kazakça, Kırgızca, Türkmence** gibi Orta Asya dillerini, diğer taraftan Türkçenin yüzyıllar içinde söz alıp söz verdiği İngilizce, Fransızca gibi Batı dillerini, öteki taraftan da tarih içinde Türklerin gidip iz bıraktıkları coğrafyalardaki **Sümerce-Latince, Mayaca** gibi eski ölü dilleri taramıştır. Böylece hem yaşadığı dönemde hem de binlerce yıl öncede Türkçenin izlerini aramıştır.

Atatürk'ün Türk Dil Devrimi'ni yapıp Türk Dil Tezi'ni geliştirmesinde **Sadri Maksudi Arsal**'ın *"Türk Dili İçin"* adlı çok

---

[691] Ayrıntılar için bkz. **Atatürk'ün Okuduğu Kitaplar**, 24 Cilt, Anıtkabir Derneği Yayınları, Ankara, 2001.
[692] **Atatürk'ün Okuduğu Kitaplar**, C 10, Ankara, 2001, s. 153-218.
[693] **Atatürk'ün Okuduğu Kitaplar**, C 20, s. 150-201; bu konuda ayrıca bkz. Sinan Meydan, **Köken-Atatürk ve Kayıp Kıta Mu**, C 2, 4. bas., İstanbul, 2012, s. 41-45.

önemli kitabı "tetikleyici" bir etkiye sahiptir. Bu kitap daha basılmadan önce Atatürk'e sunulmuş, Atatürk kitabı okuduğunda öyle çok beğenmiş ki, hayatında belki de ilk kez bir kitaba önsöz sayılabilecek vecizeler dizisi yazmıştır. 2 Eylül 1930 tarihini taşıyan o kısa metin şudur:

"*Ulusal duygu ile dil arasındaki bağ çok kuvvetlidir. Dilin ulusal ve zengin olması, ulusal duygunun gelişmesinde başlıca etkendir. Türk dili dillerin en zenginlerinden biridir, yeter ki bu dil bilinçle işlensin. Ülkesini, yüksek bağımsızlığını korumasını bilen Türk ulusu dilini de yabancı dillerin boyunduruğundan kurtarmalıdır.*"[694]

Sadri Maksudi Arsal, Rus Parlamentosu'nda üye iken ünlü dil bilgini **Wilhelm Radlof**'la yakın ilişki kurmuş, daha 1920'lerde Türkçenin özleşmesini savunmuş, 1924'te Sorbonne'da öğretim görevlisi olarak çalışmış, "dil konulu" konferanslar vermek için Türkiye'ye gelmiş, verdiği konferanslarından biri hem *Türk Yurdu* dergisinde hem de *İkdam* gazetesinde yayımlanmış ve daha sonra Türkiye'de kalıp Ankara Hukuk Mektebi'nde çalışmaya başlamış dünya çapında bir dilbilimcidir. Arsal, 1920'lerin sonlarına doğru *Milliyet* gazetesinde "**Lisan Islahı Meselesi**" adlı yazılar yazmıştır. Onun *Milliyet*'teki yazı dizisini takip edenlerden biri de **Atatürk**'tür. Harf Devrimi'nin yapıldığı

Sadri Maksudi Arsal

1928 yılından itibaren Atatürk, dil konusundaki görüşlerine çok değer verdiği Sadri Maksudi Arsal'ı Çankaya sofralarına davet edip kendisine büyük iltifatlarda bulunmuştur.[695] Atatürk, Dil Devrimi'nin kilometre taşlarını belirlerken de en çok Sadri Maksudi Arsal'ın "*Türk Dili İçin*" adlı önemli kitabından yararlan-

---

694 Turan, **age.**, s. 593; Toprak, **age.**, s. 429.
695 Toprak, **age.**, s. 426-429.

mıştır.[696] **Prof. Zafer Toprak'ın** deyişiyle; *"Otuzlu yıllardaki Dil Devrimi'ni tetikleyen başyapıt bu kitaptı."*[697]

Sadri Maksudi Arsal'ın *"Türk Dili İçin"* adlı kitabını değerli kılan özelliklerinden biri kitaba Atatürk'ün kısa önsözü dışında dönemin en ünlü şarkiyatçılarından ve dilbilimcilerinden **Breslau Üniversitesi Profesörü Carl Brockelmann**'ın da uzun bir önsöz yazmış olmasıdır. *"Carl Brockelmann (1868-1956) çağının en ünlü Semitik diller uzmanı ve şarkiyatçısıydı. Esi Türk lehçelerine dair son derece değerli makaleleri ve eserleri vardı. Almanya'da Rostock'ta doğmuş, Breslau, Berlin ve 1903'ten itibaren Königsberg üniversitelerinde akademik yaşamını sürdürmüş, geniş bir ilgi alanı olan, tükenmez enerjiye ve inanılmayacak ölçüde kuvvetli belleğe sahip bir biliminsanıydı..."*[698]

Sadri Maksudi Arsal'ın *"Türk Dili İçin"* adlı kitabı Türk dili için gerçekten çok önemli üç büyük ismi bir araya getirmiştir. 1. Dilbilim alanında dünyanın en seçkin biliminsanlarından biri olan Carl Brockelmann, 2. İslam öncesi Türk tarihi ve hukuku alanında en seçkin biliminsanlarından Sadri Maksudi Arsal, 3. Dil Devrimi'ni gerçekleştirecek olan Gazi Mustafa Kemal Atatürk.[699]

Atatürk, Ekim 1922'de Bursa öğretmenleriyle yaptığı görüşmede **"Türkçeyi Arapça kurallardan kurtarma"** düşüncesini savunarak Dil Devrimi'nin ilk işaretini vermiştir.[700]

1926'da Milli Eğitim Bakanlığı kuruluş yasası görüşülürken dil sorunu da gündeme gelmiş, dönemin **Milli Eğitim Bakanı Mustafa Necati** bu soruna ilişkin olarak, *"Türkiye'deki dil meselesi çok önemlidir. Henüz nasıl yazmak lazım geldiği hakkında*

---

696 Sadri Maksudi Arsal'ın kızı **Adile Ayda** da babasının izinden giderek Türk Tarih ve Türk Dil Tezi'nin en önemli konularından biri olan **Etrüskleri** araştırmış ve Etrüsklerin Türk kökenli olduğuna ilişkin çok ciddi sonuçlara ulaşıp bunları kitap halinde yayımlamıştır. Bkz. Adile Ayda, **Etrüskler Türk mü idi?** Türk Kültürü Araştırma Enstitüsü Yayınları, Ankara, 1974.
697 Toprak, **age.**, s. 430.
698 **age.**, s. 430.
699 **age.**, s. 431.
700 M. Şakir Ülkütaşır, **Atatürk ve Harf Devrimi**, Mart, 1998, s. 41.

ortak bir kanaatimiz yoktur. Dilimizin ıslahı için ne yapmak lazım gelirse tedbir alacağız," demiştir.[701]
Yazı ve dil sorununa çözüm bulmak için kurulan komisyona "**Alfabe Komisyonu**" ve "**Dil Heyeti**" adı verilmiştir. Komisyon, 1928'de yeni Türk alfabesini belirledikten sonra dağıtılmayarak, hatta daha da güçlendirilerek Milli Eğitim Bakanlığı'na bağlanmıştır.[702]

CHP'nin 1927 Kurultayı'nda kabul edilen tüzüğünün "Genel Esaslar" bölümündeki 5. maddede Türk diline ve Türk kültürüne şöyle vurgu yapılmıştır: *"Vatandaşlar arasında en kuvvetli bağın dil birliği, his birliği, fikir birliği olduğuna inanan parti, Türk dilini ve kültürünü hakkıyla yaymak ve geliştirmeyi esas kabul eder."*[703]

Dil Heyeti öncelikle bir *"Yazım Kılavuzu"* ile bir *"Türk Söz Kitabı" (Türkçe Sözlük)* hazırlanmasına ve iki ciltlik Fransızca *"Larousse"*un Türkçeye çevrilmesine karar vermiştir. Bu doğrultuda **Celal Sahir, Ahmet Rasim** ve **İbrahim Necmi** bir *"Yazım Kılavuzu"* hazırlamıştır. Ancak Larousse'un Türkçeye tercüme edilmesi sırasında sorunlarla karşılaşılmıştır. Fransızca birçok terimin Osmanlıca karşılığının olmadığı fark edilmiş ve böylece çok zengin bir dil olduğu sanılan Osmanlıcanın aslında ne kadar fakir bir dil olduğu anlaşılmıştır.[704]

Mustafa Necati'nin zamansız ölümü üzerine Milli Eğitim Bakanlığı görevini de üstlenen **Başbakan İsmet İnönü**, 17 Şubat 1929'da terim sorunlarının tartışıldığı toplantıya başkanlık etmiş ve *"Ünlü Efendiler"* diye başlayan tümüyle öz Türkçe bir konuşma yapmıştır. İnönü konuşmasında Türkçenin yabancı sözcüklerden temizlenmesini, bunun için de yabancı sözcüklere Türkçe karşılıklar bulunmasını istemiştir. Bu doğrultuda komisyon şu kararı almıştır: "**Dilde karşılığı bulunan terimlerin Türkçesini kullanmak, bulunmayanların yerine Türkçe sözcükler türetmek.**"[705]

---

701 Turan, **age.**, s. 592.
702 Turan, **age.**, s. 592; Atay, **Çankaya**, s. 541.
703 **age.**, s. 592.
704 Turan, **age.**, s. 592-593; Atay, **age.**, s. 541.
705 Turan, **age.**, s. 593.

Atatürk de her fırsatta "öz Türkçe" konusuna dikkat çekmiştir. Örneğin 2 Eylül 1930'da **Sadri Maksudi Arsal**'ın *"Türk Dili"* adlı eserine yazdığı ön değerlendirme yazısında, "... *Ülkesini, yüksek bağımsızlığını korumasını bilen Türk ulusu dilini de yabancı dillerin boyunduruğundan kurtarmalıdır,*" diyerek Türkçeyi yabancı dillerin baskısından kurtarıp bağımsızlığına kavuşturmaktan söz etmiştir.[706]

Atatürk, 1931 yılında *"Vatandaş İçin Medeni Bilgiler"* kitabında bu konuda çok daha önemli açıklamalar yapmıştır. Şöyle demiştir:

"Türk ulusunun dili Türkçedir. Türk dili dünyadaki en güzel, en zengin ve en kolay bir dildir. Türk dili, Türk ulusu için kutsal bir hazinedir. Çünkü Türk ulusunun geçirdiği bunca tehlikeli durumlarda ahlakının, geleneklerinin, anılarının, çıkarlarının, özetle bugün kendi ulusallığını yapan her şeyin dili aracılığıyla olduğunu görüyor. Türk dili Türk ulusunun kalbidir, belleğidir."

Bu durumda yapılması gereken, "**Türk ulusunun kalbi, belleği olan**" Türkçeyi bütün zenginliğiyle ve öz güzelliğiyle otaya çıkarıp yaşanılır kılmaktır.

İlerleyen günlerde Milli Eğitim Komisyonu, çıkarılacak veya değiştirilecek tüm yasaların Osmanlıca değil halkın anlayacağı bir Türkçeyle yazılması yönünde bir karar almıştır. Bu doğrultuda aydınlar, gazeteciler, öğretmenler, biliminsanları Türkçeye önem vermeye, Türkçe kullanmaya başlamışlardır. Yüzyıllar içinde kaybolmaya yüz tutmuş sözcükleri arayıp bulmak için gezici derleme ekipleri oluşturulmuştur. Bu ekipler köylere, kasabalara giderek ağızlar (şiveler), deyimler, atasözleri ve efsaneler derlemiş, Türkçe şiirler toplamıştır.[707]

Atatürk, Dil Devrimi'ni gerçekleştirirken 12 Temmuz 1932'de program ve tüzüğünü kendisinin hazırladığı **Türk Dil Tetkik Cemiyeti**'ni kurmuştur. Bu cemiyet 1936'da **Türk Dil Kurumu**'na

---

706 age., s. 593.
707 Aydoğan, age., s. 204-205.

dönüştürülmüştür. Türk Tarih Kurumu'nun olduğu gibi Türk Dil Kurumu'nun "koruyucu başkanı" yine Atatürk'tür.

Türk Dil Kurumu'nun ilk yönetmeliğinin birinci maddesinde kurumun amacı şöyle açıklanmıştır: *"Türk dilinin öz güzelliğini ve zenginliğini meydana çıkarmak ve onu dünya dilleri arasında değerine yaraşır yüksekliğe eriştirmek..."*[708]

Afet İnan, Atatürk'ün Türk Dil Kurumu için iki cepheli bir hedef belirlediğini ifade ederek, bu iki cepheyi şöyle açıklamıştır:

"1. Türk dilinin sadeleştirilmesi, halkın konuşma dili ile yazı dili arasında bir birlik ve ahenk kurulması. Konuşma, edebiyat ve ilim dilimizin kesin kurallarla saptanarak tarihi metinlerden ve yaşayan halk lehçelerinden taramalar, derlemeler yaparak bir kelime ve terim hazinesi vücuda getirilmesi. Bunların başarılması zamana ve bir kurulun sürekli çalışmalarına ihtiyaç gösteriyordu.

2. Dil incelemeleri için, tarihi araştırmalarda belge değeri olan ölü veya eski dillerin yöntemli bir şekilde incelenmesi ve karşılaştırmalar yapılması idi. Bu suretle Türk ve Türkiye tarihine kaynaklık edecek bütün eski dillerin üzerinde yetki ile çalışma ve araştırmalar yapılmalı idi."[709]

Atatürk, Türk Dil Kurumu'nun (TDK) kapılarının herkese açık olduğunu, dil üzerine kafa yoran herkesin TDK'nın doğal bir üyesi sayılacağını bildirmiştir. TDK'nın 26 Eylül 1932'de Dolmabahçe Sarayı'ndaki ilk kurultayından önce yayımlanan bildirisinde, *"Kadın erkek her Türk yurttaş, Türk Dil Tetkik Cemiyeti'nin üyesidir. Kendini kurultaya çağrılmış saymalıdır,"*[710] denilerek son derece halkçı ve demokratik bir yaklaşımla bütün bir Türk ulusu Türkçe konusunda bir şeyler yapmaya davet edilmiştir.

TDK yerli ve yabancı çok sayıda dilcinin katıldığı **Dil Kurultayları** düzenlemiştir. Bu kurultaylarda Türkçenin dünyanın en eski dillerinden biri olduğu belgelerle ortaya konulmuştur.

---

708 **Türk Dil Tetkik Cemiyeti Nizamnamesi,** İstanbul TC Maarif Vekâleti, 1932.
709 Afet İnan, **Atatürk Hakkında Hatıralar ve Belgeler,** haz. Arı İnan, 5. bas., İstanbul, 2007, s. 294-295.
710 **Türk Dil Kurultayı,** İstanbul, 1937, s. 485.

Tarama ve derleme çalışmaları yapılarak halk ağızlarında yaşamaya devam eden Türkçe sözcükler toplanmıştır. Bunlar, *"Osmanlıcadan Türkçeye Söz Karşılıkları Tarama Dergisi"* adıyla iki cilt olarak yayımlanmıştır.

Türkçe karşılıkları bulunamayan Arapça ve Farsça sözcükler için *"Osmanlıcadan Türkçeye Cep Kılavuzu"* ve *"Türkçeden Osmanlıcaya Cep Kılavuzu"* hazırlanmıştır.

Türk dilinin tarihi kaynakları yeni Türk harfleriyle basılmaya başlanmıştır. Örneğin *"Divânü Lûgat-it-Türk"*, *"Kutatgu Bilig"* gibi eserler tıpkı basımları, metinleri, çevirileri ve dizinleriyle yayımlanmıştır.

İslam dininin Kur'an, hadis ve ezan gibi temel kaynakları ve simgeleri Türkçeye çevrilmiştir.

Türk tarihiyle birlikte Türk dilini araştırması için 1936'da adını bizzat Atatürk'ün koyduğu **Ankara Dil ve Tarih-Coğrafya Fakültesi** kurulmuştur.

Atatürk'ün 1930'larda ileri sürdüğü **Güneş Dil Teorisi** 1936 yılında Üçüncü Dil Kurultayı'nda enine boyuna tartışılmıştır.

Atatürk bir taraftan tarama, derleme ve türetme çalışmalarıyla Türk dilini zenginleştirmeye çalışırken, diğer taraftan tarih ve dilbilim çalışmalarıyla Türk dilinin eskiliğini ve eski uygarlıklardan birçoğunun aslında Türkçe kullandıklarını kanıtlamaya uğraşmıştır. İşte bu ikinci uğraşıyla elde ettiği bilgileri **Türk Dil Tezi** olarak ortaya koymuş ve bu tezin Dil Kurultaylarında enine boyuna tartışılmasını istemiştir.

Atatürk'ün Türk Dil Tezi'ne göre Sümerce, Etrüskçe, Hititçe gibi eskiçağ uygarlıklarının dillerinin temelinde eski Türkçe vardır. Atatürk bu tezi de öyle durup dururken "uydurmuş" değildir. Okuduğu 1000'e yakın dil-dilbilim kitabı arasında dünyaca ünlü bazı biliminsanlarının kitaplarında bu yönde bazı önemli belge ve bilgilere rastlamış ve bu belge ve bilgilerden esinlenmiştir.

Türk Dil Tezi'ni geliştirirken Atatürk'ü en çok etkileyen biliminsanları ve kitapları şunlardır: F. Lenormant'ın *"Kaldenin İlkel Dili ve Turanlı Lehçeler"*, A. V. Edlinger'in *"Türk Dillerinin Hint-Avrupa Dilleriyle Olan Eski Bağlantıları"*, F.

Hommel'in, *"200 Sümer Türk Kelimesinin Karşılaştırılması"*, Léon Cahun'un, *"Fransa'da Ari Dillere Tekaddüm Eden Lehçenin Turanî Menşei"*, B. Carra de Vaux'nun *"Etrüsk Dili"*, Sadri Maksudi'nin *"Türk Dili İçin"*, Dr. H. F. Kvergić'in *"Türk- Sümer Dilleri Üzerine Araştırmalar"*, V. W. Radloff'un 4 ciltlik *"Türk Lehçeleri Sözlüğü"*, E. Pekarskiy'in yine 4 ciltlik *"Yakut Sözlüğü"*.[711]

Atatürk'ün Dil Devrimi'nin en temel ayaklarından biri hiç şüphesiz Türk Dil Tezi'dir. **Türk Dil Tezi'nin Türk Tarih Tezi'ni tamamlaması** amaçlanmıştır. Türk Tarih Tezi, Türklerin binlerce yıl önce Orta Asya'dan dünyanın dört bir yanına yayıldıklarını tarihe ve arkeolojiye dayanarak ortaya koyarken, Türk Dil Tezi ise bu eski Türklerin gittikleri her yere uygarlıklarını, özellikle de **dillerini götürdüklerini** yazı ve dilbilime dayanarak ortaya koymuştur.

Atatürk Türk Tarih Tezi'ni ve Türk Dil Tezi'ni aşağı yukarı aynı dönemlerde ortaya atmıştır. Nitekim Atatürk, Nisan 1931'de **Türk Tarih Kurumu**'nu, Temmuz 1932'de ise **Türk Dil Kurumu**'nu kurmuştur. Aynı amaca hizmet eden bu iki ayrı tezin Tarih ve Dil Kurultaylarında enine boyuna tartışılmasını istemiştir. Bu çerçevede Tarih Kongrelerinde tarih teziyle birlikte dil tezi de tartışılırken, Dil Kurultaylarında da dil teziyle birlikte tarih tezi de tartışılmıştır.[712]

Tarih ve dil tezlerinin en önde gelen savunucularından **Afet İnan**, Atatürk'ün Tarih ve Dil Tezlerini aynı dönemde birlikte ele almaya nasıl karar verdiğini şöyle anlatmıştır:

"Atatürk tarih çalışmalarının yanında Türk dilinin bilimsel bir inceleme konusu olmasını istemiştir. Tarihte uygarlığı incelenen Türk kavimlerinin dil hazinesi ihmal edilemezdi. Onun için tarih konularını aydınlatacak belgelerde dil konuları önde geliyordu. 1932 yılının Temmuz ayında toplanacak olan Türk Tarih Kongresi hazırlıkları esnasında okunan tezlerin tartışmaları

---

711 Meydan, **Atatürk ve Türklerin Saklı Tarihi**, s. 182-185.
712 Tarih ve Dil Kurultaylarında/Kongrelerinde tarih ve dille birlikte en çok konuşulan konu **antropolojidir**. Buna ileride ayrıntılı olarak değinilecektir.

Atatürk'ün huzurunda yapılıyordu. İşte bu tarih çalışmaları ilerlerken Atatürk dil konusunu da ele almak gerektiğini hissetmişti. Çünkü tarihi konuların işlenmesi esnasında filolojik, etimolojik araştırmaların zorunlu olduğu ortaya çıkıyordu. Atatürk dil teorilerini açıklayan kitaplar okuyor ve her tarihi konu içinde dil belgeleriyle çözülecek konular olduğuna inanıyordu. İşte özellikle bu Birinci Tarih Kongresi'nin hazırlıkları esnasında, kendisini bu konuların çok meşgul ettiğini gözlemlemiştim. Tarihe yardımcı olarak dil incelemelerini, aynı dernek içinde bir kol olarak ayırmayı, konuşmaları esnasında bizlere telkin ediyordu."[713]

Türk Dil Tetkik Cemiyeti (Türk Dil Kurumu) kurulduğunda dil işlerinde izlenecek yol şöyle belirlenmiştir:

"Önce kurultayı toplamak, tezi orada anlatmak, dil uzmanlarının, ediplerin, şairlerin, gazetecilerin, öğretenlerin düşüncelerini dinlemek, bütün milleti kendi dilinin işlerinde bilgilendirmek, yönetmeliği, programı kurultayda konuşturmak, Merkez Heyeti'ni ona seçtirmek, sonra hızla çalışmaya geçmek."[714]

Dil Kurultayları

Atatürk'ün Türk Dil Tezi, Dil Kurultaylarıyla birlikte Tarih Kongrelerinde de enine boyuna işlenmiştir. Örneğin Birinci Türk Tarih Kongresi'ne **Samih Rıfat Bey** tarafından sunulan *"Türkçe ve Diğer Lisanlar Arasındaki İrtibatlar. İptidai Türk Aile Hukuku ile Hindo-Avrupa Aile Hukuku Arasındaki Mukayese"* adlı bildiride Türk Dil Tezi'nden söz edilmiştir.

Türk Dil Tezi daha çok İkinci Tarih Kongresi'nde dile getirilmiştir. Örneğin Şükrü Akkaya, *"Sümer Dilinin Babil Diline Tesirleri"* adlı bildirisinde, **Hasan Reşit Tankut**, *"Dil ve Irk Münasebetleri Hakkında"* adlı bildirisinde, İbrahim Necmi Dilmen, *"Türk Tarih Teorisinde Güneş Dil Teorisi'nin Yeri ve Önemi"*

---

713 İnan, age., s. 293.
714 Ruşen Eşref (Ünaydın), **Türk Dil Tetkik Cemiyeti Kurulduğundan İlk Kurultaya Kadar Hatıralar**, Ankara, 1933, s. 16.

adlı bildirisinde, W. Brandenstein, *"Limni'de Bulunan Kitabe; Etrüsklerin Anadolu'dan Neşet Ettiklerine Dair Dil Bakımından Ehemmiyetli Delili"* adlı bildirisinde Türk Dil Tezi'nden söz etmişlerdir.

Görüldüğü gibi Tarih Kongreleri ve Dil Kurultayları, birbirini tamamlar nitelikte Türk Tarih Tezi ile Türk Dil Tezi'ni birlikte ele almıştır.

İkinci Türk Tarih Kongresi'nde İbrahim Necmi Dilmen, *"Türk Tarih Teorisinde Güneş Dil Teorisi'nin Yeri ve Önemi"* adlı bildirisinde Türk Tarih Tezi'nin ortaya koyduğu düşünceleri Türk Dil Tezi'nin desteklediğini belirterek, *"Bilmukabele Türk Dil Teorisi de Türk Tarih Tezi'nin delilleri arasında mühim bir yer tutmaktadır,"* demiştir.[715] Dilmen, Türk Tarih Tezi ile Dil Tezi arasındaki bağı şöyle kurmuştur: *"Neolitik devirde Orta Asya'da kültür kurmuş ve bunu Avrupa'ya, Amerika'ya ve dünyanın her tarafına yaymış olan bir ulus, elbette yarattığı kültür eserlerinin adını ve bu eserlere bağlı fikir sistemlerini birlikte götürmüş ve içlerine girdiği uluslara da yaymıştır. İşte bu prensiplerden hareket eden dil çalışmaları da insanlığın ilk kültür dilinin mekanizmasını araştırmaya koyulmuş ve bundan sonra dünya kültür dillerini kurmaktaki büyük ve esaslı rolünü bir teori halinde ortaya koymuştur."*[716]

Tarih ve Dil Tezleri hiçbir zaman birbirinden ayrılmamış, Tarih ve Dil Kurumları hep birlikte, görüş alışverişi içinde çalışmalarını yürütmüştür. Nitekim Türk Tarih Kurumu'nun 1935 Avan Projesi'nin onuncu maddesi **dil ve tarihi birlikte ele almayı** daha yararlı görmüştür.[717]

Nasıl ki Atatürk'ün Türk Tarih Tezi ayrıntılı olarak Türk Tarih Kongrelerinde enine boyuna tartışılmışsa, onun Türk Dil Tezi de Türk Dil Kurultaylarında enine boyuna tartışılmıştır.

---

715 İbrahim Necmi Dilmen, *"Türk Tarih Tezi'nde Güneş Dil Teorisi"*, İkinci Türk Tarih Kongresi, s. 86.
716 agm., s. 86.
717 Oral, **CHP'nin Ülküsü**, s. 48.

Birinci Türk Dil Kurultayı 1932 yılında İstanbul'da toplanmıştır. Birinci Türk Dil Kurultayı Başkanı aynı zamanda TBMM Başkanı olan **Kâzım Özalp**, ikinci başkan ise **Dr. Reşit Galip**'tir.

Birinci Tarih Kongresi'ne olduğu gibi Birinci Dil Kurultayı'na da yabancı delegeler katılmamıştır.

Bu kurultayda genel olarak Türk dilinin dünya dilleri arasındaki yeri, Sümerce ve Hititçenin Türkçe ile olan bağlantıları üzerinde durulmuştur.[718] Birinci Türk Dil Kurultayı Müzakere Zabıtları'nda, *"Türk dilinin gerek Sümer, Eti (Hitit) gibi eski Türk dilleri ile, gerekse Sami ve Hint-Avrupa dilleri ile mukayesenin yapılması ve Türk dilinin bütün dünya dillerine kaynaklık ettiğinin ispatlanması önerilmektedir,"* denilmiştir.[719] Bu kurultaya sunulan bildirilerde genel olarak, "Türk dilinin bir medeniyet dili olduğu" tezi işlenmiştir. Bu çerçevede yabancı dillerden gelen terimlerin Türkçeleştirilmesi, dilbilgisi ve imlanın Türkçeye özgü hale getirilmesi gibi konular da konuşulmuştur.[720]

Birinci Türk Dil Kurultayı'nda özellikle Sümerce-Türkçe ilişkisi üzerinde durulmuştur. **Samih Rıfat Bey**'in *"Türkçenin Ari ve Sami Lisanlarla Mukayesesi"*, **Ahmet Cevat Bey**'in, *"Sümer Dili ile Bizim Dilimizi Fonetik, Morfoloji, Lügat ve Nahvi Teşekkül Noktalarından Mukayese"* ve **Agop Martayan (Dilaçar) Efendi**'nin *"Türk-Sümer Hint-Avrupa Dilleri Arasındaki Mukayeseler"* adlı bildirileri Sümerce-Türkçe bağlantısını bütün boyutlarıyla ortaya koymuştur.[721]

Özellikle **Ahmet Cevat Emre**'nin bildirisi çok dikkat çekicidir. Emre, bu kapsamlı ve bilimsel bildirisinde Türkçeyle Sümerceyi "fonetik", "morfolojik" ve "sözcük" bakımlarından ayrıntılı olarak incelemiş ve bu konuda bugün bile çok değerli olan bilimsel sonuçlara ulaşmıştır.[722]

---

718 Meydan, **Atatürk ve Türklerin Saklı Tarihi**, s. 271.
719 **Birinci Türk Dil Kurultayı, Tezler, Müzakere Zabıtları**, Maarif Vekâleti Devlet Matbaası, İstanbul, 1933, s. 456.
720 Oral, **age.**, s. 34.
721 **Birinci Türk Dil Kurultayı Tezler, Müzakere Zabıtları**, s. 21-65, 81-94, 94-105.
722 Bu bildirinin ayrıntıları için bkz. **Yeni Türk**, C I, Ekim 1932; Kazım Yetiş, **Atatürk ve Türk Dili**, C I, TDK, Ankara, 2005, s. 358-368.

Birinci Türk Dil Kurultayı'nda **Hüseyin Cahit Yalçın**'ın bildirisi tartışma yaratmıştır. Hüseyin Cahit Yalçın eleştirel bir yaklaşımla öz Türkçe sözcük bulma yolunda "bilimsel" değil "benzetme" yönteminin izlendiğini, dilin Arapça ve Farsça kurallardan ve sözcüklerden temizlenme işinin son aşamaya geldiğini bu nedenle bu konuda yeni bir müdahaleye gerek olmadığını ileri sürmüştür. Hüseyin Cahit Yalçın'ın ilgiyle karşılanan bu tezini, Hasan Ali Yücel, Ali Canip Yöntem, Fazıl Ahmet Aykaç, Dr. Şükrü Akkaya, Sadri Ethem, Namdar Rahmi, Köprülüzade Mehmet Fuad ve Samih Rıfat yanıtlamışlardır.[723]

Birinci Türk Dil Kurultayı'na sunulan bazı önemli bildiriler şunlardır:

1. Samih Rıfat Bey, *"Türkçenin Ari ve Sami Lisanlarla Mukayesesi"*
2. Dr. Saim Bey, *"Türk Dili Bir Hint-Avrupa Dilidir"*
3. Ahmet Cevat Bey, *"Sümer Dili ile Bizim Dilimizi Fonetik, Morfoloji, Lügat ve Nahvi Teşekkül Noktalarından Mukayese"*
4. Agop Martayan (Dilaçar) Efendi, *"Türk-Sümer ve Hint-Avrupa Dilleri Arasında Mukayeseler"*
5. Mehmet Saffet Bey, *"Türk Dilinin Kıdemi ve Hâkimiyeti-Türkçenin Ari Dillerle Münasebeti"*
6. Hakkı Nezihi Bey, *"Türkçenin Diğer Dillerle Alaka ve Münasebeti-Türkçenin Menşei Hususiyeti, Hint-Avrupa Ana Lisanı"*
7. Raif Paşazade Fuat Bey, *"Dillerin Ayrılması, Dillerin Zenginliği, Halk Dilinin Ehemmiyeti ve Istılahlar, Lahikalar, Hindu Avrupa Dilleri ile Türkçe Arasında Birlikler, Ayrılıklar, Savti Mukayese"*
8. Hüseyin Cahit Bey, *"Dilimizin Hindu Avrupa Dilleri ile Münasebetini Araştırmak Lüzumu"*
9. Yusuf Ziya Bey, *"Ecnebi Dillerle Mukayese Nasıl Yapılır?"*[724]

---

723 Oral, age., s. 35.
724 Bu bildiriler için bkz. Birinci Türk Dil Kurultayı, Tezler, Müzakere Zabıtları, Maarif Vekâleti Devlet Matbaası, İstanbul, 1933.

Atatürk Türk Dil Kurumu üyeleriyle toplantıda (1933)

1934 yılında yine İstanbul'da İkinci Türk Dil Kurultayı toplanmıştır. Birinci ve üçüncü arasında bir geçiş kurultayı olan İkinci Türk Dil Kurultayı'nda başlıca üç konuda bildiri sunulmuştur. Bunlar: 1. Türk dilinin dünya dilleri arasındaki yeri, 2. Türk dilinin tarihi akışı ve filolojisi, 3. Dil inkılâbının manası ve hedefleri...[725]

İkinci Türk Dil Kurultayı'na yabancı delegeler de katılmıştır. Özellikle **Alman Türkoloğu Dr. Friedrich Giese**'nin Türk dilini İndo-Germen diller arasına yerleştirmesine tepki duyulmuştur.

Birinci Türk Dil Kurultayı'nda temellendirilen Türk Dil Tezi'nin İkinci Türk Dil Kurultayı'nda derinleştirilmesine çalışılmıştır. **Türk Dil Kurumu Başkanı İbrahim Necmi Dilmen**, İkinci Türk Dil Kurultayı'nda yapılacak çalışmaları ve gündeme getirilecek tezleri şöyle açıklamıştır:

"*Kurultayın kararlaştırıp basılması için kendi seçtiği umumi merkez heyetinin eline verdiği çalışma raporu şudur:*

'*Türk dilinin gerek Sümer, Eti gibi en eski Türk dilleri ile gerek Hint-Avrupa-Sami denilen dillerle mukayesesi yapılmalıdır... Türk dilinin İndo-Öropen denilen dillerin şimdiye kadar*

---

725 Oral, **age.**, s. 36.

aranıp da bulunamayan ana kaynağı olduğu günden güne yer kazanmaktadır. Arap dilinde de Türk sözcükleri aranıyor..."[726]

Üçüncü Dil Kurultayı'nda ayrıntılı olarak tartışılacak olan **Güneş Dil Teorisi** ilk kez İkinci Türk Dil Kurultayı'nda gündeme getirilmiştir. Bu teori **Naim Hazım Onat, Abdülkadir İnan, Yusuf Ziya Özer, Hasan Reşit Tankut** ve özellikle de **İbrahim Necmi Dilmen** tarafından enine boyuna tartışılıp yaygınlaştırılmıştır.[727]

İkinci Türk Dil Kurultayı'na sunulan önemli bazı bildiriler şunlardır.

1. Yusuf Ziya Bey, *"Samiler-Turaniler"*
2. Ahmet Cevat Bey, *"Türk Dilinin Yapısı, Karakterleri ve Türkçenin Ural-Altay Dilleri ile Mukayesesi"*
3. Dr. Şevket Aziz Bey, *"Hint-Avrupa Dili Türk Dilidir"*
4. Hakkı Nezihi Bey, *"Türklerin Menşei ve Türk Dili"*
5. Tahsin Özer, *"Meksika'da Müstamet (eski) Maya Dilindeki Türkçe Kelimeler Hakkında İzahat"*
6. Naim Hazım Onat, *"Türk Dilinin Sami Dillerle Münasebeti"*[728]

Atatürk İkinci Türk Dil Kurultayı'nda

---

726 *"İkinci Türk Dil Kurultayı"*, **Türk Dili**, S. 8, Eylül 1934; **Türk Dili Tetkik Cemiyeti Bülteni**, s. 17-19.
727 Oral, **age.**, s. 36.
728 Meydan, **age.**, s. 273.

Şevket Süreyya Aydemir, Atatürk'ün birbirini tamamlayan Türk Tarih Tezi ile Türk Dil Tezi'ni şöyle özetlemiştir: *"Türk tarihi hareketi, Türklerin eskiliği ve medeniyete hizmetleri açısından başlamıştı. Fakat sonra dava, bütün dünya tarihini kapsayan bir nitelik aldı. Bu görüşe göre evvela, o güne kadar Batı uygarlığı tarihinin hareket noktasını teşkil eden 'Yunan medeniyeti prensibi' sarsılıyor, uygarlığın kaynakları, hatta Mezopotamya veya Mısır-Girit-Ege üçgeni üstünden de kayarak doğuya, Orta Asya'ya götürülüyordu. Göçler oradan başlamıştı. Uygarlık kolları oradan yayılmıştı. Böyle olunca tabi ilk dillerin kaynağını da orada aramak gerekiyordu. Dil grupları Orta Asya'dan doğuya, batıya, güneye yayılan insan kolları ile beraber yeni yeni lehçeler, diller yaratarak batıya, Pirenelere, İberyaya, Gal'e, Britanya Adaları'na kadar gidiyordu. Hatta doğuya yayılan kolları, bir taraftan Çinhindi üzerinden adalara, diğer taraftan o zamanki Amerika topraklarına geçerek yeni kültür şekilleri yaratmış oluyorlardı..."*[729]

Birinci ve İkinci Tarih ve Dil Kurultaylarında ortaya konulup alt yapısı hazırlanan Türk Dil Tezi, Üçüncü Dil Kurultayı'nda **"Güneş Dil Teorisi"** adıyla uluslararası bir düzeyde ayrıntılı olarak tartışılmıştır.

Güneş Dil Teorisi

Atatürk'ün Tarih ve Dil Tezleri Projesi'nin en önemli ve en çok tartışılan ayaklarından biri Güneş Dil Teorisi'dir.

Güneş Dil Teorisi'nin çıkış noktası **Tek Dil Kuramı**'dır. Bu kuram ilk olarak aslında çok eski dönemlerde Tevrat'ta geçmektedir. Tevrat'ta önceleri *"Bütün dünyanın dilinin bir olduğu"* ancak daha sonra **Babil**'de "Tanrısal bir ceza" olarak dillerin çeşitlendirildiği belirtilmiştir.[730]

15. yüzyılda **Kaygusuz Abdal,** *"Gülistan"* adlı eserinde *"Cennette Âdem Peygamber'e öğretilen ilk dilin Türkçe olduğunu"* belirtmiştir.[731] Ona göre **Hz. Âdem,** Tanrı'nın emriyle kendisini

---
729 Aydemir, **Tek Adam,** C 3, s. 410.
730 **Tevrat, Yaratılış,** 11, 1.
731 Kaygusuz Abdal, **Dilgüşa,** haz. Abdurrahman Güzel, Ankara, 1987, s. 16-17.

cennetten çıkarmak isteyen Cebrail'in dilini anlamayınca Tanrı Cebrail'e, *"Âdem'e Türkçe hitap et!"* demiş. Bunun üzerine Hz. Âdem Cebrail'i anlayarak cennetten çıkmıştır.[732]

18. yüzyılda İsmail Hakkı Bursevi, *"Hadis-i Erbain Tercümesi"* nde dünyadaki ilk dilin Türkçe olduğunu şöyle açıklamıştır: *"Âdem cennetten 'lisan-ı Türki ile halk' dimekle kıyam idip çıkmıştır. Zira dünyada ahir tasarruf Türk'ündür."*[733]

19. yüzyılda da **Feraizcizade** (1853-1911) **Sultan II. Abdülhamid**'e sunduğu *"Persenk"* adlı eserinde Türkçenin dünyadaki ilk dil olduğunu belirtmiştir. **Feraizcizade,** Persenk'e "derkenar" olarak yazdığı *"Türk Dilinin Lisan-ı Persenk Açıklaması"* nda Peygamber tarihindeki sözcüklerin Türkçe köklerden geldiğini, dolayısıyla Türkçenin "ilk dil", "anadil" olduğunu kanıtlamaya çalışmıştır.[734]

Tevrat kaynaklı bu dinsel iddia Atatürk'ün de dikkatini çekmiştir. **Atatürk,** 1922 yılında TBMM açış konuşmasında, *"Efendiler... Türk milletinin kökünün dayandığı Türk adındaki insan, insanlığın ikinci babası Nuh Aleyhisselam'ın oğlu Yafes'in oğlu olan kişidir."*

Osmanlı'da 19. yüzyılda **Mustafa Celaleddin Paşa,** onun oğlu **Hasan Enver Paşa** ve damadı **Samih Rıfat** "Türkçenin dünyadaki ilk dil olduğunu" iddia etmişlerdir.[735]

15 ile 19. yüzyıl arasında önce **Kaygusuz Abdal,** sonra **İsmail Hakkı Busevi** ve **Feraizcizade,** daha sonra **Mustafa Celaleddin Paşa, Hasan Enver Paşa** ve **Samih Rıfat** tarafından dile getirilen "Tek Dil Kuramı" ve bütün dillerinin kaynağı durumundaki bu tek dilin Türkçe olduğu iddiası Doğu'da olduğu gibi Batı'da da taraftar bulmuştur.

---

732 Feraizcizade Mehmet Şakir, **Pelesenk-Persenk Açıklaması,** haz. Mustafa Koç, İstanbul, 2007, s. 19.
733 İsmail Hakkı Bursevi, **Hadis-i Erbain Tercümesi,** İstanbul, 1317, s. 26.
734 Bkz. Feraizcizade Mehmet Şakir, **Pelesenk-Persenk Açıklaması,** haz. Mustafa Koç, Kale Yayınları, İstanbul, 2007.
735 Sinan Meydan, **Atatürk İle Allah Arasında,** "Bir Ömrün Öteki Hikâyesi", 6. bas., İstanbul, 20012, s. 993.

Tüm dillerin kaynağını "tek bir dile" bağlama tartışması **Tevrat**'tan **Platon**'a kadar uzanmaktadır. 19. yüzyılda tüm dillerin tek bir dilden doğduğuna inanan Batılı biliminsanları bu teoriye "**Monogenist**" (tek köktenci) adını vermişlerdir. Batı'da bu teorinin karşısında "**Polygenist**" (çok köktenci) teorisi geliştirilmiştir. Tek köktencilerle çok köktenciler arasındaki tartışmaya 18 ve 19. yüzyıllarda birçok biliminsanı katılmıştır. Örneğin **Ernest Renan** "*Dilin Kaynağı*" adlı eserinde bu tartışmaların ana hatlarını ortaya koymuştur.[736]

Almanya'da **Ernest Böklen**, 1922 yılında dillerin kökeniyle ilgili "**Ay Dil Kuramı**"nı ileri sürmüştür.[737] Yani Atatürk'ün "Güneş Dil Teorisi"nden önce Böklen'in "Ay Dil Teorisi" vardır.

1935 yılında Viyana'dan Ankara'ya, Türkiye Cumhuriyeti Cumhurbaşkanı Mustafa Kemal Atatürk'e henüz basılmamış bir kitap gelmiştir. Kitap, **Dr. Phil. H. F. Kvergić**'in "*La Psychologie de Quelques Elements des Langues Turques*" (Türk Dillerindeki Bazı Öğelerin Psikolojisi) adlı Fransızca bir eseridir.[738] Kvergić'in 41 sayfa, 55 bölümlük bu incelemesi Atatürk'ün büyük ilgisini çekmiştir. **Agop Dilaçar**'ın aktardığına göre Güneş Dil Teorisi'nin ortaya çıkışında bu kitabın önemli bir yeri vardır.[739]

Dr. Kvergić kitabının girişinde şöyle demiştir:

"*Viyana Üniversitesi'nde Egiptoloji, Hamitoloji ve Afrikanistik derslerin şefi olan Türkolog Prof. W. Czermak'ın linguistik etütleri; bunlardan özellikle Berbericeye ait olanları ve Viyanalı Prof. Sigmund Freud'un psikoanalizinden kazanılan bilgiler bu küçük Türkoloji etüdünün temelidir...*"

Dr. Kvergić'in tezine göre, "İlkel insanın Güneş'e bakarken duyduğu korku ve hayranlık karşısında çıkardığı sesler sonradan kelime halini almıştır. Bunları, 'Ari' ya da 'Semitik' köklere bağlamak gayreti başarısızlıkla neticelenmişti. Ama şimdi Türkçe ile bağlılıkları açıkça görülüyordu."

---

736 Meydan, **Atatürk ve Türklerin Saklı Tarihi**, s. 278; Copeaux, **age.**, s. 50.
737 Turan, **Mustafa Kemal Atatürk**, s. 599.
738 **age.**, s. 599.
739 **age.**, s. 599.

Bir Cizvit papazı olan **Sümerolog Barenton**, *"L'Origine Des Langues, Des Religions et Des Peuples"* (Dillerin, Dinlerin ve Halkların Kökeni) 1932'de Paris'te basılmış olan iki ciltlik kitabında öteki dillerin kaynağının Sümerce olduğunu ileri sürmüştür. Barenton, kitabının 1. cildinin başlığını *"Sümercede Korunmuş Olan Dillerin İlkel Kökleri"* 2. cildinin başlığını ise *"Diller, Bunların Sümerceden Türeyişi"* diye koymuştur. Barenton, bu iki ciltlik kitabını özel bir mektupla birlikte Atatürk'e göndermiştir.[740]

Atatürk, Güneş Dil Teorisi'ni geliştirirken **Dr. Kvergić** dışında **Pekarskiy, Hilaire de Barenton, B. Cara de Voux** gibi dilbilimcilerin eserleri ile Mayalarla Türkler arasındaki ilişkinin izlerini araştırmak için Meksika'ya gönderdiği **Tahsin Mayatepek**'in gönderdiği raporlardan yararlanmıştır.[741]

Güneş Dil Teorisi'ni şöyle özetlemek mümkündür:

İnsanoğlu içgüdüyle hareket eden basit bir varlık olmaktan kurtulup düşünür bir varlık olmaya başladığında, kafasında ilk yer alan düşünce, varlıkların içinde onu en çok ilgilendiren, onun günlük hayat ve hareketleri içinde etkin ve hâkim bir rol oynayan 'Güneş' olmuştur. Bir defa sıcaklığı ile ilkel insan için "en iyilikçi" varlık olan Güneş, ayrıca ışığı ile insana muhtaç olduğu her şeyi edinmek imkânını veriyordu. Şu halde ilkel insan için Güneş her şeydi ve her şey Güneş demekti. Böylece Güneş insanın kafasında geniş ve çok yönlü bir kavram halini aldı. Güneş'in Türkçedeki ilk ses işareti en sade ve en doğal biçimde "A", "AA", "AĞ" şeklinde ortaya çıkmıştı. Zaman içinde ilk sözcükten daha az sade yeni ses işaretleri doğmaya başlamış ve böylelikle tıpkı hayatın ilk belirdiği tek hücreden sayısız canlılar türediği gibi, Güneş'in insana telkin ettiği ilk kavram ve sözcüklerden sayısız başka kavram ve sözcükler meydana gelmiştir.

---

740 age., s. 599.
741 Atatürk ve Güneş Dil Teorisi konusunda bkz. Türk Dil Kurultaylarına sunulan Güneş Dil Teorisi konulu bildirilerin metinleri: (www.tdk.gov.tr) Necmi Dilmen, Erhan Sanater, Reşit Tankut ve Tahsin Mayakon'un PDF formatında bildiri metinleri. **Atatürk ve Türk Dili 2**, *"Atatürk Devri Yazarlarının Türk Dili Hakkındaki Görüşleri"*, TDK Yayınları, Ankara, 1997, s. 554 vd.

Yeryüzünde hayvan ve bitkilerde nasıl sonsuz bir çeşitlenme olduysa, anadilden de öylece birtakım doğal faktörlerin etkisiyle türlü diller türemiştir.[742]

Güneş Dil Teorisi'nin temel amacı Türk Dil Tezi çerçevesinde Türkçe sözcük türetirken yaşanan sıkıntılardan "Kökeni Türkçedir" yaklaşımıyla kurtulmak değildir. Böyle bir amaç güdülse bile, Güneş Dil Teorisi'nin asıl amacı Sümerler, Hititler, Etrüskler gibi eskiçağ uygarlıklarının dillerinin kökeninde Türkçenin yer aldığını kanıtlayarak Türk Tarih Tezi'ni dilbilimle desteklemektir.

Güneş Dil Teorisi, 1936 yılında toplanan Üçüncü Türk Dil Kurultayı'nda derinlemesine tartışılmıştır. Üçüncü Türk Dil Kurultayı'na sunulan bazı önemli bildiriler şunlardır:

1. Yusuf Ziya Özer, *"Din ve Medeniyet Bakımından Güneş"*
2. İbrahim Necmi Dilmen, *"Güneş-Dil Teorisi'nin Ana Hatları"*
3. Vecihe Kılıçoğlu (Hatipoğlu), *"Ata Kelimesi 'Lailwort' 'Çocuk' Sözü Değildir"*
4. Hasan Reşit Tankut, *"Güneş-Dil Teorisi'ne Göre Pankronik Usulle Paleo-sosyolojik Dil Tetkikleri"*
5. Naim Onat, *"Güneş-Dil Teorisi'ne Göre Türkçe-Arapça Karşılaştırmalar"*
6. Sebahat Turhan, *"Güneş-Dil Teorisi'ne Göre Toponomik Tetkikler"*
7. Ahmet Cevat Emre, *"Terminoloji ve Güneş Dil Teorisi"*
8. A. İnan, *"(V. K.) Ekin Kanunu"*
9. İsmail Müştak Mayakon, *"Güneş Dil Teorisi Karşısında Grek Dili'nin Bazı Hususiyetleri"*
10. Hami Danişment *"İşaret Dili ve Tarifsiz Zamir"*[743]

Üçüncü Türk Dil Kurultayı'na sunulan **23 bildiriden 10'u** doğrudan Güneş Dil Teorisi ile ilgilidir.[744]

---

742 **Türk Dil Kurumu Sözlüğü**, *"Güneş Dil Teorisi Maddesi"*, Ankara, 1941, s. 50.
743 Bu bildirilerin ayrıntıları için bkz. Üçüncü Türk Dil Kurultayı 1936, Tezler, Müzakere Zabıtları, Devlet Basımevi, İstanbul, 1937.
744 Oral, **age.**, s. 38.

Atatürk Üçüncü Türk Dil Kurultayı'nda biliminsanlarıyla birlikte

Güneş Dil Teorisi bütün boyutlarıyla Üçüncü Türk Dil Kurultayı'nda tartışılmasına karşın "teorinin kaynağı Türk Tarih Tezi ve başlıca başvurulacak kaynak da Birinci Türk Tarih Kongresi tutanaklarıdır."[745] Birinci Türk Tarih Kongresi'nde **Afet İnan**'ın, **Samih Rıfat**'ın ve **Yusuf Ziya Özer**'in bildirilerinde Türk Tarih Tezi ile birlikte Türk Dil Tezi'nin en önemli ayağı olan Güneş Dil Teorisi'nden de söz edilmiştir.[746]

Güneş Dil Teorisi, 1936'da kurulan Ankara Dil ve Tarih-Coğrafya Fakültesi'nde ders olarak da okutulmuştur. *"Güneş Dil Teorisi Ders Notları"* **Abdülkadir İnan** tarafından bastırılmıştır.[747]

Güneş Dil Teorisi'nin en önemli savunucusu ve açıklayıcısı İbrahim Necmi Dilmen'dir. Dilmen, *Ülkü* dergisinde Güneş Dil Teorisi konulu çok sayıda yazı yazmıştır.[748]

Üçüncü Türk Dil Kurultayı'nda Güneş Dil Teorisi'nin esasını *"Güneş Dil Teorisi'nin Ana Hatları"* bildirisiyle yine İbra-

---
745 age., s. 36-37.
746 age., s. 37-38.
747 Bkz. A. İnan, **Güneş Dil Teorisine Göre Ders Notları**, TDK, Ankara, 1936.
748 Oral, age., s. 36.

him Necmi Dilmen açıklamıştır.[749] Dilmen'in bildirisinden, dil incelemelerinde Dr. Kvergić'in "psikoloji" ve **Yusuf Ziya Özer**'in "dinin dil yoluyla açıklanması" yaklaşımlarını benimsediği anlaşılmaktadır.[750]

Atatürk'ün dilci kurmaylarıyla Güneş Dil Teorisi'ni geliştirdiği günlerde, 1935 yılında yapılan Alacahöyük kazılarında çok sayıda **Güneş Kursu** bulunmuştur. Alacahöyük kazılarında bulunan ışınlı Güneş Kursu önce İkinci Türk Tarih Kongresi başkanlık divanını süslemiş, sonra Türkçe ve Fransızca yayımlanan *Türk Dili Belleten* adlı derginin amblemi olmuştur. Afet İnan *"Güneş Kursu"* başlıklı yazısında 1935 yılında başlayan Alacahöyük kazısının insanlığın kültür tarihine yeni bulgular getirdiğini, bunlar içinde Güneş Dil Teorisi'ni doğrulayan Güneş Kurslarının, insanoğlunun maden işleme becerisinin en ince ve değerli örnekleri olduğunu belirtmiştir.[751]

Güneş Dil Teorisi'nin sembolü Güneş Kursu (Hitit Güneşi)

---

749 Bkz. İbrahim Necmi Dilmen, *"Güneş Dil Teorisi'nin Ana Hatları"*, **Üçüncü Türk Dil Kurultayı, Tezler, Müzakere Zabıtları,** İstanbul, 1937.
750 Oral, **age.**, s. 39.
751 Toprak, **age.**, s. 448-450.

Güneş Dil Teorisi'nin Bilimle İmtihanı

Görüldüğü gibi Güneş Dil Teorisi de Türk Tarih Tezi gibi Atatürk'ün durup dururken "uydurduğu", "saçma sapan", "bilimdışı" bir teori değildir. Her şeyden önce bu teori ülkemizde ve dünyada en aşağı 15. yüzyıldan beri tartışılan "**Monogenist**" (tek köktenci) kuramının 1930'ların Türkiyesi'nde çok daha bilimsel ve sistemli bir şekilde ortaya konulmuş şeklidir. İşin ilginç yanı dünyada buna benzer **yüzlerce teori** vardır. Şevket Süreyya Aydemir'in ifadesiyle, "... *Dil teorileri; dillerin doğuşuna, şekillenmesine yönelen nazari teorik terkiplerdir. Güneş Dil Teorisi bu terkiplerden yalnızca bir tanesidir.* **Ay Dil Teorisi, El Dil Teorisi şeklinde ve 200'den fazla dil teorisi** *gibi biz de Güneş Dil Teorisi ile hedef tutulan hareket daha ziyade, 'Türk dili ile dünya dilleri arasındaki ilgiyi incelemek, Türk dilinin geçmişini, kökünü araştırmak' şeklinde belirtilmiştir.*"[752]

Atatürk, Güneş Dil Teorisi'ni de Türk Tarih Tezi'nde olduğu gibi dünyaca ünlü yabancı biliminsanlarının (**Dr. Kvergić, Pekarskiy, Hilaire de Barenton, B. Cara de Voux**) kitaplarına, tezlerine dayanarak ortaya atmış, dahası bu teorisini Üçüncü Türk Dil Kurultayı'nda yine yerli ve dünyaca ünlü yabancı biliminsanlarına tartıştırmıştır.

Burada özellikle dünya çapında bir dilci olan **Sadri Maksudi Arsal**'ın adını anmak gerekir. Daha önce anlattığımız gibi Sadri Maksudi Arsal, önce *Milliyet* gazetesindeki dilbilim yazılarıyla, sonra dünyaca ünlü Semitik diller uzmanı ve Şarkiyatçı Carl Brockelmann'ın önsözünü yazdığı "*Türk Dili İçin*" adlı kitabıyla Atatürk'ün ve Dil Devrimi'nin en önemli kaynağı olmuştur. C. Brockelmann ve S. M. Arsal'ın görüşlerine dayanan Dil Devrimi ve Türk Dil Tezi neresinden bakılırsa bakılsın bilimseldir. "*Brockelmann'ın ve Sadri Maksudi'nin dil konusundaki görüşleri (...) antropolojik dilbilimin alanına giriyordu. Dilin, kültürle insan biyolojisinin idrak ve dille ilişkileri gündemdeydi. Her ikisinin de çalışmaları antropolojik dilbilimin tarihsel ya da*

---

[752] Aydemir, **Tek Adam**, C 3, s. 405.

diyakronik boyutunu oluşturuyor, diyalektlerin ve dillerin zaman içinde uğradığı değişiklikleri kapsıyordu."[753]

Güneş Dil Teorisi önce broşürler ve gazetelerde yazılar şeklinde ortaya konulmuştur. Bu yazılardan bazılarını *Ulus* gazetesinde bizzat **Atatürk** kaleme almıştır. **Dil ve Tarih-Coğrafya Fakültesi'nin** açılmasıyla Güneş Dil Teorisi burada okutulmaya başlanmış, üniversite hocalarınca teoriyi anlatan kitaplar yazılıp basılmıştır.[754]

Cenevre'de "tarih doktorası" yapan **Afet İnan, Atatürk'ün isteği ile** Güneş Dil Teorisi'ni uluslararası alana taşımayı denemiştir. 1 Şubat 1936'da Cenevre'den Atatürk'e yazdığı mektubunda Batılı biliminsanlarının Güneş Dil Teorisi hakkında henüz net bir görüş sahibi olmadıklarını ifade etmiştir.[755] Ancak zamanla Güneş Dil Teorisi Batılı bilim çevrelerinde de tartışılıp konuşulan bir teori olmuştur.

1936'daki Üçüncü Dil Kurultayı'nda yerli ve yabancı dilcilerce her yönüyle incelenen bu teori, 1937'de **Bükreş'te 17. Uluslararası Antropoloji ve Tarih Öncesi Arkeoloji Kongresi** ile de uluslararası bir dil tezi halini almıştır.[756] Bu uluslararası kongrede Türk Tarih Tezi'ni, heyet başkanı **Afet Hanım**, Türk Dil Tezi'ni ise **Prof. Hasan Reşit Tankut** sunmuştur.[757]

"Türk Dil ve Tarih Tezleri, 1936 Üçüncü Türk Dil Kurultayı'nda, Bükreş'te 1937'de toplanan 17. Uluslararası Antropoloji ve Tarihöncesi Arkeoloji Kongresi'nin dilbilim seksiyonunda ve 1937 İkinci Türk Tarih Kongresi'nde yerli ve yabancı tarih ve dil bilginlerinin incelemelerine sunulmuştu. Bugünkü bilgi-

---

753 Toprak, age., s. 458.
754 Güneş Dil Teorisi'nin en önemli savunucularından **Hasan Reşit Tankut**'un *"Güneş Dil Teorisi'ne Göre Dil Tetkikleri", "Türk Dilbilgisine Giriş", "Güneş Dil Teorisi'ne Göre Toponomik Tetkikler"* adlı kitapları 1936 yılında Ankara Dil ve Tarih-Coğrafya Fakültesi'nden yayımlanmıştır. Aynı fakültede Abdülkadir İnan'ın da *"Türkoloji Ders Hülasaları"* ve *"Güneş Dil Üzerine Notlar"* adlı kitapları yayımlanmıştır.
755 Afet İnan, **Atatürk'e Mektuplar**, Ankara, 1989, s. 52.
756 Toprak, **age.**, s. 451-452.
757 **age.**, s. 455.

lerimiz doğrultusunda bilimsellikleri tartışıladursun, bu tezler on yıl gibi kısa bir sürede antropoloji ve tarihöncesi arkeoloji bilim dünyasında Anadolu halkı ve Türklerle ilgili önyargıların kırılmasını sağladı. Türklerin ırklarının Sarı ırka mensup olduğuna yönelik genel kanı çürütüldü ve bilim çevrelerinin geniş bir kesimi bu tezlerin anlamlı olduğu kanısına vardı. Türk Tarih ve Dil Tezleri sayesinde Anadolu insanı 'sınıf atladı' ve Avrupa insanıyla aynı kefeye konulmaya başlandı. Yoksa dönemin antropoloji ve tarihöncesi arkeoloji anlamında en saygın kongresi olan ve iki yılda bir yapılan Uluslararası Prehistorik Arkeoloji ve Antropoloji Kongresi'nin on yedincisinde büyük bir coşku ve bilimadamlarının oybirliğiyle bir sonraki kongrenin Türkiye'de yapılmasına karar verilmezdi. Keza Türk Tarih Kurumu'nun arkeoloji çalışmaları dünya ölçeğinde ses getirmiş, kurum uluslararası düzeyde saygın bir konum elde etmişti. Uluslararası alanda en güçlü arkeoloji kurumlarından biri olan Alman Devlet Arkeoloji Enstitüsü, Alman arkeoloğu ve sanat tarihçisi (Johann Joachim) Winckelmann gününün şerefine düzenlediği olağanüstü bir toplantıda Türk Tarih Kurumu Başkanı ve Bolu Mebusu Hasan Cemil Çambel'i asli üyeliğine seçmişti."[758]

1932'den itibaren Tarih Kongreleri ve Dil Kurultayları ile yerli ve yabancı biliminsanlarınca tartışılan **Türk Tarih ve Türk Dil Tezleri** 1936'daki Üçüncü Türk Dil Kurultayı ve 1937'deki İkinci Türk Tarih Kurumu Kongresi ile yerli ve yabancı bilim çevrelerinin dikkatini çekmiş, ilgiyle izlenmiştir. Bu kez **40'ın üzerinde yabancı biliminsanının** önünde bir **"Türk Tarihi Sergisi"**yle desteklenen bir sunum yapılmıştır. Bu girişim yabancı biliminsanlarını derinden etkilemiştir, öyle ki birçokları Atatürk'ün bu girişimine duydukları büyük ilgiyi sözlü ve yazılı olarak ifade etmiştir.[759]

---

758 age., s. 469-470.
759 Toprak, age., s. 452.

Atatürk Dolmabahçe Sarayı'nda açılan tarih sergisini gezerken (1937)

Türk Tarih ve Dil Tezlerinin ciddi boyutta uluslararası yansımaları da olmuştur. Örneğin Almanya ve Avusturya Kültür Bakanlığı'nın resmi yayın organının Kasım 1937 sayısında **Dr. Helmuth Scheel**'in *"Türkiye'de Tarih ve Dil Hareketleri"* başlıklı bir yazısı çıkmıştır. **Dr. Scheel** ayrıca 21 Şubat 1938'de

Berlin Üniversitesi'nde Türk Tarih ve Dil Tezi'nden söz etmiştir. Dr. Scheel, hem yazısında hem de konuşmasında Türk Tarih Tezi ve Güneş Dil Teorisi'ne ciddiyetle eğilmek gerektiğini belirtmiştir. Yine Prof. R. Hartmann ise *"Wiener prähistorische Zeitschrift"*te Türk Tarih Kongresi ve kongredeki Türk Tarih Sergisi hakkında birer yazı yayımlamıştır. Dünyaca ünlü bu iki biliminsanı dışında daha birçok Batılı biliminsanı Türk Tarih Tezi ve Güneş Dil Teorisi'ni de içeren Türk Dil Tezi'nden övgüyle söz eden yazılar yazmıştır.[760]

Atatürk, Tarih Kongrelerinde ve Dil Kurultaylarında yerli ve yabancı biliminsanlarınca enine boyuna tartışılan Türk Tarih Tezi'nin ve onu tamamlayan Türk Dil Tezi'nin (Güneş Dil Teorisi'nin) ileri sürülen bütün kanıtlarıyla sistematik bir şekilde derli toplu olarak ortaya konulmasını istemiştir. Bu iş, **Türk Dil Kurumu Lengüistik-Etimoloji Kolbaşısı Prof. Hasan Reşit Tankut** ile **Türk Tarih Kurumu'ndan Prof. Şemsettin Günaltay**'a verilmiştir. Bu iki profesör, *"Dil ve Tarih Tezlerimiz Üzerine Gerekli Bazı İzahlar"* adlı ortak bir eser hazırlamışlardır.[761]

Hasan Reşit Tankut *Şemsettin Günaltay*

2005 yılında tesadüfen bulunan Türkçe ve Fransızca hazırlanmış *"Güneş Dil Teorisi Tutanağı"* –bizim Atatürk'ten ve

---

760 age., s. 452-453.
761 Bkz. Şemsettin Günaltay-H. Reşit Tankut, **Dil ve Tarih Tezlerimiz Üzerine Gerekli Bazı İzahlar,** Devlet Basımevi, İstanbul, 1938.

eserinden habersiz omurgasız aydınlarımızın yazıp çizdiğinin[762] aksine– Güneş Dil Teorisi'nin, zamanında, **bilim dünyasında kabul görmüş** bir teori olduğunu kanıtlamıştır. Şöyle ki, adı geçen tutanakta yer alan **Güneş Dil Teorisi** ile ilgili görüşler, aralarında **Ermeni ve Rus biliminsanlarının da bulunduğu 12 farklı ülkeden, üniversite, enstitü ve akademi üyesi 14 farklı biliminsanınca** "bilimsel" bulunarak kabul edilmiştir.[763]

Güneş Dil Teorisi'nin "sonuç bildirgesi" niteliğindeki tutanakta yer alan görüşleri kabul ederek imzalayan dünyaca ünlü biliminsanları şunlardır:

1. Atina Üniversitesi'nden Prof. Anagnastapulos.
2. İstanbul Üniversitesi Latince ve İtalyanca Lektörü Dr. Bartalani.
3. İtalya Napoli Üniversitesi Şark Enstitüsü'nden Prof. Dr. Bombaci.
4. İngiltere Londra Şark Dilleri Enstitüsü Direktörü Sir Denison Ross.
5. Sovyetler Birliği Moskova Üniversitesi Şark Tarihi'nden Prof. Gabidullin.
6. Prusya Akademisi üyesi Dr. Gese.
7. Fransız Sümerolog Prof. Hilaire de Barenton.
8. Fransa Paris Şark Dilleri Okulu'ndan Prof. Jean Deny.
9. Avusturya Viyana Şark Filolojisi'nden Dr. Kvergić.
10. Japonya Türk-İslam Enstitüsü Direktörü Prof. Koji Okubo.
11. Sovyetler Birliği İlimler Akademisi üyesi Prof. Dr. Meşcaninof.
12. Bulgaristan Sofya Kral Kütüphanesi uzmanlarından Dr. Miatef.
13. Macaristan Budapeşte Üniversitesi Felsefe Fakültesi Dekanı Prof. Gyula Nemeth.
14. Polonya Varşova Üniversitesi'nden Prof. Zavançkovski.[764]

---

762 Güneş Dil Teorisi'yle dalga geçen bir çalışma için bkz. Beşir Ayvazoğlu, "*Etimolojik Türkçülük, Türk Tarih Tezi ve Güneş Dil Teorisi'nin Ön Tarihi*", **Muhafazakâr Düşünce**, Yıl: 2, S. 5, Yaz 2005, s. 29-42.
763 **Hürriyet** gazetesi, 28 Haziran 2005.
764 Meydan, **Atatürk ve Türklerin Saklı Tarihi**, s. 307.

Bu konuda, 2005 yılında çıkan *"Atatürk ve Türklerin Saklı Tarihi"* adlı kitabımda yaptığım yorumu aynen paylaşmak istiyorum: "Atatürk'ün kişisel çabalarıyla filizlenen, Birinci ve İkinci Türk Dil Kurultaylarındaki çalışmalarla belirginleşen, Üçüncü Türk Dil Kurultayı'nda enine boyuna tartışılarak olgunlaşan Güneş Dil Teorisi Sonuç Bildirgesi, dünyaca ünlü biliminsanlarınca başarılı bulunarak imzalanmıştır. Bu durum, söz konusu teorinin "konjonktürel", "ırkçı" ve "saçma" olmadığının en açık kanıtı değil midir?"[765]

Birinci Türk Dil Kurultayı'nın sonunda ortaya çıkan *"Etimoloji, Morfoloji ve Fonetik Bakımdan Türk Dili"* adlı bildirinin başındaki şu satırlar Güneş Dil Teorisi'nin bilimsel niteliğini olanca açıklığıyla gözler önüne sermektedir:

"(Güneş Dil Teorisi ile ilgilenenlerden) ricamız şudur: 1. Tenkit ediniz, 2. Reddediniz, 3. Tahlil ediniz, 4. İkmal ediniz (tamamlayız), 5. Tavzih ediniz (eleştiriniz). 'Tavzih ediniz'den maksadımız müspet veya menfi tavzihtir. Yani 'bu olamaz' diyorsanız, niçin? İzah ediniz ve buna karşı teorileriniz varsa onunla mukabele ediniz. 'Olur,' diyorsanız, niçin? Bunu izah ediniz."

Atatürk'ün 80 yıl kadar önce geliştirip yerli ve yabancı biliminsanlarının incelemesine sunduğu Güneş Dil Teorisi, Türkçenin dünyanın en eski dillerinden biri olduğunu iddia etmişti. Bizim bu iddiayla dalga geçen omurgası kırık aydınlarımız ağlanacak hallerine gülmeye devam ederken bu iddiayı bugün savunan çok sayıda yerli ve yabancı gerçek biliminsanı vardır.[766]

Atatürk ve Güneş Dil Teorisi

Atatürk'ün tarihle birlikte en çok ilgi duyduğu konulardan biri dildir. O, tarih konusunda olduğu gibi dil konusunda da bir biliminsanı gibi çalışmıştır. Türk Tarih Tezi gibi Türk Dil Tezi de bu çalışmalarının bir ürünüdür.

---
765 age., s. 307.
766 age., s. 308-310.

İsmet İnönü, Şubat 1937'de *The Financial Times* gazetesinin Türkiye nüshasına, Atatürk'ün dil ve tarih çalışmaları konusunda şunları yazmıştır:

"*Kültür işleri Atatürk'ün başlıca zevki ve meşgalesidir. Tarih tetebbuları için umumiyetle ve Türk tarihi için hususi olarak sarf ettiği emekler dikkate değer. Had devrimde, her gün on saatten aşağı olmayan ve senelerce süren bir gayret az değildir. Bu çalışmanın âlimler ve mütehassıslarla geçen etüd günlerinde zaman ve saat, tehdit mefhumunu kaybeder. Kumandanlık zamanından kalma bir meleke ile ve bünyesinin müstesna kudreti ile uzun müddet uykusuz ve istirahatsız olarak fasılasız çalışabilir. Birçok kere onu, kitapları ve yazıları içinde yirmi dört ve daha fazla saat fasılasız çalışma içinde bulmuşumdur.*

Onun tarih çalışmalarının kültürel neticeleri pek mühim olmuştur. Mekteplerin tarih kitapları, kendi nezareti altında yeniden yazılmış, 'Asar-ı atika' kazıları her vasıta ile teşvik edilmiş, tarih sahnesinde bulunan yeni hakikatler millete bildirilmiş ve enternasyonal âlemin tetkikine arz edilmiştir.

İtiyadı veçhile tarih çalışmaları için milli bir cemiyet kuruldu ve bu cemiyet, büyük kurultaylarda eserlerini ve kanaatlerini teşhir ve izah etmeye başladı. Bu mesainin milli ve medeni neticeleri mühim olmuştur. Türk milleti en eski bir insaniyet varlığı ve en eski bir medeniyet cemiyeti olduğunu anlayarak hem itimad-ı nefsi hem medeniyet aşkı artmıştır. Kuvveti ile beraber fikrinin yeni hakikatlere açılması, onda hakikat sevgisini de artırmıştır.

Bu memleket, toprağın bir köşesinde Bizans'tan veya Roma' dan yeni bir eser bulacaklar diye korkardı. Şimdi toprak altından yeni eserler çıkarmaya kendisi çalışıyor. Son Alacahöyük kazıları, Tarih Cemiyeti'nin teşebbüsüdür. Neticeler şimdiden dünyanın dikkatini celbetmiştir. Ayasofya'nın Bizans eserleri için müze haline konulması bilmem ki tefsire muhtaç mıdır? Atatürk'ün geniş ve yüksek fikrini, toleransını, hakikat arayıcılığını ve memleketin içtimai ve ilmi bünyesinde vücuda getirdiği hayırlı istihalenin derin izlerini hiçbir şey bu sade misal kadar belirtemez.

Şimdi Türk dili üzerine çalışıyor. *Türk dilinde salahiyet ve hâkimiyetle çalışmak için mutlak olarak filolojide derin olmaktan başlamıştır. Senelerden beri süren çalışmalar aynı içtimai ve münakaşalı usullerle... Cemiyet teşekkül etti. Kurultaylar yapılıyor... Eserler büyük toplantılarda teşhir ediliyor. Bu toplantılara enternasyonal büyük âlimler davet ediliyor. 1936 yazının büyük kongresi Dolmabahçe Sarayı'nda toplandı. Bin kişiyi geçen azası içinde İngiliz, Fransız, İtalyan, Sovyet, Avusturya, Polonya, Alman, Macar, Grek, Bulgar âlimleri de bulunuyordu. Bütün bu gayretler, Atatürk'ün ideali olan millet yapısını vücuda getirmek için ne zor çalışan bir mimar olduğunu gösterir."*[767]

Dilin özleşmesine büyük önem veren İnönü –üstelik dilden söz ettiği bir yazısında bile– bu kadar yabancı sözcük kullanırken, aynı tarihte Atatürk yaptığı konuşmalarda çok daha az yabancı sözcük kullanmıştır. Örneğin 1937 tarihli meclis konuşmasında *"Meclis"* yerine *"Kamutay"*, *"Vekil"* yerine *"Saylav"* sözcüklerini kullanmayı tercih etmiştir.

Atatürk dil çalışmalarına verdiği önemi, İkinci Türk Tarih Kongresi'nde **Prof. Pittard**'ın eşine, *"Bir sözcüğün kökenini bulduğu zaman duyduğu mutluluğun, Sakarya Savaşı'nı kazandığı zamanki mutluluğa eşit olduğunu"* söyleyerek dile getirmiştir.[768]

Atatürk, Tarih Kongreleri gibi Dil Kurultaylarını da çok yakından takip etmiştir. Dil Kurultaylarında kurultayın düzenlendiği salonun sağ tarafındaki büyük locada, yanında İsmet İnönü, Şükrü Kaya, diğer devlet adamları ve bazı komutanlarla birlikte ara sıra notlar alarak bildirileri dinlemiştir. Kurultay öncesinde ve sonrasında bildiri sunan dilcilerle bir araya gelen Atatürk, görüş alışverişinde bulunmuş, yetmemiş dilcileri akşamları sofrasına davet ederek onlarla sabahlara kadar daha çok köken-

---

767 Herbert Melzig, **İnönü Diyor ki-Nutuk Hitabe Beyanat Hasbihaller**, İstanbul, 1944, s. 88-89.
768 Konur Ertop, *"Atatürk Döneminde Türk Dili"*, **Atatürk ve Türk Dili**, No: 224, Ankara, 1963, s. 90.

bilimsel dil çalışmaları yapmış, bazı geceler de sabahlara kadar sözcük türetmeye çalışmıştır.

O günlerin tanıklarından birine kulak verelim:

"... *Atatürk incelemelerinin sonuçlarını, önemli konulardaki düşüncelerini kurultaydan önce ve kurultay sırasında, akşamları ve yapılan özel toplantılarda inandıklarına, güvendiklerine açıklıyor, onların da inanmalarını, aydınlanmalarını elindeki belgelerle, kaynaklarla sağlamaya çalışıyordu. Onlar da kurultaylarda, kendisinin huzurunda bu düşünceleri, her türlü karşı akımlar önünde kuvvetli inançla savunuyorlar, Atatürk'ün sözcülüğünü yapıyorlardı. Birinci Türk Dil Kurultayı'nda Atatürk'ün en çok yorulan sözcüsü Türk Dil Kurumu Tetkik Cemiyeti Başkanı Samih Rıfat olmuştu. İsmail Müştak Mayakon, İbrahim Necmi Dilmen, Ruşen Eşref Ünaydın, Falih Rıfkı Atay sayılı sözcülerdendi...*"[769]

Atatürk için Dil Devrimi ve Türk Dil Tezi ikinci bir Kurtuluş Savaşı'dır. **Hasan Cemil Çambel**'i dinleyelim:

"... *Köşke çağrıldığım bir akşam. Onu giriş kapısının yanındaki odada kendi kendine bilardo oynarken buldum. Henüz misafirler gelmemişti. Ben Dil Kurumu'nda çalışanlar arasında değildim, fakat o bu sırada bütün ruhuyla hep dilde yaşadığı için bana dile dair bazı şeyler söylemekten kendini alamadı. Söz gelişi ben, 'Efendim! Büyük Frederik, Racine'in Atalie'sini yazabilmek için bütün Yedi Sene Muharebelerini feda ederim,' diyor. 'Galiba siz de Türk Dilinin fethini Dumlupınar Zaferi kadar hayati görüyorsunuz,' dedim. Bilardo masasından bana döndü, ıstakayı yere dayadı ve gözlerinden saçılan derin bir imanla, 'Bundan hiç şüphen olmasın,' dedi.*"[770]

Atatürk'ün 1935-1938 arasındaki dil çalışmalarının boyutlarını, o dönemde Cenevre'de tarih öğrenimi gören manevi kızı **Afet İnan'a yazdığı mektupların** satır aralarında görmek müm-

---

769 Vecihe Hatipoğlu, **Ölümsüz Atatürk ve Dil Devrimi**, Ankara, 1973, s. 34-35
770 Çambel, **age.**, s. 56.

kündür. Örneğin Atatürk, 23 Aralık 1937'de Afet İnan'a yazdığı mektupta vaktinin önemli bir bölümünü dil çalışmalarına ayırdığını şöyle ifade etmiştir:

"*Gece meşguliyetimiz bildiğin gibi dil dersleri, gündüz de yalnız olarak aynı mesele üzerinde birkaç saat çalışıyorum.*"[771]

4 Ocak 1936'da Afet İnan'a yazdığı başka bir mektupta ise, "*Hatay işi dil işini geride bıraktırdı. Kafam yalnız onunla meşgul,*" diyerek dil çalışmalarına verdiği önemi göstermiştir.[772]

Atatürk yine 1936'da Afet İnan'a yazdığı başka bir mektupta dil çalışmalarının yoğunluğundan ve dil konusunda kendisine ne kadar çok güvendiğinden şöyle söz etmiştir:

"*Afet mektuplarını aldım. Ara sıra telefon görüşmelerinde de sağlık ve esenlik içinde bulunduğunu ve başarı ile derslerini izlediğini öğreniyor ve kıvanç duyuyorum. Senin yokluğundan doğan sıkıntıyı böylece azaltmaktayım. Ben bildiğin gibi dil ile uğraşıyorum. Sen giderken basılmış olan iki broşürü düzelttirip değiştirerek yeniden bastırttım. Bunun bir de ufak özetini broşür halinde bütün Ulus okurlarına dağıttılar. Sen de almış olacaksın. Bunlardan sana yeniden beşer tane gösteriyorum. Bununla beraber şimdiye kadar teorinin uygulanması olmak üzere Ulus'ta yazdığım yazıların da kesiklerini toplu olarak gönderiyorum. Buna dair orada çıkacak bazı arkadaşların yazıları da enteresan olacaktır. Bunları takip edecek olan yazıları sen toplar ve hepsini incelersin. BENCE GÜNEŞ DİL TEORİSİ TUTMUŞTUR. Hint-Avrupa dillerine de uygulanabilir. Sen kendin, gönderdiğim uygulama notlarıyla teoriyi kavramaya çalış. Anlaşılmayan yerleri sor, açıklayayım. Ondan sonra da görüşlerini bana bildirirsin. Ondan sonra belki dilbilim profesörünle beraber inceler ve eleştirir, onun da görüşünü bana bildirirsin. Kısaltılmış dediğim broşürü senin için Fransızcaya tercüme ettiriyorum, göndereceğim. Biz yemek odasında her*

---

771 İnan, Atatürk'ten Mektuplar, s. 38.
772 age., s. 34.

gece dilcilerle tahta başında dil uygulaması yapıyoruz. Ben gündüzleri buna hazırlanıyorum. Çoğunlukla çıkmaya vakit bulamıyorum. (...) Göndermiş olduğun konferans konularını gözden geçirdim. Senin buldukların profesörün verdiklerinden iyidir. (...) Yakında görüşmek üzere K. Atatürk."[773]

Atatürk'ün bu mektubu onun bir dilbilimci kadar, hatta çok daha fazla dil çalışmalarına zaman ayırdığını, geceli gündüzlü dil çalıştığını, dil içerikli yazılar yazdığını, broşürler hazırlattığını ve çok daha önemlisi Türk Dil Tezi'ne, Güneş Dil Teorisi'ne yürekten inandığını göstermektedir.

Atatürk, Dil Devrimi'nin ve Türk Dil Tezi'nin en önemli "fikir işçilerinden" biridir. Öyle ki Atatürk'ün türettiği **100'e yakın Türkçe sözcük** bugün dilimize yerleşmiş durumdadır. Atatürk ölümünden bir yıl kadar önce Arapça matematik ve geometri terimlerine Türkçe karşılıklar bulmuş ve bunları *"Geometri Kitabı"*nda toplamıştır.[774] Atatürk, Yalova'da yazdığı bu kitabı yazarının adını belirtmeden, 1937'de Milli Eğitim Bakanlığı'na bastırmıştır.[775] **Açı, üçgen, kare, boyut, uzay, yüzey, çap, yarıçap, kesek, kesik, yay, çember, teğet, açıortay, içters açı, dışters açı, taban, eğik, kırık, çekül, yatay, dikey, düşey, yöndeş, konum, dörtgen, beşgen, köşegen, eşkenar, ikizkenar, yanal, yamuk, artı, eksi, çarpı, bölü, eşit, toplam, oran, orantı, türev, alan, varsayı, gerekçe...** gibi Türkçe terimler Atatürk'ün *"Geometri Kitabı"*nda topladığı 50'ye yakın matematik ve geometri teriminden sadece birkaçıdır.

Atatürk bir taraftan yeni Türkçe sözcükler türetmiş, diğer taraftan türettiği bu yeni sözcükleri 1930'ların ortalarından itibaren söylev demeçlerinde kullanmıştır. **Arıtmak, er, erdem, esenlik, evrensel, genel, ısı, kıvanç, konuk, kurmay, kutsal, önemli, özel, subay, tüm** vb. Atatürk'ün bulup Türkçeye kazandırdığı sözcüklerden sadece birkaçıdır.[776]

---

773 **age.,** s. 32-33.
774 Atatürk'ün bu kitabı nasıl yazmaya karar verdiği hakkında bkz. Güneş Kazdağlı, **Atatürk ve Bilim,** Ankara, 2003, s. 49-50; Meydan, **age.,** s. 290-291.
775 Turan, **age.,** s. 595.
776 **age.,** s. 595.

Atatürk, 1934 tarihli **Soyadı Kanunu**'nu Dil Devrimi'nin güçlendiricisi olarak görmüştür. Bu çerçevede halkı Türkçe soyadı kullanmaya özendirmek ve yönlendirmek için önce kendisi ikinci ön adı Arapça *"Kemal"*i Türkçe "kale", "ordu" anlamına gelen *"Kamal"* biçiminde yazıp söylemiş,[777] sonra kendisine Türkçe *"Atatürk"* soyadını almış, daha sonra da yakın çevresindeki arkadaşlarına, dostlarına **Türkçe soyadları** vermiştir. Örneğin Atatürk, TBMM Başkanı Köprülü Kâzım'a "Alp Kâzım" diye anılmasından dolayı "Özalp", Gerede olaylarında esir düşen Hüsrev'e "Gerede", Yozgat Ayaklanması'nın bastırılmasında görev alan yaveri Salih'e "Bozok", sert bir politikacı olan Recep'e "Peker", demiryolu yapımında çok başarılı olan Behiç'e "Erkin", İş Bankası'nın Celal Bayar'dan sonraki Genel Müdürü olan Muammer'e işinin eri olması nedeniyle "Eriş", İran Şahı Rıza Pehlevi'nin yaşına göre dinç bulduğu İzmir Valisi Kâzım'a "Dirik", Türk Ocakları Başkanlığı yapmış Hamdullah Suphi'ye, ilk adının anlamına uygun olarak "Tanrıöver", Urfa savunmasında büyük başarı gösteren Ali Saip'e "Ursavaş", pilot olmasını istediği manevi kızı Sabiha'ya "Gökçen", Dilci Agop Martayan'a "Dilaçar", 16 Mart 1920'de İstanbul'un işgalini telgrafla kendisine bildirmiş olan Manastırlı Hamdi'ye "Onaltımart", 1919'dan beri hizmetinde bulunan Çavuş Ali'ye "Metin",[778] ilk Türk antropoloğu Şevket Aziz Bey'e, yaptığı işe uygun olarak "Kansu", bir arkadaşının eşi Mahu Hanım'a "Aygen" soyadlarını vermiştir.

---

[777] 5 Şubat 1935 tarihli **Ulus** gazetesinde bu konuda şöyle bir bilgi verilmiştir: *"Atatürk'ün taşıdığı Kamal adı bir Arapça kelime olmadığı gibi Arapça Kemal kelimesinin delalet ettiği manada da değildir. Atatürk'ün muhafaza edilen öz adı Türkçe 'ordu' ve 'kale' manasında olan Kamal'dır. Son a üstündeki tahfif (inceltme) işareti 'l' harfini yumuşattığı için telaffuz hemen hemen Arapça Kemal telaffuzuna yaklaşır. Benzeyiş bundan ibarettir."*
[778] Turan, **age.**, s. 598-599.

Sabiha Hanım'a "Gökçen"	Mahu Hanım'a "Aygen"

Kâzım Bey'e "Dirik"	Şevket Aziz Bey'e "Kansu"

Atatürk, Türkçe sözcüklerin türetilmesine ve kullanılmasına verdiği önemi, hastalığı nedeniyle **Celal Bayar'a okuttuğu** 1 Kasım 1938 tarihli TBMM açış konuşmasında şöyle ifade etmiştir:

"Dil Kurumu en güzel ve verimli bir iş olarak türlü bilimlere ait Türkçe terimleri saptamış ve böylece dilimiz, yabancı dillerin etkisinden kurtulma yolunda esaslı adımını atmıştır.

Bu yıl okullarımızda öğretimin Türkçe terimlerle yazılmış kitaplarla başlamış olmasını kültür hayatımız için önemli bir olay olarak belirtmek isterim."

Atatürk bir dilbilimci gibi bir dil tezi geliştirip, dil çalışmaları yapıp, sözcük türetirken, hiçbir zaman diktatör, baskıcı bir tavırla başka görüşlere sınırlama getirmemiş, kendi tezi ve kendi görüşleri de dahil her görüşün bilimsel bir şekilde özgürce tartışılmasını, eleştirilmesini istemiştir. Bu doğrultuda 1937 yılında

Çankaya'da bir sohbet sırasında TDK üyelerine şunları söylemiştir:

"*TDK çalışmalarına ilelebet iştirak edecek değilim. Kardeş Tarih Kurumu'nun kuruluşunu takip eden ilk yıllarda tarih üzerine arkadaşları teşvik için beraber çalıştım. Bu kurum tamamıyla teşkilatlandıktan ve ilmi çalışmalarına hız verdikten sonra Tarih Kurumu'nun mesaisine karışmıyorum, onlar bildikleri gibi akademik çalışmalarına devam ediyorlar. Dil Kurumu'nun mesaisiyle de münasebetim böyle olacaktır. Dil âlimlerinin, mütehassıslarının onlar gibi çalışmalarına müdahale etmeyeceğim. Sizin de mesainizi ilmin son verilerine uydurmanız lazımdır.*"[779]

Atatürk'ün ölümünden birkaç yıl önce Dil Devrimi'nin en önemli ayağı olan Türk Dil Tezi'nden, Güneş Dil Teorisi'nden vazgeçtiği iddia edilmektedir. Oysaki Atatürk'ün bu yönde ne bir açıklaması ne de bir uygulaması vardır. Sadece bir ara baş gösteren dilde "aşırı özleşmeden" uzaklaşmıştır. Bunu kendi söylev ve demeçlerinden de görmek mümkündür. Ancak Türk Dil Tezi'nden, Güneş Dil Teorisi'nden vazgeçmesi söz konusu değildir.

Her şeyden önce Türk Dil Tezi, Güneş Dil Teorisi Atatürk'ün ölümünden sadece iki yıl kadar önce, 1936'da düzenlenen Üçüncü Dil Kurultayı'nda bizzat Atatürk'ün isteğiyle enine boyuna tartışılmıştır. Ayrıca bir yıl sonra 1937'de toplanan İkinci Türk Tarih Kongresi'nde de yine Atatürk'ün isteğiyle Türk Tarih Tezi ile birlikte Türk Dil Tezi (Güneş Dil Teorisi) de tartışılmıştır. Dahası bu teori 1937'de Bükreş'te düzenlenen **17. Uluslararası Antropoloji ve Tarih Öncesi Arkeoloji Kongresi**'nde bile savunulmuştur.

Atatürk'ün ölmeden önce Türk Dil Tezi'nden, Güneş Dil Teorisi'nden vazgeçtiği iddiasını çürüten en önemli belge, **1935 Ekimi ile 1938 Nisanı arasında** Atatürk ile manevi kızı **Afet İnan** arasındaki mektuplardır. Bu mektuplar incelendiğinde Atatürk'ün son nefesine kadar bu teoriden vazgeçmediği, tam tersine bu teoriye olan inancının daha da arttığı görülecektir.

---

779 Utkan Kocatürk, **Atatürk'ün Sohbetleri**, Ankara, 1971, s. 42.

Atatürk ve Afet İnan

İşte birkaç örnek:

Afet İnan, 3 Kasım 1935'te Cenevre'den Atatürk'e yazdığı bir mektupta Güneş Dil Teorisi hakkında şöyle demiştir:

"... Ankara yolunda iken dil teorinizi, tarih ve tarihten önceki zaman içinde düşündüm. İnsan güneşin aydınlığını yeryüzüne indirdikten sonradır ki kültür sahasında ilerlemiş ve kendi emeği ile tabiata hâkim olabilmiştir. Ateşin keşfi, kültür ışığının parlaması bir suretle dilde sürekliliği sağlamıştır."[780]

Afet İnan Cenevre'de, Atatürk Ankara'da ve İstanbul'da Türk Dil Tezi ve Güneş Dil Teorisi konusunda çalışmış ve bu çalışmalarından birbirini haberdar ederek görüş alışverişinde bulunmuşlardır. Örneğin Atatürk 12 Kasım 1935'te Afet İnan'a Cenevre'ye çektiği bir telgrafta, *"... **Dile ait yeni yaptığım tetkikler ve bulduklarımı birkaç güne kadar yollayacağım. Sen de bana linguistiğe dair bazı eserler gönder,**"* demiştir.[781] Afet İnan Atatürk'ün bu mektubuna 15 Kasım 1935'te şöyle yanıt vermiştir:

---

780 İnan, **age.**, s. 44.
781 **age.**, s. 41.

"*Dil kursunu takip ediyorum. Henüz sizin dikkatinizi çekecek bir şey bulamadım. Kitapları üzerinde profesörle konuştuktan sonra göndermek istiyorum. Eğer daha evvel isterseniz hemen göndereyim. Yalnız bazı kitapları burada bulamadım Paris'e ısmarladım. Gönderdiğiniz kılavuz ve dil kitabını aldım. Teşekkür ederim. Ulus gazetesindeki dil yazıları sizin bulduklarınıza benziyor.*"[782]

Atatürk, Afet İnan'la yazışmaya devam etmiştir. 1936'da Afet İnan'a yazdığı bir mektupta, "*BENCE GÜNEŞ DİL TEORİSİ TUTMUŞTUR. Hint-Avrupa dillerine de uygulanabilir,*" demiştir.[783]

Atatürk'ün Türk Dil Tezi, Güneş Dil Teorisi konusundaki son çalışmaları 27 Ekim 1938 tarihine aittir.[784]

Atatürk'ün ölümü öncesinde yanı başındakiler onun "*Aman dil*", "*Yarabbi dil*" diye sayıkladığına tanık olmuşlardır.

Atatürk'ün ölümünden önce Güneş Dil Teorisi'nden vazgeçtiğini belirten tek kaynak **Ahmet Cevat Emre**'nin 1960 tarihli "*İki Neslin Tarihi*" adlı anılarıdır.[785]

Atatürk'ün Bilimkurgu Tarih Öngörüsü: "Sesler Kaybolmaz"

Atatürk'ün tarih ve dil konusundaki çalışmalarının ne ifade ettiğini doğru anlamak için onun birçok konuda olduğu gibi bu konulardaki şaşırtan öngörüsünü de bilmek gerekir. Akl-ı Kemal'in, yaşadığı çağın çok ilerisinde bir anlayış, seziş, duyuş ve bilimsel bir kavrayış olduğunun en somut kanıtlarından biri, Atatürk'ün 1936 yılında tarihin ve dilbilimin geleceğiyle ilgili yaptığı açıklamada gizlidir.

Afet İnan, 9 Ocak 1936'da DTCF'nin açılışında TTK Asbaşkanı sıfatıyla ilk dersi vermiştir. Afet İnan dersinde, tarih metodu

---

782 age., s. 45.
783 age., s. 32-33.
784 Meydan, age., s. 304.
785 age., s. 305.

hakkında genel bilgiler verdikten sonra Türk Tarih Tezi'nden söz etmiştir.[786]

Atatürk, Afet İnan'ın bu ders notlarını okuduktan sonra bu notlara ek olarak aşağıdaki metni yazdırmış ve bu metin üzerinde de kendi elyazısıyla bazı düzeltmeler yapmıştır (Ocak 1936).[787]

"Tabiatta bilirsiniz ki, hiçbir şey yok olmaz. Ne bir ses, ne bir söz, ne bir hareket... Geçtiği çağ ne kadar eski veya yeni olursa olsun, bütün bu oluşlar oldukları andaki gibi tabiat içindedir. Bu dalgalanmada zaman ve mesafe mefhumu (kavramı) yoktur. Bugün dünyanın herhangi bir köşesinde söylenen sözü veya akis (yankı) yapan hareketleri, yine dünyanın herhangi bir köşesinde aynı anda işitmenin, dinlemenin, zapt etmenin (kaydetmenin) mümkün olduğunu görüyoruz.

Yarın bizi saran tabiat unsurları içinde binlerce ve binlerce sene evvel söylenmiş sözleri olduğu gibi toplayıp tespit etmek imkânına elbette varılacaktır... Tabiatın bugün için esrar dolu sinesine gireceği muhakkak görülen insan zekâsı, beklenilen hakikatleri ortaya koyacaktır..."[788]

Atatürk, Afet İnan'a bu notu yazdırdıktan sonra şunları söylemiştir:

"Bunu fakültenin açılış dersinde okuyacaksın. Çünkü tarih belgelerinin ileriki keşifleri buna dayanacaktır. Her tarihi şahsın söylediği sözler toplanabilecek ve böylece biz onları kendi seslerinden ve sözlerinden dinleyeceğiz."[789]

Atatürk'ün bu düşünceleri karşısında şaşıran Afet İnan, "bu çok uzak bir gelecekte belki olabilecek keşfin kendi ifadesi olarak verilmesine cesaret edemeyeceğini" Atatürk'e söylediğinde, canı sıkılan Atatürk, *"Bunlar bir gün olacaktır, görürsünüz, işitirsiniz,"* demiştir.[790]

---

786 Afet İnan'ın DTCF'deki bu ilk dersi, Türkçe ve Fransızca olarak 1936 yılında İstanbul Basımevi tarafından kitapçık olarak bastırılmıştır. Ayrıntılar için bkz. İnan, **Atatürk Hakkında Hatıralar ve Belgeler**, s. 321-326.
787 İnan, **age.**, s. 389-390.
788 Bu metin ve fotokopisi, *"DTCF Tarih Araştırmaları Dergisi"*nin 1957 tarihli 1. sayısında yayımlanmıştır. İnan, **age.**, s. 327.
789 İnan, **age.**, s. 390.
790 **age.**, s. 390.

Yine de Atatürk'ün bu şaşırtan "bilimsel öngörüsü" Afet İnan'a inandırıcı gelmediği için 9 Ocak 1936'da DTCF'nin açılışındaki ilk dersinde Atatürk'ün bu yazdırdıklarını okumaya cesaret edememiştir. Afet İnan'ın ifadeleriyle: *"Çünkü bunlar benim düşüncelerim değildi. O zaman okusaydım bilmem beni dinleyenler ne düşünürdü, ama herhalde bir hayalden bahseder gibi olacaktım. Gerçi Atatürk'ün çevresinde çeşitli konular konuşulurken bu geçmiş zamanda söylenen sözlerin de bir gün toplanabileceği, fakat bunların şimdilik birbiri içinde girift olduğu söylenirdi. Ancak Atatürk, bana bu konudaki düşüncelerini yazdırdığı zaman, bu keşfin, ilim ve tekniğin ilerlemesi ile tahakkuk edeceğine kendisi inanmıştı..."*[791]

30 yıl sonra...

Afet İnan, 1 Ocak 1966 tarihinde, gece saat 22.45'te TRT haber bülteninde şöyle bir haberle karşılaşmıştır:

"France Presse Ajansı'nın bir haberine göre Venedik'in Saint Georges Adası'ndaki Benedictus Manastırı laboratuvarlarında manastır rahiplerinden Pellegrino'nun yönetiminde seslerin ayrımı esasına dayanan çok dikkate değer araştırmalar yapılmaktadır.

İtalya İçişleri Bakanlığı 1962'de başlanan bu çalışmaları kontrol etmektedir, fakat elde edilen sonuçlar henüz açıklanmamıştır.

Bununla beraber Saint Georges Adası'ndaki bilim kurulunun geçmişe ait sesleri toplayacak elektronik araçlar meydana getirmeye çalıştığı sanılmaktadır. Bilginler özellikle Demosthenes, Pythagoras ve Jül Sezar'ın söylevlerinden kendi sesleri ile parçalar elde etmeye çalışmaktadırlar.

Rahip Pallegrino, France Presse Ajansı'nın bir muhabirinin sorularına karşılık İçişleri Bakanlığı'nın yasakladığı gerekçesi ile bilgi vermekten ve çalışmaların hangi noktaya geldiğini açıklamaktan kaçınmıştır."

Afet İnan bu haberi duyunca çok şaşırmıştır. Kendi ifadeleriyle: *"Çünkü aynı günlerde, tam otuz yıl önce –1936 yılının*

---

[791] age., s. 390-391.

yine ilk günlerinde idi– Atatürk'ün bana DTCF'nin açılış dersine ilave olarak yazdırdığı ve üzerinde elyazısı ile düzeltmeler yaptığı metinde aynı fikirler ifade edilmekte idi. (...) Onun için 1 Ocak 1966 akşamı Ankara Radyosu'ndan işittiğim bu Bilim Kurulu'nun haberi bana bu sözleri hatırlattı. Aynı zamanda Atatürk'ün sözleri kulaklarımda akisler yapıyordu. Onun yazdırdığı aynı metni hemen tekrar okudum..."[792]

Afet İnan'ın 1966'da *France Presse Ajansı* kaynaklı bir TRT haberine dayandırdığı "uzayda seslerin kaybolmadığı" teorisi zaman içinde daha da geliştirilmiştir. Bugün artık uzayın, evrenin sırlarını çözebilmek için devasa teknoloji harikası radyo teleskopları geliştirilmektedir. Bu dev radyo teleskoplar evreni dinleyecektir. Bu konuda yapılan son araştırmalar 2012'de basına şöyle yansımıştır:

"Dünyaca ünlü bilgisayar firması IBM, Square Kilometer Array (Kilometrekare Düzeni – SKA) adı verilen dünyanın en büyük radyo teleskopu için veri yönetimi ve analiz teknolojileri geliştirmeye başladı. SKA teleskopunun, 2024 yılında kullanılmaya başlaması planlanıyor. IBM uzmanları teleskop aracılığıyla elde edilecek bilgilerin, günümüzün sıradan bilgisayarlarıyla analiz edilmesinin imkânsız olduğu öngörüsü üzerine kolları sıvadı. Projedeki IBM uzmanlarından Ton Engbersen, 'Bu bir bilgisayar sistemini nasıl inşa edebileceğimiz hakkında bir araştırma projesi,' dedi. (...) SKA dünyadaki en büyük ve en hassas radyo teleskopu olacak. SKA, biliminsanlarına bundan 13 milyar yıl önce gerçekleşen 'Büyük Patlama'nın nasıl olduğu konusunda sağlam ipuçları sunacak. SKA, her biri sürekli veri akışı sağlayan 3 bin küçük antenden oluşacak. Teleskopun toplayacağı bu verilerin toplam 1 eksabyt yani 1 milyar gigabayt olması bekleniyor. Bu da IBM'nin tahminlerine göre dünyadaki günlük internet trafiğinin iki katına tekabül ediyor. Verilerin Avustralya ya da Güney Afrika'ya yerleştirilecek antenlerden alınarak özetlenip dünya genelindeki araştırmacılara gönderilmesi planlanıyor."

---

[792] age., s. 390.

Peki ama Atatürk 1936 gibi erken bir tarihte, 30 yıl kadar sonra tartışılmaya başlanacak olan böyle bir bilimsel teoriden nasıl haberdar olmuştur. Afet İnan, *"... Gerçi Atatürk'ün çevresinde çeşitli konular konuşulurken bu geçmiş zamanda söylenen sözlerin de bir gün toplanabileceği, fakat bunların şimdilik birbiri içinde girift olduğu söylenirdi..."* diyerek Atatürk'ün bu konuşulanlardan etkilenmiş olabileceğini ifade etse de, benim görüşüme göre Atatürk daha çok fizik, kimya ve astronomi konularında okuduğu **104 kitaptan** etkilenmiştir.[793]

Örneğin Atatürk'ün Türk Tarih Tezi'ni geliştirirken en çok etkisinde kaldığı **Herbert George Wells** aynı zamanda bir bilimkurgu yazarıdır. **Jules Verne** ve **Hugo Gernsback**'le birlikte ilk bilimkurgu ustalarındandır. Wells'in bilimsel zekâsı ve derin hayal gücüyle biçimlendirdiği romanları ve yazıları geleceğin dünyasıyla ilgili şaşırtıcı bilimsel ve teknik öngörülerle doludur. Wells'in *"Dünya Tarihinin Ana Hatları"* adlı kitabını okuyup çok etkilenen Atatürk, büyük bir olasılıkla onun 1895 tarihli *"The Time Machine" (Zaman Makinesi)* adlı kitabından da haberdardır.[794] Kitabında zaman makinesinden ve zamanda yolculuktan söz eden Wells, Einstein'dan on yıl önce zamanı dördüncü boyut olarak tasarlamıştır. *"H. G. Wells'in kitabında zamanı dördüncü boyut olarak yorumlaması olağanüstü bir buluştur."*[795] Wells'in zaman-mekân-uzay konusunda daha onlarca teorisi vardır. Onun bilimkurgu kitaplarının çoğu ileriye dönük öngörülere sahiptir.

20. yüzyılın başlarında Wells dışında **Albert Einstein** da benzer kuramlar ileri sürmüştür. Einstein'ın ilk önemli eseri 1905 yılında yayımlanmıştır. Bu eserinde *"Özel Rölativite"* adını verdiği bir kuram ortaya atan Einstein, 1915'te ise *"Genel Rölativite"* adlı kuramını yayımlamıştır.[796]

---

793 Turan, **Mustafa Kemal Atatürk**, s. 64.
794 Wells'in ayrıca *"Dr. Moreau'nun Adası"*, *"Görünmez Adam"*, *"Dünyalar Savaşı"* ve *"Ayda İlk İnsanlar"* adlı çok satan kitapları da vardır. Bunların bir kısmı filme de alınmıştır.
795 J. Richard Gott, **Einstein Evreninde Zaman Yolculuğu**, "Zamanda Yolculuk Olasılığı", 3. bas., çev. Erdem Kamil Yıldırım, Ankara, 2009, s. 8.
796 David Fılkın, **Stephen Hawking'in Evreni**, "Kâinatın Sırları", çev. Mehmet Harmancı, İstanbul, 1998, s. 84.

   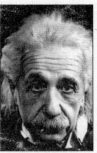

Herbert George Wells   *Jules Verne*   *Hugo Gernsback*   *Albert Einstein*

Atatürk, hem çok beğendiği Wells'in, hem de dünyada yavaş yavaş sesini duyurmaya başlayan Einstein'ın uzay-zaman-mekân teorilerinden haberdardır. Bu konularda bir taraftan okurken diğer taraftan düşünmüştür. Atatürk'ün 1930'larda okuduğu kitaplar arasında kuramsal fiziğin dünyaca ünlü temsilcisi **Henri Poincaré**'nin *"Bilim ve Hipotez"*, *"Bilim ve Metot"* ve *"Bilimin Değeri"* adlı kitapları da vardır.[797]

Tarih ve Dil Çalışmalarının Sonucu: Türk Rönesansı

Atatürk'ün Tarih ve Dil Tezleri Projesi ne işe yaramıştır? Hangi yararlı sonuçları doğurmuştur? Öncelikle şunu belirtmeliyim ki bu projeler, bizim "evrensel milliyetsiz" bazı aydınlarımızın yaptığı gibi "alaya" alınacak, "dalga geçilecek", "aman sende" diyerek burun kıvrılacak bilimdışı, fantastik, uyduruk düşünceler bütünü değildir. Tam tersine bu projeler, Türk tarihine ve Türk diline çok büyük katkılar yapmış, sosyo-kültürel alandaki olumlu etkileri günümüze kadar devam etmiş, ulusal ve uluslararası boyutta bilimsel çalışmalardır.

Atatürk'ün Türk Tarih Tezi, bir taraftan unutulan Türk tarihini yazılı hale getirip hatırlatarak ulusal hafızayı canlandırmış,

---

[797] Güneş Kazdağlı, **Atatürk ve Bilim**, 2. bas., Ankara, 2003, s. 92; Meydan, **age.**, s. 43.

diğer taraftan uluslararası alanda Türk tarihine yönelik iftiraları ve saldırıları bilimsel yöntemlerle zayıflatmıştır. Çok daha önemlisi, kurulalı daha 15 yıl olmayan genç Türkiye Cumhuriyeti'nin uluslararası alanda son derece ciddiyetle tartışılan bir dil, bir de tarih tezi geliştirmeyi başarmış olmasıdır.

Atatürk'ün tarih çalışmaları sayesinde Türk insanı 600 yıl kadar sonra ilk kez, Orta Asya'dan Anadolu'ya uzanan binlerce yıllık kökleriyle tanışmış, ilk atalarının uygarlık kurucusu olduğunu öğrenmiş, Batı'nın Türklere yönelik iddialarının asılsızlığını anlamış, tarihi, halife padişahların hayat hikâyelerine ve savaş-anlaşma kısır döngüsüne indirgeyen vakanüvisçilikten; belge ve bilgiye dayanan, dilbilim, arkeoloji ve antropoloji gibi yardımcı bilimlerle desteklenen bilimsel anlayışa dönüştürmüş, dinci ve ırkçı her türlü faşizan yaklaşımı reddederek hümanist ve demokratik yaklaşımları benimsemiştir. Tarih Türkiye'de ilk kez Atatürk'ün Türk Tarih Tezi'yle ve bu tezi tartıştırmak için topladığı Tarih Kurultaylarında gerçek anlamda "bilim" muamelesi görmüştür.

Atatürk'ün tarih çalışmalarının en pratik, en elle tutulur sonucu orta dereceli okullarda okutulan dört ciltlik 500'er sayfalık *"Tarih"* serisi ile Türk Tarih Tezi'nin derli toplu olarak yer aldığı *"Türk Tarihinin Ana Hatları"* adlı kitaplardır.

Atatürk'ün dil çalışmaları ise bir taraftan 600 yıl kadar unutulan, unutturulan, Arapça, Farsça sözcüklerin istilasına uğrayan Türkçeyi derleme, tarama ve türetme çalışmalarıyla adeta yeniden diriltmiş, diğer taraftan da Türkçenin dünyanın en eski kök dillerinden biri olduğunu kanıtlama yoluna giderek Türk Tarih Tezi'ni desteklemiştir. Öncelikle Atatürk'ün Dil Devrimi sayesinde Türk insanı yaradılışına, genetik yapısına ve kültürel kodlarına hiç uymayan Arapça ve Farsça gibi yabancı dillerle kendini ifade etmeye zorlanmaktan kurtularak 600 yıldan daha uzun bir zaman sonra yeniden anadiliyle düşünmeye, anadiliyle konuşup yazmaya başlamış, böylece hem daha kolay okuryazar olmuş, hem de yaratıcılığını çok daha mükemmel bir şekilde ortaya koyabilmiştir. Daha sonra ise Türk Dil Tezi'yle Türkçenin bir uygarlık ve bilim dili olduğu ortaya çıkarılmıştır.

Dil Devrimi'nin başarısı övgüye değerdir:
Dil Devrimi'nin ilk sekiz ayında halk ağzından **125.988 Türkçe sözcük** derlenmiştir. Bir yıl sonra bu sayı **129.792**'ye çıkmıştır. Anadolu Türkçesine yönelik bu derlemelerden başka tarih kitaplarından, sözlüklerden, elyazmalarından yeryüzündeki Türk lehçelerinin tümüne ait binlerce Türkçe sözcük taranmıştır.[798] Bunlar kitapçık/dergi halinde yayımlanmıştır.

8 Mart 1933'te başlatılan "Osmanlıcadan Türkçeye Karşılık Bulma Programı"nın çalışmaları sonunda dört ay içinde belirlenen 1382 Arapça, Farsça sözcükten **1100'üne Türkçe karşılık bulunmuş**, bunun 640 tanesi benimsenip yayımlanmıştır.[799]

Dil ve Tarih-Coğrafya Fakültesi Tarama Dergisi (2 cilt)

Atatürk'ün 1930'ların sonlarında türettiği çoğu geometri ve matematik teriminden oluşan 100'e yakın Türkçe sözcük bugün dilimizde kullanılmaktadır.

---
798 Aydoğan, **age.**, s. 208-209.
799 **age.**, s. 209.

Halk, *"Türkçe Konuş"* veya *"Konuştuğun Gibi Yaz"* sloganlarıyla Türkçe konuşmaya çağrılmıştır.

Yerleşim yerlerinin Ermenice, Rumca ve başka dillerdeki adları Türkçeleştirilmiştir.

Azınlık okullarına Fransızca zorunluluğu yerine Türkçe zorunluluğu getirilmiştir. Tüm azınlık okullarının eğitim programlarında ilk sınıflarda haftada 14 saat Türkçe okutulması kararlaştırılmış; bunun 8 saatini Türkçe, 3 saatini Türk tarihi, 3 saatini de coğrafya oluşturmuştur. Bu dersleri geçemeyenler sınıfta kalmıştır.[800]

İşyeri adları, tanıtım afişleri, rakamlar, yemek listeleri, reklamlar, işyeri tabelaları, dilekçeler, yurtiçi mektup adresleri, telefon numaralarının Türkçe yazılması kararlaştırılmıştır. Ayrıca derneklerin ve vakıfların bütün yazışmalarının, sözleşmelerinin, faturalarının Türkçe yazılması istenmiştir.

Soyadı Kanunu ile halkın öz Türkçe soyadı alması özendirilmiştir.

Türk Dil Kurumu'nun tarama, derleme ve türetme çalışmaları sonunda, Osmanlı döneminde iyice fakirleşen Türkçe yeniden zenginleşmiştir. Örneğin, 19. yüzyılda Şemseddin Sami'nin *"Kamus-i Türki"*sinde %34 oranında Türkçe sözcük varken, 1974'te yayımlanan *"Türkçe Sözlük"*te %52.66 oranında, 1982'de ise %62 oranında Türkçe sözcük vardır.[801]

"... 1930'lu yıllarda üretilen sözcüklerin önemli bir kısmı dilde yer etmişti. Bunların da etkisiyle hukuk dili köklü dönüşümlere uğradı. Düzenlemelerin kabaca %95'i bugün hâlâ kullandığımız sözcükleri oluşturdu..."[802]

Dil Devrimi Atatürk'ün ölümünden sonra 1950'lere kadar devam etmiştir. Örneğin, **İnönü döneminde**, 1945'te Osmanlıca *"1924 Teşkilat-ı Esasiye Kanunu"*, *"Anayasa"* adıyla öz Türkçeleştirilmiştir.[803]

---

800 age., s. 210-211.
801 Ayrıntılar için bkz. **Atatürk'ü Yolunda Türk Dil Devrimi**, Ankara, 1981; Turan, age., s. 601.
802 Toprak, age., s. 511.
803 Bkz. Zühtü Çubukcuoğlu, **Yeni Türk Dili Cep Kılavuzu-Anayasada ve BMM'nin İç Tüzüğünde Kabul Olunan Yeni Türkçe Kelimeler**, 2. bas., Kenan Matbaası, İstanbul, 1945.

Atatürk'ün Tarih ve Dil Tezleri Projesi 1930'ların ve 1940'ların Türkiyesi'nde bir "kültür devrimi" yaratmıştır.

Aslında yetersiz Osmanlı mirası ve Kurtuluş Savaşı enkazı üzerine adeta sıfırdan kurulan genç Türkiye Cumhuriyeti'nin 10. yılında **Türk Tarih Kurumu**'nu ve **Türk Dil Kurumu**'nu kurmuş olması ve bu kurumların uluslararası katılımlı Tarih ve Dil Kurultayları düzenlemesi başlı başına bir kültür devrimidir.

Atatürk, 1 Kasım 1936 tarihli meclis konuşmasında, Türk Tarih ve Türk Dil Kurumlarının "ulusal akademiler" haline getirilmesini istemiştir:

"Tarih Kurumu'nun Alacahöyük'te yaptığı kazılarda ortaya çıkardığı 5500 yıllık somut Türk tarihi belgeleri, dünya kültür tarihini yeniden incelemeyi ve derinleştirmeyi getirecek niteliktedir. Birçok Avrupalı bilimadamının katılımıyla toplanan son dil kurultayının parlak sonuçlarını görmüş olmaktan çok mutluyum. Türk Dil ve Türk Tarih Kurumlarının kısa sürede ulusal akademiler halini almasını dilerim. Türk tarih ve dil bilimcilerinin, dünya bilim âlemince tanınacak özgün eserlerini görme mutluluğuna erişmemizi dilerim."

Atatürk, 5 Eylül 1938 tarihli **vasiyetnamesinin** altıncı maddesinde *"Her sene nemadan arta kalan miktar yarı yarıya Türk Tarih ve Dil Kurumlarına tahsis edilecektir."*[804] diyerek Tarih ve Dil Kurumlarına da mirasından hisse bırakmıştır. O, bu kurumların **özerk bir yapıda,** kendi ayakları üstünde durmasına büyük bir önem vermiştir. Gerçekten de Türk Tarih ve Dil Kurumları 1980'lere kadar Atatürk'ün mirasına uygun nitelikte işler yapmıştır. Özellikle Türk Tarih Kurumu'nun **arkeolojiye** verdiği önem, Anadolu'da yaptığı başarılı arkeolojik kazılar dikkat çekicidir. Türkiye'de tarih gibi arkeoloji de Atatürk'ün çabalarıyla gerçek anlamda "bilim" olarak görülmeye başlanmıştır.

Türkiye'de 1930'larda ve 1940'larda Tarih ve Dil Tezleriyle ilgili çalışmalara yer vermek için; Türk Dil Kurumu *"Türk Dili*

---

[804] İnan, **age.**, s. 279.

Belleten"i, Türk Tarih Kurumu *"Belleten"*i,[805] Türk Antropoloji Kurumu *"Türk Antropoloji Mecmuası"nı*, AÜDTCF *"Ankara Üniversitesi Dil ve Tarih-Coğrafya Fakültesi Dergisi"*ni, Halkevleri *"Ülkü Dergisi"*ni ve *"Halkevleri Dergileri"*ni çıkarmıştır. Bu dergilerin hemen hepsi Avrupa'daki benzerleriyle yarışabilecek düzeyde son derece bilimsel ve kaliteli yayın organlarıdır.[806]

"... Türkiye'de sosyal bilimlerin gelişmesinde Dil ve Tarih-Coğrafya Fakültesi Dergisi ayrı bir konum elde etti. Keza Türk Tarih Kurumu'nun çıkardığı Belleten de aynı dönemde Türkiye'de tarih ve diğer sosyal bilimlere çağ atlatacak güçte bir içeriğe sahip oldu. Ne yazık ki her iki dergi de 40'lı yıllardaki disiplinlerarası çoğulcu niteliklerini ileriki yıllarda koruyamadı.

Her iki derginin 40'lı yıllarda bu denli önemli atılım içerisinde olması ancak 1930'lu yıllarda yaşanan 'kültür devrimi' ile açıklanabilirdi. Türkiye'nin sosyal bilimlerde 1930'lu yıllarda gerçekleştirdiği kültür devrimi İstanbul'dan çok Ankara'da meyvelerini vermişti. Gazi'nin kimi kez aşırılıklar içeren tezleri, Türkiye'de çağdaş sosyal bilimlerin temellerinin atılmasına da vesile olmuştu.

Birçok toplumsal dönüşüm benzer romantik özlemlerin ardından ortaya çıkmıştı. Sosyal bilimlerin doğuş evresi olan 19. yüzyıl romantizmin taa kendisini bağrında yaşatıyordu. Bu süreçte hatalar sevaplara oranla arka planda yer alıyordu. Tüm kültür devrimleri benzer kaderi paylaşmıştı. Ama son kertede durağan yapılar çözülmüş, bir tür kuantum dönüşümü sağlanmıştı. Türk Tarih Kurumu, Türk Dil Kurumu, Dil ve Tarih-Coğrafya Fakültesi ve ardından Hasan Ali Yücel'in 'klasikleri' Cumhuriyet'in inşa sürecinde aydınlanmanın yapıtaşlarını oluşturdu. Türkiye 20. yüzyılı kültürel bağlamda 30'lu ve 40'lı yıllarda Ankara'da yakaladı. Bu süreç Atatürk'ün kültür adamı olarak yadsınamaz öncülüğünde gerçekleşti."[807]

---

805 Bu dergilere "Belleten" adını bizzat Atatürk vermiştir.
806 Halkevlerinin yayın organı **Ülkü dergisi** için bkz. Mustafa Oral, **C.H.P'nin Ülküsü-C.H.P'nin Kültür Siyasası Açısından Halkevleri Merkez Yayını Ülkü Dergisi**, Yeniden Anadolu Müdafaa-i Hukuk Yayınları, Antalya, 2006; Firdevs Gümüşoğlu, **Ülkü Dergisi ve Kemalist Toplum**, Toplumsal Dönüşüm Yayınları, İstanbul, 2005.
807 Toprak, **age.**, s. 286.

Atatürk, eğitim, sanat, spor, giyim-kuşam alanlarında yaptığı sosyo-kültürel devrimlerle birlikte 1930'larda hayata geçirdiği **Tarih ve Dil Tezleri Projesi** ile Türkiye'de geç kalmış bir **Rönesans** başlatmıştır. Avrupa'da 15 ve 16. yüzyıllarda başlayan Rönesans hareketi nasıl ki eski Yunan, Roma tarihinden ve dilinden beslenmiş ise; Batı'da 18. yüzyıldan itibaren uluslaşmaya paralel ulusal tarihler ve ulusal diller önem kazanmış, bu konuda zaman zaman aşırı romantizme kaçan çalışmalar yapılmış ve sonunda bütün bu çalışmaların meyvesi olarak Batı'da **Aydınlanma Dönemi** yaşanmış ise; işte Türkiye'de de 1930'larda benzer bir sürecin ilk adımları atılmıştır. Atatürk'ün başlattığı "Türk Rönesansı" da eski Türk tarihinden ve Türk dilinden beslenmiş, Türkiye'de de ulusal tarihe ve ulusal dile önem verilmiş, zaman zaman aşırı romantizme kaçan çalışmalar yapılmış, ama sonuçta bir "kültür devrimi" ortaya çıkmıştır. Fakat Avrupa'da 15. yüzyıldan günümüze kesintisiz olarak neredeyse 500 yıl devam eden "kültür devrimi", bizde 1930'lardan 1950'lere kadar ancak 20 yıl devam edebilmiştir. Avrupa'nın 500 yılda vardığı noktaya 20 yılda ulaşmanın imkânsızlığı şöyle dursun, yine de Atatürk'ün düşünsel ve eylemsel önderliğinde gerçekleşen bu kısa süreli, ama büyük dönüşüm, Türkiye'ye dışarıdan bakan yabancı bir gözü şaşırtacak kadar göz kamaştırıcıdır.

1930'ların Avrupası **faşizmin** ve **nazizmin** kıskacındayken, İtalya, Almanya gibi Avrupa ülkelerinde bilim, "dinin" ve "ırkçı" ideolojilerin hizmetine sokulmuşken, biliminsanları sadece dinlerinden, ırkı aidiyetlerinden ve tarafsız bilim anlayışlarından dolayı işkence görüp, sürgün edilip katledilirken; Atatürk Türkiyesi, Avrupa'daki dinci, ırkçı ve baskıcı yaklaşımlardan kaçarak kendilerine hem yaşayabilecek hem de bilim yapabilecek ülkeler arayan birçok Batılı gerçek biliminsanına kucak açmıştır. Atatürk, 1930'larda özellikle Almanya'daki Nazi baskısından kaçan dünyaca ünlü Yahudi biliminsanlarını Türkiye'ye davet ederek, onlara yeni kurulmakta olan Türk üniversitelerinde **milletvekillerinin üç katı maaşla** bilim yapabilme fırsatı vermiştir. 1930'larda daha çok Ankara Dil ve Tarih-Coğrafya Fakültesi ile İstanbul Üniversitesi'nde istihdam edilen bu dünyaca ünlü yabancı biliminsanları arasında çok başarılı tarihçiler, arkeologlar, dilciler ve antropologlar vardır. **Landsberger, Güterbock, Van der Osten** bunlardan sadece birkaçıdır. Atatürk'ün Türk Tarih ve Dil Tezleri Projesi, işte bu dünyaca ünlü biliminsanlarının katkılarıyla, görüş ve eleştirileriyle gelişip olgunlaşmıştır. Türkiye 1930'ların dünyasında ABD ve bazı Avrupa ülkeleri dışında en gözde biliminsanlarının toplandığı sayılı ülkelerden biridir. Bu nedenle 1930'larda Türkiye'de yapılan bilimsel çalışmalar, ileri sürülen bilimsel kuramlar asla yabana atılmamalıdır. Bugün bu çalışmaları eleştirenler, Atatürk'ten önce bu dünyaca ünlü biliminsanlarını eleştirdiklerini asla unutmamalıdırlar!

15. yüzyıl ve sonrasında Avrupa'da, İtalya'da Rönesans'ın ortaya çıkıp gelişmesinde nasıl ki Doğu'dan Batı'ya giden biliminsanlarının ve Doğu (İslam) biliminin etkisi olmuşsa, 1930'larda Türkiye'de Atatürk'ün önderliğinde gelişip olgunlaşan "Türk Rönesansı"nda ise Batı'dan Doğu'ya gelen biliminsanlarının ve Batı biliminin etkisi olmuştur.

Bazı kesimlerce "Tek Parti" dönemi diye küçümsenen 1930'lar Türkiyesi ve o Türkiye'nin "baskıcı", "diktatör" olmakla "bilimdışı" davranmakla suçlanan Cumhurbaşkanı Atatürk, aslında o dönemin ruhuna aykırı bir şekilde "dinci" ve "ırkçı" olmayan, son derece "bilimsel" ve "demokratik" bir anlayışla gerçek anlamda bir "kültür devrimi", bir "Türk Rönesansı" başlatmıştır. Bu kültür devriminin, bu Türk Rönesansı'nın en başat motifi ise Atatürk'ün Tarih ve Dil Tezleri Projesi'dir.

Atatürk ve Antropoloji: "Irkçı Batı'ya Bilimsel Başkaldırı"

19. yüzyılda Batı'da gelişmeye başlayan bilim dallarından biri antropolojidir. Fiziki (Biyoloji), Antropoloji, Kültürel Antropoloji ve Antropo-sosyoloji gibi bölümlere ayrılan bu yeni bilim dalı, hem bağımsız bir disiplin olarak hem de sosyoloji, biyoloji ve tarih gibi bilimlere yardımcı bilim dalı olarak gelişmiştir.[808]

---

[808] Antropoloji tarihi ve antropoloji ekolleri hakkında bkz. Toprak, **age.**, s. 17-55.

İnsanlığın ırka dayalı ilk sınıflandırması 1750'de **Linnaeus** tarafından yapılmıştır. Bu sınıflandırmaya göre Avrupa "Beyaz", Asya "Sarı", Amerika "Kırmızı", Afrika ise "Siyah" ırklardan oluşmuştur.

1853 yılında Fransız yazar **Arthur Gobineau,** *"İnsan Irklarının Eşitsizliği Üzerine Bir Makale"* adlı çalışmasında gelişmedeki en önemli etkenin "ırk" olduğunu savunmuştur. Gobineau, tarihteki yaşam mücadelesinde en üstün gelen ırkın "Aryan ırk" (Ari ırk) olduğunu belirtmiştir.

Irkların sınıflandırmasında İngiliz Doğa Bilimci **Charles Darwin**'in çalışmaları derin bir çığır açmıştır. Darwin, 1859'da yayımlanan *"Türlerin Kökeni"* ve 1871'de yayımlanan *"İnsanın Türeyişi"* adlı kitaplarıyla Batı bilimini yönlendirmiştir. Darwin eserlerinde, dünyada doğal kaynakların besleyemeyeceği bir nüfus fazlası olduğunu, bu nedenle her zaman "güçlülerin" veya "uygunların" galip çıkacağı sürekli bir yaşam mücadelesinden söz etmiştir (Doğal Seçilim Doktrini).

Charles Darwin

19. yüzyılda İngiliz Doğa Bilimcisi **Charles Darwin**'in ve İngiliz Felsefeci **Herbert Spencer**'in düşüncelerinden hareket eden bazı sosyal bilimciler, yaşam mücadelesinde üstün gelen ırkların ahlaken de üstün olduklarını savunmaya başlamıştır.

Bu düşünceleri İngiliz yazar **Houston Stewart Chamberlain** bir aşama daha ileri götürerek bir anlamda ırkçılık ideolojisinin temellerini atmıştır. Nazi diktatörü **Adolf Hitler,** yazara o kadar büyük bir hayranlık duymuştur ki, onu 1927 yılında ölüm döşeğinde ziyaret etmiştir.[809]

1860-1890 yılları arasında yapılan arkeolojik kazılarla elde edilen bulgular, antropolojinin gelişmesinde çok etkili olmuştur.

---

[809] James Joll, **Europe Since 1870,** An International History, Penguin Books, Middlesex, 1990, s. 102-103.

Bu arkeolojik bulgulara dayanarak 1865 yılında İngiliz **E. B. Taylor** *"İlkel Kültür"*, Amerikalı **L. H. Morgan** da *"Antik Toplum"* adlı eserlerini yayımlamıştır.

Batı'da 19. yüzyılda peşi sıra ortaya çıkan arkeoloji, biyoloji alanlarındaki yeni bulgular, yeni bilgiler ve yeni kuramlar özellikle ırk temelli "Fiziki antropolojinin" gelişmesini sağlamıştır.

19. yüzyılda ırk temelli fiziki antropoloji emperyalizmin hizmetindeki güdümlü biliminsanları tarafından Batı sömürgeciliğinin "bilimsel silahı" haline gelmiştir.

19. yüzyılda fabrikalarını tam kapasiteyle çalıştırmak için Doğu'nun hammadde kaynaklarını ele geçirmeye çalışan Emperyalist Avrupa, kendi ekonomik ve siyasi çıkarları doğrultusunda Doğu'ya, özellikle Türklere yönelik bitip tükenmez saldırılarını ileri "Ari ırkların", geri "Sarı ırkları" yok etmesinin doğal ve bilimsel bir sonucu olarak meşrulaştırma yoluna gitmiştir.[810]

Örneğin İngiltere eski Başbakanı **William Gladstone**, 1876' da yayımlanan *"Bulgar Dehşetleri ve Doğu Sorunu"* ve *"Katliam Dersleri"* adlı kitaplarında "Barbar Türklerin" bağımsızlık isteyen Bulgarları katlettiğini belirterek, Türklerin dünya yüzünden kötülüklerini kaldırmanın tek yolunun onların vücutlarını dünya yüzünden kaldırmak olduğunu yazmıştır. Gladstone'a göre, *"Türkler maymunla insan arası medeniyet yıkıcı barbarlardır... Türkler insanlığın insan olmayan numuneleridir."* Gladstone'un bu ırkçı görüşlerinden en çok etkilenenlerden biri İngiliz doğa bilimci **Charles Darwin**, diğeri İngiliz başbakanı **Winston Churchill**'dir.

C. Darwin'in oğlu **Francis Darwin**, 1888'de ABD'de yayımlanan *"Charles Darwin'in Hayatı ve Mektupları"* adlı kitapta **Darwin**'in Türkler hakkındaki şu görüşlerine yer vermiştir:

"... Avrupa ırkları olarak bilinen medeni ırklar, yaşam mücadelesinde Türk barbarlığına karşı galip gelmişlerdir. Dünyanın çok da uzak olmayan bir geleceğine baktığımda bu tür aşağı ırkların çoğunun medenileşmiş yüksek ırklar tarafından yok edileceğini görüyorum."[811]

---

810 Meydan, age., s. 312.
811 Francis Darwin, **The Life and Letters of Charles Darwin**, C 1, New York, D. Appleton and Company, 1888, s. 285-286.

W. Churchill, İngiltere Savaş Bakanı olduğu dönemde İngiliz Hava Kuvvetleri'ne yazdığı bir mektupta Türkleri kastederek, *"Medeni olmayan barbar kavimlere karşı zehirli gaz kullanabiliriz,"* demiştir. Bu doğrultuda İngilizler, Çanakkale Savaşları sırasında Türk ordusuna karşı zehirli gaz kullanmıştır.[812]

19. yüzyılda biyolojinin *"Evrim Kuramı"*, dilbilimin *"Hint-Avrupalılık Kuramı"* ve antropolojinin *"Arı Irk Kuramı"* sacayağı şeklinde birbirini tamamlamıştır. Farklı disiplinlerce geliştirilmiş bu üç farklı kuram "Batı Merkezci Anlayış" diye adlandırılan ortak bir emperyalist amaca hizmet etmiştir. Batı'nın Doğu karşısındaki biyolojik, dilsel, ırksal, tarihsel ve kültürel her türlü üstünlüğünü savunan bu emperyalist projeye 20. yüzyılın ortalarına doğru bir Türk; Kurtuluş Savaşı'yla emperyalizmi Anadolu yaylasına gömen **Atatürk** başkaldırmıştır.

Üstelik Atatürk önderliğinde tarih, dil ve antropoloji çalışmalarıyla başlatılan bu kültürel ve bilimsel başkaldırı Batı'daki "ırksal eksenli" yaklaşımdan oldukça farklıdır. Mazlum ülke Türkiye, Kurtuluş Savaşı sonrasındaki emperyalist işgalle haritadan silinmek, "Sarı ırktan" diye aşağılanan Türk ulusu Sevr Antlaşması ile Anadolu'dan sökülüp atılmak istenmiş ama Türk insanı buna izin vermemiştir. Lozan Antlaşması'nda uluslararası alanda Türkiye siyasi olarak rüştünü ispatlamışsa da Türkler Avrupa'da hâlâ birçok kesimce "barbar" ve "geri" olarak görülmeye devam etmiştir. Atatürk'ün Kurtuluş Savaşı'nı kazanması Batı'da Türklerle ilgili kalıplaşmış önyargıları söküp atmaya yetmemiştir. Bu nedenle Tek Parti döneminde Batı'daki bu "Barbar Türk" imgesinin silinmesi için çok çaba harcanmıştır. Her türlü yayın organıyla Batı'ya Türklerin uygar bir ulus oldukları anlatılmaya çalışılmıştır. Örneğin *"Nutuk"* İngilizce, Fransızca ve Almancaya çevrilmiş, Türk Devrimi 1935'te Fransızca olarak *"L'Histoire De La République Turque"*, Almanca olarak *"Geschichte Der Turkischen Republik"* adıyla kuşe kâğıda basılarak

---

[812] *"Barbar Türklere Karşı Zehirli Gaz Kullanalım"*, **Sabah** gazetesi, 20 Mart 2007.

Batı ülkelerine dağıtılmıştır. İngilizce, Fransızca, Almanca makaleler içeren *"La Turquie Kemaliste"* adıyla Avrupa'ya yönelik düzenli bir süreli yayın yapılmıştır. Atatürk'ün bazı söylev ve demeçleri Fransızca ve İngilizce olarak yayımlanmıştır. Birçok Atatürk devrimi küçük kitapçıklar şeklinde yabancı dillerde basılıp dağıtılmıştır.[813] Tarih ve Dil Kurultaylarında ileri sürülen tezler, dünyaca ünlü yabancı biliminsanlarının katkılarıyla ve onların gözleri önünde yapılmıştır.

Atatürk, Avrupa'nın Türklere yönelik "ikinci sınıf", "Sarı ırk", "uygarlık yoksunu", "barbar" iddialarına Batı'nın tarih, dil, arkeoloji ve özellikle de antropoloji bilimleriyle karşılık vermiştir. Başka bir ifadeyle Batı'ya Batı'nın silahıyla karşılık vermiştir.

Peki ama **Atatürk'ün antropoloji konusundaki bilgilerinin kaynakları** nelerdir?

Atatürk, tarih ve dil konusunda olduğu gibi antropoloji konusunda da çok sayıda kitap okumuştur. Ayrıca okuduğu çok sayıdaki tarih ve dil konulu kitapta da antropolojiden söz edilmiştir. Atatürk öncelikle *"Irkların Eşitsizliği"* kitabında "üstün ırk" kuramını ortaya atan **J. A. Gobineau**'nun *"Essai Sur L'Inégalité Des Races Humaines"* adlı eserini, **A. G. Haddon**'un *"Les Races Humaines"* Paris Antropoloji Okulu Etnoloji Bölümü profesörlerinden **George Montandon**'un *"La Race, Les Races: Mise Au Point D'Ethnologie Somatique"* adlı eserini ve **E. Pittard**'ın *"Les Races et L'Histoire"* adlı eserini okumuştur.[814]

Atatürk dünyaca ünlü bu antropologların kitaplarında özellikle Orta Asya, Avrupa ve Anadolu'daki **tarihöncesi Türklerden** söz edilen bölümlerle ilgilenmiştir. Örneğin **Haddon**'un kitabını okurken, özel işaretler koyup altını çizdiği yerlerden, onun özelikle Anadolu'da gelişen kültürler arasında Türklerden söz edilen bölümlerle ilgilendiği, **Montandon**'un kitabında ise *"Turanien Irk"* adlı bölüm üzerinde durduğu görülmektedir.[815]

---

813 Toprak, age., s. 194-195.
814 Şerafettin Turan, **Atatürk'ün Düşünce Yapısını Etkileyen Olaylar, Düşünürler, Kitaplar**, Ankara, 1989, s. 44-45.
815 age., s. 45.

Atatürk Kurtuluş Savaşı'ndan sonra 1927'de İstanbul'a ilk gelişinden itibaren Batılı fizik antropologlarıyla tanışmıştır. Örneğin bunlardan biri dünyaca ünlü fizik antropoloğu **H. V. Vallois**'dır. Vallois, Paris'te Institut de Paléontologie Humaine'in Paris Beşeri Paleontoloji Enstitüsü Müdürlüğü yapmış ve Atatürk'e hayran bir biliminsanıdır.[816]

Atatürk'ün antropoloji çalışmalarında onu en derinden etkileyen kişi, aynı zamanda kişisel dostluk da kurduğu, **Eugène Pittard**'dır. Pitard da Atatürk'e hayran Batılı biliminsanlarından biridir.

"Eugène Pittard, 1930'lu yılların Türkiyesi'nde bilim dünyasına damgasını vuracak bir şahsiyetti. Türkiye'de sosyolojiden antropolojiye geçerken eserleriyle ve yaptığı araştırmalarla Atatürk'ü etkileyen bir bilimadamıydı."[817]

Pittard, Türkiye'yi yakından tanıyan İsviçreli bir antropolog ve etnologdur. 1911'den beri Anadolu'da antropolojik araştırmalar yapmıştır. Harf Devrimi sırasında Türkiye'de bulunmuş, bu devrimin Anadolu'da yarattığı büyük dönüşüme bizzat tanık olup hayran kalmıştır. 1931 yılında çağdaş Türkiye'den övgüyle söz eden *"A Travers L'Asie-Mineure: Le Visage Nouveau De La Turquie"* adlı bir kitap yazmıştır.[818]

Pittard'ın 1924'te yayımladığı ***"Irklar ve Tarih-Tarihe Etnolojik Giriş"*** adlı kitabının her satırını Atatürk çok büyük bir dikkatle okumuştur.[819] Pittard'ın *"Irklar ve Tarih"* adlı kitabı Atatürk'ün 1930'lardaki antropoloji çalışmalarının ana kaynağı durumundadır.

1930'larda Türkiye'deki Tarih Kongrelerine katılan, bilimsel çalışmalarıyla Türk Tarih Tezi'nin antropoloji ayağını biçimlendiren, Atatürk'le kafa kafaya verip Anadolu'nun antropolojik yapısını, Türk ırkının fiziki antropolojisini konuşan Pittard, Atatürk'ün bilime olan derin tutkusundan adeta büyülenmiştir. Eugène Pit-

---

816 Toprak, **age.**, s. 72-73.
817 **age.**, s. 100-101.
818 Eugène Pittard, **A Travers L'Asie-Mineure: Le Visage Nouveau De La Turquie**, Paris, Socièté d'Éditions Géographiques, maritimes et coloniales, 1931.
819 **Atatürk'ün Okuduğu Kitaplar**, C 22, s. 225-486.

tard'ın Atatürk'le ilgili anıları 24 Kasım 1938 tarihinde yayımlanan *"Journal de Genève"*de yer almıştır. Daha sonra da o günlerin antropoloji konusundaki en saygın akademik yayınlarından *"Revue Anthropologique"*de Atatürk üzerine uzunca bir makalesi yayımlanmıştır.[820] Fransızca olarak yayımlanan yazıya *"Antropolojiyi ve Tarihöncesini Canlandıran Devlet Adamı: Kemal Atatürk"* başlığını vermiştir. Orada Atatürk'ün bilime verdiği önemden söz eden Pittard, özellikle şu üç konuda Atatürk'ü tanıtmanın doğru olacağını belirtmiştir. Bunlar, Atatürk'ün a)Antropolojik dilbilim bağlamında giriştiği Dil Devrimi, b) Irk sorununa olan ilgisi ve bu bağlamda Türk ulusunun tarihinin en derinliklere kadar uzanan köklerine yönelişi, c)Anadolu'nun geçmişiyle ilgili araştırmalara, bu toprakların tarihöncesinden günümüze kadar uzanan sürecine olan tutkusudur.[821]

Eugène Pittard çalışma arkadaşlarıyla birlikte

Pittard bir taraftan Tarih Kongrelerinde Türk ırkının Anadolu'nun en eski ırklarından biri olduğunu somut antropolojik ve-

---

820 Eugène Pittard, *"Un Chef D'Etat Animateur De L'Anthropologie et De La Préhistoire: Kemal Atatürk"*, **Revue Anthropologique**, 49, Anne, nos 1-3, Ocak-Mart 1939, s. 1-12.
821 Pittard'ın adı geçen eserlerinden aktaran Toprak, **age.**, s. 101-102.

rilerle ortaya koyarken, diğer taraftan Afet İnan'ın Anadolu'dan elde edilen antropolojik bulgulara dayanarak hazırladığı büyük antropoljik anketine danışmanlık yapmıştır.

Pittard'ın Atatürk'ü son ziyareti, Atatürk'ün hastalığının iyice ilerlediği günlerde, 1938 Nisanı'nda olmuştur. Atatürk hastalığı nedeniyle çok az kişiyle görüştüğü o günlerde Eugène Pittard'ı Dolmabahçe'de kabul ederek onunla Türkistan sekenesinin ilk yerleşim yöresini ve Anadolu'ya göç etmek için izlenen yolu tartışmıştır.[822]

Atatürk, dünyaca ünlü antropologların eserlerini satır satır okuyup, dünyaca ünlü antropologlarla "Ari Irk Kuramı ve Türkler" konusunda uzun süreli bilimsel sohbetler ettikten sonra 1930 yılında Yalova'da Afet İnan'ın "tarih" hakkında sorduğu sorulardan birine şu yanıtı vermiştir:

"Beşeriyetin taş devirlerini bir kenara bırakalım. Maden devirlerinden, muhtelif madenlerden, kemiklerden yapılan eserler her nev aletler ve süs eşyası idi. Çamurdan tuğla, çanak, çömlek ilk insanların yaptığı eserlerdendir. Hayvanları ehlileştirmek, onlardan muhtelif suretlerde istifade etmek, hayvanları sürüler halinde bulundurmak insanların ilk yaptıkları işlerdendir. Ziraat de böyledir. Bundan başka insanlar bulundukları mıntıkaya göre kerpiçten, tuğladan veya taştan binalar da yaptılar. Kanallar açarak, bataklıkları kurutarak muhtelif tarzda sulama usulleri de insanların ilk buldukları şeylerdendir. Güneşi ve yıldızları müşahede sayesinde takvimin esasını koyan, tabiatın en büyük kuvvet olduğunu keşfeden binlerce sene önce yaşamış eski insanlardır. Gemi inşa ederek denizlerde dolaşmak kabiliyetini de gösteren, ticaret etmesini öğrenen bu insanlardır. İlk demokrasi esasına müstenit cemiyet ve devlet müesseseleri vücuda getiren de onlardır. Bütün bu saydıklarımız dünyada ve bütün beşeriyette ilk medeni eserlerdir. Bu medeni eserleri bütün dünya ve beşeriyette ilk yapmış ve yaymış olan insanlar Türk ırkındandır..."[823]

---

822 Toprak, **age.**, s. 108.
823 Ergün Sarı, **Atatürk'le Konuşmalar**, İstanbul, 1981, s. 184.

Paradigma Değişikliği: Sosyolojiden Antropolojiye

"Ben size donmuş, kalıplaşmış hiçbir kural, hiçbir ayet, hiçbir dogma bırakmıyorum, benim manevi mirasım akıl ve bilimdir," diyen Atatürk, akıl ve bilim ilkeleri doğrultusunda hareket etmek yanında hep "zamanın ruhuna" uygun hareket etmiştir. Bu doğrultuda gerektiğinde "paradigma (değerler dizisi) değişikliği" yapmaktan çekinmemiştir. Prof. Zafer Toprak'ın *"Darwin'den Dersim'e Cumhuriyet ve Antropoloji"* adlı kitabında isabetle tespit ettiği gibi Atatürk devrimler sürecindeki en ciddi "paradigma değişikliğini **1929 Dünya Ekonomik Krizi** dolayısıyla yapmıştır.[824] Devrimin "akıl ve bilim eşliğinde çağdaşlaşma" temel hedefinden hiçbir sapmaya gitmeden "yöntemde" çok ciddi bir değişikliğe giderek 1931-1932 yılından itibaren bu yeni yöntemle **çağdaşlaşma** temel hedefine doğru yürümüştür.

Atatürk, Kurtuluş Savaşı'ndan sonra Türk Devrimi'ni hayata geçirirken genellikle Batı'da oluşan düşünce akımlarıyla yönünü bulmuştur. Bu süreçte ilk durak **Fransız aydınlanması** ve **Jean Jacques Rousseau** olmuştur. Atatürk'ün Cumhuriyet'in temeline yerleştirdiği "ulusal irade", "milli egemenlik" ve "güçler birliği" ilkelerinin esin kaynağı Rousseau'nun *"Toplum Sözleşmesi"*dir. Jön Türkleri derinden etkileyen **Rousseau, Montesquieu, Voltaire** gibi 18. yüzyıl Fransız düşünürlerinin "pozitivist" düşünceleri önce II. Meşrutiyet'in düşünce iklimini, sonra da Cumhuriyet Devrimi'ni etkilemiştir.[825] Atatürk'ün Cumhuriyet'in ilk yıllarında çağdaşlaşmaya giden yolda ikinci düşünce durağı sosyolog **Émile Durkheim**'dir. Durkheim'in *"Toplumsal İş Bölümü"* Atatürk'ün isteğiyle 1923'te TBMM tarafından Türkçeye çevriltilmiştir. Durkheim'le birlikte **Fransız III. Cumhuriyeti**'nin düşünce ekseni Türkiye'ye gelmiştir. Bu çerçevede bu ekseni şekillendiren **Charles Seignobos, Charles Gide, Léon Duguit, Eugène Pierre** gibi düşünürlerin eserleri Türkçeye tercüme edilmiştir.[826]

---

824 Toprak, **age.**, s.182 vd.
825 **age.**, s. 70.
826 **age.**, 14, 185-186.

1920'lerde Türkiye'de okullarda okutulan tarih ders kitapları Fransa tarihi yörüngesindedir. Örneğin **Ali Reşad**'ın tarih külliyatı doğrudan Fransız Devrimi etkisindedir. Atatürk de Cumhuriyet'in ilk yıllarında Fransız Devrimi'nden ne kadar çok etkilendiğini birkaç kez bizzat ifade etmiştir.[827]

1920'ler Türkiyesi'nin siyasal, toplumsal ve kültürel dönüşümleri **Fransız aydınlanması** ve bu aydınlanmanın iki önemli düşünürü **Jean Jacques Rousseau** ve **Émile Durkheim** etkisinde biçimlenmiştir. Rousseau'dan doğrudan etkilenen Atatürk, Durkheim'i daha çok Ziya Gökalp aracılığıyla tanımıştır.

Émile Durkheim

1929 Dünya Ekonomik Krizi bir taraftan Avrupa'nın kapitalist sistemini sarsarken, diğer taraftan ülkelerin içlerine kapanmalarına, demokrasilerin yerini diktatörlüklerin almasına yol açmıştır. Faşizm, nasyonal sosyalizm ve Bolşevizm ile birlikte adeta 1930'ların başlarında Avrupa'da Aydınlanma çağı sona ermiş gibidir. Artık hem "liberal Avrupa ekonomisine" hem de "klasik Avrupa kültürüne" güven sarsılmıştır. İşte tam da o günlerde yine Avrupa'da tarihe ve tarihöncesine yönelik Asya merkezli yeni alternatif kuramlar ortaya atılmıştır. Çok okuyan ve çevresinde olup bitenleri çok iyi takip eden **Atatürk**, Avrupa'daki "ekonomi ve kültür-uygarlık krizini" çok çabuk fark ederek Türk Devrimi'ne yeni bir yörünge çizmeye karar vermiştir. Ekonomide 1923 İzmir İktisat Kongresi'nden beri takip edilen görece **liberal ağırlıklı** ekonomi politikalarını terk ederek, 1933'ten itibaren **Devletçiliğe** yönelmiştir. Kültürde ise 1923'ten beri devam eden Fransız Devrimi eksenli, Aydınlanma Çağı düşünürlerinin düşüncelerini esas alan Avrupa tipi kültür-uygarlık inşasından **Asya merkezli** "milli/ulusal" bir kültür-uygarlık inşasına yönelmiştir. İşte antropolojiyle biçimlenen tarih ve dil tezleri tam da o günlerde ileri sürülmüştür.

---

[827] **age.**, s. 70.

Paradigma değişmeye başlamıştır. Nitekim 1930'ların başlarında yayımlanan dört ciltlik "tarih" serisinin ilk baskılarında çağdaş Avrupa ve Fransız Devrimi üzerine tek bir satır bile yer almamıştır.

1930'ların başlarında Atatürk Fransız tipi kültür-uygarlık projesinden uzaklaşırken Türkiye'de **Ziya Gökalp**'le billurlaşmış olan **Durkheim sosyolojisinden** de uzaklaşmıştır.

"Atatürk ulus inşa sürecinde İttihatçıların aksine zamanla sosyolojiyi bir kenara bırakmış, antropolojiye gönülden sarılmıştı. 1908'in gerçekleriyle 1930'larınkiler farklıydı. 20. yüzyılın başında Avrupa altın çağını yaşıyordu. Avrupa'ya öykünmek, onu örnek almak son derece doğaldı. Ancak Balkan Harbi, ardından Cihan Harbi ertesi Osmanlı Devleti Avrupa'daki topraklarını yitirmiş, Milli Mücadele ertesi geriye Anadolu kalmıştı. Anadolu Cumhuriyet'le birlikte ayrı bir önem kazandı. (...) Cumhuriyet Türkiyesi'nin bilimsel omurgası sosyoloji idi. 1908 ile birlikte Durkheim Osmanlı bilimine damgasını vurmuştu. İttihatçı İdeolog Ziya Gökalp onun müridi idi. Türkçülüğün Esasları Durkheim sosyolojisinden damıtılmıştı. Daha Cumhuriyet kurulmadan TBMM Hükümeti Maarif Vekâleti Durkheim'in 'Toplumsal İş Bölümü' adlı ünlü eserini yayımlamıştır.

Ancak Cumhuriyet 1929 Buhranı ve buhranın Avrupa'da yarattığı toplumsal çöküntüyle bir kırılma noktası yaşadı. Sosyoloji yerini antropolojiye bıraktı. Émile Durkheim'in yerini Eugène Pittard aldı. Otuzlu yıllarda sosyolojiden antropolojiye geçiliyordu. Tarih anlayışı çok daha geniş bir bağlamda yorumlanıyor, tarihöncesi, arkeolojik çağlar da tarih kapsamına alınıyordu. Türkiye'de kazıları o güne kadar yabancılar yürütmüştü. Ülkede doğru dürüst arkeolog yoktu. Cumhuriyet'le birlikte arkeolog adayları yurtdışına eğitim görmeye gönderilecekti."[828]

1925'te kurulan "Ankara Hukuk Mektebi"nde ve 1936'da kurulan "Ankara Dil ve Tarih-Coğrafya Fakültesi"nde "içtimai-

---

828 age., s.74-75.

yat"a yer verilmemiştir, sosyolojinin yerini antropolojinin aldığı çok açıktır.

Peki ama sosyolojiden antropolojiye geçiş ne ifade etmektedir? *"Sosyoloji ve antropoloji Türkiye'de iki farklı uluslaşma kuramının sanki birer metaforuydu. İlkinde ulus yoktan var ediliyor, ikincisinde ise geçmişin derinliklerinde 'ırksal' bir köken aranıyordu..."*[829]

1930'ların başlarında Durkheim sosyolojisinden uzaklaşılmasının başka bir nedeni de **Bergson**'un "iradeci" görüşlerinin Durkheim'in "determinizmini" ikinci plana itmiş olmasıdır. Ayrıca Türkiye'de Kurtuluş Savaşı "iradenin gücünü" ortaya koymuştur. O günlerde **Mustafa Şekip Tunç** da Bergsoncu görüşleriyle bir ölçüde Ziya Gökalp'in yerini doldurmaya başlamıştır.[830]

Özetle 1930'ların başında o döneme kadar devam eden Fransız Devrimi kaynaklı Avrupa kökenli bir aydınlanmadan, Asya kökenli alternatif bir aydınlanmaya geçilmiştir. Bu sürecin "turnusol kâğıdı" ise fiziki antropolojidir.[831]

Sosyolojinin yerini antropolojinin aldığı 1930'lu yıllarda kültür alanında köklü bir değişikliğe gidilmiştir. **Batı Merkezli Tarih'e karşı ulusal merkezli yeni tarih ve dil tezleri** önem kazanmıştır. Türk Tarih Kurumu, Türk Dil Kurumu ile Dil ve Tarih-Coğrafya Fakültesi kurulmuştur. Antropoloji ağırlıklı, uluslararası katılımlı Tarih Kongreleri ve Dil Kurultayları düzenlenmiştir. Bu süreçte altı profesör Atatürk'ün çevresinde yer almıştır. Bunlar, tarih alanında **Yusuf Akçura** ve **Şemsettin Günaltay**, dil alanında **Sadri Maksudi Arsal** ve **Hasan Reşit Tankut**, antropoloji alanında ise **Afet İnan** ve **Şevket Aziz Kansu**'dur. Bu süreçte en gözde isimler hiç tartışmasız Avrupa'da eğitim görmüş Türkiye'nin ilk antropoloğu **Şevket Aziz Kansu** ile İsviçre'de dünyaca ünlü Eguène Pittard'ın yanında doktora yapan Atatürk'ün manevi kızı Afet İnan'dır. **Afet İnan**, Prof. E. Pittard'ın gözetiminde dünyanın en büyük "antropolojik anketini" hazırlamış, **Şevket Aziz Kansu**

---
829 age., s. 99.
830 age., s. 184.
831 age., s. 99.

ise, yine E. Pittard'ın katkılarıyla Türkiye'de ilk uluslararası antropoloji ve tarihöncesi arkeoloji kongresi düzenlemiştir.[832]

Bu süreçte Atatürk'ün tarih görüşlerini H. G. Welles ile **Yusuf Akçura**, dil görüşlerini **Carl Brockelmann** ile **Sadri Maksudi Arsal**, antropoloji görüşlerini ise **Eugène Pittard** ile **Şevket Aziz Kansu** biçimlendirmiştir. Atatürk'ün, J. J. Rousseau, Montesquieu ile **Durkheim** ve onun Türkiye temsilcisi **Ziya Gökalp**'ten etkilendiği günler artık geride kalmıştır.

Yusuf Akçura   *Sadri Maksudi Arsal*   *Şevket Aziz Kansu*

Atatürk'ü "Batıcı", Atatürk devrimini "Batılılaşma" olarak adlandıran, Atatürk'ün Fransız Aydınlanması dışında başka bir aydınlanma modeli bilmediğini iddia eden aydınlarımızın, Atatürk'ün antropolojik verilere dayanan tarih ve dil tezleriyle kuramsal çerçevesi belirlenen **Asya merkezli aydınlanma** hareketinden haberleri olmadığı açıktır!

Türkiye'de Antropolojinin Kurumsallaşması

Avrupa'da 19. yüzyıldan itibaren bölümlere ayrılarak kurumsallaşmaya başlayan antropoloji, Türkiye'de ancak Atatürk'ün bilinçli ve yönlendirici çabalarıyla 1930'larda gelişip kurumsallaşmaya başlamıştır. Türkiye'de antropoloji bilimi, Atatürk'ün himayesinde dünyaca ünlü antropolog **Eguène Pittard**'ın gözetimi

---

832 age., s. 187.

ve bilimsel kuramları eşliğinde **Şevket Aziz Kansu** ve **Afet İnan**'ın olağanüstü çabalarıyla ve çalışmalarıyla gelişmiş ve çok kısa sürede uluslararası bir kongre düzenleyecek kadar dünyanın dikkatini çekmiştir.

19. yüzyılda Gobineau'nun *"Irkların Eşitsizliği"* kitabının yayımlanmasından sonra **Mustafa Celalettin** ve **Ali Suavi** gibi Osmanlı aydınları, Türklerin de ileri ari ırklardan olduğunu yazmaya başlamıştır.[833] Osmanlı'da **Baha Tevfik** ve **Abdullah Cevdet** de antropolojiyle ilgilenmiştir. **Abdullah Cevdet,** Türklerin ilerlemesi için, *"Türk ırkını Batılı ırklarla melezleştirerek ıslah etmek gerektiğini,"* belirtmiştir.

Türkiye'de antropoloji çalışmaları, 1925 yılında kurulan *"Türkiye Antropoloji Tetkikat Merkezi"*yle başlamıştır. Merkez, İstanbul Darülfünunu Tıp Fakültesi'nde bu fakültenin hekimleri Nurettin Ali Berkol, Neşet Ömer İrdelp, Süreyya Ali, Köprülüzade Fuad, Aimé Mouchet ve İsmail Hakkı'nın öncülüğünde kurulmuştur. Georges Papillaut (Paris), Eugène Pittard (Cenevre) ve Leon McAuliffe (Paris) gibi Latin antropolojisinin önde gelen isimleri Türkiye Antropoloji Merkezi'nin fahri müdürleridir. Merkez, Haydarpaşa'da bulunan Tıp Fakültesi binasının bir odasında açılmış, ilk dört yıl başta Karacaahmet olmak üzere İstanbul'un Müslüman mezarlıklarından toplanmış kafataslarını ölçmüş ve Türk ırkına ilişkin ilk antropolojik verileri çıkarmıştır. Bütün bu ilk antropolojik incelemeler 1925 yılından itibaren çıkarılmaya başlanan *"Türk Antropoloji Mecmuası"*nın ilk yedi sayısında Türkçe ve Fransızca olarak yayımlanmıştır.[834]

"Türkiye Antropoloji Tetkikat Merkezi", 1936 yılında açılan Ankara Dil ve Tarih-Coğrafya Fakültesi bünyesine alınmıştır.

Türk antropolojisinin gelişmesi için yurtdışına öğrenci gönderilmiştir. Yurtdışına öğrenci gönderilirken denge gözetilerek 1927'de **Şevket Aziz Kansu** Fransa'da Broca Enstitüsü'ne, 1934'te **Seniha Tunakan** Almanya Berlin Üniversitesi ve Kaiser Wilhelm

---

833   Hilmi Ziya Ülken, **Türkiye'de Çağdaş Düşünce Tarihi,** İstanbul, 1966, s. 111.
834   Toprak, **age.,** s. 77; Meydan, **age.,** s. 321-322.

Antropoloji Enstitüsü'ne Prof. Eugen Fischer'in yanına, 1935'te **Muzaffer Süleyman Şenyürek** ABD Harvard Üniversitesi'ne Prof. Hutton'un yanına, 1936'da **Afet İnan** İsviçre'ye, Cenevre Üniversitesi'ne Eugène Pittard'ın yanına gönderilmiştir.

Türk antropolojisinin gelişmesinde **Şevket Aziz Kansu**'nun çalışmalarının çok özel bir yeri vardır. 1927'de burslu olarak Paris Antropoloji Okulu'na gönderilen Kansu, **Paris Yüksek Etütler Okulu Broca Enstitüsü**'nde *"Yeni Kaledonyalılarla Afrika Zencilerinin Kafa Morfolojileri"* konulu tezini 4 Mart 1929'da biliminsanlarından oluşan Avrupalı bir jüri önünde savunarak bu okuldan, "Diplome des Sciences Anthropologique" belgesiyle mezun olup yurda dönmüştür.

1929 yılında İstanbul Darülfünunu Tıp Fakültesi'nde "antropoloji müderris muavini" olan Kansu, Üniversite Reformu'ndan sonra Fen Fakültesi'ne taşınan *"Antropoloji Enstitüsü"* kürsüsünde antropoloji profesörü olmuştur. Üniversitede antropoloji ve etnoloji dersleri veren Prof. Kansu, ders notlarını daha sonra *"Antropoloji Dersleri 1- Beşer Paleontolojisi ve Prehistorya Malumatı"* adıyla yayımlamıştır.[835]

Türk antropoloji çalışmalarında Şevket Aziz Kansu'dan sonra gelen isim Afet İnan'dır. **Afet İnan** İsviçre'ye Cenevre Üniversitesi'ne **Eugène Pittard**'ın yanında *"Türk Irkının Vatanı Anadolu"* adlı teziyle "sosyoloji doktoru" unvanını almıştır. Afet İnan, önsözünü dünyaca ünlü antropolog Eugène Pittard'ın yazdığı bu tezini, İsviçre'nin en saygın üniversitelerinden Cenevre Üniversitesi'nde çok saygın antropologlardan oluşan bir jüri karşısında savunarak bilimsel yeterliliğini kabul ettirmiştir.[836]

1930-1931 yılında İstanbul Darülfünunu Tıp Fakültesi bünyesinde **serbest antropoloji konferansları** düzenlenmiştir. Teorik ve uygulamalı olarak verilen dersler son derece bilimsel bir içeriğe sahiptir.[837]

---

835 Şevket Aziz Kansu, **Antropoloji Dersleri 1- Beşer Paleontolojisi ve Prehistorya Malumatı**, Devlet Basımevi, İstanbul, 1938.
836 Toprak, age., s. 125-126.
837 Şevket Aziz Kansu, **Türk Antropoloji Enstitüsü Tarihçesi**, Maarif Matbaası, İstanbul. S. 7.

"Türk Antropoloji Enstitüsü"nün adı daha sonra "Türk Antropoloji ve Etnoloji Enstitüsü"ne dönüştürülmüştür.

1930'larda Anadolu'da yapılan arkeolojik kazılarda Türk antropoloji uzmanları bulundurulmaya başlanmıştır.

1939 yılına gelindiğinde "Dil ve Tarih-Coğrafya Fakültesi Antropoloji Enstitüsü"ndeki "Anadolu Kemik Koleksiyonu"nda 372 ve "İstanbul Kemik Koleksiyonu"nda 1040 kafatası bulunmaktadır. Kalkolitik ve bakır çağı döneminden Selçuklu dönemine kadar tarihöncesi ve tarih dönemlerine ait 118 kafatası vardır. Ayrıca değişik dönemlere ait 614 üst taraf uzun kemikleri, 682 adet de alt taraf uzun kemikleri bulunmaktadır.[838]

Türkiye'de antropolojinin kurumlaşmasında, "Türkiye Antropoloji Tetkikat Merkezi", "Türk Antropoloji ve Etnoloji Enstitüsü", *Türk Antropoloji Mecmuası* ile birlikte Birinci ve İkinci Tarih Kongrelerinde tarih ve dille birlikte en çok üzerinde durulan konunun antropoloji olması da etkili olmuştur. *"Her iki tarih kongresinin başlıklarında tarih sözcüğü de olsa son kertede ilki antropoloji, ikincisi ise antropoloji ve arkeoloji kongresiydi. Tebliğlerin dökümü bunu gösteriyordu."*[839] TDK'nın *Türk Dili Belleten* dergisi antropolojik bulgulara yer vermiştir. Aynı şekilde TTK *"Belleten"*i uzun yıllar antropoloji-arkeoloji-tarih üçgeninde yayın yapmıştır. Aynı şekilde *Dil ve Tarih-Coğrafya Dergisi*'nde ve Halkevlerinin *Ülkü* dergisinde de antropolojiye yer verilmiştir. Ayrıca *"Türk Tarihinin Ana Hatları"* ve dört ciltlik *"tarih"* serisinde de antropoloji biliminden fazlaca yararlanılmıştır.[840] Öyle ki, 1930'lu yıllarında Atatürk'ün talimatıyla TTK üyelerince hazırlanan bu tarih kitaplarında yer verildiği kadar, daha sonraki dönemde hazırlanan hiçbir ders kitabında antropolojiye yer verilmemiştir.

---

838 Ayrıntılar için bkz. Metin Özbek, *"Cumhuriyetle Başlayan Antropoloji"*, Hacettepe Üniversitesi Edebiyat Fakültesi Dergisi, Cumhuriyetimizin 75. Yılı Özel Sayısı, s. 105-106.
839 Toprak, age., s. 147.
840 Meydan, age., s. 330-331.

Dil ve Tarih-Coğrafya Fakültesi Antropoloji Enstitüsü Laboratuvarı

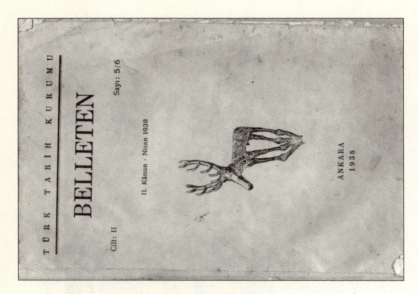

Türk Dili Belleten

TTK Belleten

Dört ciltlik tarih serisinden Tarih IV kitabı ve içindekilerden bir görünüm

Atatürk'ün Antropoloji Çalışmaları Bilimseldir, Irkçılığa Karşıdır

Türkiye'de Atatürk'ün 1930'lardaki antropoloji çalışmalarını "bilimdışı" ve "ırkçı" olarak adlandırmak akademik ve entelektüel çevrelerde adeta bir "bilimsel moda" haline gelmiştir. Öncelikle 1950'lerde bu çalışmalardan tamamen vazgeçilmesiyle başlayan **Türk Tarih Tezi'nden Türk-İslam Sentezi**'ne geçiş sürecinde Atatürk'ün antropoloji çalışmaları "bilimdışı" ve "ırkçı" olarak adlandırılıp gözden düşürülmeye çalışılmıştır. İşin tuhaf yanı bu gözden düşürme çalışması öylesine başarılı olmuştur ki, bugün akademik ve entelektüel çevrelerde Atatürk'ün 1930'lardaki antropoloji çalışmalarının "bilimselliğinden" söz etmek "alay konusu" olmak için yeterlidir![841]

Öteden beri *"Atatürk 1930'larda kafataslarını ölçtürmüş"* diye başlayan cümlelerin arkası mutlaka *"Atatürk bilimdışı hareket etmiş, ırkçılık yapmış!"* diye sona erer. Ancak bu cümleleri kuranlar ne Atatürk'ün antropoloji çalışmalarından, ne Atatürk'ün E. Pittard başta olmak üzere dünyaca ünlü antropologlarla kurduğu çok yakın diyalogdan, ne Tarih Kongrelerine yerli ve yabancı biliminsanlarınca sunulan antropoloji konulu tezlerden, ne dünyadaki antropoloji kuramlarından, ne Afet İnan'ın E. Pittard'la birlikte hazırladığı "büyük antropoloji anketinin" bilimsel değerinden, ne Türkiye'deki uluslararası antropoloji kongresinden, ne Türk Antropoloji Enstitüsü'nden, ne Türk Antropoloji Mecmuası'ndan, ne "kafatası ölçümleri yapmakla suçlanan" **Şevket Aziz Kansu** ile **Afet İnan**'ın Avrupa'nın en iyi üniversitelerinde öğrenim gördüklerinden, ne Tarih Kurultaylarındaki bildirilerde ve Cumhuriyet'in tarih kitaplarında antropolojiye dayanarak asla ırkçılık yapılmadığından, ne Türkiye'deki antropoloji çalışmalarıyla Batı'nın "Ari Irk Kuramı"na karşı eşitlikçi "Brakisefal Türkler Kuramı"yla bilimsel bir baş-

---

841 Atatürk'ün 1930'lardaki antropoloji çalışmalarının bilimsel değerini ortaya koyan çok değerli güncel bir çalışma için bkz. Zafer Toprak, **Darwin'den Dersim'e Cumhuriyet ve Antropoloji**, Doğan Kitap, İstanbul, 2012. Ben de "**Akl-ı Kemal**"in elinizdeki 4. cildinde "antropoloji" bölümünün yazımında –referanslardan da görüleceği gibi– genel olarak bu çalışmadan yararlandım.

kaldırının gerçekleştiğinden, ne de 1930'larda Türkiye'de yapılan antropoloji çalışmaları sonunda ileri sürülen "Brakisefal Türkler Kuramı"nın Avrupa antropoloji çevrelerinde ciddiye alınıp incelendiğinden haberdardırlar.

Şimdi gelin hep birlikte Atatürk'ün antropoloji çalışmalarının önce "bilimselliğini", sonra "ırkçılık karşıtlığını" görelim.

Bilimsellik

1930'lu yıllarda Türkiye'deki antropoloji çalışmaları fiziki antropolojiye dayanan çalışmalardır. Ancak bu çalışmalarda ırkçılığa dayanan Almanya merkezli Nazi antropolojisi değil Fransa merkezli **Latin antropolojisi** esas alınmıştır. *"20. yüzyılda Germen antropolojisi Ari ırkın saflığına yönelip uygulama alanları ararken, Latin antropolojisi sosyoloji ve diğer sosyal bilimlerle dirsek temasını yitirmeyecek ve bilimsel özerkliğini koruyacaktı. Bu arada kendisini uygarlıktan dışlanmış gören Latin antropolojisi Ari ırk kuramını sorgulayacak, fizik antropoloji alanında antropo-sosyolojinin ve Ari söylemin yücelttiği dolikosefal tezlere karşı brakisefal tezle karşı duracaktı. Ari duruş dolikosefallerden oluşan kuzey ırkların saflığını korumaktan yanaydı. Oysa Latin duruş dışarıdan gelen ve zamanla dolikosefallerle karışan brakisefallere uygarlığı taşıtacaktı. En önemli dayanağı da arkeolojik bulgulardı. İşte Türkiye'de 1925'ten itibaren geliştirilecek olan antropoloji bu ikinci yolu izleyecek ve brakisefal tezler üzerine kurulacaktı."*[842]

Türklerin **brakisefal** olduklarını 1930'larda Atatürk durup dururken uydurmuş değildir! Bu iddia 1900 yılında **Deniker** tarafından dile getirilmiştir. 1930'larda Atatürk, Türk Tarih Kongrelerinde yerli ve yabancı antropologlara bu "Brakisefal Türkler" tezini tartıştırmıştır. Genç Cumhuriyet, **fizik antropolojiden** yararlanmıştır. Çünkü Türklere yönelik ikinci sınıf Sarı ırk iddialarına ancak fizik antropoloji bulgularıyla yanıt verilebilirdi. 1930'lardaki Türk antropolojisi Batı'daki Ari tezlere uzak bir şekilde **Avrasya merkezli** kavrayıcı bir ırk anlayışı benimseyerek Orta Asya'dan göç söylemi üzerinde durmuştur. Bu "Brakisefal Türkler

---

[842] Toprak, age., s. 61-62.

Tezi" Tarih Kongrelerinde, bilimsel yayınlarda o kadar büyük bir başarıyla işlenmiştir ki, Türk antropolojisi kısa sürede uluslararası antropoloji çevrelerinin dikkatini çekmiş, bu nedenle 1939 yılındaki **18. Uluslararası Antropoloji ve Tarihöncesi Arkeoloji Kongresi**'nin Türkiye'de düzenlenmesine karar verilmiştir.

1930'larda Türkiye'deki antropoloji çalışmalarının bilimsel niteliğinin en açık kanıtı, Türk antropoloji tezini **yerli ve yabancı dünyaca ünlü biliminsanlarının** savunduğu gerçeğidir. Bunlardan biri dünyaca ünlü fizik antropoloğu H. V. **Vallois**'dır. Vallois, **Paris'te Institut de paléontologie humaine'in Paris Beşeri Paleontoloji Enstitüsü Müdürlüğü** yapmış bir biliminsanıdır. Başka biri ise daha önce de adından sıkça söz ettiğimiz **Eugène Pittard**'dır. **İsviçre Cenevre Üniversitesi**'nin antropoloji ve etnoloji kürsüsü profesörlerinden Pittard, 1924'te yayımlanan *"Irklar ve Tarih"* adlı kitabıyla adından söz ettirmiş, 1911 yılından beri Türkiye'de antropolojik incelemelerde bulunmuş, 1925'ten itibaren yayımlanmaya başlayan *"Türk Antropoloji Mecmuası"*nın yazarlığını yapmış, Türk Tarih Kongrelerine katılarak "Brakisefal Türkler Tezi"ni savunmuş dünyaca ünlü bir biliminsanıdır.

Türk antropoloji çalışmalarının bilimselliğini anlamak için her şeyden önce E. Pittard'ın 1937'deki İkinci Türk Tarih Kongresi'ne sunduğu *"Neolitik Devirde Küçük Asya ile Avrupa Arasında Antropolojik Münasebetler"*[843] adlı bildirisini incelemek gerekir.

Eugène Pittard, Avrasya tezini kanıtlamak için R. R. Schmidt'in 1908'de Geniş Ofnet (Large Ofnet) diye bilinen mağarada mezolitik devre ait mezarlarda "öropeoid"lere ait bir dizi insan kafası bulmuş olması gerçeğinden hareket etmiştir. Avrasya insanlığının primitif tarihi açısından bu bulgular bir devrim niteliğindedir. Mezarlarda cilalı taş devrinde yaşamış brakisefal insanlara ait kafatasları bulunmuştu. Peki ama bu brakisefaller kimlerdi? Orta ve Batı Avrupa'da tanınmayan bu insanlar nereden gelmişlerdi? Bunların vatanı neresiydi? Pittard, 1924'te yazdığı *"Irklar ve Tarih"* adlı kitabında bu insanların %40'ının Asya'dan geldiklerini iddia

---

[843] Eugene Pittard, *"Neolitik Devirde Küçük Asya İle Avrupa Arasında Antropolojik Münasebetler"*, İkinci Türk Tarih Kongresi,-İstanbul, 20-12 Eylül 1937-Kongrenin Çalışmaları, Kongreye Sunulan Tebliğler, İstanbul, 1943, s. 65-84.

etmişti. Ayrıca Asya kökenli bu brakisefal ırk Avrupa'ya medeniyet getirmişti. Homo Alpinus adını verdiği bu insanlar Avrupa'ya gelmemiş olsaydı, Avrupa'nın ilerlemesi çok gecikecekti. Pittard ayrıca 1938 yılında Anadolu'da yaptığı araştırmalar sırasında paleolitik uygarlık kalıntılarına rastlamıştır. Oysa o zamana kadar paleolitik evrenin Anadolu'da yaşanmadığı tezi hâkimdi. Örneğin J. de Morgan, Anadolu'da ancak neolitik uygarlığın yaşanmış olabileceğinden söz etmiştir. Ancak Eguène Pittard'ın Adıyaman'daki bulguları paleolitik devrenin yaşandığını işaret etmiştir.

Pittard, neolitik dönemde Anadolu'da yaşayan insanların çoğunun da Asya kökenli brakisefaller olduklarını ileri sürmüştür. Bu insanların bir kısmı ilk önce neolitik çağı izleyen dönemde, daha sonra tarihöncesi dönemde Proto-Etilerin ataları olmuşlardı. Arkeolojik ve antropolojik verilerin gösterdiğine göre bu **Proto-Etiler** büyük bir uygarlığa sahipti. Bunlar yalnız tahılı keşfedip ekmemişler, hayvanları ehlileştirip yetiştirmekle kalmamışlar, altın, gümüş, bakır gibi madenleri de yaşamlarının bir parçası yapmışlardı. Demiri de bulmuşlardı. Etilerin ataları olan Anadolu'nun bu eski brakisefalleri neden sonuç ilişkisi bağlamında Türklerin de ataları olarak görülebilirdi. Tarih ilerledikçe Anadolu'nun bu brakisefalleri değişik adlar almış, zaman zaman farklı diller konuşmuştu. Dört bin yıl önceye ait Eti tabletlerinde büyük küçük birtakım kralların ve devletlerin adlarına rastlanmıştır. O zaman Anadolu kıtasının sakinleri dağınık halde birtakım milletlerden oluşmuştur. Fakat bu milletleri ortaya koyanların aynı ırkın insanları olmaları büyük bir olasılıktı. Bazı dönemlerde bu milletler birbirinden ayrılmış görülüyordu. Ve ayrı ırka mensup insanlar gibidirler. Kimi zamansa bunlar güçlü bir kralın etrafında aynı millet olarak toplanmışlardır. Pittard'a göre neolitiklerle 1930'lar arasında en son tahlile göre Selçuklular ve Osmanlılar vardı. Bugün bunların adı Türk'tü.

Özetle **Eguène Pittard,** Anadolu'nun dip kültürünün Asya kökenli "brakisefallerce" yaratıldığını belirtmiş ve Proto-Hitit adını verdiği bu insanların 1930'larda Anadolu'da yaşayan insanların uzak ataları olduğunu kanıtlamıştır.

Prof. Eugène Pittard dışında "Brakisefal Türkler Tezi"ni en

iyi şekilde savunanlardan biri de ilk Türk antropoloğu **Prof. Şevket Aziz Kansu**'dur.
Paris Yüksek Etütler Okulu Broca Enstitüsü'nde antropoloji eğitimi alan **Prof. Kansu**, Tarih Kongrelerindeki bildirilerinde ve *Türk Antropoloji Mecmuası*'ndaki makalelerinde "Proto-Türk Anadolu Halkı"ndan söz etmiştir. Brakisefal kafa yapısına sahip Alpli ve Alpli-Dinarik ırk tipindeki bugünkü Anadolu Türklerinin ilk habercilerinin Anadolu'nun binlerce yıl önceki kalkolitik, bakır ve Eti çağlarında ortaya çıkmış Proto-Türkler olduğunu belirtmiştir. Elde bulunan osteolojik belgelerin kalkolitik ve bakır çağında, braki-kafa, meso-kafa ve doliko-kafa tipi sekenesinin sırayla %12.5, %35.4 ve %52.1 oranlarında olduğunu gösterdiğini ifade etmiştir. Ona göre bu durum tarihöncesi başlangıcında Anadolu'da braki-kafa halkın doliko-kafa halkla karıştığını gösteriyordu. Çünkü meso-kafalı karışım sonucu oluşan oranın %35.4 kadar yüksek olması bunu kanıtlıyordu. Demir çağı Anadolu sekenesi olan Etilerde ise brakisefal oranı %50'nin üzerindeydi. Bu devirden sonra Anadolu'ya yapılan akınlar Alplilerin egemenliğini sürekli güçlendirmişti. Selçukluların ilk antropolojik incelemelerinde görüldüğü gibi en son Oğuz-Selçuk akını da bu istilanın bir halkasıydı.

Türk Antropoloji Tezi'nin en iyi savunucusu **Şevket Aziz Kansu** kısa sürede Avrupa çapında bir antropolog olmuştur. **Paris Yüksek Etütler Okulu Broca Enstitüsü**'nün verdiği tezi ünlü antropolog **Pierre Paul Broca**'nın kafatası açı hesaplarından yola çıkmıştır. Kansu'nun dolikosefalliğin ilkel insanlara özgü olduğu görüşünü pekiştirmeye yönelik "*Neo-Kaledonyalılar ve Afrikalı Zenciler Üzerine Morfolojik Çalışma*" başlıklı tezi, saygın antropoloji dergisi *Revue Anthropologique*'in 1929 yılı Nisan-Haziran sayısında yayımlanmıştır.[844] Bu makale kısa sürede antropoloji literatürüne girmiştir. Yayımlanmasından 60 yıl sonra bile antropoloji bültenlerinde yerini koruması[845] Kansu'nun tezinin bilimsel etkisini gös-

---

844 Chevket Aziz, "*Etude Morphologique Des Crânes Néo-calédoniens et Des Nègres Africains*", **Revue Anthropologique**, Paris, 1929, Nisan-Haziran, s. 116-146.
845 Bulletins et Mémoires de la Société d'Anthropologie de Paris, C 7, XIe serie, 1965, s. 419-440. "*Etude Morphologique Des Crânes De Néo-calédoniens et Des Négres Africains*", **Revue Anthropologique**, Paris, 1929, s. 117-146.

termesi bakımından dikkat çekicidir. Tezinin yayımlanmasından bir yıl sonra yine Paris'te yayımlanan *L'Anthropologie* adlı dergi Şevket Aziz Kansu'nun Anadolu'da bir höyükte bulunan kafataslarının morfololojisi üzerine *Türk Antropoloji Mecmuası*'ndaki bir makalesini tanıtmıştır.[846] Aynı dergi bu sefer de Kansu'nun Alişar'da bulunan 17 Hitit (Eti) kafatasıyla ilgili *Türk Antropoloji Mecmuası*'ndaki bir makalesini 1935'te okurlarına duyurmuştur.[847] Aynı dergi yine 1935'te Kansu'nun "*Anadolu Kronolojisi*" adlı bir makalesine daha yer vermiştir.[848] Kansu uluslararası dergilerde yayımlanan bu makalelerinde hem "Brakisefal Türkler Tezi"ni hem de Anadolu'nun dip kültürünün ve Hititlerin "Proto-Türkler" olduğu tezlerini savunmuştur. Ayrıca Türk Antropoloji Enstitüsü'nün antropolojik malzeme bakımından çok gelişmiş bir koleksiyona sahip olduğunu belirterek Alacahöyük'te elde edilen Hitit ve Proto-Hitit dönemlerine ait iskeletlerin Anadolu ırkı üzerinde kesin sonuçlara varılmasını sağladığını belirtmiştir.[849]

"*Şevket Aziz Kansu'nun uluslararası dergilerdeki yazıları sayesinde Türklerin ağırlıklı olarak brakisefal kafa yapısına sahip 'ileri' bir ırka mensup oldukları kanısı en azından antropoloji dünyasında yer etti.*"[850]

Türk Antropoloji Tezi, **E. Pittard**'ın öcülüğünde dünyaca ünlü yerli ve yabancı antropologlar tarafından **Tarih Kongrelerinde** arkeolojik bulgulara dayanarak dile getirilmiştir. Bu bildirilerde de yine dünyaca ünlü antropologların görüşlerine atıf yapılmıştır. Örneğin Birinci Türk Tarih Kongresi'ndeki bildirilerde **Deniker, Quatrefages de Bréau, Topinard** ve **Villenoisy** gibi dünyaca ünlü antropologların görüşleri kaynak olarak kullanılmıştır.[851]

---

846 L'Anthropologie (Paris), C XLI, s. 622. "*Chevket Aziz, Sur L'amorphologie Des Crânes Trouvés Dans Un Hüyük (tell) D'Anatolie*", Revue Turque D'Anthropologie 6 anne, no 10, Eylül 1930, s. 3-17, 25-30.
847 **L'Anthropologie** (Paris 1935, C 45, s. 447-448; Aziz (Ch), "*Deuxieme Contribution A L'Etude Craniologique Des Etis (Hittites)*", Revue Turque D'Anthropologie, no. 15-16, 1934, s. 105-109.
848 Dr. Chevket Aziz Kansu, "*Craniologie De L'Anatolie*", **L'Anthropologie** (Paris), C 45, 1935, s. 105-109.
849 Kansu'nun adı geçen uluslararası makalelerinden aktaran Toprak, **age.**, s. 181-182.
850 Toprak, **age.**, s. 182.
851 Coupeaux, **age.**, s. 32.

Daha da önemlisi bütün bu antropolojik çalışmalar, tezler, bilgiler Atatürk'ün önayak olmasıyla 1933-1943 arasında Türk Tarih Kurumu tarafından Anadolu'da yapılan **25 arkeolojik kazıda** elde edilen arkeolojik bulguların değerlendirilmesine dayalı olarak ortaya atılmıştır.

Brakisefal Türkler Tezi, uluslararası nitelikteki İkinci Türk Tarih Kongresi'nde, *Türk Antropoloji Enstitüsü*'nde, *Türk Antropoloji Mecmuası*'nda, Prof. Şevket Aziz Kansu ile Afet İnan'ın bilimsel ölçülerdeki antropoloji çalışmalarında enine boyuna tartışılıp Bükreş'te toplanan **17. Uluslararası Antropoloji ve Tarihöncesi Arkeoloji Kongresi**'nde savunulmuştur.

Türk Antropoloji Tezi'nin bilimselliğinin en önemli kanıtlarından biri, eğitimini İsviçre Cenevre Üniversitesi'nde tamamlayan **Afet İnan**'ın, Prof. Eugène Pittard'ın danışmanlığında hazırladığı ve Cenevre'de dünya çapında bir jüri karşısında başarıyla savunduğu *"Türk Irkının Vatanı Anadolu"* adlı tezidir.

Türkiye'de bugün hâlâ Afet İnan'ın tezini "ırkçı ve bilimdışı" sananların olduğunu kanıtlayan 2012 yılına ait bir gazete kupürü. Atatürk'ün Tek Parti döneminde 1930'larda yaptırdığı antropoloji çalışmaları bu gazete haberinde de görüldüğü gibi maalesef 2000'lerde siyasete de alet edilmeye başlanmıştır.

Atatürk'ün isteğiyle 1937 yılında o güne kadar **yapılmış dünyanın en büyük antropolojik anket** çalışması Türkiye'de başlatılmıştır.[852] Anadolu'da **64.000 kadın ve erkek** üzerinde uygulanan bu anket 1937 yılı Temmuz-Ekim ayları arasında gerçekleştirilmiştir. Anket için ülke on bölgeye ayrılmış, her bölgede ortalama 6000-7000 kişi ankete dahil edilmiştir. Bu iş için on ekip oluşturulmuştur. Anket için, askeri ve sivil doktorlar, sıhhiye memurları ile kısmen de beden terbiyesi öğretmenleri görevlendirilmiştir. Bu anketin "bilimsel olmadığını" iddia edenlerin sıkça dile getirdikleri gibi anket ölçümlerini yapan bu insanlar bilgisiz değildir. Çünkü *Ankara Dil ve Tarih-Coğrafya Fakültesi* Antropoloji Profesörü Şevket Aziz Kansu, 11-19 Haziran tarihleri arasında aynı fakültenin "Antropoloji Enstitüsü"nde teorik ve pratik kurslar düzenlemiştir. Ayrıca kursa devam eden görevliler öğrendikleri kuramsal bilgileri tecrübe etmek için 18 Haziran 1937'de Ankara'nın bazı köylerinde Kansu'nun başkanlığında anket için ön çalışma yapmıştır. Dahası, ankette görev alacaklara Kansu'nun hazırlayıp Sağlık Bakanlığı'nın bastırdığı *"Antropometri Tetkikleri İçin Rehber"* adlı kitapçık dağıtılmıştır. [853] Ankette kullanılacak aletler de İsviçre'den sipariş edilmiştir. Anketin istatistiksel dökümünü ise İstatistik Umum Müdürlüğü üstlenmiştir.

İşte Atatürk'ün isteğiyle gerçekleştirilen dünyanın bu en büyük antropometri anketinde elde edilen sonuçları Afet İnan, **Cenevre Üniversitesi**'ne verdiği tezde değerlendirerek, sosyoloji doktoru olmuştur.[854]

Afet İnan'ın tezi kitap halinde iki kez Fransızca, bir kez Türkçe olarak basılmıştır. Tezin Fransızca adı *"Türk Irkının Yurdu Anadolu"*dur. Türk Tarih Kurumu, Cenevre'de Fransızca olarak yayımlanan bu tezi Türkiye'de 1941 yılında Türkçe yayımlamak istemiş ancak İkinci Dünya Savaşı nedeniyle yayımlanmayan tez ancak 1947'de kitap olarak yayımlanabilmiştir. Türkçe baskının adı *"Türkiye Halkının Antropolojik Karakter-*

---
852 Şevket Aziz Kansu, **Türk Antropoloji Enstitüsü Tarihçesi**, s. 20.
853 Şevket Aziz Kansu, **Antropometri Tetkikleri İçin Rehber**, Ankara, 1937.
854 Toprak, **age.**, s. 112, 125-126.

leri ve Türkiye Tarihi"dir. Kitabın alt başlığı ise "Türk Irkının Vatanı Anadolu (64.000 Kişi Üzerinde Anket)"dir.[855]

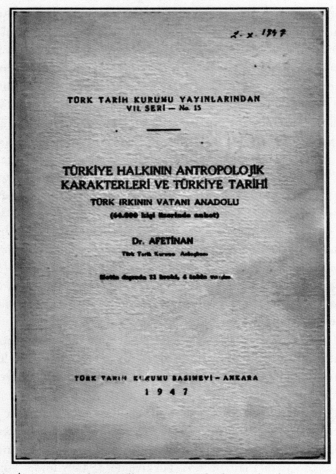

Afet İnan'ın, "Türkiye Halkının Antropolojik Karakterleri ve Türkiye Tarihi" adlı kitabı

---

[855] Afet İnan, Türkiye Halkının Antropolojik Karakterleri ve Türkiye Tarihi, "Türk Irkının Vatanı Anadolu (64.000 Kişi Üzerinde Anket)", TTK Basımevi, Ankara, 1947.

Afet İnan'ın tezi Anadolu'nun morfolojik özellikleri hakkındaki bilgi eksikliğini gidermiştir. Tarih Kurumu'nun anket öncesinde Anadolu'da ve Trakya'da yaptırdığı kazılar Anadolu'nun tarihöncesi arkeolojisinin ortaya çıkmasını ve tarihöncesine ait antropolojik verilerin elde edilmesini sağlamıştır. Afet İnan'ın tezi bu verileri başarıyla değerlendirmiştir.

Afet İnan tezinin sonunda Türk ırkının Sarı ırkla hiçbir ilgisinin olmadığını, Beyaz ırkın Alpin koluna mensup olduğunu belirtmiştir. Irkların sınıflaması yapılırken Türk özelliklerinin yeterince incelenmemesi gerçeğini dikkate alarak Türk antropolojisiyle ilgili eksik ve yanlışları düzeltmek amacıyla bu kitabı yazdığını ifade etmiştir.

Dönemin önde gelen dilcilerinden **Agop Martayan (Dilaçar)** Afet İnan'ın tezi konusunda şu değerlendirmeyi yapmıştır:

"Dr. Afet, kültür sahasında birinci derecede önemli olan bir yurt hizmeti görmüş bulunuyor. Türkiye Türklerinin antropolojik vasıflarını hiçbir itiraz götürmeyecek kadar ince ve bilimsel bir şekilde tespit etmekle, hem bize vasıflarımızı bildirmiş, hem de birtakım yabancı bilginlerin eksik inceleme neticesi olarak tanıtmak istedikleri Türk antropolojik çizgilerini temelinden düzeltmiş oluyor..."

Dünyada o tarihe kadar yapılmış en büyük antropometri anketine dayanması dışında **Afet İnan**'ın tezini/kitabını önemli kılan bir başka neden de dünyaca ünlü antropolog **Eugène Pittard**'ın bu teze bir önsöz yazmasıdır.

"Afet Hanım'ın 64.000 kişi üzerinde yaptığı 'En Büyük Antropolojik Tetkik'i (Türklerin brakisefal kafa yapısına sahip oldukları) konusunda, her türlü tereddüdü giderecek nitelikte bir çalışma olacaktı. Bundan böyle Türklere atfedilen 'Sarı ırk' ve 'mongoloid' söylemi Batı literatüründen silindi. Antropolojik veriler ışığında en azından fizyolojik açıdan Anadolu insanı da Avrupalılar gibi 'ileri' ırklara mensuptu."[856]

1930'lu yıllarda Türkiye'de **Atatürk**'ün himayesinde **Prof.**

---

856 Toprak, age., s. 182.

Eugène Pittard'ın önderliğinde, **Prof. Şevket Aziz Kansu** ve **Afet İnan**'ın öncülüğünde yapılan antropoloji çalışmaları, Türk Antropoloji Tezi'nin 1937'deki İkinci Türk Tarih Kurultayı'nda yerli ve yabancı biliminsanlarınca çok başarılı ve bilimsel bir şekilde savunulmuş olması uluslararası antropoloji dünyasının da ilgisini çekmiştir. Türkiye 1937'de Bükreş'te düzenlenen "17. *Uluslararası Antropoloji ve Tarihöncesi Arkeoloji Kongresi*"ne Türk Tarih Kurumu Asbaşkanı Afet İnan başkanlığında üç kişilik bir heyetle katılmıştır. Prof. Yusuf Ziya Özer, Prof. Hasan Reşit Tankut ve Afet İnan. Bu kongredeki başarılı sunumlar sonunda bir sonraki **18. Uluslararası Antropoloji ve Tarihöncesi Arkeoloji Kongresi**'nin Türkiye'de yapılmasına karar verilmiştir. Türkiye 1939'da yapılacak bu kongre için gereken tüm hazırlıklarını yapmış, ancak II. Dünya Savaşı'nın başlaması nedeniyle bu kongre maalesef yapılamamıştır.[857]

Türk Antropoloji Tezi'nin bilimselliğini *"Türk Tarihinin Ana Hatları"* ve liseler için hazırlanan dört cilt *"Tarih"* serisinde de görmek mümkündür. Bu kitaplarda da ırkçılığa kaçmadan tamamen fiziki antropoloji verileriyle ve dünyaca ünlü antropologların görüşleriyle Türk ırkının "brakisefalliği" anlatılmaya çalışılmıştır.

Bilim dünyasında Türkiye'nin adı geçmezken 1930'lu yıllardaki antropoloji çalışmaları sayesinde Türkiye kendisine bilim dünyasında kimsenin beklemediği saygın bir yer edinmiştir. Batı'da yayımlanan antropoloji dergilerinde Türk antropologların yazıları ve Türk Antropoloji Tezi yer almaya başlamış, Türk antropologlar uluslararası kongrelere, dünyaca ünlü antropologlar da Türkiye'deki kongrelere katılmış ve dünyada Türk antropoloji çalışmalarından övgüyle söz edilmeye başlanmıştır.

Atatürk'ün antropoloji çalışmaları 1930'ların Türkiyesi'ne ırkçılıktan ve dincilikten uzak, tamamen çağın bilimsel gerçekleri doğrultusunda bir iklim kazandırmıştır. Dönemin kitaplarında **Evrim Teorisi** başta olmak üzere bütün bilimsel teoriler anlatıl-

---

857 age., s. 198.

mış, Türkleri aşağılayan teorilere karşı ise yeni bilimsel teoriler ileri sürülerek mücadele edilmiştir.

Irkçılık Karşıtlığı

Atatürk'ün tarih ve dil çalışmaları gibi antropoloji çalışmaları da **ırkçılığa** karşıdır. Atatürk Tarih ve Dil Tezleri Projesi'nin en önemli ayaklarından birini oluşturan **Türk Antropoloji Tezi** ile emperyalist Batı'nın Türkleri aşağılamak için kullandığı "Ari ırk" kuramına "ileri Brakisefal Türkler" kuramıyla başkaldırmıştır. Bir anlamda Atatürk, **Gobineau**'nun *"Irkların Eşitsizliği"* kitabından ilham alan ırkçı **Nazi antropolojisine** Pittard'ın *"Irklar ve Tarih"* adlı kitabından ilham alan **Latin antropolojisi** ile meydan okumuştur.

Örneğin, Türk Tarih Tezi'nin ana kaynağı durumundaki *"Türk Tarihinin Ana Hatları"* adlı kitaptaki antropolojik analizler ırkçı bir bakışla kaleme alınmamıştır. *"Türk Tarihinin Ana Hatları"*nda *"**Toplumlar arasındaki ırk farkının çok önemli olmadığı**"* ifade edilerek, Batı'nın Ari kuramına Brakisefal Türkler kuramıyla yanıt verilmiştir:

"... Şunu söylemeliyiz ki ırklar arasında bugün görülen farkların tarih açısından önemi pek azdır. Gerçekten kafataslarının şekli, ırkların sınıflandırılması için esaslı bir ayraç olduğu halde, sosyal hiçbir anlamı yoktur. Bunun sebebi şudur: 'Kafatası değişmiyor yahut güç ve geç değişebiliyor, fakat onun içindeki en asil organ beyin değişiyor..."[858]

Bu ifadeler aynı dönemde hazırlanan dört ciltlik *"Tarih"* serisinin 1. cildinde de aynen yer almıştır.[859]

Yine *"Türk Tarihinin Ana Hatları"*nın ikinci bölümünde yer alan şu cümleler, Türk Tarih Tezi'nin başka ırkları aşağılamak gibi ırkçı bir amaç taşımadığının en açık kanıtlarından biridir:

"İnsaflı, haktanır ve bitaraf (tarafsız) Avrupalı âlimlerin fikirlerinden ve delillerinden de istifade edilerek müdafaa olunan

---
858 Türk Tarihinin Ana Hatları, 3. bas., İstanbul, 1999, s. 46.
859 Tarih I, s. 16-20.

tezimizde hiçbir ırk ve millet için aşağılama ve küçük görme kastı yoktur. Kendi milletini sevdiği kadar, başka şahsiyet ve varlıklara hürmet Türklüğün şiarlarındandır."[860]

Tarih Kongrelerindeki bildirilerde de Türk antropoloji çalışmalarının Avrupa'daki ırkçı tarih görüşüne karşı olduğu belirtilmiştir. Örneğin Birinci Türk Tarih Kongresi'nde **Dr. Reşit Galip Bey**, Avrupa tarih yazımında Türklere yönelik ırkçı yaklaşımlardan örnekler vermiş ve konuşmasının sonunda "ırkçılığı" şöyle reddetmiştir:

"(...) Her şeyden evvel şunu ilan edelim ki biz insanlığın deri veya saç rengine göre parlayıp karardığına, ruhların iskelet boyundaki santimetre yekûnile yükselip alçaldığına inanan ve âlemi inandırmak isteyenlere istihfaf ve istihkârla bakarız ve onları insanlık mefhumunu anlamakta çok ve hâlâ gecikmiş olmakla hakiki ruhlarını temsil eden ihracat gümrüğü vinçlerinin ve manifatura balyalarının üstünde hâlâ kurunuvusta (ortaçağ) taassubu taşımakla itham ederiz (Alkışlar)."[861] Görüldüğü gibi Atatürk'ün fikir fedaisi Dr. Reşit Galip çok açık ve alaycı ifadelerle Batı'daki ırkçı anlayışı reddetmiştir. Irkçılığı "ortaçağ taassubu" olarak adlandırmıştır.

Dr. Reşit Galip yalnız değildir, Birinci Türk Tarih Kongresi'nde Türk Tarih Kurumu Başkanı **Yusuf Akçura** da ırk sorununun emperyalist devletlerin icadı olduğunu belirterek "ırkçılığı" şu sözleriyle reddetmiştir:

"(...) Muhterem meslektaşlarımdan birisinin de işaret ettiği veçhile (gibi), ırk nazariyelerini (teorilerini) müstemlekeci (sömürgeci) milletler, emperyalist devletler icat ettiler. Arya ırkının diğer ırklara tevafukunu (üstünlüğünü) en çok propaganda eden zat, Comte de Gobineau Asya'da çok dolaşmış bir diplomattı. Bu nazariyenin (teorinin) taraftarları Arya ırkından başka ırkların aşağı, pes olduklarını ve Allah tarafından Aryalılara mahkûm ve hizmetçi olmak üzere halk edilmiş (yaratılmış) bulunduklarını

---

860 Türk Tarihinin Ana Hatları, s. 71.
861 Birinci Türk Tarih Kongresi, s. 158.

neşir ve telkin ediyorlardı. Aryacıların nazarında (bakışlarında) Aryalı, Ari olmayan kavimler adeta at ve eşek gibi Arilerin hayat ve saadetinde terakki (ilerleme) ve tekâmülünde (değişiminde) onlara alet ve vasıtadan ibaretti. Aryalılık haricinde bıraktıklarına insanlık haklarını tanımıyorlardı, zira onlar insanla hayvan arasında bir mahlûk addolunuyorlardı. Bu böyle olunca bu yarım insanların, Aryalılar, Ariler yani hakiki insanlar tarafından istihdam ve istismar olunmaları pek tabii, adeta fıtrat icabı görünecekti. Natif, endijen, tuzemits diye istihkâr ettikleri bu insanları hüküm ve idareleri altına almakta hakları vardı...

Biz, hakka ve hakikate mugayir (aykırı) olan bu nokta-i nazarı (bakışı) asla kabul etmiyoruz. Bir haftadan beri huzurunuzda söz söyleyen arkadaşlarımız ispat ettiler ki, Avrupalıların tahakküm (baskı) gayesini (amacını) istifdah ederek (güderek) ortaya attıkları ırk nazariyesinin ilmi bir kıymeti yoktur.

Biz, Avrupa müstemlekeleri (sömürgeleri) haline getirilen memleketlerin ahalisine (halkına) müstemlekeci (sömürgeci) milletler nazarından bakacak değiliz; biz bütün dünyada yaşayan insanları, Avrupalılar gibi, onlar derecesinde hukuku haiz adam evlatları telakki ediyoruz (Alkışlar). Avrupalıları doyurtmak ve semirtmek için halk olunmuş (yaratılmış) bir nevi hayvan sürüleri gibi değil (Şiddetli alkışlar)."[862]

Yusuf Akçura, emperyalist Batı'nın diğer toplumları çok daha rahat bir şekilde sömürebilmek için "Ari ırk kuramını" geliştirdiğini belirterek Batı'nın ırk kuramına dayanan gerçekdışı görüşleri asla kabul etmediklerini, Tarih Kongresi'nde bu ırk kuramının bilimsel temeli olmadığını kanıtlamaya çalıştıklarını anlatarak, **"Biz bütün dünyada yaşayan insanları, Avrupalılar gibi, onlar derecesinde hukuku haiz adam evlatları telakki ediyoruz,"** diyerek Türk antropoloji çalışmalarının emperyalist Avrupa gibi "üstün ırk" iddiasında değil, "eşit ırk" iddiasında bulunduğunu belirtmiştir.

Birinci Türk Tarih Kongresi'nde uygulamalı fiziki antropoloji ile Türk ırkının "brakisefalliğini" kanıtlamaya çalışan **Prof.**

---

[862] Birinci Türk Tarih Kongresi, s. 606-607.

Şevket Aziz Kansu, elindeki kurukafalar eşliğinde, *"Türklerin Antropolojisi"* adlı bildirisini sunarken bir yerde şöyle demiştir: *"(...) Vasatin (normalin) üstünde bir boy, brakisefal kafa, ince uzun bir burun, kulaklar vasati dediğimiz ebatta bulunuyor. Mongol yüzü yok. Bu tip, Avrupai denilen Alp adamı tipinin aynıdır. Hiç fark yoktur..."*[863]

Görüldüğü gibi Şevket Aziz Kansu, *"... **Bu tip, Avrupai denilen Alp adamı tipinin aynıdır. Hiç fark yoktur...**"* diyerek "üstün ırk" değil "eşit ırk" iddiasında bulunmuştur.

Şeket Aziz Kansu, aynı bildirisinde Yeni Kaledonyalı, Afrika zencisi, neolitik adam, Fransız ve Türk insanının kafaları üzerinde yaptığı incelemeleri özetlemiş, karine değerlerinde Fransızlarla Türklerin kafa karinelerinin çok yakın, hatta kimi ölçümlerde aynı olduğunu iddia etmiştir. Üstelik bunlar sadece kendi bulguları değil, aynı zamanda Fransa'da yanında çalıştığı hocası Profesör Papillault'un incelemeleri sonucu varılan sonuçlardır. Kansu'nun yaptığı antropolojik ölçümler Türk insanının gelişmişlik açısından Fransız insanından **farklı olmadığını** kanıtlamıştır.

Her şeyden önce Türk Antropoloji Tezi'nin dünyaca ünlü savunucularından, Atatürk'ün yakın dostu Antropolog **Prof. Eugène Pittard,** tezleriyle adeta Batı'nın ırkçı antropoloji anlayışlarının içini dışına çevirmiş, ırkçı tezlere karşı bir tez geliştirmiş, üstelik bunu yaparken antropolojik ve arkeolojik bilimsel bulgulardan yararlanmıştır. **Eguène Pittard'ın tezleri Almanya'da geliştirilen "Ari Irk Kuramı"nı sorgulamış, ırkların saflığının değil karışımının uygarlığı yükselttiğini ileri sürmüştür.**[864]

Pittard, Tarih Kurultaylarında sunduğu bildirilerde Anadolu halkının tamamını hiçbir ayrım yapmadan "Türkler" adı altında "brakisefal ırk" olarak adlandırmıştır: *"Eguène Pittard'ın ırk kavramı 'etnik' değildi, 'antropolojik' bir içeriğe sahipti. Anadolu'da yaşayan tüm insanlar –Kürt olsun, Ermeni olsun, Rum olsun– aynı ırkın mensuplarıydı. Bu insanlar farklı din ve*

---

[863] Birinci Türk Tarih Kongresi, s. 277.
[864] Toprak, **age.,** s. 168.

dile mensup olabilirlerdi. Ama ırkları aynıydı. Göçler sonucu Anadolu'ya yerleşmişlerdi. Ortak vasıfları brakisefal olmalarıydı. Tıpkı 1924'te oluşturulan anayasal vatandaşlık anlayışı gibi Eugène Pittard bunların hepsine Türk diyordu. Atatürk öncülüğünde Türk Tarih Tezi, hiç olmazsa kuramsal düzeyde bu varsayımı pedagojik amaçla kesin bir yargıya dönüştürmüştü."[865]

Atatürk'ün antropolojik çalışmaları gibi Atatürk'ün ulus/millet tanımı da "etnik" değildir. 1930 yılındaki *"Vatandaş İçin Medeni Bilgiler"* kitabında Türk milletini, *"Türkiye Cumhuriyeti'ni kuran Türkiye halkına Türk milleti denir,"* diye tanımlamıştır.

Atatürk'ün isteğiyle 1937 yılında Anadolu'da 64.000 kadın ve erkek üzerinde yapılan dünyanın o zamana kadarki en büyük antropometri anketinde de **ırkçı olmayan** bir yaklaşım sergilenmiştir. Örneğin, antropolojik ölçümler Türk, Kürt, Rum, Ermeni ayrımı yapılmaksızın on ayrı bölgeye ayrılan Türkiye'nin her yanında yapılmış, böylece anket ortalama "Türkiye Türklerinin" antropolojik yapısını göstermiştir. Böylece anketi yapanların sadece Türkleri değil Anadolu'da yaşayan herkesi Türk kapsamında görüp o doğrultuda Anadolu'daki bütün etnik unsurların ortak antropolojik verilerini ortaya çıkarmaya çalıştıkları anlaşılmaktadır.[866]

Afet İnan'ın bu anketten elde ederek hazırladığı kitapta da **ırkçılığı reddeden** bir anlayış söz konusudur. Örneğin **Afet İnan**, *"Türk Irkının Vatanı Anadolu"* kitabının sonunda, *"... Bu kitabımı burada bitirirken birkaç esaslı noktayı belirtmek isterim: Bugün umumi tarihler yazılırken ırk meselesini ilmi bakımdan tahlil etmek ve kavimleri ona göre sıralamak âdet olmuştur. İşte bu anket ve tahlillerle bugün Türkiye'de oturmakta olan halkın maddi delillere dayanarak ilmi metotlarla antropoloji âleminde yeri tespit edilmiştir. Bu suretle de milletlerarası antropometri listelerinde Türklerin hakiki yeri tayin olmuştur..."*[867] Çok açık

---

865 age., s. 172-173.
866 age., s. 117-119.
867 Afet İnan, Türkiye Halklarının Antropolojik Karakterleri ve Türkiye Tarihi, "Türk Irkının Vatanı Anadolu", (64.000 Kişi Üzerinde Yapılan Anket) TTK Ankara, 1947, s. 181.

şekilde görüldüğü gibi Afet İnan, anketinde "etnik" bir tasnif yapıp sadece Türkiye'deki Türklerden değil, *"Türkiye'de oturmakta olan halk"*tan söz etmiş ve çok daha önemlisi bu "Türkiye halkından" tıpkı Atatürk gibi "Türkler" diye söz etmiştir.

Atatürk'ün Tarih ve Dil Tezleri Projesi'nin "ırkçı değil" tam tersine "ırkçılık karşıtı" olduğunu, Tarih ve Dil Kurultaylarına sunulan bildirilerden ve o dönemde devlet eliyle hazırlatılan kitaplardan anlamak mümkündür. Bu tezlerin savunucuları Atatürk'ün de ırkçı bir tarih anlayışına sahip olmadığını belirtmişlerdir.

Afet İnan'ı dinleyelim:

"O ırkçılığı asla benimsemedi. Üstün ırk görüşünü Atatürk telkin etmekten daima çekinmiştir. Türk milletinin ırki niteliklerini bugünkü bilimsel yöntemlerle saptamasını isterken, sadece gerçek durumun ortaya çıkmasını istemiştir. Yoksa kendi zamanındaki politika akımlarında güdülmüş olan 'ırkçılık' düşüncesi bizde asla yer almamıştır. O her millete ciddi değer vermiş ve onları saygıyla layık görmüştür."[868]

Şimdi de **Agop Dilaçar**'a kulak verelim:

"Atatürk'ün tarih anlayışı şovenist (ırkçı) bir tarih anlayışı değildir. O, Batılıların Türklere karşı söyledikleri 'barbarlık tarihi' yakıştırmasını şiddetle reddeder. Türklerin medeniyetler kurmuş büyük bir ulus olduğunu kanıtlar. Türk Tarih Tezi budur. Bir ırkın öbür ırktan üstün olduğu iddiasında değildir. Ulusal kimliğe sahip olma, başka uluslardan kendini küçük görmeme ve kendini bulma anlayışıdır. Diğer bir değimle Türk milletinin aşağı olmadığını tarih boyunca medeniyetler kurmuş bir ulus olduğunu ortaya koyan bir tarih anlayışıdır."[869]

Atatürk'ün tarih, dil ve antropoloji çalışmalarının "ırkçı" olamayacağının en açık göstergesi **Atatürk**'ün millet ve milliyetçilik tanımlarıdır.

Örneğin bir keresinde şöyle demiştir: **"Biz öyle ulusçularız ki, bizimle işbirliği yapan bütün uluslara saygı duyarız. (...)**

---

868 İnan, **Atatürk Hakkında Hatıralar ve Belgeler**, s. 312.
869 Agop Dilaçar, **Atatürk'e Saygı**, Ankara, 1969, s. 465.

Bizim ulusçuluğumuz bencilce ve mağrurca bir ulusçuluk değildir."

Başka bir keresinde de şöyle demiştir: *"Dünya uluslarının mutluluğuna çalışmak başka bir yoldan kendi huzur ve mutluluğunu sağlamaya çalışmak demektir. Dünyada ve dünya ulusları arasında barış, açıklık ve iyi geçim olmazsa bir ulus kendi kendisi için ne yaparsa yapsın huzurdan yoksundur. (...) En uzakta sandığımız bir olayın bize bir gün çarpmayacağını bilemeyiz."*

Onun, *"Zorunlu olmadıkça savaş bir cinayettir"* ve *"Yurtta barış dünyada barış"* sözleri de herkesçe bilinmektedir. İnsanlığın kardeşliğini ve barışını ilke edinmiş bir lider olan Atatürk'ün kendi ırkını yüceltip başka ırkları aşağılaması gibi bir yaman çelişki olabilir mi?

Atatürk'ün antropoloji çalışmalarının "ırkçı" olmadığını bu konuya kafa yorup kitap yazan iki önemli akademisyenin görüşleriyle bitirmek istiyorum.

Önce *"Darwin'den Dersim'e Cumhuriyet ve Antropoloji"* kitabının yazarı **Prof. Dr. Zafer Toprak**'tan okuyalım:

"Tek Parti döneminde ırk sorunu hiç olmazsa bilim dünyasında etnik temele dayanmıyordu. İnsanlar Türk, Kürt, Laz, Çerkez gibi etnik ayrıma uğramıyor, brakisefal, mezosefal ve dolikosefal türü fiziki tasnif görüyorlardı. Brakisefal bir Kürt ya da Laz, dolikosefal bir Türk'e oranla daha 'mütekâmil'di. Ancak biyoloji kitaplarında bu tür tasnif gündeme gelmişse de, tarih kitaplarında ırk konusunda yine de bir uyarıda bulunmak gereği duyulmuştu. (...) Kafatası ölçümleri ırkları ayırmak için güçlü bir etmen olmasına karşın toplumsal bağlamda bir değer ifade etmiyordu. Bu tür bir tasnif ırkların üstünlük ya da geriliğini göstermiyordu. Son kertede Erken Cumhuriyet'in ırk sorunu 'defansif'ti. İçe değil dışa dönüktü. Batı'daki önyargılara, kalıtımsal mitlere karşı direnişi simgeliyordu. Türkler de Avrupalılar gibi 'uygar' bir 'ırk'tan geliyordu."[870]

---

870 Toprak, **age.**, s. 340-341.

Sonra da *"Türkiye'de Köy Enstitüleri"* kitabının yazarı **Fay Kirby**'dan okuyalım:

"Türk Tarih Tezi'nin antropoloji ve ırk ile ilgilenmiş olması, Türkiye'de ve dışarıda Kemalizm'in ırkçı olduğu savına yol açmıştır. Bunun yanlışlığının en güçlü kanıtı ırkçı Turancıların Kemalizm'in tarih tezinin en büyük düşmanı olmalarıdır. Atatürkçü tarih tezinin ırk görüşü, Türklerin yalnız kültür ve uygarlık bakımından değil, ırk bakımından da tarihin belli başlı uygarlıklarını yaratan kavimlerin dışında ya da gerisinde bulunmayıp, içinde ve başında olduklarını gösterme yönündedir. Avrupalı birçok tarihçi ve yazarlar, hatta Müslüman birçok yazarlar geçmişte olduğu gibi bugün bile Türkü uygarlık yıkıcı, Orta Asya'dan kopup gelmiş uygar olmayan göçebeler olarak gösterirler. Atatürk'ün desteklediği, güçlü sezgilerini ve görüşlerini kattığı tarih tezi, yine Atatürk'ün kurduğu Türk Tarih Kurumu'nun bilimsel değerdeki araştırmaları, yayınları, kazıları, Milli Eğitim Bakanlığı'nın desteklediği klasik ve hümanist eğitim hep bu Türk karşıtı görüşü, hiç değilse Türklerin kafasından söküp atmak, Türk'ün hem antik çağlardan önce, hem o çağlarda, hem de çağdaş Batı'da ortaya çıkmış uygarlıklara yabancı olmak şöyle dursun, bu uygarlıklarda önemli roller oynadığını göstermek amacını güdüyordu. Gerçekte Kemalist tarih felsefesi, bugünkü Türk ulusunun temeli olarak ırk ve din kavramlarını yadsır..."[871]

Gerçek şu ki: Atatürk'ün antropoloji çalışmalarını gerçekten inceleyenler bu çalışmaların Batı'nın "ırkçı" tezlerine yeni bilimsel yöntemlerle "başkaldırı" olduğunu çok kolayca göreceklerdir. Fakat bu çalışmaları incelemeden, kulaktan dolma bilgilerle *"Ama Atatürk kafataslarını ölçtürmüş!"* diye söze başlayanlar ise hiçbir zaman bu çalışmaların "bilimsel değerini" ve "ırkçılık karşıtlığını" göremeyeceklerdir.

---

[871] Fay Kirbay, **Türkiye'de Köy Enstitüleri**, haz. Engin Tonguç, 2. bas., Ankara, 2000, s. 349.

Atatürk'ün Avrasya Devleti

Atatürk'ün Tarih ve Dil Tezleri Projesi'nin unutulan amaçlarından biri de Türkiye Türkleriyle Orta Asya Türkleri arasında güçlü kültürel bağlar kurma isteğidir. Araştırmacı İsmet Bozdağ, Atatürk'ün bu çalışmalarının arka planında, onun *"Avrasya Devleti Projesi"*nin olduğunu iddia etmiştir.

Gerçekten de Atatürk'ün tarih, dil, antropoloji ve din tezlerinin çıkış noktası hep Orta Asya ve Orta Asya'dan Anadolu'ya uzanan binlerce yıllık Türk göçleridir. Atatürk'ün Orta Asya ile Türkiye arasında kökleri çok eskilere giden kültürel ortaklıklar aradığı çok açıktır. Nitekim Atatürk'ün Türk Antropoloji Tezi dünyaca ünlü antropolog **Eugène Pittard**'ın Avrasyacı *"Brakisefal Irk Kuramı"*na dayanmaktadır.

Pittard, bu kuramını *"Irklar ve Tarih"* adlı kitabında detaylandırmıştır: *"Eugène Pittard'ın Avrasyacı tezleri Avrupa'nın özellikle Cihan Harbi ertesi geçirdiği çöküntüyle yakından ilgiliydi. (...) Eugène Pittard, 'Mezolitik devir sonrasındaki Avrasya âlemini iki yapraklı bir defter halinde göz önüne getirebiliriz,' diyordu. Bu defterin Avrupa yaprağı üzerinde göçebeler ve özellikle avcılar vardı; bunlar ne hayvan beslemeyi biliyor ne de çiftçilikten anlıyorlardı. (...) Defterin öbür yaprağı bambaşka manzara arz ediyordu. Bu coğrafyada (Asya'da) yoğun ve toplu olarak görülen insanlar, toprağı ekiyorlar, hayvanları ehlileştirip meralara götürüyorlardı. (...) Anadolu'da 1930'lu yıllarda yaşayan brakisefaller, cetleri Asya'nın geniş topraklarında oturan insanlar olarak farz ve tasavvur etmek mümkündü. Bu kavimler artık başka başka isimler taşımaktaydı: Türkistan'da adları Türkmendi. İran'da Persti, Anadolu'da Türktü. Bunların ırk açısından aynı menşeden çıktıkları, hepsinin aynı esasa mensup olduğu pek güzel tasavvur edilebilirdi. Geçmişte Orta ve Batı Asya'nın bir kısmında ırk bakımından türdeş bir insan grubu yaşamıştı; bunların başka morfolojik vasıflarının yanı sıra belirgin bir özellikleri daha vardı; o da brakisefal olmalarıydı."*[872]

---

872 Toprak, **age.**, s. 168-171.

Atatürk'ün Orta Asya Türkleriyle bağları sıkılaştırma yönündeki ilk büyük adımı 1928 tarihindeki **Harf Devrimi**'dir. Şöyle ki:

1917 tarihli Bolşevik Devrimi'nden sonra **Sovyet Rusya**'da, devrim bildirgesinin aksine, Orta Asya'daki Türk toplulukları üzerinde büyük baskılar kurulmaya başlanmıştır. Sovyet Rusya, Orta Asya Türkleriyle özellikle Türkiye Türkleri arasındaki bağları koparmak için tarih, dil ve din eksenli bir asimilasyon politikası uygulamaya başlamıştır.[873]

Sovyet Rusya, "Bolşevik vaatleri" unutarak Orta Asya Türklerini asimile ederken öncelikle Türklerin yazılarını ve dillerini değiştirmiştir. Örneğin Sovyet Hükümeti aldığı bir kararla 1924 sonlarında **Azerbaycan**'ı Latin alfabesine geçirmiştir. 1 **Mayıs 1925**'te Sovyet Hükümeti'nin bir kararıyla Azerbaycan'da gazeteler ve resmi yazışmaların Latin harfleriyle yapılması mecburi kılınmıştır. Sovyetler 7 **Ağustos 1925**'te aldıkları bir kararla Arap harfleriyle basılmış yayınların ülkeye girişini de yasaklamışlardır. Sovyet Rusya, Azerbaycan'dan sonra başta **Türkistan** olmak üzere Orta Asya'nın diğer bölgelerinde de Latin alfabesini yaymak amacıyla 1926'da Bakü'de bir *"Türkoloji Kurultayı"* düzenlemiştir.[874] **Prof. Mehmet Saray**'a göre, *"Komünistler için alfabe değişikliğinin amacı Sovyetler'deki Türklerin Türkiye ve İslam kültürü ile irtibatlarını kesmekti. Bu da şimdilik mümkün görünüyordu..."*[875]

Sovyet Rusya'nın 1925'te Orta Asya Türklerini **Latin alfabesine** geçmeye zorlamaları üzerine, Orta Asya Türkleriyle Türkiye Türkleri arasındaki kültürel bağların zayıflayacağını gören Atatürk, öteden beri hayata geçirmek için en uygun zamanı beklediği Harf Devrimi'ni hızlandırmaya karar vermiştir. Yapılan hazırlıklardan sonra 1928 yılında Türkiye de Latin alfabesine geçirilmiştir. Atatürk'ün Harf Devrimi'ni, mümkün olan

---

873 Mehmet Saray, **Türk Dünyasında Dil ve Kültür Birliği**, İstanbul, 1993, s. 81.
874 age., s. 81-82.
875 age., s. 82.

en kısa zamanda –Falih Rıfkı Atay'a söylediği şekliyle 3 ayda– gerçekleştirmek istemesinin –radikal devrimciliği dışında– pek bilinmeyen bir nedeni de Azerbaycan başta olmak üzere Orta Asya Türkleriyle Türkiye Türklerinin kültürel bağlarını bir an önce yeniden güçlendirmek istemesidir. Ancak Türkiye'nin Latin harflerini kabul etmesiyle Orta Asya Türkleriyle yeniden ortak alfabeyi kullanmaya başladığını gören Sovyet Rusya, Orta Asya Türklerini yeniden **Arap harflerini** kullanmaya zorlamıştır.[876]

Atatürk, Türkiye'de sadece tarihi, dili, antropolojiyi değil, **mitolojiyi** de Orta Asya kaynaklı olarak belirlemiştir. Türklerin binlerce yıldır Anadolu'da yaşadığına inanan ve bu inancını Tarih ve Dil Kurultaylarında bilimsel bir temele oturtan Atatürk –Hititlerin ve Sümerlerin Türklüğüne verdiği önemi de düşünürsek–pekâlâ eski Anadolu merkezli bir mitoloji seçip o mitolojinin en önemli sembollerinden birini genç Türkiye Cumhuriyeti'nin sembollerinden biri haline getirebilirdi, ama o, özellikle **Orta Asya merkezli mitolojileri** ve o mitolojilerin en önemli sembollerinden **"Bozkurt"**u genç Türkiye Cumhuriyeti'nin sembolü olarak belirleyip bir dönem kullandırmıştır.

Atatürk, Türklerin Türeyiş destanı Ergenekon'a gönderme yapmıştır. Kendisine verilen unvanlardan biri Ergenekon'dan çıkarken Türklere yol gösteren "Bozkurt"tur. Bozkurt Köktürklerin bayrağında yer alan bir Türk sembolüdür. Bu doğrultuda Türk hakanlarının kurttan türediği yaygın bir mite dönüştürülmüştür. Hakanlar ve komutanlar bu tür bir sembolizmle anılmaya başlanmıştır. Doğan çocuklara Kurt, Kurtbey, Bozkurt, Asena, Börteçine gibi adlar verilmiştir. Soyadı Kanunu çıktığında Atatürk Mahmut Esat Bey'e "Bozkurt" soyadını vermiştir. Atatürk'ün isteğiyle TEKEL Bozkurt marka bir sigara üretmeye başlamıştır. Pullara bozkurt figürleri konulmuştur. Ankara Garı'nın girişine iki büyük bozkurt amblemi yerleştirilmiştir. Cumhuriyet'in birinci tertip kâğıt paralarından 5 ve 10 liralık

---

876 Bernard Lewis, **Modern Türkiye'nin Doğuşu**, çev. Metin Karatlı, 5. bas., Ankara, 1993, s. 427; Saray, **age.**, s. 83.

banknotların bir yüzüne kurt resmi konulmuştur. Milli Türk Talebe Birliği'nin amblemi bozkurt olarak belirlenmiştir. Üniversite öğrencilerinin şapkaları üzerine bozkurt amblemi yerleştirilmiştir. Ulus Meydanı'ndaki Atatürk heykelinin kaidesinin dört bir yanı bozkurt başı rölyeflerle süslenmiştir. İzcilik geliştirilirken izci kollarına "yavrukurt" adı verilmiştir. Atatürk'ün çalışma masasında bozkurt şeklinde eşyalar yer almıştır.

Atatürk'ün emriyle bastırılan Bozkurt figürlü pullar

Atatürk'ün, genç Cumhuriyet'in mitolojik sembolü olarak Orta Asya Türk tarihine ait "Bozkurt"u kullanmasının en önemli nedeni bu sembolün, Orta Asya Türkleriyle Türkiye Türklerinin "ortak kökleri"ni yansıtan bir sembol olmasındandır.

Atatürk, 1930'lu yıllarda bir taraftan tarih, dil, antropoloji, din ve mitoloji gibi çalışmalarla Orta Asya Türkleri ile Türkiye Türkleri arasındaki ortak kökene, ortak kültüre vurgu yaparak "kültürel bağları" güçlendirmeye çalışırken, diğer taraftan **Sadabat Paktı** ve **Balkan Antantı** gibi siyasi oluşumlarla Türk-İslam dünyasıyla siyasi ilişkileri güçlendirmeye çalışmıştır. **İsmet**

Bozdağ'a göre 1920'lerin sonunda "Avrupa'nın rahatsızlığını" fark eden Atatürk bu yöndeki çalışmalarını yoğunlaştırmıştır.[877]

Atatürk Samsun Lisesi'nde Tarih Dersinde, 19 Kasım 1937

Atatürk Samsun Lisesi'nde Tarih Dersinde, 19 Kasım 1937

---

877 Bozdağ, **İşte Atatürk'ün Türkiyesi**, s. 86.

Atatürk döneminde okullarda tarih derslerine büyük önem verilirdi. Türk Tarih Tezi ve Türk Dil Tezi'nin omurgası olan Orta Asya'yı ve Türklerin Orta Asya'dan çıkışını bütün boyutlarıyla anlatmak için o dönemde okullarda tarih derslerinde mutlaka bir Asya haritası kullanılırdı. Atatürk okul ziyaretlerinde özellikle tarih derslerine girip öğrencilerin tarih bilgilerini ölçerdi. Yukarıdaki iki fotoğrafta Samsun Lisesi'nde tarih dersinde görüntülenen Atatürk'ün bir Asya haritası önünde öğrencilerin tarih bilgilerini ölçtüğü görülmektedir. Atatürk'ün "Avrasya merkezli" tarih ve dil tezleri 1930'larda doğrudan eğitim sistemine yansıtılmıştır. Artık Avrupa haritaları değil, Asya haritaları önem kazanmıştır.

Yine İsmet Bozdağ'a göre Atatürk ile İnönü arasında 1930'lu yılların ortalarından itibaren başlayan görüş ayrılığının temelinde dış politika vardır. **Atatürk**, Avrupa'nın 1929 Ekonomik Krizi ile sarsılmaya başladığı bir dönemde Türkiye'nin özellikle Orta Asya'daki soydaşlarıyla çok daha iyi ilişkiler kurup, çok daha güçlü bir ülke haline gelebileceğini düşünürken, **İsmet İnönü** temkinli davranıp hiçbir risk almak istememiştir.

"... Onu (Türkiye'yi) güçlü yapabilecek bir potansiyel güç kaynağı vardı: Asya'da 30-40. paralel içinde yaşayan dil bir, din bir, kan bir kardeş toplumlar yaşıyordu. Bu kardeş toplumlar –ortak kaderi yaşadıkları için– bilinçlenirler ve ortak kültürün idraki içine girerlerse Türkiye'de onlar da kurtulabilirler! Bu idrakin uyanması bekleneceğine, uyandırılmasının doğru olacağına Atatürk inanmıştı. İnönü bunun Türkiye'nin başını ağrıtacağını düşünüyordu; potansiyel tehlikeyi (Sovyet Rusya tehlikesi) aktif tehlike haline dönüştürebilirdi.

İnönü'nün riski göze alamayan mizacı ile risk, bedel ödenmeden, başarı sağlamanın olanaksızlığının idraki içinde olan Atatürk görüşü zaman zaman çatışmış, sonunda karşılıklı güvensizliğe kadar genişlemiştir.

Aslında İsmet Paşa burada yanılıyor: Türkçe Kur'an Latin harflerinin getirdiği sonuç değil, Latin harfleri de Türkçe Kur'an ve ibadet de Türkiyat Enstitüsü, Etnografya Müzesi, Dil ve Tarih Kurumları, devrimlerin tamamı bir PAKET'tir. Atatürk'ün ne kadar doğru düşündüğü 1990'lı yıllarda Sovyetler Birliği'nin çözülmesi ve onun yönetiminde yaşayan Türk soyundan gelmiş toplumların hedefsiz çırpınışlarında yaşanmıştır. Atatürk, dünyamızı terk ederken bize Büyük Devlet olmanın koşullarını miras olarak bırakmış, fakat onun koltuğuna oturan İsmet Paşa, 'risk korkusu', 'Sovyet dostluğu hayali' yüzünden bu şansı karartmıştır..."[878]

Atatürk'ün tarih, dil, din ve mitoloji eksenli oldukça derin kültür politikasıyla Türkiye Türkleriyle Orta Asya Türkleri arasında en azından kültürel bağları güçlendirmek istediği çok açıktır, ancak bunu 1930'ların sonlarında –üstelik yeni bir dünya savaşının eşiğindeki bir ortamda– siyasi bağlara dönüştürmek isteyip istemeyeceği doğrusu çok belirsizdir.

İsmet Bozdağ, *"Atatürk'ün Avrasya Devleti"* adlı kitabında Atatürk'le ilgili şöyle bir olaya yer vererek biraz olsun bu belirsizliği gidermiş gibidir:

Olay 1933 yılı 29 Ekim gecesi Cumhuriyet'in 10. yıl kutlamaları sonrasında geçiyor. Atatürk o sırada Türk Ocağı'nda yabancı diplomatlara yemek ziyafeti veriyor. Davetliler gecenin ilerleyen saatlerinde birer ikişer dağılıyorlar. Atatürk, yakın arkadaşları Salih Bozok, Kılıç Ali ve Nuri Conker'i kast ederek, *"Bizimkiler nerede?"* diye soruyor. Tevfik Rüştü Aras, Ziraat Bankası'nın salonundaki baloda olduklarını söylüyor ve hemen hep beraber Ziraat Bankası'nın balosuna gidiyorlar. Balo salonunda içerisi tıklım tıklım kalabalıktır. Atatürk halkıyla sohbet etmeyi çok sevdiği için insanlarla oturup karşılıklı sohbet edebilmek için sandalye ve masa istiyor, isteği hemen yerine getiriliyor. Bu sırada Atatürk'ün etrafını saran kalabalığın içersinde 26 yaşında bir doktor olan **Zeki** adlı bir genç ilk olarak öne çıkıp şu soruyu soruyor:

---

878 age., s. 92-93.

"*Gazi Paşam! Saltanatı kaldırdık, hilafeti kaldırdık. Bunlar, yapılana kadar bir milletin idealleri olabilirler, fakat yapıldıktan sonra yeni bir düzen kurulur ve işler. Onun iyi işlemesi için, kötü işlemesi ideal değildir. İyi işlemesini sağlamaya mecburuz. Yaptığımız öteki devrimlerde yaptığımız an ideal olmaktan çıkar, artık ideallerimiz yaşadığımız gerçekler haline dönüşmüştür. İyi ya da kötü sonuçlar vermesi bizim sorumluluğumuzun sonuçlarını belirler. Ama bir de milletin babadan oğla sıçrayan uzun vadeli idealleri vardır. Siz bize böyle bir ideal aşılamadınız! Yahut benim bundan haberim yok! Bunu bize açıklar mısınız Gazi Hazretleri?*"

Atatürk, bu soruya şöyle yanıt veriyor:

"*Bunlar vicdanımıza yazılmış olan gerçeklerdir. Konuşulmaz, yaşanır! Elbet bu milletin bir ülküsü olacaktır. Ama bu ülküler devlet tarafından açıklanmaz; millet tarafından yaşanır, yaşatılır! Nasıl bakarken gözlerimizi görmüyor ama onunla her şeyi görüyorsak, ülkü de onun gibi, farkında olmadan vicdanımızda yaşar ve her şeyi ona göre yaparız. Ben Devlet Başkanıyım. Sorumluluklarım vardır! Bu sorumluluklarımın altında konuşamam! Lakin bu genç arkadaşımızla ayrıca konuşacağım!*"

Daha sonra Atatürk, halkın Cumhuriyet Bayramı'nı tekrar kutlayıp genç Doktor Zeki'yi yanına alarak Ziraat Bankası Genel Müdürü'nün odasına çıkar. Odada, Atatürk'ün tam arkasında duvarda asılı bir Türkiye haritası vardır.

Atatürk karşısında duran genç Doktor Zeki'ye, "*Benim arkamdaki haritayı görüyor musunuz?*" diye sorar.

Doktor Zeki, "*Evet Paşam,*" der.

Atatürk, "*O haritada Türkiye üstüne abanmış bir ağır blok var, onu da görüyor musunuz?*" diye sorar.

Doktor Zeki, "*Evet görüyorum Paşam*" der.

Bunun üzerine **Atatürk** şunları söyler: "*Bak işte o gördüğün blok ağırlık benim omuzlarımın üstündedir. Omuzlarımın üstünde olduğu için ben konuşamam! Düşün bir kere Osmanlı*

İmparatorluğu ne oldu? Avusturya-Macaristan İmparatorluğu ne oldu? Daha dün bunlar vardılar. Dünyaya hükmediyorlardı! Avrupa'yı ürküten Almanya'dan bugün ne kaldı? Demek ki hiçbir şey sürgit değildir! Bugün ölümsüz görünen nice güçlerden, ileride belki pek az bir şey kalacaktır. Devletler ve milletler bu idrakin içinde ve bilincinde olmalıdır. Bugün Sovyetler Birliği bizim dostumuzdur, komşumuzdur, müttefikimizdir. Devlet olarak bu dostluğa ihtiyacımız var! Fakat yarın ne olacağını kimse kestiremez. Tıpkı Osmanlı İmparatorluğu gibi, tıpkı Avusturya-Macaristan İmparatorluğu gibi, Sovyet Rusya da parçalanabilir! Bugün elinde sımsıkı tuttuğu milletler, avuçlarından sıyrılabilirler. Dünya o vakit yeni bir dengeye ulaşabilir. İşte o zaman Türkiye ne yapacağını bilmelidir! Bizim bu dostumuzun yönetiminde dili bir, inancı bir, özü bir kardeşlerimiz vardır. Onları arkamıza almaya hazır olmalıyız, kendimizi buna hazırlamalıyız! Hazır olmak yalnız susup o günü beklemek demek değildir! O güne hazırlanmak lazımdır. Milletler buna nasıl hazırlanırlar? Manevi köprüleri hazır tutarak! Dil bir köprüdür! Bugün biz bu toplumlardan dil bakımından, gelenek ve görenek bakımından, tarih bakımından ayrılmış, birbirimizden çok uzağa düşmüşüz! Bizim bulunduğumuz yer mi doğru, yoksa onlarınki mi? Bunun hesabını yapmakta fayda yoktur! Onların bize yaklaşmasını bekleyemeyiz, bizim onlara yaklaşmamız gereklidir. Tarih bağı kurmamız lazım, folklor bağı kurmamız lazım, dil bağı kurmamız lazım. Bunları kim yapacak? Elbette biz. Nasıl yapacağız? Dil Encümenleri, Tarih Encümenleri kuruluyor, dilimizi onun diline yaklaştırmaya, tarihimizi ortak bir payda haline getirmeye çalışıyoruz. Böylece birbirimizi daha kolay anlar hale geleceğiz. Bir sevgi parlayacak aramızda, tıpkı bir vücut gibi kaderde ve mutlulukta birbirimizi duyacağız ve arayacağız. Ortak bir dil amaçladığımız gibi, ortak bir tarih öğretimimiz olması gerekli. Ortak bir mazimiz var, bu maziyi bilincimize taşımamız lazım. Bu sebeple okullarda okuttuğumuz tarihi Orta Asya'dan başlat-

tık! Bizim çocuklarımız orada yaşayanları bilmelidirler. Orada yaşayanlar da bizi bilmeli. Bunu sağlamak için de Türkiyat Enstitüsü kurduk, kültürlerimizi bütünleştirmeye çalışıyoruz! Ama bunlar açıktan yapılmaz! Adı konularak yapılacak işler değildir. Yanlış anlaşılacağı gibi, savaşlara da sebep olabilir. Bunlar devletlerin ve milletlerin derin düşüncelerindedir. İşitiyorum: Benim dil ve tarih ile uğraştığımı gören bazı kısa düşünceli insanlar; 'Paşanın işi yok, dil ve tarih ile uğraşmaya başladı,' diyorlarmış. Yağma yok! Benim işim başımdan aşkın. Ben bugün çağdaş bir Türkiye kurmaya ne kadar çalışıyorsam, yarının Türkiyesi'nin de temellerini atmaya o kadar dikkat ediyorum. Bu yaptıklarımız hiçbir millete düşmanlık değildir. Barıştan yanayız, barıştan yana kalacağız! Ama durmadan değişen dünyada, yarının muhtemel değerleri içinde hazır olacağız. Bunları sana akıllı bir genç olduğun için söylüyorum. Sen bil, gerekçeni kimseye söylemeden böyle davran, çevrenin de böyle davranması için gerekeni yap! İdealler konuşulmaz, yaşanır! İşte senin sorunun karşılığını da böylece vermiş oldum!"

Gece artık ilerlemiş, sabahla buluşmuştur. Atatürk arkadaşlarıyla birlikte bulvara çıktığı zaman, taze bir sabah Ankara'nın göklerinde ışımaya başlamıştır.[879]

İsmet Bozdağ, bu olay için *"Tarihte yaşanmış olan bu gerçek olay, İhsan Sabri Çağlayangil'den dinlenmiş ve Sebati Ataman, Kılıç Ali, Tevfik Rüştü Aras, Hikmet Bayur tarafından da doğrulanmıştır,"* demiştir.

Burada Atatürk'ün Tarih ve Dil Tezleri Projesi'nin amaçlarından birinin **Orta Asya Türkleriyle yakınlık kurmak** olduğu, Atatürk'ün tarihten aldığı derslerle genç Türkiye Cumhuriyeti'ni kurduğu ve Türkiye ile ilgili gelecek planları yaptığı görülmektedir. Burada "Akl-ı Kemal" görülmektedir.

---

879 Bkz. İsmet Bozdağ, **Atatürk'ün Avrasya Devleti**, Tekin Yayınevi, İstanbul, 1999.

Tarih ve Dil Tezleri Projesi'nin Yok Edilmesi

Tarihçi **Eric Hobsbawm**, *"Nasıl ki haşhaş, eroin bağımlılığının hammaddesiyse, tarih de milliyetçi, etnik ya da fundamentalist ideolojilerin hammaddesidir,"*[880] diyerek tarihin zararlı ideolojilerin hammaddesi olduğunu belirtmiştir ki, çok haklıdır.

Tarih, emperyalizmin en güçlü silahlarından biridir. 19. yüzyılda kendisine Doğu'da hammadde kaynakları arayan **emperyalist Avrupa**, Doğu'ya yönelik emperyalist saldırılarına meşruiyet/haklılık kazandırabilmek için 19. yüzyılda Avrupa'da ortaya çıkan tarih, dil ve antropoloji tezlerinden yararlanmıştır. Batı, antropolojiyi kullanarak kendisini "Ari" ve "ileri"; sömürmek istediği Doğu'yu "Sarı" ve "geri" olarak adlandırmış, tarihi kullanarak bütün eski ileri uygarlıklara sahip çıkmış, dilbilimi kullanarak da bütün bu sahiplenmeleri daha da pekiştirmiştir.

Atatürk 20. yüzyılın başında emperyalist Batı'ya karşı birbirini tamamlayan iki kurtuluş savaşı vermiştir. Bunlardan ilki Anadolu'nun siyasi tapusunu kazandıran **Milli Mücadele**, ikincisi ise Anadolu'nun manevi tapusunu kazandıran **Tarih ve Dil Mücadelesi**'dir.

Atatürk, 1930'lu yıllarda Türkiye'de kültür-uygarlık eksenli son derece "bilimsel" ve "alternatif" bir tarih anlayışı geliştirmiştir.

O, asırlardır unutulan, Arapça ve Farsçanın baskısıyla gün geçtikçe daha da fakirleşen Türkçeyi tarama, derleme ve türetme çalışmalarıyla adeta yeniden diriltmiştir.

Ari Irk Kuramı'na, **Avrasya merkezli brakisefal** tezlerle karşı çıkarak Türklerin uygarlık yoksunu barbar ve geri bir ırk olduğu görüşünü yerle bir etmiştir.

Atatürk döneminde Türkiye'de Türk Tarih Kurumu'nca hazırlanıp okullarda okutulan **tarih kitapları** dönemin en son bilimsel verileri dikkate alınarak hazırlanmıştır. Türkleri aşağılayan Batı Merkezli görüşlere bilimsel yanıtlar verilmiş, savaş-

---

[880] Eric Hobsbawm, **Tarih Üzerine**, Ankara, 1999, s. 9.

anlaşma kısırdöngüsüne sıkışmış, "fetihçi", "dinci" ve "ırkçı" görüşlere prim verilmeyerek kültür-uygarlık merkezli bir tarih görüşü yerleştirilmiştir.

Atatürk Türkiyesi'nde "tarih" ulusal kültürden beslenerek evrensel uygarlığa katkı sağlamanın; dil, Türkçenin öz güzelliğini ve zenginliğini ortaya koyarak anadilde düşünüp yazmanın; antropoloji ise Türklere yönelik ırkçı saldırıları bilimsel yöntemlerle önlemenin bir aracı olarak gelişip kurumlaşmaya başlamıştır.

Ancak Atatürk'ün ölümünden sonra emperyalizm yine hemen harekete geçmiştir.

Atatürk'ün ölümünden sonra Türk tarihi ve Türk diliyle ilgili bilimsel çalışmalar bir kenara bırakılmıştır. Atatürk'ün ölümünden sonra Atatürk'ün **Türk Tarih Tezi** yerini 1940'lı yılların başında önce **Grek (Yunan)-Roma Tezi**'ne, 1950'li yıllarda ise **Türk-İslam Sentezi**'ne bırakmıştır. 1946'da başlayan **Karşı Devrimci** süreç Atatürk'ün tarih, dil ve antropoloji çalışmalarıyla şekillenen **kültür devrimini** yok ederek işe başlamıştır.

Atatürk'ün ölümünden sonra **Hasan Ali Yücel**'in Maarif Vekili, **Sabahattin Eyüboğlu**'nun yazar ve Maarif Müfettişi olarak katıldıkları **1943 Milli Eğitim Şurası**'nda antik Yunan ve Roma kültürüyle beslenen "hümanist" tarih anlayışına geçilmiştir. Bu süreçte tarih kitaplarında antik Yunan ve Roma tarihinin miktarı ve kapsamı artırılmış, Türk tarihi azaltılmıştır. Milli Eğitim Bakanı Hasan Ali Yücel, **antik Yunan ve Batı klasiklerini** Türkçeye tercüme hareketini başlatmıştır.[881] Atatürk döneminde **Halkevlerinde** Türk Tarih Tezi anlatılırken, İnönü döneminde **Köy Enstitülerinde Greko-Roma Tezi** anlatılmıştır. 1939-1946 arasında Türkiye'nin **İngiltere, Fransa** ve **Almanya** arasında gidip geldiği dönemde Türkiye yeniden Batı Merkezli Tarih'e teslim olmuştur. İkinci Dünya Savaşı yıllarında bir taraftan **İngiltere** ve **Fransa** ile kurulan dirsek teması çerçevesinde **Greko-Roma Tezi** işlenirken, diğer taraftan, özellikle 1939-1944 arasında, **Al-**

---

881 Meydan, age., s. 352-353.

manya ile kurulan dirsek teması çerçevesinde **Irkçı Turancılık** yükselmeye, hatta devletin bilinçli müdahalesiyle yükseltilmeye başlanmıştır. 1930'larda ırkçı Nazi antropolojisine brakisefal Avrasya temelli antropolojik tezlerle başkaldıran **Atatürk** değilmiş gibi **İsmet İnönü** Alman ırkçılığına benzer bir ırkçı görüşün Türkiye'de gelişmesine ses çıkarmamış, hatta gizli açık destek vermiştir. Bu süreçte, **Nihal Atsız, Reha Oğuz Türkkan** gibi Irkçı-Turancılar, Atatürk'ün önce 1931'de Türk Ocaklarını kapatarak sonra 1933'te Üniversite Reformu'nu yaparak tasfiye ettiği "Irkçı-Turancı Tarih Görüşü"nü yeniden yerleştirmeye başlamıştır. II. Dünya Savaşı'nı Almanya'nın kaybedeceğini anlayan **İnönü**, 1944'te "**Irkçı-Turancılık Davası**"yla bu sürece son vermiştir.[882]

Atatürk'ten sonra sadece Atatürk'ün büyük emekler verdiği Türk Tarih Tezi Greko (Yunan)-Roma Tezi'ne dönüştürülmekle kalmamış, Atatürk'ün ebedi istirahatgâhı, **Anıtkabir** bile bu yeni tez doğrultusunda **Antik Yunan mimarisi** tarzında yapılmıştır. **Anıtkabir** mimarisinde, Washington'da **Abraham Lincoln**'ün **Antik Yunan mimarisinin en önemli eserlerinden Parthenon akropolünden** esinlenilerek yapılan ve 1922'de tamamlanan beyaz mermer anıtından esinlenilmiştir. **Prof. Dr. Oktay Aslanapa**'nın haklı olarak ifade ettiği gibi, *"Amerika'da mimari bir gelenek olmadığından onların Yunan fikrinden ilham alması pek tabiidir. Fakat bin yıldan fazla bir zamandan beri eşsiz mezar anıtları yaratmış olan bir milletin bunları bir tarafa bırakarak Türk mimarisi ile hiç ilgisi olmayan bir eseri örnek alması yaratıcılık ruhuyla bağdaşmaz..."*[883] Geceli gündüzlü Türk Tarih Tezi'yle uğraşırken hayata gözlerini kapayan, bütün ömrü boyunca Batı'nın Yunan merkezli tarih tezine karşı çıkan Atatürk'e yapılmış en büyük saygısızlıklardan biri, onu Yunan tapınaklarına benzer bir kabre koymaktır!

---

882 age., s. 370-378.
883 Oktay Aslanapa, *"Atatürk ve Sanat"*, **Türk Kültürü Atatürk Sayısı**, Türk Kültürünü Araştırma Enstitüsü, Kasım 1965, S. 37, s. 111.

Abraham Lincoln'ün Beyaz Mermer Anıtı

Atatürk'ün Anıtkabir'i

1939-1946 arasındaki **Grek-Roma Tezi** 1946'dan itibaren **Türk-İslam Sentezi'ne** evrilmeye başlamıştır. Bu süreç, **Prof. Şemsettin Günaltay**'ın Türk Tarih Kurumu'nun başına getirilmesiyle başlamıştır. Atatürk'ten sonra adeta pusulayı şaşıran, sanki Atatürk'ün Türk Tarih Tezi'nin en büyük savunucularından biri değilmiş gibi davranan **Şemsettin Günaltay** önce Atatürk'ün dört ciltlik **tarih kitaplarının** önsözlerini, sonra da içeriklerini değiştirerek işe başlamıştır.[884]

Türk-İslam Sentezi'ne geçerken 1947 yılında **Ankara Dil ve Tarih-Coğrafya Fakültesi**'nden **Niyazi Berkes, Pertev Naili Boratav** ve **Behice Boran** gibi "solcu" hocalar görevlerinden alınmış,

---

[884] Meydan, age., s. 352.

Atatürk döneminde **Evrim Teorisi** dahil bütün bilimsel teorilere yer veren, aklı ve bilimi esas alan "ırkçılıktan" ve "dincilikten" uzak duran çağdaş okul kitapları yavaş yavaş müfredattan kaldırılmaya başlanmıştır. 1976 yılında ders kitaplarından Türk Tarih Tezi tamamen çıkarılmıştır. 1976 yılında **İbrahim Kafesoğlu**'nun yazdığı **tarih ders kitapları** tamamen **Türk-İslam Sentezci** görüşlere yer vermiştir.[885]

Atatürk'ün Türk Tarih ve Dil Tezleri Projesi'nin yok edilmesinde 27 Aralık 1949 tarihli **"Türkiye ve ABD Hükümetleri Arasında Eğitim Komisyonu Kurulması Hakkında Anlaşma"**nın çok özel bir yeri vardır.[886]

Anlaşmanın 1. maddesine göre Türkiye'de **"Birleşik Devletler Eğitim Komisyonu"** adıyla bir eğitim komisyonu kurulacaktır. Komisyonun giderleri Türkiye'nin ABD'ye olan borcundan karşılanacaktır. Komisyonun amacı, *"Eğitim programının idaresini kolaylaştırmak"*tır. Komisyon, dördü Türk, dördü Amerikalı sekiz üyeden oluşacak, başkanı da ABD Büyükelçisi olacaktır. ABD'li üyeleri ABD Dışişleri Bakanı atayacaktır. Komisyon doğrudan doğruya ABD Dışişleri Bakanlığı'na bağlı ve onun denetiminde olacaktır. Komisyonun veznedarını bile ABD Dışişleri Bakanı onaylayacaktı. Komisyon yabancıların verecekleri burslar için hoca, araştırmacı ve öğrenci önerecek, eğitim programları düzenleyecek ve Amerikalıların Türk eğitim sistemi içinde nerede ve nasıl görev yapacaklarını belirleyecektir.

Anlaşmaya göre ABD vatandaşlarına yapılacak öğretim ve araştırma giderlerini de Türkiye ödeyecektir. Aynı durum ABD'deki Türk öğrencileri için de söz konusudur.

Bu eğitim anlaşmasının TBMM'de onanması için gereken yasanın gerekçesinde şöyle denilmiştir:

"Amerika Hükümeti, harpten sonra ordusu elinde kalan fazla malzemenin satışı için müteaddit devletlerle anlaşmalar yapmış ve gerek bu devletleri mezkûr satışların hâsılatını dolar

---
885 age., s. 367.
886 Haydar Tunçkanat, **İkili Anlaşmaların İçyüzü**, 2. bas., Ankara, 1970, s. 43-49.

olarak ödemek külfetinden kurtarmak, gerekse bu vesile ile Amerikan kültürünü yaymak gayesiyle, anlaşmalarla tahassül eden alacakların bu memleketlerde kültürel gayelere sarfını temin edecek kültür anlaşmaları imzalamıştır."[887]

J. William Fulbright

Bu 1949 tarihli eğitim anlaşması girişimini ABD Senato üyelerinden Fulbright başlattığından bu tür anlaşmalara **Fulbright Anlaşmaları** denilmiştir.[888]

Türk eğitim sistemini her yönüyle Amerikalı uzmanlara ve ABD Dışişleri Bakanlığı'nın kontrolüne bırakan bu 1949 tarihli eğitim anlaşması Türkiye'nin her şeyden önce "tam bağımsızlığını" kaybettiğini göstermektedir. *"Amerikan kültürünü yaymak gayesiyle"* imzalandığı açık seçik şekilde ifade edilen bu anlaşmadan sonra Atatürk'ün Türk tarihini, Türk dilini, Türk kültürünü açığa çıkarıp yaymak için geliştirdiği Türk Tarih ve Dil Tezlerinden söz edilebilir mi? Tabii ki hayır!

Bu anlaşma doğrultusunda önce Atatürk'ün dört ciltlik bilimsel ve kültür-uygarlık eksenli tarih kitapları müfredattan kaldırılmış, sonra Türk Milli Eğitimi'ni kontrol eden ABD'li uzmanların gözetiminde Anadolu Türk tarihini **1071 Malazgirt efsanesine** indirgeyen, Türklerin kültür-uygarlıkları yerine Türklerin göçebelikleri, savaşçılıkları, dindarlıkları, fetihçilikleri, askerlikleri gibi konulara yer veren yeni tarih kitapları hazırlatılıp okutulmaya başlanmıştır. ABD böylece atalarının savaşçılığıyla motive ettiği Türk gençlerini kendi çıkarları doğrultusunda kullanmayı planlamıştır.[889] İki kutuplu dünyada **ABD**, tek rakibi **Sovyet Rusya**'nın yanı başındaki Türkiye'de "atalarının savaşçılığıyla" ve "dindarlığıyla" bilenen Türk gençlerinin gerektiğinde

---

887 TBMM Tutanak Dergisi, C XXV/I, Dönem 8, Toplantı 4, s. 220.
888 Çetin Yetkin, **Karşıdevrim**, 8. bas., Ankara, 2011, s. 373.
889 Cengiz Özakıncı, **Türkiye'nin Siyasi İntiharı Yeni Osmanlı Tuzağı**, İstanbul, 2005, s. 178-179; Meydan, age., s. 381-387.

"Mehmetçik" olarak gözünü hiç kırpmadan Komünist Rusya'ya karşı mücadele edeceğinden emindir! ABD çıkarları doğrultusunda kurgulanan bu yeni tarihte, Türklerin kültür ve uygarlıkları değil, "savaşçılıkları" ve "dindarlıkları" öne çıkarılmıştır. Bu yapılırken ister istemez Atatürk'ün Evrim Kuramı'na bile yer veren, her yönüyle bilimsel ve kültür-uygarlık eksenli tarih kitaplarının değiştirilmesi de kaçınılmaz olmuştur. 1950'lerden itibaren Türkiye'nin yeni tarih tezinin adı artık **Türk İslam Sentezi**'dir.

1950'de **Demokrat Parti**'nin iktidara gelmesiyle Atatürk devrimiyle hesaplaşma dönemi başlamıştır. Devrimleri, *"Halka mal olmuşlar ve olmamışlar"* diye ikiye ayıran, *"Siz isterseniz Hilafeti bile geri getirebilirsiniz,"* diyen DP lideri **Adnan Menderes** önce Atatürk'ün yarım kalan **Dinde Öze Dönüş** Projesi'ni tamamen yok edip **ezanı yeniden Arapça okutmaya** başlamıştır. Din propagandasının alıp başını gittiği, dinci-tarikatçı-işbirlikçi **Said-i Nursi**'nin gizli açık parlatıldığı bu dönemde, Atatürk'ün Tarih ve Dil Tezleri Projesi de büyük bir darbe yemiştir. Önce **ABD ile yapılan 1949 eğitim anlaşmasının** bir gereği olarak Atatürk'ün kültür-uygarlık merkezli tarih görüşünün yerini savaş-anlaşma eksenli fetihçi, ırkçı ve dinci bir tarih görüşü almaya başlamıştır. DP döneminde bu yeni tarihe uygun olarak, Atatürk'ün 1933 Üniversite Reformu sırasında üniversiteyle bağlantılarını kestiği hocalar da dahil "milliyetçi-muhafazakâr" hocalar yeniden üniversitelere yerleştirilmiştir.[890] Böylece Atatürk'ün kökleri Orta Asya'nın ve Anadolu'nun tarihsel derinliklerine, tarihöncesine uzanan tarih tezi yerini yeniden 1071 Malazgirt efsanesine bırakmıştır. Din propagandasını bir siyasi yöntem haline getiren DP, Türk tarihinin İslam öncesi köklerini –din dışı olarak gördüğünden olsa gerek– bir tarafta bırakmış, Türklerin Müslüman olduktan sonraki dönemlerinin, özellikle de Müslüman Türklerin Anadolu'ya girdikleri 1071 ve sonrasının, Osmanlı dönemlerine ait dinsel motiflerin iyice ön plana çıkarılarak anlatılması yoluna gitmiştir. Ayrıca bu dönemde açılmaya başlanan İmam-

---

890 Meydan, age., s. 359-361.

Hatip Okullarında Atatürk'ün her yönüyle "bilimsel" tarih kitaplarını okutmak da cesaret isterdi açıkçası! O bilimsel cesaret de Menderes başta olmak üzere hiçbir DP'lide yoktu! DP bir taraftan Atatürk'ün Türk Tarih Tezi'ne darbe vururken diğer taraftan **Dil Devrimi**'ne **Türk Dil Tezi**'ne darbe vurmuştur.

1950'lerde başlayan "Osmanlı fetihleriyle övünme döneminde", doğal olarak Osmanlı'nın 600 yıl boyunca kullandığı Arapça-Farsça ağırlıklı **Osmanlıca** adlı dile ve yine Osmanlı'nın 600 yıl boyunca bu Osmanlıcayı yazmak için kullandığı Arap alfabesine de övgüler dizilmeye başlanmıştır. Akademik çevrelerde gerçek Türkçenin "Osmanlıca" olduğu, Atatürk'ün Dil ve Yazı Devrimlerinin Türkçeyi fakirleştirdiği ve toplumu bir gecede cahil bıraktığı gibi temelsiz, düz mantık çıkarımlar yapılmıştır. Üstelik dili asıl fakirleştirenin 600 yıl boyunca Türkçeyi ihmal eden, Arapça ve Farsçanın Türkçeyi istila etmesine izin veren Osmanlı olduğu ve dahası Atatürk'ün Dil ve Yazı Devrimleriyle yok olmak üzere olan Türkçeyi kurtardığı ve halkı okuryazar yaptığı gerçekleri kabak gibi ortadayken bu çıkarımlar yapılabilmiştir.

DP, Türk Dil Tezi çerçevesinde 1945'te *"Anayasa"* diye Türkçeleştirilen *"Teşkilat-ı Esasiye Kanunu"*nu 1952'de yeniden eski orijinal diline, Osmanlıcaya çevirmiştir.[891]

Prof. Halil İnalcık, Türk-İslam Sentezi'ni "27 Mayıs 1960 devriminden" sonra "milliyetçi-muhafazakâr" üniversite hocalarından oluşan *"Aydınlar Ocağı"*nın şekillendirdiğini ileri sürmüştür.[892] 14 Mayıs 1970'te kurulan **Aydınlar Ocağı**'nın üyeleri arasında daha sonra başbakan ve cumhurbaşkanlığı yapacak olan **Turgut Özal**, TRT Genel Müdürü **Nevzat Yalçıntaş** ve *Türkiye* gazetesi yazarı **Ahmet Kabaklı** önde gelen isimlerdendir.

12 Eylül 1980 Darbesi'nden sonra 1986 yılında Aydınlar Ocağı bir *"Milli Mutabakat Çağrısı"* hazırlamış ve ABD yörün-

---

891 Turan, **Mustafa Kemal Atatürk**, s. 601.
892 Halil İnalcık, **Atatürk ve Demokratik Türkiye**, İstanbul, 2007, s. 98.

gesindeki **Devlet Planlama Teşkilatı**'nın görüşlerini kabul etmiştir. Böylece Türk-İslam Sentezciler devletin kilit kurumlarında görevlendirilmişlerdir.

Atatürk'ün Tarih ve Dil Tezleri Projesi'nin Türkiye'de tamamen yok edilmesi 12 Eylül 1980 Darbesi ile gerçekleşmiştir. 12 Eylül sonrasında öncelikle Atatürk'ün vasiyeti hiçe sayılarak **Türk Tarih Kurumu** ve **Türk Dil Kurumu** –Türk-İslam Sentezi'ne uygun bir Atatürk kurgulamak için kurulan– **Atatürk Kültür Dil ve Tarih Yüksek Kurumu (AKDTYK)** içine sokularak bu kurumların **özerkliği** sona erdirilmiştir.[893]

Bir zamanlar Anadolu'nun dört bir yanında arkeolojik kazılar yapılmasını sağlayan, bu kazı sonuçlarını *TTK Belleten* adlı bilimsel dergisinde yayımlayan, böylece Anadolu dip kültürünün ortaya çıkarılmasını sağlayan **Türk Tarih Kurumu,** bugün ceylan derisine Osmanlı klasikleri basmakla meşguldür.

Bir zamanlar Anadolu'da derleme, tarama çalışmaları yapan, bu çalışmalarını *Türk Dili Belleten* adlı dergisinde ve sayısız özel yayında toplayan ve dilimize yerleşmiş yüzlerce sözcük türeten **Türk Dil Kurumu,** bugün "uydurma sözcükler" türetmekle meşguldür.[894]

Sonuçta yine o yapmış ötekiler yıkmıştır!

4. cildin sonu

---

[893] Turan, age., s. 601.
[894] Türk Dil Kurumu ve Türk Tarih Kurumu'nun dün olduğu gibi bugün de bazı nitelikli çalışmalar yaptığı gerçeği de göz ardı edilmemelidir tabi...

Kaynakça

Akgün, Seçil–Uluğtekin, Murat, *"Trablusgarb ve Hilal-i Ahmer"*, **OTAM**, S. 3, 1992, s. 42.
Aksan, Doğan, **Türkiye Türkçesinin Dünü, Bugünü, Yarını**, 2. bas., İstanbul, 2001.
Akşin, Sina, **Kısa Türkiye Tarihi**, İstanbul, 2007.
Altıner, Avni, **Her Yönüyle Atatürk**, İstanbul, 1986.
Arai, Masami, **Jön Türk Dönemi Türk Milliyetçiliği**, İstanbul, 2000.
Armstrong, H. C., **Bozkurt**, çev. Gül Çağlalı Güven, İstanbul, 1997.
Arsel, İlhan, **Arap Milliyetçiliği ve Türkler**, İstanbul, 1999.
Aslanapa, Oktay, *"Atatürk ve Sanat"*, **Türk Kültürü Atatürk Sayısı**, Türk Kültürünü Araştırma Enstitüsü, Kasım 1965, S. 37, s. 111.
Âşık Paşazade Tarihi, haz. Nihal Atsız, İstanbul, 1970.
"Atatürk ve Havacılık", **Hava Kuvvetleri Dergisi**, Yıl: 1988, S. 301, s. 74–78.
"Atatürk ve Havacılık", **Türk Hava Kuvvetleri Sitesi** (http://www.hvkk.tsk.tr). Erişim tarihi 1 Aralık 2012.
Atatürk ve Türk Dili 2, *"Atatürk Devri Yazarlarının Türk Dili Hakkındaki Görüşleri"*, TDK Yayınları, Ankara, 1997.
Atatürk ve Türk Dili, Ankara, 1963.
"Atatürk ve Türk Havacılığı", **Havacılık ve Spor dergisi**, C IX, Ankara, 1938, s. 1888.
Atatürk'ün Okuduğu Kitaplar, 24 Cilt, Anıtkabir Derneği Yayınları, Ankara, 2001.
Atatürk'ün Söylev ve Demeçleri, (1918–1937), III cilt, TTK Yayınları, Ankara, 1997.

Atatürk'ün Söylev ve Demeçleri, ATTB, Atatürk Araştırma Merkezi, Ankara, 1997.

Atatürk'ün Söylev ve Demeçleri, C 3, Ankara, 1989.

"Atatürk'ün Türkiye Büyük Millet Meclisi'nin I. Dönem, 4. Yasama Yılını Açış Konuşmaları", Millet Meclisi Tutanak Dergisi D. 1, C 28, 1 Mart 1923, s. 2.

Atatürk'ün Yolunda Türk Dil Devrimi, Ankara, 1981.

Atay, Falih Rıfkı, **Atatürkçülük Nedir?**, 3. bas., İstanbul, 2006.

Atay, Falih Rıfkı, **Çankaya**, Pozitif Yayınları, ty.

Avcı, Cenk, **Çanakkale Cephesi'nde Hava Savaşları**, Ankara, 2009.

Avcıoğlu, Doğan, **Türklerin Tarihi**, C I, İstanbul, 1995.

"Ay'a Seyahat Fennen Kabil midir?", **Türk Hava Mecmuası**, S. 23, 1 Mayıs 1927, s. 2–3.

Ayda, Adile, **Etrüskler Türk mü İdi?**, Türk Kültürü Araştırma Enstitüsü Yayınları, Ankara, 1974.

Aydemir, Şevket Süreyya, **İkinci Adam**, C 2, 7. bas., İstanbul, 2000.

Aydemir, Şevket Süreyya, **İkinci Adam**, C 3, 6. bas., İstanbul, 2000.

Aydemir, Şevket Süreyya, **Tek Adam**, C 3, 22. bas., İstanbul, 2007.

Aydın, Abdurrahim Fahimi, *"Tayyareden Uçağa: Milli Hava Sanayinin Kuruluşunda Türk Halkının Yaptığı Bağışlar"*, **Karadeniz Araştırmaları**, S. 31, Güz, 2011.

Aydın, Mesut, **Milli Mücadele'de İstanbul'da Kurulan Gizli Gruplar ve Faaliyetleri**, İstanbul, 1992.

Aydoğan, Metin, **Atatürk ve Türk Devrimi "Ülkeye Adanmış Bir Yaşam (2)"**, 10. bas., İzmir, 2008.

Ayhan, Ahmet, **Dünden Bugüne Türkiye'de Bilim-Teknoloji ve Geleceğin Teknolojileri**, İstanbul, 2002.

Ayvazoğlu, Beşir, *"Etimolojik Türkçülük, Türk Tarih Tezi ve Güneş Dil Teorisi'nin Ön Tarihi"*, **Muhafazakâr Düşünce**, Yıl: 2, S. 5, Yaz, 2005, s. 29–42.

"Azimkâr Bir Teşebbüsün Muvaffakiyetli Neticesi-Vecihi Bey'in Tayyaresi", **Havacılık ve Spor dergisi**, S. 33, 15 Teşrinievvel, 1930, s. 548.

Banoğlu, Niyazi Ahmet, **Nükte ve Fıkralarla Atatürk**, C 3, İstanbul, 1954.

"Barbar Türklere Karşı Zehirli Gaz Kullanalım", Sabah gazetesi, 20 Mart 2007.

Başgöz, İlhan, *"Türkiye'de Laikliğin Sosyal ve Kültürel Kökleri"*, **Bilanço 1923–1998**, Ankara, 1998.

Baydar, Mustafa, **Atatürk Diyor ki**, İstanbul, 1960.

Bıyıklıoğlu, Nadir, **Türk Havacılık Sanayi**, Ankara, 1991.

Birinci Dünya Harbi Türk Hava Harekâtı, C IX, Genelkurmay Harp Tarihi Başkanlığı Resmi Yayınları, Seri No: 3, Ankara, 1969.

Birinci Türk Dil Kurultayı, Tezler, Müzakere Zabıtları, Maarif Vekâleti Devlet Matbaası, İstanbul, 1933.

Birinci Türk Tarih Kongresi, Konferanslar, Zabıt Tutanakları, Maarif Vekâleti Devlet Matbaası, Ankara, 1932.

Borak, Sadi, **Atatürk ve Din**, İstanbul, 1962.

Borak, Sadi, **Atatürk**, İstanbul, 2004.

Borak, Sadi, **Atatürk'ün Resmi Yayınlara Girmemiş Söylev ve Demeçleri**, İstanbul, 1997.

Borak, Sadi, **Hayat Tarih Mecmuası**, S. 4, Mayıs 1965, s. 52.

Bozdağ, İsmet, **Atatürk'ün Avrasya Devleti**, Tekin Yayınevi, İstanbul, 1999.

Bozdağ, İsmet, **İşte Atatürk'ün Türkiyesi**, (cep boy), İstanbul, 2009.

Bulletins et Mémoires De La Société D'Anthropologie De Paris, C 7, XIe série, 1965, s. 419–440. *"Etude Morphologique Des Crânes De Néo-Calédoniens et De Nègres, Africains"*, **Revue Antrophologique**, Paris, 1929, s. 117–146.

Cahun, Léon, **Fransa'da Ari Dillere Takaddüm Etmiş Olan Lehçenin Turani Menşei**, çev. Ruşen Eşref, İstanbul, 1930.

Candaş, Erden, **1911'den 2000'lere Hava Kuvvetleri**, Ankara, 1993.

Cebeci, Uğur, *"52 Yıllık Sır Uçak Mehmetçik"*, Hürriyet gazetesi, 21 Mart 2004.

Cebesoy, Ali Fuat, **Sınıf Arkadaşım Atatürk**, İstanbul, ty.

Cennetoğlu, M. Sadık, **Ömer Hayyam Büyük Türk Şairi ve Filozofu**, İstanbul, 1989.

Chevket Aziz, *"Etude Morphologique Des Crânes Néo-Calédoniens et Des Nègres Africains"*, **Revue Antrophologique**, Paris, 1929, Nisan-Haziran, s. 116–146.

Copeaux, Étienne, **Tarih Ders Kitaplarında (1931-1933) Türk Tarih Tezi'nden Türk İslam Sentezi'ne**, çev. Ali Berktay, İstanbul, 2006.

"Cumhuriyet Döneminin İlk Yıllarında Hava Gücü ve Türk Hava Kuvvetlerinin Kuruluşu (1923–1944)", **Hava Kuvvetlerinin 90. Altın Yılı**, S. 338, Ankara, 2000, s. 44.

Cumhuriyet gazetesi, 10 Kanuni Sani, 1932, 17 Haziran 1950, 7 Ekim 1926, 7 Ekim 1932, 9 Ekim 1932.

"Cumhuriyetten Günümüze Savunma Sanayi Kuruluşlarımız", **Savunma Sanayi Müsteşarlığı Resmi Sitesi** (http://www.ssm.gov.tr). Erişim tarihi 12 Aralık 2012.

Cündioğlu, Dücane, **Türkçe Kur'an ve Cumhuriyet İdeolojisi**, İstanbul, 1998.

Çambel, Hasan Cemil, **Makaleler, Hatıralar**, Ankara, 1964; 1987.

"Çanakkale Hava Savaşları", **Bütün Dünya dergisi**, Mart 2006.

Çiloğlu, İlhan, **Allah ve Asker**, İstanbul, 2006.

"Çin İlk Yolcu Uçağını Üretti", **Cumhuriyet gazetesi**, 27 Aralık 2007.

Çubukcuoğlu, Zühtü, **Yeni Türk Dili Cep Kılavuzu-Anayasada ve BMM'nin İç Tüzüğünde Kabul Olunan Yeni Türkçe Kelimeler**, 2. bas., Kenan Matbaası, İstanbul, 1945.

Danişment, İsmail Hami, **Ali Suavi'nin Türkçülüğü**, Ankara, 1942.

Darwin, Francis, **The Life and Letters of Charles Darwin**, C 1, New York, D. Appleton and Company, 1888.

Demirer, Ercüment, **Din, Toplum ve Atatürk**, 2. bas., İstanbul, 1999.

Deniz, Tuncay, **Türk Uçak İmalatı**, 2000, s. 12.

Dilaçar, Agop, **Atatürk'e Saygı**, Ankara, 1969.

Dilmen, İbrahim Necmi, *"Güneş Dil Teorisi'nin Ana Hatları"*, **Üçüncü Türk Dil Kurultayı, Tezler, Müzakere Zabıtları**, İstanbul, 1937.

Dilmen, İbrahim Necmi, *"Türk Tarih Tezi'nde Güneş Dil Teorisi"*, **İkinci Türk Tarih Kongresi**, s. 86.

Doğanay, Rahmi, *"Büyük Taarruz'da Türk Havacılığı"*, **Fırat Üniversitesi Sosyal Bilimler Dergisi**, C 13, S. 1, Elazığ, 2003, s. 376.

Dr. Chevket Aziz Kansu, *"Chronologie de L'Anatolie"*, **L'Anthropologie** (Paris), C 45, 1935, s. 105-109.

Dünyanın Gözünde Atatürk, der. Ahmet Köklügiller, 2. bas., İstanbul, 2010.

Er, Şükrü, *"Etimesgut Uçak Fabrikası ve Endüstrimiz"*, **Mühendis ve Makine**, C 16, S. 178, Ocak 1972.

Erdoğan, Fahrettin, **Türk Ellerinde Hatıralarım**, 1954.

Ergin, Muharrem, **Orhun Abideleri**, 17. bas., İstanbul, 1994.

Ergin, Osman Nuri, **Türk Maarif Tarihi**, C V, İstanbul, 1977.

Ersoy, Ergin, *"Kurtuluş Savaşı'nda Türk Hava Kuvvetlerinin Katkıları"*, **Hava Kuvvetleri Dergisi**, S. 341, Haziran 2002, s. 10.

Ertop, Konur, *"Atatürk Döneminde Türk Dili"*, **Atatürk ve Türk Dili**, No: 224, Ankara, 1963.

Feraizcizade Mehmet Şakir, **Pelesenk-Persenk Açıklaması**, haz. Mustafa Koç, İstanbul, 2007.

Fılkın, David, **Stephen Hawking'in Evreni**, *"Kâinatın Sırları"*, çev. Mehmet Harmancı, İstanbul, 1998.

Genç, Reşat, **Türkiye'yi Laikleştiren Yasalar**, Ankara, 1998.

Genelkurmay Başkanlığı Türk Silahlı Kuvvetler Tarihi, C 3, Kıs. 6, (1908-1920), Ankara, 1996.

Gott, J. Richard, **Einstein Evreninde Zaman Yolculuğu**, *"Zamanda Yolculuk Olasılığı"*, çev. Erdem Kamil Yıldırım, 3. bas., Ankara, 2009.

Gökçen, Sabiha, **Atatürk'ün İzinde Bir Ömür Böyle Geçti**, haz. Oktay Verel, İstanbul, 1982.

Gülten, Zeynep, **İlk Uçak Sanayimiz TOMTAŞ'tan 2. Hava İkmal Bakım Merkez Komutanlığı'na**, İstanbul, 2001.

Gümüşoğlu, Firdevs, **Ülkü Dergisi ve Kemalist Toplum**, Toplumsal Dönüşüm Yayınları, İstanbul, 2005.

Günaltay, Şemsettin–Tankut, H. Reşit, **Dil ve Tarih Tezlerimiz Üzerine Gerekli Bazı İzahlar**, Devlet Basımevi, İstanbul, 1938.

Günaltay, Şemsettin, *"Türk Tarih Tezi Hakkındaki İntikatların Mahiyeti ve Tezin Kati Zaferi"*, **Belleten**, C 2, S. 7-8, Temmuz 1. Teşrin 1938, s. 337-365.

Günaltay, Şemsettin, **Ülkü dergisi**, C IX, S. 100, 1945, s. 3-4.

Güneşşen, N. Metin, **Cumhuriyet'ten Günümüze Türk Kara Havacılığı**, Hacettepe Üniversitesi Atatürk İlkeleri ve İnkılâp Tarihi Enstitüsü Yayımlanmamış Yüksek Lisans Tezi, Ankara, 2003.

Güngör, Erol, *"Medrese İlim ve Modern Düşünce"*, **Töre Dergisi**, S. 114, Kasım 1980, s. 11-12.

Gürer, Turgut, **Atatürk'ün Yaveri Cevat Abbas Gürer-Cepheden Meclise Büyük Önder İle 24 Yıl**, İstanbul, 2006.

Gürkan, Turhan, **Atatürk'ün Uşağı'nın Gizli Defteri**, İstanbul, 1971.

Hatipoğlu, Vecihe, **Ölümsüz Atatürk ve Dil Devrimi**, Ankara, 1973.

Havacılık ve Spor dergisi, 15 Birinci Kanun, 1930, s. 613, 15 Mayıs 1934, 30 İkinci Teşrin, 1932, S. 84, s. 1877.

"Havacılık", **Yeni Hayat Ansiklopedisi**, C 3, s. 1508.

Hobsbawm, Eric, **Tarih Üzerine**, Ankara, 1999.

Hürriyet gazetesi, 28 Haziran 2005.

İğdemir, Uluğ, **Atatürk'ün Yaşamı, 1881-1918**, C 1, 2. bas., Ankara, 1988.

İğdemir, Uluğ, **Yılların İçinden**, Ankara, 1976; 1991.

"İkinci Türk Dil Kurultayı", **Türk Dili**, S. 8, Eylül 1934.

İkinci Türk Tarih Kongresi, (İstanbul 20-25 Eylül 1937), Kongre Çalışması ve Kongreye Sunulan Tebliğler, TTK Yayınları, İstanbul, 1943.

İlmen, Süreyya, **Türk Tayyarecilik ve Balonculuk Tarihi**, İstanbul, 1948.

İmamoğlu, Bilge, *"Cumhuriyet Dönemi Endüstri Mirası, Havacılık Sanayi Yapıları"*, **TMMOB Mimarlar Odası**, Ankara, 2007, s. 37-50.

İnalcık, Halil-Arı, Bülent, *"Osmanlı Türk Tarihçiliği Üzerine Notlar"*, **Uluslararası Askeri Tarih Dergisi**, ATESE Yayınları, No: 87, Ankara, 2007, s. 213-247.

İnalcık, Halil, **Atatürk ve Demokratik Türkiye**, İstanbul, 2007.
İnan, Afet, **Güneş Dil Teorisine Göre Ders Notları**, TDK, Ankara, 1936.
İnan, Afet– Karal, Enver Ziya, *"Atatürk'ün Tarih Tezi"*, **Atatürk Hakkında Konferanslar**, Ankara, 1946.
İnan, Afet– Karal, Enver Ziya, *"İstiklal Savaşımızda Tarih Bilgisinin Rolü"*, **Atatürk Hakkında Konferanslar**, TTK Yayınları, Ankara, 1946, s. 8–19.
İnan, Afet, *"Atatürk'ün Tarih Tezi"*, Belleten III, 10, (1939), s. 245–246.
İnan, Afet, **Atatürk Hakkında Hatıralar ve Belgeler**, 2. bas., Ankara, 1968; 5. bas., İstanbul, 2007.
İnan, Afet, **Atatürk'e Mektuplar**, Ankara, 1989.
İnan, Afet, **Medeni Bilgiler ve Atatürk'ün El Yazıları**, Ankara, 1969.
İnan, Afet, **Türkiye Halkının Antropolojik Karakterleri ve Türkiye Tarihi**, *"Türk Irkının Vatanı Anadolu (64.000 Kişi Üzerinde Anket)"*, TTK Basımevi, Ankara, 1947.
İnan, Arı, **Düşünceleriyle Atatürk**, 2. bas., Ankara, 1991.
İnan, Arı, **Gazi Mustafa Kemal Atatürk'ün Eskişehir-İzmit Konuşmaları 1923**, İstanbul, 1993.
İsmail Hakkı Bursevi, **Hadis-i Erbain Tercümesi**, İstanbul, 1317.
İşveren Dergisi, S. 12, Eylül 1992.
İzmirli, İsmail Hakkı, *"Peygamber ve Türkler"*, **İkinci Türk Tarih Kongresi**, s. 1013–1044.
İzmirli, İsmail Hakkı, *"Şark Kaynaklarına Göre Müslümanlıktan Evvel Türk Kültürünün Arap Yarımadası'ndaki İzleri"*, **İkinci Türk Tarih Kongresi**, İstanbul, 1937.
Jaeschke, Gotthard, **Yeni Türkiye'de İslamcılık**, çev. Hayrullah Örs, Ankara, 1972.
Joll, James, **Europe Since 1870**, An International History, Penguin Books, Middlesex, 1990.
Kansu, Şevket Aziz, **Antropoloji Dersleri 1-Beşeri Paleontolojisi ve Prehistorya Malumatı**, Devlet Basımevi, İstanbul, 1938.
Kansu, Şevket Aziz, **Antropometri Tetkikleri İçin Rehber**, Ankara, 1937.

Kansu, Şevket Aziz, **Türk Antropoloji Enstitüsü Tarihçesi**, Maarif Matbaası, İstanbul, s. 7.

Kansu, Yavuz– Şensöz, Sermet– Öztuna, Yılmaz, **Havacılık Tarihinde Türkler-1**, Hava Kuvvetleri Basımevi, Ankara, 1971.

Kara Havacılık Dergisi, 50. Yıl Özel Sayısı, Ankara, 1998, s. 14.

Karal, Enver Ziya, *"Osmanlı Tarihinde Türk Dili Sorunu"*, **Bilim Kültür ve Öğretim Dili Olarak Türkçe**, Ankara, 2001.

Kavuncu, Cüneyt, *"Kartal Müfrezesi"*, **Harp Akademileri Dergisi**, S. 6, Yıl:2, Eylül–2002, s. 20.

Kaygusuz Abdal, **Dilgüşa**, haz. Abdurrahman Güzel, Ankara, 1987.

Kaymaklı, Hulusi, **Havacılık Tarihinde Türkler,** C 2, Ankara, 1997.

Kazdağlı, Güneş, **Atatürk ve Bilim**, Ankara, 2003.

Keskin, Mustafa, *"Milli Mücadele'de Türk Hava Kuvvetleri İçin Uçak Sağlanması"*, **Erciyes Üniversitesi Sosyal Bilimler Enstitüsü Dergisi**, S. 2, Yıl 1988, s. 216.

Keyüsk, Mazlum, **Türk Havacılık Tarihi (1912–1914)**, Birinci Kitap, Eskişehir, 1950.

Keyüsk, Mazlum, **Türk Havacılık Tarihi (1914–1918)**, İkinci Kitap, Eskişehir, 1950.

Kılıç, Mustafa, **Uçan Kanat THK–13**, THK Yayınevi, Ankara, 2008.

Kışlalı, Ahmet Taner, **Atatürk'e Saldırmanın Dayanılmaz Hafifliği**, Ankara, 1994.

Kinross, Lord, **Atatürk, Bir Milletin Yeniden Doğuşu**, 12. bas., İstanbul, 1994.

Kirbay, Fay, **Türkiye'de Köy Enstitüleri**, haz. Engin Tonguç, 2. bas., Ankara, 2000.

Kocatürk, Utkan, **Atatürk ve Türk Devrim Kronolojisi, 1918–1938**, Ankara, 1973.

Kocatürk, Utkan, **Atatürk'ün Fikir ve Düşünceleri**, Ankara, 1999.

Kocatürk, Utkan, **Atatürk'ün Sohbetleri**, Ankara, 1971.

Komisyon, **Atatürk'ün İslama Bakışı, Belgeler ve Görüşler**, haz. Mehmet Saray, Ankara, 2010.

Komisyon, **Gönüllerden Göklere**, Hava Kuvvetleri Komutanlığı Tarihçe Şube Müdürlüğü, Ankara, 2005.

Fotoğraflar

İlk Türk uçağı üretim aşamasında

İlk Türk hafif nakliye uçağı projesi

Kayseri Uçak Fabrikası

Kayseri Uçak Fabrikası'nda Türk işçilerin yaptığı bir uçak

Türk fabrikalarında üretilmiş uçaklar ve personeli

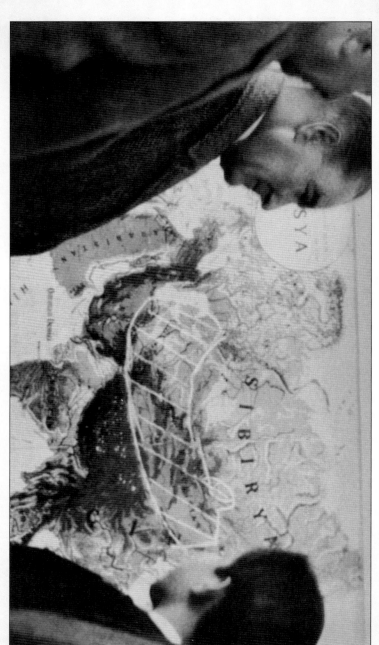

Atatürk 1937'de Samsun Lisesi'nde tarih dersinde

Türk Tarih Kongresi'nden bir görünüm

Atatürk Kurtuluş Savaşı yıllarında dua ederken